भारतीय भक्ति साहित्य में अभिव्यक्त सामाजिक समरसता

[आलोचना]

भारतीय भक्ति साहित्य में अभिव्यक्त सामाजिक समरसता

सम्पादक
डॉ. सुनील बाबुराव कुलकर्णी
(देशगव्हाणकर)

लोकभारती प्रकाशन

लोकभारती प्रकाशन
पहली मंज़िल, दरबारी बिल्डिंग, महात्मा गांधी मार्ग,
इलाहाबाद-211 001

वेबसाइट : www.lokbhartiprakashan.com
ई-मेल : info@lokbhartiprakashan.com

शाखाएँ : 1-बी, नेताजी सुभाष मार्ग,
दरियागंज,नई दिल्ली
अशोक राजपथ, साइंस कॉलेज के सामने,
पटना-800 006
36 ए, शेक्सपियर सरणी, कोलकाता-700 017

पहला संस्करण : 2016

मूल्य : ₹ 750

बी.के. ऑफसेट
नवीन शाहदरा, दिल्ली-110 032
द्वारा मुद्रित

BHARTIYA BHAKTI SAHITYA MEIN
ABHIVAYAKT SAMAJIK SAMARASATA
Criticism (edited) by Dr. Sunil Baburao Kulkarni

ISBN : 978-93-5221-099-2

एक सौ पच्चीसवीं जयन्ती के उपलक्ष्य में
आजीवन सामाजिक समरसता हेतु
प्रयत्नरत महामानव
डॉ. बाबा साहेब अम्बेडकर जी
की पावन स्मृति
को समर्पित।

प्रस्तावना

'भारतीय भक्ति साहित्य में अभिव्यक्त सामाजिक समरसता' डॉ. सुनील बाबुराव कुलकर्णी द्वारा सम्पादित महत्त्वपूर्ण ग्रन्थ है। इस ग्रन्थ में देश के प्रतिष्ठित विद्वानों के भक्ति विषयक शोध-पत्र/आलेख संकलित हैं। ये शोध-पत्र भक्ति साहित्य के विविध पक्षों पर केन्द्रित हैं। सम्पादक ने सम्पूर्ण भारतवर्ष के भक्ति साहित्य को समेटने का उपक्रम किया है।

हिन्दी साहित्य के इतिहास ग्रन्थों में तथा अन्यान्य विषयों में इस साहित्य को समझने के लिए कई दृष्टियाँ विकसित की गई हैं। कुछ विचारों को आरोपित भी किया गया है। प्राय: जॉर्ज ग्रियर्सन, आचार्य रामचन्द्र शुक्ल, आचार्य हजारीप्रसाद द्विवेदी, मुक्तिबोध एवं डॉ. रामस्वरूप चतुर्वेदी की दृष्टि से भक्ति साहित्य को पढ़ा-समझा जाता है। इन आचार्यों ने समरसता के पक्ष की प्राय: अनदेखी की है। भारतीय साहित्य में विशाल लेखन भारतवर्ष के सन्तों-भक्तों द्वारा 15वीं शताब्दी के मध्य से 19वीं शताब्दी के मध्य तक किया गया। काल की दृष्टि से विचार करेंगे तो उसमें एक बहुत बड़ा समय हिन्दी रीतिकाल में समाहित है। रीतिकाल में हिन्दी के कई महान सन्त कवि हुए। उनका नाम लिये बिना भक्ति साहित्य का अध्ययन-अध्यापन पूरा नहीं होता।

भक्ति चेतना को प्रभावित या विकसित करनेवाली पुस्तकों पर जब हम दृष्टिपात करते हैं तो हमारा ध्यान श्रीमद्‌भागवत, दिव्य प्रबन्धम् और नारद भक्तिसूत्र की ओर जाता है। ऐसे तो भक्ति का उत्स वैदिक तथा औपनिषदिक साहित्य में भी देखा जा सकता है। भक्तिकाल के सन्दर्भ में हम जिस भक्ति चेतना की बात करते हैं, उनमें छह बातें रेखांकित करने की हैं। पहली बात, यह साहित्य जाति-पाँति, छुआछूत के विरुद्ध है। दूसरी बात, यह लोकभाषाओं का पक्षधर साहित्य है। तीसरी बात, इसकी चेतना अखिल भारतीय है और भारतीय संस्कृति से प्राप्त मूल्यों को सही अर्थों में स्थापित करती है। चौथी बात, इसकी प्रकृति सर्वसमावेशी और सर्वस्पर्शी है। पाँचवीं बात, यह साहित्य श्रमजीवी साधुता का है। यहाँ कविता और

साधुता साथ-साथ फलित हुई। छठी बात, यह साहित्य सामाजिक समरसता की अभिव्यक्ति है।

भक्ति साहित्य की पृष्ठभूमि में बौद्धों, जैनों, नाथों तथा आलवारों के साहित्य की चेतना का अवगाहन आवश्यक है। इस क्रम में आचार्यों की परिवर्तित होती चिन्ताधारा को भी पढ़ना चाहिए। शंकराचार्य दार्शनिक धरातल पर समरस समाज चाहते हैं। रामानुजाचार्य के अधिकांश गुरु कथित शूद्र जातियों से हैं। रामानन्द 'जाति-पाँति पूछे न कोई' का उद्घोष करते हैं। वल्लभाचार्य की परम्परा में सूरदास जैसे जनकवि के अतिरिक्त कई जातियों के सन्त दीक्षित होते हैं। प्रत्यभिज्ञा के आचार्य अभिनव गुप्त की परम्परा में अमर वाखों की रचनाकार लल्लेश्वरी आती हैं। ओड़िया में पंचसखा है तो सम्पूर्ण पूर्वोत्तर में शंकर देव-माधव देव की परम्परा नव वेदान्त को स्थापित करती है। वहाँ निर्गुण उपासना के भीतर कृष्ण लीलाएँ स्थापित होती हैं और भागवत पूज्यता को प्राप्त होता है। बंगाल के बाउलों ने मानुष सत्य की अलख लम्बे समय तक जगाई। पंजाब में गुरुओं का साहित्य दीपक बना।

अनेक गुरु और आचार्य कथित निम्न जातियों से आते हैं। पहली बार महिला रचनाकारों का साहित्य के भीतर मजबूती और प्रतिष्ठा के साथ उदय होता है। शिष्यत्व ग्रहण करने में जाति बाधा नहीं बनती। ब्राह्मणों के शिष्य अन्य वर्गों के लोग तो होते ही थे, सवर्ण भी अन्य जातियों के सन्तों की परम्परा में दीक्षित होते हैं। गुरुत्व जाति-वर्णविहीन होकर स्थापित होता है। पोथियाँ गुरुपद को प्राप्त करती हैं। कविता पहली बार इतनी प्रतिष्ठित हुई। कविता के लिए रक्षक खड़े हुए। काव्य पुस्तकें डोलियों में सजीं। हाथियों पर बैठीं। सजधज से सवारियाँ निकलीं। नाभादास जैसे अति दलित रामभक्ति परम्परा में दीक्षित होते हैं और भक्तमाल रचते हैं। इस परम्परा को दादूपन्थियों ने अपनाया। तमाम प्रकार के भेदभावों के बीच भारतीय समाज को समरस, उन्नत और उसके वैश्विक मूल्यों को स्थापित करने की ऐसी प्यास, ऐसी तड़प, ऐसा उत्साह पहली बार दिखा। समस्त सृष्टि सन्तों को सियाराममय दिखी। 'एक ही जननी जन्यां संसारा' की चेतना चेतित हुई। सगुण और निर्गुण का विवाद तिरोहित होता चला गया। स्वीकार्य भाव बना—प्रकृति पुरुष श्री पति नारायण सब हैं अंश गोपाल।

—प्रो. नन्द किशोर पांडेय

निदेशक, केन्द्रीय हिन्दी संस्थान, आगरा

तथा अध्यक्ष, वैज्ञानिक एवं तकनीकी शब्दावली आयोग

सम्पादकीय मन्तव्य

प्रिय वाचक हो!

सस्नेह नमस्कार,

'भारतीय भक्ति साहित्य में अभिव्यक्त सामाजिक समरसता' यह पुस्तक आपकी सेवा में अर्पित करते हुए परम हर्ष का अनुभव हो रहा है। चार वर्ष पूर्व उत्तर महाराष्ट्र विश्वविद्यालय, जलगाँव (महाराष्ट्र) के हिन्दी विभाग द्वारा आयोजित राष्ट्रीय संगोष्ठी में हुए वैचारिक मन्थन का यह महत्त्वपूर्ण दस्तावेज है। सामाजिक समरसता को केन्द्र में रखकर भारतीय भक्ति साहित्य का पुनर्मूल्यांकन करने के उदात्त ध्येय को मन में सँजोकर हमने इस 'वैचारिक यज्ञ' का आयोजन किया था जिसमें भारतवर्ष के कोने-कोने से सभी जाति, धर्म, पन्थ, सम्प्रदाय, भाषा, भूप्रदेश के विद्वानों ने अपनी सहभागिता दर्ज की थी। अलग-अलग ही नहीं बल्कि परस्पर विरोधी विचारधारा के मर्मज्ञ पंडितों को एक मंच पर एकत्रित कर 'भारतीय भक्ति साहित्य में अभिव्यक्त सामाजिक समरसता' इस विषय पर गहन विचार-विमर्श करने में हम काफी हद तक सफल हो गए थे। समग्र पुस्तक को पढ़ने के बाद हर पाठक को इस बात का प्रत्यय होगा, ऐसा मुझे पूर्ण रूप से विश्वास है।

मित्र हो! साहित्य को हम सदैव ही समाज परिवर्तन का प्रमुख साधन मानते रहे। सन्तों, भक्तों और समाजसुधारकों का साहित्य तो प्रत्येक काल की कसौटी पर खरा उतरता है, यह हमारा विश्वास है। यही कारण है कि सदियों से हम उसका अध्ययन, अध्यापन, अनुसन्धान और श्रवण-पूजन भी करते रहे हैं। सभी को पढ़ने के उपरान्त हमारी यह धारणा बन गई है कि सभी धर्म और दर्शन को माननेवाले इन सभी सन्तों, भक्तों और समाजसुधारकों ने 'ईश्वर एक है', 'सभी मनुष्य समान हैं' और मनुष्य धर्म से श्रेष्ठ कोई भी अन्य धर्म नहीं है,

ऐसा डंके की चोट पर कहा। बावजूद इसके हमें यह दिखाई देता है कि प्रत्येक काल के समाज में धर्म और दर्शन के नाम पर, पन्थ और सम्प्रदाय के नाम पर, वर्ण और जाति के नाम पर, प्रान्त और भाषा के नाम पर बड़े-बड़े विघटन हुए हैं और वह सिलसिला आज भी खत्म नहीं हुआ है। ऐसा क्यों? यह प्रश्न बार-बार मेरे अन्तर्मन में कौंधता था। इससे उभरने के लिए संगोष्ठी नामक वैचारिक यज्ञ का हमने आयोजन किया।

हमारा यह मानना था कि सामान्य मनुष्य को केन्द्र में रखकर, सामाजिक समरसता स्थापित करने के उदात्त ध्येय से प्रेरित होकर यदि इन सन्तों, भक्तों और समाजसुधारकों ने अपने विचार प्रतिपादित किए थे और सदियों से हमारी उनमें आस्था और विश्वास है, तो सामाजिक विषमता की खाई दिन-ब-दिन क्यों बढ़ती गई? क्यों धर्म, दर्शन, पन्थ, भाषा, भूप्रदेश आदि के नाम पर लड़ाइयाँ होती रहीं? क्यों मनुष्य ने मनुष्य को स्पर्श करने से मना कर दिया? भौतिक सुख-सुविधाओं को जुटाने हेतु प्रकृति को तहस-नहस कर मनुष्य क्यों साम, दाम, दंड, भेद आदि की नीति अपनाता रहा। बाजारवाद की इस घिनौनी प्रतियोगिता के युग में मनुष्य घर-परिवार, समाज, राज्य-राष्ट्र, भाषा, धर्म, पन्थ, संस्कृति, व्यवसाय इनमें से किसी भी एक के साथ 'समरस' हो जीवन यापन करने में सफल क्यों नहीं हो पा रहा है? ये सारे प्रश्न मेरे अन्तर्मन में द्वन्द्व उत्पन्न कर रहे थे। अकेले इन सारे प्रश्नों के उत्तर ढूँढ़ना मेरे बस की बात नहीं थी इसीलिए राष्ट्रीय संगोष्ठी का आयोजन किया गया।

दोस्तो! धार्मिक और दार्शनिक दृष्टि से भक्ति साहित्य का विवेचन एवं विश्लेषण जितनी पर्याप्त मात्रा में मिलता है उतनी पर्याप्त मात्रा में सामाजिक दृष्टि को ध्यान में रखकर किया गया विश्लेषण नहीं मिलता। उसमें भी 'समरसता' जैसी अधुनातन अवधारणा को केन्द्र में रखकर भारतीय भक्ति साहित्य का विवेचन तो आज तक किसी ने नहीं किया। उसी की पूर्ति करने का यह प्रयास है। दूसरी बात मैं यह भी अनुभव कर रहा था कि 'समरसता' की अवधारणा को लेकर लोगों में असमंजस का भाव है। उसे दूर करना भी एक युग की आवश्यकता थी।

विषय निर्धारण करते समय इस बात पर विचार किया गया कि साहित्य में भक्ति की यह अजस्र धारा प्राचीन काल से लेकर आधुनिक काल तक प्रवाहित रही है, उसे मध्यकाल तक सीमित मानना तर्कसंगत

नहीं। मध्यकाल के पहले और मध्यकाल के बाद भी साहित्य में हम भक्ति के बीजतत्त्वों को आसानी से फलते-फूलते देख सकते हैं। इस कारण 'आदिकालीन भक्ति साहित्य में अभिव्यक्त सामाजिक समरसता' और 'आधुनिककालीन सन्तों और समाजसुधारकों के साहित्य में अभिव्यक्त सामाजिक समरसता' ये विषय विद्वानों के सम्मुख विचारार्थ रखे गए थे।

हिन्दी विभागाध्यक्ष, संगोष्ठी का संयोजक तथा इस पुस्तक का सम्पादक होने के नाते मैं यह बात भी स्पष्ट कर दूँ कि संगोष्ठी का शीर्षक 'भारतीय भक्ति साहित्य में अभिव्यक्त सामाजिक एकात्मता' से हमारा अभिप्राय सामाजिक समरसता से ही है। अत: उसी को केन्द्र में रखकर आदिकाल से लेकर आधुनिक काल के भारतीय भक्ति साहित्य का पुनर्मूल्यांकन हो, यह हमारी अपेक्षा है। परन्तु शीर्षक 'सामाजिक एकात्मता' होने के कारण अधिकांश विद्वानों ने अपने शोध-निबन्ध में उसी का उल्लेख किया है। वास्तव में अनेक शब्दकोशों में एकात्मता के पर्यायी शब्दों के रूप में एकरसता, समरसता, मानवता, समानता, आन्तरिक एकात्मता आदि शब्द दिए हैं। इस कारण 'समरसता' यह शब्द पर्यायी शब्द के रूप में ही उपयोग में लाया गया है।

मुझे इस बात का अत्यधिक आनन्द है कि विषय के स्वरूप को स्पष्ट करते समय विचारार्थ मैंने जो मुद्दे रखे थे उन पर सभी ने गहराई से चिन्तन-मनन कर यह स्पष्ट किया कि सामाजिक समरसता से इन सन्तों, भक्तों और समाजसुधारकों का क्या अभिप्राय रहा है? इससे मिलते-जुलते विचार उनकी अभिव्यक्ति में कहाँ मिलते हैं? इनके साहित्य को पढ़कर या सुनकर समाज में जो परिवर्तन हुए हैं उसे विद्वानों ने अपने शोध आलेखों में सप्रमाण सिद्ध किया है। पुस्तक में कुछ विद्वानों के लेख ऐसे भी हैं जिन्हें लगता है कि भक्ति साहित्य आध्यात्मिक एकता की, समरसता की बात करता है परन्तु सामाजिक एकता के, समरसता के सन्दर्भ में वह मौन है। इस कारण भक्ति साहित्य सामाजिक परिवर्तन लाने में नाकामयाब रहा है, ऐसा क्यों हुआ, इसकी कारण मीमांसा भी उन्होंने अपने शोध आलेखों में की है।

सामाजिक समरसता की यह अवधारणा कितनी प्राचीन और अधुनातन है, यह सिद्ध करने हेतु तथा अध्येता की सुविधा हेतु सम्पूर्ण शोध आलेखों को पुस्तक में 'आदिकाल', 'मध्यकाल' और 'आधुनिक काल' ऐसे तीन खंडों में विभाजित किया है। सामाजिक

समरसता की अवधारणा का सैद्धान्तिक परिचय पाठकों को हो और वैश्वीकरण के परिप्रेक्ष्य में इसका महत्त्व लोगों के ध्यान में आए इसलिए मेरा और पद्मश्री पुरस्कार से पुरस्कृत, भारतीय भक्ति साहित्य के मर्मज्ञ लेखक तथा संगोष्ठी के बीजभाषक डॉ. यू.म. पठान इन दो आलेखों को कालखंड की परिधि से बाहर निकालकर आरम्भ में ही रखा गया है। इस अपेक्षा के साथ कि पुस्तक को पढ़ने के पूर्व ये दोनों आलेख पाठकों के मन में समरसतावादी साहित्य तथा भारतीय भक्ति साहित्य में अभिव्यक्त समरसता के सन्दर्भ में एक पृष्ठभूमि बनाने का काम करें।

'सामाजिक समरसता का सैद्धान्तिक स्वरूप' इस अध्याय के अन्तर्गत हमने समरसता का व्युत्पत्तिगत अर्थ, समरसता की परिभाषा, समरसता का स्वरूप उसमें समरसता के स्वरूप को लेकर विभिन्न विद्वानों के मत, समता और समरसता में अन्तर, प्रवर्तन, परिवर्तन और समरसता में अन्तर, सामाजिक समरसता से तात्पर्य, समरसता के प्राचीन मध्ययुगीन एवं आधुनिक सन्दर्भ उसमें समरसता के प्राचीन सन्दर्भ, समरसता के मध्ययुगीन सन्दर्भ और समरसता के आधुनिक सन्दर्भ आदि मुद्दों का विस्तार से विवेचन एवं विश्लेषण किया है। साथ ही समरसता को एक साहित्यिक एवं समीक्षात्मक मूल्य मानकर समरसता साहित्य के प्रेरणास्रोत उसमें महात्मा फुले, डॉ. बाबासाहेब अम्बेडकर, डॉ. हेडगेवार और सन्त गाडगे महाराज के विचारों पर प्रकाश डाला है। इसके अतिरिक्त समरसता का प्रयोजन, समरसता साहित्य की सृजन प्रक्रिया, समरसता साहित्य के मानदंडों पर भी प्रकाश डाला है। उसमें मानवतावाद, बन्धुत्व भाव, सर्वधर्म समभाव व जातिभेद निर्मूलन, सेवा धर्म, समन्वय, वेदना, शोषण और विषमता, धर्मनिरपेक्षता एवं राष्ट्रवाद का एकात्म विचार, भारतीय संस्कृति एवं परम्परा का पुनर्मूल्यांकन आदि मानदंडों को स्पष्ट किया है। इसके आलावा सन्त साहित्य और समरसता, सामाजिक समरसता की आवश्यकता या महत्त्व तथा सामाजिक समरसता हेतु अब तक किए गए प्रयास आदि मुद्दों का परामर्श लेने का प्रयास किया है, जो सम्भवत: पहला प्रयास है।

बीजभाषण में डॉ. यू.म. पठान सर ने कहा कि सम्पूर्ण विश्व में भारत एकमात्र ऐसा देश है जहाँ नाना धर्म और सम्प्रदाय के लोग एक दूसरे के साथ घुल-मिलकर रहते हुए एकात्मता तथा समरसता का परिचय देते हैं। विश्वात्मकता, विश्वबन्धुता, मानवता, समतावाद तथा

सामाजिक एकता का केवल सन्देश ही यह लोग देते नहीं वरन् उसको कार्यान्वित करने का भी अखंड प्रयास कैसे करते हैं इसके कई उदाहरण उन्होंने अपने भाषण में उद्धृत किए। उत्तर-पश्चिम, पूर्व-दक्षिण चारों दिशाओं में स्थित सन्तों, भक्तों और समाजसुधारकों द्वारा इस दिशा में किए गए प्रयासों का विस्तृत ब्योरा उन्होंने अपने बीज-वक्तव्य में दिया है। उनका लिखित निबन्ध पढ़कर पाठकों को इस बात का एहसास हो जाएगा कि सामाजिक समरसता की यह अवधारणा सारे भारतवर्ष के सन्तों, भक्तों और विचारकों के विचारों में कैसी रची-बसी है।

'आदिकालीन भक्ति साहित्य में अभिव्यक्त सामाजिक समरसता' इस खंड में केन्द्रीय विश्वविद्यालय, हैदराबाद के प्रो. आर.एस. सर्राजु, डॉ. हरिसिंग गौड़ विश्वविद्यालय, सागर (मध्य प्रदेश) के प्रो. वीरेन्द्र मोहन, पश्चिम बंगाल राज्य विश्वविद्यालय, बारासात (कोलकाता) के प्रो. अरुण होता और बार्शी महाविद्यालय, सोलापुर (महाराष्ट्र) के सहायक प्रोफेसर लिंगायत विशाल प्रकाश इनके शोध आलेखों का समावेश किया गया है। जिसमें उन्होंने यह सप्रमाण सिद्ध करने का प्रयास किया है कि भक्तितत्त्व के बीज आदिकालीन साहित्य में भी कितनी प्रचुर मात्रा में स्थित हैं। प्रो. आर.एस. सर्राजु ने सिद्ध, जैन, नाथ, बौद्ध और आलवार सन्तों के साहित्य में स्थित भक्ति के प्रस्थान बिन्दुओं पर प्रकाश डालते हुए यह सिद्ध किया कि भक्ति साहित्य का आधारभूत ग्रन्थ 'भागवत पुराण' न मानकर 'प्रबन्धम्' को माना जाना चाहिए। प्रो. वीरेन्द्र मोहन ने तो अपने सम्पूर्ण शोध आलेख में आदिकालीन हिन्दी साहित्य में स्थित भक्ति के प्रस्थान मूल्यों पर ही प्रकाश डाला है। प्रो. अरुण होता जी ने बंगाल तथा ओडिया का सन्दर्भ देते हुए सिद्ध और नाथ साहित्य में स्थित भक्ति तत्त्व पर प्रकाश डाला है। आदिकालीन खंड का अन्तिम आलेख सामाजिक समरसता के प्रणेता और मेरुमणि महात्मा बसवेश्वर के जीवन कार्य और उपदेश पर आधारित है। सहायक प्रोफेसर लिंगायत विशाल प्रकाश ने इस आलेख में यह बताया है कि कैसे बसवेश्वर ने पहला अन्तर्जातीय विवाह रचाकर सामाजिक समरसता प्रस्थापित करने हेतु महत्त्वपूर्ण भूमिका निभाई है।

'मध्यकालीन भारतीय भक्ति साहित्य में अभिव्यक्त सामाजिक समरसता' इस खंड में वल्लभ विद्यानगर, आनन्द (गुजरात) के डॉ. शिवप्रसाद शुक्ल, बनारस हिन्दू विश्वविद्यालय, वाराणसी (उत्तर प्रदेश)

के प्रो. रंगनाथ पाठक, भुवनेश्वर (ओडिशा) के डॉ. शंकरलाल पुरोहित, लातूर (महाराष्ट्र) के प्रसिद्ध दलित समीक्षक डॉ. सूर्यनारायण रणसुभे, एस.एस.वी.पी.एस. महाविद्यालय, धुले (महाराष्ट्र) के सेवानिवृत्त प्राध्यापक तथा गांधीवादी विचारक मु.ब. शाह, डॉ. बा.आ. मराठवाडा विश्वविद्यालय, औरंगाबाद (महाराष्ट्र) के डॉ. हणुमन्तराव पाटील, मोहनलाल सुखाड़िया विश्वविद्यालय, उदयपुर (राजस्थान) के परम मित्र डॉ. नवीन नन्दवाना, उपलोटा (गुजरात) के हमारे अग्रज मित्र डॉ. आर.एच. वणकर, हमारे विश्वविद्यालय की सेवानिवृत्त अध्यापिका डॉ. उर्मिला पाटील, परली वैजनाथ महाविद्यालय, परली (महाराष्ट्र) के डॉ. प्रकाश कोपार्डे, मुलजी जेठा महाविद्यालय, जलगाँव (महाराष्ट्र) के सहायक प्रोफेसर विजय लोहार तथा सांगली (महाराष्ट्र) की हमारी बहन डॉ. अर्पणा कुलकर्णी आदि के शोध-निबन्ध सन्निहित हैं।

इन सभी ने मध्यकालीन भक्ति साहित्य के महामेरु सन्त कबीरदास, सूरदास, तुलसीदास और जायसी, ओडिशा के भक्ति साहित्य में जिन्हें 'पंचसखा' के नाम से जाना जाता है वे उड़िया के सन्त कवि जगन्नाथ दास बलराम दास, यशोवन्त दास, अच्युतानन्द दास और शिशु अनन्त दास, महाराष्ट्र के सन्त कवि नामदेव, ज्ञानेश्वर, तुकाराम, चोखामेला, राजस्थान के सन्त कवि दादू दयाल, रज्जब, सुन्दर दास, दरिया साहब, चरणदास, दयाबाई, सहजोबाई, गुजरात के सन्त कवि अखा भगत, प्राणनाथ, आनन्दघन, प्रीतम, गवरीबाई, ब्रह्मानन्द, रतनीबाई, खीमडिया दासीजीवन, भीमसाहब विक्रम साहब, बालक साहब, रूखी रामदास नथुराम, अक्कलदास, उगाराम, दास हमीरो आदि के विचारों में अभिव्यक्त सामाजिक समरसता का विवेचन एवं विश्लेषण किया गया है। इन सारे शोध आलेख लेखकों ने केवल उद्धरण ही नहीं दिए बल्कि वह घटना और प्रसंग भी बताए हैं जो समरसता का एहसास भी दिलाते हैं। मध्यकालीन खंड के इन सारे शोध-निबन्धों को पढ़ने के पश्चात् पाठकों को इस बात का साक्षात्कार हो जाएगा कि यह सारे भक्त और सन्त कवि जहाँ एक ओर अपने आराध्य की भक्ति में 'समरस' हुए हैं वहीं दूसरी ओर अपने समकालीन समाज से भी उतने ही समरस होकर जिए हैं। इनके विचार मात्र कोरा ज्ञान नहीं था बल्कि उन्हें प्रत्यक्ष कृति का अधिष्ठान भी था। भक्ति में रसमान होने के साथ-साथ इन सारे सन्तों और भक्तों ने समाज को एकसंघ बनाए रखने के लिए भी भरसक प्रयास किए हैं। इस खंड का अन्तिम आलेख मराठी पद्य भक्ति साहित्य से सम्बन्धित हैं जिसमें

डॉ. अपर्णा कुलकर्णी ने भक्ति साहित्य के प्रचार-प्रसार में संचार माध्यमों के योगदान को रेखांकित करने का प्रयास किया है।

पुस्तक का अन्तिम और तृतीय खंड 'आधुनिक काल के सन्तों और समाजसुधारकों के विचारों में अभिव्यक्त सामाजिक समरसता' इस विषय से सम्बन्धित है। इसमें शहादा (महाराष्ट्र) के प्रसिद्ध गांधीवादी अभ्यासक डॉ. विश्वास पाटील, कैथल (हरियाणा) के प्रसिद्ध साहित्यिक डॉ. अमृतलाल मदान, देशबन्धु महाविद्यालय, नई दिल्ली के युवा दलित आलोचक डॉ. बजरंग बिहारी तिवारी, कानपुर (उत्तर प्रदेश) के गांधीवादी विचारक डॉ. योगेन्द्र यादव, आजरा महाविद्यालय, आजरा के डॉ. अशोक बाचुलकर, जलगाँव के डॉ. सुभाष महाले, रवीन्द्रनाथ टैगोर की कर्मभूमि शान्ति निकेतन से पधारी बहन डॉ. शकुन्तला मिश्र, सम्भाजीनगर के हमारे मित्र डॉ. सुकुमार भंडारे, अकोला की बहन डॉ. वर्षा शाह, नांदेड़ के डॉ. शिवाजी भदरगे, भुसावल की डॉ. रेखा गाजरे, साप्ताहिक विवेक के सम्पादक श्री रमेश पतंगे तथा जलगाँव के ही हमारे परम मित्र डॉ. संजय रणखाम्बे के शोध-निबन्धों को सम्मिलित किया गया है, जिसमें उन्होंने आधुनिक सन्त एवं समाजसुधारक स्वामी स्वरूपानन्द (गुजरात) के आधुनिक सन्त चुन्नीभाई मोटा (हरियाणा) के आधुनिक सन्त गरीबदास, नित्यानन्द, जैतराम बालेभगत, पंडित लखीमचन्द, माँगेराम भक्त राम किशन, दयानन्द भावना, मेहरसिंग, केरल के प्रसिद्ध समाजसुधारक श्रीनारायण गुरु, स्वामी विवेकानन्द, स्वामी रामतीर्थ, महाराष्ट्र के प्रसिद्ध सन्त तथा समाजसुधारक गाडगे महाराज, राष्ट्रपिता महात्मा गांधी, परमपूज्य साने गुरुजी, राष्ट्रसन्त तुकडोजी महाराज, महाराष्ट्र के दलित आन्दोलन के प्रणेता महात्मा ज्योतिबा फुले, डॉ. बाबासोहब अम्बेडकर आदि सन्तों और समाजसुधारकों के विचारों में अभिव्यक्त सामाजिक समरसता पर विस्तार से प्रकाश डाला है।

आशा है कि प्रस्तुत पुस्तक 'सामाजिक समरसता' को केन्द्र में रखकर भारतीय भक्ति साहित्य का पुनर्मूल्यांकन करने की परम्परा का सूत्रपात कर, नींव का कार्य करेगी। साथ ही सामाजिक समरसता की इस अवधारणा को और अधिक स्पष्ट करने में अहम भूमिका अदा करेगी।

सन् 2011 में सम्पन्न संगोष्ठी के इस दस्तावेज को पुस्तक रूप में प्रकाशित करने हेतु अनुमति प्रदान करनेवाले उत्तर महाराष्ट्र विश्व-विद्यालय, जलगाँव के भूतपूर्व कुलपति डॉ. के.बी. पाटील (अण्णा),

भाषा अभ्यास प्रशाला की संचालिका डॉ. शोभा शिन्दे इनके प्रति मैं कृतज्ञता ज्ञापित करता हूँ। उनकी अनुमति और प्रेरणा के बिना यह पुस्तक प्रकाशित करना शायद मेरे लिए सम्भव नहीं होता। साथ ही, इसको पुस्तकाकार देनेवाले लोकभारती प्रकाशन, इलाहाबाद तथा राजकमल प्रकाशन, नई दिल्ली के प्रकाशक श्री अमोद महेश्वरी जी के प्रति भी धन्यवाद ज्ञापित करना मैं मेरा परम कर्तव्य समझता हूँ। इतनी छोटी सी आयु में इतने बड़े और स्तरीय प्रकाशन से पुस्तक प्रकाशित होते हुए मैं अपने आपमें गर्व का अनुभव कर रहा हूँ। मुझे यह पूरा विश्वास है कि पुस्तक को पढ़कर सभी पाठक 'भारतीय भक्ति साहित्य' और 'सामाजिक समरसता' दोनों के प्रति समरस हो जाएँगे तथा सन्तों, भक्तों और समाजसुधारकों से प्रेरणा ग्रहण कर अपना समग्र जीवन सामाजिक समरसता स्थापित करने हेतु व्यय करेंगे। यदि पुस्तक, अंश मात्रा में क्यों न हो, रुचिकर अथवा अरुचिकर लगे तो अपनी प्रतिक्रिया सम्पादक तक पहुँचाएँ, इस नम्र निवेदन के साथ अपनी लेखनी को विराम देता हूँ।

जय हिंद!

जय भारत!

—डॉ. सुनील कुलकर्णी

हिन्दी विभागाध्यक्ष,

उत्तर महाराष्ट्र विश्वविद्यालय,

जलगाँव, महाराष्ट्र

अनुक्रम

खंड-एक
सामाजिक समरसता का सैद्धान्तिक स्वरूप

खंड-दो
आदिकालीन साहित्य में अभिव्यक्त सामाजिक समरसता

खंड-तीन
मध्यकालीन भक्ति साहित्य में अभिव्यक्त सामाजिक समरसता

खंड-चार

आधुनिक सन्तों एवं समाजसुधारकों के साहित्य में अभिव्यक्त सामाजिक समरसता

खंड-एक

सामाजिक समरसता का सैद्धान्तिक स्वरूप

सामाजिक समरसता का सैद्धान्तिक स्वरूप

डॉ. सुनील कुलकर्णी (देशगव्हाणकर)

पृष्ठभूमि

साहित्य को हम सदैव ही परिवर्तनशील मानते रहे हैं। समय और काल के परिप्रेक्ष्य में जिस प्रकार उसके लेखन के मानदंडों में परिवर्तन हुआ है उसी प्रकार उसके मूल्यांकन के मानदंड भी परिवर्तित हुए हैं। वेद, उपनिषद काल से लेकर प्राचीन, मध्ययुगीन और आधुनिक काल तक का लिखा साहित्य उसका साक्षी है।

मित्रो! हम सभी इस बात से भली-भाँति परिचित हैं कि आरम्भिक समय में साहित्य के केन्द्र में समाज और मनुष्य न होकर देवी-देवता, राजा-महाराजा, प्रकृति, पेड़-पौधों, अप्सराओं और राक्षसों की रहस्मयी कहानियाँ थीं। लेकिन धीरे-धीरे क्यों न हो, इस स्थिति में परिवर्तन आता गया और आज वैश्वीकरण के परिप्रेक्ष्य में साहित्य के केन्द्र में सामान्य मनुष्य आ गया। अब तक जिन्हें हमने धर्म के नाम पर, पन्थ और सम्प्रदाय के नाम पर, जाति के नाम पर, लिंग के नाम पर, भूप्रदेश और भाषा के नाम पर हाशिए पर रखा था, वे सभी आज साहित्य सृजन और निर्माण के केन्द्र में आकर सबकी चिन्ता और चिन्तन के विषय बन गए हैं।

वर्तमान समय में जब साहित्य के केन्द्र में समाज और मनुष्य है तो जाहिर है कि साहित्य समीक्षा के केन्द्र में भी समाज और मनुष्य ही होना चाहिए। 'सामाजिक समरसता' यह साहित्य समीक्षा की आधुनिक अवधारणा उसी आवश्यकता की पूर्ति है। जो इस बात पर बल देती है कि वर्तमान में और उसके पहले भी जो साहित्य रचा गया है उसे 'सामाजिक समरसता' की कसौटी पर तौला जाए, परखा जाए। उसके लिए उसका सैद्धान्तिक स्वरूप समझने की नितान्त आवश्यकता है। प्रस्तुत अध्याय उसी आवश्यकता की पूर्ति का एक लघु प्रयास है जिसमें 'सामाजिक समरसता' इस अवधारणा का व्युत्पत्तिगत अर्थ, उसकी परिभाषा, उसका स्वरूप, उसका प्रयोजन, उसकी प्रेरणा, उसका उद्‌देश्य, उसके मानदंड, उसका महत्त्व, उसके सामने की चुनौतियाँ, उसके कार्यान्विति के विविध स्तर, उसके पोषक और बाधक तत्त्व, काल के प्रवाह में उसका महत्त्व आदि

मुद्दों से सम्बन्धित उसके सैद्धान्तिक पक्ष को पाठकों के सम्मुख रखने का प्रथम प्रयास इस दीर्घ शोध आलेख के द्वारा आगे क्रमश: किया जा रहा है।

समरसता का व्युत्पत्तिगत अर्थ

वास्तव में 'सामाजिक समरसता' की यह अवधारणा दो शब्दों के योग से बनी है। एक 'समाज' और दूसरी 'समरसता'। मुझे लगता है कि 'समरसता' की इस मूल अवधारणा में बाद में 'सामाजिक' शब्द को जोड़कर उसे और अधिक व्यापक अर्थ-विस्तार दिया गया है। इस कारण हम सर्वप्रथम 'समरसता' इस शब्द के व्युत्पत्तिगत अर्थ पर प्रकाश डालते हैं। ''समरसता इस अक्षर की व्यंजन मात्रा सहित संख्या छह है। हिन्दी में इस शब्द का प्रयोग 'संज्ञा' के रूप में किया जाता है और यह स्त्रीलिंगी वर्ग में आता है जिसकी व्युत्पत्ति संस्कृत भाषा से मानी जाती है।''[1]

कै.वा.गो. आपटे द्वारा सम्पादित शब्दकोश 'मराठी शब्द रत्नाकर' में 'समरसता मानसिक वृत्ति की एकाग्रता या एकरसता है।' इस अर्थ में समरसता शब्द प्रयुक्त किया गया है। इसके अतिरिक्त प्रह्लाद नरहर जोशी द्वारा सम्पादित आदर्श मराठी शब्दकोश में समरसता शब्द में 'सम' संस्कृत उपसर्ग है, यह बात कही गई है। इसी शब्दकोश में समरसता शब्द का अर्थ संयोग, विलाप, सहवास ऐसा दिया गया है। 'रसता' इस शब्द के पूर्व 'सम' उपसर्ग लगकर 'समरसता', 'समरस्य', 'सामरस्य' ऐसे कई शब्द बनते हैं। उनके अर्थ 'ऐक्य भाव', 'तादात्म्य', 'एकरूपता' ऐसे होते हैं।

श्री भि.रा. इदाते के मतानुसार, ''समरसता वर्तमान काल का बहुत महत्त्वपूर्ण शब्द है। Watch Word है। इस शब्द का प्रयोग आज राजनीतिक, सामाजिक, धार्मिक, सांस्कृतिक ऐसे सभी क्षेत्रों में हो रहा है। विशेषत: सामाजिक परिवर्तन को आधार माननेवाले वैयक्तिक और सामूहिक होनेवाले मन तथा इस मन से जुड़ा यह समरसता का विचार है।''[2]

श्री रमेश पतंगे के मतानुसार, ''वस्तुत: समरसता इस शब्द का अर्थ 'संघटन' इस शब्द में निहित है। जहाँ संघटन होता है वहाँ बिभेद, विषमता, असमानता, विघटन हो ही नहीं सकता। समता संघटन का मुख्य आधार है। यह सारा अर्थ समरसता से ध्वनित होता है।''[3]

सामाजिक 'समता' यह शब्द सामान्य जीवन-व्यवहार में प्रचलित शब्द है। परन्तु 'समरसता' यह शब्द सामान्य जीवन-व्यवहार में उतना प्रचलित नहीं है। 'समता' और 'समरसता' ये दोनों शब्द समाज में स्थित विषमता के सन्दर्भ में प्रयोग में लाए जाते हैं। समाज में स्थित विषमता का समूल नाश कर समाज में एकरसता और एकात्मता का निर्माण करना, यह इन शब्दों का मुख्य हेतु रहा है। इसे साध्य करने की दोनों की पद्धतियाँ अलग-अलग हैं। ऊपरी तौर पर दोनों के अर्थ समान ध्वनित होते हैं परन्तु सूक्ष्मता से देखने पर हमें उनमें स्थित अन्तर स्पष्ट हो जाएगा।

समरसता साहित्य परिषद द्वारा 'समरसतेचा नन्दादीप' प्राचार्य तोरो के स्मृतिग्रन्थ में 'समरसता' इस शब्द के अर्थ को स्पष्ट करते हुए प्रा. काशीनाथ वाडेकर लिखते हैं, "समरसता यह तथ्य का तटस्थ वर्णन मात्र नहीं वरन् वह एक मूल्यात्मक खोज है। वह सकारात्मक भाव से जीना है, यथार्थ की ओर देखना है। उस अच्छी स्थिति की ओर अधिकाधिक तीव्र गति से जाने का ध्यास है। पुष्प से गन्ध प्रस्फुटित हो वैसी भारतीय जीवन में समरसता की सुगन्ध आती है, ऐसा दृढ़ विश्वास रखना, यह समरसता शब्द का अर्थ लगाया जा सकता है।"[4]

प्रथम समरसता साहित्य सम्मेलन के अध्यक्ष तथा मराठी के सुप्रसिद्ध ग्रामीण साहित्यकार डॉ. आनन्द यादव ने 'स्व-समरसता' की आवश्यकता को प्रतिपादित करते हुए 'समरसता' शब्द के अर्थ को स्पष्ट किया है। उनके मतानुसार, "मनुष्य के जन्म के साथ ही समरसता मूल्य का भी जन्म हुआ है। जन्मे हुए प्रत्येक मनुष्य को प्रथम अन्तर्मुख होकर स्वयं को ही समझना पड़ता है। स्वयं को पूर्णरूपेण समझने हेतु स्वयं के साथ ही समरस होना पड़ता है। यदि वह पूरी तरह से समरस हुआ तो ही उसे स्वयं का व्यक्तित्व, उसके विविध पहलू समझ में आ सकते हैं। वह समझने पर ही स्वयं का सर्वांगीण विकास करना सम्भव होता है। उस विकास हेतु किस प्रकार की शिक्षा ग्रहण करना आवश्यक है, अनिवार्य है यह उसके ध्यान में आता है। तभी आत्मविकास सम्भव होता है। जीवन में सफल होने की सम्भावना निर्मित होती है। इस कारण मानवीय जीवन के प्रथम चरण पर ही स्व-समरसता की आवश्यकता होती है, ऐसा उनका मानना है।"[5]

इसी ग्रन्थ के एक-दूसरे निबन्ध में डॉ. सुवर्णा रावल समरसता शब्द के अर्थ को और अधिक स्पष्ट करते हुए लिखती हैं, "समरसता शब्द भावात्मक दृष्टि से प्रयोग में लाया जाता है। मानवीय समूह में यह भाव निर्माण करने का प्रयास निरन्तर रूप से होता रहा है। समाज जीवन की गतिविधियों में यह एक नैसर्गिक प्रक्रिया है। इस पृथ्वीतल पर जब से मनुष्य समूह के रूप में रहने लगा है तब से वह सामंजस्य, समरसता, समभाव इन तत्त्वों को समाजरूढ़ बनाने की कोशिश करता रहा है। यह सामंजस्य, समरसता की धारणा समाज के विकास हेतु आवश्यक मूलभूत तत्त्व हैं।"[6] मराठी के एक प्रसिद्ध विद्वान डॉ. ईश्वर नन्दापुरे जी 'समरसता' इस शब्द के व्युत्पत्तिगत अर्थ को और अधिक विश्लेषित करते हुए लिखते हैं, "समरसता शब्द एकरसता, एकात्मता, लयबद्धता, एकरूपता, पर्सानीफिकेशन आदि कई बहुपर्यायी शब्दों के रूप में प्रयोग में लाया जाता है। समरसता संवेदनशील एवं प्रवहमान शब्द है। विविध अर्थ धारण कर वह उदित हुआ है। मनुष्य के जन्म के साथ ही उसका जन्म हुआ है। इस शब्द के सामाजिक, राजनीतिक, सांस्कृतिक, साहित्यिक और जीवन-विषयक अनेक सन्दर्भ हैं। मानवता, बन्धुता इन शाश्वत मानवीय मूल्यों हेतु समरसता शब्द का प्रयोग किया जाता है।

समरसतावादी इस शब्द का प्रयोग अद्वैत तत्त्वज्ञान के अर्थ में करते हैं। इस बात का ध्यान हमें रखना आवश्यक है। उच्चारण के अनुसार समरसता मतलब समान अभिरुचि, कार्यपद्धति, ऐसा अर्थ इस शब्द को प्राप्त होता है।

अन्धश्रद्धा, दुख, वेदना इनके विरुद्ध 'समर' (युद्ध) छेड़कर मानवीय मूल्यों की सत्ता प्रस्थापित करने हेतु इस शब्द का प्रयोग किया जाता है। समरसता प्राप्ति हेतु सभी को एक ही मार्ग से, एक ध्येय (एक दिशा में जानेवाला एकात्म भाव) से जाना चाहिए। एक दिल से सभी को जीना चाहिए। इस अर्थ में यह शब्द अब तक प्रयुक्त होता रहा है। कुछ लोग इसे 'सोमरसता' अर्थ से भी प्रयुक्त करते हैं। जिसका तात्पर्य होता है बेधुन्द—मस्ती, नशा। इस प्रकार का अर्थ धारण कर यदि कोई समाज कार्य करता है तो स्तुत्य ही है। ध्येयपूर्ति हेतु यदि कोई आत्मभान खोकर कार्य करता है तो वह निश्चित रूप से सफल ही होगा, ऐसा हमें विश्वास है। ऐसे विविध अर्थ धारण कर आया हुआ समरसता शब्द एकात्मता और बन्धुता इस अर्थ में ही आगे अधिकाधिक मात्रा में रूढ़ होता हुआ दिखाई देता है।[7] हिन्दी साहित्य के प्रमुख हस्ताक्षर जयशंकर प्रसाद के 'कामायनी' इस नायिका प्रधान महाकाव्य में समरसता शब्द के आध्यात्मिक और साहित्यिक अर्थ पर प्रकाश डालते हुए लिखा गया है—

"कामायनी में आत्मप्रकाश से अन्धकार नाश का प्रतिपादन है और तब अद्वैत दर्शन की उपलब्धि का वर्णन है। यही शैव-दर्शन की समरसता है। जब अद्वैत दर्शन की पूर्णदृष्टि मिल जाती है तो इदम् भाव विगलित हो जाता है और अहं भाव का विमर्श होता है। इस स्थिति का नाम समरसता है।" समरसता का अर्थ है—'दो समान रसों की एकता'। शिव परमप्रकाश एवं जीव मितप्रकाश होने पर भी प्रकाश स्वरूप ही हैं। परम एवं मित की प्रतीति 'मल' के कारण होती है। मल का क्षय होते ही दोनों प्रकाश एकरूप हो जाते हैं। जैसे नदी के समुद्र में मिलने पर नदीजल और समुद्रजल एक हो जाते हैं। उसी प्रकार जीव का आत्मविश्रान्ति की स्थिति में शिव हो जाना ही समरसता है। यथा—"आत्मा, समरसत्वेन शिवी भवति सर्व ग्रहः" समरसता पूर्णानन्दावस्था है। इसकी विपरीत अवस्था का नाम विषमता है। कामायनी में पहले विषमता की पीड़ा का वर्णन है, बाद में समरसता के आनन्द का चित्रण किया गया है।"[8] प्रसाद द्वारा लिखित कामायनी में अभिव्यक्त 'समरसता' शब्द के अर्थ पर प्रकाश डालते हुए हिन्दी के प्रसिद्ध आलोचक डॉ. विजयेंद्र स्नातक लिखते हैं, "सामरस्य का अर्थ क्या है? श्रद्धा कहती हैं—नित्य समरसता का अधिकार : उमड़ता कारण-जलधि समान। व्यथा से नीली लहरों बीच, बिखरते सुख मनि गण द्युतिसमान। अर्थात् वैषम्य से आगे बढ़ने पर तुम्हें सदा एकरस रहनेवाले शिव का दर्शन प्राप्त होगा। प्रत्येक जीव का शिव स्वरूप होने की समरसता (शिवत्व) में नित्य अधिकार, व्यापक होकर सबके मूल में स्थित हैं। जैसे समुद्र परमव्यापक होने के कारण चारों ओर से उमड़ता हुआ दिखाई पड़ता है और उसमें उठनेवाली लोल लहरियों के मध्य ज्योति समान मणिसमूह बिखरते हुए

दिखाई पड़ते हैं। वैसे ही अत्यन्त व्यापक समरसता में उठनेवाली दुख की नीली लहरियों के बीच मणिगण के समान चमकीले सुख-स्वप्न भंग होते रहते हैं। अत: तुम्हें क्षणिक सुख-दुख की चिन्ता छोड़कर समरसता की ओर बढ़ना चाहिए।''[9] भारत के भूतपूर्व पन्तप्रधान एवं हिन्दी के प्रसिद्ध कवि अटल बिहारी वाजपेयी जी ने भी समरसता शब्द के व्युत्पत्तिगत अर्थ पर प्रकाश डालते हुए लिखा है, ''समरसता का अर्थ यह नहीं है कि कुरीतियों को सहन किया जाए। समरसता का अर्थ यह नहीं है कि दबे हुए, पिछड़े हुओं के साथ दुर्व्यवहार किया जाए। समरसता का अर्थ यह है कि हम सब भारतमाता के पुत्र-पुत्रियाँ हैं। हमें मिलकर अपनी समस्याओं को हल करना है। एक-दूसरे के प्रति करुणा, संवेदना का भाव रखना है। कोई सुधार अगर उसके मूल में करुणा नहीं है, कोई सुधार अगर उसके मूल में संवेदना नहीं है तो कानून की दृष्टि से थोड़ा-बहुत लाभ पहुँच सकता है, मगर समाज में स्थायी परिवर्तन नहीं लाया जा सकता।''[10]

इस प्रकार 'समरसता' शब्द के व्युत्पत्तिगत अर्थ को विस्तार से देखने के पश्चात् अब हमने आगे समरसता की इस अवधारणा को किन-किन विद्वानों ने किन-किन परिभाषाओं में शब्दबद्ध करने का प्रयास किया है, उस पर प्रकाश डालेंगे।

समरसता की परिभाषाएँ

'समरसता' शब्द का प्रयोग भले ही प्राचीन काल से होता रहा है परन्तु उसे एक साहित्यिक मूल्य मानकर साहित्य एवं समीक्षा के क्षेत्र में स्थापित करने का श्रेय मराठी साहित्य को ही देना चाहिए। विगत पन्द्रह-बीस वर्षों से मराठी साहित्य के कई आलोचक वर्तमानकालीन तथा प्राचीन काल के साहित्य का मूल्यांकन 'सामाजिक समरसता' के मानदंडों के आधार पर किया जाए—इस बात के आग्रही रहे हैं। इस कारण 'समरसता' या सामाजिक समरसता की इस अवधारणा को परिभाषित करने के प्रयास अधिकांश मात्रा में उन्हीं विद्वानों के किए हुए दिखाई देते हैं। उनमें से प्रमुख साहित्यिक आलोचकों की परिभाषा पर हम आगे क्रमश: प्रकाश डाल रहे हैं :

प्रा. काशीनाथ वाडेकर : श्री काशीनाथ वाडेकर के मतानुसार, '''समरसता' तथ्य का तटस्थ वर्णन न होकर मूल्यात्मक खोज है। वह सकारात्मक भाव से जीना है। यथार्थ की ओर देखना है। अच्छी स्थिति की ओर अधिकाधिक तीव्र गति से जाने की आदत है।''[11]

अशोक रामटेके : इनके मतानुसार, ''सामाजिक समरसता मतलब मानवता। मानवता मतलब मानवीय समाज में स्थित मनुष्य का मनुष्य के साथ मनुष्य जैसा व्यवहार करना, उसे ही सामाजिक समरसता कहा जाता है।''[12]

सदाशिव देवधर : इनका यह मानना है कि ''सामाजिक समरसता हृदय से हृदय को जोड़नेवाली दीर्घकालीन प्रक्रिया है।''[13]

नामदेव चं. कांबळे : "समरसता में स्वयं के व्यक्तित्व को न भूलते हुए मानसिक और भावनात्मक स्तर पर दूसरे व्यक्ति को अपना बनाना पड़ता है। उसका दुख, उसकी समस्या, उसके प्रश्न अपने ही हैं ऐसा मानकर उसके साथ व्यवहार करना मतलब समरसता है।"[14]

नामदेव कांबळे : एक अन्य स्थान पर सामाजिक समरसता को परिभाषित करते हुए नामदेव कांबळे जी लिखते हैं, "सामाजिक समरसता मतलब समाज में स्थित एक घटक ने दूसरे घटकों के मन में स्थित सुख-दुखात्मक भावनाओं के साथ पूर्णरूपेण एकरूप और उनके मन में जो भावना निर्मित है उसी प्रकार की भावना अपने मन में निर्मित होने की स्थिति समरसता की स्थिति है।"[15]

डॉ. प्रभाकर मांडे : मराठी साहित्य के प्रसिद्ध लेखक और लोकसाहित्य के अभ्यासक डॉ. प्रभाकर मांडे जी ने समरसता का सम्बन्ध लोकसंस्कृति के साथ विशद कर समरसता को बहुत ही कम शब्दों में परिभाषित करने का प्रयास किया है। उनके मतानुसार, "समरसता भारतीय लोकसंस्कृति का आत्मतत्त्व है।"[16]

डॉ. प्रभा गणोरकर : मराठी की सुप्रसिद्ध स्त्रीवादी लेखिका श्रीमती डॉ. प्रभा गणोरकर ने समरसता और सहिष्णुता का अनिवार्य सम्बन्ध विशद करते हुए समरसता की संकल्पना को परिभाषित किया है। उनका यह मानना है, "सहिष्णुता के बिना समता और समरसता आदि नहीं आ सकती।"[17]

मा.गो. वैद्य : प्रसिद्ध पत्रकार एवं संघ विचारधारा के प्रवक्ता के रूप में सर्वज्ञात मा.गो. वैद्य जी ने समरसता की अवधारणा को स्पष्ट करते हुए लिखा है, "यह समाज जीवित रहना चाहिए, उसमें सतत चैतन्यतत्त्व प्रस्फुटित होना चाहिए। ऐसे जीवन्त समाज के शरीर में जो कुछ भी व्याधियाँ प्रवेशित हुई होंगी, वे भी दुरुस्त हो सकती हैं। यह दुरुस्ती करने का मार्ग मतलब समरसता का ही मार्ग है।"[18]

डॉ. मोहन भागवत : राष्ट्रीय स्वयंसेवक संघ के सर संघचालक डॉ. मोहन जी भागवत ने समरसता की अवधारणा को परिभाषित करते हुए लिखा है, "जिस आन्तरिक आत्मीयता के भरोसे इस प्रकार अपनी व्यक्तिगत आशा-आकांक्षा तथा स्वार्थ के बलिदान के लिए भी व्यक्ति सिद्ध रहता है, अपने समाज-बान्धवों के हित की संवेदना जिस आन्तरिक संस्कार के कारण व्यक्तियों के हृदय की संवेदना हृदय को झंकृत करती है, उसी को समरसता कहते हैं।"[19]

डॉ. विजय भटकर : प्रसिद्ध वैज्ञानिक डॉ. विजय भटकर जी समरसता को परिभाषित करते हुए लिखते हैं—"हमारे वेदों का महाकाव्य-अहम् ब्रह्मास्मि-तत्वम् असि-प्रज्ञाम् असि ऐसे यह जो वाक्य है इसका अर्थ मैं जो देखता हूँ, सृष्टि एवं सृष्टि का निर्माता, जीव, जगत् और ईश्वर इनका ऐक्य, मतलब पूर्ण, समग्र समरसता।"[20]

डॉ. विजय भटकर : इनके मतानुसार समरसता की परिभाषा यदि संगणकीय भाषा में विशद करनी है तो वह निम्न प्रकार से कही जा सकती है—"आबझर्र, ऑक्झर्वर अँड प्रयोस ऑफ ऑक्झर्विशन बिन्दय ववन दॅट इन समरसता।"[21]

डॉ. अशोक कामत : मराठी सन्त साहित्य के ज्येष्ठ अभ्यासक डॉ. अशोक कामत जी के मतानुसार, "समरसता मन-परिवर्तन का, मन में बदलाव लाने का एक प्रभावी साधन है।"[22]

डॉ. रामलाल सिंह : हिन्दी साहित्य के आलोचक डॉ. रामलाल सिंह जी समरसता को परिभाषित करते हुए लिखते हैं, "दो विपक्षी या विरोधी वस्तुओं के द्वन्द्व का अभाव ही समरसता है। द्वन्द्व के अभाव में उनमें समन्वय स्थापित हो जाता है।"[23]

डॉ. बाळकृष्ण कवठेकर : मराठी साहित्य के अनुभवी एवं ज्ञानसम्पन्न आलोचक डॉ. बाळकृष्ण कवठेकर जी के मतानुसार, "सामाजिक समरसता मतलब समाज में स्थित एक घटक ने दूसरे घटक के साथ सुख-दुखात्मक भावनाओं के साथ एकरूप होना है। उनके मन में स्थित उन भावनाओं की निर्मिति इनके मन में लेना है। तुम्हारा दुख वही मेरा दुख और तुम्हारा सुख वही मेरा सुख, इतना एहसास समाज में स्थित विभिन्न घटकों ने एक-दूसरे को परस्पर के आचरण के द्वारा देने की वृत्ति सामाजिक समरसता है।"[24]

इस प्रकार अनेक विद्वानों ने समरसता की परिभाषा को शब्दबद्ध करने का प्रयास किया है। इन्हीं परिभाषाओं के आधार पर तथा अन्य भी कुछ विद्वानों के मन्तव्यों को देखकर आगे हम समरसता की इस अवधारणा के स्वरूप को और अधिक मात्रा में स्पष्ट करने का प्रयास कर रहे हैं।

समरसता का स्वरूप

समरसता की अवधारणा का स्वरूप अत्यन्त व्यापक है। उसे स्पष्ट करने हेतु हमें समरसता के स्वरूप को लेकर विभिन्न विद्वानों ने अभिव्यक्त किए मतों को देखने के पश्चात् समता और समरसता तथा प्रवर्तन, परिवर्तन और समरसता इन अवधारणाओं में स्थित अन्तर को स्पष्ट करना होगा। पहले हम समरसता के स्वरूप को लेकर विभिन्न विद्वानों के मतों पर प्रकाश डालेंगे।

समरसता के स्वरूप को लेकर विभिन्न विद्वानों के मत

उपर्युक्त परिभाषाओं को देखने के पश्चात् हम यह कह सकते हैं कि समरसता का स्वरूप अत्यन्त व्यापक है। मनुष्य जीवन से सम्बन्धित सभी क्षेत्रों में हम इसके प्रभाव को देख सकते हैं और इस अवधारणा के सहारे जीवन तथा साहित्य की ओर देखने की एक नई दृष्टि विकसित कर सकते हैं। वास्तव में समरसता एक आन्तरिक वृत्ति होने के कारण इसका सम्बन्ध शरीर के बाह्य अवयवों की अपेक्षा मन से

अधिक है। यही कारण है कि इसे मानसिक वृत्ति ही कहा और माना जाता है। इस सन्दर्भ में समरसता साहित्य के एक अभ्यासक तथा ज्येष्ठ पत्रकार श्री रमेश पतंगे लिखते हैं, "समरसता एक प्रकार की मानसिक भावना है। किसी भी एकाध विषय में मनुष्य एकरूप हुआ, तल्लीन हुआ तो वह मानसिक दृष्टि से समरस हुआ, ऐसा हम कह सकते हैं। व्यावहारिक उदाहरण यदि देना हो तो नाटक तथा फिल्म देखते समय, देखनेवाला व्यक्ति जब उस नाटक या फिल्म के कथावस्तु के साथ भावनिक दृष्टि से एकरूप होता है, तब वह व्यक्ति उस कथावस्तु के साथ 'समरस' हुआ, ऐसा हम कह सकते हैं। नाटक या फिल्म की घटना एवं प्रसंगों के साथ देखनेवाले का एक भावनिक रिश्ता बन जाता है। कथावस्तु में स्थित आनन्द या दुख के प्रसंग में देखनेवाला व्यक्ति भी आनन्दित या दुखी हो जाता है। तब समरसता स्थापित हो जाती है।"[25] समरसता की इस अवधारणा के स्वरूप को और अधिक स्पष्ट करते हुए श्री रमेश पतंगे लिखते हैं, "समरसता की यह मानसिक अवधारणा एक ही समय में व्यक्तिसापेक्ष भी होती है और समूहसापेक्ष भी। नाटक, फिल्म आदि माध्यम समूह एक साथ देखे जाते हैं। मनुष्य का जब एक समूह बन जाता है तब उस समूह का एक मन तैयार हो जाता है। समूह में स्थित घटक व्यक्ति उस समूह मन का ही एक घटक बन जाता है। नाटक, फिल्म का आस्वाद वह समूह मन के साथ ही ग्रहण करता है। क्रोध, प्रेम, ईर्ष्या, घृणा, शृंगार, करुणा आदि भावनाएँ समूह की बन जाती हैं, सामूहिक हो जाती हैं। इस कारण समरसता समूह मन की सामूहिक वृत्ति का नाम है, ऐसा हम कह सकते हैं।"[26] वे समरसता को जिस प्रकार सामूहिक वृत्ति मानते हैं, उसी प्रकार व्यक्तिसापेक्ष भी मानते हैं। उनका यह मानना है, "समरसता व्यक्तिसापेक्ष भी होती है। किताब पढ़ना, गाना सुनना, वाद्य बजाना, चित्रों का आस्वाद लेना, प्राकृतिक सौन्दर्य की अनुभूति लेना, शिल्प को निहारना, पुस्तक लिखना, गाने का रियाज करना, इतना ही नहीं तो एकाध अच्छा पदार्थ बनाना या उसका आस्वाद लेना यह सारी बातें व्यक्तिसापेक्ष ही होती हैं। ऐसी बातें करते समय उनमें एकरूप हुए बिना या समरस हुए बिना कोई भी व्यक्ति सफल आस्वादक नहीं बन सकता। निर्विकार पद्धति से, मन में किसी भी प्रकार का भाव निर्माण न होते हुए देखने, पढ़ने और सुननेवाले व्यक्ति को पत्थर-दिल ही माना जाएगा। ऐसा व्यक्ति अपवादात्मक स्थिति में ही देखा जा सकता है।"[27] समरसता में स्वयं के व्यक्तित्व को न भूलते हुए मानसिक एवं भावनिक स्तर पर दूसरे व्यक्तित्व को अपने जैसा बनाना पड़ता है। उसका दुख, उसकी समस्या, उसके प्रश्न अपने हैं, ऐसा मानकर वर्तन करना ही समरसता है।

समरसता की यह अवधारणा जैसे व्यक्तिसापेक्ष और समूहसापेक्ष है वैसे ही वह जाति और धर्मविरहित भी है। इस अवधारणा में एक का दुख दूसरे के समझ लेने की आवश्यकता पर अधिक बल दिया जाता है। इस कारण यह अवधारणा सम्पूर्ण

समाज में एकता की भावना वृद्धिगत करने में अत्यन्त कारगर सिद्ध होती है। इस सन्दर्भ में नामदेव च. कांबळे लिखते हैं, "समरसता की यह अवधारणा एक का दुख दूसरे के समझ लेने की अवधारणा होने के कारण केवल हिन्दू एवं दलित समाज तक ही सीमित नहीं है। उसका प्रभाव अन्य समाजों पर भी पड़ना आवश्यक है। तभी सम्पूर्ण भारतीय समाज एकसंघ बन सकेगा और भारत यह सशक्त राष्ट्र के रूप में सामने आएगा। ऐसा मुझे लगता है।"[28]

वर्तमान में समाज की दृष्टि से सामाजिक समरसता का प्रश्न अत्यन्त महत्त्वपूर्ण है। समाज में 'समरसता' का विचार पनपे इसलिए आरम्भ से ही सम्पूर्ण भारतवर्ष के सन्त एवं भक्त प्रयत्नशील रहे हैं। उन सबका यह मानना है कि समरसता के लिए पहले मानसिकता में परिवर्तन आना नितान्त आवश्यक है। मानसिक स्थिति में परिवर्तन लाने हेतु वैचारिक उद्‌बोधन, सेवा, समन्वय और जहाँ अत्यावश्यक हो वहाँ संघर्ष करने की आवश्यकता है। यही इस अवधारणा का स्वरूप है।

समरसता की इस अवधारणा का स्वरूप और अधिक स्पष्ट करने हेतु समता, समानता और समरसता इन अवधारणाओं में क्या अन्तर है, इसे स्पष्ट करना भी आवश्यक होगा, ऐसा मुझे लगता है। क्योंकि अपने आपको परिवर्तनवादी माननेवाले लोग समरसता को राष्ट्रीय स्वयंसेवक संघ द्वारा निर्मित शब्द मानकर समरसता के पर्यायी शब्द के रूप में समता, समानता, परिवर्तन इन शब्दों का ही प्रयोग करते हुए दिखाई देते हैं। परन्तु मैं व्यक्तिगत रूप से इन शब्दों को पर्यायी शब्द मानने के पक्ष में नहीं हूँ। इस कारण समरसता की अवधारणा का स्वरूप स्पष्ट करते समय मैं इन शब्दों में स्थित अन्तर को भी पाठकों के सम्मुख स्पष्ट करना चाहता हूँ। इसलिए कि समरसता की इस अवधारणा के स्वरूप को लेकर पाठकों में किसी भी प्रकार का असमंजस का भाव न रहे। प्रथमतः हम समता और समरसता इन दो अवधारणाओं में क्या अन्तर है, उस पर प्रकाश डालेंगे।

समता और समरसता में अन्तर

ऊपरी तौर पर देखने के पश्चात् यह दोनों शब्द पर्यायी शब्द लगते हैं परन्तु ऐसा नहीं है। समता और समरसता ये दोनों अवधारणाएँ परस्परावलम्बी हैं परन्तु दोनों का मतितार्थ और लक्ष्य किंचित्-सा अलग है। इस सन्दर्भ में मराठी के एक प्रसिद्ध आलोचक डॉ. बाळकृष्ण कवठेकर जी का कहना है, "समरसता की अवधारणा में समता अपेक्षित ही है परन्तु केवल समता मतलब समरसता ऐसा नहीं। समता की अवधारणा केवल भौतिक अस्तित्व का ही, अवसरों का ही विचार करती है। समरसता की अवधारणा भौतिक अवसरों के सिवाय, मनोमिलन से होनेवाली एकात्मता अधिक महत्त्वपूर्ण मानती है। समता की अवधारणा में अधिकारों का एहसास है, समरसता की अवधारणा कर्तव्य भाव का एहसास जगानेवाली है। समता

का विचार जो प्राप्त करना है वह कैसे मिलेगा, इसी पर विचार करनेवाला है, तो समरसता के विचार में सहभागीदार होने को महत्त्व दिया जाता है। जैसे 'देखि जे भूता ते ते मानिजे भगवन्त', इस वारकरी सम्प्रदाय की उक्ति के साथ समरसता का बहुत करीबी रिश्ता है। संक्षेप में यदि कहा जाए तो समरसता मतलब 'मानवता के समकक्ष सिद्ध होनेवाला सर्वश्रेष्ठ जीवन-मूल्य है।''[29] कुछ विद्वान समरसता के अभाव में समता का प्रस्थापित होना असम्भव-सा मानते हैं। उनका यह कहना है कि समरसता के बिना एक तो समता स्थापित ही नहीं होगी और यदि स्थापित हो भी गई तो टिकेगी नहीं। इस सन्दर्भ में डॉ. किशोर मकवाना अपने विचार व्यक्त करते हुए लिखते हैं, "मुझे लगता है कि इस देश के अन्दर मजबूती तभी आएगी, जब समरसता के वातावरण का निर्माण होगा। मात्र समता ही काफी नहीं है। समरसता के बिना समता असम्भव है।"[30] इसी अन्तर को विशद करते हुए मराठी साहित्य के ज्येष्ठ आलोचक एवं प्रथम समरसता साहित्य सम्मेलन के अध्यक्ष डॉ. आनन्द यादव लिखते हैं, "समरसता में स्वानुभव महत्त्वपूर्ण होता है, और समता में बौद्धिक विचार, बौद्धिक चिन्तन महत्त्वपूर्ण होता है। उसमें अनुभव होता ही है, ऐसी बात नहीं, विचार का महत्त्व रहता है। यह इन दो शब्दों में मूलभूत अन्तर है।"[31] दोनों अवधारणाओं के आरम्भ में 'सम' शब्द के प्रयोग के कारण भी कैसे सम्भ्रम की स्थिति निर्मित हुई है उस पर प्रकाश डालते हुए सौ. संजीवनी तोफखाने लिखती हैं, "आधुनिक काल की समता और मध्ययुगीन काल में सन्तों द्वारा प्रतिपादित समरसता इन दोनों शब्दों के आरम्भ में 'सम' शब्द होने के कारण उनमें कुछ अन्तर नहीं है, दोनों परस्पर समानार्थी शब्द हैं, ऐसा बहुतों को लगता है। परन्तु सन्त साहित्य में परमेश्वर के साथ निर्मित हुई जो समरसता है, वह साहित्य के माध्यम से अभिव्यक्त हुई है। उस समरसता और आधुनिक काल में समाज में समता का निरन्तर उद्घोष किया जाता है। उस सामाजिक समता में बहुत अन्तर है। ये दोनों परस्पर भिन्न शब्द हैं।"[32]

मराठी के प्रसिद्ध साहित्यकार नामदेव जी कांबळे का मानना है, "सामाजिक समता शब्द सामान्य जीवन-व्यवहार में जितना प्रचलित है उतना समरसता शब्द प्रचलित नहीं है। बहुतों का मानना है कि समता और समरसता ये दोनों शब्द समानार्थी हैं। ये दोनों शब्द अपने समाज में स्थित विषमता के सन्दर्भ में प्रयोग में लाए जाते हैं। समाज में स्थित विषमता का समूल नाश कर समाज में एकरसता और एकात्मता का निर्माण हो, ऐसा हेतु दोनों शब्दों का समान रूप से रहा है परन्तु इसे साध्य करने की दोनों की पद्धति अलग-अलग है।"[33]

नामदेव कांबळे जी ने दो उदाहरण देकर समता, समानता और समरसता में स्थित अन्तर को और अधिक मात्रा में स्पष्ट करने का प्रयास किया है। उनका यह मानना है, "समरसता की यह अवधारणा समता या समानता की अवधारणा से भिन्न है। उदाहरण—दूध में यदि पानी को मिलाया जाए तो वह दूध के साथ समरस हो

जाता है और उससे दूध का ही स्वाद आता है। यहाँ पानी दूध जैसा हो जाता है और दूध उसे अपने में समा लेता है। यही समरसता है।

एक दूसरे उदाहरण से भी समरसता के स्वरूप पर प्रकाश डाला जा सकता है। यदि शक्कर डालकर नीबू-पानी बनाया जाए तो वहाँ भी नीबू, शक्कर, पानी एक-दूसरे के साथ इतने समरस हो जाते हैं कि उन्हें एक-दूसरे से अलग करना सम्भव ही नहीं रहता। यहाँ गौर से देखने पर इस बात का पता चलता है कि तीनों अपने-अपने गुणधर्मों को कायम रखते हुए भी एक-दूसरे में समा जाते हैं। इसी कारण ऐसा माना जाता है कि समता और समानता यह मानने की अवधारणाएँ हैं तो समरसता अनुभूति की अवधारणा है।''[34]

ऐसे एक नहीं अनेक विद्वानों ने समता और समरसता की अवधारणा में मूलभत अन्तर को स्वीकारते हुए दोनों को परस्पर पूरक भी घोषित किया है। परन्तु अधिकांश विद्वान समरसता शब्द की व्युत्पत्ति का श्रेय राष्ट्रीय स्वयंसेवक संघ के जिस महानुभाव को देते हैं, वे हैं श्री दत्तोपन्त ठेंगड़ी। वे दोनों अवधारणाओं को परस्पर पूरक ही मानते हुए लिखते हैं, ''हम सामाजिक समरसता को अन्तिम गन्तव्य स्थान (टर्मिनस) समझते हैं। उस दिशा में मार्गक्रमण करते समय राह में लगनेवाला एक महत्त्वपूर्ण स्थान (स्टेशन) मतलब समता। केवल समता अन्तिम गन्तव्य स्थान नहीं हो सकता क्योंकि केवल समता के प्रतिपादन में समता की स्थापना का और उसके स्थायित्व का आश्वासन नहीं हो सकता। विश्व का इतिहास इस बात का साक्षी है। सामाजिक समरसता यदि निर्मित हो गई है तो समता अपने आप निर्मित होगी और उसे स्थायित्व भी मिलेगा। सामाजिक समरसता का यदि अभाव है तो समता एक तो निर्मित ही नहीं होगी और यदि जैसे-तैसे उसे निर्मित किया भी गया तो वह अधिक काल तक टिकेगी नहीं।''[35] इन दोनों अवधारणाओं की पृथकता के साथ-साथ परस्पर पूरकता को विशद करते हुए आगे वह पुनः लिखते हैं, ''शास्त्रशुद्ध अथवा शास्त्रीय समान मानवतावाद का प्रमुख आधार भी सामाजिक समरसता ही है। पूर्व विशद कथन के अनुसार ये स्टेशन अलग-अलग भले ही दिखाई देते हैं तो भी वस्तुतः उनकी दिशा और मार्गक्रमण समान ही हैं। समता और समरसता दोनों के पथिक एक ही पथ के राही हैं। निस्सीम समता की भाषा बोलनेवाले व्यक्ति के अन्तर्मन में अप्रत्यक्ष रूप से समरसता ही निवास करती है। वैसे ही सामाजिक समरसता पर अटूट विश्वास रखनेवाले व्यक्ति के हृदय में समता आद्यान्त तक विद्यमान रहती है। फर्क केवल स्पष्टता के साथ उसे विशद करने में है। कुछ समतावादी जिसे सामाजिक अभिसरण कहते हैं उसका भी अन्तिम व्यावहारिक अर्थ समरसता ही होता है।''[36] श्री दत्तोपन्त ठेंगड़ी जी के विचारों से सहमति दर्शाते हुए रा.स्वं.से. संघ के विद्यमान सरसंघचालक डॉ. मोहन भागवत जी भी समता और समरसता को परस्पर पूरक घोषित करते हुए लिखते हैं, ''समाजहित का निस्वार्थ, प्रामाणिक भाव मन में सँजोकर समता के लिए

जीवन समर्पित करनेवाले सभी महापुरुषों और विचारकों ने समता के लिए बन्धुता, मानवता, आत्मीयता आदि को अत्यावश्यक और अनिवार्य माना है। हमारे देश की वैचारिक और सामाजिक गतिविधियों की नींव भी 'आत्मवत् सर्वभूतेषु' ही रही है। इसी भावधारणा को समरसता नामाभिधान दिया जाता है।''[37]

उपर्युक्त सारे विवेचन के आधार पर हम भी समता और समरसता में सूक्ष्म अन्तर को स्वीकारते हुए समता की तुलना में समरसता की अवधारणा को अधिक व्यापक अवधारणा मानते हैं। मानवीय समाज को सुख, समाधान, शान्ति और स्थायित्व यदि प्रदान करना है तो मात्र समता स्थापित होने मात्र से वह नहीं मिलेगा। स्वतंत्रता प्राप्ति के पश्चात् के पैंसठ वर्षों में हम इस बात को भली-भाँति अनुभव कर सकते हैं कि लोकतंत्र में कानून बनाकर कई क्षेत्रों में हमने समता स्थापित करने की भरसक कोशिशें की हैं। कई क्षेत्रों में हम सफल भी हुए हैं। परन्तु समरसता के अभाव के कारण उन क्षेत्रों में विकास-पथ में कई बाधाएँ निर्मित हो रही हैं। उदाहरण के रूप में आरक्षण का कानून बनने से सभी जाति-पाँति और धर्म के लोग शैक्षिक क्षेत्र में शिक्षक, प्राध्यापक, प्रधानाचार्य आदि स्थानों पर एक समस्थिति में आ गए हैं। परन्तु जातिगत भेदभाव, व्यक्तिगत महत्त्वाकांक्षा, समरस होकर काम न करने की वृत्ति आदि के कारण एक-दूसरे से समरस नहीं हो पा रहे हैं। परिणामस्वरूप कई बार संघर्ष की स्थिति निर्मित हो जाती है, उन्नति में बाधाएँ उपस्थित की जाती हैं। यही कारण है कि आज जिन-जिन क्षेत्रों में थोड़ी बहुत मात्रा में क्यों न हो समता का निर्माण हुआ है, वहाँ समरसता कैसे स्थापित होगी, इस हेतु हमें विशेष प्रयास करने की आवश्यकता है। उस दृष्टि से प्रस्तुत अनुसन्धान उपयोगी सिद्ध होगा, ऐसा मुझे विश्वास है।

समता और समरसता की तरह ही समानता, परिवर्तन, प्रवर्तन आदि अवधारणाओं में स्थित अन्तर को स्पष्ट करने की आवश्यकता बार-बार महसूस होती है। इसलिए आगे हम इन तीनों अवधारणाओं में स्थित अन्तर पर प्रकाश डाल रहे हैं।

समानता, परिवर्तन और समरसता में स्थित अन्तर

समता और समरसता की तरह ही ऊपरी तौर पर देखने पर ये तीनों अवधारणाएँ समरसता के पर्यायी अर्थ में प्रयुक्त होती हुई दिखाई देती हैं। परन्तु सूक्ष्मता से देखने पर हमें उनमें स्थित अन्तर दिखाई देता है। इन अवधारणाओं में स्थित अन्तर को श्रीमान भिकुजी इधाते यह स्पष्ट करते हुए लिखते हैं, ''समता मतलब हूबहू एक जैसी वृत्ति, समानता मतलब कुछ अंश मात्रा में एक जैसी वृत्ति। समरसता मतलब एक-दूसरे को समझ लेने की वृत्ति। ऐसा समता, समानता और समरसता की अवधारणा में सूक्ष्म भेद है। उनका यह मानना है कि समरसता की यह अवधारणा भारतीय संस्कृति से अन्तर्सम्बन्ध स्थापित करनेवाली तथा मानसिक परिवर्तन हेतु राह निर्माण करनेवाली अवधारणा है।''[38]

एक अन्य विद्वान नामदेव च. कांबळे ने भी समता, समानता, प्रवर्तन, परिवर्तन और समरसता इन अवधारणाओं में स्थित अन्तर को स्पष्ट करते हुए लिखा है, '' 'समता मतलब हूबहू एक जैसी वृत्ति, समानता मतलब कुछ अंश मात्रा में एक जैसी वृत्ति, समरसता मतलब एक-दूसरे को समझ लेने की वृत्ति।' ऐसी समता, समानता और समरसता की परिभाषा करने पर भी समता और समानता बाह्यपक्षी दृष्टि से तो समरसता मनोवृत्ति से सम्बन्धित होने का एहसास दिलाती है। अधिक गहराई में जाकर समरसता की अवधारणा को समता एवं समानता की पृष्ठभूमि पर जाँचा जा सकता है, ऐसा मुझे लगता है।''[39]

समता और समानता की तुलना में समरसता की यह अवधारणा अधिक व्यवहार्य क्यों लगती है, इस सन्दर्भ में वे लिखते हैं, ''समता एवं समानता के निर्माण हेतु जैसे मनुष्य की मानसिक स्थिति कारणीभूत होती है वैसे ही उनके आर्थिक, सामाजिक एवं राजनीतिक हितसम्बन्ध भी कारणीभूत होते हैं। इस कारण समता और समानता इन दो अवधारणाओं की तुलना में समरसता की अवधारणा अधिक व्यवहार्य लगती है। क्योंकि उसका सम्बन्ध व्यक्ति के मन के साथ होता है और राष्ट्रीय भावना के साथ होता है।''[40]

समता और समानता की तरह ही प्रवर्तन, परिवर्तन और समरसता की अवधारणा में क्या अन्तर है इसे भी नामदेव च. कांबळे जी ने अपनी पुस्तक 'समरसता साहित्य : स्वरूप आणि समीक्षा' में स्पष्ट करते हुए लिखा है, ''प्रवर्तन मतलब उत्तेजना देना, उद्यत करना, प्रसार करना। प्रवर्तन की यह अवधारणा स्थितिशील व्यवस्था के विरुद्ध होनेवाली गतिशील अवधारणा है। परम्परागत व्यवस्था विचारों से मुक्त होने हेतु उत्तेजना देनेवाली और मनुष्य के भौतिक जीवन से सम्बन्धित होनेवाली प्रवर्तन की यह अवधारणा है। मानवीय जीवन एवं संस्कृति के इतिहास में प्रवर्तन अपने आप निर्मित नहीं हुआ है। पहले प्रवर्तक प्रेरणा देता है और बाद में प्रवर्तन की प्रक्रिया प्रारम्भ होती है। प्रवर्तन यह परिवर्तन के पहले का आरम्भबिन्दु होता है। प्रवर्तन की जड़ें वैदिक काल में भी देखी जा सकती हैं। ऋषियों के आश्रम से उस समय में प्रवर्तन होता था। महाभारत के युद्ध में हाथ में स्थित धनुष-बाण नीचे रखकर जब अर्जुन युद्ध करना अस्वीकार करता है तब श्रीकृष्ण उसे गीता का सन्देश देते हैं और उसे युद्ध करने हेतु प्रेरित करते हैं। अन्य एक स्थान पर कर्ण दुःशासन को द्रौपदी का वस्त्रहरण करने हेतु प्रेरित करता है, वहाँ कर्ण प्रवर्तक बन जाता है।''[41]

प्रवर्तन की तरह ही परिवर्तन की अवधारणा को स्पष्ट करते हुए नामदेव जी कांबळे लिखते हैं, ''परिवर्तन मतलब बदलाव। ऐसा यदि परिवर्तन का अर्थ लिया जाए तो क्या वस्तुस्थिति में स्थित बदलाव को परिवर्तन माना जाएगा? इसका उत्तर नहीं, ऐसा देते हुए वे स्पष्ट रूप से लिखते हैं कि निर्जीव तथा जीवशास्त्रीय दृष्टि से

सजीव समझी जानेवाली वनस्पतियों के परिवर्तन की अवधारणा से हम अध्ययन नहीं कर सकते। परिवर्तन की यह अवधारणा व्यक्तिसापेक्ष होती है। मानवीय सम्बन्धों की दृष्टि से ही परिवर्तन की अवधारणा का विचार किया जा सकता है क्योंकि उसके पास जीवन-संवेदनाएँ होती हैं, धर्म-संवदेनाएँ होती हैं। उन्हीं से उसके व्यक्तित्व का निर्माण होता है। मन और बुद्धि के विकास से वह सम्पन्न होता है। उसी से होनेवाले परिवर्तन इस संज्ञा को प्राप्त होते हैं।''[42]

आगे प्रवर्तन, परिवर्तन और समरसता का तुलनात्मक अध्ययन करते हुए नामदेव कांबळे जी ने तीनों अवधारणाओं में स्थित अन्तर को और अधिक स्पष्ट करने का प्रयास किया है। उनका यह मानना है, ''प्रवर्तक एक ही होता है और वह सम्पूर्ण समाज या समाज के किसी एक विशिष्ट व्यक्ति का पथ-प्रदर्शन करता है। परिवर्तन में प्रवर्तक से प्राप्त विचारों के माध्यम से और उसके किए हुए आह्वान के परिणामस्वरूप व्यक्ति में हुए बदलाव को महत्त्व दिया जाता है। इस अर्थ में परिवर्तन की यह अवधारणा व्यक्तिसापेक्ष या समूहसापेक्ष होती है। समरसता में भी समूह होता है। समूह-समूह के माध्यम से समरसता में संवाद साधकर समूह का मनोमिलन होता है।''[43] प्रवर्तन, परिवर्तन और समरसता इन तीनों अवधारणाओं को नामदेव कांबळे जी सूत्र रूप में निम्न प्रकार से विशद करते हैं :

''प्रवर्तन :	प्रवर्तक की प्रेरणा	+ व्यक्ति/समूह	= प्रवर्तन,
परिवर्तन :	व्यक्ति/समाज	+ प्रवर्तन का स्वीकार	= परिवर्तन
समरसता :	व्यक्ति/समाज	+ मन	= समरसता''[44]

इस प्रकार प्रवर्तन, परिवर्तन और समरसता इन तीनों अवधारणाओं में स्थित अन्तर को स्पष्ट करने से समरसता की अवधारणा का स्वरूप हमें और अधिक स्पष्ट हुआ है। सृष्टि का यह नियम है कि किसी भी समाज में प्रवर्तकों की संख्या बहुत कम होती है जिसके परिणामस्वरूप सामाजिक परिवर्तन हमेशा से ही धीमी गति से होता है। समरस समाज का निर्माण करने का कार्य भी उसी प्रकार का है। समाज में स्थित व्यक्ति-व्यक्ति के मन को परिवर्तित कर इसे पूर्ण करना पड़ता है। इस परिवर्तन की प्रक्रिया में भाषा साहित्य का योगदान अत्यन्त महत्त्वपूर्ण रहा है। इसीलिए प्रस्तुत बृहत् शोध परियोजना का कार्य हाथ में लिया है।

समरसता शब्द का व्युत्पत्तिगत अर्थ प्रतिपादित करते समय हमने पहले ही यह स्पष्ट कर दिया है कि 'समरसता' की इस मूल अवधारणा को और अधिक व्यापक अर्थ प्रदान करने हेतु उसके पीछे 'सामाजिक' शब्द को जोड़ा गया है। इस कारण समरसता का स्वरूप देखने के पश्चात् सामाजिक समरसता का स्वरूप भी देखना अनिवार्य बन जाता है। उसी आवश्यकता को ध्यान में रखकर आगे हम सामाजिक समरसता की अवधारणा के स्वरूप पर प्रकाश डाल रहे हैं।

सामाजिक समरसता से तात्पर्य

समाज उस समूह का नाम है जिसमें मनुष्य विचरण करता है, जीवनयापन करता है। ''सामान्यत: बहुत से लोगों का गिरोह या झुंड या समूह को समाज का नाम दिया जाता है। एक जगह रहनेवाले अथवा एक ही प्रकार का काम करनेवाले लोगों का वर्ग, दल या समूह समाज कहलाता है।''

''समाज शब्द 'सभ्य मानव जगत' का सूक्ष्म स्वरूप एवं सार है। सभ्य का प्रथम अक्षर 'स', मानव का प्रथम अक्षर 'मा', जगत् का प्रथम अक्षर 'ज' इन तीनों अक्षरों के सम्मिश्रण से समाज शब्द की व्युत्पत्ति हुई है, जो सभ्य मानव जगत् का प्रतिनिधित्व एवं प्रतीकात्मक शब्द है। यह समाज की परिभाषा है।''

ऊपर हमने देखा कि समरसता की यह अवधारणा जैसी व्यक्तिसापेक्ष है वैसी ही समाजसापेक्ष भी है। इस कारण सामाजिक समरसता से क्या तात्पर्य है? उसका स्वरूप कैसा है? उस पर आगे हम प्रकाश डाल रहे हैं। मराठी के एक प्रसिद्ध आलोचक डॉ. आनन्द यादव जी ने 'सामाजिक समरसता' को एक महामूल्य मानकर आरम्भ से ही मनुष्य के साथ उसका कितना गहरा सम्बन्ध रहा है उस पर प्रकाश डालते हुए लिखा है, ''जीवशास्त्रीय दृष्टि से मनुष्य मूलत: शाकाहारी प्राणी है। मतलब मनुष्य शरीर की रचना मूलत: शाकाहारी प्राणियों की है। उसे हाथी जैसे बड़े-बड़े दाँत नहीं या सिंह की भाँति बड़े-बड़े और तीक्ष्ण नाखून नहीं। बाघ, सिंह की तरह वह अकेला भी नहीं रहता। वह पेड़ों के फल, मीठी नारंगियाँ, दूध, दही, मक्खन, घी खानेवाला और उसी पर अपना गुजारा करनेवाला प्राणी है। खेती करना उसके शाकाहारी होने का ही द्योतक है। अन्य शाकाहारी प्राणियों की तरह वह भी संरक्षण हेतु या स्व-सुरक्षितता हेतु समूह बनाकर रहता है। कालान्तर बाद इसी समूह को समाज का स्वरूप प्राप्त हुआ। मनुष्य का उपरोक्त प्राणिशास्त्रीय और समाजशास्त्रीय मूलभूत स्वरूप ध्यान में रखते हुए 'समरसता' का मूल्य उसके जन्म के साथ ही उसके अन्त:करण में विद्यमान दिखाई देता है। उसे उससे अलग किया ही नहीं जा सकता। क्योंकि समूह के साथ यदि रहना है, समाज में जीवनयापन करना है तो उसे अनिवार्यत: अन्य मनुष्यों के साथ समरस होना ही पड़ेगा अन्यथा वह समूह में या समाज में रह ही नहीं सकता या सुरक्षितता का भाव महसूस ही नहीं कर सकता। इस कारण अन्यों से समरस होना उसकी मूलभूत आवश्यकता है। यही कारण है कि समरसता इस मूल्य को सनातन मानना पड़ता है। इस मूल्य का स्थायित्व ध्यान में लेने पर समरसता के इस सनातन मानवीय मूल्य को 'महामूल्य' मानना पड़ता है। वैसे ही उसे आदिमूल्य का भी स्थान देना पड़ता है।'' इसके अभाव में हम मनुष्य के विकास की या समाज के विकास की कल्पना ही नहीं कर सकते, ऐसा उनका मानना है। इस बात का एहसास प्रथम और द्वितीय महायुद्ध के बाद प्रत्येक मनुष्य

को कैसे हुआ, उस पर प्रकाश डालते हुए वे आगे लिखते हैं, ''संघर्ष में मनुष्य का सर्वनाश है और समरसता में उसका सर्वांगीण विकास है, यह सूत्र उसे प्रथम और द्वितीय महायुद्ध के पश्चात् समझ में आया। परस्पर एक-दूसरे के साथ की समरसता ही मानवीय सर्वोदय की आत्मा है, यह सूत्र उसे अनुभव के उपरान्त हाल ही में समझ में आया। आधुनिक काल में समरसता के बिना मनुष्य का विकास सम्भव नहीं, इस सत्य का उसे पूर्णरूपेण साक्षात्कार हुआ।''[45] सामाजिक उन्नति हेतु सामाजिक सरसता की अनिवार्यता को समझाते हुए सामाजिक समरसता के गहन अध्येता एवं भारतवर्ष के विद्यमान पन्तप्रधान श्रीमान नरेन्द्र मोदी अपनी पुस्तक 'सामाजिक समरसता' में लिखते हैं, ''निम्न जातियों में स्थित लोगों की मानसिकता, उनका सामाजिक अस्तित्व, वैचारिक क्षमता, उनके रोजमर्रा जीवन के प्रश्न जब तक हम उन्हें हल नहीं करेंगे तब तक सामाजिक समरसता का प्रत्यक्ष समाज जीवन में साकार होना सम्भव नहीं। सामाजिक समरसता का यथार्थ या पर्यायी मूल्य नहीं, इस कारण उज्ज्वल भविष्य के लिए कम से कम आज तो सामाजिक समरसता के मूल्य को स्वीकारना हर एक की अपरिहार्यता है।''[46]

सामाजिक समरसता पर विचार करते समय हम जिन समस्याओं और प्रश्नों के बारे में सोचते हैं उसके साथ हमें एक भावनात्मक रिश्ता बनाना पड़ता है। यदि ऐसा करने में हम सफल नहीं हुए तो हम उन प्रश्नों का विश्लेषण मात्र कर कार्य की इतिवृत्ति मानेंगे। परन्तु यदि हम भावनात्मक दृष्टि से उन प्रश्नों के साथ जुड़े हैं तो जब तक हम उनको हल नहीं करेंगे तब तक हम चैन की नींद नहीं सो पाएँगे। इसी भूमिका के साथ सामाजिक समरसता की अवधारणा से जुड़ा जा सकता है, ऐसा मुझे लगता है।

द.बा. ठेंगड़ी जी के मतानुसार, हिन्दू समाज में स्थित अंगभूत एकात्मता और सामाजिक विकृति के परिणामस्वरूप उसमें निर्मित हुई दरारें, इसका पूर्ण एहसास डॉ. बाबासाहेब अम्बेडकर जी को था। इस कारण उनका हृदय हमेशा व्यथित होता था। सामाजिक समरसता पुनः स्थापित हो, ऐसी उनकी तीव्र इच्छा थी। उनके मतानुसार, सामाजिक समरसता की परिभाषा और वर्णन बाबासाहेब के निम्न उद्धरण में हम देख सकते हैं :

"For commonness, to share and participate in common activity so that the same emotions are aroused in him that animate the others making the individual a sharer or party in the associated activities, so that he feels its success as his success, its failure as his failure as his failure, is the real thing that binds man, and makes a socoety out of them. The caste system prevents common activity and by preventing common activity it has prevented the Hindus from becoming a society, with a unified life and conciousness of its own being!"

अर्थात् सामाजिक समरसता हेतु सभी को एक साथ किसी कार्य में सहभागी होना आवश्यक होता है। क्योंकि औरों को कार्य करने हेतु प्रेरित करनेवाले जो भाव होते हैं, उनका स्पन्दन हर एक के हृदय में होने लगता है। उस कार्य में मैं सहभागी हूँ, ऐसा उसे लगने लगता है। कार्य का यह यश मेरा यश है, और अपयश यह मेरा अपना अपयश है, इस प्रकार का भाव उसके मन में पनपने लगता है। मनुष्य को औरों से बाँधकर रखनेवाली यही महत्त्वपूर्ण बात है। इसी से समाज का निर्माण होता है। जाति व्यवस्था के कारण समान कार्य में सभी के सहभागी होने में बाधाएँ उत्पन्न हुईं और उसके कारण एकात्म जीवन और अपनी अस्मिता का एहसास लेकर हिन्दू लोग समाज की दृष्टि से खड़े रहे ही नहीं।[47] यही कारण है कि व्यावहारिक न्याय के आधार पर समरस समाज की निर्मिति करनेवालों को किन बातों का ध्यान रखना चाहिए, इस सन्दर्भ में डॉ. सुवर्णा रावळ लिखती हैं, ‘‘सामाजिक न्याय के आधार पर समरस समाज की निर्मिति करनेवालों को इस बात का ध्यान रखना चाहिए कि व्यक्ति समूह को मिलाकर ही राष्ट्र बनता है। गुटों में विभाजित समाज कभी भी सुदृढ़ नहीं बन सकता। प्रत्येक व्यक्ति राष्ट्र है, इस प्रकार का भाव रखना आवश्यक होता है।’’ आगे वह लिखती हैं, ‘‘सामाजिक समरसता का सामाजिक न्याय का अंगभूत घटक बनना आवश्यक है। तभी सामाजिक न्याय का आन्दोलन विद्रोह न बनकर सामाजिक बन्धुत्व की धारणा बनेगा। उनका यह मानना है कि व्यावहारिक स्तर पर निर्मित हुए भेद मनुष्य-मनुष्य में विषमता, उच्च-नीचता का भाव निर्मित करते हैं। तो वह समाज जीवन के लिए हानिकारक होते हैं। सामाजिक समरसता उस पर का भावात्मक और सामाजिक न्याय उस पर का व्यावहारिक उपाय है।’’[48]

परिवर्तनवादी विचारधारा के एक प्रमुख विचारक श्री राजा जाधव जी का भी मानना यही है, ‘‘समरसता का मैं परिवर्तन की दृष्टि से विचार करता हूँ। जो मन सजग है, जो मन प्रबुद्ध है, जो मन जाति-पाँति की भावना से परे हो गया है वह बाधारहित, विषमतारहित समाज के निर्माण का सपना देखनेवाला मन हमेशा परिवर्तन से समरस ही होता है। ऐसी निराश्रित समीक्षा कल का उन्नत भारत खड़ा करने की क्षमता रखती है।’’[49]

आगे वे लिखते हैं, ‘‘सर्वसामान्यत:, जो उच्च समाज के होते हैं उन्हें निम्न समाज को सामाजिक-आर्थिक उन्नति की ओर लेकर जाना आवश्यक होता है। उनके सुख-दुख के साथ समरस होना आवश्यक होता है। जाति-पाँति के भेद को भूलकर जो मरम माँग रहा है उसको दान देकर सांस्कृतिक एकता हेतु सक्षम बनाना समरसता की मूल भूमिका है। ऐसी समरसता मनुष्य को जोड़ती है। समाज की उन्नति हेतु कन्धे से कन्धा मिलाकर ‘भवतु सब्ब मंगलम्’ कहते हुए गतिमान होती है। स्त्री-पुरुष समान हैं, सभी भारतीय हैं, भारतीय संस्कृति के रक्षक हैं, सभी आर्य हैं, मतलब सब सज्जन हैं, ऐसा उदात्त विचार ही समरसता है।’’[50]

'सामाजिक समरसता और कबीर' इस निबन्ध में डॉ. बी.डी. गुप्ता ने उपर्युक्त बातों पर ही बल देते हुए सामाजिक समरसता की इस अवधारणा का स्वरूप प्रतिपादित किया है। उनका यह मानना है, "सामाजिक समरसता भारतीय संस्कृति की आत्मा है। धर्म सापेक्षीकरण, धर्म निरपेक्षीकरण, सर्वधर्म समभाव, मानवतावाद, बहुजन हिताय बहुजन सुखाय आदि अवधारणाएँ सामाजिक समरसता की पोषक व परिणाम रही हैं। विविधता में एकता की भावना समरसता का ही प्रतिनिधित्व करती है। सन्त, साहित्यकार, समाज वैज्ञानिक आदि सभी सामाजिक व्यवस्था एवं प्रगति हेतु सामाजिक संगठन की स्थिरता हेतु सामाजिक समरसता की उपेक्षा करते रहे हैं। मानव संगठित हों, राग-द्वेष, वैरभाव को त्यागकर परस्पर सहयोगी हों, समाज द्वारा निर्धारित कर्तव्यों की स्थिति एवं भूमिका के अनुरूप कर्तव्यपालन करते हुए समृद्धि एवं समरसता को प्राप्त करें, उनके चिन्तन उद्‌देश्य एवं भावनाओं में समरूपता हो, साथ ही समाज कल्याण, सबके सुख के लिए प्रयत्नशील इस आधारभूमि का 'समरसता' उर्वरक तत्त्व है। उपनिषद का यह सूत्र वाक्य समरसता का ही उन्नायक विधायक है।" सर्वे भवन्तु सुखिनः सर्वे सन्तु निरामयाः सर्वे भद्राणि पश्यन्तु मा कश्चिद दुखभाग भवेत्। "मानवमात्र के हित की कामना भवेत, सुख-समृद्धि और कल्याण की भावना ही सामाजिक समरसता है, जो विभिन्न जाति, वर्ण, धर्म, सम्प्रदाय के मानव को मन, वाणी और कर्म से समरूप हो अपनी प्रस्थिति एवं भूमिका का निर्वाह करते हुए लक्ष्य प्राप्ति की ओर प्रेरित करती है। समभाव एवं भावनात्मक ऐक्य का आदर्श बने।"[51]

सामाजिक समरसता का आधार समाज में 'हम' भावना के प्राबल्य पर निर्भर करता है, व्यक्तिवादी 'मैं' की भावना पर नहीं। स्वतंत्रतापूर्व तथा स्वतंत्रता के पश्चात् जितने भी आन्दोलन हुए वे इसी भावना को आधार बनाकर हुए, ऐसा प्रा. श्याम अत्रे जी का मानना है। उनके मतानुसार, "स्वातंत्र्यपूर्व काल के तथा स्वातंत्र्योत्तर काल के आन्दोलनों का लक्ष्य समता-समरसता ही रहा है। वर्ण पर आधारित और जन्म पर आधारित उच्च-नीचता के कारण उत्पादन साधनों के विषम बँटवारे को कारणीभूत होनेवाली उसी प्रकार की छुआछूत जैसी विकृति के कारण मानवीय प्रतिष्ठा को ही नकारनेवाली सभी समस्याओं के विरुद्ध यह आन्दोलन हुए हैं। अब इन आन्दोलनों के परिणामस्वरूप उपेक्षितों को अपने दुखों के कारण तो समझ में आए ही, साथ ही शोषण के विरुद्ध दबी आवाज को बुलन्द करने का अवसर भी मिला।"[52]

सामाजिक समरसता का भाव जब-जब भी भारतीय समाज में पूर्णरूपेण साकार हुआ तब-तब भारतीय समाज को उसके कितने लाभ हुए उस पर प्रकाश डालते हुए राष्ट्रीय स्वयंसेवक संघ के सरसंघचालक डॉ. मोहन भागवत लिखते हैं, "सामाजिक समरसता की ऐसी भावना के आधार पर ही विविधताओं से भरा भारतवर्ष व उसका हिन्दू समाज अपने एकरस जीवन का निर्वाह प्राचीन समय से कर रहा है। जब-जब

भारत में सामाजिक समरसता की पूर्णता देखी गई तब-तब उसके वैभव, सामर्थ्य तथा प्रतिष्ठा की जगत् में पराकाष्ठा होती गई, जब-जब किसी दोष, दुर्बलता, अथवा बाह्य कारणों से समरसता के पूर्णबिम्ब का क्षय हुआ तब-तब भारतवर्ष श्रीहीन, विद्याहीन, दुर्बल होकर विदेशी आक्रान्ताओं द्वारा पददलित एवं खंडित हुआ।''[53]

आज वर्तमान काल में सामाजिक समरसता की इस अवधारणा की कितनी तीव्र आवश्यकता है, उस पर अपना अभिमत व्यक्त करते हुए माननीय पन्तप्रधान नरेन्द्र मोदी किशोर मकवाना द्वारा सम्पादित पुस्तक 'नरेन्द्र मोदी, चिन्तन-आस्वाद सामाजिक समरसता' में कहते हैं, ''सामाजिक विषमताओं से देश टूटता जा रहा है और इससे बचाव का एक ही उपाय है—समभाव के साथ ममभाव। जब तक मैं तुम्हें अपना भाई नहीं मानूँ और जब तक तुम्हारे मन और जीवन में समानता न आए, तब तक अन्तिम लक्ष्य की पूर्ति नहीं होगी। इसके लिए आवश्यकता है समभाव के साथ ममभाव की, क्योंकि इनमें से ही समरसता का अमृत निकलता है। यही अमृत समाज की संजीवनी बनता है। विकृतियों से मुक्त ऐसे समरस समाज का मार्ग ही राष्ट्र कल्याण का मार्ग हो सकता है। इस लक्ष्य की पूर्ति के लिए कोई आक्रोश नहीं, बस आत्मीयता चाहिए। व्यक्ति के अधिकार की अपेक्षा समाज के प्रति कर्तव्य का विचार करना पड़ेगा। प्रेम और सद्भावना के आधार पर समरस समाज की रचना सम्भव है। आज जब स्वार्थी हित रखनेवाले तत्त्व समाज को समरभूमि बना रहे हैं, तब आओ संकल्प करें, *छोड़ समर/समरसता की राह चलें/समर सैनिक नहीं/ समरसता के सेवक बनें।''*[54]

इस प्रकार समरसता की अवधारणा का स्वरूप स्पष्ट करने के साथ-साथ हमने समता और समरसता, प्रवर्तन, परिवर्तन और समरसता आदि अवधारणाओं में स्थित अन्तर को भी स्पष्ट कर दिया है। साथ ही समरसता और सामाजिक समरसता को लेकर पाठकों के मन में कोई असमंजस की स्थिति न रहे इसलिए विविध विद्वानों के मतों को कोट करते हुए सामाजिक समरसता की अवधारणा का स्वरूप भी स्पष्ट किया है।

मैं सुधी पाठकों को इस बात से भी अवगत करा देना चाहता हूँ कि जब मैंने इस विषय को विभाग की एक संगोष्ठी हेतु चुना तो अपने आपको अम्बेडकरवादी माननेवाले कुछ तथाकथित परिवर्तनवादियों ने उसका यह कहकर विरोध करना आरम्भ कर दिया था कि 'समरसता' तो राष्ट्रीय स्वयंसेवक संघ से जुड़ा शब्द है। तब मैंने उनसे कहा था कि यह वास्तव्य है कि संघ ने इस शब्द को या अवधारणा को एक नया आयाम दिया है, नया जीवनदान दिया है। परन्तु इस अवधारणा का उल्लेख तो हमें वेद, उपनिषद, दर्शन और पुराणों में भी मिलता है। इस कारण समरसता शब्द का व्युत्पत्तिगत अर्थ, परिभाषा, स्वरूप आदि को देखने के पश्चात् समरसता दर्शन और समरसता के प्राचीन, मध्ययुगीन सन्दर्भ आदि मुद्दों पर आगे विस्तार से प्रकाश डाल रहे हैं।

समरसता के प्राचीन मध्ययुगीन सन्दर्भ

समरसता की इस अवधारणा को भले ही आधुनिक काल में बल मिला हो, परन्तु वास्तव में इस अवधारणा की जड़ें हमें वेद, उपनिषद तथा पुराणों में मिलती हैं। भारतीय दर्शनों में जो कश्मीरीय शैव-दर्शन है, उसी में हमें समरसता की अवधारणा के बीजतत्त्व देखने को मिलते हैं। यह एक प्रकार का अद्वैत तत्त्वज्ञान का ही आधुनिक रूप है। आधुनिक काल में राष्ट्रीय स्वयंसेवक संघ द्वारा इसे सामाजिक और साहित्यिक परिमानों पर क्रियान्वित करने के कारण अपने आपको पुरोगामी माननेवाले कुछ साहित्यिक विचारकों को 'समरसता' शब्द से ॲलर्जी-सी हो गई है। उनके इस पूर्वग्रह दूषित दृष्टिकोण को साफ करने हेतु समरसता के प्राचीन, मध्ययुगीन और आधुनिक सन्दर्भों को इस मुद्दे के अन्तर्गत विवेचित एवं विश्लेषित किया जा रहा है। आगे प्रथमत: हम समरसता के प्राचीन सन्दर्भों को स्पष्ट करने का प्रयास कर रहे हैं :

समरसता का प्राचीन सन्दर्भ

समरसता का सबसे प्राचीन सन्दर्भ भारत के विविध दर्शनों में मिलता है। पुराणों में समरसता दर्शन का उल्लेख 'कश्मीरीय शैव-दर्शन' के अन्तर्गत मिलता है। इसे प्रत्यभिज्ञा-दर्शन के नाम से भी जाना जाता है। यह बहुत प्राचीन दर्शन है। इसकी व्यापकता काश्मीर प्रान्त में थी। अतएव उसी नाम से यह प्रसिद्ध है।

प्राचीनो ने इसे 'क्रिक्र दर्शन' तथा 'माहेश्वर-दर्शन' भी कहा है। यह शैवागम है। यह भी एक अद्वैतवाद है, जो ईश्वर द्वयवाद के नाम से प्रसिद्ध है। आगमाचार्य अभिनव गुप्त इसके सर्वश्रेष्ठ प्रतिपादक हैं। आगमशास्त्र में अद्वैत का अर्थ है—दो का नित्य सामरस्य तभी तो वह अखंड पूर्ण हो सकता है। किन्तु शंकर वेदान्त में ब्रह्म 'सत्' है, परन्तु माया को शंकर 'सत' नहीं कह सकते, फिर इन दोनों में 'सामरस्य' तो हो ही नहीं सकता। विमर्शशक्ति के समान 'माया' ब्रह्म की शक्ति नहीं है, यह द्वैत या द्वैताभास हो सकती है।

इस शैव-दर्शन का साहित्य विस्तीर्ण है। इसके साठ-सत्तर ग्रन्थ जम्मू-कश्मीर संस्कृत सीरीज में प्रकाशित हुए हैं, जिनमें 'शिवसूत्र' तथा उस पर वृत्ति भास्कर का 'वार्तिक', क्षेमराज की 'विमर्शिनी', 'प्रत्यभिज्ञान हृदयं', 'तंत्रलोक', 'तंत्रसार', 'प्रत्यभिज्ञाकारिका', 'ईश्वर प्रत्यभिज्ञा' आदि बहुत प्रसिद्ध ग्रन्थ हैं। वसुगुप्त, कनकर, सोमानन्द, उत्पलाचार्य, अभिनव गुप्त, भास्कर, क्षेमराज, जयरथ आदि ज्ञानी विद्वान इस मत के प्रचारक हुए हैं।

डॉ. उमेश मिश्र का यह मानना है, ''अन्य दर्शनों की तरह शैव-दर्शन का भी अपना एक विशेष क्षेत्र है। इस क्षेत्र में वस्तुत: एकमात्र तत्त्व है—शिव। उसी से अन्य सभी तत्त्व अभिव्यक्त होते हैं। तथापि अभिव्यक्त तत्त्वों को लेकर शैव-दर्शन में

निम्नलिखित तत्त्व है—सांख्य दर्शन, वे स्थूल भूतों से लेकर प्रकृति तथा पुरुष तत्त्व पर्यन्त पचीस तत्त्वों को उसी क्रम में शैव-दर्शन भी मानते हैं। भेद इतना है कि सांख्य दर्शन में पुरुष और प्रकृति बिम्ब हैं, स्वतंत्र हैं, किन्तु शैव-दर्शन में ये अनित्य हैं। परतंत्र हैं। प्रकृति तत्त्व यहाँ माया के नाम से प्रसिद्ध है। इसके साथ पाँच तत्त्व हैं, कला, विद्या, राग, काल और नियति, ये पाँच माया के कंचुक हैं। इन पाँच तत्त्वों के अन्त:प्रवेश करने से इनके स्वरूप का ज्ञान होता है और माया से छुटकारा मिलता है। इसके बाद माया की अपेक्षा दूसरे सूक्ष्म तत्त्व में साधक प्रवेश करता है और शुद्ध सत्य-विशिष्ट पुरुष शुद्ध विधा के रूप में साधक को देखना पड़ता है। इसी को 'सद्विद्या' भी कहते हैं। यह सद्विद्या तत्त्व ईश्वरतत्त्व में लीन हो जाता है और साधक को ईश्वरतत्त्व में अनुभव करने का अवसर मिलता है। ईश्वरतत्त्व सदाशिवतत्त्व में और सदाशिवतत्त्व शक्तितत्त्व में तथा शक्तितत्त्व परम शिवतत्त्व में परिणत हो जाता है। वहाँ पहुँचकर साधक शिव-शान्ति के सामरस्य का अनुभव करता है। यही पूर्णावस्था है। यही इस दर्शन का अपना परम लक्ष्य है। इसे ही समरसता कहा जाता है।''[55]

डॉ. उमेश मिश्र के मतानुसार, ''शैव-दर्शन में वर्णित चिन्मय ही सामरस्य की अवस्था है। वहाँ पहुँचकर जिज्ञासु अपने व्यक्तित्व को परमशिव में लीन कर देता है। किन्तु परमशिव में लीन होने पर भी कोई तत्त्व अपने स्वरूप को नष्ट नहीं करता। सभी तत्त्व परमशिव में लीन होकर चिन्मय हो जाते हैं। यही मनुष्य जीवन तथा दर्शन का चरम लक्ष्य है। यहाँ शुद्ध अद्वैत है। चिन्मय 'शिवतत्त्व' में सभी चिन्मय हो जाते हैं। वस्तुत: शिवशक्ति के सामरस्य की अवस्था तो वही है। अतएव यथार्थ में अद्वैत तत्त्व का ज्ञान यही होता है।''[56]

इस प्रकार दर्शन में स्थित समरसता की इस अवधारणा को आगे वेद-उपनिषद काल से लेकर आज तक के साहित्य में कई उक्तियों से अर्थ ध्वनित किया जाता रहा है। सामाजिक समरसता मंच के एक ज्येष्ठ अभ्यासक श्री भिकू रामजी इधाते ने प्राचार्य तोरो की स्मृति में लिखे ग्रन्थ 'समरसतेचा नन्दादीप' में 'समरसता तत्त्व आणि व्यवहार' अपने इस दीर्घ आलेख में इनका उल्लेख किया है जिन पर आगे हम क्रमश: प्रकाश डाल रहे हैं। वेदों का वेद माने जानेवाले ऋग्वेद के दसवें मंडल के अन्तिम तीन सूत्रों में सामाजिक समरसता या एकता का विचार निम्न प्रकार से स्पष्ट किया है :

1. *सै गच्छध्वं सं वदध्वं सं वो मनांसि जानताम्।*
   देवा भागं यथा पूर्वे संजनाना उपासते॥

अर्थात् आप परस्पर एक-दूसरे के साथ एक विचार के साथ मिल-जुलकर रहो, एक-दूसरे के साथ प्रेमपूर्वक संवाद करो, अपने मन को एक कर ज्ञान प्राप्त करो। जिस तरह प्राचीन लोग एकमत होकर ज्ञान साधना करते थे, ईश्वर की उत्तम पद्धति से उपासना करते थे, उसी प्रकार आप भी एकमत होकर अपना कार्य करो।

2. *समानो मन्त्रः समितिः समानी समानं मनः सह चित्तमेषाम्।*
समानं मन्त्रमभिमन्त्रयेवः समानेन वो हविषा जुहोमि॥

अर्थात् हम सबकी प्रार्थना एक समान हो। भेदभाव रहित परस्पर एक-दूसरे का मिलन हो, हमारा मन और चित्त एक समान हो। मैं आपको एक ही रहस्यमय मंत्र बता रहा हूँ और तुम्हें एक समान हवि प्रदान कर सुसंस्कृत कर रहा हूँ।

3. *समानी व आकूतिः समाना हदयानि वः।*
समानमस्तु वा मनोयथा व सुसहासति॥

अर्थात् आपका संकल्प एक होना चाहिए, आपका हृदय एक समान होना चाहिए। आपका मन एक समान होना चाहिए। जिस कारण आपका आपसी कार्य पूर्णरूपेण संघटित रहेगा।

मनुष्य के मन की सम-अवस्था या साम्यावस्था सर्वश्रेष्ठ मानी जाती है। इस अवस्था में जाने के बाद मनुष्य का मन भेदों से परे एकत्व को देखता है। ऐसा गीता में भी उल्लेख मिलता है। भगवान श्रीकृष्ण द्वारा प्रतिपादित गीता में 'सम्' शब्द के आधार पर कई महत्त्वपूर्ण श्लोक हैं—

विद्याविनयसम्पन्ने ब्राह्मणे गविहस्तिनि।
शुनिचैवश्वपाके च पण्डितः समदर्शिनः॥
इहैव तैर्जितः सर्गो येषां साम्ये स्थितं मनः।
निर्दोषं हिसमं ब्रह्म तस्माद् ब्राह्मणि ते स्थिताः॥

(गीता अ.-5 / श्लोक-18/19)

"विद्वान ब्राह्मण, गाय, हाथी, कुत्ता या चांडाल इन सभी की ओर समदृष्टि से जो देखता है वही महात्मा, ज्ञानी पुरुष होता है।"[57]

वेद, उपनिषद, पुराणों से लेकर मध्ययुगीन कालखंड तक समरसता की इस अवधारणा का अनेक उक्तियों के माध्यम से प्रचार और प्रसार होता रहा है। हजारों वर्ष के चिन्तन, अनुभव तथा महापुरुषों के आचरण द्वारा समाज की स्वस्थ परम्परा के अनवरत संचालित होते रहने के लिए कुछ सिद्धान्त स्वाभाविक रूप से व्यवहार में स्थापित हो गए हैं। वे सारे सिद्धान्त समरसता या सामाजिक समरसता के ही द्योतक माने जाते हैं। सामाजिक समरसता मंच, मुम्बई द्वारा 'सामाजिक समरसता हेतु सन्तों एवं समाजसुधारकों के प्रयास' इस विषय पर आयोजित परिचर्चा के प्रारूप में इन सिद्धान्तों का उल्लेख मुझे मिला जिसे मैं आगे क्रमशः विशद कर रहा हूँ।

1. एको देवः सर्वभूतेषु गूढ़ः—अर्थात् सभी जीवों में ईश्वर के परमतत्त्व का दर्शन करना। 'ईस्वर अंस जीव अविनासी' का भाव हिन्दू समाज ने अपने सभी धर्म ग्रन्थों में बार-बार इस बात को प्रतिपादित किया है कि सभी के अन्दर परमात्मा का वास है। इसी बात को गीता में 'सर्वभूतेषु यनैद्व' तथा 'ईश्वरः सर्वभूतानां' आदि शब्दों द्वारा अनेक बार स्पष्ट किया गया है। अर्थात् सभी समान हैं तथा सभी को

समदृष्टि से देखना चाहिए। उसी को भगवान कहते हैं—'समः सर्वेषु भूतेषु मद्भक्तिं लभते पराम्।' तथा 'समं सर्वेषु भूतेषु तिष्ठन्तं परमेश्वरम्'।

2. सर्वे भवन्तु सुखिनः सर्वे सन्तु निरामयाः—अर्थात् सभी सुखी रहें, किसी को भी लेशमात्र का कष्ट न हो। यही समरसता की सर्वमान्य भावना है। इसी को अनेक प्रकार से धार्मिक ग्रन्थों में प्रतिपादित किया गया है। गीता में भगवान कहते हैं—'ते प्राप्नुवन्ति मामेव सर्वभूत हितेरताः।' इसी भाव को व्यास जी ने अपने शब्दों में व्यक्त किया है—परोपकाराय पुण्याय पापाय परपीडनम्।

3. एकं सद्विप्रा बहुधा वदन्ति—अर्थात् सत्य तो एक ही है, लोग इसको अपने-अपने प्रकार से कहते हैं। इसके कारण सभी को अपना विचार निर्भय होकर, उपर्युक्त बातों को स्मरण में रखकर मुक्त रूप से रखने का अधिकार है।

''प्राचीन काल से लेकर आधुनिक काल तक भारतवर्ष में समयानुसार जो भी सिद्धान्त एवं दर्शन प्रचलित हुए, वे कहीं न कहीं इन सिद्धान्तों से ही प्रेरणा लेते दिखते हैं। समरसता दर्शन भी उसके लिए अपवाद नहीं है। ये मौलिक सिद्धान्त सदैव ही समाज को जोड़ने का तथा समाज को निरन्तर शुद्ध करते रहने का प्रयास है।''[58]

इस प्रकार वेद, उपनिषद, पुराण और भगवद्गीता आदि प्राचीन ग्रन्थों में समरसता की इस अवधारणा के कई उल्लेखों को हम देख सकते हैं। इस प्रकार आगे मध्ययुगीन कालखंड में सम्पूर्ण भारतवर्ष में जितने भी सन्त-महात्मा और समाजसुधारक हुए हैं, उन्होंने भी सामाजिक समरसता की इस अवधारणा को अपने अभंगों, पदों और विचारों के माध्यम से स्पष्ट किया है। जिस पर आगे हम क्रमशः प्रकाश डाल रहे हैं :

समरसता के मध्ययुगीन सन्दर्भ

वैश्विक दृष्टि से यदि देखा जाए तो समरसता एक चैतन्य तत्त्व है। मध्ययुगीन कालखंड में महाराष्ट्र के प्रसिद्ध सन्त ज्ञानेश्वर माऊली द्वारा प्रतिपादित 'पसायदान' को तो समरसता का घोषणा-पत्र ही माना जाता है। श्री रमेश पतंगे जी के मतानुसार, ''इसी सामरस्य सिद्धि का वर्णन ज्ञानेश्वर महाराज निम्न प्रकार से करते हैं :

तिथे वोळखीचिसरिसें। सुखाचिया साम्राज्यीं वैसे।
तैसे होय तियें मेळीं। मग सामरस्याचिया राऊळीं।
महासुखाची दिवाळी। जगेंसि दिसें॥

समरसता का यह तत्त्व विचार आगे चलकर अनेक सन्त-महात्माओं और समाजसुधारकों ने भी अभिव्यक्त किया। सन्तशिरोमणि जगद्गुरु सन्त तुकाराम महाराज इस समरसता का वर्णन निम्न प्रकार से करते हैं :

लवण मेळविता जळे। काय उरलें निराळे।
तैसा समरस झालो। तुजमाजी हरपलो॥

अग्निकर्पुराच्या मेळी। काय उरली काजळी।
तुका म्हणे होती। तुझी माझी एक ज्योती॥[59]

भगवान गौतम बुद्ध, रामानुजाचार्य, रामानन्द, महात्मा बसवेश्वर, चैतन्य महाप्रभु, सन्त रोहिदास, गोस्वामी तुलसीदास, गुरु नानक आदि महापुरुषों ने भी समरसता का विचार स्पष्ट या अस्पष्ट रूप से अभिव्यक्त किया है। उपर्युक्त सभी सन्तों और महात्माओं ने एकात्म समाज जीवन को मानव कल्याण के मार्ग रूप में प्रतिपादित किया है। इन सभी सन्तों ने समाज जागरण के साथ-साथ समाज में स्थित भेदाभेद की अमंगल प्रवृत्ति का समूल उच्चाटन करने हेतु पूरी ताकत के साथ प्रयास किए। रामानन्द ने सम्पूर्ण देश का भ्रमण कर विविध जाति-पाँति के साधु-सन्तों को लिखने के लिए बल प्रदान किया। उन्हें भक्ति के मुख्य प्रवाह में लाकर खड़ा करने में महत्त्वपूर्ण भूमिका अदा की। निम्न उक्ति को केन्द्र में रखकर अद्वैत सम्प्रदाय की नींव रखी :

जाति-पाँति पूछै नहिं कोई।
हरि को भजै सो हरि का होई॥

इसी सम्प्रदाय से सन्त रोहिदास जैसे महापुरुष उभरकर सामने आए, जिन्होंने समरसता आन्दोलन की नींव रखी। अनेक सन्तों और महात्माओं ने समरसता के इस मार्ग को प्रशस्त करने में अपना योगदान दिया। इन्हीं सन्तों के प्रयासों से ही सम्पूर्ण भारतवर्ष में आज भी धार्मिक सहिष्णुता का वातावरण बनाए रखने में मदद होती है। प्राचीन काल से लेकर आधुनिक काल तक के साहित्य में सर्वमान्य रूप से निम्न कुछ उक्तियाँ प्रसिद्ध हुई हैं जो आज भी समरसता के ही अर्थ को ध्वनित करती हैं, या समरसता की ही द्योतक मानी जाती हैं। उनमें प्रमुख हैं—'आत्मवत् सर्वेभूतेषु', 'आकाशात् पतितं तोय', 'केशव प्रतिगच्छति', 'वैष्णव जन तो तेणे कहिये, जे पीर पराई जाने रे', 'नर सेवा ही नारायण सेवा है', 'वयं अमृतस्यपुत्रा:', 'कण-कण में राम है' आदि। समरसता के मध्ययुगीन सन्दर्भों पर हम 'सन्त साहित्य और सामाजिक समरसता' इस मुद्दे के अन्तर्गत पुन: स्वतंत्र रूप से प्रकाश डालने वाले हैं। इसलिए पुनरावृत्ति के दोष को टालने हेतु अब हम आगे समरसता के आधुनिक सन्दर्भ को स्पष्ट कर रहे हैं :

समरसता के आधुनिक सन्दर्भ

आधुनिक हिन्दी साहित्य में प्रसाद जी के कामायनी का विवेचन करते हुए हिन्दी के प्रसिद्ध आलोचक गजानन माधव मुक्तिबोध ने कामायनी में प्रतिपादित समरसता के सम्बन्ध में अपने कुछ विचार व्यक्त किए हैं जो समरसता की अवधारणा को समझने में सहायक सिद्ध हो सकते हैं। मुक्तिबोध का मानना है कि श्रद्धा-प्रवर्तित समरसता इसी मन:स्थिति की उपज है। श्रद्धा ने अपने पुत्र मानव को अन्तिम उपदेश देते हुए

जब कहा, ''सबकी समरसता का कर प्रचार'' तो वह मुक्तिबोध के शब्दों में ऐसी ही वर्गातीत दृष्टि है जिसका मूल मध्यवर्गीय स्थिति में है। सबकी समरसता एक प्रकार से सर्वोदय का ही पूर्वाभास है। जैसा कि मुक्तिबोध ने कहा है, निश्चय ही इस समरसता का अर्थ यह भी हो सकता है कि प्रसाद जी सामाजिक स्तर पर समता के पक्षपाती थे...किन्तु इस समरसता की द्वै-अर्थशीलता के पीछे वस्तुतः प्रसाद जी का यह विश्वास है कि समाज के सम्बन्ध में अधिक से अधिक अतिचारिता ही बंद हो सकती है। इस प्रकार की विषमताएँ तो रहेंगी ही। सारांशतः यह है कि ''यहाँ समरसता का अर्थ वर्गमैत्री और हृदय परिवर्तन से अधिक नहीं है।'' इसलिए मुक्तिबोध ने इसका सम्बन्ध मार्क्सवाद या साम्यवाद से जोड़ने की अपेक्षा उदारतावाद से जोड़ना अधिक संगत समझा। मनोहर सराफ ने भी प्रसाद की कामायनी में स्थित समरसता को स्पष्ट करते हुए कहा है, ''प्रसाद ने कामायनी में लिखा है कि यदि विश्व के सारे मानव समरसता अपना लें तो कोई किसी की सेवा को परायी नहीं समझेगा। यह विश्व एक नीड़ बन जाएगा जहाँ कोई शापित, तापित या पापी न होगा। जीवन वसुधा समतल हो जाएगी।'' *शापित न यहाँ है कोई तापित पापी न यहाँ है,/जीवन वसुधा समतल है समरस है ज्यों कि जहाँ है।*''[60]

इस प्रकार प्राचीन काल से लेकर हिन्दी साहित्य के आधुनिक काल तक कइयों ने समरसता की इस अवधारणा को प्रत्यक्ष अथवा अप्रत्यक्ष रूप से विशद किया है। जिससे प्रत्येक काल के साहित्य में समरसता की यह अवधारणा कैसी व्यवहृत रही है, इसका एहसास हमें होता है। आज साहित्य के क्षेत्र में समरसता की इस अवधारणा को एक साहित्यिक मूल्य के रूप में स्वीकार किया गया है। समरसता साहित्य के निर्माता होने के नाते साहित्यकार को किन-किन बातों का ध्यान रखना आवश्यक है तथा साहित्य की ओर देखने की उसकी दृष्टि कैसी होनी चाहिए, इस सन्दर्भ में 'समरसता एक साहित्यिक मूल्य' इस मुद्दे के अन्तर्गत आगे हम प्रकाश डाल रहे हैं।

समरसता एक साहित्यिक एवं समीक्षात्मक मूल्य

वर्तमान काल में विगत कई सालों से सामाजिक समरसता की इस अवधारणा को एक साहित्यिक मूल्य के रूप में स्थापित करने का प्रयास हो रहा है। प्रथमतः इस अवधारणा के आधार पर साहित्य लेखन किया जाए और तत्पश्चात् इसी अवधारणा के आधार पर समीक्षा के मानदंड विकसित किए जाएँ, इस योजना के तहत कार्य चल रहा है। सामाजिक समरसता के आधार पर साहित्य निर्माण और मूल्यांकन करनेवाले सभी साहित्यिक और आलोचकों ने साहित्यिक क्षेत्र में समरसता की इस अवधारणा को एक साहित्यिक मूल्य के रूप में स्वीकार किया है। इस साहित्यिक मूल्य से क्या तात्पर्य है, इसे हम आगे स्पष्ट कर रहे हैं।

वास्तव में मूल्य की यह संकल्पना अत्यन्त प्राचीन और पुरातन मानी जाती है। यह अच्छी और आदर्श स्थिति की संकल्पना होती है। संकल्पना से तात्पर्य है—स्थिर एवं संघटित कल्पना। वह वस्तुनिष्ठ भी होती है। उसे बड़े पैमाने पर सहभागिता और सहमति की आवश्यकता होती है। इसी कारण मूल्य के रूप में 'समरसता' की इस संकल्पना की समीक्षा की जा सकती है। इस सन्दर्भ में प्रा. काशीनाथ वाडेकर लिखते हैं, "मूल्य एक प्रकार का मानदंड भी होता है। जीना, आचरण करना, विशिष्ट प्रकार का साहित्य निर्माण करना, कितना सही कितना गलत इसका निर्णय करने का साधन हमें मूल्य की यह संकल्पना प्रदान करती है। ऐसा भी माना जाता है कि मूल्य साध्य होता है, साधन के रूप में उस अवधारणा का उपयोग नहीं किया जा सकता। उदाहरण—ज्ञान, सौन्दर्य, स्वाद, प्रेम, ईश्वरभक्ति, मैत्री, काव्यानन्द जैसी अनेक चीजें अन्य किसी साधन के रूप में नहीं बनतीं, उनके स्वरूप के लिए आवश्यक होती हैं। उन्हें मूल्य कहने के बदले वही मूल्य है, ऐसा हमें कहना पड़ता है। तथ्य या वस्तुस्थिति इन दोनों के बीच के अन्तर को स्पष्ट करते हुए भी मूल्य की अवधारणा को स्पष्ट किया जा सकता है। 'वह फूल है' ऐसा कहना यथार्थ का या तथ्य का वर्णन हुआ। 'वह फूल है' यह तथ्य तो 'वह फूल सुन्दर है' ऐसा कहना मूल्यबोधक होता है।"[61] समरसता को एक साहित्यिक मूल्य मानकर इस सन्दर्भ में अपने विचार व्यक्त करते हुए नामदेव च. कांबळे जी ने भी लिखा है, "समरसता को एक साहित्यिक मूल्य मानते हुए जिन उपेक्षित समाज के हितसंवर्धनार्थ उसका जन्म हुआ है उसकी अभिव्यक्ति सक्षमता के साथ करना आवश्यक है। दलित साहित्य ने 'विद्रोह' और 'नकार' यह मूल्य न केवल स्वीकारे बल्कि साहित्य के माध्यम से उनकी अभिव्यक्ति भी बड़ी सक्षमता के साथ की है। उसी प्रकार का आविष्कार समरसता के इस साहित्यिक मूल्य के सन्दर्भ में होना आवश्यक है। क्योंकि हमारे हितसम्बन्धों की अभिव्यक्ति और इच्छा-आकांक्षाओं की अभिव्यक्ति करना यह मानवीय समूह की या समाज की आवश्यकता है।"[62]

एक अन्य विद्वान डॉ. ईश्वर नन्दापुरे जी ने भी अपनी पुस्तक 'समरसता साहित्य : संकल्पना-प्रेरणा-स्वरूप' में समरसता साहित्य का स्वरूप स्पष्ट करते हुए लिखा है, "समरसता साहित्य यह प्रथम जीवनवादी साहित्य है। मनुष्य के जीवन, उसकी मानवीयता से प्रेम करनेवाला साहित्य है। मनुष्य-मनुष्य में भेद की दीवारें खड़ी करनेवाले तत्त्वों को अपवित्र मानकर, उनका समूल उच्चाटन करने की भाषा जब यह साहित्य उद्घाटित करता है तब यह बात स्पष्ट है कि मानवता का राजगृह सक्षमता के साथ खड़ा करने के उदात्त ध्येय से प्रेरित होकर यह साहित्य निर्माण हो रहा है। यह आज तक का अनुभव है।"[63] समरसतावादी साहित्य नए विचारों की शक्ति है। मानवता के लिए वह शान्ति है। उसी में सभी मनुष्यों की उन्नति है। सिद्धार्थ गौतम बुद्ध ने जिस 'मैत्री' और 'करुणा' का प्रवर्तन किया,

उसका एहसास हमें समरसता साहित्य में होता है। समरसतावादी साहित्य एक प्रकार का जीवन-मूल्य और साहित्य-मूल्य है, इस बात को अनेक साहित्यकारों ने सप्रमाण सिद्ध किया है। मनुष्य जीवन के साथ उसका कितना गहरा सम्बन्ध है, इस पर प्रकाश डालते हुए डॉ. ईश्वर नन्दापुरे लिखते हैं, "समरसता प्रत्येक जीवित व्यक्ति के जीवन का तत्त्व है। इसी तत्त्वसिद्धि से निर्माण हुआ समरसतावादी साहित्य का। यह जीवनवादी साहित्य है। कला कला के लिए या कला जीवन के लिए इस विवाद में न पड़ते हुए समरसतावादी साहित्य प्रथम जीवनवादी साहित्य है। मनुष्य के जीवन, उसकी मानवीयता से प्रेम करनेवाला यह साहित्य है। मनुष्य-मनुष्य में भेद उपस्थित करनेवाले तत्त्वों को अपवित्र मानकर उनका समूल उच्चाटन करने की बात का समर्थन जब यह साहित्य करता है तब वह मानवतावाद का राजगृह खड़ा करने का उदात्त ध्येय मन में सँजोकर अभिभूत होता है।"[64]

समरसतावादी साहित्य को ऐसा साहित्य अपेक्षित है कि जिसमें केवल सौन्दर्यवादी चित्रण न होकर मानवता का पुट भी हो। प्रेम, सेवा, मित्रता और करुणा का मिलाप भी उसमें होना आवश्यक है। दूसरों के दुख से दुखी होना तथा दूसरों के सुख से सुखी होना, वास्तव में यही समरसता है। वह निर्माण करने की जिम्मेदारी साहित्यकार की है। यह एहसास साहित्य निर्माण करते समय समरसतावादी साहित्यकार को होना नितान्त आवश्यक है। डॉ. नामदेव च. कांबळे जी के मतानुसार, मराठी के प्रसिद्ध साहित्यिक रा.ग. जाधव जी ने अपनी पुस्तक 'निली पहाट' में साहित्य के स्वरूप को स्पष्ट करते हुए लिखा है, "साहित्य सांस्कृतिक एकता का प्रमुख साधन है। यह साधन पीड़ित-पीड़ितों के अन्तर्बाह्य अकेलेपन को दूर कर उनमें प्राथमिक अन्तर्सम्बन्ध का निर्माण कर सकता है।" रा.ग. जाधव द्वारा प्रतिपादित यह विचार समरसता साहित्य पर यथास्थित खरा उतरता है। उनका यह मानना है कि प्रा.रा.ग. जाधव का मत केवल दलित साहित्य को ही नहीं बल्कि समरसता साहित्य पर भी लागू होता है। क्योंकि कोई भी सामाजिक समूह व्यक्ति की तरह ही प्रतीकात्मक विश्व में रममान होता है। यह प्रतीकात्मक विश्व उस समूह-मन में पीढ़ी-दर-पीढ़ी आविष्कृत होता है। वह पूर्वकालीन स्मृतियों का और सद्य:कालीन स्थिति-गति का विश्व होता है। वह सुख-दुखात्मक होता है। सुख बाँटने का आवाहन और दुख दूर करने का प्रयास करना यही साहित्य का कार्य होता है। समरसता साहित्य उसके लिए अपवाद नहीं ठहर सकता।"[65]

साहित्य को हम समाज जीवन का प्रतिबिम्ब मानते हैं। ऐसे उत्तर सामाजिक आशय, अनुभव, समस्या और व्यक्तियों का दर्शन करनेवाले, साहित्य लेखन करनेवाले व्यक्ति को भी पहले स्वयं के स्तर पर समरस होना आवश्यक होता है। स्वयं के स्तर पर समरस हुए बिना उसके लिए उस प्रकार के साहित्य का निर्माण करना सम्भव ही नहीं है। तात्पर्य यह है कि साहित्य निर्माण करनेवाले साहित्यकार

को रूपरसता की नितान्त आवश्यकता होती है। इस प्रकार से निर्मित हुए साहित्य का ठीक ढंग से आस्वाद यदि करना है तो पाठक या वाचक वर्ग को भी उस साहित्य के साथ समरस होना पड़ता है। ऐसा करने पर उसे आनन्द तो मिलता ही है, साथ ही अपना समाज़, उसकी समस्याएँ, घटना और प्रसंग आदि का भी ज्ञान होता है। इससे पाठक भी समाज के साथ समरस हो सकता है। समाज की समस्या हल करने हेतु उसकी मानसिकता बन सकती है। नामदेव च. कांबळे जी का मानना है, "साहित्य में समरसता की यह अवधारणा हाल ही की होने के कारण उसके सम्बन्ध में पूर्वग्रह रखनेवाले प्रस्थापित आलोचक उसे दु:साहसता भरे दृष्टिकोण से देखेंगे। उनकी ओर से समरसता को साहित्यिक मूल्य के रूप में स्वीकारने में प्रताणित होने की सम्भावना से इनकार नहीं किया जा सकता। नकार, विद्रोह, विज्ञान, परिवर्तन को साहित्य माननेवाले दलित साहित्य और वैचारिक ग्रन्थों की भी आरम्भ में प्रतारना ही हुई है। लेकिन कालान्तर बाद दलित साहित्य द्वारा उद्घोषित साहित्यिक मूल्यों को प्रस्थापित साहित्यकारों को स्वीकारना ही पड़ा। समरसता साहित्यिक मूल्य का भी वही हाल होगा, ऐसा मुझे लगता है।"[66] समरसता को एक साहित्यिक मूल्य मानकर उसका आविर्भाव किस उद्देश्य से हुआ है, उसे स्पष्ट करते हुए नामदेव जी कांबळे लिखते हैं, "स्वातंत्र्योत्तर कालावधि में जातीय द्वेष, सामाजिक विषमता, धार्मिक असहिष्णुता, स्वैराचार आदि प्रवृत्तियाँ बड़ी मात्रा में विकसित होने लगी थीं। प्रस्थापित साहित्य और अन्य साहित्य प्रवाहों ने भी इन प्रवृत्तियों की ओर विशेष ध्यान नहीं दिया। जिन्होंने थोड़ा-बहुत ध्यान दिया उन्होंने भी जातीय द्वेष की भावना को कम करने के अलावा साहित्य के माध्यम से और बल प्रदान किया। लोगों को शान्त करने के बदले उन्हें और अधिक भड़काया। साहित्य में प्रवेशित यह जातीय भावना कलाकृति का आस्वादन, मूल्यांकन करते समय विद्वेष भाव से साहित्य लिखनेवाले की जाति की तरफ देखा जाने लगा। ऐसी स्थिति में समाज विघातक वृत्ति के समूल उच्चाटन के लिए और समाज में स्थित विविध घटकों के मनुष्य में भाईचारे की भावना विकसित करने की आवश्यकता से समरसता साहित्य का जन्म हुआ।"[67]

उपर्युक्त मान्यता के आधार पर जो साहित्य निर्माण और साहित्य का मूल्यांकन करेगा उसी को हम समरसतावादी साहित्यकार और समीक्षक मान सकते हैं। वर्तमान काल में समरसतावादी दृष्टिकोण से साहित्य निर्माण के साथ-साथ साहित्य की समीक्षा या आलोचना होना भी अत्यावश्यक लग रहा है। डॉ. ईश्वर नन्दापुरे जी के मतानुसार, "इस काल में समरसतावादी साहित्य का स्वतंत्र रूप से तथा विविध दृष्टिकोण से विचार करना इसलिए आवश्यक हो गया है कि हमारे देश में लोकतंत्र निर्माण के साठ वर्ष से अधिक समय की कालावधि में पूर्ण हुआ है। लेकिन फिर भी समाज, जीवन तथा जनमानस में लोकतंत्र के मूल्य पूर्णत: विकसित नहीं हो पाए।

शासन और जनता की इनमें दिन-ब-दिन अधिक संघर्ष की स्थिति निर्मित हो रही है। बहुत बार हमारे ही जीवन-मूल्य तथा सांस्कृतिक-मूल्य हमें काल्पनिक से लगते हैं। दिन-ब-दिन हमारी एकात्मता खतरों से घिरी रही है। समय के प्रवाह के साथ-साथ नव-नवीन वाङ्मयीन प्रवाह साहित्य में हुए। उसमें से नए परिवर्तनवादी विचार जनमानस में साकार करने का विचार, विचार के स्तर पर ही रह गया है। वह प्रत्यक्ष आचरण का भाग कभी भी नहीं बन सका है। एक ओर साहित्य के माध्यम से मानवतावाद का समर्थन करने का और दूसरी ओर प्रत्यक्ष जीवन में उसका उपयोग ही नहीं करने का। एक ओर साहित्य में बड़े-बड़े समाजसुधारकों और विचारकों की जी भर के प्रशंसा करते तथा दूसरी ओर आचरण के स्तर पर शून्य होते बोल बच्चन साहित्यकारों और साहित्य प्रकारों की संख्या आज दिन-ब-दिन बढ़ रही है।''[68]

वर्तमान की साहित्यिक स्थिति पर प्रकाश डालते हुए डॉ. ईश्वर नन्दापुरे पुनः आगे लिखते हैं, ''उसमें भी हर एक ने अपना-अपना संकीर्ण विचार व्यक्त किया है, यह एक और दूसरा कटु सत्य है। दलित साहित्यकार एक ओर विश्वबन्धुत्व की भूमिका प्रस्तुत कर रहा है और दूसरी ओर अपने साहित्य में केवल दलितों का ही विचार प्रस्तुत कर रहा है। आदिवासी साहित्यकार एक ओर मानवतावाद का स्वर अलाप रहा है और दूसरी ओर अपने साहित्य में केवल आदिवासियों के ही जीवन की समस्याएँ प्रस्तुत कर रहा है। ग्रामीण साहित्य ने केवल ग्रामीणों का, स्त्रीवादी साहित्य ने केवल स्त्रियों का, जनवादी साहित्यकार एक ओर विश्व को अपने हृदय में स्थापित करने की बात कर रहा है वहीं दूसरी ओर साहित्य में केवल बहुजनों का मर्यादित विचार प्रस्तुत कर रहा है। शोषितों ने शोषकों का, विस्थापितों ने प्रस्थापितों का दुःस्वास करने का और एक-दूसरे का कट्टर विरोध कर संघर्ष हेतु तैयार रहने का, इससे नई रक्तपात सदृश स्थिति निर्मित करने की यह सारी चित्र-विचित्र स्थिति आज साहित्य में पढ़ने को मिल रही है। सभी अगर यदाकदा क्रान्ति की भाषा करेंगे तो शान्ति और करुणा की भाषा कौन करेगा? नित नए-नए साहित्य प्रवाह विकसित होने के बावजूद विषमता की यह खाई दिन-ब-दिन अधिक गहरी क्यों हो रही है? इस पर नए सिरे से सोचने की, आत्मपरीक्षण करने की आवश्यकता है। यह सब करते समय नई-नई सम्भावनाओं को तलाश कर मानवता नष्ट न हो जाए, अपनी भारतीय संस्कृति का सांस्कृतिक वैभव व्यर्थ न हो जाए, विश्वबन्धुत्व की, मानवता की और करुणा की भाषा सिर्फ भाषा बनकर न रह जाए, इसलिए आचरण और प्रत्यक्षकृतिशीलता के आधार पर यह आदर्शवादी विचार कैसे पनपेगा? उसके लिए क्या करना पड़ेगा? किस प्रकार के स्वरूप का साहित्य हमें निर्मित करना पड़ेगा इसका सभी दृष्टि से विचार समरसतावादी साहित्य कर रहा है। और उसी में से इस साहित्य विचार का स्वरूप और समीक्षा के मानदंड विकसित हो रहे

हैं।''[69] नामदेव च. कांबळे ने भी अपनी पुस्तक 'समरसता साहित्य स्वरूप और संकल्पना' में समरसता साहित्य के स्वरूप तथा समीक्षा के मानदंडों की चर्चा करते हुए लिखा है, ''समरसता साहित्य संज्ञा आरम्भ में रस को अभिव्यक्त करनेवाली साहित्य संज्ञा के रूप में प्रचलित दिखाई देती है। उसका अर्थ अभिरुचि या मानसिक वृत्ति इस अर्थ में ग्रहण किया जाता था। यह बात सन्त साहित्य के विवेचन से हमारे ध्यान में आती है। उस काल में ही समरसता की यह संज्ञा मानवता के इस अर्थ में भी प्रयुक्त होती दिखाई देती है। तेरहवीं शताब्दी में स्थापित वारकरी सम्प्रदाय के सभी मनुष्य समान हैं, इस भूमिका को स्वीकार कर विविध जाति-पाँति के सन्तों को एकत्रित करने की परम्परा का सूत्रपात किया। पांडुरंग के दर्शन के बाद आपसी भेदभाव को भूलकर एक-दूसरे का चरणस्पर्श करना आरम्भ किया। वही परम्परा आज इक्कीसवीं शताब्दी में भी महाराष्ट्र के पंढरपुर परिक्षेत्र में विद्यमान है। पांडुरंग का दर्शन लेने हेतु जानेवाला प्रत्येक व्यक्ति दर्शन लेने के पश्चात् कान-नाक पकड़कर परमेश्वर से क्षमा-याचना करता है। फिर बाद में छोटा-बड़ा, जातीय दृष्टि से श्रेष्ठ-कनिष्ठ ऐसा भेदभाव न करते हुए एक-दूसरे के चरणों को स्पर्श करता है, यह तेरहवीं शताब्दी की मानवता थी, वर्तमान काल में उसे ही समरसता कहा जाता है।''[70]

समरसता साहित्य का यदि निर्माण करना है तो उसमें मानवता का होना अनिवार्य है। मानवता मतलब मनुष्य सम्बन्धी विचार नहीं बल्कि समाजमान्य ऐसा व्यक्ति विचार मतलब मानवता। ऐसी समाजमान्य मानवता का निर्माण करना यह समरसतावादी साहित्य समीक्षा का पहला लक्ष्य है।

समरसता साहित्य के निर्माता को साहित्य निर्माण के पहले सतर्क करते हुए नामदेव कांबळे लिखते हैं, ''समरसता साहित्य का सृजन करते समय या उस साहित्य प्रवाह में विचरण करते समय लेखक, कवि, विचारक को चौकन्ना रहना चाहिए। केवल चौकन्ना रहना ही पर्याप्त नहीं, उसका संवेदनशील होना भी आवश्यक है। मन में स्थित मानवता को जाग्रत् रखते हुए राष्ट्रभाव से प्रेरित होकर सामाजिक वातावरण विघटित न हो जाए, इसका ध्यान भी उसे रखना चाहिए। साहित्य के माध्यम से लोगों की भावनाओं को भड़काने के बदले उन्हें ठंडे दिमाग से सोचने के लिए कैसे मजबूर किया जाए, इस दृष्टि से प्रयत्न करने चाहिए।''[71]

समरसतावादी साहित्य का यह मानना है कि साहित्यिकों का भी एक धर्म होता है। उसका नाम है मानवता धर्म। इस मानवता धर्म को केन्द्र में रखकर जब कोई साहित्यकार साहित्य-कृति का निर्माण करता है तब उसका मूल्य सर्वश्रेष्ठ ही होता है। विश्वात्मकता का साक्षात्कार उससे होने के कारण वह साहित्य-कृति विश्वव्यापी बन जाती है। इसी सन्दर्भ में समरसता साहित्य मानवता धर्म का समर्पण करनेवाला

साहित्य है। मानवता पर उसकी दृढ़ निष्ठा होने के कारण वह मनुष्य का भी साहित्य प्रकार है। डॉ. बाबासाहेब अम्बेडकर समरसता साहित्य के प्रेरणास्रोत हैं। 1954 में हुए विदर्भ साहित्य संघ के अधिवेशन में साहित्यकारों को उद्देशित करते हुए उन्होंने कहा था, ''उदात्त जीवन-मूल्य और सांस्कृतिक-मूल्य अपने साहित्य के माध्यम से आविष्कृत करो। दलितों का जीवन उन्नत करो, उसी में वास्तविक मानवता है।'' इसमें से बाबासाहेब सभी साहित्यकारों को यही कहना चाह रहे थे कि उदात्त जीवन-मूल्यों और सांस्कृतिक-मूल्यों का प्रचार एवं प्रसार अपने साहित्य के माध्यम से करना यह एक साहित्यकार का कर्तव्य है। अपनी दृष्टि संकुचित, संकीर्ण, मर्यादिय मत रखो, उसका विस्तार होने दो, अपनी लेखनी, तर्क अपने प्रश्नों तक सीमित मत रखो, उसका विस्तार होने दो, उसका तेज गाँव-देहात में भी फैलना चाहिए। अपने इस देश में उपेक्षितों का, दलितों का बहुत बड़ा विश्व है, इस बात को भूलो मत। उनका दुख, उनकी व्यथा ठीक तरह से समझ लो और अपने साहित्य के माध्यम से उनका जीवन उन्नत करने हेतु प्रयासरत रहो, उसी में सच्ची मानवता है।''

नामदेव कांबळे जी का मानना है कि ''उपर्युक्त विवेचन में डॉ. बाबासाहेब अम्बेडकर जी ने एक अर्थ में समरसता साहित्य की परिभाषा ही विशद की है। इस कारण जब हम समरसता साहित्य के स्वरूप के सम्बन्ध में विचार करते हैं तब वह मानवता का ही साहित्य होता है।''[72]

संक्षेप में हम यह कह सकते हैं कि समरसतावादी साहित्य एक अर्थ से मानवतावादी साहित्य ही है। वर्तमान में प्रचलित सारे साहित्य प्रवाहों से परे जाकर समरसतावादी साहित्य मनुष्य को टुकड़ों में न बाँटकर केवल मनुष्य रूप में देखने का प्रयास है। इस कारण जाति, धर्म, भाषा, प्रान्त आदि से परे जाकर यह साहित्य मनुष्य का सर्वांगीण विकास करने के लक्ष्य से ही अवतरित हुआ है। उसकी समीक्षा के मानदंडों का आधार भी यही सम्पूर्ण मानवतावाद ही है। समरसता साहित्य के मानदंडों की चर्चा आगे एक स्वतंत्र मुद्दे के अन्तर्गत हम करनेवाले हैं। इस कारण पुनरावृत्ति के दोष को टालते हुए हम आगे इस समरसतावादी साहित्य के प्रेरणास्रोत कौन-कौन रहे हैं, इस पर प्रकाश डाल रहे हैं।

समरसता साहित्य के प्रेरणास्रोत

समरसता साहित्य निर्मिति के पीछे कौन-कौन सी प्रेरणाएँ हैं उस पर हम इस मुद्दे के अन्तर्गत प्रकाश डाल रहे हैं। वर्तमान के साहित्य में जाति-धर्म, पन्थ-सम्प्रदाय, प्रान्त भाषा ऐसी विविध प्रकार की मनुष्य निर्मित दीवारें खड़ी की गई हैं। उन्हें गिराकर तथा जमींदोज कर वहाँ सत्य, शिव तथा सौन्दर्य का कलात्मक राजगृह निर्माण कर इस देश का प्रत्येक मनुष्य उसमें सुख-शान्ति से जिए ऐसा जिन लोगों

का स्वप्न था और है उन सन्तों, समाजसुधारकों तथा विचारकों का साहित्य तथा विचार समरसता साहित्य के प्रेरणास्रोत हैं।

प्राय: ऐसा माना जाता है कि समरसता की अनुभूति प्रदान करनेवाला साहित्य समरसतावादी साहित्य है। मनुष्य को मनुष्य के साथ जोड़ने की प्रेरणा जो विचारधारा देती है वह समरसतावादी विचारप्रणाली है। इस समरसतावादी विचारधारा का मूल स्रोत सन्त साहित्य, भक्ति साहित्य के अलावा आधुनिक काल के समाजसुधारक एवं विचारक महात्मा फुले, डॉ. बाबासाहेब अम्बेडकर, सन्त गाडगे बाबा, डॉ. हेडगेवार, राष्ट्रसन्त तुकडोजी महाराज के विचारों में हम देख सकते हैं। वास्तव में उनके विचार ही समरसता साहित्य के वास्तविक प्रेरणास्रोत हैं। इस सन्दर्भ में नामदेव च. कांबळे लिखते हैं, ''सामाजिक समरसता मंच के प्रेरणास्थान पर स्थित म. फुले, डॉ. बाबासाहेब अम्बेडकर, सन्त गाडगे बाबा, डॉ. हेडगेवार हैं। इनके विचारों का सार यदि एक वाक्य में कहा जाए तो उनका विचार मानवमुक्ति से सम्बन्धित है, ऐसा हम कह सकते हैं। राष्ट्रीय एकात्मता, बन्धुभाव, परिवर्तन इस राह से मानवमुक्ति को साधा जा सकता है, ऐसा इन लोगों का मानना था। इस कारण समरसता साहित्य की प्रेरणा राष्ट्रीय एकात्मता, बन्धुभाव एवं परिवर्तन है, ऐसा निष्कर्ष हम निकाल सकते हैं।''[73]

समरसतावादी साहित्य के एक ज्येष्ठ अभ्यासक डॉ. ईश्वर नन्दापुरे जी के मतानुसार, ''प्राय: साहित्य में स्थित विविध परम्पराओं की निश्चिति प्रेरणा के अलग-अलग स्वरूप पर निर्धारित होती है। वर्तमान काल में स्थित विविध विमर्शों का साहित्य विविध प्रेरणा का ही साहित्य है। किसी भी साहित्य निर्माण के पीछे कोई न कोई प्रेरणा अवश्य होती है। साहित्य निर्माण में उसका स्पष्ट रूप से उल्लेख हो अथवा न हो परन्तु साहित्य निर्माण में कोई न कोई प्रेरणा अवश्य होती है। प्राय: प्रेरणा परदे के पीछे स्थित दिग्दर्शक के समान होती है, साहित्य कृति के सभी अंगों पर उसका प्रभाव स्पष्ट रूप से देखा जा सकता है। भूमिगत झरने की तरह साहित्य कृति के शब्द-शब्द से वह प्रवाहित होती रहती है। प्रेरणा साहित्यकार की प्रतीक्षा और संवेदना को नियंत्रित करनेवाली शक्ति होती है। साहित्यकार की प्रतीक्षा और संवेदना का दिशा-निर्देशन करनेवाली शक्तिस्वरूपा प्रेरणा ही होती है।''[74]

किसी भी प्रकार के साहित्य निर्माण के पीछे यह प्रेरणा कितनी महत्त्वपूर्ण होती है, उस पर प्रकाश डालते हुए डॉ. ईश्वर नन्दापुरे लिखते हैं, ''साहित्यकार को यदि एकाध विषय पर लिखने की प्रेरणा हुई तो उसके आत्माविष्कार से एक उत्कृष्ट साहित्य कृति का जन्म होता है। साहित्यकार के आस-पास के जीवन में उस पर प्रभाव डालनेवाली अनेक संस्कार पाठशालाएँ होती हैं, उसमें अनेक विचारधाराएँ भी होती हैं। इन विचारधाराओं में कुछ विचारधारा गतिशील होती है तो कुछ गतिविहीन होती है। कुछ प्रभावशाली होती है तो कुछ प्रभावहीन होती है। साहित्यकार उनमें से

किसी भी एक प्रकार की विचारधारा को जिन्दगीभर प्राणवायु की तरह सँजोता है। वास्तव में वही इसकी प्रेरणा होती है। साहित्यकार के मन में प्रेरणा की प्रकृति के अनुसार विविध प्रकार की आस्थाएँ निर्मित होती हैं। वही उसके लिए जीवनदृष्टि प्रदान करती है। इसी जीवनदृष्टि के साथ साहित्यकार का एक नैतिक रिश्ता बन जाता है। यह नैतिकता ही साहित्यकार को लेखन के लिए बल प्रदान करती है। वही उसकी जीवनदृष्टि होती है। इस जीवनदृष्टि का तात्पर्य ही प्रेरणा है। जीवन के सुख-दुखों की निश्चिति तथा उन सुख-दुखों का मूल्य यह प्रेरणा ही निश्चित करती है। यह प्रेरणा वैचारिक और भावनिक दोनों स्तर पर कार्यान्वित होती है। यह प्रेरणा जीवन में स्थित अन्य विचारधाराओं के साथ साहित्यकार के मित्रता और शत्रुता भरे सम्बन्धों का निर्धारण करती है। प्रेरणा का प्रभाव जीवन के आकलन पर पड़ता है। प्रेरणा साहित्यकार के जीवन-सत्य का निर्धारण करती है। अपने स्वभाव के अनुरूप सुसंगत कृति करने हेतु यह प्रेरणा तत्पर रहती है। साहित्यकार की यह कृति मतलब साहित्यकृति है। इस सन्दर्भ में साहित्यकार का स्वभाव मतलब प्रेरणा है। एक ही प्रेरणा अनेक को प्रभावित कर सकती है, इस कारण प्रेरणा का आविष्कार जैसा व्यक्तिगत स्तर पर होता है वैसा ही सामूहिक स्तर पर भी होता है। समरसता साहित्य से सम्बन्धित प्रेरणा भी ऐसी ही है। इस कारण समरसता साहित्य के निर्माण में प्रेरणा केन्द्रस्थान पर है।''[75]

इसके पहले के विवेचन में हमने इस बात को विशद किया कि समरसता की यह अवधारणा कितनी प्राचीन और पुरातन है। वेद, उपनिषद, पुराण, गीता और मध्ययुगीन काल के साहित्य में हमें समरसता की इस अवधारणा के उल्लेख मिलते हैं। इसके पूर्व समरसता के 'प्राचीन और मध्ययुगीन सन्दर्भ' इस मुद्दे के अन्तर्गत हमने इसका विस्तार से विवेचन किया है और तथा इसके आगे 'सन्त साहित्य और सामाजिक समरसता' इस मुद्दे के अन्तर्गत हम पुनः उस पर विस्तार से प्रकाश डालनेवाले हैं। इस कारण यहाँ 'समरसता साहित्य के प्रेरणास्रोत' इस मुद्दे के अन्तर्गत हम आधुनिक काल के जो विचारक इस साहित्य विचारधारा के प्रेरणास्रोत रहे हैं, केवल उन्हीं पर प्रकाश डाल रहे हैं। उनमें प्रमुख हैं—महात्मा ज्योतिबा फुले, डॉ. बाबासाहेब अम्बेडकर, डॉ. हेडगेवार, सन्त गाडगे महाराज और राष्ट्रसन्त तुकडोजी महाराज। सर्वप्रथम हम देखेंगे कि महात्मा फुले के कौन से विचार को समरसतावादी साहित्य अपने प्रेरणास्रोत के रूप में स्वीकारता है।

महात्मा फुले

महात्मा फुले महाराष्ट्र के सक्रिय समाजसुधारक थे। उन्होंने स्त्री, शूद्रातिशूद्र, किसान, कामगार, इनके लिए अपना सारा जीवन व्यतीत किया। निम्नातिनिम्न वर्ग में स्थित मनुष्य के साथ समता और ममता से भरा व्यवहार कैसे किया जाए, उनके भीतर के

स्वाभिमान को जाग्रत् कर धर्म और जाति के नाम पर होनेवाले उनके शोषण को कैसे रोका जाए? उनकी स्वतंत्रता को सुरक्षित रखकर उन्हें सामाजिक न्याय कैसे दिया जाए, इसके लिए फुले आजीवन प्रयत्नशील रहे हैं। मराठी के प्रसिद्ध साहित्यिक नामदेव च. कांबळे जी के मतानुसार, "सत्यशोधक समाज की स्थापना कर म. फुले ने सामाजिक आन्दोलन खड़ा किया। इस आन्दोलन की जड़ में उनका विधायक विचार था। यह विचार मतलब मूलभूत मानवीय अधिकार का विचार था। समाज में स्थित सभी उपेक्षित और पिछड़े समाज के लोगों का शोषण खत्म कर सभी को मुक्त करनेवाला विचार मतलब मानवीय अधिकार का विचार है। सार्वजनिक सत्य धर्म में ज्योतिबा के महात्मा का तेजोवलय पूर्ण रूप से प्रस्फुटित हुआ है। इस तेजोवलय को हम तीन भागों में विभाजित कर सकते हैं। एक मूलभूत मानवीय अधिकार, दूसरा उस पर आधारित वसुधैव कुटुम्बकम् की अवधारणा और तृतीय जीवन का तथा विश्व का सत्य स्वरूप प्रकट करनेवाला बुद्धिवाद। यह वह तीन भाग हैं। पाश्चिमात्य मतलब आधुनिक पाश्चात्य संस्कृति से ज्योतिराव को यह तीन प्रेरणाएँ मिलीं। उसी में उनकी जीवनदृष्टि समाई हुई।"[76] सभी मनुष्य समान हैं, यह सूत्र ध्यान में रखकर सभी में मनुष्य का मन है। उसमें प्रेम का दीया निरन्तर प्रज्वलित रहता है। उस दीये को प्रकाशमान करने का, टूटे मन को फिर से जोड़ने के सभी प्रयास समरसता साहित्य के केन्द्र में हैं। महात्मा फुले द्वारा प्रतिपादित विचार एकरस समाज निर्मिति का विचार यही समरसता का विचार था ऐसा डॉ. ईश्वर नन्दापुरे जी को लगता है। इस सन्दर्भ में वे महात्मा फुले द्वारा रचित निम्न अखंड का उदाहरण प्रस्तुत करते हैं, जो मूलतः मराठी भाषा में है। मैं हिन्दीभाषकों के लिए उसे हिन्दी में अनूदित कर रहा हूँ। अखंड निम्न प्रकार से है :

मनुष्यों पर जो अन्याय न करे। भाई के समान ही देखे सभी को।
दीन-दुखी और अनाथों का लालन-पालन करे। प्रेम से बन्धुसम।
सत्य सभी के मुहल्ले का घर। सभी धर्मों को निजघर।
मनुष्य के समान। ईश्वर का निर्माण।
कम नहीं किया। किसी एक को।
कम अधिक बुद्धी। मनुष्यों को सौंपी।
किसी को नहीं दी। अतिरिक्त पीढ़ी।
मातंग आर्यों में। देखता पहचान।
एक आत्मा जाण। दोनों में भी।
दोनों भी समान। सभी खाते-पीते
इच्छा को भोगते। समसमान।
देश सुधार हेतु। हम रात भर जगे।
मातंग और ब्राह्मण को एक कर एक ही पंक्ति में बैठाएँ।

उपर्युक्त अखंड में महात्मा फुले ने समता–ममता, बन्धुत्व और समरसता मतलब मानवता की माँग की है। महात्मा फुले की यह भूमिका समरसतावादी होकर राष्ट्रीय एकात्मता हेतु थी, ऐसा हमें मानकर चलना पड़ता है। यदि समाज में आज और भविष्य में कभी भी जब तक समता और बन्धुता निर्मित नहीं होगी तब तक समरसता और एकता निर्मित नहीं होगी। यही कारण है कि महात्मा फुले के उपर्युक्त विचार समरसता की विचारधारा को और समरसतावादी साहित्यकार को साहित्य निर्माण हेतु प्रेरणादायी सिद्ध होते हैं।''[77] सत्यशोधक समाज की स्थापना कर उन्होंने महाराष्ट्र में बहुत बड़ा सामाजिक आन्दोलन खड़ा किया था। इस आन्दोलन की जड़रूप में उनका जो विधायक विचार था, वह था मूलभूत मानवीय अधिकार का विचार। समाज में स्थित अनेक लोगों को शोषण से मुक्त कर सभी को मानवता का अधिकार प्रदान करनेवाला विचार। यही कारण है कि समरसतावादी साहित्यिक एवं समीक्षक दोनों ही महात्मा फुले को अपने प्रेरणास्रोत के रूप में स्वीकारते हैं।

डॉ. बाबासाहेब अम्बेडकर

समरसतावादी साहित्य के दूसरे प्रेरणास्रोत के रूप में डॉ. बाबासाहेब अम्बेडकर जी को स्थान दिया जाता है। ऐसा भी माना जाता है कि महात्मा फुले की समरसता की भूमिका डॉ. बाबासाहेब अम्बेडकर जी ने अत्यन्त सफलतापूर्वक प्रतिपादित की है। डॉ. ईश्वर नन्दापुरे जी के मतानुसार, ''धर्मग्रन्थ के आधार पर मनुष्य–मनुष्य के भिन्न–भिन्न स्तर निर्माण कर इन स्तरों को जाति के नाम पर विभाजित करनेवाली तमाम व्यवस्था को विनष्ट कर उसमें से नए मनुष्यत्व का समर्थन कर मानवतावाद का जयघोष करनेवाले विचारों की देन हमें बाबासाहेब से ही मिली है। बाबासाहेब के क्रान्तिकारी कार्य से उनके विचार और साहित्य के माध्यम से मानवतावादी मूल्यों का ही समर्थन हुआ है। एक बार साहित्यिकों की परिषद को सम्बोधित करते समय उन्होंने मानवतावादी भूमिका को केन्द्र में रखकर ही साहित्य निर्माण करने की सलाह सबको दी थी। उस समय में अपने वक्तव्य में उन्होंने कहा था, ''हम हमारे जीवन की ओर तथा कर्तव्यभाव की ओर अनदेखी कर रहे हैं। थोड़ा–सा अन्तर्मुख होकर यदि हम सोचेंगे तो हमें दिखाई देगा कि हमारे जीवन–मूल्य तथा सांस्कृतिक–मूल्य दिन–ब–दिन कैसे विघटित हो रहे हैं। इसका विदारक चित्र हमें दिखेगा। कारण कुछ भी हो लेकिन हम सब अध:पतन की ओर जा रहे हैं, इसका एहसास हमें हो रहा है। इस कारण जितनी जल्दी हो सके उतने समय में सजग होकर जीवन–मूल्य तथा साहित्य–मूल्यों का संवर्धन साहित्यकार को करना आवश्यक है। वह धारा–प्रवाह साहित्य में प्रवाहित होना चाहिए। आपके कहानी तथा उपन्यास साहित्य की सीता लक्ष्मण रेखा को लाँघकर जा रही है। दुर्योधन के दरबार में द्रौपदी का वस्त्रहरण हो रहा है। इस कारण मैं साहित्यिकों को यह अवश्य कहना चाह रहा हूँ

कि उदात्त जीवन-मूल्यों का आविष्कार अपने साहित्य के माध्यम से प्रकट करो। अपने ध्यान को सीमित मत रखो। उसका विस्तार होने दो। अपनी कलम केवल अपने प्रश्नों तक सीमित मत करो। उसके तेज से देहातों में स्थित अन्धकार दूर हो, उतना प्रज्वलित करो। अपने इस देश में उपेक्षितों का, दलितों का एक बहुत बड़ा विश्व है। यह मत भूलो। उनका दुख, उनकी व्यथा अच्छी तरह से समझ लो और अपने साहित्य के माध्यम से उनका जीवन उन्नत करने हेतु प्रयासरत रहो। उसी में वास्तविक मानवता है। (विदर्भ साहित्य संघ, नागपुर, 1954) मुझे लगता है बाबासाहेब का उपर्युक्त विचार दलित साहित्य की तरह समरसता साहित्य निर्माण के लिए भी पोषक सिद्ध होगा।''[78] डॉ. बाबासाहेब अम्बेडकर राजनीतिक तथा सामाजिक लोकतंत्र के सहारे समरता के ही विचार को प्रतिपादित करते हैं, ऐसा मुझे लगता है। उनका समाज में प्रत्यक्ष साकार होना ही समरसता की स्थिति को प्राप्त करने जैसा है। बाबासाहेब ने संविधान के माध्यम से इसी लोकतंत्र के विचार को प्रचारित किया है। उनका यह मानना था कि यह लोकतंत्र का विचार मैंने पाश्चात्य समाज से नहीं, भारतीय समाज से ग्रहण किया है। इस सन्दर्भ में बाबासाहेब के विचारों को प्रतिपादित करते हुए नामदेव च. कांबळे लिखते हैं, ''भारत को इस लोकतंत्र का ज्ञान नहीं था, ऐसी बात नहीं है। एक समय ऐसा था कि भारत लोकसत्तात्मक राज्य से भरा पड़ा था और कुछ प्रदेशों में राजसत्ता थी परन्तु वह भी लोकमत के आधार पर ही निर्भर थी या मर्यादित सत्ता थी। उस समय में राजसत्ता अनियंत्रित बिलकुल नहीं थी। भारत को पार्लमेंट मालूम नहीं था या पार्लमेंटरी पद्धति मालूम नही थी, ऐसी बात भी नहीं थी। बौद्ध भिक्खु संघ का अध्ययन करने पर पता चलता है कि भिक्खु संघ मतलब पार्लमेंट ही था। आधुनिक समय के पार्लमेंट के लगभग सभी नियम बौद्ध भिक्खु संघ को पता थे और उन नियमों का वे पालन भी करते थे। बौद्ध भिक्खु संघ के नियम विविध प्रकार के थे। संघ में बैठने की स्थिति से सम्बन्धित नियम थे। प्रस्ताव लाने के सम्बन्ध में नियम थे, प्रस्ताव के नियम थे। सभागार में कम से कम उपस्थिति के सन्दर्भ में, मतगणना के सम्बन्ध में अन्तिम निकाल पत्रक के सम्बन्ध में ऐसे अनेक प्रकार के नियम थे। भगवान गौतम बुद्ध ने यह नियम सभी बौद्ध भिक्खु संघ के लिए बन्धनकारक किए थे। उस समय उन्होंने ये नियम राजनीतिक कानून मंडल से लिये होंगे, ऐसा बाबासाहेब का मानना था।''[79] नामदेव कांबळे जी के मतानुसार, उनके लोकतंत्र से सम्बन्धित विचार ही समरसता के द्योतक या प्रेरणास्त्रोत हैं।

डॉ. बाबासाहेब के विचारों से मनुष्य को गीत गाने की प्रेरणा मिलती है। मेरे मतानुसार यही समरसता की प्रेरणा है। आज हमारे इर्द-गिर्द का मनुष्य दुखी है। आर्थिक विषमता, विविध स्तर पर होनेवाला शोषण, प्रस्थापितों की ओर से होनेवाले लूटपाट, राजनीति का सर्वव्यापक प्रभाव समूह, आनेवाली नई तकनीकी परम्परा,

इनमें मनुष्य का मनुष्य पर से विश्वास खत्म होता जा रहा है। मैं और मेरी सुरक्षा के सम्बन्धी वातावरण में मनुष्य व्यस्त होता जा रहा है। एक तरफ शौकीन आवश्यकताओं से दूर मनुष्य समाज और दूसरी तरफ चन्द पूँजीपति लोगों की सुख-चैन से भरी जिन्दगी, ऐसी स्थिति से मनुष्य में स्थित इनसानियत की खोज साहित्यकार को करनी पड़ेगी। डॉ. बाबासाहेब का विचारधन इस दृष्टि से हमें प्रेरणादायी दीपस्तम्भ से भरा तथा मार्गदर्शक सिद्ध हो सकता है।''[80]

संक्षेप में उपर्युक्त कारणों से ही डॉ. बाबासाहेब अम्बेडकर को समरसतावादी विचारक अपने प्रेरणास्रोत के रूप में स्वीकारते हैं।

डॉ. हेडगेवार

डॉ. हेडगेवार के सामने सम्पूर्ण हिन्दू समाज का चित्र था। उन्होंने हिन्दू समाज का संघटन करने का निश्चय किया। विषमता का तत्त्वज्ञान स्वीकार कर कोई भी संघटन पूर्ण नहीं हो सकता, इस बात का उन्हें एहसास था। इसलिए उन्होंने कहा था कि संघटन को आधार समाज का लेना पड़ेगा और व्यवहार समरसता का अपनाना पड़ेगा, तभी संघटन सक्षम होगा।

डॉ. हेडगेवार को सामाजिक समरसता साहित्य के प्रेरणास्रोत के रूप में क्यों स्वीकार किया जाता है, इसका कारण मीमांसा करते हुए सोलहवें समरसता साहित्य सम्मेलन के अध्यक्ष श्री शेषराव मोरे अपने अध्यक्षीय मन्तव्य में समरसता साहित्य मंच के मुख्य कार्यवाह श्री रमेश पतंगे जी के एक विधान का सन्दर्भ देते हैं। श्री रमेश पतंगे कहते हैं, ''डॉ. हेडगेवार जी ने हमारे जैसे लाखों हिन्दू बान्धवों के मन से जाति की भावना समूल नष्ट की। अब जाति का स्मरण हमें कभी भी नहीं होता। डॉ. हेडगेवार यह चमत्कार कैसे कर पाए, इस सन्दर्भ में मैं जब सोचता हूँ तब उसका उत्तर इस प्रकार से आता है कि डॉक्टर ने जातिभेद, वर्णव्यवस्था आदि पर कभी भी टीका-टिप्पणी नहीं की, जिस व्यवस्था से हमें लेना-देना नहीं, उसका उच्चारण करना भी उन्होंने नहीं टाला। उन्होंने हमें हिन्दू की पहचान दी।'' आगे वह पुनः विशद वर्णन करते हैं, ''डॉ. हेडगेवार जी द्वारा आरम्भ की गई संघ शाखा सामाजिक समरसता की अद्‌भुत पाठशाला है। शाखा के संस्कार के कारण सही अर्थों में हिन्दू मनुष्य के मन में स्थित जातीय अहंकार नष्ट होता है। वह जातिमुक्त हो जाता है। सब समाज अपना ही है, ऐसी आत्मीयता की भावना उसके मन में निर्मित होती है। स्पृश्य-अस्पृश्य विचारों का उसके मन में स्थान नहीं रहता। हम सब एक हैं, एक ही भारतमाता के पुत्र हैं, इस कारण परस्पर एक-दूसरे के बन्धु हैं, इस प्रकार का बन्धुभाव उसके मन में जाग्रत् होता है।''[81]

श्री रमेश पतंगे स्वयं डॉ. हेडगेवार और समरसता के विचारसूत्र इस पुस्तिका में लिखते हैं, ''डॉ. हेडगेवार ने जो एक शब्द सबके सामने प्रस्तुत किया और जिससे

सम्बद्ध भारतवर्ष में समान प्रेरणाएँ और समान धारणाएँ निर्मित हुईं, वह शब्द है—'हिन्दू संघटन'। इस शब्द में एक प्रचंड क्षमता है, इस बात को हम आज भी महसूस करते हैं। किसी भी प्रकार के प्रश्न उत्पन्न हुए तो उनका सामना करने की क्षमता इस शब्दमंत्र में है। उदाहरण—आज सम्पूर्ण देश में सामाजिक संघर्ष, उसमें से निर्मित हुआ एक जानलेवा तनाव, जाति-जाति में निर्मित की जानेवाली कटुता और एक सामाजिक अशान्ति की निर्मिति हुई परिस्थिति, ऐसी पृष्ठभूमि पर हिन्दू संघटन शब्द से सामाजिक आशय को प्रस्तुत करनेवाला एक शब्द प्रयोग अत्यन्त सामर्थ्य के साथ सामने आया, वह शब्द है—समरसता।''[82]

श्री रमेश पतंगे आगे लिखते हैं, ''समरसता मंच का यदि विचार किया जाए तो डॉ. हेडगेवार और डॉ. बाबासाहेब अम्बेडकर इन दो महापुरुषों को प्रेरणास्रोत के रूप में हमने स्वीकार किया है और इस सन्दर्भ में हमने कुछ साहित्य भी प्रकाशित किया है। 'समरसता के बिना समता असम्भव', 'समरसता : डॉ. हेडगेवार, डॉ. अम्बेडकर' और समय-समय पर जो लेखन हमने किया है उसमें से एक विचार हमने प्रस्तुत करने का प्रयास किया है कि इन दोनों महापुरुषों के सामाजिक जीवन की जो दिशा है, उसमें बहुत-सा सामर्थ्य है। वह सामर्थ्य क्या है और उसमें से समरसता कैसे प्रस्तुत होती है, यह बताने का प्रयास किया है। यह बात ध्यान में लेनी आवश्यक है कि ऐसा करते समय उस समय विविध आन्दोलन में सक्रिय अनेक लोगों ने हम पर यह आरोप लगाया कि डॉ. हेडगेवार और सामाजिक समता तथा समरसता इनका परस्पर सम्बन्ध क्या है? इस विषय पर उनके कुछ ग्रन्थ प्रकाशित हैं क्या? उन्होंने जातिव्यवस्था का विश्लेषण, समाज-रचना के सन्दर्भ में कुछ तत्त्वज्ञान प्रस्तुत किया है क्या? विषमता जिन-जिन कारणों से इस समाज में निर्मित हुई उन जाति-भेद, अस्पृश्यता, चातुर्वर्ण्य व्यवस्था, उसके पीछे जो धर्म की मान्यता खड़ी की गई उस सन्दर्भ में डॉ. हेडगेवार का क्या मानना है? उन्होंने चातुर्वर्ण्य व्यवस्था को नकारा है क्या? वर्णव्यवस्था की धर्म मान्यता को वे स्वीकारते हैं क्या? ऐसे प्रश्न उपस्थित कर उसमें से यह निष्कर्ष निकाला कि डॉ. हेडगेवार और समता का दूर-दूर तक कोई सम्बन्ध नहीं, इतना ही नहीं, डॉ. हेडगेवार ने जो विचार प्रस्तुत किए हैं वह समता के लिए घातक है। इस पृष्ठभूमि को ध्यान में रखते हुए डॉक्टर के जीवन से अभिव्यक्त होनेवाला समरसता का परामर्श हमें लेना पड़ता है।''[83]

जिस प्रकार रामकृष्ण परमहंस जी ने ईश्वर की स्वयं को हुई अनुभूति अपने शिष्य विवेकानन्द को दी उसी प्रकार डॉ. हेडगेवार ने भी स्वयं को हुए हिन्दू राष्ट्र के साक्षात्कार की अनुभूति छोटे-छोटे बच्चों को भी प्रदान की। इस सन्दर्भ में श्री रमेश पतंगे लिखते हैं, ''परम पूज्य डॉक्टर हेडगेवार जी ने हिन्दू राष्ट्र के दर्शन की स्वयं को हुई अनुभूति को छोटे-छोटे बच्चों को साथ लेकर प्रत्यक्ष साकार किया। उनके

जीवन का परिसंस्पर्श जिन-जिन स्वयंसेवकों को हुआ, उनका जीवन आमूल-चूल परिवर्तित हुआ है। उनमें से अधिकांश ने अपना समस्त जीवन संघ को समर्पित किया, यह सर्वसाधारण बात नहीं है।''[84]

डॉ. हेडगेवार जी को संघ अपने प्रेरणास्रोत के रूप में क्यों देखता है, इस सन्दर्भ में इस क्रम में वे आगे लिखते हैं, ''जीवन देने की प्रेरणा जहाँ प्रेम, करुणा, दूसरों के सन्दर्भ में आत्मीयता है वहीं पर निर्मित होती है। जहाँ सभी प्राणियों के कल्याण की आकांक्षा है, उदात्त ध्येयवाद है वहीं पर जीवन समर्पित करने की प्रेरणा निवास कर सकती है। इस ध्येयवाद के सामने ऐसा लगने लगता है कि मेरा जीवन मिट्टी के मोल है, मूल्यविहीन है, सारा जीवन समर्पित कर देना चाहिए। इस प्रकार की दिव्य प्रेरणा डॉ. हेडगेवार जी ने अपने साथ के स्वयंसेवकों के मन में निर्मित की।''[85] यही कारण है कि डॉ. हेडगेवार जी को समरसता साहित्य तथा अवधारणा के प्रेरणास्रोत का स्थान दिया जाता है।

नामदेव च. कांबळे ने भी डॉ. हेडगेवार को समरसता साहित्य प्रेरणास्रोत के रूप में क्यों स्वीकारता है, इस सन्दर्भ में लिखा है, ''विविधता में एकता वाले इस महान देश में ऐसी हिन्दू जाति का मैं वंशज हूँ। इस जाति की ऐसी महान परम्पराएँ हैं। हमारी विशेषताओं से युक्त ऐसी जीवनशैली है। हमारा अलग जीवन दर्शन है। इस देश का गौरवशाली इतिहास हमने निर्माण किया है और इस देश का उज्ज्वल भविष्य जब तक हिन्दू संघटित नहीं होगा तब तक पूरा नहीं हो सकता, ऐसी शिक्षा उन्होंने दी। हिन्दू संघटन मजबूत करने हेतु और उसे आगे विकसित होने हेतु जाति और धर्म से परे जाकर कृति और आचरण करने की आवश्यकता है, यह सन्देश उन्होंने अपने अनुयायियों को दिया। जाति, पन्थ, भाषा, भेद आदि को भुलाकर हम सब हिन्दू एक हैं और एक-दूसरे के भाई हैं ऐसा मानवतावाद उन्होंने अपने स्वयसंवेकों को सिखाया। इस कारण उन्हें प्रेरणास्रोत के रूप में स्वीकार किया जाता है।''[86]

नामदेव कांबळे जी की तरह ही डॉ. ईश्वर नन्दापुरे जी ने भी डॉ. हेडगेवार को समरसता साहित्य के प्रेरणास्रोत के रूप में क्यों स्वीकार किया जाता है, उसकी मीमांसा करते हुए लिखा है, ''डॉ बाबासाहेब अम्बेडकर 'बहिष्कृत भारत' इस अग्र लेख में हिन्दू राष्ट्र यह सनातन सत्य है, इस प्रकार का विचार प्रस्तुत करते हैं। उन्हीं विचारों के अनुरूप डॉ. हेडगेवार जी ने संघ का निर्माण किया। उनके हिन्दू राष्ट्र की संकल्पना में किसी भी प्रकार के भेदाभेद, ऊँच-नीचता, किसी भी प्रकार की विषमता, किसी भी प्रकार की द्वेष, तुच्छता से भरा भाव नहीं था। इस कारण डॉ. हेडगेवार का समता और समरसता से सम्बन्ध स्थापित होता है। इसी कारण वे समरसता मंच तथा समरसता साहित्य परिषद को प्रेरणादायी लगते हैं।''[87] श्री मा.गो. वैद्य के मतानुसार, ''डॉ. हेडगेवार के सामने सम्पूर्ण हिन्दू समाज का चित्र था। उन्होंने हिन्दू समाज को संघटित करने का निश्चय किया। विषमता का तत्त्वज्ञान स्वीकार कर किसी भी

संघटन का निर्माण नहीं होता। संघटन को आधार समता का लेना पड़ेगा और व्यवहार समरसता का अपनाना पड़ेगा। सभी हिन्दू एक हैं, ऐसा उन्होंने कहा। ऐसा उन्होंने अनेक बार इसके पूर्व भी कहा था। परन्तु उसकी अनुभूति प्रत्येक को कैसी होगी, उसके अनुरूप प्रत्येक का आचरण कैसा होगा, इसका एक मार्ग डॉ. हेडगेवार जी ने बताया। समाज में क्या है, इसका उन्हें एहसास था और जो नहीं है परन्तु होना आवश्यक है, उसका ज्ञान उन्हें था। जो समाज में परिवर्तन लाना चाहते हैं उन्हें इन दोनों बातों में समन्वय स्थापित करने की कला को आत्मसात् करना आवश्यक होता है। केवल क्या है, इस पर जो विचार करेगा वह वर्तमान में ही अटककर रह जाएगा और जो केवल क्या होना चाहिए इस पर सोचेगा, वह कल्पना में विचरण करता रहेगा, वह भावनाओं को उत्तेजित करने में सफल होगा परन्तु परिवर्तन का ठोस कार्य नहीं कर पाएगा। डॉ. हेडगेवार की यह विशेषता थी कि उन्हें समाज में क्या है इसका भी एहसास था और क्या होना चाहिए इसका भी ज्ञान था।''[88]

यही कारण है कि समरसतावादी साहित्यिक, समीक्षक या विचारक महात्मा फुले, डॉ. बाबासाहेब अम्बेडकर की तरह परम पूज्यनीय डॉ. हेडगेवार जी को भी प्रेरणास्रोत के रूप में स्वीकार करते हैं।

सन्त गाडगे महाराज

महात्मा फुले, डॉ. बाबासाहेब अम्बेडकर, परम पूजनीय डॉ. हेडगेवार की तरह समरसतावादी साहित्यिक और विचारक, आधुनिक काल के सन्त एवं समाजसुधारक सन्त गाडगे महाराज को भी अपने प्रेरणास्रोत के रूप में स्वीकारते हैं। सन्त गाडगे महाराज ने आजीवन समरस का ही प्रचार किया है। उनके एक-एक क्रिया-कलाप से समरसता ही प्रस्फुटित होती दिखाई देती है। उनके विचारों में हमें समरसता के तत्त्वज्ञान का साक्षात्कार होता है। श्री रमेश पतंगे जी के मतानुसार, "सन्त गाडगे महाराज ने आजीवन अन्धश्रद्धा, प्राणि-हिंसा, अस्वच्छता, रूढ़ परम्परा, नशा इन दुष्टि प्रवृत्तियों पर सामान्य श्रोताओं के साथ संवाद साधते हुए अपने विचार प्रस्तुत किए। लोकभाषा में उनका कीर्तन चलता था। इस कारण लोगों को आसानी से समझ में आता था। सामान्य और अनपढ़-गँवार आदमी को भी अन्तर्मुख करने का उनका सामर्थ्य अद्‌भुत था। समाजमन पर, समूहमन पर संस्कार करने की उनकी क्षमता और पद्धति अन्यों से अलग परन्तु कठोर परिश्रमपूर्वक साध्य की हुई थी। धर्मसंकीर्तन का उपयोग समाजमन के निर्माण हेतु कैसा किया जा सकता है, इसका साक्षात्कार करनेवाली अद्‌भुत प्रयोगशाला का ही उन्होंने निर्माण किया था।''[89] इस कारण समग्र समरसतावादी साहित्यिक गाडगे महाराज के विचारों को और उपदेशों को प्रेरणास्वरूप मानते हैं।

समरसतावादी साहित्यिक सन्त गाडगे महाराज को प्रेरणास्वरूप क्यों मानते हैं

इसकी मीमांसा करते हुए डॉ. ईश्वर नन्दापुरे लिखते हैं, ''करुणा, भूतदया, ज्ञान की तीव्र लालसा, संघर्ष, त्याग, सेवा ऐसे न जाने कितने पहलुओं से गाडगे महाराज का व्यक्तित्व सम्पन्न है। उनके कीर्तन, ईश्वर विषयक उनकी भूमिका, सार्वजनिक संस्था और उनके द्वारा चलाए गए उपक्रम, अन्धश्रद्धा निर्मूलन का उनका किया हुआ कार्य, स्वच्छता और आरोग्य का उनका बताया हुआ महत्त्व,पिछड़े और बहुजनों की दरिद्रता की उनकी की हुई कारण मीमांसा, उनका अन्तर्बाह्य शुद्ध चरित्र, गोपाला-गोपाला का नारा देते हुए ईश्वर पूजा का समर्थन करने के बावजूद कर्मकांड पर, अज्ञानता पर, अन्धश्रद्धा की प्रवृत्ति पर उन्होंने प्रखर हमला किया। कीर्तन के माध्यम से उन्होंने मनुष्यों को जोड़ा। सन्त गाडगे बाबा भक्ति और ज्ञान के प्रतीक हैं। भक्ति की स्थिति और ज्ञान गति का निदर्शक है ऐसा उन्होंने अपने कीर्तनों के माध्यम से प्रतिपादित किया। उनकी भक्ति अन्धश्रद्धा से युक्त नहीं थी। मनुष्य में ईश्वर को देखने की उनकी दृष्टि समरसतावादी साहित्यकार के लिए निश्चित ही प्रेरणादायी सिद्ध होनेवाली है। इस प्रकार के यथार्थ जीवन जीनेवाले और प्रत्यक्ष कृति के माध्यम से अध्यात्म का नया विचार प्रतिपादित करनेवाली अग्नि को ही समरसतावादियों ने अपनी हथेली पर रखा है। सत्य की राह से जाने पर ही सन्त गाडगे बाबा के विचारों से हम अपना मेल कर पाएँगे अन्यथा असत्य के सान्निध्य से हमारा हमारे विचारों के साथ ही अन्त हो जाएगा, इसका एहसास समरसतावादी साहित्यिक को होना आवश्यक है। इसलिए सन्त गाडगे बाबा के विचारों को समरसतावादी प्रेरणास्त्रोत के रूप में स्वीकारते हैं।''[90] सन्त गाडगे महाराज को समरसतावादी साहित्यिकों ने क्यों प्रेरणास्त्रोत के रूप में स्वीकार किया, इस सन्दर्भ में मराठी के प्रसिद्ध साहित्यिक नामदेव च. कांबळे जी ने अपने मन्तव्य को अभिव्यक्त करते हुए लिखा है, ''आत्मनिरर्भता और परिश्रम का महत्त्व गाडगे महाराज ने अपनी कृति के माध्यम से लोगों को बताया। बिना परिश्रम किए वे किसी के भी पास का कुछ भी नहीं लेते थे। भूख से पीड़ित उनकी पत्नी को एक बार डॉ. सहस्रबुद्धे जी ने अपने घर आसरा दिया। तब सन्त गाडगे बाबा ने उन्हें पत्र लिखकर यह सन्देश भेजा कि आपने मेरी पत्नी सौ. कुंताबाई को अपने घर में आसरा दिया ऐसा मुझे सुनाई दिया है। हम लोग जाति से परीट (धोबी), लोगों के कपड़े धोकर उनके घर से रोटी माँगकर खाना यह हमारा काम। मेरी पत्नी को भी बिना काम किए मुफ्त में खाना मत खिलाओ, उससे कपड़े धोकर लिये जाएँ, यदि यह काम उससे नहीं होता है तो उसे अपने घर में आसरा न देना।''[91] इससे इस बात का एहसास हो सकता है कि गाडगे महाराज कितने श्रमनिष्ठ तथा स्वाभिमानी थे। यही कारण है कि उन्हें प्रेरणास्त्रोत के रूप में स्वीकार किया जाता है।

इस प्रकार आरम्भ में समरसता साहित्य केन्द्र में उपर्युक्त चार महापुरुष ही थे। परन्तु कालान्तर बाद समरसता साहित्य ने अपनी परिधि को अधिकाधिक व्यापक करते हुए सन्त साहित्य, मानवता, वेदना, राष्ट्रीय एकात्मता, बन्धुत्व भाव, परिवर्तन

आदि के साथ-साथ कई राष्ट्रीय एवं अन्तर्राष्ट्रीय समस्याओं और प्रश्नों को अपने साहित्य निर्माण के प्रेरणास्रोत के रूप में स्वीकार किया। इस सन्दर्भ में नामदेव कांबळे जी लिखते हैं, "सामाजिक समरसता मंच के प्रेरणास्रोत के रूप में विद्यमान म. फुले, डॉ. बाबासाहेब अम्बेडकर, डॉ. हेडगेवार, सन्त गाडगे महाराज इनके विचारों का सार एक वाक्य में यदि कहा जाए तो उनके विचार मानव मुक्ति के विचार थे, ऐसा कहा जा सकता है। राष्ट्रीय एकात्मता, बन्धुभाव, परिवर्तन, इस राह से मानव मुक्ति को साधा जा सकता है। इस कारण समरसता साहित्य की प्रेरणाएँ, राष्ट्रीय एकात्मता, बन्धुभाव, परिवर्तन आदि हैं—ऐसा निष्कर्ष निकाला जा सकता है।"[92] निःसन्देह नामदेव कांबळे जी के उपर्युक्त मत से हम भी सहमत हैं। इन चार महापुरुषों के अतिरिक्त समसामायिक बहुत-सी समस्याएँ समरसता साहित्य के सृजन में प्रेरणास्रोत की भूमिका निभाती हैं। परन्तु समरसता साहित्य के मानदंडों के अन्तर्गत उनका विवरण स्वतंत्र रूप होने के कारण पुनरावृत्ति दोष को टालने के लिए हम यहाँ इस मुद्दे के अन्तर्गत उनका विश्लेषण नहीं कर पा रहे हैं।

संक्षेप में कहा जा सकता है कि जो भी प्राचीन काल से लेकर आधुनिक काल तक महापुरुष मानवतावाद, बन्धुत्व भाव, राष्ट्रीय एकात्मता, आदि के हिमायती रहे हैं उन सभी को समरसता साहित्य के प्रेरणास्रोत के रूप में स्वीकार किया जा सकता है।

समरसता साहित्य का प्रयोजन या उद्देश्य

यह निर्विवाद सत्य है कि निरुद्देश्य कोई भी साहित्य निर्माण नहीं करता। परन्तु यह भी निर्विवाद सत्य है कि हर एक के साहित्य निर्माण का उद्देश्य एक समान नहीं होता। समरसता साहित्य भी उसके लिए अपवाद नहीं है। इस कारण अन्य साहित्य के प्रयोजन की तरह समरसता साहित्य के भी अपने निश्चित ऐसे प्रयोजन या उद्देश्य हैं।

इस सन्दर्भ में मराठी के प्रसिद्ध साहित्यिक नामदेव कांबळे जी का मानना है, "प्रत्येक वस्तु का प्रयोजन उस वस्तु की प्रकृति निश्चित करती है। उसकी प्रकृति यदि ध्यान में आई तो उसका प्रयोजन भी अपने आप ध्यान में आता है। परन्तु यदि वस्तु की मूल प्रकृति ध्यान में नहीं आई तो प्रयोजन को लेकर सम्भ्रम निर्माण होने की सम्भावना रहती है। साहित्य का प्रयोजन जानने के लिए कोई भी लेखक किस उद्देश्य से लिखता है और पाठक किस उद्देश्य से पढ़ता है, यह जानना आवश्यक होता है। बहुत बार हमारा उस वस्तु की मूल प्रवृत्ति के सन्दर्भ का आकलन ही गलत होता है और फिर ऐसे गलत आकलन के आधार पर हम जब कोई प्रयोजन उस वस्तु पर थोपने लगते हैं तब वे उस पर लागू नहीं होते, या वह प्रयोजन उस वस्तु विविध के लिए हानिकारक सिद्ध होता है। वैचारिक साहित्य के प्रयोजन के सन्दर्भ में विचार करते समय बहुत बार ऐसा घटित होने की आशंका रहती है, इस कारण किसी भी साहित्य प्रवाह के प्रयोजन सम्बन्धी कोई भी विचार सावधानी के साथ करना आवश्यक होता है।"[93]

समरसता साहित्य के प्रयोजन के सन्दर्भ में आगे उन्होंने लिखा है, ''साहित्य एवं समीक्षा प्रवाहों का अध्ययन करने के उपरान्त यह बात ध्यान में आती है कि अलग-अलग प्रवृत्ति और अलग-अलग उद्देश्य मन में सँजोकर जिस प्रकार पाठक ललित साहित्य की ओर आकृष्ट होता है और उसे पढ़ने के उपरान्त उसे अलग-अलग प्रकार के लाभ होते हैं, उसी प्रकार के लाभ समरसतावादी साहित्य को पढ़ने के उपरान्त होते हैं क्या ? इस प्रश्न का उत्तर 'हाँ' में ही देना पड़ता है। इसका कारण यह है कि समरसता साहित्य ने भले ही अलग नाम धारण किया है परन्तु उसमें भी परम्परागत साहित्य की तरह कथा, कविता, नाटक, उपन्यास आदि ललित वाङ्मय कृति ही लिखी जाती है। इस कारण ऊपर पूछा गया प्रश्न समरसता साहित्य की दृष्टि से गैर लागू है।''[94]

जिस प्रकार अन्य साहित्य को पढ़ते समय कुछ न कुछ लाभ होता है उसी प्रकार समरसता साहित्य पढ़ने के उपरान्त भी होता है। एकाध फिल्म देखने के लिए अलग-अलग प्रकार के लोग जाते हैं। उसमें से कुछ एक को फिल्म की कथावस्तु पसन्द आती है, किसी को नायक-नायिका का अभिनय पसन्द आता है तो कुछ लोग ऐसे भी होते हैं कि जिन्हें कुछ भी पसन्द नहीं आता। वे निराश होकर घर लौटते हैं। सारांश यह है कि जितने व्यक्ति होते हैं उतनी प्रवृत्तियाँ होती हैं। ऐसी स्थिति में यह प्रश्न उपस्थित होता है कि अलग-अलग काव्यों से नहीं भी आएगी।

उपर्युक्त विवेचन से यह बात ध्यान में आएगी कि फिल्म देखने हेतु जानेवाला प्रत्येक मनुष्य किसी न किसी के लिए क्यों न हो फिल्म का फायदा कर लेता है। उसी प्रकार साहित्य का पाठक भी साहित्यकृति का उपयोग कर लेता है। साहित्यकृति पढ़ते समय उसमें स्थित जीवनानुभव और आनन्द का समन्वय हम हमारे व्यक्तिगत जीवन अनुभव और आनन्द को साथ करने का प्रयास करते हैं। वास्तव में वही साहित्य का प्रयोजन होता है।

समरसता का समर्थन तथा सृजन करनेवाले साहित्यकार के लिए पहले साहित्य का प्रयोजन या उद्देश्य को समझ लेना आवश्यक है। साहित्य के अब तक के इतिहास में समस्त विश्व में स्थित साहित्य, कला, संस्कृति और तत्त्वज्ञान यह सब मानवता के कल्याण हेतु ही निर्मित एवं सृजित हुए हैं। सभी का केन्द्रबिन्दु एक ही है। मनुष्य और मानवीय समाज। प्राय: सौन्दर्य निर्माण और आनन्द प्राप्ति यह साहित्य निर्माण के दो मुख्य प्रयोजन माने जाते हैं। सर्जनशील समरसतावादी साहित्यकार समाज में स्थित कुरीतियों पर करारा प्रहार करेगा पर साथ ही उसी समय जीवन में स्थित जो-जो मंगल, भव्य, दिव्य, उदात्त, विराट, अद्भुत होगा उस पर असीम श्रद्धा एवं विश्वास रखकर साहित्य निर्माण करेगा। कोई भी लेखक जीवनानुभव के साथ जब तक समरस नहीं होगा। तब तक वह साहित्य कृति का निर्माण नहीं कर सकता और कोई भी पाठक जब तक साहित्य कृति के वर्गविषय के साथ समरस नहीं हो पाएगा तब तक वह उस साहित्य कृति का ठीक ढंग से आस्वादन नहीं कर पाएगा।

इस अर्थ से समरसता एक साहित्यिक मूल्य है, एक प्रकार का वाङ्मयीन मूल्य है। उसी प्रकार वह जीवन-मूल्य भी है। जिस प्रकार मानवीय शरीर की गतिविधियाँ जब तक मस्तिष्क के साथ एकरूप नहीं होतीं तब तक शरीर में चैतन्य निर्माण नहीं होता, उसी प्रकार पाठक जब तक साहित्य कृति के साथ एकरूप नहीं होता तब तक उसे आनन्द की प्राप्ति नहीं होती। यही कारण है कि मानवीय जीवन और समाज यह समरसतारूपी एक ही सिक्के के दो विभिन्न पहलू हैं।

प्राय: हम देख रहे हैं कि आज विमर्शों के इस दौर में साहित्यकारों और साहित्य दोनों को अलग-अलग जाति, धर्म, पन्थ में विभाजित किया जा रहा है। समग्र रूप से मनुष्य का अध्ययन करने के बदले उसे टुकड़ों में विभाजित कर देखा और परखा जा रहा है। यही कारण है कि आज समरसतावादी साहित्य निर्मिति के सामने सभी विचारधाराओं के भिन्न-विभिन्न मत प्रणालियों वाले विचारकों को एक मंच पर लाकर, सर्वसमावेशक विचार की दिशा में मार्गक्रमण कर, मनुष्य-मनुष्य में स्थित भेद को नष्ट कर समाज जीवन को अधिकाधिक सुन्दर करने का ध्येय है।

समरसता साहित्य का सृजन किस प्रयोजन या उद्देश्य से होता है इस सन्दर्भ में मराठी तथा हिन्दी दोनों भाषा के सन्त साहित्य के अभ्यासक डॉ. अशोक कामत जी अपने अध्यक्षीय वक्तव्य में कहते हैं, ''समाज में स्थित विषमता, ऊँच-नीचता, जातीयता का समूल उच्चाटन हो, परस्पर एक-दूसरे के मन में सामंजस्य की भावना निर्माण हो, उस दृष्टि से साहित्य संस्कारशील होना चाहिए, सामाजिक बन्धुत्व भाव से निराश्रित होना चाहिए। सद्भाव, आत्मीयता को वृद्धिगत होना चाहिए। यह समरसता साहित्य के मुख्य प्रयोजन हैं।''[95]

मराठी साहित्य के एक प्रसिद्ध आलोचक तथा समरसता साहित्य सम्मेलन के एक अन्य अध्यक्ष डॉ. बाळकृष्ण कवठेकर जी ने भी अपनी सम्पादित पुस्तक 'समरसतेची दशपदी' में समरसता साहित्य के निर्माण या सृजन के पीछे का प्रयोजन या उद्देश्य स्पष्ट करते हुए लिखा है, ''हिन्दू समाज में स्थित जन्म पर आधारित जातिव्यवस्था और उसके कारण निर्मित हुई विषमता इसका समूल उच्चाटन कर समता, बन्धुता और मानवता इन पर आधारित ऐसा समरस समाज निर्माण करना, समाज में स्थित सारे घटक परस्पर एक-दूसरे से पूर्णत: समरस हों, ऐसा एकात्म समाज निर्माण करना, यह समरसता का मुख्य उद्दिष्ट है।''[96] समरसता साहित्य के एक अन्य चिन्तक श्री रमेश पतंगे ने भी समरसता साहित्य के प्रयोजन या उद्देश्य पर प्रकाश डालते हुए लिखा है, ''समाज में स्थित सभी प्रकार की विषमता का उच्चाटन कर समतायुक्त और शोषणमुक्त समाज-निर्माण करना, यह समरसता का प्रमुख उद्देश्य है। सामाजिक आशय प्रकट करना समरसता का प्रमुख ध्येय एवं उद्दिष्ट तय किया गया है। इस आशय को व्यक्त करते समय समाज में स्थित विषमता, जातिभेद, अस्पृश्यता और चातुर्वर्ण्य व्यवस्था इनके सम्बन्ध में निश्चित ऐसी भूमिका

समरसता साहित्य को विशद करनी पड़ती है।''[97] संघ विचार की दृष्टि से समरसता शब्द के आविर्भाव का श्रेय जिन्हें दिया जाता है उन श्री दत्तोपन्त ठेंगड़ी जी ने भी समरसता साहित्य के निर्माण का उद्देश्य स्पष्ट करते हुए लिखा है, ''सामाजिक चिन्तन करनेवाले लोगों को बार–बार एकत्रित करके उनके चिन्तन को गति प्रदान कर उनमें समन्वय बनाए रखना, इतना पर्याप्त लक्ष्य इस साहित्य सृजन के पीछे रहा है।''[98] 'समरसता का नन्दादीप' इस ग्रन्थ के सम्पादक प्रा. श्याम अत्रे जी ने समरसता साहित्य के निर्माण के प्रयोजन के दायरे को और अधिक व्यापक करते हुए लिखा है, ''स्वातंत्र्यपूर्व और स्वातंत्र्योत्तर काल में निर्माण हुए सामाजिक प्रश्नों के उत्तर खोजने का प्रयास समरसता की अवधारणा के माध्यम से किया जा सकता है। ऐसा इस अवधारणा के साथ जुड़े लोगों का अनुभव है। समाज को ममत्व का साथ मिले बिना समरसता का निर्माण नहीं हो सकता और यह प्रक्रिया 'बन्धुभाव यही धर्म' इस भूमिका से ही साध्य हो सकती है। इस कारण समरसता साहित्य के माध्यम से बन्धुत्व भाव का निर्माण करना, यह प्रमुख ध्येय मन में सँजोकर ही समरसता साहित्य का सृजन होता है ।''[99] समरसता केवल तात्त्विक चर्चा का विषय नहीं बनती। दैनन्दिन दिनचर्या और जीवन व्यवहार में प्रतिबिम्बित होनेवाला विषय है।

यह सही है कि इस साहित्य का सृजन करते समय साहित्यकार के सामने अनेक प्रश्न थे। आरम्भ में इस अवधारणा पर आस्था एवं विश्वास रखनेवाले लोगों के सामने यह चुनौती थी कि समरसता मूल्य विचार के रूप में साहित्य, समाज और सांस्कृतिक क्षेत्र में कैसे बोए, समरसता इस अवधारणा का सैद्धान्तिक पक्ष सीधे–सादे और सरल शब्दों में और भाषा में सर्वसामान्य जनता के सामने कैसे अभिव्यक्त करे। और व्यावहारिक स्तर पर उसे कैसे प्रस्तुत किया जाए और उसे प्रत्यक्ष साकार करने हेतु कौन से मार्ग अपनाए जाएँ? यह सारे प्रश्न थे। जन्माधिष्ठित ऊँच–नीच भाव और अस्पृश्यता प्रथम मन से और बाद में व्यवहार से कैसे समाप्त की जाए और सम्पूर्ण समाज एकसूत्रता के भाव से कैसे आबद्ध हो जाए, यह आरम्भ में महत्त्वपूर्ण बात थी। इस कारण सामाजिक विचारक की तरह मन में एक उदात्त ध्येय सँजोकर इस साहित्य का सृजन हुआ है। इस सन्दर्भ में डॉ. अशोक मोडक जी का मानना है, ''मनुष्य की बुद्धि को मुक्त करना उसके कर्तव्य का आदर्श उन्नत करना और उसकी सारी शक्ति का पूर्णतः विकास कर सम्पूर्ण मानव समाज को पूर्ण, पावन, पवित्र और अभिनव बनाना यह हमारे समाजसुधार और साहित्य आन्दोलन का अन्तिम ध्येय होना चाहिए। भारतीय मनुष्य कालबाह्य रूढ़ि के बन्धन से मुक्त हो जाए। उसने अपनी परम्पराओं से उचित बोध ग्रहण कर न्याय की, मानवता की प्रतिष्ठापना हेतु वचनबद्ध होना चाहिए यही रानडे की इच्छा थी जो समरसता का भी उद्देश्य माना जाता है।''[100] समरसता साहित्य को पढ़ने के बाद यह बात सहज ध्यान में आएगी कि इसी उद्देश्य से समरसता साहित्य का निर्माण होता रहा है।

अन्य साहित्य के प्रयोजन में और समरसता साहित्य के प्रयोजन या उद्देश्य में अधिक अन्तर नहीं है। अन्य साहित्य की भाँति समरसता साहित्य का सृजन भी रसिकों की भावनाओं के विरेचन हेतु ही किया जाता है। उस पर प्रकाश डालते हुए नामदेव कांबळे जी लिखते हैं, ''साहित्य चाहे वह स्थापित साहित्य हो, दलित साहित्य हो, परिवर्तनवादी साहित्य हो, जनवादी साहित्य हो या कोई भी नया नाम धारण किया हुआ साहित्य हो, उसका प्रयोजन उपर्युक्त सभी कारणों के लिए तो होता ही है। परन्तु उसके अतिरिक्त साहित्य रसिकों की भावनाओं के विरेचन के लिए होता है। समरसतावादी साहित्य भी उसके लिए अपवाद नहीं है।''[101] माननीय पन्तप्रधान नरेन्द्र मोदी जी को आरम्भ से ही समरसता का अग्रदूत ऐसी उपमा दी जाती है। उनके मतानुसार समरसता साहित्य तथा मंच का यह प्रमुख ध्येय है, ''विकृतियों से मुक्त ऐसे समरस समाज का मार्ग ही राष्ट्र-कल्याण का मार्ग हो सकता है। इस लक्ष्य की पूर्ति के लिए कोई आक्रोश नहीं, बस आत्मीयता चाहिए। व्यक्ति के अधिकार की अपेक्षा समाज के प्रति कर्तव्य का विचार करना पड़ेगा। प्रेम और सद्भावना के आधार पर समरस समाज की रचना सम्भव है। आज जब स्वार्थ हित रखनेवाले तत्त्व समाज को समरभूमि बना रहे हैं, तब आओ संकल्प करें—छोड़ समर/समरसता की राह चलें/समर के सैनिक नहीं/समरसता के सेवक बनें।''[102]

समरसता साहित्य के सैद्धान्तिक स्वरूप पर सर्वप्रथम प्रकाश डालनेवाले डॉ. ईश्वर नन्दापुरे जी के मतानुसार, ''समरसता साहित्य यह प्रथम जीवनवादी साहित्य है। मनुष्य के जीवन पर, उसकी मानवीयता पर प्रेम करनेवाला साहित्य है। मनुष्य-मनुष्य में भेद की दीवारें खड़ी करनेवाले तत्त्वों को अपवित्र मानकर, उनका समूल उच्चाटन करने की भाषा जब यह साहित्य करता है तब यह बात स्पष्ट है कि मानवता का राजगृह सक्षमता के साथ खड़ा करने के उदात्त ध्येय से प्रेरित होकर यह साहित्य निर्माण हो रहा है। यह आज तक का अनुभव है।''[103]

इस प्रकार उपर्युक्त सारे विवेचन के आधार पर हम यह कह सकते हैं कि एक नहीं अनेक उद्देश्य या प्रयोजन मन में सँजोकर समरसता साहित्य का सृजन हो रहा है। उस सृजन की प्रक्रिया का स्वरूप क्या है? और कैसा है? इन दोनों प्रश्नों पर हम आगे प्रकाश डाल रहे हैं।

समरसता साहित्य की सृजन प्रक्रिया

यह सही है कि समरसता साहित्य के सृजन के लिए पहले साहित्यकार को अपने घर-परिवार, समाज एवं राष्ट्र के साथ समरस होना पड़ता है। बिना इनके साथ समरस हुए वह समरसता साहित्य का सृजन सक्षमता के साथ नहीं कर सकता। इस कारण समरसता साहित्य की सृजन प्रक्रिया में जीवन और समाज के साथ समरस होना अनिवार्य शर्त है। प्रायः ऐसा माना जाता है कि नाटक या फिल्म देखते समय

कुछ पल के लिए क्यों न हो परन्तु मनुष्य अपने व्यक्तिगत क्रिया-कलापों से, स्वत्व से ऊपर उठकर नाटक या फिल्म के पात्रों के साथ समरस हो जाता है। तभी वह उस नाटक या फिल्म का आस्वादन वास्तव रूप में ले सकता है। उसी प्रकार समरसता साहित्य की सृजन प्रक्रिया में भी साहित्यकार और पाठक दोनों को जीवन और समाज के साथ समरस होना पड़ता है। तभी जाकर समरसता साहित्य की सृजन प्रक्रिया पूर्ण रूप से सफल हो सकती है।

समाज में समरसता स्थापित करने हेतु जिस प्रकार उच्च वर्ग को निम्न वर्ग की ओर जाना आवश्यक होता है उसी प्रकार साहित्य में समरसता स्थापित करने हेतु प्रस्थापित साहित्यकार को इस प्रकार के साहित्य सृजन की प्रक्रिया में सहभागी होना आवश्यक होता है। इस सन्दर्भ में माननीय पन्तप्रधान नरेन्द्र मोदी जी का मानना है, ''समरसता निर्माण की प्रक्रिया नीचे से ऊपर की ओर होना आवश्यक है। इसके लिए उच्चवर्गीय लोगों को नीचे उतरना चाहिए और समाज में घुल-मिलकर उनके साथ मानसिक, भावनिक, आर्थिक स्तर पर एकरस, समरस होना चाहिए। उसके लिए अपने मठ, मन्दिर, पन्थ, सम्प्रदाय, अपनी उच्चता की मानसिकता छोड़नी चाहिए। तभी वास्तव में समरसता कार्यान्वित हो सकती है। केवल तात्त्विक चर्चा, बाँज तिलमिलाहट, शुष्क संघटन, एकता का औपचारिक प्रदर्शन का दर्शन उपयोग का नहीं, यह ध्यान में रखकर मनुष्यों और संघटनों को स्वयं क्रियाशील होकर प्रयत्न करने की आवश्यकता है।''[104] समरसता साहित्य के एक प्रसिद्ध विचारक प्रा. श्याम अत्रे जी ने भी समरसता साहित्य की सृजन प्रक्रिया के सन्दर्भ में अपना मत अभिव्यक्त करते हुए लिखा है, ''डॉ. बाबासाहेब की वैचारिक प्रेरणा से विद्रोह की अभिव्यक्ति होना स्वाभाविक माना जाना चाहिए...यह नकार एवं विद्रोह मतलब समरसता का आशय प्रकट होने के पूर्व की अपरिहार्य स्थिति मानी जानी चाहिए। सामाजिक विषमता की दाहकता जिसने अनुभव की, भोगी है, उसके मन में कुल मिलाकर समाज-व्यवस्था के सम्बन्ध में रूढ़ परम्परा, धर्मशास्त्र को लेकर बोध होना अत्यन्त स्वाभाविक है।''[105]

इस प्रकार समरसता साहित्य सृजन प्रक्रिया के सन्दर्भ में उपर्युक्त दोनों विद्वानों के मतों को देखने के पश्चात् हम यह कह सकते हैं कि समरसता साहित्य की सृजन प्रक्रिया समाज में घटित घटनाओं के बिम्ब-प्रतिबिम्ब के अनुसार होती है। अब आगे समरसता साहित्य के मानदंड पर यथावकाश प्रकाश डालने का प्रयत्न है।

समरसता साहित्य के मानदंड

वास्तव में किसी भी प्रकार के साहित्य की समीक्षा या आलोचना करने हेतु पहले उस साहित्य प्रकार में स्तरीय साहित्य निर्माण की आवश्यकता होती है। समरसता साहित्य भी उसके लिए अपवाद नहीं है। विगत पाँच-दस वर्षों में समरसता का जो साहित्य

निर्माण हुआ, वह समाधानकारक नहीं है। लेकिन बावूजद इसके वर्तमान काल के विविध साहित्य प्रवाह में लिखित साहित्य की समीक्षा करने के लिए आज समरसतावादी साहित्य समीक्षा के मानदंड विकसित करना आवश्यक हो गया है। विश्वविद्यालय अनुदान आयोग के आर्थिक सहयोग से बृहत् शोध परियोजना के अन्तर्गत किया हुआ प्रस्तुत अनुसन्धान उसी पूर्ति का एक प्रयास है। समरसता साहित्य समीक्षा के मानदंडों पर विविध विद्वानों ने विविध दृष्टि से प्रकाश डालने का प्रयास किया है। उनमें नामदेव च. कांबळे, डॉ. ईश्वर नन्दापुरे, कृष्णगोपाल, नरेन्द्र मोदी, डॉ. आनन्द यादव, डॉ. बाळकृष्ण कवठेकर, दत्तोपन्त ठेंगड़ी, श्री रमेश पतंगे, डॉ. वी.डी. गुप्ता आदि विद्वान प्रमुख हैं। इन्होंनी अपनी पुस्तक, शोध निबन्ध, भाषण, समूह चर्चा में समरसतावादी साहित्य समीक्षा के विविध मानदंडों पर विचार-विमर्श किया है।

समरसता साहित्य का विचार करते समय हम ऐसा कह सकते हैं कि समरसता साहित्य सामाजिक दायित्व माननेवाला समाजनिष्ठ, जीवनशील साहित्य का समर्पण करनेवाला साहित्य है। सामाजिक दायित्व के साथ इस साहित्य का अटूट रिश्ता होने के कारण समाज में अच्छी प्रवृत्तियाँ विकसित करने हेतु साहित्य निर्माण करने का प्रयास समरसतावादी साहित्य का है। समाज शिक्षा के माध्यम से होनेवाला मूल्यविघटन रोकने का समरसतावादी साहित्य का प्रयास है। उसके लिए समरसतावादी साहित्य ने साहित्य निर्माण तथा सम्मिश्रण हेतु निम्न मानदंड तय किए हैं : मानवता, बन्धुत्व, वेदना, सर्वधर्म समभाव, सेवा धर्म, समन्वय, नवराष्ट्र निर्माण।

मानवता

समरसतावादी साहित्यकारों एवं आलोचकों का यह मानना है कि साहित्यिक या आलोचक का भी एक धर्म होता है। उसका नाम है मानवता धर्म। इस मानवता धर्म को केन्द्र में रखकर जब कोई साहित्यकार साहित्य कृति का निर्माण करता है तब उसका मूल्य सर्वश्रेष्ठ ही होता है। विश्वात्मकता का साक्षात्कार उससे होने के कारण वह साहित्य कृति विश्वव्यापी बन जाती है। इसी सन्दर्भ में समरसतावादी साहित्य मानवता धर्म का समर्थन करनेवाला साहित्य है। मानवता पर उसकी दृढ़ निष्ठा होने के कारण वह मनुष्य-केन्द्रित साहित्य है। प्रथमत: मध्ययुगीन कालखंड में सृजित साहित्य को हम इस प्रवर्ग में रख सकते हैं। इस सन्दर्भ में समरसतावादी साहित्य प्रवाह के एक प्रमुख विचारक श्री नामदेव च. कांबळे लिखते हैं, "समरसता यह संज्ञा प्रथम रस व्यक्त करनेवाली थी और उसका अर्थ अभिरुचि या मानसिक वृत्ति ऐसा किया जाता था, ऐसा सन्त साहित्य के विवेचन से हमारे ध्यान में आता है। उसी काल में 'समरसता' संज्ञा मानवता के अर्थ में भी प्रयुक्त की जाती थी। तेरहवीं सदी में स्थापित वारकरी सम्प्रदाय ने सभी मनुष्य समान हैं इस भूमिका से अलग-अलग

जाति, धर्म और पन्थ के सन्तों को एकत्रित करने की परम्परा का सूत्रपात किया। विट्ठल दर्शन के बाद आपसी भेदभाव को भूलकर एक-दूसरे के पैर छूना आरम्भ किया। वही परम्परा आज इक्कीसवीं सदी में भी पंढरपुर, आळंदी में देखी जा सकती है। विट्ठल दर्शन को जानेवाला प्रत्येक मनुष्य दर्शन लेने के पश्चात् कान पकड़कर ईश्वर से क्षमा-याचना करता है, तत्पश्चात् छोटा-बड़ा जातीय दृष्टि से श्रेष्ठ-कनिष्ठ ऐसा भेद न करते हुए एक-दूसरे के पैरों को स्पर्श करता है। यह तेरहवीं शताब्दी की मानवता थी। आधुनिक काल में उसे ही समरसता कहा जाता है।''[106] अपनी पुस्तक 'सरसता साहित्य : स्वरूप आणि समीक्षा' में इस बात को स्पष्ट करते हैं, ''समरसता मूल्य पर विचार करते समय साहित्य चर्चा में अब तक पीछे पड़ा 'मानवता' नामक यह मूल्य नए सिरे से पुनर्जीवित होकर पुनः चर्चा का विषय बनेगा, ऐसा मेरा विश्वास है। मेरे लेखन में व्यक्ति का जाति-धर्म से परे जाकर विचार करने के कारण मानवता मतलब समरसता की अवधारणा ने मुझे बहुत प्रभावित किया। समरसता भी एक साहित्य मूल्य कैसा है, यह सिद्ध करने हेतु मैंने मेरी इस पुस्तक में समरसता का गहराई में जाकर विचार करने का प्रयास किया है। समता, समानता और समरसता तथा समरसता और प्रवर्तन, परिवर्तन और समरसता यह और अन्य लेख मेरी समरसता की इस अवधारणा इत्यंभूत विचार के ही द्योतक हैं।''[107] समरसता और मानवता का कितना गहरा और अटूट रिश्ता है इस सन्दर्भ में मा. श्री द.बा. ठेंगड़ी लिखते हैं, ''शास्त्रशुद्ध अथवा शास्त्रीय समान मानवतावाद का प्रमुख आधार भी सामाजिक समरसता ही है। पूर्व विशद कथन के अनुसार यह स्टेशन अलग-अलग भले ही दिखाई देते रहे तो भी वास्तविकता उनकी दिशा और मार्गक्रमण सम-समान ही है। मानवता और समरसता दोनों के संवर्धन एक ही पथ के राही हैं।''[108] मानवता मतलब मनुष्य-मनुष्य के बीच की एकता। सब मनुष्य समान हैं ऐसा कहकर उनमें भेदभाव करने की वृत्ति अमंगल है, ऐसा मानना ही मानवता है। सम्पूर्ण मानवता का कल्याण यही समरसतावादी साहित्य सृजन और आलोचना का प्रमुख मानदंड होना चाहिए। इस दृष्टि से मध्ययुगीन सन्त कबीर में हमें इस समरसता या मानवता के दर्शन कैसे होते हैं, इस बात को विशद करते हुए डॉ. वी.डी. गुप्ता अपने शोध निबन्ध 'सामाजिक समरसता और कबीर' में लिखते हैं, ''सामाजिक समरसता के प्रचार एवं प्रसार के प्रति साहित्यकार सदैव सजग रहा है। एक सामाजिक प्राणी के रूप में वह समाज का शिल्पकार ही नहीं शिक्षक, पथप्रदर्शक, विश्लेषक व सर्जक भी है। एतदर्थ उसके सृजन में सामाजिक समरसता का सन्देश रहना स्वाभाविक ही है। सन्त कबीर भी इसके अपवाद नहीं हैं। उनका सृजन मानव को दैहिक, दैविक, भौतिक तापों से, सांसारिक दुख एवं क्लेशों से मुक्ति भाव पर केन्द्रित है। उनके सृजन का लक्ष्य मानव कल्याण ही है।''[109] यही कारण है कि समरसतावादी साहित्यिक और आलोचक भी अपने साहित्य सृजन

और मूल्यांकन में मानवता को सर्वोपरि महत्त्व देता है। साहित्य सृजन और समीक्षा के अन्य-अन्य मानदंडों में मानवता को प्रथम स्थान देता है और अपने लेखन और मूल्यांकन के केन्द्र में मानवता को ही रखने की सलाह देता है।

बन्धुत्व भाव

मानवता की तरह बन्धुत्व भाव भी समरसतावादी साहित्य सृजन एवं लेखन का प्रमुख मानदंड माना जाता है। मानवता को यदि शरीर माना जाए तो बन्धुत्व को उस शरीर के प्राणतत्त्व के रूप में स्वीकार किया जाता है। इस सन्दर्भ में समरसता साहित्य के एक अभ्यासक डॉ. ईश्वर नन्दापुरे लिखते हैं, ''बन्धुत्व समरसता साहित्य का प्राणतत्त्व है। समाज में स्थित अलग-अलग जाति-धर्म के लोगों को परस्पर एक-दूसरे के साथ जोड़ने में बन्धुत्व ही सहायक तत्त्व है, ऐसा समरसतावादी साहित्यकारों को विश्वास है।''[110] बन्धुत्व भाव के अभाव में घटना द्वारा प्रदत्त स्वातंत्र्य, समानता और न्याय कैसे निरर्थक और तकलादू हैं, इस सन्दर्भ में डॉ. ईश्वर नन्दापुरे अपनी पुस्तक 'समरसता साहित्य : संकल्पना-प्रेरणा-स्वरूप' में लिखते हैं, ''स्वातंत्र्य, समता, न्याय और बन्धुत्व ये तत्त्व हमें हमारे संविधान ने प्रदान किए हैं। लेकिन इतने वर्षों के पश्चात् भी इन तत्त्वों को हम प्रत्यक्ष जीवन में पूर्णरूपेण साकार नहीं कर पाए। पहले तीन को स्थापित करने में हमने थोड़ी-बहुत सफलता अर्जित की है। परन्तु बन्धुत्व की भावना को अभी भी हम पूरी तरह से स्थापित नहीं कर पाए हैं। उसी का परिणाम यह है कि स्वतंत्र होने के बाद, समता पाने के बाद, न्याय मिलने के बाद भी हम एक-दूसरे के साथ समरस नहीं हो पा रहे हैं। इस सन्दर्भ में बाबासाहेब हमेशा कहते थे, ''स्वातंत्र्य, समता, न्याय इन्हें यदि कोई बाधा पहुँची तो कानून की सहायता से हम उनकी पुनःस्थापना कर सकते हैं। परन्तु बन्धुत्व का निर्माण कानून की सहायता से करना सम्भव नहीं। क्योंकि बन्धुत्व का सम्बन्ध मनुष्य की भावना के साथ है, यह मानवीय भावना कानून से बदलना सम्भव नहीं। उसके लिए मानवीय मन का परिवर्तन, प्रबोधन करना आवश्यक है। और यही कार्य समरसता साहित्य को करना है। समस्त समाज निर्माण के लिए बन्धुत्व के सिवाय अन्य कोई साधन नहीं, माध्यम नहीं इसलिए बन्धुत्व समरसता साहित्य का प्राणतत्त्व बन गया है।'' *बन्धुत्वाचे हवे आचरण,/समरसतेचा व्यवहार हवा।/समरसतेचा मंत्र नवा।*''बन्धुत्व का निर्माण, प्रचार-प्रसार समरसता साहित्य विशेष की मुख्य भूमिका है।''[111] वर्तमान परिप्रेक्ष्य में बन्धुत्व भाव की आवश्यकता को प्रतिपादित करते हुए वह आगे पुनः लिखते हैं, ''समरसतावादी साहित्यकार और समीक्षकों का यह मानना है कि समाज में बन्धुत्व की भावना विकसित करने हेतु स्वातंत्र्य, समता और न्याय का राज्य निर्माण होना यह युग की आवश्यकता है। स्वातंत्र्य, समता, न्याय ये हमारे लोकतंत्र के मूल्य हैं, यही हमारे जीवन-मूल्य भी हैं। उसकी वृद्धि एवं संवर्धन

करने हेतु उनकी उद्घोषणा समरसता साहित्य के माध्यम से की जाती है। समरसतावादी साहित्य समाजनिष्ठ एवं जीवननिष्ठ एहसासों का साहित्य होने के कारण स्वातंत्र्य, समता और न्याय इन तत्त्वत्रयी की कोख से समरसतावादी साहित्य का निर्माण होता है। मानवतावाद का समर्थन करनेवाले समरसता साहित्य के माध्यम से प्रत्येक मनुष्य का स्वातंत्र्य सुरक्षित रखकर सभी के साथ समरसतापूर्ण व्यवहार, सबको समान न्याय मिलना चाहिए, इसका यह साहित्य समर्थन करता है।"[112] वर्तमान परिप्रेक्ष्य में मनुष्य ने यदि सहअस्तित्व की भावना विकसित की तो बन्धुभाव विकसित होने की सम्भावना है और समरसता साहित्य के सामने यह बड़ा चुनौतीभरा कार्य है। उसके लिए उसे विविध समाज घटकों में प्रथमत: सह-संवेदनशीलता निर्मित करनी पड़ेगी। क्योंकि सह-संवेदनशीलता सामाजिक मनोमिलन की उच्चतम भावनिक प्रक्रिया है। हम सभी समाज के रूप में एक हैं, हमारा इतिहास, हमारी परम्पराएँ और हमारी संस्कृति एक है, इस प्रकार का भाव सबके मन में विकसित होने की आज नितान्त आवश्यकता है। भारत को एक संघ बनाए रखने के लिए बन्धुत्व भाव कितना आवश्यक है, इस सन्दर्भ में डॉ. बाबासाहेब अम्बेडकर के क्या विचार थे, उन्हें प्रतिपादित करते हुए नामदेव कांबळे जी ने लिखा है, "डॉ. बाबासाहेब अम्बेडकर के मतानुसार बन्धुत्व का अर्थ है मनुष्य में स्थित बन्धुत्व का भाव। यदि सभी भारतीयों में बन्धुत्व का भाव रहेगा तो भारतीय लोग एक हैं—यह अर्थ ध्वनित हो जाएगा। सामाजिक जीवन में यह तत्त्व एकता और सामाजिक संघशक्ति देता है। ऐसी मान्यता है।"[113]

समरसता साहित्य के एक ज्येष्ठ अभ्यासक श्री रमेश पतंगे जी ने संविधान निर्माता डॉ. बाबासाहेब अम्बेडकर ने कैसे इस बन्धुत्व भाव को अपने तत्त्वज्ञान का सार तत्त्व माना है, उसे स्पष्ट किया है। उनके मतानुसार, "समरसता से तात्पर्य बन्धुत्व भाव ही है। जैसा वह वैसा मैं, ऐसा माननेवालों की मानसिक अवस्था का नाम ही समरसता है। समरसता समाज को एकत्रित रखनेवाला एक प्रकार का सीमेंट है। जब समाज में इसका अभाव निर्माण होता है तब समाज में जातीयता का प्रमाण बढ़ता जाता है।" इस बन्धुत्व भाव के सम्बन्ध में डॉ. बाबासाहेब अम्बेडकर ने अत्यन्त गहन चिन्तन किया है। 25 नवम्बर, 1947 को दिल्ली में बोलते समय डॉ. बाबासाहेब अम्बेडकर ने कहा, "हम बन्धुत्व भाव के तत्त्व का पालन प्रत्यक्ष आचरण में नहीं करते। यह हमारी बहुत बड़ी कमजोरी है। हम भारतीय परस्पर एक-दूसरे के भाई-भाई हैं। सभी भारतीय जनता में परस्पर प्रेम और अपनत्व के सम्बन्ध हैं, ऐसा जब मन में भाव होता है तब उसे ही बन्धुत्व भाव के नाम से जाना जाता है। सामाजिक जीवन में एकता का अमृत सिंचन यदि कोई तत्त्व करता है, तो वह बन्धुत्व भाव का ही तत्त्व है। प्रतिदिन के व्यवहार में इसका अनुसरण करना नितान्त कठिन कार्य है। भारत में अनेक जातियाँ विद्यमान हैं। ये जातियाँ एक अर्थ

से देश-विघातक हैं। इसका कारण यह माना जाता है कि ये जातियाँ सामाजिक जीवन में द्वेष उत्पन्न करती हैं। जाति देश-विघातक होने का दूसरा कारण यह बताया जाता है कि ये जातियाँ परस्पर एक-दूसरे में मत्सर-घृणा का भाव निर्मित करती हैं। इनके रहते राष्ट्र-निर्माण की संकल्पना में अनेक बाधाएँ उत्पन्न होंगी। इसलिए राष्ट्र के निर्माण हेतु इस जाति भावना का समूह उच्चाटन करना आवश्यक हो जाता है। क्योंकि जहाँ राष्ट्र होता है वहीं बन्धुत्व का भाव होता है। बन्धुत्व का भाव यदि नहीं है तो वहाँ समता और स्वतंत्रता का कोई अर्थ शेष नहीं रहता।''

एक अन्य स्थान पर बोलते हुए डॉ. बाबासाहेब अम्बेडकर कहते हैं, ''मेरे तत्त्वज्ञान के स्रोत राजनीति में नहीं बल्कि धर्मशास्त्र में निहित हैं। अपने गुरु गौतम बुद्ध के उद्‌देश्यों में से मैंने वह ग्रहण किए हैं। मेरे तत्त्वज्ञान में स्वतंत्रता और समता का बहुत ज्यादा महत्त्व है लेकिन मेरा यह मानना है कि अपरिचित स्वतंत्रता से समता का नाश होता है और अतिरिक्त समानता स्वतंत्रता को निर्बल बनाती है। मेरे तत्त्वज्ञान में स्वतंत्रता और समानता की सीमाओं का उल्लंघन न हो इसलिए सुरक्षा हेतु निर्बन्धों का स्थान है। परन्तु निर्बन्ध स्वतंत्रता और समता सम्बन्धी होनेवाले उल्लंघन को स्थायित्व नहीं देता है। इस कारण मेरे तत्त्वज्ञान में बन्धुता का अतिउच्च स्थान है। स्वतंत्रता और समता इनके विरुद्ध संरक्षण केवल बन्धुत्व भाव ही कर सकता है। इसी का दूसरा नाम मानवता है।''[114]

यही कारण है कि बन्धुत्व भाव को समरसतावादी लेखक एवं आलोचक अपने साहित्य सृजन और आलोचना का दूसरा प्रमुख मानदंड मानते हैं। जिस साहित्य और आलोचना में बन्धुत्व भाव का आविर्भाव होगा, उसी को समरसतावादी साहित्य या आलोचना माना जाता है। बन्धुत्व भाव के अभाव में हम समरसतावादी साहित्य की कल्पना नहीं कर सकते।

सर्वधर्म समभाव, जातिभेद निर्मूलन

मानवता, बन्धुत्व भाव की तरह ही सर्वधर्म समभाव एवं जातिभेद निर्मूलन को भी समरसता साहित्य के सृजन एवं आलोचना के मानदंड के रूप में स्वीकार किया जाता है। जो साहित्य इन दोनों मानदंडों का प्रचार और प्रसार अपने साहित्य और समीक्षा के माध्यम से करेगा, वास्तव में उसी को समरसतावादी साहित्य और समीक्षा माना जाता है। आज वर्तमान परिप्रेक्ष्य में जब धर्म और जाति के नाम पर मनुष्य-मनुष्य में भेद पैदा किया जा रहा है, धर्म और जाति के आधार पर मनुष्य को विभाजित कर देश की एकता और अखंडता को बाधाएँ पहुँचाई जा रही हैं तब साहित्य और समीक्षा के माध्यम से सर्वधर्म समभाव का प्रसारण करना समरसतावादी साहित्य प्रवाह का कर्तव्य बन जाता है। इस कारण समरसतावादी साहित्यिक एवं आलोचक अपने साहित्य एवं आलोचना के केन्द्र में सर्वधर्म समभाव एवं जातिभेद

निर्मूलन इन दोनों को प्रमुख मानदंड मानता रहा है।

यही कारण है कि डॉ. ईश्वर नन्दापुरे जैसे विचारकों को लगता है, "सर्वधर्म समभाव एवं जातिभेद निर्मूलन ये दोनों बातें समरसता साहित्य के दायरे में होने के कारण किसी भी धर्म एवं जाति का तिरस्कार न कर सभी का आदर करना, सभी की तरफ समभाव दृष्टि से देखना और आचरण करना यह समरसता साहित्य का उद्दिष्ट है। इस कारण जातिभेद एवं धर्मभेद, इन शब्दों का समरसता साहित्य में कोई स्थान नहीं। हमारे देश में विविध धर्म और जातियाँ हैं। कुछ कट्टरपन्थी लोग जाति-धर्म के नाम पर यहाँ का सामाजिक सौहार्द दूषित करने का प्रयास करते हैं। वहाँ जातीय दंगे फैलाते हैं। इससे समाज जीवन उद्ध्वस्त होता है। ऐसे उद्ध्वस्त समाज जीवन का चित्रण समरसता साहित्य में होता है। ऐसा चित्रण करते समय तनाव का वातावरण शान्त होकर समाज जीवन में पुनः शान्ति किस प्रकार से प्रस्थापित हो इसका विचार समरसतावादी साहित्यिक करता है। धर्मनिरपेक्षता हमारे संविधान द्वारा हमें दिया हुआ एक प्रमुख तत्त्व है। हर एक मनुष्य को अपने-अपने धर्म के अनुसार जीवन निर्वाह करने का पूर्ण अधिकार है, इसलिए सर्वधर्म समभाव की भावना का संवर्धन करना समरसता साहित्य का कर्तव्य है। जो धर्म का वही जाति का। यहाँ कोई भी जाति या कुल से श्रेष्ठ अथवा कनिष्ठ नहीं है। सभी को अपना विकास करने का पूर्ण अधिकार है। समान अवसर है। इसलिए जाति तोड़ो, रिश्ते जोड़ो, इस प्रकार के कार्यक्रमों का आयोजन समरसता साहित्य करता है। धर्म, जाति, कुल इस सन्दर्भ में किसी को भी किसी का तिरस्कार नहीं करना चाहिए, आपस में सौहार्दता का, प्रेम का, मैत्री का वातावरण स्थापित करने का प्रयास समरसतावादी साहित्य करता है। इसलिए सभी जाति-धर्म के लोगों के घर जाना, उनके दुख में सहभागी होने की प्रेरणा समरसतावादी साहित्य देता है।"[115] वास्तव में कोई भी साहित्य प्रवाह अपने साहित्य में जाति का समर्थन नहीं करता परन्तु बावजूद उसके जातिगत द्वेष भावना कम होने के बदले दिन-ब-दिन बढ़ती ही जा रही है। इसीलिए समरसता मंच द्वारा जनवरी 2004 में जो परिचर्चा आयोजित की गई थी उसमें मध्ययुगीन सन्त साहित्य को लेकर यह कहा गया था, "साहित्य के भक्तिभाव में डूबे इन महान भक्तों ने भक्ति की एक ऐसी धारा प्रवाहित की जिसमें जाति का कोई स्थान नहीं था। तभी तो मीरा भक्तिभाव में रैदास की शिष्या हो गई और रसखान मुसलमान होकर भी कृष्ण के अनन्य भक्त हो गए। अनेक आलवार पिछड़ी और निम्न कही जानेवाली जातियों के हों किन्तु ईश्वरभक्ति के कारण वे पूज्य बन गए।"[116] आधुनिक काल के सुधी पाठकों ने इस बात को भली-भाँति समझकर जातिभेद के निर्मूलन हेतु समरसता साहित्य के माध्यम से जो बीड़ा उठाया है उसमें अपना सहयोग देना चाहिए। और साहित्यिक तथा आलोचकों को भी अपने साहित्य एवं समीक्षा का सृजन इन्हीं दो मानदंडों को केन्द्र में रखकर करना चाहिए।

सेवाधर्म

सेवाधर्म को भी बहुत से आलोचकों ने समरसता साहित्य के प्रमुख मानदंडों के रूप में स्वीकार किया है। इस सन्दर्भ में डॉ. ईश्वर नन्दापुरे जी ने अपने विचार अभिव्यक्त करते हुए लिखा है, "सेवाधर्म नामक इस कृतिशील कार्य का गौरव समरसता साहित्य करता है। केवल 'बोल बच्चन' बातों पर समरसता साहित्य का विश्वास नहीं है। अपना विचार आचरण के स्तर पर खरा उतरना चाहिए। तभी उस विचार का महत्त्व है। इस कारण प्रत्यक्ष आचरण का समरसता में बहुत महत्त्व है। इसी कारण यह सेवाधर्म समरसता साहित्य का सक्षम मानदंड है। इसीलिए सामाजिक समरसता मंच ने सर्वप्रथम बहुत से कार्यक्रम चलाए। आत्मीय भावना और समाजनिष्ठा इनका समन्वय साधकर समाज में घुल-मिलकर कार्य करना, उनकी वेदना के साथ, दुखों के साथ, सुखों के साथ समरस होकर लोगों का विश्वास सम्पादन करना, उनके उत्कर्ष का ध्यान रखना यह समरसता साहित्य का परम कर्तव्य है। अनेक आदिवासी, घुमन्तू जनजातियों में अस्पताल खोलना, शैक्षिक संस्था, छात्रावास आदि का निर्माण कर तथा त्योहार और पर्व के प्रसंग में लोगों में घुल-मिलकर उनके साथ समरस होने का कार्य समरसतावादी लेखक करते आए हैं। आत्मभाव, स्नेहभाव, मैत्री, बन्धुभाव इनमें से सेवाधर्म का पालन करते आए हैं। आचार के साथ विचार, विचार के साथ आचार यह कृति के माध्यम से साकार करने हेतु दिग्दर्शन समरसता साहित्य करता है। यही कारण है कि समरसता साहित्य एक आन्दोलन का साहित्य बनता है। वैसे ही वह साहित्यिक आन्दोलन भी बनता है।"[117] समरसतावादी साहित्य हमेशा से ही विचारों को प्रत्यक्ष कृति का रूप देने का हिमायती रहा है। आज के इस बाजारवाद के युग में यह बात दुर्लभ-सी हो गई है। लेखक, कवि या आलोचक अपने साहित्य के माध्यम से तो बहुत उदात्त विचार अभिव्यक्त करते हुए दिखाई देते हैं परन्तु प्रत्यक्ष आचरण के स्तर शून्य से दिखाई देते हैं। बहुत बार यह स्थिति विरोधाभासी भी दिखाई देती है। यही कारण है कि समरसतावादी समीक्षक का यह मानना है कि आज के इस वर्तमान परिप्रेक्ष्य में किसी भी साहित्यकार के साहित्य का मूल्यांकन करने के साथ-साथ उसके आचरण और व्यवहार का भी मूल्यांकन करना आवश्यक-सा हो गया है।

समन्वय

समन्वय का अन्तर्भाव जिस साहित्य में होगा उसी को समरसतावादी साहित्य माना जाए, ऐसी समरसतावादियों की धारणा है। समरसता की कसौटी पर यदि किसी भी साहित्य प्रकार का मूल्यांकन करना है तो ऐसा करते समय समन्वय की भावना को लेकर उस लेखक या कवि के क्या विचार हैं, उसकी जाँच-पड़ताल होनी चाहिए।

डॉ. ईश्वर नन्दापुरे जी के मतानुसार सामाजिक समरसता के प्रयास हेतु इन दिनों हिन्दू-मुसलमान तथा भीमशक्ति और शिवशक्ति के नारे लगाए जाते हैं। परन्तु

वास्तव में समरसता स्थापित करने हेतु किए जानेवाले समन्वय के प्रयास केवल राजनीतिक स्वार्थ को ध्यान में रखकर न किए जाएँ बल्कि वे समूल परिवर्तन हेतु होने चाहिए। यह ध्यान में रखकर समरसता साहित्य के इस समन्वय के विचार को समरसता साहित्य में प्रस्तुत किया जाना चाहिए, ऐसी अपेक्षा है। इसके लिए सूफी सन्त, सन्त साहित्य, लोकसाहित्य, इनकी विचारधाराओं का और किसी भी एक धर्म का नहीं तो सभी धर्मियों के अच्छे विचारों का और उनमें से निर्माण होनेवाली भारतीय संस्कृति का अध्ययन करना यह समरसता साहित्य विचार है। भारतीय संस्कृति हिन्दू, मुस्लिम, सिख, ईसाई, बौद्ध, जैन सभी भाई-भाई ऐसे बन्धुत्व के भाव से विकसित और समृद्ध संस्कृति समरसता साहित्य के लिए अनुकरणीय है। समरसतावादी साहित्य परम्परावादी नहीं है परन्तु वह भारतीय संस्कृति की परम्पराओं से पूर्णरूपेण रिश्ता तोड़नेवाला भी नहीं है। भारतीय संस्कृति जैसे गहरी है वैसे ही वह ऊँची भी है, उसमें यदि कुछ दोष है तो उन्हें दूर कर नए रूप में भारतीय संस्कृति की परम्पराओं का अध्ययन करना समरसता साहित्य का विषय है।[118]

आगे पुनः इसी विषय के सन्दर्भ में वे लिखते हैं कि समरसता साहित्य का सम्बन्ध परम्परा के साथ है इसलिए वह पुरातनवादी है, ऐसा मानने की कोई आवश्यकता नहीं है। भारतीय परम्परा का धागा हाथ में पकड़कर परिवर्तन की ओर मार्गक्रमण करने का सामर्थ्य समरसता साहित्य में है। भारतीय परम्पराओं का अभिमान रखकर परिवर्तन की आस रखना और उसके अनुसार आचरण करना समरसतावादी साहित्य की नीति है। उसके लिए सूफी सन्त, सन्त साहित्य और लोकसाहित्य इनका अभ्यास समरसता साहित्य करता है। समरस समाज निर्मिति के लिए भारतीय परम्पराओं की बहुत बड़ी पूँजी का पतन समरसता साहित्य करनेवाला है। किसी भी परम्पराओं की तरफ तर्कशील दृष्टि से देखना समरसता साहित्य का कार्य है। इस कारण सन्त साहित्य तथा दलित साहित्य ये दोनों परम्पराएँ समरसता साहित्य को अपनी करीबी लगती हैं। इन दोनों परम्पराओं में समन्वय साधने का प्रयास समरसता साहित्य करता है। और वर्तमान के मनुष्य को किस बात की आवश्यकता है, उसके लिए क्या उपयुक्त है, यह सोचकर सन्त साहित्य की परलोकनिष्ठ परम्परा और दलित साहित्य की इहलोकनिष्ठ परम्परा इनके समन्वय का विचार समरसता साहित्य प्रस्तुत करता है। इस कारण किसी की भी भावनाओं को ठेस न पहुँचे, ऐसे संयत विचार इस साहित्य और समीक्षा में अभिव्यक्त होते हैं। परन्तु यदि इन दोनों में से एक को चुनने का समय आया तो समरसतावादी साहित्य इहलोकनिष्ठ परम्परा को प्राथमिकता देगा। क्योंकि आज का युग विज्ञान एवं तंत्रज्ञान का युग है। इस युग में विज्ञाननिष्ठा से समाजनिष्ठा महत्त्वपूर्ण होने के कारण शब्दप्रामाण्य से बुद्धिप्रामाण्य का अधिक महत्त्व है, यह समरसता साहित्य ने प्रत्यक्ष अनुभव किया है।[119]

संक्षेप में यदि कहा जाए तो यही कारण है कि समरसतावादी लेखक एवं आलोचक समन्वय को अपने मूल्यांकन के प्रमुख मानदंड के रूप में स्वीकार करते हैं। अध्यात्मवादी विचारधारा सन्मार्ग से जीने का, सत्य और न्याय मार्ग से आचरण करने का आग्रह करती है। आत्मशुद्धि अध्यात्मवाद की आत्मानुभूति है। सम्पूर्ण भारतवर्ष में आज एक ओर करोड़ों लोग अध्यात्मवादी विचारधारा को माननेवाले हैं तो दूसरी ओर करोड़ों लोग परिवर्तन के नाम पर अध्यात्मवादी विचारधारा को नकारनेवाले हैं। ऐसी विरोधात्मक स्थिति में समरसतावादी साहित्य एक स्वर्णमध्य साधकर दोनों वैचारिक परम्पराओं को एकत्रित करके उनमें समन्वय कैसे साधा जाए, इसका संयम के साथ विचार करता है। साथ ही बन्धुत्व की भावना के सहारे इन दोनों परस्पर विरोधी विचारधाराओं को एक मंच पर लाकर मानवता को जीवित रखने का प्रयास करता है। समरसतावादी साहित्य ईश्वर और धर्म के नाम पर होनेवाले हंगामे का विरोध करता है। परन्तु जो अच्छा है उसका समर्थन भी करता है। उद्देश्य एक ही है—बन्धुभाव की सहायता से मानवता का रक्षण किया जाए।

वेदना

समन्वय की तरह ही वेदना को भी कुछ समरसतावादी साहित्य के मूल्यांकन की कसौटी या मानदंड मानने के पक्ष में हैं। वैसे देखा जाए तो आदिकाल से ही साहित्य निर्माण के केन्द्र में इस वेदना के अस्तित्व को स्वीकारा गया है। इस सन्दर्भ में '*वियोगी होगा पहला कवि*' इस उक्ति को बार-बार उद्धृत किया जाता रहा है। इस कारण समरसतावादी अपने साहित्य सृजन और मूल्यांकन के केन्द्र में इस वेदना के अस्तित्व को स्वीकार करते हैं।

सदियों से वेदना और साहित्य का किस प्रकार से चोली-दामन का रिश्ता रहा है, इसे मध्ययुगीन सन्त साहित्य तथा आधुनिक काल के छायावादी कवियों और आलोचकों ने भी स्पष्ट किया है। इस सन्दर्भ में प्रा. श्याम अत्रे जी का मानना है कि "भक्तिरस से ओतप्रोत सन्तों की रचना पर का सन्तत्व का वस्त्र थोड़ी देर के लिए अलग रखा जाए और भक्तिरस को पूरी तरह गलने दिया जाए, तो बौद्धिक साहित्य के प्रांगण में एक दृढ़ तारे की भाँति सन्त साहित्य चमकता हुआ दिखाई देगा। उनके पीछे की प्रेरणास्पद यादें हम खोजेंगे तो उसमें हमें नित्य प्रस्फुटित सामाजिक वेदना ही दिखेगी। सन्त तुकाराम, सन्त जनाबाई, चोखा मेला इन सभी के काव्य निर्मिति की मुख्य प्रेरणा यह वेदना ही रही है।"[120] किसी भी प्रकार की वेदना समरसता साहित्य निर्माण के पीछे की मुख्य प्रेरणा सिद्ध हुई है। विश्व की अनेक श्रेष्ठ कृतियों के निर्माण के मूल में भी यही वेदना है। इस कारण समाज में जो अलग-अलग माध्यम से निर्माण होनेवाली जो वेदना, जो दुख है वह वेदना और वह दुख समरसता साहित्य में चिन्तन और अभ्यास का विषय बन गया है।

यही कारण है कि उपेक्षितों का दुख और वेदना समरसता साहित्य लेखन का विषय बन गई है। मनुष्य की वेदना और दुख भगवान गौतम बुद्ध ने जाने और उन्होंने अपना स्वयं का तत्त्वज्ञान विश्व के सम्मुख प्रस्तुत किया। और उनके हिस्से आजीवन वेदना और दुख आए। सब सन्त साहित्य को इसी वेदना की पुनरावृत्ति कहा जाता है। इतना ही नहीं, आधुनिक काल में जितने भी नवप्रवाह साहित्य में विकसित हुए, चाहे वह दलित हो, स्त्रीवादी हो, आदिवासी हो, अल्पसंख्यक हो इन सबके मूल में वेदना ही है। यही आदर्श समरसतावादी साहित्य के सम्मुख है।

शोषण और विषमता

शोषण व्यवस्था से वेदना और दुखों का निर्माण होता है। वेदना का मूल शोषक की शोषण प्रवृत्ति में है। इस कारण सभी प्रकार के शोषण का और शोषण प्रवृत्ति से निर्मित होनवाली विषमता का समरसता साहित्य विरोध करता है। फिर वह शोषण जाति-धर्म के नाम पर हो, आधुनिकता के नाम पर हो या सांस्कृतिक, सामाजिक व राजनीतिक स्तर का हो, सभी प्रकार के शोषण का समरसतावादी साहित्य विरोध करता है। और मालिक-गुलाम, शोषक-शोषित, स्पृश्य-अस्पृश्य, स्त्री-पुरुष, अमीर-गरीब, उच्च-नीच, ज्ञानी-अज्ञानी, राजा-प्रजा इनमें स्थित खाई सद्भाव, सहभाव, स्नेहभाव आदि के माध्यम से कम करने का प्रयास समरसता साहित्य करता है। सभी मनुष्य समान हैं, यह सूत्र ध्यान में रखकर सभी में मनुष्य का मन है। उसमें प्रेम का दीया निरन्तर प्रज्वलित रहता है, उस दीये को प्रकाशमान करने का, टूटे मन को मन से जोड़ने के सभी प्रयास समरसता साहित्य के केन्द्र में हैं। इस कारण जिस साहित्य में शोषण और विषमता के प्रति विरोध प्रकट किया गया है, वह साहित्य समरसतावादी आलोचक की दृष्टि में समरसतावादी साहित्य है। अन्य साहित्य में यदि उसे समरसता के बीजतत्त्व ढूँढ़ने हैं तो उसका आधार शोषण और विषमता यही रहेंगे या रहने चाहिए।

धर्मनिरपेक्षता एवं भारतीय राष्ट्रवाद का एकात्म विचार

धर्मनिरपेक्षता और राष्ट्रवाद ये दोनों शब्द इन दिनों किताबी आदर्श बनकर रह गए हैं। हर एक साहित्य प्रकार में उसकी भूरि-भूरि प्रशंसा की हुई तो देखने को मिलती है, परन्तु प्रत्यक्ष व्यवहार में उनको कैसे साकार किया जा सकता है, इस सन्दर्भ में सारे साहित्य प्रवाह मौन धारण किए हुए हैं। समरसतावादी साहित्य उस दिशा में पहल करना चाहता है। इस कारण धर्मनिरेपेक्षता और राष्ट्रवाद को वह अपने साहित्य सृजन और मूल्यांकन की प्रमुख कसौटी मानता है।

इस सन्दर्भ में डॉ. ईश्वर नन्दापुरे जी अपनी पुस्तक 'समरसता साहित्य : संकल्पना-प्रेरणा-स्वरूप' में समरसता साहित्य के स्वरूप को स्पष्ट करते हुए लिखते हैं, "1947 में धर्मान्ध शक्ति के प्रभाव के परिणामस्वरूप इस देश के टुकड़े हुए। यही

शक्ति भारत की एकसंघता के आज वर्तमान परिप्रेक्ष्य में भी बाधक सिद्ध हो रही है, आज भी वह शक्ति सक्रिय है, गतिशील है। आतंकवाद उसी का परिणाम है। हमारे एकसंघ राष्ट्रवाद को खतरा उत्पन्न न हो इसलिए आँखों में तेल डालकर इन धर्मान्ध शक्तियों का विरोध करना आवश्यक है। इसलिए वास्तविक विनाशकारी शक्तियाँ कौन-सी हैं, यह खोजकर नए राष्ट्रनिर्माण का विचार समरसतावादी साहित्य करता है। हमारे पारम्परिक, सांस्कृतिक-मूल्यों का रिश्ता नए आधुनिक मूल्यों के साथ जोड़ने का काम समरसतावादी साहित्य करता है। इसके लिए धर्मनिरपेक्षता एक आधारभूत कसौटी है। इसके तत्त्व कानून, नीतियाँ, कार्यक्रम नागरिकों में परस्पर भेदभाव नहीं करते, इस कारण राष्ट्रवादी भूमिका प्रबल होती है। इसके लिए देश में स्थित समस्त नागरिकों की देश पर मतलब देशबन्धुओं पर, अपने लोकतंत्र पर विश्वास और प्रेम होना आवश्यक है। यह विश्वास और प्रेम प्रयत्नपूर्वक निर्माण करने की आवश्यकता है। उसके लिए जैसे भारतीय इतिहास परम्परा, संस्कृति, भाषा, वाङ्मय, ललित कला है वैसे ही धर्म विरहित आविष्कार, इसका विचार करना आवश्यक है।''[121]

इसी पुस्तक में आगे राष्ट्रवाद के एकात्मता के सन्दर्भ में अपने विचार अभिव्यक्त करते समय वे लिखते हैं, ''राष्ट्रनिर्माण में जो-जो भी बाधाएँ हैं, उसका गम्भीरतापूर्वक विचार समरसता साहित्य करता है। इस कारण यहाँ की भूख, भीख, दरिद्रता, अज्ञान, अन्धश्रद्धा, बेरोजगारी, कृषि, अर्थव्यवस्था, राजनीति, सामाजिक, सांस्कृतिक, धार्मिक सन्दर्भ, स्वास्थ्य, जल, शिक्षा, जातिभेद, धर्मभेद, लिंगभेद, पर्यावरण, महँगाई, भ्रष्टाचार, अनाचार, खून, बलात्कार, शोषण, साहित्य, कला इन सारी इकाइयों को अपने साहित्य का विषय बनाकर मानवता का पूरक वातावरण कैसे निर्मित होगा? वैसे ही प्रेम, त्याग, सेवा, करुणा, मैत्री यह भाव विकसित होकर मैत्री कैसे विकसित होती है, इसका ध्यान समरसता साहित्य को रखना आवश्यक है।''[122]

इस प्रकार समरसतावादी साहित्य अपने लेखन और समीक्षा में धर्मनिरपेक्षता और भारतीय राष्ट्रवाद को प्रमुख मानदंड के रूप में स्वीकार करता है।

भारतीय संस्कृति एवं परम्परा का पुनर्मूल्यांकन

भारतीय संस्कृति और परम्पराओं पर समरसता साहित्य की नितान्त श्रद्धा है। परन्तु समरसतावादी साहित्य कभी भी अन्ध परम्पराओं का समर्थन नहीं करता है। डॉ. ईश्वर नन्दापुरे जी के मतानुसार, ''समरसता साहित्य समीक्षा के केन्द्र में म. फुले, डॉ. अम्बेडकर, सन्त गाडगे महाराज, डॉ. हेडगेवार, इनके विचार हैं। इस कारण भारतीय संस्कृति परम्परा, लोकसंस्कृति, कला, साहित्य और उसका अध्ययन, नैतिक मूल्य, मूल्यशिक्षा, सन्त साहित्य और नित्य नए-नए वाङ्मयीन प्रवाहों का अध्यापन कर, जो अच्छा है उसका समर्थन और समरसता साहित्य की समीक्षा करती है। समाज का प्रबोधन एवं परिवर्तन हो, यह उदात्त ध्येय मन में सँजोकर

वैज्ञानिकता का उद्‌घोष भी समरसता साहित्य करता है। अपने सांस्कृतिक दर्शन से सम्पूर्ण विश्व में भारत को एक शक्तिशाली राष्ट्र बनाने के लिए ज्ञान, आत्मज्ञान और विज्ञान इनमें एकत्रित समन्वय साधनेवाली विचारप्रणाली समरसता साहित्य समीक्षा को स्वीकार्य है। किसी भी प्रकार का एकांगी दृष्टिकोण समरसता साहित्य को मान्य नहीं। समरसता साहित्य एवं समीक्षा यह सभी प्रकार की विषमता को नकारकर समता का समर्थन करता है। उसी समय वह भारतीय संस्कृति के सहिष्णुता को भी प्रदर्शित करता है। भारतीय संस्कृति का संवर्धन करना, समाज परिवर्तन के लिए प्रबोधन कर आधुनिक विचारधारा का स्वागत करना। यह करते समय कलात्मकता के साथ-साथ जीवननिष्ठ दृष्टिकोण से समरसता का विचार करना यह समरसता साहित्य का स्वरूप है। कटुता का विनाश कर बन्धुत्व भाव से समरसता निर्माण करने का उद्‌देश्य समरसता साहित्य का होने के कारण सभी लोगों का साहित्य और एकनिष्ठ साहित्य ऐसा समरसता साहित्य का स्वरूप है। समरसता साहित्य अन्य साहित्य की तरह पहले साहित्य है। बाद में समरसता का पूर्णरूपेण अध्ययन करनेवाला वह एक शास्त्र बन गया।''[123]

उपर्युक्त मुख्य मानदंडों के अतिरिक्त और भी कुछ गौण मानदंड ऐसे हैं जो किसी भी साहित्य की समरसता की कसौटी पर तुलना करने के लिए सहायक सिद्ध हो सकते हैं। विस्तार भय के कारण हम उनका विस्तार से विवेचन नहीं कर पा रहे, इस कारण नीचे उन्हें वस्तुनिष्ठ पद्धति से विश्लेषित किया जा रहा है—

1. सामाजिक समता और न्याय पर आधारित समरसतायुक्त और अस्पृश्यता-मुक्त समाज की निर्मिति करना।
2. जातिभेद, स्पृश्यता-अस्पृश्यता, विषमता, ऊँच-नीचता, अन्धश्रद्धा, कर्मकांड, आर्थिक विषमता इनका समूल उच्चाटन करना।
3. बन्धुभाव पर आधारित सामाजिक ऐक्य निर्माण करना।
4. आरक्षण के घटनात्मक प्रावधानों को प्रत्यक्ष व्यवहार में लाना।
5. समाज के सभी घटकों में सत्ता, अवसर और समृद्धि का समान बँटवारा करना और देश की राजनीतिक एवं आर्थिक निर्णय प्रक्रिया में सबका समान सहभाग होना, इस दृष्टि से जनतंत्र को कार्यान्वित करना।
6. कुल आबादी के 50 प्रतिशत स्त्री आबादी के सक्षमीकरण हेतु प्रामाणिकता के साथ प्रयत्न करना।
7. किसी भी जाति, धर्म और पन्थ में जन्मे मनुष्य का मनुष्य के रूप में विचार करना। वह किस जाति में, पन्थ में या बस्ती में जन्मा है, इन प्रश्नों को निरर्थक मानकर समत्वबुद्धि के साथ प्रत्येक मनुष्य की ओर देखना।
8. परम्परागत बौद्धिक प्रभाव को बुद्धि को मुक्त कर मनुष्य-मनुष्य को आदर्श कार्य करने हेतु प्रेरित करना और उसके माध्यम से प्रत्येक व्यक्ति

पूर्णत्व का, पावनत्व का और अभिनवत्व का उद्दिष्ट पार करे, इस बात का ध्यान रखना।

9. शासन संस्था में कार्यरत मनुष्यों ने प्रत्येक नागरिक के साथ व्यवहार करते समय समता एवं न्यायबुद्धि इस पर निर्भर न रहकर सहायभूत होना चाहिए।
10. प्रत्येक नागरिक को स्वाभिमानी और स्वावलम्बी बनकर सार्वजनिक जीवन शुद्ध करने हेतु सक्रिय होना चाहिए।
11. भारत बन्धमुक्त हो, मनुष्य भोलेपन को त्याग दे, न्याय, मानवता, सहिष्णुता इन मूल्यों का संवर्धन होना चाहिए।
12. जनसेवा के माध्यम से ईश्वर की पूजा करना। सभी में ईश्वर का वास है, सभी ईश्वर के ही अंश हैं—ऐसा मानकर चलना।

उपर्युक्त सभी मानदंडों के आधार पर समरसता साहित्य का सृजन और मूल्यांकन हो, ऐसी समरसतावादी साहित्यकार की अपेक्षा है। इन मानदंडों के आधार पर हम प्राचीन, मध्ययुगीन और आधुनिक किसी भी काल के साहित्य का पुनर्मूल्यांकन कर सकते हैं। बृहत् शोध परियोजना के इस शोध प्रबन्ध में हम अगले अध्याय में इन्हीं मानदंडों के आधार पर भारतीय भक्ति साहित्य के कुछ प्रमुख सन्तों, भक्तों और समाजसुधारकों के साहित्य एवं विचारों का स्वतंत्र रूप से मूल्यांकन करनेवाले हैं। परन्तु फिलहाल इस अध्याय के अन्तर्गत आगे हम मध्ययुगीन सन्त साहित्य में अभिव्यक्त समरसता के बीजतत्त्वों पर प्रकाश डाल रहे हैं।

सन्त साहित्य और समरसता

यह बात सर्वविदित है कि सन्त साहित्य और समरसता के आरम्भ से ही घनिष्ठ सम्बन्ध रहे हैं। यही कारण है कि सन्त और महात्माओं ने समरसता को केन्द्र में रखकर ही साहित्य का निर्माण किया है। सन्त साहित्य का बारीकी से अध्ययन करने के उपरान्त एक बात हमारे सहज ध्यान में आती है कि सन्तों ने अपने साहित्य के माध्यम से कभी भी किसी धर्म और सम्प्रदाय पर आरोप-प्रत्यारोप नहीं किए। आजीवन वे साहित्य के माध्यम से समता, समरसता लाने हेतु ही प्रयत्नशील रहे हैं।

'समरसता साहित्यातील आढावा' अपने इस लेख में श्री सन्तोषकुमार कि. इंगळे ने इस सन्दर्भ में उदाहरणस्वरूप सन्त रविदास की निम्न पंक्तियों को उद्धृत किया है—ऐसा चाहूँ राज मैं/जहाँ सबको मिले अन्न/छोटे-बड़े सब राम बैठे/रविदास रहे प्रसन्न॥ उनका यह मानना है कि सन्तों की बानी से समरसता का उद्भव होता है। सन्त साहित्य मनुष्य को तन के साथ-साथ मन से भी शुद्ध करने का प्रयास करता है। जब तक मनुष्य तन के साथ-साथ मन को भी शुद्ध पवित्र नहीं करेगा तब तक वह भारी मात्रा में मनुष्य के मन के साथ नहीं जुड़ पाएगा। जब कोई भी मनुष्य

अन्य किसी मनुष्य के साथ मन से जुड़ जाता है तो उसके भीतर के अहंकार, द्वेष, मत्सर आदि दुर्गुण उससे कोसों दूर चले जाते हैं। तभी वह समरसता के मार्ग पर मार्गक्रमण कर सकता है। इसलिए सन्तों की यह मान्यता रही है—मन ही पूजा मन ही धूप/मन ही सेहूँ-सहज स्वरूप॥ परन्तु आधुनिक काल के सन्त साहित्य की त्रासदी को अभिव्यक्त करते हुए वे आगे लिखते हैं, आजीवन सन्तों ने किसी पर भी कीचड़ नहीं उछाला, गरीब-अमीर में भेद नहीं किया। परन्तु उनका साहित्य समाज के सभी घटकों तक नहीं पहुँच पाया। मनुष्य ने सन्त साहित्य से प्रेरणा ग्रहण करने के बदले सन्तों को उसके जाति-धर्म तक सीमित कर दिया। आजीवन जातिभेद की लड़ाई लड़नेवाले सन्तों को लोगों ने विशिष्ट जाति तक मर्यादित कर दिया, ऐसे लोगों को क्या कहेंगे ? उन्हें किसकी उपमा दी जाए ? ऐसे भेद उत्पन्न करनेवाले की मानसिकता में परिवर्तन लाना आसान कार्य नहीं है परन्तु वह असम्भव नहीं, ऐसी बात मन में सँजोकर हमें समरसता के पथ पर चलना है।[124]

मध्ययुगीन कालखंड में सन्तों द्वारा आध्यात्मिक क्षेत्र में साकार हुई यह समरसता यदि सामाजिक क्षेत्र में भी साकार होती तो आज के युग में भी वह कितनी प्रासंगिक होती। इसे अभिव्यक्त करते हुए श्री सन्तोषकुमार आगे पुन: लिखते हैं, ''मराठी के प्रसिद्ध सन्त कवि ज्ञानेश्वर ने संस्कृत भगवद्‌गीता को प्राकृत में अनूदित कर समरसता की नींव रखी है। उसे और गतिमान करने की जिम्मेदारी सन्त तुकाराम ने निभाई इसीलिए वैष्णव सम्प्रदाय में ऐसी मान्यता है कि 'ज्ञानेश्वराने रचिला पाया, तुका झाला से कळस॥' अर्थात् ज्ञानेश्वर ने नींव रखी और जगद्‌गुरु तुकाराम ने उस पर कलश निर्माण किया। ऐसा कर दोनों ने तत्कालीन समय में आध्यात्मिक क्षेत्र में समरसता का स्वरूप साकार किया। ऐसी समरसता यदि सामाजिक क्षेत्र में स्थापित हो जाए तो वह दृश्य कितना अनोखा सिद्ध हो जाएगा। जो साहित्य लेखन करते हैं अथवा समाज के लिए कार्य करते हैं उनमें उपरोक्त प्रकार का भाव होना आवश्यक है। सन्त कबीरदास हमेशा यह कहते थे कि हम जिस गाँव में जाते हैं वहाँ अपना एक नया घर बनाते हैं। इसका अर्थ यह नहीं है कि वे प्रत्येक गाँव में जाकर जमीन खरीदते घर बाँधते थे। इसका अर्थ यह है कि वे जिस किसी भी गाँव में जाते अपने प्रेमपूर्ण वार्तालाप से वहाँ के लोगों को अपना बना लेते थे। इसी प्रेमभाव से महाराष्ट्र के सन्त गाडगे महाराज ने कितनी आसानी से अपने समकालीन समाज को अन्धश्रद्धा से मुक्त किया। और सीधे सरल भाषा का प्रयोग कर एकात्मता या समरसता को साकार किया। उनके विचार आज भी उतने ही प्रासंगिक हैं जितने कि उस समय में थे। परन्तु खेद की बात यह है कि उसका उतनी मात्रा में प्रचार-प्रसार नहीं हो पाया। समरसता के बहाने वह करना आज युग की आवश्यकता है।''[125]

मराठी सन्त साहित्य में सामाजिक समरसता की इस अवधारणा की क्या कसौटी रही है ? तथा इन सन्तों को कैसे आज भी सामाजिक समरसता के प्रतीक-

पुरुषों के रूप में स्वीकार किया जाता है, इस सन्दर्भ में प्रा. विजय देव अपने लेख 'समरसतेचे चिन्तन : काही मुक्त, काही युक्त' में लिखते हैं, "भारतीय सन्त साहित्य में सामाजिक समरसता की अवधारणा को ईश्वर भक्ति की कसौटी के रूप में प्रयुक्त किया है। 'एका जर्नादनी झाले, तो रस येथे नाही', यह महाराष्ट्र के सन्त एकनाथ जी का अभंग प्रसिद्ध है। महाराष्ट्र के विविध जाति समुदाय में सन्त हुए। ईश्वर भक्ति के एक समान मार्ग पर उन्होंने अप्रत्यक्षत: सामाजिक समरसता का अनुभव किया और दिया। 'बुडती हे जन, पाहवेना डोळा, म्हणून कळवळा येतसे ?' सन्त तुकाराम महाराज की यह उक्ति भी यही दर्शाती है कि सन्त समाज के सुख-दुखों के साथ वे कितने समरस हो गए थे। सन्तों को ईश्वर भक्ति का छन्द था और सामान्य मनुष्य के प्रति उनके मन में अपार स्नेह था। भारतवर्ष के सारे सन्त और भक्त कवि सामाजिक समरसता के प्रतीक ही हैं।"[126]

इसी सन्दर्भ में आगे वे यह लिखते हैं, "वर्तमान काल में सन्तों के विश्वात्मक सामाजिक समरसता के भावनिक विचार प्रत्यक्ष कृति में कैसे लाए जाएँ, यह आज का बहुत बड़ा सवाल है। एक दूसरा प्रश्न यह भी है कि सामाजिक समरसता के सन्दर्भ में सन्तों का भक्तिमार्ग और सामाजिक कार्य करनेवाले समाजसुधारकों का कर्ममार्ग इनमें समन्वय कैसे प्रस्थापित किया जाए। भक्तिमार्गी सन्तों का विचार और कर्ममार्गी समाजसुधारकों का आचार सामाजिक समरसता में कैसे लाया जाए ? वास्तविकत: वर्तमान काल में सामाजिक, आर्थिक, राजनीतिक परिवर्तन की प्रक्रिया में स्वातंत्र्य, समता, बन्धुता, न्याय इन अवधारणाओं को अत्यन्त महत्त्व प्राप्त हुआ है। युद्ध साम्राज्य विस्तार के लिए ही लड़े गए हैं परन्तु क्रान्तिकारक आन्दोलन समाज के व्यक्ति के स्वतंत्रता, समता, बन्धुता और न्याय भावना के लिए ही हुए हैं इसमें यत्किंचित् भी सन्देह नहीं। फिर वह अमेरिका का स्वतंत्रता युद्ध हो, फ्रेंच राज्यक्रान्ति हो, इंग्लैंड की रक्तविहीन क्रान्ति हो, रशिया की साम्यवादी क्रान्ति हो, या हमारे देश का स्वतंत्रता संग्राम, सामाजिक, आर्थिक, राजनीतिक परिवर्तन, सह-स्वतंत्रता, समता, बन्धुता आदि मूल्यों की स्थापना के लिए ही होते हैं। इसी दृष्टि से सम्पूर्ण विश्व में स्थित सन्तों के, समाजसुधारकों के, सामाजिक कार्यकर्ताओं के किए हुए महान कार्य के पीछे सामाजिक समरसता का भाव अनिवार्यत: रहा होगा, ऐसा मुझे लगता है। उनका यह मानना है परन्तु कालान्तर बाद हम इन मूल्यों को या तो भूल गए या इन्हें हमने केवल किताबी आदर्श तक सीमित रखा। जिसके परिणामस्वरूप समाज में अव्यवस्था, अन्याय, अत्याचार, साम्राज्यविस्तार की लिप्सा, भ्रष्टाचार, बलात्कार, आतंकवाद जैसी समस्याओं ने घर किया। सम्पूर्ण समाजव्यवस्था, राज्यव्यवस्था, अर्थव्यवस्था तिलमिला गई। समय-समय पर उसे सँवारने, उसमें सुधार लाने के प्रयास सन्तों, समाजसुधारकों द्वारा किए गए। जब समाजव्यवस्था, राज्यव्यवस्था, अर्थव्यवस्था और संस्कृति का अध:पतन हुआ तब उसे सँवारने का

प्रयत्न सन्तों, विचारवन्तों, साहित्यिक कलाकारों ने सामाजिक समरसता के मार्ग से ही किया। महाराष्ट्र प्रदेश की बात यदि कही जाए तो एकनाथ महाराज, सन्त रामदास स्वामी आदि सन्तों का कार्य समरसता का ही द्योतक है। सन्तों ने समाज प्रबोधन का जो कार्य किया, वह सामाजिक समरसता के उच्चत्तम मानवमूल्य के आधार पर ही किया। आधुनिक सन्त तुकडोजी महाराज, सन्त गाडगे महाराज आदि सामाजिक समरसता को प्रत्यक्ष जीनेवाले समकालीन सन्तों के उदाहरण हैं।''[127]

इसी सन्दर्भ में इसी पुस्तक में समरसता साहित्य के एक अभ्यासक श्री भि.रा. इदाते ने अपने 'समरसता : तत्त्व और व्यवहार' इस आलेख में लिखा है, ''समरसता का यही तत्त्वविचार आगे चलकर अनेक सन्त-महात्माओं, समाजसुधारकों ने भी अभिव्यक्त किया। उनमें रामानुजाचार्य, रामानन्द, सन्त रोहिदास, चैतन्य महाप्रभु, गुरुनानक, बसवेश्वर आदि प्रमुख हैं। इन महापुरुषों ने भी समरसता का विचार अत्यन्त स्पष्ट रूप से अभिव्यक्त किया है। इस कारण वेद, उपनिषद, सन्त, महात्मा इन्होंने एकात्म समाज जीवन का विचार मानव कल्याण के मार्ग के रूप में विशद किया। तो आधुनिक काल में स्वामी विवेकानन्द जी ने विश्वधर्म परिषद में अपने धर्म की श्रेष्ठता को सिद्ध किया।''[128] परन्तु आगे यह तत्त्व विचार कैसे केवल धर्म तक सीमित रहा और प्रत्यक्ष व्यवहार में लोग कैसे इसके विपरीत व्यवहार करते रहे उस पर भी उन्होंने यथावकाश प्रकाश डालते हुए समरसता में स्वामी रामानन्द के योगदान के सन्दर्भ में लिखा है, ''रामानन्द ने सम्पूर्ण देश का भ्रमण कर विविध जाति-पाँति के साधु-सन्तों को एकत्रित किया। उन्हें भक्ति के मुख्य प्रवाह में लाकर खड़ा करने में महत्त्वपूर्ण भूमिका अदा की। निम्न उक्ति को केन्द्र में रखकर अद्वैत सम्प्रदाय की नींव रखी। उन्होंने 'जाँति-पाँति पूछे नहिं कोई। हरि को भजे सो हरि का होई।।' इस उक्ति को केन्द्र में रखकर व्यवहार किया और एक स्वतंत्र सम्प्रदाय की स्थापना की। उसी से आगे सन्त रोहिदास जैसे महापुरुष उभरकर सामने आए, जिन्होंने समरसता आन्दोलन की नींव रखने में अपनी महत्त्वपूर्ण भूमिका अदा की। अनेक सन्तों और महात्माओं ने समरसता के इस मार्ग का पथ प्रशस्त किया। आधुनिक सन्त और महात्माओं ने भी इस कार्य में अपना भरसक योगदान दिया। स्वामी विवेकानन्द, राजाराम मोहनराय, केशवचन्द्र सेन, नारायण गुरु, शंकरदेव, गुरुनानक, महात्मा फुले, शाहू, अम्बेडकर, सयाजीराव गायकवाड़, महर्षि रामजी शिन्दे, सन्त गाडगे बाबा, स्वातंत्र्यवीर सावरकर, महात्मा गांधी, डॉ. हेडगेवार इन सभी ने समाज में स्थित अमंगल भेद नष्ट करने हेतु प्रत्यक्ष कृति आराखडा तैयार किया।''[129]

एक अन्य विद्वान श्री नामदेव चं. कांबळे के मतानुसार, वास्तव में तेरहवीं शताब्दी में ही महाराष्ट्र के मध्ययुगीन सन्तों ने सामाजिक समरसता का सूत्रपात किया था। इस सन्दर्भ में वे लिखते हैं, ''तेरहवीं सदी में स्थापित वारकरी सम्प्रदाय ने सभी मनुष्य समान हैं, इस भूमिका से अलग-अलग जाति, धर्म और सन्तों को

एकत्रित करने की परम्परा का आरम्भ किया। विट्ठल दर्शन के बाद आपसी भेदभाव को नष्ट कर एक-दूसरे के पैर छूना आरम्भ किया। वही परम्परा आज इक्कीसवीं सदी में भी पंढरपुर, आळंदी में देखी जा सकती है। विट्ठल दर्शन को जानेवाला प्रत्येक मनुष्य दर्शन करने के पश्चात् कान पकड़कर ईश्वर से क्षमा-याचना करता है, तत्पश्चात् छोटा-बड़ा जातीय दृष्टि से श्रेष्ठ-कनिष्ठ ऐसा भेद न करते हुए एक-दूसरे के पैरों को स्पर्श करता है। यह तेरहवीं शताब्दी की मानवता ही आधुनिक काल में समरसता कहलाती है।''[130] अपने इस आलेख में उन्होंने सन्त ज्ञानेश्वर, सन्त तुकाराम आदि के अभंगों के उदाहरण प्रस्तुत करते हुए लिखा, ''महानुभाव पन्थ के संस्थापक चक्रधर स्वामी भी समरस शब्द को 'मानवता' के इस अर्थ में ही प्रयुक्त करते हैं। उनकी अनेक लीलाओं में से भले अर्थ ध्वनित होता है। महात्मा ज्योतिबा फुले अपने साहित्य में, भेदभाव को भूलकर बन्धुत्व भाव को वृद्धिगत करने की जो बात करते हैं वह भी इसी मानवतावादी भावना से ही, महात्मा गांधी के अस्पृश्यों के साथ भोजन करने की परम्परा से तथा डॉ. बाबासाहेब अम्बेडकर की सामाजिक समता की माँग से मानवतावादी दृष्टिकोण ही झलकता है।''[131] आधुनिक काल में विकसित समरसता की इस अवधारणा के बीज हमें मध्ययुगीन सन्त साहित्य में ही कैसे मिलते हैं, इस सन्दर्भ में प्रा. श्याम अत्रे ने लिखा है, ''मध्ययुगीन कालखंड में प्रतिपादित आध्यात्मिक क्षेत्र का समता का विचार वर्तमान काल के सामाजिक समता का ही विचार है। तैंतीस करोड़ ईश्वर होने के उपरान्त एक विशिष्ट कालखंड में सभी जाति-धर्मों में से एक ही विट्ठल के नामस्मरण में रममाण होनेवाले सन्त निर्मित होते हैं, वह आकस्मिक योगायोग नहीं है, तो वर्णभेद की चरम सीमा को छूनेवाले समाज को समरसता का विचार देने हेतु पुरस्कार निर्माण किया गया, ऐसा मेरा मानना है।''[132] प्रा. डॉ. चन्द्रकान्त वर्तक के मतानुसार, ''सन्तों का साहित्य सामाजिक समरसता का ही साहित्य है, इस रूप में निश्चित पहचाना जा सकता है। ज्ञानेश्वर से लेकर तुकाराम तक सभी के साहित्य की फलवृत्ति सामाजिक समरसता ही है।''[133] आगे इसी सन्दर्भ में वे कहते हैं, ''सभी सन्त ईश्वर के साथ एकरूप होने का, समरस होने का प्रयास करते हुए दिखाई देते हैं। कांदा, मुला, भाजी, अवघी विठाबाई माझी। इन सन्त सावता माळी की पंक्तियों में समरसता का ही प्रतिबिम्ब अंकित दिखाई देता है।''[134]

समरसता के प्रचार-प्रसार हेतु मध्ययुगीन तथा आधुनिक कालखंड में सम्पूर्ण भारतवर्ष में कार्यरत सन्तों की परम्पराओं पर दृष्टिपात करते हुए हाल ही में महाराष्ट्र के लातूर शहर में सम्पन्न सोलहवें समरसता साहित्य सम्मेलन की पुस्तिका में प्रा. श्याम अत्रे जी ने लिखा है, ''मध्ययुगीन कालखंड में ज्ञानेश्वर से तुकाराम-रामदास तक सन्तों की एक समृद्ध परम्परा इस देश में रही। ये सन्त लगभग सभी जातियों में जन्मे दिखाई देते हैं। इसी कालखंड में महाराष्ट्र में सन्त ज्ञानेश्वर,

एकनाथ, नामदेव, सेनान्हावी, नरहरी सोनार, चोखामेळा, गोरा कुम्हार, बंका महार, रामदास, तुकाराम, मुक्ताबाई, जनाबाई, बहिणाबाई, कान्होपात्रा ऐसे अनेक स्त्री-पुरुष सन्त इस कालखंड ने देखे हैं, इसी कालखंड में अखिल भारतीय स्तर पर चक्रधर, गौरांग प्रभु, नरसी मेहता, तुलसीदास, गुरुनानक, रविदास, शंकरदेव जैसे सन्तों और धर्मसुधारकों को भारतवर्ष ने देखा। इन सभी सन्तों ने समाज में आध्यात्मिक क्षेत्र की समता का आग्रही प्रतिपादन कर समाज के ऐक्य भाव को वृद्ध किया। समाज में जागृति लाई। हम सब ईश्वर की सन्तानें हैं और ईश्वर के सामने सभी समान हैं, इस विचारधारा के तहत समता और समरसता की भावना इन सन्तों ने अपने भक्तिपरक साहित्य के माध्यम से और नैतिक अधिष्ठान से सम्पन्न अपने चरित्र-सम्पन्न जीवन में प्रतिपादित किया है। उसी के कारण समाज का स्वत्व जाग्रत् हुआ। परकीय आक्रमण तथा अन्याय के विरुद्ध लोग संघटित हुए।''[135]

समरसता साहित्य के एक प्रमुख अभ्यासक श्री कृष्ण गोपाल का मत जानना भी इस सन्दर्भ में आवश्यक होगा, ऐसा मुझे लगता है। उनके मतानुसार, ''सन्त साहित्य मूल रूप से लोकजीवन का काव्य है। इसमें भक्ति के साथ-साथ, उपेक्षित वर्ग की पीड़ा और उनके मन की इच्छा को व्यक्त किया गया है। धर्म के नाम पर समाज में हो रहे पाखंड, अत्याचार तथा कुरीतियों के विरुद्ध ये सन्त दृढ़ता से खड़े हो गए हैं। मनुष्य-मनुष्य में भेद करनेवाली मिथ्या दीवार को ये सन्त तोड़ देते हैं तथा मानवीय एवं सामाजिक जीवन-मूल्यों को स्थापित करने पर बल देते हैं। समता, बन्धुत्व, प्रेम, समरसता तथा ईश्वर की सत्ता का प्रतिपादन करते हैं।''[136] सन्त साहित्य और समरसता का परस्पर सम्बन्ध स्वीकार करते हुए भी मराठी के एक प्रसिद्ध आलोचक तथा समरसता साहित्य परिषद के मुख्य पदाधिकारी डॉ. बालकृष्ण कवठेकर जी ने अपनी अन्तर्विरोधी प्रतिक्रिया देते हुए लिखा है, ''सभी सन्तों ने आध्यात्मिक या धार्मिक क्षेत्र में समता निर्मित की, स्त्री, शूद्रातिशूद्र समाज घटकों को नकारनेवाली ईश्वरसाधना का मार्ग उन्होंने खोल करके दिया इत्यादि सभी बातों को मान्य करने के बावजूद पंढरपुर के रेगिस्तान में निर्माण की हुई समता गाँव के प्रवेशद्वार के अन्दर नहीं ला पाए, इस बात को मान्य ही करना होगा। जातीयता के धारदार अस्त्र को उन्होंने कुछ हद तक कम किया, यह बात सही है, परन्तु समाज में स्थित जातीयता को वे नष्ट नहीं कर पाए, इस बात को भी हम अस्वीकार नहीं कर सकते। अर्थात् उसके कारण उनके कार्य का महत्त्व कम हुआ, ऐसी बात नहीं है।''[137]

इस प्रकार उपर्युक्त सारे विद्वानों के मन्तव्यों को देखने के पश्चात् हम निष्कर्ष रूप में यही कह सकते हैं कि सन्त साहित्य और समरसता का घनिष्ठ सम्बन्ध रहा है। यदि आधुनिक काल में विकसित समरसता के बीज हमें ढूँढ़ने हैं तो उसके सन्त साहित्य में ही मिलने की अधिक सम्भावनाएँ दिखाई देती हैं। मेरा व्यक्तिगत भी यही

मानना है कि मध्ययुगीन अथवा आधुनिक कालखंड में जन्मे लगभग सभी सन्तों को हमें समरसता साहित्य के प्रेरणास्रोत के रूप में ही स्वीकारना चाहिए। यही कारण है कि मैंने इस बृहत् शोध परियोजना में भारतवर्ष के अलग-अलग कोनों में स्थित सन्तों के विचारों में अभिव्यक्त सामाजिक समरसता के तत्त्वों को खोजने का प्रयास किया है।

वर्तमान युग में सामाजिक समरसता की नितान्त आवश्यकता महसूस हो रही है, इस कारण आगे हम उसी को विवेचित एवं विश्लेषित कर रहे हैं।

सामाजिक समरसता की आवश्यकता या महत्त्व

वर्तमान कालखंड में मनुष्य को जाति, धर्म, लिंग, भूप्रदेश आदि के आधार पर टुकड़ों में बाँटकर विभाजित किया जा रहा है। इससे समाज तथा देश में भी परस्पर एक-दूसरे के प्रति स्नेह भाव पनपने के बदले राग, द्वेष और वैमनस्य के भाव विकसित हो रहे हैं। इस कारण आज के इस बाजारवाद के युग में पग-पग पर सामाजिक समरसता की आवश्यकता एवं महत्त्व महसूस हो रहा है। आज सम्पूर्ण देश में स्थित लोगों को वैयक्तिक पारिवारिक स्तर पर समरस होने की जैसी आवश्यकता है वैसी ही सामाजिक, सार्वजनिक, जातीय, धार्मिक, राष्ट्रीय, वैश्विक आदि स्तरों पर भी मनुष्य को समरस होने की आज नितान्त आवश्यकता है। इसका कारण यह है कि आज के इस वैज्ञानिक, भौतिकतावादी युग में मनुष्य दिन-ब-दिन अकेला, अहं केन्द्रित, महत्त्वाकांक्षी, संकुचित, स्वार्थी बनने का बहुत बड़ा धोखा तैयार हो गया है। उसके कारण उसके भविष्य एवं अस्तित्व को भी बहुत बड़ा धक्का लगने की सम्भावना बन गई है। इस कारण वर्तमान काल में सामाजिक समरसता का प्रश्न अत्यन्त जटिल बन गया है। केवल सामाजिक स्तर की समरसता पर विचार करने से प्रश्न छूटनेवाला नहीं है। यह समरसता प्रत्येक भारतीय के मानसिक स्तर पर भी सक्रिय होनी चाहिए। मन को यदि उसकी आवश्यकता तीव्र गति से महसूस होती है तो उसे सक्रिय होकर समाज के साथ खासकर निम्नस्तरीय सामाजिक जनलोक में जाना चाहिए। उनके आर्थिक, शैक्षिक, व्यावसायिक आदि से सम्बन्धित प्रश्न हल करने हेतु कृतिशील प्रयास करने की आज आवश्यकता है। समरसता के मुख्य तत्त्वचिन्तक तथा समरसता मंच, महाराष्ट्र प्रदेश के कार्यवाह श्री रमेश महाजन का यह मानना है, "वर्तमानकालीन समाज की दृष्टि से समरसता का प्रश्न अत्यन्त महत्त्वपूर्ण है। इस समाज में समरसता पनपे, इसके लिए समाज को सदैव प्रयत्नशील रहना चाहिए। यह निर्विवाद सत्य है कि समरसता लाने के लिए सबसे पहले लोगों की मानसिकता में परिवर्तन लाना अत्यावश्यक है। मानसिक परिवर्तन हेतु वैचारिक उद्‌बोधन सेवाकार्य, समन्वय और जहाँ अत्यावश्यक हो वहाँ संघर्ष करने की आवश्यकता होती है।"[138]

डॉ. अशोक मोडक का भी यह मानना है, "समरस समाज निर्माण हेतु जातिभेद, अस्पृश्यता इत्यादि रूढ़ परम्परा खत्म होनी चाहिए। उसी प्रकार स्त्रियों पर होनेवाले

अन्याय, अत्याचार भी खत्म होने चाहिए। यह विश्वास होने के कारण गोखले जी ने स्त्रियों के प्रश्नों की ओर गम्भीरता से ध्यान दिया।''[139]

समरसता और भारतीय परम्पराओं का तर्कसंगत अध्ययन आन्तरिक एकात्मता को केवल भूतकालीन सन्दर्भ देकर सामाजिक समरसता निर्मित होनेवाली नहीं। एक तरफ से हमारे सामाजिक यथार्थ का दो-टूक और सत्यान्वेषी विश्लेषण करना आवश्यक है तो दूसरी ओर से सामाजिक अन्याय के निवारणार्थ चलनेवाले आन्दोलन को अन्तर्मन से केवल आशीर्वाद न देते हुए उस आन्दोलन का बौद्धिक नेतृत्व स्वयं की ओर लेने की आवश्यकता है। सामाजिक समरसता भारतीय जीवन की नितान्त मूलभूत आवश्यकता बन गई है। केवल सद्बुद्धि से किए हुए मानसिक आह्वान से उसकी पूर्ति होनेवाली नहीं है। भारतीय इतिहास, धर्मग्रन्थ, समाजशास्त्र, सामाजिक मानसशास्त्र, भारतीय तत्त्वज्ञान इत्यादि ज्ञानशाखा के कठोर परिशीलन से एक तर्कशुद्ध मजबूत बैठक समरसता इस मूल्य को देने की आवश्यकता है। यह बौद्धिक आह्वान हम जितनी मात्रा में स्वीकारेंगे उतना समरसता मंच बलिष्ठ हो जाएगा।

'समरसता साहित्य : संकल्पना-प्रेरणा-स्वरूप' पुस्तक के लेखक डॉ. ईश्वर नन्दापुरे जी का मानना है कि वर्तमान काल में समरसतावादी साहित्य का स्वतंत्रता तथा विविध दृष्टिकोण से विचार करना इसलिए आवश्यक हो गया है कि हमारे देश में लोकतंत्र निर्मित होकर साठ वर्ष से अधिक समय में पूर्ण हुआ है। लेकिन फिर भी समाज जीवन तथा जन-मानस में लोकतंत्र के मूल्य पूर्णत: विकसित नहीं हो पाए। शासन और जनता में दिन-ब-दिन अधिक संघर्ष की स्थिति निर्मित हो रही है। बहुत बार हमारे ही जीवन-मूल्य तथा सांस्कृतिक-मूल्य हमें काल्पनिक-से लगते हैं। दिन-ब-दिन हमारी एकात्मता खतरों से घिर रही है। समय के प्रवाह के साथ-साथ नव-नवीन वाङ्मयीन प्रवाह साहित्य में निर्मित हुए। उसमें से नए परिवर्तनवादी विचार जनमानस में साकार करने का विचार, विचार के स्तर पर ही रह गया है। वह प्रत्यक्ष आचरण का भाग कभी भी नहीं बन सका है। एक ओर साहित्य के माध्यम से मानवतावाद का समर्थन करने का और दूसरी ओर प्रत्यक्ष जीवन में उसका उपयोग नहीं करने का, बड़े-बड़े समाजसुधारकों और विचारवन्तों की जी भर के प्रशंसा करने का, क्रान्ति की भाषा करने का, परिवर्तन का ढोल बजाने का, परन्तु यह सारा आचरण के स्तर पर शून्य है। ऐसी बोल बच्चन साहित्यकारों और साहित्य प्रकारों की संख्या आज दिन-ब-दिन बढ़ रही है।

आगे इसी सन्दर्भ में वे लिखते हैं, ''उसमें भी हर एक ने अपना-अपना अलग घर निर्माण किया। यह एक और दूसरा कटु सत्य है। दलित साहित्यकार एक ओर विश्वबन्धुत्व की भूमिका प्रस्तुत कर रहा है। और दूसरी ओर केवल दलितों का ही विचार कर रहा है। आदिवासी साहित्यकार एक ओर मानवतावाद का स्वर अलाप रहा है और दूसरी ओर केवल आदिवासियों के ही जीवन की समस्या प्रस्तुत कर रहा

है। ग्रामीण साहित्य केवल ग्रामीणों का, स्त्री साहित्य केवल स्त्रियों का, जनवादी साहित्य एक ओर सारे विश्व को अपने में समा लेने की बात साहित्य में करता है और वहीं दूसरी ओर प्रकल्प में केवल बहुजनों का मर्यादित विचार कर रहा है। शोषितों ने शोषकों का, विस्थापितों ने प्रस्थापित का दुख अभिव्यक्त करने का एक-दूसरे के प्रति कट्टर विरोध प्रदर्शित कर संघर्ष के लिए खड़ा रहने का कार्य किया है, इससे नए खून-खराबे की सम्भावनाएँ निर्मित करने की, यह सारा चित्र बदलने की आज आवश्यकता है।''[140]

वर्तमान के इस युग में यह चित्र बदलने की क्षमता मात्र समरसता साहित्य में दिखाई देती है। आज जब स्त्री विमर्श, दलित विमर्श, आदिवासी विमर्श, अल्पसंख्यक विमर्श, विकलांग विमर्श आदि के नाम पर मनुष्य का समग्र रूप से अध्ययन करने के बदले उसे टुकड़ों में विभाजित कर उस पर अध्ययन, अध्यापन तथा चिन्तन व मनन किया जा रहा है। इन विमर्शों के इस संकीर्ण दृष्टि के परिणामस्वरूप आज हम इस बात को भली-भाँति अनुभव कर सकते हैं कि मनुष्य-मनुष्य के बीच एकता, बन्धुत्व, भाईचारा विकसित होने के बदले कट्टरता की प्रवृत्ति बढ़ रही है। वर्तमान काल के स्त्री, दलित, आदिवासी विमर्शों का विमर्शमूलक अध्ययन प्रस्तुत करते हुए श्री शेषराव मोरे इस सन्दर्भ में लिखते हैं, ''दलितों पर होनेवाले अन्याय और अत्याचार को अभिव्यक्त करनेवाला, उन्हें उनके अधिकार का एहसास दिलानेवाला एवं उन्हें संघर्ष के लिए तैयार करनेवाला दलित और विद्रोही साहित्य का निर्माण होना ही चाहिए। परन्तु उसके साथ ही स्वातंत्र्योत्तर कालखंड में हिन्दू समाज में जो सामाजिक परिवर्तन हुए उसका उल्लेख करनेवाला साहित्य भी लिखने की आवश्यकता है। परिवर्तनवादी साहित्य मतलब केवल परिवर्तन की अपेक्षा व्यक्त करनेवाला, उसके लिए प्रेरणा प्रदान करनेवाला परन्तु यह समाज कैसा अपरिवर्तनशील है, ऐसा कहकर निरन्तर उस पर प्रहार करनेवाला साहित्य न रहते हुए वह समाज कैसा परिवर्तित हो रहा है इसका चित्रण करनेवाला साहित्य होना चाहिए। बदले हुए समाज का चित्रण करनेवाला ऐसा साहित्य मराठी में निर्मित हुआ है क्या ? आज भी स्पृश्य अध्यापक अस्पृश्य छात्र को कैसे दूर से छड़ी फेंककर मारता है इस प्रकार का साहित्य लिखा जा रहा है। एकाध दलित नवयुवक अध्यापक बनकर ब्राह्मण या क्षेत्रीय छात्रों को पढ़ा रहा है या एकाध ब्राह्मण या क्षेत्रीय नवयुवक ज्येष्ठ दलित साहित्यकार के आशीर्वचन लेने हेतु खुले मंच पर उसके चरण स्पर्श कर रहा है यह वास्तविक चित्र प्रस्तुत करनेवाला साहित्य क्यों नहीं लिखा जा रहा है ? ऐसा यथार्थ चित्र प्रस्तुत करनेवाला उपन्यास, नाटक, कहानी, कविता लिखी जानी चाहिए, ऐसी मेरी इच्छा और नवयुवकों का आह्वान है। ऐसा लिखा साहित्य भी परिवर्तन के लिए प्रेरणादायी सिद्ध हो सकता है। जो बदला है उसकी पीठ पर यदि हम प्रशंसा का हाथ फेरेंगे तो उसमें एक उत्साह का भाव पैदा होगा और आगे वह अधिक मात्रा में बदलेगा। सामाजिक समरसता हेतु इस प्रकार का साहित्य लिखा जाना चाहिए।''[141]

ऐसा लिखा साहित्य ही समाज में समरसता स्थापित करने में अपनी अहम भूमिका निभा सकता है। इसलिए समरसतावादी साहित्य प्रवाह और समीक्षा प्रवाह के माध्यम से इस प्रकार का साहित्य तथा आलोचना लिखी जाने की तीव्र आवश्यकता है। प्राचीन, मध्ययुगीन तथा आधुनिक काल के साहित्य और समाज में ऐसे प्रयास कतई हुए ही नहीं, ऐसी बात नहीं है। लेकिन जिस मात्रा में होना अपेक्षित था, उस मात्रा में हुए नहीं, यह सच है। दूसरी बात यह भी है कि जिस काल में इस प्रकार के प्रयास हुए या तो हमने उन्हें नजरअन्दाज किया या फिर जानबूझकर उन प्रयासों को उजागर होने नहीं दिया। आज भी ऐसा प्रयास करनेवालों की समाज में कमी नहीं है, जरूरत है उन्हें उजागर करने की, उन्हें साहित्य में जगह देने की, उन्हें प्रेरणा और प्रोत्साहन देने की। समरसता साहित्य यह काम करेगा, ऐसी मेरी अपेक्षा है। जो भी लोग ऐसा करने के लिए उत्सुक हैं उनके सामने भूतकाल में हुए प्रयास आदर्श बनकर रहें इसलिए आगे समरसता हेतु किए गए अब तक के प्रयासों पर संक्षेप में दृष्टिपात किया जा रहा है।

सामाजिक समरसता हेतु किए गए प्रयास

समाज में समरसता स्थापित करने हेतु सदियों से कुछ न कुछ प्रयास होते रहे हैं। आज के इस भूमंडलीकरण के युग में भी सामाजिक समरसता के इन प्रयासों की शृंखला खंडित नहीं हुई। इस सन्दर्भ में हमारे देश के माननीय पन्तप्रधान नरेन्द्र मोदी जी ने अपनी पुस्तक 'सामाजिक समरसता' में प्राचीन काल से लेकर आधुनिक काल तक के प्रत्येक काल के समाज में इस सामाजिक समरसता को स्थापित करने हेतु किन-किन लोगों ने कौन-कौन से प्रयास किए हैं, उसका लेखा-जोखा ही प्रस्तुत करते हुए लिखा है, ''सामाजिक जीवन में समरसता के निर्माण का प्रयास करते समय जो दबे हुए हैं, कुचले हुए हैं, पीड़ित हैं—जिनका धैर्य समाप्त हो गया है, ऐसा अनुभव होता है। कभी उनके मुँह से निराशा के सुर निकलते हैं। उनका विश्वास डगमगा गया है, ऐसा लगता है। यह स्वाभाविक भी है; परन्तु तथ्यों के आधार पर इनके धैर्य को बनाए रखना पड़ेगा, उनका विश्वास बढ़ाना पड़ेगा।

शायद अपेक्षित परिणाम नहीं आया हो, परन्तु यही एक समाज है, जो अपने दोषों को दूर करने के लिए खुले मन से प्रयास करता है। यही वर्ग विकास-यात्रा में सदैव आवश्यक परिवर्तन स्वीकार करनेवाला रहा है। वेदज्ञाताओं को पता होगा कि इंद्र, वरुण, अग्नि यहाँ के प्रमुख देवता थे। उनका स्थान शिव, राम, कृष्ण, हनुमान आदि ने लिया है। शिव और विष्णु की मान्यता स्थापित हुई, उस समय उनकी भिन्नता और तत्सम्बन्धी विवाद भी चले। शंकराचार्य ने पंचायत पूजा में उनका समावेश कर इस विवाद का अन्त किया था। ऐसा कहा जाता है कि मयूर, मूषक, वृषभ, नाग, हंस, गरुड़ आदि इस देश के वनवासी समूहों के देवता थे। अन्य

हिन्दुओं ने उनके इन पशु देवताओं का अपमान नहीं किया, परन्तु उन सबको अपने भगवान का सहयोगी बना दिया। मयूर कार्तिकेय का, मूषक गणेश जी का, वृषभ शिवजी का, गरुड़ विष्णु जी का, हंस सरस्वती का वाहन बन गया। इस समन्वय के साथ ही इन देवताओं को माननेवाले हिन्दुत्व में समरस हो गए।

अन्य जाति में जन्म पाए हुए ऋषि शृंगी, विश्वामित्र, अगस्त्य जैसे लोग धर्माचरण के कारण ब्राह्मण कहलाए। शूद्र स्त्री का लड़का महीदास गुणों के कारण ब्राह्मण हुआ और उसने 'ऐतरेय ब्राह्मण' की रचना की। जिसके पिता का कोई पता नहीं था, ऐसी स्त्री जाबाला के पुत्र जाबाल (सत्यकाम) का उपनयन संस्कार कर उसके गुरु ने उसे ब्राह्मण बनाया। महाराज दशरथ के विश्वासपात्र मंत्री और प्रिय सखा सुमन्त शूद्र ही थे। राम के सब साथी वनवासी थे। पांडव वारणावत नगर में सम्मान प्रकट करने चारों वर्णों के वरिष्ठ लोगों के यहाँ गए थे। महान क्षत्रिय वंश की कुलवधू मीराबाई ने पिछड़े समाज के सन्त रैदास के चरणों में बैठकर ज्ञान प्राप्त किया था। गुरु गोविन्द सिंह ने जान हथेली पर रखकर आए पाँच शूद्र शिष्यों को लेकर महान खालसा पन्थ की स्थापना की थी। मध्यकालीन युग, जिसे भक्तियुग भी कहा जाता है, में सारा देश विदेशी आक्रमणकारी मुस्लिम कट्टरपंथियों से त्रस्त था, उस समय सन्तों और भक्तों ने समाज की रक्षा की थी। इन सन्तों में अस्सी प्रतिशत सन्त ब्राह्मण नहीं थे। परन्तु सबके लिए श्रद्धेय थे।

श्रीमद्आदिशंकराचार्य ने चांडाल को प्रभु के रूप में देखा था। श्रीमद्रामानुजाचार्य ने अपने गुरु के कोप को सहन करके भी पिछड़ी जाति के बन्धुओं को मुक्ति का सन्देश दिया था। श्री बसवेश्वर ने आध्यात्मिक एकता की ज्योति प्रकट की थी। स्वामी दयानन्द ने अस्पृश्यता को वेदों के आधार पर निरर्थक सिद्ध किया था। स्वामी विवेकानन्द ने दरिद्र नारायण की सेवा की बात कही और अस्पृश्यता को पागलपन कहा था। रामकृष्ण परमहंस ने साधना के भाग रूप से ही अछूतों का संडास साफ करना स्वीकार किया था। स्वामी सहजानन्द ने सेवा-कार्य के लिए अपना सारा जीवन न्योछावर कर दिया था। ऐजवा नाम की पिछड़ी हुई जाति में जन्मे केरल के नारायण गुरु आज सबके लिए अध्यात्म के प्रतीक रूप में विराजमान हैं। महाराष्ट्र के चोखामेळा, कर्नाटक के कनकदास, वाराणसी के रैदास, केरल के पकनार, तमिलनाडु के नन्दानर, गुजरात के नरसैया जैसे सन्तों के अभंग भक्ति गीत राष्ट्र के करोड़ों हृदयों को समानता व बन्धुत्व का सन्देश दे रहे हैं।

तिलक, गांधी, राजा राममोहनराय, वीर सावरकर, ठक्कर बापा, महात्मा फुले, अगरकर, डॉ. हेडगेवार, श्री गुरुजी जैसे सैकड़ों महापुरुष उच्च वर्ग में जन्म लेकर भी सामाजिक दोषों के निवारण के लिए जीवन भर प्रयत्न करते रहे।

सन् 1969 के दिसम्बर में उडुपि में आयोजित विश्व हिन्दू परिषद की धर्माचार्यों की परिषद में जगद्गुरु की उपस्थिति में अस्पृश्यता को सामाजिक कलंक मानकर

उससे मुक्त होने की ऐतिहासिक घोषणा हमारे सन्तों ने ही की थी।

सन् 1979 के जनवरी मास में प्रयाग विश्व हिन्दू सम्मेलन में देश के कोने-कोने से आए हुए सन्तों ने छुआछूत को अधार्मिक कृत्य कहकर उसे जड़ता से समाप्त करने की घोषणा की थी। जगद्‌गुरु शंकराचार्य ने कहा था, ''न हिन्दू पतितो भवेत् !''[142] समरसता के इन प्रयासों को आज बड़े संयम और धीरता से करने की आवश्यकता को प्रतिपादित करते हुए माननीय पन्तप्रधान नरेन्द्र मोदी आगे पुन: कहते हैं, ''हमारे समाज ने परिवर्तन के लिए जो अथक प्रयास किया है, उसका अपेक्षित परिणाम देखने को नहीं मिला है तो उसके भी कुछ ऐतिहासिक कारण हैं, यह हमें भूलना नहीं चाहिए। 1200 वर्ष के परतंत्र काल में हम सतत संघर्ष और आतंक के बीच घिरे हुए थे। ऐसे विपरीत संयोग में समाज के नवनिर्माण का कार्य अखंड रूप से चल रहा है। कमरे में अन्धकार हो तो सदा 'अन्धकार-अन्धकार' कहकर रोते रहने से वह दूर नहीं होगा। प्रकाश को अन्दर लाएँगे तो ही अन्धकार दूर होगा। हमें यह समझ लेना चाहिए कि जो अभावात्मक है, विघटनकारी है और केवल दोष दिखानेवाला है, उसका तो अन्त निश्चित है। जो भावात्मक और रचनात्मक है, वही चिरजीवी है।

अपेक्षित परिणाम नहीं मिलने से हमारे पीड़ित बन्धुओं के हृदय में जो सन्ताप होता है, वह समझ में आता है; परन्तु उन्हें भी यह नहीं भूलना चाहिए कि यह समाज के सब वर्गों की समझ में आ गया है कि यह स्थिति बदलनी चाहिए। इस दिशा के प्रयासों में सबको संयमपूर्वक और कार्य को बल मिले, ऐसे व्यवहार व भाषा का उपयोग करना चाहिए।''[143]

राष्ट्रीय स्वयंसेवक संघ के माननीय सर संघचालक श्री मोहन भागवत ने भी स्वतंत्र भारत में समरसता की आवश्यकता का महत्त्व प्रतिपादित करते हुए कहा है, ''स्वतंत्र भारत के परम वैभव की पूर्व शर्त के नाते सामाजिक समरसता के प्रयास अधिक दृढ़ व व्यापक रूप से सर्वत्र यशस्वी होने की आवश्यकता है। भारत के उत्थान के कारण जिनके स्वार्थ के खेल बन्द होने का उनको भय है। ऐसी देशबाह्य व आन्तरिक शक्तियों ने सामाजिक समरसता के प्रयास यशस्वी न हों, आपस में दूरियाँ बढ़ें ऐसे क्रियाकलाप जारी रखे हैं। उस क्रम में भारतीय परम्पराओं, मान्यताओं, श्रद्धाओं को विषमता समर्थक व समता विरोधी बताना उनके लिए सामान्य बात है। भारतीय समाज के स्थापित व उच्चवर्गीय घटक या तो इस विषमता के पक्षधर रहे अथवा इस अन्याय के प्रति उदासीन ऐसा भी वे प्रचारित करते हैं। ऐसी स्थिति में सामाजिक समरसता के प्रयास निरन्तर जारी रहना अनिवार्य है।''[144]

भूतपूर्व सर संघचालक के. सुदर्शन जी ने 'सामाजिक समरसता' किशोर मकवाना द्वारा सम्पादित इस पुस्तक को दी हुई प्रस्तावना में 'चित्तविनोदिनी' ग्रन्थ में उल्लेखित एक श्लोक उद्‌धृत किया है जो समरसता हेतु प्रयास करनेवाले सभी कार्यकर्ताओं को हमेशा के लिए स्मरण में रखना चाहिए, ऐसा मुझे लगता है। क्योंकि अधिकांश

लोगों को यह पता नहीं कि समरसता हेतु प्रयास करनेवाले ये महान सन्त वास्तव में किस जाति से सम्बन्धित हैं। इसलिए अध्याय के अन्त में उस श्लोक को मैं जानबूझकर उद्धृत कर रहा हूँ। श्लोक निम्न प्रकार है :

वेश्यागर्भ समुत्पन्नो वसिष्ठश्च महामुनिः।
दासीगर्भ समुत्पन्नो नारदश्च महामुनिः॥
कैवर्तीगर्भ उत्पन्नो व्यासश्च महामुनिः।
क्षत्रियागर्भ समुत्पन्नो विश्वामित्रो महामुनिः॥ 1॥
शृंगीगर्भ समुत्पन्नो ऋष्यशृंगो महामुनिः।
कुम्भीगर्भ समुत्पन्नो अगस्त्यश्वैव महामुनिः॥
शूद्रीगर्भ समुत्पन्नो कुशकश्व महामुनिः
तपस्याद् ब्राह्मणों भूयात् तस्माज्जातिर्नि कारणम्॥ 2॥[145]

इस प्रकार 'समरसता का सैद्धान्तिक स्वरूप' अध्याय के अन्तर्गत हमने समरसता का व्युत्पत्तिगत अर्थ, समरसता की परिभाषा, समरसता का स्वरूप, उसमें समरसता के स्वरूप को लेकर विभिन्न विद्वानों के मत, समता और समरसता में अन्तर, प्रवर्तन, परिवर्तन और समरसता में अन्तर, सामाजिक समरसता से तात्पर्य, समरसता के प्राचीन, मध्ययुगीन एवं आधुनिक सन्दर्भ आदि मुद्दों का विस्तार से विवेचन एवं विश्लेषण किया है। साथ ही समरसता को एक साहित्यिक एवं समीक्षात्मक मूल्य मानकर समरसता साहित्य के प्रेरणास्त्रोत महात्मा फुले, डॉ. बाबासाहेब अम्बेडकर, डॉ. हेडगेवार और सन्त गाडगे महाराज के विचारों पर प्रकाश डाला है। इसके अतिरिक्त समरसता साहित्य का प्रयोजन, समरसता साहित्य की सृजन प्रक्रिया, समरसता साहित्य के मानदंडों पर भी प्रकाश डाला है। उसमें मानवतावाद, बन्धुत्व भाव, सर्वधर्म समभाव व जातिभेद निर्मूलन, सेवाधर्म, समन्वय, वेदना, शोषण और विषमता, धर्मनिरपेक्षता एवं राष्ट्रवाद का एकात्म विचार, भारतीय संस्कृति एवं परम्परा का पुनर्मूल्यांकन आदि मानदंडों को स्पष्ट किया है। इसके अलावा साहित्य और समरसता, सामाजिक समरसता की आवश्यकता या महत्त्व तथा सामाजिक समरसता हेतु अब तक किए गए प्रयास आदि मुद्दों का यथावकाश परामर्श लिया है। इसके अतिरिक्त समरसता कार्यान्विति के विविध स्तर, समरसता के पोषक एवं बाधक तत्त्व ऐसे और भी कई मुद्दे हैं जिन पर हम यहाँ विस्तार भय के कारण प्रकाश नहीं डाल पाए परन्तु बाद में इन मुद्दों पर स्वतंत्र रूप से विचार अवश्य किया जाएगा।

इस अध्याय के अन्त में सारांशतः हम इतना ही कहना चाहेंगे कि युग की आवश्यकताओं को ध्यान में रखकर आज समाज तथा देश को स्वस्थ बनाए रखने हेतु समरसतावादी साहित्य का सृजन और समरसतावादी साहित्य समीक्षा के मानदंडों के आधार पर साहित्य का मूल्यांकन होने की नितान्त आवश्यकता है। उसी आवश्यकता को ध्यान में रखकर मैंने 'भारतीय भक्ति साहित्य में अभिव्यक्त सामाजिक समरसता'

इस सम्पादित पुस्तक में समरसता की इस अमूर्त अवधारणा को मूर्त रूप देने का प्रयास किया है। आशा है कि यह प्रयास लोगों की अपेक्षाओं पर खरा उतरे और प्रबुद्ध पाठक तथा समीक्षक इन मानदंडों के आधार पर किसी भी साहित्य प्रवाह में स्थित समरसता के बीजतत्त्व को खोजने का प्रयास करेंगे।

धन्यवाद!

सन्दर्भ

1. www.maxgyan.com Hindi English Dictornary
2. श्री रमेश पतंगे, डॉ. हेडगेवार आणि समरसतेची विचार सूत्रे (प्रस्तावना), पृ. 2
3. वही, पृ. 7
4. प्रा. काशीनाथ वाडेकर, समरसता एक साहित्यिक मूल्य, 'समरसतेचा नन्दादीप', प्राचार्य तोरो स्मृतिग्रन्थ, पृ. 17
5. डॉ. आनन्द यादव, सामाजिक समरसता एक महामूल्य, 'समरसतेचा नन्दादीप', प्राचार्य तोरो स्मृतिग्रन्थ, पृ. 41
6. डॉ. सुवर्णा रावळ : सामाजिक न्याय आणि समरसता, 'समरसतेचा नन्दादीप', प्राचार्य तोरो स्मृतिग्रन्थ, पृ. 75
7. डॉ. ईश्वर नन्दापुरे, समरसता साहित्य, संकल्पना, प्रेरणा और स्वरूप, पृ. 39
8. हिन्दी साहित्य का विद्रोहकाल (1857-2000), पृ. 315
9. कामायनी एक पुनर्विचार—डॉ. विजयेन्द्र स्नातक, पृ. 98
10. गठबन्धन की राजनीति—अटलबिहारी वाजपेयी, पृ. 418
11. समरसतेचा नन्दाद्वीप, प्राचार्य तोरो स्मृतिग्रन्थ, पृ. 18
12. सामाजिक समरसता दर्शन, पृ. 48
13. सामाजिक समरसता एवं अभाविप, पृ. 1
14. समरसता साहित्य : स्वरूप व संकल्पना, नामदेव च. कांबळे, पृ. 17
15. वही, पृ. 47
16. लोकसंस्कृती आणि सामाजिक समरसता, डॉ. प्रभाकर मांडे, सम्पादित पुस्तक समरसतेची दशपदी, सम्पादक डॉ. बाळकृष्ण कवठेकर, पृ. 64
17. सामाजिक चळवळी व समरसता, सौ. संजीवनी तोफखाने, सम्पा. प्रा. श्याम अत्रे, पृ. 17
18. समरसता एक साहित्यिक मूल्य, सम्पा. प्रा. श्याम अत्रे, पृ. 60
19. भारत की सन्त परम्परा और सामाजिक समरसता, डॉ. कृष्ण गोपाल, भूमिका, पृ. 1
20. समरसतेचा आविठकार, डॉ. विजय भटकर, सम्पा. पुस्तक सन्त साहित्य आणि समरसता, सम्पा. संजीवनी तोफखाने, पृ. 19
21. वही, पृ. 19
22. सन्त साहित्य आणि समरसता, सम्पा. सौ. संजीवनी तोफखाने, पृ. 30
23. साहित्य यात्रा, सम्पा. मनोहर सराफ, पृ. 241
24. दशपदी समरसतेची : सम्पा. प्रो. बाळकृष्ण कवठेकर, पृ. 17

25. समरसता, रमेश पतंगे, पृ. 13
26. वही, पृ. 14
27. वही, पृ. 14
28. समरसता साहित्य : स्वरूप व संकल्पना, नामदेव च. कांबळे, पृ. 17
29. दशपदी समरसतेची : सम्पा. डॉ. बाळकृष्ण कवठेकर—प्रस्तावना, पृ. 17
30. सामाजिक समरसता : सम्पा. किशोर मकवाना, पृ. 27
31. संतांची समरसता व सुधारकांची समता, डॉ. आनन्द यादव, पृ. 167
32. सन्त साहित्य आणि समरसता, सम्पा. : सौ. संजीवनी तोफखाने, पृ. 163
33. समरसता साहित्य : स्वरूप व संकल्पना, नामदेव च. कांबळे, पृ. 16
34. समरसता साहित्य : स्वरूप व संकल्पना, नामदेव च. कांबळे, पृ. 16
35. समरसतेशिवाय सामाजिक समता अशक्य, द.बा. ठेंगड़ी, पृ. 45
36. वही, पृ. 45
37. समरसतेचा नन्दादीप, प्राचार्य तोरो स्मृतिग्रन्थ, सम्पा. डॉ. मोहन भागवत, प्रस्तावना, पृ. 16
38. समरस समाज, भिकू रामजी इदाते, पृ. 01
39. समरसता साहित्य : स्वरूप व संकल्पना, नामदेव च. कांबळे, पृ. 18
40. वही, पृ.18
41. वही, पृ. 19
42. वही, पृ. 21
43. वही, पृ. 27
44. वही, पृ. 27
45. सामाजिक समरसता : एक महामूल्य, डॉ. आनन्द यादव, समरसतेचा नन्दादीप सम्पादित पुस्तक, पृ. 41
46. नरेन्द्र मोदी, चिन्तन आस्वाद, सामाजिक समरसता, सम्पा. डॉ. किशोर मकवाना, पृ. 27
47. समरसतेशिवाय सामाजिक समता अशक्य !, द.बा. ठेंगड़ी, पृ. 38
48. समरसतेचा नन्दादीप, प्राचार्य तोरो स्मृति ग्रन्थ, सम्पा. डॉ. सुवर्णा रावळ, पृ. 78
49. समाज प्रबोधनाच्या पाऊलखुणा, राजा जाधव, पृ. 112
50. वही, पृ. 112
51. सामाजिक समरसता और कबीर, डॉ. बी.डी गुप्ता, दैनिक भास्कर, 16 दिसम्बर, 2008, पृ. 6
52. सामाजिक आणि समरसता, प्रा. श्याम अत्रे, पृ. 19
53. भारत की सन्त परम्परा और सामाजिक समरसता, कृष्ण गोपाल, भूमिका, डॉ. मोहन भागवत, पृ. 1
54. नरेन्द्र मोदी, चिन्तन आस्वाद, सामाजिक समरसता, सम्पा. किशोर मकवाना, पृ. 44
55. भारतीय दर्शन, डॉ. उमेश मिश्र, पृ. 382
56. डॉ. उमेश मिश्र, भारतीय दर्शन, पृ. 387
57. समरसता तत्त्व आणि व्यवहार, भिकू रामजी इधाते, समरसतेचा नन्दादीप स्मृति ग्रन्थ, पृ. 50
58. सामाजिक समरसता हेतु सन्तों एवं समाजसुधारकों के प्रयास—परिचर्चा प्रारूप, सामाजिक

समरसता मंच मुम्बई, 3-4 जनवरी 2004, पृ. 1
59. समरसता, श्री रमेश पतंगे, पृ. 20-21
60. साहित्य यात्रा : मनोहर सराफ, पृ. 246
61. समरसता एक साहित्यिक मूल्य, प्रा. काशीनाथ वाडेकर, समरसतेचा नन्दादीप, प्राचार्य तोरो स्मृति ग्रन्थ, पृ. 17
62. समरसता साहित्य : स्वरूप आणि समीक्षा—नामदेव च. कांबळे, पृ. 82
63. समरसता साहित्य : संकल्पना-प्रेरणा-स्वरूप, डॉ. ईश्वर नन्दापुरे, पृ. 37
64. वही, पृ. 37
65. समरसता साहित्य : स्वरूप आणि समीक्षा, नामदेव च. कांबळे, पृ. 83-84
66. वही, मनोगत, पृ. 3
67. वही, पृ. 46
68. समरसता साहित्य : संकल्पना-प्रेरणा-स्वरूप, डॉ. ईश्वर नन्दापुरे, पृ.153
69. वही, पृ.153-54
70. समरसता साहित्य : स्वरूप आणि समीक्षा, नामदेव च. कांबळे, पृ. 16
71. वही, पृ. 77
72. वही, पृ. 155-56
73. वही, पृ. 55
74. समरसता साहित्य : संकल्पना-प्रेरणा-स्वरूप, डॉ. ईश्वर नन्दापुरे, पृ. 64
75. वही, पृ. 66-67
76. समरसता साहित्य : स्वरूप आणि समीक्षा, नामदेव च. कांबळे, पृ. 48
77. समरसता साहित्य : संकल्पना-प्रेरणा-स्वरूप, डॉ. ईश्वर नन्दापुरे, पृ. 69
78. वही, पृ. 71-72
79. समरसता साहित्य : स्वरूप आणि समीक्षा, नामदेव च. कांबळे, पृ. 52-53
80. डॉ. अम्बेडकराच्या साहित्यातील समरसता विचार—समरसता एक साहित्यिक मूल्य, सम्पा. श्री श्याम अत्रे, पृ. 47
81. समरसता साहित्य सम्मेलन, लातूर अध्यक्षीय भाषण पुस्तिका—श्री शेषराव मोर, पृ. 6
82. डॉ. हेडगेवार और समरसता के विचार सूत्र, श्री रमेश पतंगे, पृ. 7
83. वही, पृ. 12-13
84. वही, पृ. 15
85. वही, पृ. 15
86. समरसता साहित्य : स्वरूप आणि समीक्षा, नामदेव च. कांबळे, पृ. 54-55
87. समरसता साहित्य : संकल्पना-प्रेरणा-स्वरूप, डॉ. ईश्वर नन्दापुरे, पृ. 80
88. धर्माशी सर्वांना जोडून घेण्याचे कार्य साहित्यातूनही प्रतिबिम्बित व्हावे, सम्पा. मा.गो. वैद्य, समरसता एक साहित्यिक मूल्य, सम्पा. प्रा. श्याम अत्रे, पृ. 56
89. समरसता, श्री रमेश पतंगे, पृ. 79
90. समरसता साहित्य : संकल्पना-प्रेरणा-स्वरूप, डॉ. ईश्वर नन्दापुरे, पृ. 77-78
91. समरसता साहित्य : स्वरूप आणि समीक्षा, नामदेव च. कांबळे, पृ. 53

92. वही, पृ. 55
93. वही, पृ. 33
94. वही, पृ. 34
95. 10वें समरसता साहित्य सम्मेलन : सन्त साहित्य आणि समरसता, सम्पा. सौ. संजीवनी तोफखाने, अध्यक्षीय भाषण डॉ. अशोक कामत, पृ. 29
96. समरसतेची दशपदी : बाळकृष्ण कवठेकर, प्रस्तावना, पृ. 7
97. सामाजिक समरसता, रमेश पतंगे सामाजिक समरसता दर्शन, सामाजिक समरसता मंच अकोला, पृ. 11
98. समरसतेशिवाय समता अशक्य, द.बा. ठेंगड़ी, पृ. 2
99. समरसतेचा नन्दादीप, समरसता साहित्य परिषद प्राचार्य तोरो स्मृतिग्रन्थ, सम्पा. प्रा. श्याम अत्रे
100. रानडे आणि गोखले यांचे समरसताविषयक मार्गदर्शन, डॉ. अशोक मोडक, समरसतेचा नन्दादीप, समरसता साहित्य परिषद, प्राचार्य तोरो स्मृतिग्रन्थ, सम्पा. प्रा. श्याम अत्रे, पृ. 28
101. समरसता साहित्य : स्वरूप आणि समीक्षा, नामदेव च. कांबळे, पृ. 40
102. सामाजिक समरसता—नरेन्द्र मोदी, सम्पा. किशोर मकवाना पृ. 44
103. समरसता साहित्य : संकल्पना-प्रेरणा-स्वरूप, डॉ. ईश्वर नन्दापुरे, पृ. 37
104. नरेन्द्र मोदी, चिन्तन आस्वाद, सामाजिक समरसता, सम्पा. किशोर मकवाना, पृ. 27
105. डॉ. आंबेडरांच्या साहित्यातील समरसता विचार, सम्पा. प्रा.श्याम अत्रे, समरसता एक साहित्यिक मूल्य, पृ. 4
106. समरसता साहित्य : स्वरूप आणि समीक्षा, नामदेव च. कांबळे, पृ. 66
107. वही, पृ. 5
108. समरसतेशिवाय समता अशक्य, द.बा. ठेंगड़ी, पृ. 45
109. सामाजिक समरसता और कबीर, डॉ. बी.डी. गुप्ता, (गुरुवार, 16 दिसम्बर, 2008, दैनिक भास्कर)
110. समरसता साहित्य : संकल्पना-प्रेरणा-स्वरूप, डॉ. ईश्वर नन्दापुरे, पृ. 158-59
111. वही, पृ. 159
112. वही, पृ. 159
113. डॉ. अम्बेडकरांच्या साहित्यातील समरसता विचार, प्रो. रमेश पतंगे, समरसता एक साहित्यिक मूल्य, सम्पा. प्रा. श्याम अत्रे, पृ. 41
114. डॉ. अम्बेडकर साहित्य समरसता विचार, श्री रमेश पतंगे, समरसता एक साहित्यिक मूल्य, सम्पा. प्रा. श्याम अत्रे, पृ. 44
115. समरसता साहित्य : संकल्पना-प्रेरणा-स्वरूप, डॉ. ईश्वर नन्दापुरे, पृ. 159
116. सामाजिक समरसता मंच, मुम्बई द्वारा आयोजित परिचर्चा, 3-4 जनवरी, 2004, पृ. 4
117. समरसता साहित्य : संकल्पना-प्रेरणा-स्वरूप, डॉ. ईश्वर नन्दापुरे, पृ. 165
118. वही, पृ. 167
119. वही, पृ. 168
120. सामाजिक वेदना साहित्य—समरसता एक साहित्यिक मूल्य, सम्पा. श्याम अत्रे, पृ. 118
121. समरसता साहित्य : संकल्पना-प्रेरणा-स्वरूप, डॉ. ईश्वर नन्दापुरे, पृ. 171

122. वही, पृ. 172
123. वही, पृ. 173
124. समरसता साहित्यातील आढावा !—श्री सन्तोषकुमार कि. इंगळे, सामाजिक समरसता दर्शन–सामाजिक समरसता मंच अकोला पुस्तिका, पृ. 45
125. समरसता साहित्यातील आढावा !—श्री सन्तोषकुमार कि. इंगळे, सामाजिक समरसता दर्शन–सामाजिक समरसता मंच अकोला पुस्तिका, पृ. 46
126. समरसतेचे चिन्तन : काही मुक्त, काही युक्त, प्रा. विजय देव, समरसतेचा नन्दादीप, समरसता साहित्य परिषद, प्राचार्य तोरो स्मृति ग्रन्थ, पृ. 43
127. समरसतेचे चिन्तन : काही मुक्त, काही युक्त, प्रा. विजय देव, समरसतेचा नन्दादीप, समरसता साहित्य परिषद, प्राचार्य तोरो स्मृति ग्रन्थ, पृ. 44
128. समरसता तत्त्व आणि व्यवहार, श्री भि.रा. इदाते, समरसतेचा नन्दादीप, समरसता साहित्य परिषद, प्राचार्य तोरो स्मृति ग्रन्थ, पृ. 50
129. वही, पृ. 51
130. समरसता साहित्य स्वरूप आणि समीक्षा, नामदेव च. कांबळे, पृ. 66
131. वही, पृ. 67
132. सामाजिक चळवळी आणि समरसता, सम्पा. प्रा. श्याम अत्रे, श्रीमती संजीवनी तोफखाने, पृ. 17
133. कथा व कादम्बरी, सम्पा. प्रा. डॉ.चन्द्रकान्त वर्तक, समरसता एक साहित्यिक मूल्य, सम्पा. प्रा. श्याम अत्रे व श्री रमेश पतंगे, पृ. 68
134. वही, पृ. 77
135. भारतीय समाजपुरुष और समरसता, प्रा. श्याम अत्रे, सामाजिक समरसतेचे अग्रदूत, सम्पा. विश्वास गांगुर्डे, सोलहवाँ समरसता साहित्य सम्मेलन, लातूर, पृ. 8
136. भारत की सन्त परम्परा और सामाजिक समरसता, कृष्ण गोपाल, पृ. 53–54
137. दशपदी समरसतेची, सम्पा. डॉ. बाळकृष्ण कवठेकर, प्रस्तावना, पृ. 39
138. सामाजिक समरसता मंच व्याप्ति और वाटचाल, प्रा. रमेश महाजन, पृ. 3
139. रानडे आणि गोखले यांचे समरसता विषयक मार्गदर्शन, डॉ. अशोक मोडक, समरसतेचा नन्दादीप समरसता साहित्य परिषद, प्राचार्य तोरो स्मृति ग्रन्थ, पृ. 34
140. समरसता साहित्य : संकल्पना–प्रेरणा–स्वरूप, डॉ. ईश्वर नन्दापुरे, पृ. 153
141. समरसता साहित्य सम्मेलन, लातूर अध्यक्षीय भाषण—श्री शेषराव मोरे नांदेड़, पृ. 39
142. नरेन्द्र मोदी, चिन्तन आस्वाद, सामाजिक समरसता, सम्पा. किशोर मकवाना, पृ. 51–52
143. वही, पृ. 52–53
144. मोहन भागवत सरसंघचालक, भूमिका, पृ. 2
145. प्रस्तावना, कुप्.सी. सुदर्शन, चिन्तन आस्वाद, सामाजिक समरसता, सम्पा. किशोर मकवाना, पृ. 2

भारतीय भक्ति साहित्य तथा सामाजिक एकात्मता

पद्मश्री डॉ. यूसुफ पठान

विश्व के विभिन्न देशों का विचार करते समय हम अपने आकलन के लिए तथा उनकी सांस्कृतिक विशेषताओं के सन्दर्भ में उनके दो विभाग कर सकते हैं—

(अ) पाश्चिमात्य संस्कृति तथा

(आ) पौर्वात्य संस्कृति

हमारे देश की—भारत की—संस्कृति का समावेश हम दूसरे विभाग में कर सकते हैं। पाश्चिमात्य देशों में से किसी एक देश में अधिकतर दो या तीन धर्मों के अनुयायी रहते हैं। इन धर्मों में हम ईसाई, इस्लाम, बौद्ध या कुछ प्रमाण में हिन्दू आदि धर्मों का निर्देश कर सकते हैं।

पौर्वात्य संस्कृति के सन्दर्भ में भारत का विशेष रूप से निर्देश करना अनिवार्य है—किन्तु, मैं तो आगे जाकर यह भी कहूँगा कि केवल भारत का ही निर्देश हम कर सकते हैं, क्योंकि इस देश को हिन्दू, जैन, बौद्ध, सिख, वीरशैव आदि धर्मों की जन्मभूमि कहा जा सकता है। अतएव, हम यह भी कह सकते हैं कि ईसाई या इस्लाम ये भारत के बाहर के धर्म भी भारत में आए और भारत में आए हुए उनके अनुयायी इसी देश की मिट्टी से एकरूप हुए। ईसाई मिशनरी सन्त या सूफी सन्त भी पौर्वात्य संस्कृति के महाप्रवाह का एक अविभाज्य घटक बन गए। भारत की विविधतापूर्ण संस्कृति में (diversity में) एकता (Unity) तथा एकात्मता (harmony) का अन्त:प्रवाह बहने लगा, यही भारतीय संस्कृति तथा भारतीय साहित्य का अधिष्ठान है।

इन विविध धर्मों के तथा उनके सम्प्रदायों के सन्तों ने भारतीय भक्ति साहित्य (Devotional Literature) का निर्माण किया और भारत के भाँति-भाँति के राज्यों में/प्रदेशों में विश्वात्मकता/विश्वबन्धुता, मानवतावाद, समतावाद तथा सामाजिक एकता का अपने भक्ति साहित्य में केवल सन्देश ही नहीं दिया, बल्कि उसको कार्यान्वित करने का अखंड प्रयास भी किया। विषमता, सामाजिक तथा धार्मिक अन्याय के विरोध में विद्रोह किया। इस विरोध के लिए हम 'Dissent' संज्ञा का प्रयोग कर सकते हैं।

'इंडियन इंस्टीट्यूट फॉर एडवांस्ड स्टडीज' (Indian Institute for Advanced Studies) यह शिमला स्थित एक अन्तरराष्ट्रीय ख्यातिप्राप्त संस्थान है। इस संस्थान ने गत बीसवीं सदी के उत्तरार्ध में दो महत्त्वपूर्ण कार्यशालाएँ (Workshops) तथा चर्चा सत्र आयोजित किए थे, जिनमें दोनों बार मुझे निमंत्रित किया गया था। इन सत्रों का विषय था—'Protest and dissent in Literature'.

इस संस्थान ने डॉ. मलिक के सम्पादकत्व में इसी शीर्षक के ग्रन्थ के दो खंड प्रकाशित किए हैं। भारतीय भक्ति साहित्य में एकात्मता की जो धारा अनेक शतकों तथा दशकों में प्रवाहित तथा गतिमान हुई, उसके दर्शन हमें इस ग्रन्थ के इन दो खंडों में होते हैं। यह प्रवाह सम्यक् भारतीय भक्ति साहित्य में कितना सशक्त, कितना समर्थ तथा कितना प्रभावी था, इसका अनुमान हम आज भी—इक्कीसवीं शताब्दी में—कर सकते हैं।

भारतीय साहित्य में भक्ति साहित्य का एक विशेष स्थान है। भारत के अनेक राज्यों की या विभागों की भाषाएँ अलग-अलग होती हुई भी भारत के मूल निवासी तथा भारत में बाहर से आए हुए ईसाई तथा इस्लाम जैसे धर्मों तथा अन्य धर्म-सम्प्रदायों के भक्ति साहित्य में जो एक समान सूत्र प्रतीत होता है, वह है—आध्यात्मिक तथा सामाजिक समानता का।

इसी सूत्र में हमें 'आन्तरभारती' के दर्शन भी होते हैं, जिसका पुरस्कार पूज्य सानेगुरुजी ने किया और देश के विविध स्तरों को बन्धुभाव तथा बन्धुता के ऋजु स्नेहबन्ध में गूँथने का सफल प्रयास किया। 'साधना' परिवार को भी इस राष्ट्रीय एकता के 'आन्तरभारती' के कार्य के लिए अवश्य बधाई देनी चाहिए।

अनेक आधुनिक भारतीय भाषाओं की उत्पत्ति तथा विकास मध्ययुग में ही हुआ। भारतीय साहित्य की जो प्रमुख विधाएँ इस कालखंड में सम्पन्न हुईं, उनमें सन्त साहित्य तथा भक्ति साहित्य का प्रमुख तथा विशेष महत्त्वपूर्ण स्थान है। इसीलिए आ. परशुराम चतुर्वेदी तथा आ. क्षितिमोहन सेन और आचार्य हजारीप्रसाद द्विवेदी तथा डॉ. र.द. रानडे जैसे दिग्गजों ने मध्ययुगीन (भारतीय) धर्म साधना का विशेष रूप से चिन्तन किया और उसकी ओर अपने ग्रन्थों द्वारा अनुसंधाताओं तथा आलोचकों का ध्यान आकृष्ट किया। इस सन्दर्भ में आ. परशुराम चतुर्वेदी के 'मध्ययुगीन धर्म साधना' और डॉ. रा.द. रानडे के 'Mysticism in Maharshtra' । ग्रन्थों का तथा ॲज्ट के ग्रन्थों का अवश्य निर्देश करूँगा।

विविध भारतीय भाषाओं के इस मध्ययुगीन भक्ति साहित्य की निर्मिति-प्रेरणाएँ क्या थीं? इनमें कुछ प्रेरणाएँ समान थीं, जिनका विचार करना यहाँ उचित होगा।

जिन परिस्थितियों में आधुनिक भारतीय भाषाओं में भक्ति साहित्य का उदय हुआ, उनकी पार्श्वभूमि में या परिप्रेक्ष्य में इस साहित्य ने जो रूप लिया, उस सन्दर्भ में वह चिन्तनीय है।

वैसे देखा जाए तो भारत की भूमि ही प्राचीन काल से आध्यात्मिक भूमि रही—ऋग्वेद समूचे विश्व का 'आदिग्रन्थ' है, जहाँ से भारतीय दर्शन का भी प्रारम्भ हुआ है। यह प्रारम्भ 'नेति-नेति' से हुआ और उसका अन्तिम निष्कर्ष 'इति' में निकाला गया। भारतीय दर्शन की इन शाखाओं में दो प्रमुख विभाग थे—

(1) आस्तिक मत तथा

(2) नास्तिक मत।

इन दोनों विभागों का भारतीय दर्शन में महत्त्वपूर्ण योगदान रहा है। इन दो विभागों से भारत के भाँति-भाँति के धर्म-सम्प्रदायों या पन्थों (Religious Sects) का निर्माण हुआ है।

ये दार्शनिक मत प्रणालियाँ प्रारम्भ में देववाणी/गीर्वाणवाणी—अर्थात् संस्कृत भाषा में अवतीर्ण हुईं। आगे चलकर पालि तथा अन्य प्राकृत (मागधी, अर्धमागधी, पैशाची, महाराष्ट्री, शौरसेनी, अपभ्रंश आदि) भाषाओं में दार्शनिक विवेचनात्मक तथा भक्ति साहित्य की रचनाएँ आविष्कृत हुईं।

मध्ययुग में आधुनिक भारतीय भाषाओं की उत्पत्ति हुई। ये भाषाएँ उस युग की लोकभाषाएँ थीं, जिन्हें जनसाधारण समझ सकता था। बांग्ला, उड़िया, हिन्दी, गुजराती, मराठी, कन्नड, तमिल, तेलुगु आदि भारतीय आर्य या द्रविड भाषाओं का इस सन्दर्भ में हम निर्देश या उल्लेख कर सकते हैं।

धार्मिक आस्था या श्रद्धा जीवन की प्रमुख श्रद्धाओं में एक अग्रस्थानीय श्रद्धा है और इसीलिए यदि संस्कृत या प्राकृत भाषाएँ जनसामान्य के लिए अनाकलनीय होती हैं तो इनकी विवेचना लोकभाषा में करना उचित तथा अनिवार्य है। यह विविध आधुनिक भाषाओं के सन्तों की भूमिका थी और इसीलिए उन्होंने संस्कृत या प्राकृत की अपेक्षा समकालीन लोकवाणी में/आधुनिक भारतीय भाषाओं में अपनी रचनाएँ कीं। इस भूमिका के पीछे भी जनसाधारण या समूचे समाज के कल्याण तथा उद्धार तथा सामाजिक एकात्मता की मूल प्रेरणा थी। किसी भी धर्म या सम्प्रदाय का पुरोहितत्व जब स्वयं केन्द्रित बन जाता है तब वह अपने अस्तित्व के रक्षा की ही चिन्ता करता है। धर्म विचार तथा उसकी विवेचना, प्रतिपादन/विश्लेषण/विवरण उन्हीं की धरोहर है और इसके लिए समाज को उसी पर निर्भर रहना आवश्यक है, यह मत इस प्रकार का पुरोहितत्व या Priesthood प्रसृत करता है। जिसके कारण जो गीर्वाणवाणी या प्राकृत नहीं जानते, ऐसे जनसामान्य अपने धर्म या सम्प्रदाय की दार्शनिक भूमिका से वंचित रह जाते थे, आधुनिक भारतीय भाषाओं के मध्ययुगीन सन्तों को जनवाणी अपनानी पड़ी, जिसके फलस्वरूप देववाणी का बन्धन अध्यात्म-विचार के आकलन में बाधा न डाल सका। इस तत्त्व को हम Democratic Principle भी कह सकते हैं। मराठी भाषा के सन्त साहित्य के भाष्यकार इसी तत्त्व को 'आध्यात्मिक लोकशाही' (लोकतंत्र) कहते हैं।

समाज में अभिजन तथा बहुजनों के अलग-अलग स्तर या श्रेष्ठत्व-कनिष्ठत्व की—अर्थात् सामाजिक विषमता की विषवल्ली निर्मित होने का कारण भारतीय समाज की चातुर्वर्ण्य व्यवस्था थी; जिससे आगे चलकर देश में अनेक सामाजिक, धार्मिक, आर्थिक, राष्ट्रीय समस्याएँ निर्मित हुईं। ऐहिक तथा पारमार्थिक समता तथा एकात्मता निर्माण करना, यह मध्ययुग की आवश्यकता तथा अपरिहार्यता थी। भारतीय सन्तों ने इसीलिए अपने-अपने प्रदेश की लोकवाणी में भक्ति साहित्य का निर्माण या उसकी रचना की।

भक्ति करने का अधिकार समाज के किसी भी विशिष्ट वर्ग, जाति या वर्ण का ही विशेषाधिकार नहीं है, इस सामाजिक एकात्मतावादी दृष्टिकोण के कारण सन्तों की रचनाएँ समाज के सभी स्तरों के लोगों के लिए आकलन सुलभ रचनाएँ थीं और इसीलिए उन्हें समाज के सभी स्तरों के लोगों ने अपनाया, उन्हें शिरोधार्य माना। इससे महिलाएँ तथा शूद्रों को भक्ति से वंचित नहीं रहना पड़ा। मराठी भाषा में तो मुक्ताबाई, महदंब्ण, जनाबाई, वेणाबाई, सोयराबाई, निर्मला जैसी सन्त कवयित्रियों ने और चोखामेळा, कर्ममेळा, बंका महाराज आदि शूद्र समझे जानेवाले जाति के सन्तों ने भी लक्षणीय भक्तिपरक रचना की। कन्नड़ भाषा में अक्क महादेवी की भक्तिपरक रचनाएँ हैं। महात्मा बसवेश्वर के शिष्यों में सभी जातियों के 'शिवशरण' तथा 'शिवशरणियाँ' थीं। महाराष्ट्र के महानुभाव (जय कृष्णी) सन्तों का तथा सन्त कवयित्रियों का कार्य इस दृष्टि से लक्षणीय है। नागेश सम्प्रदाय के बतकटवा के समान सन्त कवयित्रियों का भी इस सन्दर्भ में उल्लेख करना चाहिए। मीरा की हिन्दी भक्तिपरक रचनाओं को कौन नहीं जानता? सन्त कबीर भी कहते थे कि 'जाति न पूछो साधू की'। इस कथन में भी सामाजिक एकात्मता (Social and communal harmony) के ही दर्शन होते हैं। रविदास तथा उनकी भक्तिपरक रचनाओं को भी सभी समकालीन तथा उत्तरकालीन सन्तों तथा जनता ने आदरणीय स्थान ही दिया। बांग्ला बाउलों की भक्तिपरक रचनाओं का भी सामाजिक एकात्मता स्थापित करने में महत्त्वपूर्ण योगदान था। महाराष्ट्र के जैन धर्म के सन्तों में गुणकीर्ति जैसे सन्तों की 'धर्मामृत' आदि रचनाओं में सामाजिक/धार्मिक विषमता का विरोध किया गया है।

वीरशैव मराठी सन्तों में मन्मथस्वामी तथा लक्ष्मण महाराज आदि सन्तों की रचनाओं की तुलना हम सन्त तुकाराम की तथा कबीरदास की 'सधुक्कड़ी बानी' से कर सकते हैं।

सूफी सन्त कवियों ने भारत में सामाजिक एकता प्रस्थापित करने का लक्षणीय प्रयास किया। मलिक मुहम्मद जायसी, अमीर खुसरो, रसखान की हिन्दी/दक्खिनी हिन्दी रचनाओं ने सामाजिक/राष्ट्रीय एकात्मता की भावना के विकास को ऊर्जा प्रदान की।

इस सन्दर्भ में मेरे नए अनुसन्धान का निर्देश या उल्लेख करना अनुचित न

होगा। महाराष्ट्र के महानुभाव साहित्यकारों का हिन्दी साहित्य को योगदान तथा मुसलमान (सूफी) सन्तों का मराठी साहित्य को योगदान ये मेरे गत अनेक दशकों के चिन्तन-मनन-अनुसन्धान के विषय थे। पहला मेरा हिन्दी भाषा में पी-एच.डी. उपाधि का विषय था, इसे ग्रन्थ रूप से मुम्बई की म. गांधी रिसर्च मेमोरियल इंस्टीट्यूट ने बहुत वर्षों पहले प्रकाशित किया। दूसरा अनुसन्धान प्रकल्प मेरी साहित्य अकादमी की ज्येष्ठ गौरववृत्ति (Senior fellowship) का विषय था, जिसमें मराठी के शेख महमूद, मुन्तोजी बामणी, शहामुनी, आलमखान आदि सूफी सन्तों की मराठी तथा दक्खिनी रचनाओं का विचार किया गया है। इनमें जाति-पाँति, वर्ण, धर्म का भेद अमान्य किया गया है और भिन्न-भिन्न धर्म-जातियों के अनुयायियों में परस्पर सामंजस्य, बन्धुता तथा एकात्मता की भावना के निर्माण पर बल दिया गया है। मुन्तोजी ने 'हिन्दू-इस्लाम दर्शन कोश' का निर्माण करके दोनों धर्मों की दार्शनिक मतप्रणाली में समानता दर्शायी है और शेख महमूद ने 'योग संग्राम' तथा 'दुचष्मा' में भी यही विचार प्रस्तुत किया है :

हरी-अल्ला बेगके असते।
तरी ते भांडो भांडो मरते॥

उनके इस वचन में हरि और अल्ला एक ही परमात्मा के दो नाम हैं, इसलिए उनमें तथा हिन्दू-इस्लाम धर्मों के अनुयायियों में भेद नहीं मानना चाहिए, इस मत प्रणाली को पुरस्कृत कर सामाजिक एकात्मता का सन्देश दिया गया है। अम्बर हुसेन एक सूफी सन्त कवि थे। उन्होंने 'अम्बर हुसनी' यह गीता-भाष्य लिखा है। मेरा यह ग्रन्थ म.रा. साहित्य संस्कृति संघ प्रकाशित कर रहा है।

सजन कसाई, लतीफ पठान आदि अनेक मुसलमान सन्त कवियों की पदरचनाओं में सामाजिक एकात्मता की भावना की अभिवृद्धि की है।

मराठी के सन्त कवि एकनाथ की 'भारूड' शीर्षक रचनाओं के विषय 'दरवेश', 'सिद्दी', फकीर, जंगम (वीरशैव), नानकशहा (सिख), वासुदेव-भुते-भराडी (लोकसंस्कृति के रक्षक), विठूनाक महार (दलित) हैं—उनके हिन्दू-तुर्क संचार में हिन्दू तथा इस्लाम धर्म के अनुयायियों में भाईचारा तथा एकात्मता की भावना प्रस्थापित करने का प्रयास किया गया है।

इस विवेचना से भारतीय भाषाओं के सन्त साहित्य तथा भक्ति साहित्य ने देश में सामाजिक एकात्मता स्थापित करने में कितना अमूल्य योगदान दिया है, यह स्पष्ट होगा।

खंड-दो

आदिकालीन साहित्य में अभिव्यक्त सामाजिक समरसता

आदिकालीन भक्ति साहित्य में सामाजिक एकात्मता

प्रो. आर.एस. सर्राजु

'आदिकाल' संज्ञा व्यापक काल-बोध की अभिव्यक्ति करती है जिसके अन्तर्गत किसी धारा के प्रारम्भ होने या आदिरूप का बोध मिल जाता है। यह संज्ञा वास्तव में हिन्दी साहित्य के इतिहास लेखन के सन्दर्भ में आचार्य हजारीप्रसाद द्विवेदी, डॉ. रसाल, डॉ. रामगोपाल शर्मा प्रभृति हिन्दी साहित्य के इतिहासकारों और व्याख्याकारों के द्वारा प्रयुक्त हुई है। इन विद्वानों ने स्थूल रूप में आठवीं शताब्दी ईसवी से 1400 ईसवीं तक के समय को आदिकाल के अन्तर्गत स्वीकार किया था। इस समय अपभ्रंश साहित्य के समानान्तर हिन्दी भाषा और साहित्य का विकास हो रहा था और कई जनबोलियों/भाषाओं में हिन्दी भाषा के गठन और विकास के आरम्भिक लक्षण दिखाई देते हैं। जबकि भारतीय इतिहासविद्, इस समय को इतिहास के अध्ययन की दृष्टि से मध्यकाल कहते हैं।

वास्तव में भक्ति साहित्य में सामाजिक एकात्मता को दर्शाने के लिए हिन्दी साहित्य के इतिहासकारों के द्वारा निर्धारित काल की सीमाओं की अपेक्षा भारतीय इतिहासकारों के द्वारा निर्धारित व्यापक काल निर्धारण के प्रति हमें ध्यान देना समीचीन होगा। क्योंकि हिन्दी साहित्य के सन्दर्भ में विकसित भक्ति की परम्पराएँ भारत में भाषाओं की सीमाओं को पार करती हुई अखिल भारतीय परिप्रेक्ष्य में विकसित हुई थीं। आचार्य हजारीप्रसाद द्विवेदी ने अपने अध्ययन के दौरान अनुभव किया था कि अन्य भारतीय भाषाओं के साहित्यों के विकास की सापेक्षता में ही हिन्दी साहित्य के इतिहास को हम लिख सकते हैं। उन्होंने भारतीय चिन्तन की परम्पराओं के साथ हिन्दी भाषा के अन्तर्गत विकसित चेतना का विश्लेषण करने का प्रयास किया था। इसलिए आदिकालीन भक्ति साहित्य में सामाजिक एकात्मता विषय पर अखिल भारतीय परिप्रेक्ष्य में ही विचार किया जा सकता है। इसलिए आठवीं से लेकर बारहवीं शताब्दी के मध्य में विकसित भारतीय धर्म साधनाओं और भक्ति साहित्य के परिप्रेक्ष्य में सामाजिक एकात्मता पर विचार करने की कोशिश करें। इस समय में भारत में धर्म की भूमिका

महत्त्वपूर्ण थी और भारतीयों का सामाजिक दृष्टिकोण उनके धार्मिक विश्वासों में ही अभिव्यक्त होता था।

वास्तव में सामाजिक एकात्मता और समरसता की संकल्पनाएँ सापेक्ष प्रकृति की संकल्पनाएँ होती हैं, जिनका अध्ययन अनेकात्मकता और विषमता के आलोक में ही हो सकता है। दूसरी ओर भारतीय भक्ति परम्परा का अध्ययन प्राच्यवादी दृष्टि से भी हुआ है और भारतीय दृष्टि से भी। अक्सर हम इस प्रकार के अध्ययनों में इनसाइडर और आउटसाइडर उपागमों की चर्चा भी करते हैं। इसलिए इन बिन्दुओं को दृष्टि में रखते हुए विश्लेषण किया जाए।

सातवीं सदी से बारहवीं शताब्दी तक के भारत के राजनीतिक इतिहास की ओर दृष्टिपात करें तो स्पष्ट होता है कि भारत में कई राजवंशों का आधिपत्य था। हर्ष का राज्य तेरहवीं शताब्दी के आरम्भ तक देश के एक बड़े भाग को विशाल साम्राज्य में संयुक्त करनेवाला अन्तिम राजा था। दक्षिण भारत में आपस में निरन्तर युद्धरत राज्यों में वातापी के चालुक्य वंशों का मुख्य राज्य उन्होंने अपने शासक पुलकेशी द्वितीय की हर्ष पर विजय के बाद प्रमुखतः प्राप्त कर ली थी और पल्लव व पांड्य राज्य भी मुख्य थे। पश्चिमी चालुक्य राज्य आठवीं शताब्दी के मध्य तक बना रहा। अपने चरमोत्कर्ष काल में राष्ट्रकूटों ने उत्तर भारत पर कई धावे बोले। यह ऐसा समय था जहाँ शक्तिशाली साम्राज्यों की टकराहट और उत्थान-पतन होता था। सामन्तवाद के विकास की प्रक्रिया के फलस्वरूप महान साम्राज्य विखंडित हो रहे थे। उत्तर और दक्षिण भारत में इस समय साम्राज्यों के विखंडीकरण की प्रक्रिया चालू रही और बारहवीं सदी तक आते-आते उत्तरी भारत में एक ही बड़ा राज्य रह गया था—बंगाल के सेन वंश का राज्य। ग्यारहवीं सदी के आरम्भ से उत्तर भारत में मुसलमानों का आक्रमण होने लगा और बारहवीं सदी के अन्त तक उन्होंने बड़े-बड़े भारतीय प्रदेशों पर शासन आरम्भ कर दिया और इसके फलस्वरूप भारत में सर्वथा नई स्थिति उत्पन्न हो गई थी।

जहाँ राजनीतिक धरातल पर अस्थिरता थी वहाँ भारतीय समाज के सामाजिक-आर्थिक जीवन में सामन्तीकरण की प्रक्रिया चलती रही। सामन्त मन्दिर, मठों, पुरोहितों, साधुओं, ब्राह्मणों आदि को अनुदान देते थे। ये अनुदान संस्थाओं को भी दिए जाते थे और व्यक्तियों को भी। सामन्तीकरण की प्रक्रिया की प्रगति के साथ-साथ ग्रामीण समुदायों के संगठन शक्तिशाली होने लगे। मुख्य रूप से दक्षिण भारत में मन्दिर सामाजिक संगठन के केन्द्र में आ गए। इस तरह से न्यूनाधिक रूप में उत्तर और दक्षिण के बावजूद भारत में तीन तरह की जीवन शैलियाँ विकसित हुई थीं। एक सामन्त, दो देवमन्दिर, तीन ग्राम समुदाय या नगर समुदाय। 11वीं सदी के अन्त तक आते-आते दक्षिण भारत के नगरों को बहुत स्वायत्तता प्राप्त थी। नगरों का प्रबन्ध नगरों के स्वभाव से किया जाता था। इनके सदस्यों में अधिक धनवान और

प्रभाववान जातियाँ बहुधा व्यापारियों और कभी-कभी शिल्पकार भी, जैसे—ठठेरे और तेली के मुखिया शामिल होते थे। नगर सभाएँ विभिन्न जातियों के समूहों से भरपूर और काफी बड़े हद तक स्वायत्त होती थीं।

उस समय के भारतीय समाज का संगठन जाति पर आधारित था। समाज के चार वर्णों से निर्मित वर्गीकरण को प्राचीन काल से कायम रखा गया था। हर वर्ण कई उपजातियों में विभाजित था। अधिकांश व्यापारी तथा शिल्पी जातियाँ श्रम विभाजन के परिणामस्वरूप अस्तित्व में आई थीं। उनके रीति-रिवाज और विश्वासों ने उन्हें स्थानीय लोगों से अलग कर लिया था। उनको अपने पारम्परिक व्यवसायों और सामाजिक कार्यों सहित जातिव्यवस्था के ढाँचे में शामिल कर दिया गया था। विभिन्न वर्णों को व्यक्त करनेवाले शब्दों में अन्तर्निहित अर्थ भी बदल गए थे। पुरोहित और ब्राह्मण भी भूस्वामी, राज्याधिकारी, सेना नायक बनने लगे। व्यापारी और धनी शिल्पकार वैश्य होने का दावा करने लगे। जातिव्यवस्था वर्ग विभाजन के अनुरूप थी और उसे धार्मिक अनुमोदन प्रदान करती थी। प्रभावशाली और धनी समूहों को जातीय सोपान में उच्चतम स्थान मिले। जबकि आबादी के निम्नतम सामाजिक-आर्थिक समूहों को निम्न जातियों में स्थान मिला। व्यापार कार्य करनेवाले शूद्रों के पूरे के पूरे समूहों ने अन्ततः वैश्यों का दर्जा प्राप्त कर लिया। अस्पृश्य लोग तक कभी-कभी उन्नत होकर शूद्रों के स्तर तक पहुँच सकते थे या कम से कम उच्चतर जाति के होने का दावा तो कर ही सकते। लेकिन साथ ही जातीय सोपान में नीचे खिसकना भी सम्भव था। जातिव्यवस्था सर्वोपरि विद्यमान सामाजिक व्यवस्था के परिरक्षण में सहायक थी लेकिन परिवर्तन के मामलों में वह अपने को नई परिस्थितियों के अनुरूप ढाल भी सकती थी।

इतिहास की दृष्टि से मध्यकालीन भारत के आलोचक रूसी अन्तोनोवा, छठी से बारहवीं सदियों की भारतीय संस्कृति का विश्लेषण करते हुए स्पष्ट करते हैं, "यह समय बौद्ध धर्म के पतन का और हिन्दू धर्म के नए सिरे से समारम्भ का युग था। विद्वानों में इस परिघटना में अन्तर्निहित कारणों के बारे में सहमति नहीं है। कुछ विद्वानों की मान्यता थी कि बौद्ध धर्म क्षत्रियों के प्रभुत्व के साथ जुड़ा हुआ था, जो विशाल साम्राज्यों के सर्वेसर्वा था। अन्य लोग यह मानते हैं कि विहारों और भिक्षुओं की अपनी अत्यन्त बहुशाखी व्यवस्था के कारण बौद्ध धर्म में अपने को प्रारम्भिक मध्ययुग में अधिक संकीर्ण आर्थिक ढाँचे के अनुरूप ढालने की क्षमता नहीं थी। बौद्ध धर्म का अन्तिम उत्कर्ष काल हर्ष के साम्राज्य में आया था। जब नालन्दा विश्वविद्यालय में विभिन्न बौद्ध देशों से हजारों छात्र अध्ययन करने के लिए आते थे। बंगाल के पाल वंश ने भी बौद्ध धर्म को संरक्षण प्रदान किया था। वहाँ आबादी का खासा बड़ा हिस्सा था जो बारहवीं सदी तक भी बौद्ध धर्म का अनुगामी बना रहा।

दक्षिण भारत में बौद्ध धर्म का अपकर्ष 8वीं सदी में ही शुरू हो गया था। किन्तु धर्म के इस परिवर्तन से जीवन-प्रणाली में कोई परिवर्तन नहीं आया। हिन्दू धर्म में नाना सम्प्रदाय और धाराएँ हैं, जिनमें उपास्य देवताओं तथा धार्मिक और उपासना विधि-विधान और रीति-रिवाज दोनों ही दृष्टि से बहुत भेद है। फिर भी कुछ एक प्रथाएँ और विचार सभी में सामान्य हैं। धर्म की अवधारणा को बहुत महत्त्व दिया गया है जिसमें जातिगत दायित्वों के निष्पादन भी सन्निहित हैं। अपने जातिगत अनुष्ठानों, संस्कारों और निषेधों के पालन को भी देवोपासना के समान ही आवश्यक और महत्त्वपूर्ण माना जाता था। सबसे अधिक पूजे जानेवाले देवता विष्णु और शिव थे। शिव की उपासना के साथ शिव पत्नी की उपासना भी जुड़ी हुई थी, जो देश के विभिन्न भागों में पार्वती, दुर्गा, उमा, शक्ति, काली आदि नामों से जानी जाती थी। शक्ति को महाशक्तिशाली शिव से उद्भूत माना जाता था। शक्ति की उपासना शाक्त और तंत्र सम्प्रदाय के रूप में विकसित हुई थी। उस समय तंत्र का सबसे अधिक निम्न जातियों—अनार्य से उद्भूत जातियों—में प्रचलन था।

छठी शताब्दी के बाद दक्षिण भारत में भक्ति का व्यापक प्रचलन हुआ। सातवीं और नौवीं सदी के बीच भक्ति ने वैष्णवों को भी प्रभावित किया और बाद में भक्तिपन्थ ने इसका बंगाल में प्रचार किया। इस बात को देखते हुए कि भक्तिपन्थी पारम्परिक हिन्दू धर्म के विधि-विधान और ब्राह्मणों की अनन्य स्थिति को अस्वीकार करते थे और भक्ति का प्रचार सामाजिक विरोधी स्वर को भी मुखर करता था। (भारत का इतिहास, को.अ. अन्तोनोवा ग्रि.म. बोंगर्द-लेविन ग्रि.ग्रि. कोतोव्स्की)

इस पृष्ठभूमि में ही भक्ति साहित्य में सामाजिक एकात्मता की चर्चा की जा सकती है, क्योंकि इस पृष्ठभूमि में विकसित भक्ति आन्दोलन में जहाँ एक ओर सामाजिक विरोध का स्वर सुनाई देता है, वहाँ दूसरी ओर भक्ति आन्दोलन में सामाजिक एकात्मता भी दिखाई देती है। क्योंकि यह आन्दोलन एक जनतांत्रिक आन्दोलन था और भक्ति के धरातल पर यह आन्दोलन सामाजिक एकात्मता स्थापित करने का आन्दोलन था। विष्णु और शिव को केन्द्र में रखकर विकसित इस आन्दोलन ने दक्षिण भारत के सम्पूर्ण सामाजिक जीवन को प्रभावित ही नहीं किया बल्कि उत्तर भारत की चेतना को भी नई दिशा देने की चेष्टा की। यह धारा शैव और वैष्णव धाराओं में बह रही थी। आठवीं सदी के अन्त और नौवीं के आरम्भ से आचार्य शंकर द्वारा (788-820) संस्थापिक अद्वैत-वेदान्त अधिकाधिक लोकप्रियता प्राप्त करता गया। उसके बाद ग्यारहवीं शताब्दी में रामानुज ने वेदान्त दर्शन की अवधारणाओं को सुगम बनाकर सर्वसाधारण के लिए बोधगम्य बनाया था। दक्षिण भारत में शैव सम्प्रदाय ने भक्ति और तंत्र का आपस में संलयन करके पारम्परिक हिन्दू धर्म की जातिव्यवस्था की आधारभूत मान्यताओं को अस्वीकार किया और उन्होंने स्पष्ट कहा कि विधि-विधान का पालन इतना महत्त्वपूर्ण नहीं है जितनी शिव भक्ति है।

वैष्णवों ने भी हिन्दू धर्म के विधि-विधान और ब्राह्मणों की अनन्य स्थिति को अस्वीकार करते हुए भक्ति का प्रचार सामाजिक एकात्मता को दृष्टि में रखकर किया था।

आदिकालीन साहित्य के अन्तर्गत बौद्ध धर्म के वज्रयान तत्त्व का प्रचार करनेवाले सिद्ध साहित्य में पाखंड और आडम्बरों का विरोध किया गया था और सहज भोग मार्ग से जीव को महासुख की ओर ले जाने का प्रयास किया गया था, साथ ही गुरु सेवा को महत्त्व दिया गया था। सरहपा के साहित्य में इसी पर बल है। शबरपा ने भी सामान्य सहज जीवन पर बल देते हुए महासुख की प्राप्ति का मार्ग बतलाया। कण्हपा ने शास्त्रीय रूढ़ियों को खंडन करते हुए समरसता लाने की कोशिश की। इसी प्रकार जैन साहित्य में 'श्रावकाचार' में गृहस्थ के कर्तव्यों पर विचार किया गया है। 'भरतेश्वर-बाहुबली रास' में हिंसा और वीरता के पश्चात् विरक्ति और मोक्ष के भावों का प्रतिपादन किया गया है। 'चन्दनबालारास' में सतीत्व की रक्षा पर बल दिया गया है। 'स्थूलिबद्र रास' में वेश्या के पास भोगलिप्त रहनेवाले स्थूलिबद्र को जैन धर्म की दीक्षा लेने के बाद मोक्ष का अधिकारी बतलाया गया है। इसी तरह से जैन साहित्य में भी सम्पित सामाजिक जीवन और मोक्ष पर बल दिया गया था। फिर भी बौद्ध और जैन साहित्य अनेक कारणों से समाज को प्रभावित नहीं कर पाया। छठी सदी से दसवीं सदी तक समुद्रतटीय प्रदेशों और विशेषकर बन्दरगाहों में सबसे अधिक प्रचलित धर्म जैन धर्म ही था। भक्ति-मार्ग के व्यापक प्रचार के कारण धीरे-धीरे इसका प्रभाव घटने लगा। पन्द्रहवीं शताब्दी तक जैन धर्म गुजरात के आस-पास ही अपने प्रभाव को किसी हद तक कायम रख पाया। कुछ छोटे-छोटे जैन समुदाय मुख्यत: व्यापारी और साहूकार अन्य भारतीय नगरों और इलाकों में बचे रह गए थे।

बौद्ध धर्म का अपकर्ष दक्षिण भारत में आठवीं सदी में ही शुरू हो गया था। ईसा के बाद आरम्भिक सदियों में मुख्य रूप से गुप्त काल में और उसके बाद बौद्ध धर्म का महत्त्व घटने लगा। गुप्त शासक विष्णु शिव के उपासक थे और वे धार्मिक सहिष्णुता की नीति अपनाते थे। उस समय गंगाघाटी में वैष्णव शैव सम्प्रदाय धीरे-धीरे महत्त्व ग्रहण करने लगे। वैष्णव सम्प्रदाय का उदय मौर्य काल के पहले ही हो चुका था। किन्तु वह गुप्त शासकों के राज्यकाल में ही व्यापक होता गया। पुराण ग्रन्थों में वैष्णव मत के मुख्य देवता विष्णु को नारायण कहा गया है। सम्भवत: उत्तर भारत के देशज निवासियों द्वारा पूजित देवता रहा होगा। ब्राह्मण ग्रन्थों में भी उसे शक्तिशाली देवता कहा गया। कालान्तर में नारायण विष्णु के, जो आदित्य का एक रूप था, बहुत से नामों में से एक हो गया। भारत में वैष्णव सम्प्रदाय की लोकप्रियता का कारण यह है कि हिन्दू धर्म के इस सम्प्रदाय में विभिन्न स्थानीय धार्मिक विश्वासों और विधि-विधान को आत्मसात् करने की अद्‌भुत क्षमता है। वैष्णव सम्प्रदाय के देवाधिदेव विष्णु निरन्तर भिन्न रूपों में प्रकट होता है। इसके

परिणामस्वरूप कई लोकप्रिय स्थानीय देवताओं का विष्णु की अवधारणा में समावेश हो जाना सम्भव हो गया था। उसकी उपासना में वासुदेव, गरुड़, संकर्षण की उपासना भी समाविष्ट हो गई, जिसे कृषिजीवी विशेष पूजा कहते थे। फिर कृष्ण का भी समावेश हो गया। आरम्भ में विष्णु के चार अवतारों का उल्लेख आता है जो बाद में जाकर दस अवतार बन गए। इस तरह की अलग-अलग उपासना पद्धतियों का एक धारा में समावेश करके इस सम्प्रदाय ने भक्ति को लौकिक और जनतांत्रिक धारा के रूप में विकसित किया जिससे सामाजिक एकात्मता सम्भव हो पाई। ईसा पूर्व पहली शताब्दी तक हिन्दू धर्म में तीन देवताओं की उपासना अर्थात् सृष्टिकर्ता ब्रह्मा, पालनकर्ता विष्णु और संहारकर्ता शिव की उपासना प्रारम्भ हो गई थी। ब्रह्मा को वैदिक कुल से लिया गया था और स्थानीय दैव रूपों से मिश्रित होकर विष्णु और शिव की आराधना विकसित हुई थी। विष्णु और शिव के लिए बड़ी संख्या में मन्दिर बनाए गए। हिन्दू धर्म की इस विशेषता ने अनिवार्य रूप से धार्मिक सहिष्णुता को पोषित किया था। इसकी परम्पराओं के भीतर विभिन्न धार्मिक और दार्शनिक धाराओं के सहअस्तित्व के कारण सामाजिक समरसता की स्थापना सम्भव हो पाई।

छठी सदी से ग्यारहवीं शताब्दी की अवधि में भारत के अधिकांश भागों में स्थानीय भाषाओं में साहित्य का विकास होना भी सामाजिक एकात्मता और सामाजिक समरसता को सूचित करता है। क्योंकि स्थानीय भाषाओं के बल पर ही व्यापक जनता में सामाजिक एकात्मता और समरसता का प्रचार किया गया है। दक्षिण भारतीय भाषाओं में सबसे पहले विकसित साहित्य तमिल साहित्य था। तिरुवल्लुवर द्वारा रचित तिरुक्कुरल, कुरल और शिल्पपदिकारम्, मणिमेखलए आदि महाकाव्य दूसरी और छठी सदी के बीच के माने जाते हैं। आठवीं और नवीं सदियों में भक्तिमार्गी काव्य का प्रभाव बढ़ने लगा जिसने आत्मा और परमात्मा के संयोग को युवक और युवती के प्रेम के रूप में सराहा। गेयता से परिपूर्ण भक्तिमार्ग के प्रतिपादक शैव नयन्मारों और वैष्णव आलवारों के भजन लोकगीतों के समान समाज में फैल गए।

ईसा के कुछ शताब्दी पूर्व ही आर्यों का दक्षिण में विशेष रूप से तमिल प्रदेश में आगमन हुआ था। तमिल प्रदेश में वैदिक जीवन शैली से भिन्न जीवन शैली विद्यमान थी। इस तरह ईसा पूर्व की शताब्दी में वैदिक और तमिल संस्कृतियों का मिलन हुआ। इसके परिणामस्वरूप सम्पन्न आदान-प्रदान में तमिल प्रदेश के देवी-देवताओं और नवागत वैदिक देवताओं का एकीकरण हो गया। डॉ. मलिक मोहम्मद स्पष्ट करते हैं कि तमिल प्रदेश के मायोन, मुरुगन, कोट्वैं, शिवन आदि देवताओं को वैदिक देवताओं से मिला लिया गया। मुल्लै-प्रदेश के देवता 'मायोन' (जो बाल-देवता थे) का वैदिक देवता विष्णु से बहुत कुछ साम्य था। इसलिए 'मायोन'

और विष्णु-कृष्ण का एकीकरण संगत और स्वाभाविक था। यहाँ कह देना आवश्यक है कि उत्तर से आनेवाले लोगों के देवता महाभारत और गीता के वासुदेव-कृष्ण का ही, जिसमें गोपाल कृष्ण का अंश नहीं था, एकीकरण तमिल प्रदेश के 'मायोन' (बाल-देवता) से हुआ। दूसरे शब्दों में तमिल-प्रदेश के 'आयर' कहलानेवाले ग्वाल लोगों के इष्टदेवता 'मायोन' का एकीकरण 'महाभारत' के कृष्ण से हुआ, क्योंकि दोनों में अनेक बातों में साम्य था। (डॉ. मलिक मोहम्मद, वैष्णव भक्ति आन्दोलन का अध्ययन—राजपाल एंड संस, दिल्ली, 1971, पृ. 75) 'संस्कृति के चार अध्याय' नामक अपने ग्रन्थ में श्री रामधारी सिंह दिनकर ने भी आर्य और द्रविड़ संस्कृतियों के संगम की विशेषताओं का व्यापक विश्लेषण किया है।

छठी शताब्दी से लेकर नौवीं शताब्दी तक के मध्यकाल में तमिल प्रदेश में वैष्णव भक्त कवि आलवार और शैवभक्त कवि नयन्मार हुए थे। जब बौद्ध धर्मावलम्बियों ने तमिल जनता में बौद्ध धर्म के प्रचार के साथ अन्य धर्मों का खंडन शुरू किया था और बौद्ध धर्म के ब्रह्मचर्य और भिक्षु जीवन का प्रचार हो रहा था तब तमिल जनता में इस धर्म के प्रति वितृष्णा पैदा हुई। तमिल जनता परम्परागत के रूप में गार्हस्थ्य जीवन में कुछ आदर्शों का अनुगमन कर रही थी, बौद्धों का प्रचार उनकी परम्पराओं के विरुद्ध था। आरम्भ में बौद्ध धर्म ने जाति-पाँति के भेदभाव को मिटाकर अहिंसावादी सरल मार्ग को अपनाया था। जनता इस धर्म के प्रति आकृष्ट हुई। लेकिन गार्हस्थ्य जीवन परम्पराओं के विरुद्ध प्रचार के कारण वे तमिल प्रदेश में अधिक समय तक आदर प्राप्त नहीं कर पाए। बौद्ध धर्म के प्रचार का कारण राजा का समर्थन ही था। जब बौद्धों में भ्रष्टाचार बढ़ने लगा तब तमिल समाज में उसकी निन्दा होने लगी तो उन्होंने अपने धर्म की रक्षा के लिए राजाश्रय का दुरुपयोग किया था। इसलिए सामान्य तमिल जनता सर्वजनसुलभ धर्म की राह देखने लगी। जैन धर्म की भी लगभग यही स्थिति थी। जैन धर्मावलम्बी धर्म-परिवर्तन कराने के लिए लोगों को कष्ट देने लगे। उस युग में पाशुपत, कापालिक लोगों की धर्म साधनाओं का प्रचार था। ये लोग मूलतः तमिल प्रदेश के नहीं थे। इस प्रकार के लोगों ने जनता के बीच भक्ति का भाव नहीं बल्कि भय का प्रदर्शन ही कराया था।

उस समय तमिल प्रदेश में 'घटिका' नाम से ब्राह्मणों के वैदिक अध्ययन केन्द्र थे। वे सिर्फ ब्राह्मणों तक ही सीमित थे। ब्राह्मणों ने भी वेद विरोधी प्रचार को रोकने के लिए बौद्ध और जैन धर्मों का सामना करना शुरू किया था। इस संघर्ष के फलस्वरूप उन्होंने अपने अनुशासनों की व्यवस्था को कठोर बना दिया तो जात-पाँत और छुआछूत के बन्धन और भी कठोर हो गए और वैदिक प्रथाओं में रूढ़ियाँ प्रधान बन गईं।

आलवारों ने वेद, उपनिषद और गीता से विचारों को ग्रहण करते हुए भक्ति के सरलतम रूप को जनसामान्य के सामने रखा। उसमें कर्मकांड और ज्ञान मार्ग की

अपेक्षा सहज भक्ति पर बल दिया गया। यह भावमूलक भक्ति जो भजन-कीर्तन, नाम-स्मरण आदि पर आधारित थी, साधारण लोगों के अनुकूल थी। यह भक्ति जाति-पाँति और ऊँच-नीच के भेदभाव को मिटाकर सबको समान रूप से भगवान की आराधना में भाग लेने का अधिकार देती थी। आलवार भगवान को जनता में से एक अपने जीवन का हिस्सा, अपना भाई, बन्धु, पिता, परिवार का एक सदस्य मानते थे। इस तरह से भगवान जनता का नेता और उनके जीवन का अंग बन गया था। यही नहीं भगवान उनके श्रम का एक हिस्सा भी बन जाता है। लोग भगवान से अपनी वैयक्तिक और सामाजिक समस्याओं का जिक्र करते थे। इस तरह से भक्ति समाज को समरसता का पथ प्रदर्शन करती थी। यह ब्राह्मण धर्म की वर्णाश्रम नीति की स्वाभाविक प्रतिक्रिया थी। आलवारों और नयन्मारों ने अवर्णों के साथ नारियों को भी भक्ति मार्ग में प्रविष्ट होने का अवसर दिया। यह भारतीय सामाजिक जीवन में एक महत्त्वपूर्ण समय था। बहुत ही उदारता और समानता के बल पर समाज में समरसता लाने का प्रयास उस समय सम्पन्न हुआ था।

श्री रामधारी सिंह दिनकर 'संस्कृति के चार अध्याय' में लिखते हैं, ''गीता और भागवत तथा गीता और रामानुज के बीच की कड़ी ये आलवार सन्त हैं। भक्ति का दर्शन आलवारों के तमिल प्रबन्धों से आया है और कदाचित्, भागवत भी उसी 'प्रबन्धम्' से प्रेरित है।'' 'प्रबन्धम्' में आलवारों के पद मूल रूप में रखे गए थे। अनन्तर काल में वैष्णव विद्वानों ने उन पर टिकाएँ भी लिखीं। इस प्रकार 'प्रबन्धम्' भक्ति आन्दोलन का आदिग्रन्थ बन गया। अभी तक भागवत पुराण ही भक्ति-आन्दोलन का मूल ग्रन्थ समझा जाता है, किन्तु हमारा अनुमान है कि इस आन्दोलन का मूल ग्रन्थ 'भागवत' नहीं 'प्रबन्धम्' है। यह इस कारण कि यद्यपि 'भागवत' और 'प्रबन्धम्'—ये दोनों ग्रन्थ एक ही समय में लिखे गए, फिर भी प्रबन्धम् की बहुत-सी कविताएँ दूसरी-तीसरी सदी से प्रचलित चली आ रही हैं। साथ ही यह भी विचारणीय है कि 'प्रबन्धम्' की कविताएँ जनता की भक्ति-साधना की सीधी अभिव्यक्ति है। किन्तु 'भागवत्' की रचना पांडित्य के स्तर पर की गई है। 'प्रबन्धम्' को भक्ति आन्दोलन का मूल ग्रन्थ क्यों माना जाए? इसका संकेत भी भागवत ही देता है, क्योंकि उसका भी मत है कि भक्ति का जन्म दक्षिण भारत में हुआ था।

उत्पन्न द्रविड़े साहं वृद्धिं कर्णाटके गता।
क्वचित्क्वचिन्महाराष्ट्र गुर्जरे जीर्णतां गता॥
तत्र घोरकलेर्योगात् पाखंडैः खंडितांकका।
दुर्बलाहं चिरं याता पत्राभ्यां सहमन्दताम॥
वृन्दावनं पुनः प्राप्य नवीनैव सरूपिणी।
जाताहं युवती सम्यक् श्रेष्ठरूपा तु साम्प्रतम्।

('श्रीमद्भागवत-माहात्म्य', अध्याय-1, श्लोक 48, 49, 50)

'प्रबन्धम्' आलवारों और विभिन्न समयों में पाँचवीं सदी से लेकर नवीं सदी तक के काल में अवतरित भक्तों के 8000 पदों का संकलन है। विभिन्न आलवारों ने विष्णु के विभिन्न अवतारों और उनकी लीलाओं का गायन किया। लोग आलवारों को भी भगवान विष्णु के किसी न किसी अवतार के रूप में मानते थे। आलवारों ने विष्णु के विभिन्न अवतारों में कोई भेद नहीं किया। फिर भी कृष्ण अवतार, राम अवतार ने उनको विशेष रूप से आकर्षित किया। इन दोनों अवतारों में भी कृष्ण अवतार ही 'प्रबन्धम्' के अधिकाधिक छन्दों का आधार रहा। स्पष्ट है कि आलवारों के द्वारा जिन भावमयी भक्ति गीतों का प्रचार किया गया उसको परवर्ती समय में आचार्य रामानुज के हाथों पुनः एक दार्शनिक आधार मिला। इसका प्रचार पूरे भारत में हुआ। छठी और नवीं शताब्दी के बीच तमिल प्रदेश में अनगिनत मन्दिर निर्मित हुए। बड़ी संख्या में भक्तगण मन्दिरों में भगवान के दर्शन करते थे। उन मन्दिरों में पूजा, उत्सव आदि होने लगे। वैष्णव भक्त आलवार और शैव भक्त नयन्मार उस समय में तमिल प्रदेश में ही नहीं पूरे भारतवर्ष में घूम-घूमकर भक्ति का प्रचार किया करते थे। इस तरह से यह भक्ति उत्तर भारत की ओर पहुँची।

जहाँ तक तेलुगु भाषा का प्रश्न है, तेलुगु साहित्य के प्रथम कवि नन्नय्या ने वैदिक धर्म की पुनःस्थापना के लिए ही महाभारत की रचना का आरम्भ दसवीं सदी में किया था। लेकिन यह काम उनके हाथों पूर्ण रूप से सम्पन्न हो नहीं पाया। परवर्ती समय में तिक्कन्ना ने जब इस काम को अपने हाथों में लिया तो उनके सामने वैदिक धर्म की पुनःस्थापना नहीं, शैव और वैष्णवों के संघर्ष को समाप्त करना उनका लक्ष्य बन गया था। उन्होंने हरि-हर दर्शन को दृष्टि में रखते हुए अपना लेखन कार्य आगे बढ़ाया। उस समय आन्ध्र को 'त्रिलिंग देश' कहा गया था और शैव धर्म का व्यापक प्रभाव आन्ध्र की जनता पर पड़ा था।

समग्रतः सामन्तवादी व्यवस्था और आदिकाल में विकसित व्यापारी वर्णों के समर्थन के कारण दक्षिण में उदार भक्ति चेतना विकसित हुई। वर्णाश्रम व्यवस्था की रूढ़ियों का विरोध करती हुई इसने समाज में उदार चेतना और समानता की भावनाओं की परिव्याप्ति में महत्त्वपूर्ण भूमिका निभाई। इस तरह से भारत भर में भावनात्मक भक्ति का जो प्रचार हुआ उसके बल पर सामाजिक समरसता स्थापित करने की चेष्टाएँ की गईं।

डी.डी. कोसम्बी ने स्पष्ट किया था कि समाज में परिवर्तन के लिए प्रेरक शक्ति के रूप में काम करने पर भी धार्मिक आन्दोलन अपनी सीमाओं के कारण खुद ही कभी-कभी सामाजिक परिवर्तन को रोकते हैं। भक्ति धारा ने समाज में सामंजस्य और समरसता को विकसित किया था। इस क्रम में उसने विभिन्न सामाजिक वर्गों में एकात्मता लाने की चेष्टा की। अपने विकास के क्रम में उसने समाज के अलग-अलग सामाजिक वर्गों के आचार-व्यवहारों को स्वीकार भी किया था। एक क्रम

में विभिन्न सामाजिक वर्गों के बीच अनुकूलन की भावनाओं को उसने विकसित भी किया। इस क्रम में समाज के एक वर्ग, जिसको हम अक्सर उच्च वर्ग कहते हैं, में भक्ति के आधारभूत भाव और विचार जहाँ दार्शनिक चर्चाओं के अंग बन गए वहाँ दूसरी ओर उनके द्वारा निर्धारित नियम आम जनता के व्यवहार के अंग बन गए। इस क्रम में अर्थात् दर्शनीकरण की प्रक्रिया में नेतृत्व करनेवाले आचार्यों की पूजा भगवान के समान होने लगी। आचार्य शंकर और आचार्य रामानुज इस तरह से पूजनीय गुरु बने। लेकिन वैदिक धर्म से भिन्न नए सामाजिक मूल्यों की स्थापना नयन्मारों और आलवारों के द्वारा होने पर भी सामाजिक एकात्मता के धरातल पर इनके प्रयास अन्ततः वर्णव्यवस्था के विकल्प को सूचित नहीं कर पाए। सामान्य जनता ने आरम्भ में वैदिक धर्म का विरोध करते हुए बौद्ध और जैन धर्म का आह्वान जिस कारण से किया था, उससे भिन्न रूप में फिर जनता वैदिक धर्म से मित्रता करने लगी और वैदिक धर्म की पुनःव्याख्या और वैदिक धर्म में सुधार के कारण नए सिरे से उसी धर्म का पुनः अनुगमन करने लगी। वर्णव्यवस्था का विकल्प नहीं मिलने पर भी भक्ति के कारण निम्न जातियों को सामाजिक पहचान मिल गई। कुछ प्रदेशों में, विशेष रूप से आन्ध्र में, निम्न जातियों की सामाजिक प्रतिष्ठा बढ़ाने के लिए जाति-पुराणों का सृजन भी हुआ।

सहायक ग्रन्थ

- हिन्दी साहित्य का इतिहास, डॉ. नगेन्द्र, मयूर पेपरबैक्स, नई दिल्ली, 1973
- भारतीय साहित्य, डॉ. नगेन्द्र, प्रभात प्रकाशन, दिल्ली, 1987
- भारतीय साहित्य की भूमिका, रामविलास शर्मा, राजकमल प्रकाशन, नई दिल्ली, 1996
- भारत का इतिहास, को.अ. अन्तोनावा, ग्रि.म. बोगर्द-लेविन, ग्रि.ग्रि. कातोव्स्की, मास्को प्रगति प्रकाशन, 1973
- वैष्णव भक्ति आन्दोलन का अध्ययन, डॉ. मलिक मोहम्मद, राजपाल एंड संस, कश्मीरी गेट, दिल्ली, 1971
- आलवार एवं अष्टछाप के भक्ति काव्य का तुलनात्मक अध्ययन, डॉ. गोविन्दराजन – The comparitive Study centre, Bhasha Sangam (T.N.), 1999
- तेलुगु लो भक्ति कवित्वं सामाजिक विश्लेषण, डॉ. पिल्ललमर्रि रामुलु, रोशन प्रिंटर्स, हैदराबाद, 1999
- भारतीय चिन्तन परम्परा, के. दामोदरन, पीपुल्स पब्लिशिंग हाउस (प्रा.) लि., नई दिल्ली, 2001

आदिकालीन हिन्दी साहित्य में भक्ति के प्रस्थान-सूत्र

वीरेन्द्र मोहन

हिन्दी भाषा में साहित्य रचना का प्रथम चरण अनेक दृष्टियों से नई मान्यताओं, नए जीवन दर्शन और साहित्य रचना की नई भूमियों पर अवस्थित है। वैसे भी यह चरण टूटती और बनती नई परम्पराओं का सन्धिस्थल भी है। सामन्ती पृष्ठभूमि में केवल चरितकाव्य और स्तुतिकाव्य ही नहीं लिखे गए, लोकभाषाओं के प्रवाह से लोकचेतना को भी एक नई अर्थदीप्ति मिली। समाज में जो विसंगतियाँ और विकार बढ़ रहे थे, नाथ और सिद्ध परम्परा के कवियों ने इनका सम्यक् उद्‍घाटन किया । एक ओर सत्ता सामन्तों की निरंकुश स्वेच्छाचारिता और दूसरी ओर धार्मिक तथा जटिल सामाजिक स्थितियों ने नाथ-सिद्ध कवियों को समाज के प्रति संवेदनशील बनाया। सामाजिक नवनिर्माण की दिशा में इन कवियों ने परम्परा के जड़ तत्त्वों का स्पष्ट विरोध किया। समाज में वर्णव्यवस्था की जटिलताएँ नए अन्तर्विरोधों को जन्म दे रही थीं। नारी की स्थिति अत्यन्त दुखद थी। वह भोग्या थी। उसे खरीदा और बेचा जा सकता था, उसका अपहरण किया जा सकता था। उसके लिए सती होने का विधान था। साम्प्रदायिक विभेद की स्थितियों में विपन्न तथा नीची समझी जानेवाली जातियाँ शिक्षा और ज्ञान से वंचित थीं। समाज अन्धविश्वासों की गिरफ्त में आ गया। गृहस्थ समाज पाखंडी और ढोंगी आचरण करनेवालों से त्रस्त था। सामाजिक परिस्थितियों की विकरालता के कारण जन-समाज परेशान था पर वह शान्तिकामी था। आदिकालीन हिन्दी साहित्य के रचनाकारों ने जनसामान्य की इस आकांक्षा को पूरा करने का स्तुत्य प्रयास किया। सिद्ध और नाथ परम्परा के कवि लोकजीवन की धारा से सम्पृक्त कवि हैं।

इस काल की रचनाशीलता का सम्बन्ध व्यापक मानवीय हित, रूढ़िवादिता और पाखंड का विरोध और ऐसे समस्त अवरोधों के विरुद्ध विद्रोह करने से है, जो मानवीय और सामाजिक विषमता के लिए जिम्मेदार हैं। नए समाज के निर्माण के लिए आदिकालीन कवियों की, सिद्धों और नाथों की विधायी भूमिका है। प्राय: ये कवि विद्रोह और फटकार के स्वर का भी प्रयोग करते हैं। आदिकालीन कवियों को

दो वर्गों में विभाजित किया जा सकता है। एक कवि वे हैं, जिनका सम्बन्ध सिद्ध-नाथ-जैन आदि सम्प्रदायों से है और दूसरे वे जो किसी भी धार्मिक मत या सम्प्रदाय के आग्रही नहीं हैं। इस वर्ग में राजदरबारों के आश्रित कवि और चारण की गणना की जा सकती है। इस काल के कवियों में सरहपा, भुषुकपा, लुइपा, कण्हपा, गोरक्षपा (गोरखनाथ), देवसेन, पुष्पदत्त, रामसिंह, धनपाल, अब्दुर्रहमान, कनकामर मुनि, हेमचन्द्र, शालिभद्रसूरि, सोमप्रभ सूरि, चन्दवरदाई आदि के नाम उल्लेखनीय हैं। इन कवियों ने जीवन-जगत् की विविध छवियों का चित्रण किया है। भक्ति के अस्फुट स्वर भी यहाँ देखने को मिलते हैं। इन कवियों ने अपने समय के समाज में व्याप्त रूढ़िवादिता, संकीर्णता, जातिवाद और बाह्याचारों की कठोर निन्दा की है। इन कवियों का उद्देश्य जनसामान्य को पाखंडपूर्ण जीवन से मुक्त कर सहज जीवन जीने की प्रेरणा प्रदान करना है, समाज की विषमता को समाप्त करने का उपक्रम करना है।

सिद्धों-नाथों की रचनाएँ यद्यपि काव्य की दृष्टि से उतनी सम्पुष्ट नहीं हैं, परन्तु इन रचनाओं में सामाजिक भेद-भाव और पाखंड पर गहरी चोट की गई है। यहाँ मनुष्य को सहज ढंग से जीवन जीने को श्रेयस्कर माना गया है। सिद्ध सरहपा (768 ई.) यद्यपि स्वयं ब्राह्मण थे, फिर भी उन्होंने ब्राह्मणों की पाखंडपूर्ण जीवन पद्धति की कठोर आलोचना की है। वे कहते हैं—

ब्रह्मणेहि म जाणन्त भेउ।
एवइ पढ़िअउ एच्चउ वेउ॥
मट्टी पाणी कुस लइ पढ़न्त।
घरहि वइसी अग्गि हुणन्त॥

(राहुल सांकृत्यायन, हिन्दी काव्यधारा, पृ. 4)

ब्राह्मण यों ही चारों वेद पढ़ता है, उनके मर्म से उसका परिचय नहीं होता। वह बिना कार्य के अग्नि में हवन कर कड़वे धुएँ से अपनी आँखें खराब करता है। केवल वैष्णव ब्राह्मणों के आचारों का ही नहीं, जैनियों के आचारों की भी निन्दा करने में कवि संकोच नहीं करता है—

दी हणक्ख जई मलिणे वेसें।
णग्गल होइ उपाडिइ केसें।
जइ नग्गा विअ होइ मुत्ति।
ता सुणइ सिआलह।
लोम पारणें अत्थि सिद्धि ता जुवइ णिअम्वह।

(राहुल सांकृत्यायन : हिन्दी काव्यधारा, पृ. 4)

बड़े-बड़े नाखून, मलिन केश और नंगे होकर केश उखाड़ने से मुक्ति मिलती हो तो शुनक-शृगाल भी मुक्त हो सकते हैं। मुझे क्षपणक की मोक्ष कल्पना की लालसा

तनिक भी नहीं भाती; ऐसी सिद्धों की मान्यता है। वस्तुतः सिद्ध सहज मार्ग को ही प्राकृतिक मानता है। उसके मत से मंत्र, तंत्र, ध्यान-धारणा सभी भ्रम का कारण हैं। सरहपा तथा उनके सम्प्रदाय के अन्य सिद्ध सहज जीवन के पक्षधर और प्रचारक हैं। वे काया को महत्त्व देते हैं। भक्ति साधना के सूत्र भी वे इसी काया के भीतर खोजते हैं। उनके मत से लोग व्यर्थ ही तीर्थ, जप-तप के पीछे पड़े रहते हैं। काया में ही गंगा है, उसी में यमुना है। यहीं गंगा स्नान, यहीं प्रयाग, यहीं वाराणसी है। यहीं चन्द्र और यहीं सूर्य हैं। पीठ-उपपीठ सब कुछ यहीं हैं—

एत्थु से सुरसरि जमुणा, एत्थु से गंगा साअरु।
एत्थु पआग वणारसि, एत्थु से चन्द्र दिवाअरु।
देहा सरिस आतित्थ महं सुह अण्ण ण दिट्ठओ॥

(राहुल सांकृत्यायन, हिन्दी काव्यधारा, पृ. 8)

मंत्र, देवता आदि भी सरहपा के लिए बेकार हैं। संसार में जब मनुष्य ने जन्म लिया है तो सरहपा के मत से उस जीवन का सहज रूप से भोग करना चाहिए।

स्वयंभू ने सामन्ती जीवन के अन्तर्विरोधों को अपनी कविता का विषय बनाया है। वे सामन्ती युद्धों के विरोधी हैं। स्वयंभू मानते हैं कि सामाजिक भेद-भाव का एक बड़ा कारण पाखंडपूर्ण धर्म-अधर्म है। स्वयंभू ने राम के चरित्र को अपनी रचना का विषय बनाया है। कहा जा सकता है कि राम का चरित्र अत्याचार का विरोधी है। वे उस रावण के विरोधी हैं जो ऋषियों और सामान्यजन की स्वाधीनता को नष्ट करता है। अपने विरोधियों को वह समाप्त करता है। स्वयंभू अपने पूर्ववर्ती सिद्धों की भाँति अभिधापरक नीति-उपदेशों तक अपने को सीमित नहीं करते हैं, बल्कि वे सामन्ती जीवन के लुभावने चित्रों को भी अंकित करते हैं। मातृभूमि की प्रशंसा कर उन्होंने जननी जन्मभूमिश्च स्वर्गादपि गरीयसी के भाव को भी व्यक्त किया है :

किर जन्मभूमि जणजीय सम
अण्णु बिहूसिय जिणवरेहि
पुर वन्दि सिर स्वयंभुव करेंहि
जणय तणय हरि हल हरेहि।

(राहुल सांकृत्यायन, हिन्दी काव्यधारा, पृ. 40)

डॉ. धर्मवीर भारती ने ठीक ही कहा है कि सिद्धों की साधना ने अनेक सामाजिक विभेदों को दूर किया। उन्होंने जीवन दर्शन प्रतिपादित किया जो चित्त की विशुद्धता के साथ-साथ बाह्य भव के उपयोग पर भी कोई प्रतिबन्ध नहीं लगाता था। इसी प्रकार उन्होंने स्त्री और शूद्र को भी न केवल धर्म-साधना में समाविष्ट किया, वरन् उन्होंने उनको सर्वोच्च महत्त्व दिया। डोम्बी, चांडाली, रजकी यह उनके लिए प्रतीक शब्द थे, किसी जातिमात्र के वाचक होने के कारण ही सिद्ध इन्हें त्याज्य नहीं समझते थे।

सहज जीवन के उपदेशक सहजयानियों-सिद्धों में असंयम का अतिरेक भी देखने को मिलता है। इसीलिए कुछ सिद्धों ने प्रतिक्रियास्वरूप संयमित जीवन के मार्ग का अवलम्बन लिया और मत्स्येन्द्रनाथ के नेतृत्व में नाथ पन्थ या नाथ सम्प्रदाय की स्थापना की। गोरखनाथ इस नाथ सम्प्रदाय के प्रमुख प्रचारक और सिद्धान्तकार हैं, जिनका प्रभाव व्यापक है। गोरखनाथ ने हठयोग की अनेक क्रियाओं के माध्यम से पतंजलि के योग सिद्धान्त का ही प्रतिपादन किया। सिद्धों के समान गोरखनाथ भी सामाजिक और वैयक्तिक बाह्याचारों का स्पष्ट विरोध करते हैं। स्तम्भन, मोहन, वशीकरण इन सबको छोड़ने का वे आग्रह करते हैं। पूजा-पाठ को भी व्यर्थ घोषित करते हैं—

धोवन, मोहन, वसीकरन छाड़ौ औचाट।
सुणौ हो जोगेसरो जागारम्भ की बाट।
पूजा-पाठ जपौ जिनि आप।
जोग माँहि बिटम्बौ आप।
पसुआ होइ जयै नहि जाप।
सो पसुआ भोषि क्यों जात।

(राहुल सांकृत्यायन, हिन्दी काव्यधारा, पृ.163)

धर्म के उपदेशक जनसामान्य को मोक्ष-प्राप्ति की विधियों का बखान अधिक करते थे। मोक्ष-प्राप्ति के लिए सभी लालायित थे। जन्म-मरण के चक्र से सभी छुटकारा चाहते थे। समाज में यह धारणा रूढ़ हो गई थी कि मोक्ष-प्राप्ति आवश्यक है। गाय की पूँछ पकड़कर वैतरणी पार करना आवश्यक है। इस मोक्ष-प्राप्ति के लिए व्रत-उपवास, तंत्र-मंत्र की साधना के साथ अनेक कर्मकांड जुड़े हुए थे। जनसामान्य को लोक की कम परलोक की चिन्ता ज्यादा हो गई। फलत: जनसामान्य निरन्तर पाखंड और कर्मकांड के जाल में उलझ गया। सिद्ध और नाथपन्थी साधकों ने जनसामान्य को इससे मुक्त करने का प्रयास किया। गोरखनाथ ने शासक और जनसामान्य में भेद नहीं किया। उन्होंने अपने विचारों से जनसामान्य को जागरूक बनाया। गोरखनाथ कहते हैं कि सच्चा नाथपन्थी वही हो सकता है जो मनुष्य-मनुष्य में भेद नहीं करता और सामाजिक समानता का पक्षधर है। जनसामान्य को रूढ़ियों और अन्धविश्वासों से मुक्त करने का आन्दोलन चलाया। डॉ. धर्मवीर भारती के अनुसार, 'सिद्ध बाह्य तंत्र-मंत्रों का विरोध भी करते थे और अनुत्तर पद पाने के उपरान्त वे समस्त आचार बन्धनों और कर्मकांड विधानों के निषेध का भी प्रतिपादन करते थे। परम्परागत पांडित्यपूर्ण ज्ञान की अपेक्षा वे जीवन की भावात्मक अनुभूतियों को अधिक महत्त्व देते थे। इस प्रकार सिद्धों ने निस्सन्देह लोकधर्म की प्रतिष्ठा बौद्ध परम्परा में की और एक नया जीवन दर्शन सम्मुख रखा' (सिद्ध साहित्य, पृ. 234)। देवसेन (933 ई.) ने सच्चे धर्म का निरूपण करते हुए कहा है :

धम्मे सहु पावेण दुहु एक पसिद्धउ लोक
तम्हाँ धम्मु समापरहि जे हिय इछिउ होइ।

(राहुल सांकृत्यायन, हिन्दी काव्यधारा, पृ. 170)

सिद्धों और नाथों ने संचय और संग्रह की प्रवृत्ति की आलोचना की है। इन कवियों ने सन्तोष को ही सच्चा धर्म माना है। वे दान का महत्त्व प्रतिपादित करते हैं। न्याय और श्रम से अर्जित धन ही हमारे यश का विस्तार करता है। शोषण से प्राप्त धन गर्हित है। पुष्पदत्त (969 ई.) ने सामन्ती जीवन की आलोचना की है, उस जीवन के दुर्गुणों का चित्रण किया है। राज्य के लिए पुत्र पिता की हत्या करता है। पुष्पदत्त ने व्यापक कवि-दृष्टि का परिचय दिया है। उन्होंने समतावादी उत्तर कुश द्वीप को स्वर्ग कहा है; क्योंकि वहाँ न चोरी होती थी और न हत्या। लोग रोग-शोक से मुक्त थे; तुलसी के राम राज्य की तरह। कवि योगेन्द्र (1000 ई.) ने भी समाज में समन्वय लाने का प्रयत्न किया और सभी देवों की एकता प्रतिपादित की। रामसिंह (1000 ई.) ने भी समाज में फैले पाखंड की आलोचना की। 'पाहुड़ दोहा' उनकी प्रसिद्ध कृति है। वे कहते हैं कि पोथी पढ़ने से क्या लाभ जब हृदय में मनुष्य के प्रति प्रेम का भाव नहीं है, इससे तो केवल तालु ही सूखता है। पोथी पढ़ने से कहीं मोक्ष मिलता है :

बहुयहं पढियइ मूढ़ पर तालू सुक्कइ जेण।
एक्कुजि अक्कखर तं पढ़हु सिवपुरि गम्भइ जेण।
पोत्था पढ़णि मोक्खु कहं॥

(राहुल सांकृत्यायन, हिन्दी काव्यधारा, पृ. 256)

रामसिंह कहते हैं कि मूर्ख! तू तो पुस्तक के शब्दार्थ से ही सन्तुष्ट हो जाता है। परमार्थ को नहीं जानता। मंत्र-तंत्र-ध्यान-धारणा का भी रामसिंह ने विरोध किया है। वे तीर्थ, मन्दिर-मूर्ति आदि स्थानों पर भटकने की अपेक्षा हृदयस्थ शिव का साक्षात्कार करना उचित मानते हैं। इसी काल के एक अन्य कवि धनपाल (1000 ई.) भी तंत्र-मंत्र की व्यर्थता सिद्ध करते हैं। उन्होंने सामन्ती और वणिक समाज की विलासिता के भी चित्र अंकित किए हैं। इसी युग के कवि योगेन्द्र ने वैदिक मान्यताओं के विरुद्ध आवाज उठाई। वे कर्म को महत्त्व अवश्य देते हैं; पर कर्मकांड को मान्यता नहीं देते हैं। योगेन्द्र यद्यपि राज्याश्रित कवि हैं पर वे मंत्र-तंत्र, पोथी-पत्रा आदि की निन्दा भी करते हैं।

सिद्ध-नाथ कवियों की रचनाशीलता अपने समय के प्रश्नों से टकराकर सामाजिक विभेदों की आलोचना करती है। इन्होंने जिन काव्य प्रवृत्तियों का प्रवर्तन किया उनका दूरगामी प्रभाव भक्तिकाल के कवियों पर पड़ा। सन्त-भक्त कवियों में जो विरोध का स्वर है, फटकार की भाषा है या उलटवासियाँ हैं, उनका मूलाधार सिद्ध-नाथ कवि हैं। इन कवियों की सामाजिक जागरूकता ही भक्ति-काव्य की सामाजिक चेतना का आधार बनी। भक्तिकाव्य की मूल प्रवृत्तियों के संकेत भी इन कवियों की

रचनाओं में हम पहली बार देखते हैं। इस काल के अनेक जैन कवियों की रास रचनाओं तथा अन्य कृतियों में कृष्ण भक्ति के स्पष्ट संकेत मिलते हैं। डॉ. रामकुमार वर्मा की मान्यता है कि नाथ पन्थ से ही भक्तिकाल में सन्त मत का विकास हुआ था। नागपन्थी साहित्य की अनेक विशेषताएँ सन्त-भक्ति काव्य में देखने को मिलती हैं। गुरु महिमा, इन्द्रिय निग्रह, प्राण साधना, वैराग्य, कुंडलिनी जागरण, शून्य समाधि आदि विशेषताएँ निर्गुण परम्परा में सन्त कवियों को सीधे नाथ परम्परा के कवियों से मिली। नाथ पन्थ का हठयोग, जिसको गोरखनाथ ने प्रतिष्ठित किया, यही षट्चक्रों वाला योग मार्ग है। इस योग साधना में विश्वास करनेवाला योगी ब्रह्म का साक्षात्कार करता है। गोरखनाथ की हठयोग साधना में ईश्वरवाद की उपस्थिति है। नाथपन्थियों की यह हठयोग साधना रहस्यवाद का भी रूप प्राप्त करती है। कबीर ने इसी साधनात्मक रहस्यवाद को स्वीकार किया।

सिद्ध और नाथ साहित्य तथा जैन साहित्य आदिकालीन हिन्दी साहित्य का एक प्रमुख निकाय है। इसी के साथ आदिकालीन साहित्य में रासो परम्परा के काव्य ग्रन्थों का विशेष महत्त्व है। रासो ग्रन्थों के रचयिता अधिकतर दरबारी कवि हैं, जिन्होंने गाथाओं का आश्रय लेकर रसपूर्ण रचनाओं की सर्जना की। यहाँ केवल वीररसात्मक रचनाएँ नहीं हैं, यहाँ शृंगार रस का भी सम्यक् विकास देखने को मिलता है। शृंगार की इस परम्परा का विकास एक ओर हमें विद्यापति की रचनाओं में देखने को मिलता है तो दूसरी ओर शृंगार की इसी परम्परा का विकास हम सूफी प्रेमाख्यानक काव्यों तथा कृष्ण भक्त कवियों की रचनाओं में देख सकते हैं। विद्यापति के विषय में आचार्य रामचन्द्र शुक्ल ने अपने 'हिन्दी साहित्य का इतिहास' में लिखा है : 'विद्यापति के पद अधिकतर शृंगार के ही हैं, जिनमें नायिका और नायक राधा-कृष्ण हैं। इन पदों की रचना जयदेव के गीति-काव्य के अनुकरण पर ही शायद की गई हो। इनका माधुर्य अद्भुत है।' (पृ. 32)। विद्यापति की रचना 'कीर्तिलता' के विषय में सर्वत्र एक जैसे विचार देखने को नहीं मिलते हैं। मैथिली में लिखित विद्यापति की पदावली के विषय में आचार्य हजारीप्रसाद की मान्यता है कि, 'राधा और कृष्ण के प्रेम-प्रसंगों को यह पुस्तक प्रथम बार उत्तर भारत में गेय पदों में प्रकाशित करती है। इस पुस्तक के पदों ने आगे चलकर बंगाल, असम और उड़ीसा के वैष्णव भक्तों को खूब प्रभावित किया और यह उन प्रदेशों के भक्ति साहित्य में नई प्रेरणा और नई प्राणधारा संचरित करने में समर्थ हुई' (हजारीप्रसाद द्विवेदी, हिन्दी साहित्य : उद्भव और विकास, पृ. 56)।

वस्तुतः हिन्दी का आदिकालीन साहित्य अपने भविष्य के साहित्य की रचनाओं में भूमिका का कार्य करता है। भले ही आदिकालीन साहित्य विविध रस और विविध भावभूमियों पर संचरण करता है, पर ईश्वर की सत्ता और उसकी उपस्थिति को यहाँ स्वीकृति मिली है। सिद्ध-नाथ साहित्य ने आगामी सन्त कवियों के लिए

प्रेरणा का कार्य किया। राहुल सांकृत्यायन द्वारा माने गए हिन्दी के प्रथम कवि 'सरहपाद' (आठवीं शताब्दी ई.) की कविता वर्ण्य विषय और चेतना की दृष्टि से हिन्दी साहित्य के भक्ति काव्य का बीजांकुर है। सिद्धों की काव्य चेतना के अनेक तत्त्व नाथों की काव्य चेतना में अन्तर्भुक्त होकर एक नई प्रेरणा बने और इस प्रकार भक्ति काव्य की रचना भूमि तैयार हुई। एक ओर यदि सिद्ध साहित्य के अन्तर्विरोधों से नाथ साहित्य का विकास हुआ और नाथ साहित्य की प्रेरणा से सन्त-भक्ति काव्य का उद्‌भव हुआ। सन्त-भक्त साहित्य में रूढ़ियों के विरोध का जो अक्खड़ स्वर मिला है, वह सिद्ध-नाथ कवियों की देन है। सामाजिक जीवन के जो चित्र इन कवियों ने प्रस्तुत किया, वे भक्ति काव्य की सामाजिक चेतना की पीठिका बने। रामस्वरूप चतुर्वेदी की मान्यता है कि 'शृंगार के साथ वीर का मिश्रण यदि पश्चिम के कथा काव्यों में है तो शृंगार के साथ भक्ति का मिश्रण है पूर्व के विद्यापति के पदों में' (हिन्दी साहित्य और संवेदना का विकास, पृ. 34)। यहाँ पश्चिम से आशय रासो परम्परा की रचनाओं से है।

आदिकालीन हिन्दी साहित्य में भले ही भक्ति का शास्त्रीय और विकसित रूप देखने को न मिलता हो, परन्तु भक्ति के प्रस्थान सूत्रों की खोज के लिए आदिकालीन काव्य एक उपयुक्त स्थल है। 'प्राकृत पैंगलम' के देवी, शिव, राम, कृष्ण तथा दशावतार स्तुति वाले पद्य इसी ओर संकेत करते हैं। तुलसीकृत विनय-पत्रिका के आरम्भिक पदों में इस परम्परा को देखा जा सकता है। सिद्ध-नाथ साहित्य को लक्ष्य करके आचार्य रामचन्द्र शुक्ल ने अपने इतिहास ग्रन्थ में लिखा है, 'आदिकाल के भीतर वज्रयानी सिद्धों और नाथपन्थी योगियों की परम्परा का कुछ विस्तार के साथ वर्णन यह दिखाने के लिए करना पड़ा कि कबीर द्वारा प्रवर्तित निर्गुण सन्त मत के प्रचार के लिए किस प्रकार उन्होंने पहले से रास्ता तैयार कर दिया था' (हिन्दी साहित्य का इतिहास : संशोधित और प्रवर्धित संस्करण के सम्बन्ध में दो बातें)। केवल निर्गुण सन्त कवि ही भाव, भाषा, विचार और मान्यताओं के लिए नाथ-सिद्धों के ऋणी नहीं हैं, सगुण भक्त कवियों की भक्ति का मूल प्रस्थान भी नाथ-सिद्धों के साहित्य में प्राप्त हो जाता है। प्रेमाख्यानक काव्यों के मूल उत्स पर प्रकाश डालते हुए लिखा गया है, 'मध्यकालीन हिन्दी के प्रेमाख्यानक और चरित काव्यों का मूल उत्स अपभ्रंश के काव्य ग्रन्थ हैं, जिनका पूरा रिक्थ आदिकाल के कवियों को मिला है और यहीं से इनकी कड़ी जुड़ती हुई नजर आती है। सूफी प्रेमाख्यानों का भी प्रारम्भ आदिकाल से होता है। मुल्ला दाउद कृत 'चन्दायन' इसकी सर्वाधिक प्राचीन रचना दिखाई पड़ती है। यह निश्चित रूप से आदिकाल की रचना है' (डॉ. शम्भूनाथ पांडेय : आदिकालीन हिन्दी-साहित्य, पृ. 8)।

वस्तुतः सातवीं-आठवीं शताब्दी में दक्षिण के वैष्णव भक्तों में भक्ति अपने पूर्ण वैभव के साथ विकासमान थी। अतः दक्षिण से उत्तर की ओर भक्ति का प्रवाह

किसी न किसी रूप में प्रवाहित हो रहा था; भले ही उसका शास्त्रीय विधान आदिकालीन साहित्य में न प्राप्त होता हो। आचार्य हजारीप्रसाद द्विवेदी ने भी माना है कि हिन्दी का सन्त काव्य पूर्ववर्ती सिद्धों व नाथों के साहित्य का सहज विकसित रूप है। बारहवीं शताब्दी के आस-पास वैष्णव आन्दोलन तीव्र होने लगा था। जैन साहित्य में वैष्णवों के पौराणिक आख्यान समाहित किए जा रहे थे। यहाँ तक कि बौद्ध साहित्य में भी इन पौराणिक आख्यानों की उपस्थिति हम देखते हैं। यद्यपि यहाँ आख्यानों में विकार भी देखने को मिलते हैं। रासो परम्परा के ग्रन्थों में अनेक ऐसे तत्त्व हैं, जिनकी विकास परम्परा भक्तिकाव्य में अपने पूर्ण वैभव के साथ देखने को मिलती है। शृंगार, ऋतु वर्णन, दूत-सखा के सन्दर्भ ऐसे ही हैं।

आदिकालीन हिन्दी साहित्य भक्ति का साहित्य नहीं है; पर वह भक्ति के तत्त्वों से रहित साहित्य भी नहीं है। आदिकालीन साहित्य के भक्ति-सूत्रों को हम भक्ति काव्य की पूर्वपीठिका के रूप में भी देख सकते हैं। परम्परा और प्रगति की पहचान के लिए आदिकालीन हिन्दी साहित्य हमारे लिए इस कारण भी महत्त्वपूर्ण है, क्योंकि यह साहित्य अनेक भाषा रूपों का मिलन-स्थल भी है। आदिकालीन साहित्य की अनदेखी कर हम भक्तिकालीन सन्त-कवियों का मूल प्रस्थान नहीं खोज सकते हैं। हिन्दी भक्ति-काव्य में अनेक ऐसे सन्दर्भ प्राप्त होते हैं, जिनका सम्बन्ध आदिकालीन हिन्दी साहित्य से है। वस्तुतः उत्तर भारत में भक्ति चिन्तन के प्रमुख आचार्यों रामानुजाचार्य अथवा मध्वाचार्य ने इसी काल-खंड के आसपास शंकराचार्य की स्थापनाओं की प्रतिक्रिया में भक्ति का विधान निरूपित किया। अतः आदिकालीन हिन्दी साहित्य का अध्ययन भक्ति काव्य की प्रस्थान-यात्रा के सन्दर्भ में भी किया जाना चाहिए।

सिद्ध एवं नाथ साहित्य : बंगाल तथा ओडिशा का सन्दर्भ

अरुण होता

आदिकालीन हिन्दी साहित्य की भाँति बँगला तथा ओड़िया के आदिकालीन साहित्य में भाषा और प्रवृत्ति दोनों ही दृष्टियों से वैविध्य पाया जाता है। प्राचीन बँगला तथा ओड़िया साहित्य में धर्ममतों का वैचित्र्य था, विरोध नहीं। डॉ. सुकुमार सेन के अनुसार, "इस देश में धर्ममत के आधार पर कोई झगड़ा नहीं था, न तो राष्ट्र में, न समाज में, न गाँवों में और न ही सम्प्रदायों में। परिवार में कोई शिवजी का उपासक तो कोई बुद्ध का और कोई विष्णु का। यह एक असाधारण बात थी। राजा बौद्ध धर्म का अनुयायी तो रानी ब्राह्मण धर्म का परिपालन करती थी।" (बँगला साहित्य का इतिहास, खंड-I, तीसरा संस्करण, पूर्वार्ध)

बँगला और ओड़िया का आदिकालीन साहित्य धर्माश्रित था। उस काल में देश व समाज में प्रचलित धार्मिक विश्वासों में वैचित्र्य था। बौद्ध, जैन, ब्राह्मण आदि विभिन्न धर्मों में परस्पर मेल-जोल था। इन धर्मों ने आपस में काफी आदान-प्रदान करते हुए समन्वय का सुन्दर उदाहरण भी प्रस्तुत किया। धीरे-धीरे धर्म के क्षेत्र में परिवर्तन आया। वेद-शास्त्रों के विधि-विधान और कर्मकांड को लेकर चलनेवाले ब्राह्मण धर्म तथा बौद्ध धर्म में भी संघर्ष शुरू होने लगे। धर्म के वास्तविक रूप व आदर्श को भूलकर लोग तंत्र-मंत्र, जादू-टोना, जन्तर-मन्तर आदि में विश्वास करने लगे। हीनयान, वज्रयान, महायान, सहजयान आदि शाखाओं में बौद्ध धर्म बँट गया। हठयोग का भी प्रभाव बढ़ने लगा। पंच मकारों—मांस, मैथुन, मत्स्य, मद्य तथा मुद्रा—को विशेष विशेष महत्त्व प्रदान किया गया। तंत्र-मंत्र, जादू-टोने तथा भोग-विलास को लेकर चलनेवाले वाममार्गी बौद्ध-सिद्ध के रूप में जाने गए तो धर्म, नियम, संयम और हठयोग के द्वारा साधना के मार्ग पर अग्रसर होनेवाले नाथ-सिद्ध कहलाए।

अनुमान किया जाता है कि बंगभूमि में सबसे पहले जैन धर्म का आगमन हुआ था। इसके बाद बौद्ध धर्म का प्रवेश हुआ था। सिद्धों का सम्बन्ध बौद्ध धर्म से था। सिद्ध वज्रयानी थे। यह वाममार्गी साधना थी। इसमें पूजा-पाठ के स्थान पर रहस्य और गुप्त साधना का प्रचलन था। सिद्धों ने अपनी वाणियों में शरीर योग, सहज शून्य

तथा समाधि की विभिन्न अवस्थाओं का वर्णन किया है। अर्थात् सिद्धों ने प्रचलित सामाजिक तथा साहित्यिक मान्यताओं का खूब विरोध किया है। व्यवस्था से टकराना आसान नहीं होता। योगियों के लिए तो यह और भी कष्टसाध्य होता है। इसलिए सिद्ध अर्थ को कभी उलटकर प्रकट करते थे तो कभी उसे छुपाकर विरोध प्रकट करते थे।

नाथ सम्प्रदाय का आरम्भ सिद्धों के पश्चात् हुआ था। शैव मत नाथ पन्थ की दार्शनिकता का आधार है। पतंजलि के हठयोग को व्यवहार के रूप में ग्रहण किया है। इन्होंने मद्य-मांस त्याग तथा मानसिक शुद्धता पर बल दिया है। नाथ पन्थ में धार्मिक कट्टरता नहीं है। धर्मनिरपेक्षता इसकी खास विशेषता है। नाथ पन्थ की रचनाओं में यायावरी साहित्य के गुण मिलते हैं। चूँकि नाथपन्थी घुमक्कड़ थे, इसलिए विभिन्न स्थानों की संस्कृति, भाषा और व्यवहार को अपनी रचनाओं में समेट लेते थे। अर्थात् विभिन्न संस्कृतियों, भाषाओं और व्यवहारों का प्रभाव उनकी रचनाओं में मिलता है। गृहस्थ जीवन के प्रति उपेक्षा का भाव नाथों की खूबी है और कमजोरी भी। कमजोरी इसलिए कि लोकजीवन की सही झाँकी नाथ-साहित्य में नहीं मिलती है।

यहाँ एक बात स्पष्ट हो जानी चाहिए कि सिद्ध हो या नाथ अथवा जैन साधक किसी भी पन्थ के रचनाकार ने कवि बनने के लिए पदों की रचना नहीं की। ये साधक पहले थे बाद में कवि-व्यवस्था के विरोधी थे। आभिजात्यों की भाषा के स्थान पर जनभाषा की प्रतिष्ठा के समर्थक थे। इस प्रक्रिया में जो भी उनका अनुभव था, जैसा भी था उसे बाँटना चाहते थे आम आदमी के बीच।

बँगला तथा ओड़िया साहित्य में 'चर्यापद' का विशेष स्थान है। यही एकमात्र ग्रन्थ है जो आदिकालीन साहित्य का प्रामाणिक ग्रन्थ है। अब तक के खोजे गए ग्रन्थों में भी 'चर्यापद' सबसे प्राचीन ग्रन्थ है। महामहोपाध्याय हरप्रसाद शास्त्री ने नेपाल दरबार के पुस्तकालय में सन् 1902 में बौद्ध सिद्धाचार्यों के द्वारा लिखे गीतों की एक पोथी का अनुसन्धान किया। इन गीतों को उन्होंने सन् 1916 में 'बौद्धगान दोहा' और 'चर्यापद' के शीर्षक से प्रकाशित किया। शास्त्री महोदय ने यह प्रमाणित भी किया कि ईसा की दसवीं या बारहवीं शती के बीच ये गीत रचे गए हैं। ये गीत प्राचीन बँगला भाषा की सर्वप्रथम साहित्यिक कृतियाँ हैं। इन गीतों की संख्या 465 है। कुल मिलाकर 24 कवियों के पद संकलित हैं। यहाँ उल्लेख किया जा सकता है कि जो पोथी शास्त्री जी को उपलब्ध हुई थी, वह खंडित थी। दूसरी बात यह है कि जिन 24 कवियों के नाम 'भणिता' युक्त हैं। क्या ऐसा तो नहीं कि एक ही कवि ने 24 नामों से भणिता युक्त किया है अथवा कई कवियों ने एक नाम से तो नहीं लिखा है? जो भी हो, 'चर्यापद' में लुइपा, शबरपा, कान्हुपा, भुषुकपा आदि कवियों के पदों में बँगला और ओड़िया के साथ शौरसेनी अपभ्रंश के रूप मिलते हैं। यह प्रमाणित हो चुका है। सिद्धों ने अपने सिद्धान्तों की ओर हल्का संकेत किया है।

जीवमुक्ति पर विचार किया है तो शून्यताबोध का महत्त्व समझाया है। निर्वाण की प्राप्ति के आधार और प्रक्रिया का प्रसंग उपस्थापित किया है। प्राकृत, बँगला, ओड़िया आदि का सुन्दर समन्वय स्थापित किया है और चर्यापद की भाषा को 'सन्ध्याभाषा' के नाम से नामित किया है। प्रस्तुत के स्थान पर अप्रस्तुत की व्यंजना की है। इन्हीं कारणों से 'चर्यापद' का महत्त्व है, विशेष महत्त्व है।

'चर्यापद' को हिन्दी, मैथिली, ओड़िया, असमिया आदि के विद्वानों ने अपनी भाषा के ग्रन्थ के रूप में तमाम तर्क प्रस्तुत किए हैं। अपने तर्कों को प्रकट करने के लिए तर्कसम्मत तथा तर्कहीन तथ्य भी प्रस्तुत किए हैं। असल बात तो यह है कि आधुनिक भारतीय आर्य भाषाओं के जन्मकाल में प्राकृत अपभ्रंश भाषा जननी बनी थी। तब तो आधुनिक भारतीय आर्य भाषाओं का स्वतंत्र रूप विकसित भी नहीं हुआ था। इन भाषाओं को बहुत समय बाद स्वतंत्र रूप प्राप्त हुआ। आधुनिक भारतीय आर्य भाषाओं का अंकुरोद्गम 'चर्यापद' में प्राप्त होता है। कान्हुपा, शबरपा, लोहिपा, राहुलपा आदि तांत्रिक उड्डियान पीठवासी थे।

'बौद्धगान ओ दोहा' की भाषा में बँगला व ओड़िया के प्राचीन रूप मिलते हैं। आजि, चाषि, तेंतुली, सासु, गराहक, कोठा आदि शब्द ओडिशा में आज भी प्रचलित हैं। इसमें उपलब्ध कीस, कुड़िआ, बुड़ेंते, बाँझ, भणई, ओड़िया में भी प्रयुक्त होते हैं। भाषा का आधार शब्द हो सकते हैं, परन्तु भाषा की पहचान उसके व्याकरण से होती है। 'चर्यापद' में प्रयुक्त क्रिया और शब्दरूपों में मैथिली, ओड़िया, असमिया तथा बँगला का सर्वाधिक महत्त्व है। इन भाषाओं का पारस्परिक घनिष्ठ सम्बन्ध है। फलस्वरूप, 'चर्यापद' में, इन भाषाओं के विद्वानों के अनुसार मूल रूप प्राप्त होना स्वाभाविक प्रतीत होता है। उदाहरणतया चर्या का एक पद देखा जा सकता है—

सअ-सम्बेअन-सरुअ-बिआरेतें अलक् खलक्खन न जाई
जे जे उजुबाटे गेला अनाबाटा भईला सोई॥
कुलें कुल मा होई रे मूढ़ा उजुबाट संसारा
बाल भिन एकु बाकु न भुलह राजपथ कंटारा॥
माआमोहा समुदारे अन्त न बुझसि थाहा
आगे नाव न भेला दीसअ भन्ति न पुच्छसि नाहा॥
सुना पान्तर उह न दिसइ भान्ति न बाससि जान्ते
एषा अट-महासिद्धि सिझए उजुबाट जाअन्ते॥
बाम दाहिन दो बाटा छाड़ी शान्ति बुलथेउ संकेलिउ
घाट न गुमा खड़तड़ि नो होइ आखि बुजि बाट जाइउ॥

(15वाँ पद)

उपर्युक्त चर्यापद में कहा गया है कि स्वरूप पर विचार करते समय स्वीय संवेदन अलक्षित होता है। उसका लक्षण जाना नहीं जाता। जो सीधे मार्ग पर चलते हैं, वे

वापस नहीं आते। ओ रे मूर्ख, संसार को ही सीधा मार्ग समझकर तट पर ही अपने को भुलाए मत रहना। बच्चे की तरह गलती न करो। सोने से मढ़ा राजमार्ग न समझना इसे। माया-मोह के समुद्र का कोई कूल-किनारा नहीं होता। अगर सामने कोई नाव दिखाई न पड़े गलती से भी नाथ (गुरु) से कुछ न पूछना। शून्य मार्ग पर चलने की गलती न करना। इस सीधे मार्ग पर चल सके तो अष्टमहासिद्धि की प्राप्ति हो सकती है। वाम-दक्षिण दोनों मार्ग छोड़ (सीधे मार्ग पर) शान्ति अपना खेल समाप्त कर लौट रही है। इस रास्ते पर घाट-गुल्म-लता कुछ भी नहीं है, आँखें मूँदे सीधा चलते रहो।

उपर्युक्त पद प्राकृत अपभ्रंश में है। स्वभावत: उसमें अन्य आधुनिक भारतीय आर्य भाषाओं का उद्गम रूप मिल जाता है। जैसे 'जान्ते', 'जाअन्ते', 'दिसई' आदि क्रियारूप ओड़िया तथा असमिया में प्रयुक्त होते हैं। 'जाई', 'बुझसि' आदि बँगला में प्रयुक्त हैं। भाषा-रूप की बात छोड़ दें तो सिद्ध साहित्य के बारे में इतना तो कहा जा सकता है कि तंत्र से प्रभावित होकर सिद्धाचार्यों ने अपने समस्त ज्ञान, साधना पद्धति, हठयोग को अनुभूति के रंग से रँग दिया है। चूँकि वज्रयान में महासुख का प्रवर्तन हुआ है इसलिए शब्दावली लौकिक है। हालाँकि इनका गहन आध्यात्मिक अर्थ मौजूद है। निर्वाण के सुख को सहवास सुख के समान बताया गया है। कण्हपा का डोम्बी गीत डोम्बी के प्रति सिद्ध का प्रेम निवेदन चित्रित करता है। आज के सन्दर्भ में, डोम्बी नदी के लोकजीवन के यथार्थ को उद्घाटित किए जाने की आवश्यकता है। यह सच है कि इन पदों के रहस्यात्मक अर्थ मौजूद थे, परन्तु आज लौकिक अर्थ का उद्घाटन हो तो उनकी प्रासंगिकता बनी रह सकती है। डोम, शबर कन्याओं के बहाने तत्कालीन युगीन चित्रों को प्रस्तुत किए जाने की जरूरत है। इन सिद्धों की रचनाओं में वर्णाश्रम धर्म का विरोध है। कर्मकांड का विरोध है। नीची जाति के लोगों को सम्मानपूर्वक जीने के लिए प्रेरणा दी गई है। अनुभवाश्रित धार्मिक चेतना के कारण सिद्धों की विशेषताओं को रेखांकित किए जाने की आवश्यकता है।

वैदिक धर्म की कमजोरियों की ओर भी सिद्धाचार्यों ने इशारा किया है। इसे खंडन की प्रवृत्ति कहा जा सकता है। आत्मप्रतिष्ठा के उद्देश्य से प्रेरित होकर सिद्धों ने इस खंडन प्रवृत्ति को विकसित होने दिया होगा। परपीड़न या विद्वेष के उद्देश्य से नहीं। 'चर्यापद' का 22वाँ पद देखा जा सकता है—

जाहेर बान चिह्नरूब न जानी
सो कइसे आगम बेए बखानी॥
काहारे किष भनि मई दिबि पिरिच्छा
उररु चाँद जिम साच न मिच्छा॥
लुई भणई भाइब किष
जा लई अच्छम ताहेर उहन दिस॥

जिसका वर्ण-चिह्न-रूप ज्ञात नहीं, वेद-आगम द्वारा उसकी व्याख्या कैसे हो सकती है? पानी में प्रतिबिम्बित स्वरूप चन्द्र की तरह न तो यह मिथ्या है और न सत्य। मैं इसका क्या परिचय दूँ? लुइपा कहते हैं, मैं और क्या भी कहूँ? मैं जिसके साथ हूँ स्वयं उसकी दिशा के बारे में नहीं जानता। अनुभव के आधार पर प्राप्त आनन्द में स्वयं लुइपा मग्न हैं। इसलिए वे वेद-आगम आदि को इस कार्य में असमर्थ पाते हैं। इसमें कोई साम्प्रदायिक सोच नहीं है। "नगर बाहिरि रें डोंबि तोहारि कुड़िआ, छई छोई जाइ सो ब्राह्मण नाड़िआ" वाले 10वें पद में भी यह भाव उपलब्ध होता है। बौद्ध सहजियामार्गियों का साध्य था सर्वनिरपेक्ष 'सहज'। डॉ. शशिभूषण दासगुप्त ने अपनी 'बौद्धधर्म ओ चर्यागीति' में कहा है, "हमारे रूपों में जो एक अरूप सत्ता है, शरीर में अशरीरी सत्ता है, उसकी उपलब्धि करना ही चरम लक्ष्य है।" चर्यापद 5 में कहा गया है—

भरणई गहण गम्भीर बेगें बाही
दुआन्ते चिखिल माझे न थाही।

अर्थात्, यह संसार-प्रवाह नदी की गति के समान गहरा-गम्भीर माया-मोह भी प्रवाहित है। उसके दोनों ओर अनापेक्षित निवृत्ति और एकान्त प्रवृत्ति का कमल सरोवर, माया-मुग्ध चित्त किसी भी समय बाधा प्राप्त हो सकते हैं। इसलिए माया-मोह रूपी वृक्ष को चित्त की गहराई से उखाड़कर चाटिल ने उसे टुकड़ों में बदल दिया है—

धामार्थे चाटिल साङ्कम गढ़ई।
पारगामी लोअ निभर तरई॥
फाड़िअ मोहतरू पाटी जोड़िअ।
अदअ दिढ़ टाँगी निवाणे कोरिअ।

(5वाँ गीत)

भले ही आचार्य शुक्ल बौद्धों-सिद्धों की रचनाओं को 'शुद्ध साहित्य' की कोटि में नहीं रखते हैं, परन्तु बँगला और ओड़िया के विद्वानों और चिन्तकों ने ऐसा फतवा जारी नहीं किया है। सुकुमार सेन, सुनीति कुमार चटर्जी, बिधुभूषण व शशिभूषण दास गुप्त, खगेश्वर महापात्र आदि के वक्तव्यों में शुक्ल जी की तरह अन्तर्विरोध नहीं है। ये चिन्तक और विद्वान चर्यापद में अपनी भाषा का आदिरूप पाते हैं तो उसे साहित्य की कोटि में गर्वपूर्वक स्थान देते हैं। 'चर्यापद' में धर्म, दर्शन व साहित्य का समन्वित रूप प्राप्त करते हैं। इसके पदों के साहित्यिक उत्कर्ष को सिद्ध करते हैं। बँगला की वैष्णव पदावली के मूल रूप को चर्यापद में ढूँढ़ निकालते हैं। 'प्राचीन बांग्ला ओ बाङ्गाली' में सुकुमार सेन से स्पष्ट कर दिया है—"चर्यागीत वैष्णव पदावली का आदिरूप है। पदावली की तरह इसमें भी राग-रागिनियों का उल्लेख है और कवि की भणिता भी। भाव की दृष्टि से देखा जाए तो वैष्णव

सहजिया साधकों के रागात्मक पदों के साथ चर्यापद की ढेरों समानताएँ पाई जाती हैं।'' चर्याकारों ने गान के सुर और माधुर्य की अनिर्वचनीयता को अनुभवाश्रित प्रेम के आधार पर व्यक्त किया है। जीवन से घनिष्ठ रूप से जुड़े चर्यापद साहित्य की दृष्टि से भी समृद्ध हैं। इन पदों में एक ओर डोम-डोमनी की स्वतंत्र प्रेमचर्चा है, नाव खेने का वर्णन है, रोजमर्रा जिन्दगी के चित्र अंकित हुए हैं, तो दूसरी ओर उपमा, रूपक, अनुप्रास, उत्प्रेक्षा का सार्थक प्रयोग मिलता है। 'चर्यापद' ने न केवल बँगला वैष्णव साहित्य को बल्कि आधुनिक काल के रचनाकारों तक को प्रभावित किया है। रवीन्द्रनाथ की 'सोनार तरी' कविता पर निम्न चर्यापद का प्रभाव ढूँढ़ा जाता है। यह दूर की कौड़ी जरूर है परन्तु लोक के सन्दर्भ में सही है—

सोने भारिती करुणा नाबी। रूपा थोइ नाहिक ठाबी॥
बाहतु कामलि गअण उबेंसे। गेली जाम बाहुड़ई कइँसे॥
खुंटि उपाड़ि मेललि काच्छि। बाहतु कामलि सद्गुरु पुच्छि॥
माँगत चड्हिले चउदिस चाहअ। केदुआल नाहि कैंकि बाहबअ पारअ॥
बाम दाहिन चापि मिलि मिलि माँगा। बाटल मिलित महासुह साँगा॥

(8वाँ पद)

मेरी करुणा-नौका सोना से भरपूर है। उसमें चाँदी रखने की जगह नहीं है। हे कम्बलीपाद, तुम निर्वाण के उद्देश्य से नाव खेते चलो। जो जनम बीत चुका है, भला वह लौटेगा कैसे ? खूँटा निकाल लो, पतवार खोल दो। सद्गुरु से पूछो। नाव खेते आगे बढ़ो, चारों दिशाओं में नजर रखो। मल्लाह के अलावा कौन नाव खेने की कूवत रखता है। बाएँ-दाएँ दोनों ओर ध्यान देकर नाव खेते रहोगे तो महासुख का संग मिलेगा।

बँगला साहित्य में चर्यापदों को ज्ञान का विषय न मानकर भाव का विषय स्वीकारा गया है। भावपरक अभिव्यक्ति के रूप में इन पदों को अपनाया गया है। अर्थात् चर्यापदों में निहित भाव-सम्पदा की ओर रचनाकारों का ध्यानाकर्षण हुआ है। इसलिए चर्यापद का काव्यमूल्य स्वीकृत है। भले ही 'चैतन्यचरितामृत' में दार्शनिक विचार का प्राधान्य हो, चर्यापद को बँगला पदकारों ने सहज, स्वानुभूत, सरल, आवेगमयी पदों के रूप में अपनाया है। कथन की प्रामाणिकता के लिए निम्न पद उद्धृत है—

उँचा उँचा पाबत तहिँ बसइ सबरी बाली।
मोरङ्गी पीच्छ परिहन सबरी गिबत गुंजरीमाली॥
उमत सबरो पागल सबरो मा कर गुली गुहाड़ा तोहारि।
निअ घरिणी नामे सहज सुन्दरी॥
नाना तरुवर मोउलिल रे गअणत लागेली डाली।
एकेली सबरी ए बन छिंडइ कर्णकुंडल वज्रधारी॥

तिअ घाउ खाट पाड़िला सबरो महासुखे सेजि छाईली।
सबरो भुजंग नैरामणि दारी पेक्ष राति पोहाइली॥

(28वाँ पद)

इसी कालावधि में बँगला में 'शून्य पुराण' का महत्त्वपूर्ण स्थान है। यह ग्रन्थ लोक-धर्माश्रित है। नगेन्द्रनाथ बसु ने इसका सम्पादन किया था। इसमें 'शून्यमय देवता' धर्मठाकुर की पूजा-पद्धति का वर्णन है। रामाई पंडित की भणिता पूरे काव्य में है। इस ग्रन्थ की प्रामाणिकता के बारे में तमाम सवाल उठाए जाते हैं। भले ही बँगला के आदियुगीन काव्य के रूप में 'शून्य पुराण' का महत्त्व हो, परन्तु 'चर्यापद' की तरह इसने परवर्ती बँगला साहित्य को प्रभावित नहीं किया है।

नाथों और सिद्धों का घनिष्ठ सम्बन्ध था। नाथ परम्परा में योग क्रिया को महत्त्व दिया गया है। शून्यवाद के महत्त्व को सिद्ध किया गया है। सिद्धों की संख्या 84 थी पर नाथों की 9 थी। 9 नाथों में से बँगला और ओड़िया में गोरखनाथ का सर्वाधिक प्रभाव परिलक्षित होता है। नाथ साहित्य की प्रामाणिकता सन्दिग्ध है। नाथपन्थियों ने अपनी संवेदना और अनुभव को लोगों से साझा करने के लिए प्रयास किया था। नाथ पन्थ के प्रतिष्ठाता थे मत्स्येन्द्रनाथ। जीव-मुक्ति की साधना नाथों का प्रमुख उद्देश्य था। देह-मुक्ति की बात नहीं करते। योग साधना विशेषत: हठयोग साधना ही काया साधना का मुख्य मार्ग था। 'गोरक्ष विजय' प्रसिद्ध नाथपन्थी काव्य है। मानिक चाँद राजा जी पत्नी मयनावती गोरक्षनाथ की शिष्या थी। 'मयनावतीर गान' में गोविन्द चन्द्र को काया साधना के माध्यम से सिद्धि प्राप्ति के लिए उसकी माता मयनावती की प्रेरणा का उल्लेख है। गोविन्द चन्द्र ने बारह वर्ष की उम्र में ओदुना और पदुना नामक दो राजकन्याओं से विवाह किया। सैकड़ों नारियों का भी संग-सुख प्राप्त किया। माता के बारे में हाड़िपा को लेकर सन्देह प्रकट किया। गोरक्षनाथ का अभिशाप मिला कि गोविन्द चन्द्र को अपने संन्यास जीवन में भयानक कष्ट भुगतना होगा। खैर, गोविन्द चन्द्र दंड-कमंडलु धारण किया और लम्बी तपस्या के पश्चात् योग में सिद्धि प्राप्त की। अखिल भारत में इस कहानी का प्रभाव पाया जाता है।

'गोरक्ष विजय' के अनुसार देवी पार्वती से प्रलुब्ध और अभिशप्त होकर आदिगुरु मीननाथ कदली के देश में व्यभिचारिणी नारियों के बीच गोरक्षनाथ ने नर्तकी की वेशभूषा धारण करके प्रवेश किया और उसका उद्धार किया। संक्षेप में 'गोरक्ष विजय' की यह कहानी है। इसमें नाथों के प्रति विश्वास उत्पन्न करना तथा योग की महिमा का बखान करना मुख्य उद्देश्य निहित हैं। प्रसंगतया नारी-व्यभिचारमूलक सामाजिक चित्र भी अंकित हुए हैं।

ओडिशा में धार्मिक साहित्य की परम्परा में गोरखनाथ के 'शिशुवेद' का नाम उल्लेखनीय है। यह ग्रन्थ अप्राप्य है परन्तु ओडिशा के आदिकवि सारलादास के महाभारत में इस ग्रन्थ की खूब चर्चा हुई है। सारलादास ने 'शिषुम्ना वेद' के रूप

में इसकी चर्चा की है। आगे चलकर योगतत्त्व सम्बन्धी 'रुद्रसुधानिधि' में भी 'शिशुवेद' का उल्लेख हुआ है। ओड़िया के 'महाभारत' में वन-पर्व, सभा-पर्व, विराट-पर्व आदि में गोरक्षनाथ का बहुत अधिक प्रभाव परिलक्षित होता है। पंचसखा साहित्य में नाथपन्थी सिद्धों का प्रसंगानुसार उल्लेख मिलता है। ओड़िया में लगभग सोलहवीं शती में चन्द्रशेखर नाथ ने 'गोरख संहिता' के नाम से एक अपूर्व ग्रन्थ की रचना की है जिसमें गोरक्षनाथ के जीवनवृत्त और अलौकिक लीलाओं का वर्णन है।

इस नाथपन्थी ओड़िया काव्य में कहा गया है कि महाविष्णु के ब्रह्मकपोल की स्वेदबूँदों से गोरखनाथ का जन्म हुआ। योगमाया की आज्ञा पाकर वे मत्स्येन्द्र नाथ के पास पहुँचकर दीक्षा ली। दोनों में सृष्टि-प्रक्रिया, ब्रह्मज्ञान, शब्द, रवि-चन्द्र, शून्य आदि विषयों पर प्रश्नोत्तर शैली में संवाद हुए। विभिन्न तीर्थस्थानों के भ्रमण का उल्लेख तो है ही, योग-साधना के चमत्कार भी वर्णित हुए हैं। कुत्ते के मुँह से वेद-पाठ कराकर वेदविज्ञ ब्राह्मणों के अहंकार का खंडन किया है। अपने नाथ-पन्थ का महत्त्व प्रतिपादित किया है। गोरखनाथ के चमत्कारों का भी वर्णन मिलता है। एक उदाहरण रखा जा सकता है। गुरु मत्स्येन्द्रनाथ ने अपने पुत्र मीननाथ को जलाशय से स्नान कराकर लाने के लिए गोरक्षनाथ को आदेश किया। गोरक्षनाथ ने मीन का पेट चीरकर अँतड़ी निकालकर उसे धोकर सुखा दिया। यह जानकर गुरु मत्स्येन्द्रनाथ चिन्तित हो उठे तो गोरक्ष ने कहा—

गोरख बोइले तुम्भे शुण गुरुदेव।
योगी घरे जन्म जेबे किंपाई मरिब॥ **(842)**

योगी के घर में जन्मा है, भला इसकी मृत्यु कैसे हो सकती है?

'गोरखवाणी' में प्रयुक्त भाषा की बानगी देखिए जिसमें हिन्दी, ओड़िया, बँगला आदि का मूलरूप संरक्षित है—

गरब न करिबा, सहजै रहिबा भणत गोरखनाथ। **(ओड़िया)**
अवधु पवन सो काया मन सो प्राण।
परम पुरिस का धरिए ध्यान।
सहज स्थान धरि काल सो रहे।
ऐसा विचार मछिन्द्र कहे।

(हिन्दी)

अवधु रहिबा हाटे बाटे रूख बिरख की छाया,
तजिबा काम क्रोध लोभ मोह संसार की माया।

(हिन्दी, ओड़िया, बँगला)

ओड़िया की भक्तिकालीन रचनाओं में ज्ञानमिश्रित भक्ति, निर्गुण और सगुण का समन्वय है। नाथपन्थी साहित्य ने उसे अपना अनुभव समर्पित किया। नाथपन्थ ने ओड़िया भक्ति साहित्य के लिए प्रशस्त मार्ग तैयार कर दिया। इस प्रकार विविध

धर्मों की मिश्र अनुभूति को नाथपन्थ ने अपनाया था, उसी पर पंचसखाओं ने उसी सिद्धान्त को अपनाकर वैचारिक आधार बनाया। बंगाल में महाप्रभु चैतन्यदेव के आगमन के कारण नाथपन्थी साहित्य का प्रभाव उतना अधिक नहीं मिलता, जितना कि ओडिशा में। इस पर भी इसमें कोई सन्देह नहीं है कि सिद्धों और नाथों की रचनाओं ने परवर्ती भारतीय साहित्य को प्रभूत मात्रा में प्रभावित किया है। सिद्ध और नाथ साहित्य भारतीय साहित्य की विरासत है। इनका नए परिप्रेक्ष्यों में परिकलन होना परम आवश्यक है।

सामाजिक समरसता के प्रणेता एवं मेरुमणि महात्मा बसवेश्वर

स. प्रो. श्री लिंगायत विशाल प्रकाश

परिस्थितियाँ महापुरुषों को जन्म देती हैं। युगपुरुष अपने युग के अधर्म, अनीति के विरोध में अकेला खड़ा होता है। लोग उसके साथ हैं कि नहीं, इसकी वह परवाह नहीं करता। सत्य उसके साथ होता है। एकान्त में रहकर वह लोगों की चिन्ता करता है। बारहवीं शताब्दी में जनसामान्य के प्रति अपनेपन की भावना रखकर अन्याय-अत्याचार के विरोध में आवाज उठाने का कार्य करने के लिए ही युग-युग से महान विभूतियों का जन्म होता रहा है। इन्हीं महान विभूतियों में महात्मा बसवेश्वर का नाम उल्लेखनीय है।

महात्मा बसवेश्वर एक उच्च कोटि के भक्त, आध्यात्मिक नेता, वीरशैव धर्मोपदेशक एवं क्रान्तिकारी समाजसुधारक थे। उन्होंने वर्णव्यवस्था और वेदोचित कर्मकांड का घोर विरोध किया, विभिन्न देवी-देवताओं की पूजा, आराधना आदि के चक्कर में न पड़कर दिशाहीन भटकनेवाले जनसमुदाय को दिव्य सन्देश द्वारा सरल भक्ति का मार्ग दिखाकर जनता को सहारा दिया। सदाचार का महत्त्व महात्मा बसवेश्वर ने और उनके समकालीन शरण-शरणियों ने तत्कालीन समाज को सिखाया। मानवधर्म ही जिसकी नींव है, ऐसे वीरशैव को पुनर्जीवन इन शरणों ने दिया। दीन-दलितों, शूद्रों, अस्पृश्यों, हरिजनों का वीरशैव धर्म में स्वागत हुआ। इस समय शूद्रों की स्थिति समाज में अत्यन्त दयनीय थी। पशु-पक्षियों से ज्यादा उन्हें हीन माना जाता था। उन्हें गाँव के बाहर रखा गया था, धर्म के नाम पर मद्य-मांसाहार-स्त्री सम्बन्धों को मान्यता दी गई थी। धर्माचरण में धर्म कम और अन्धानुकरण अधिक बढ़ गया था। देवी-देवताओं की संख्या बढ़ गई थी। घर में, खेतों में, व्यापार के स्थान पर निर्जीव वस्तुओं को देवता बनाया जा रहा था। इन सभी मुद्दों को आधार बनाकर म. बसवेश्वर अपने एक वचन में लिखते हैं कि—

घड़ा देव, सूर्य देव,
बर्तन देव, कपड़ा देव,

रोटी देव, पाणी देव,
रास्ते का पत्थर देव,
धनुष-बाण देव
घर के तोलने के साधन देव॥

ये देव इतने बढ़ गए हैं कि पृथ्वी पर पैर रखने को भी जगह नहीं है। इसलिए देव तो एक ही है, शिवशरणों के लिए एक ही कुडलसंगम यानी शिव ही देव है। म. बसवेश्वर के वीरशैव धर्म का लक्ष्य था जाति, वर्णातीत और वर्गहीन समाज का निर्माण; इसलिए उन्होंने मनुष्य को कुल-गोत्र आदि के कारण ऊँच-नीच न मानकर उनकी भक्ति, सदाचार, सद्धर्म आदि के आधार पर श्रेष्ठ मानने की बात कही। सभी वीरशैवों में खान-पान तथा लेन-देन को उचित बताकर समाज में एकता की प्रतिष्ठापना की। सभी शिवभक्तों को एक छत्रच्छाया में लाकर वीरशैव समाज को सशक्त बनाने का महत्त्वपूर्ण काम किया। इस क्रान्तिकारी और समरसता की अन्तिम परिणति थी अन्तर्जातीय विवाह। बसवेश्वर कल्याण नामक राज्य में राजा बिज्जल के दरबार में मंत्री थे। राजा बिज्जल के सेनाध्यक्ष मधुवय्या थे; मधुवय्या और मोची हरळय्या वीरशैव धर्म में दीक्षित थे। बसवेश्वर ने ब्राह्मण मधुवय्या की लड़की का विवाह मोची हरळय्या के लड़के से कराकर जातिभेद मिटाने की दृष्टि से क्रान्तिकारी कार्य किया है।

म. बसवेश्वर ने स्त्री--पुरुष समानता की घोषणा करते हुए स्त्री को समाज में गौरव का स्थान दिलाने का प्रयास किया। कहा जाता है कि एक समय ऐसा था कि, हिन्दू समाज में स्त्री को आदर का स्थान दिया जाता था। इसके लिए उपनिषदों का उदाहरण दिया जाता है कि गार्गी और मैत्रेयी आदि ऋषि पत्नियाँ ब्रह्मवादिनी थीं। यहाँ ध्यान देने की बात यह है कि ये दोनों स्त्रियाँ ऋषि पत्नियाँ थी। कोई सामान्य परिवार की स्त्री नहीं। उपनिषदों के बाद के कालखंड में तो स्त्रियों को धार्मिक कार्यों तथा सामाजिक उत्तरदायित्वों को स्वीकारने का कोई अधिकार नहीं था। व्यक्तिगत, पारिवारिक, सामाजिक तथा सार्वजनिक जीवन में उसे न कोई स्वातंत्र्य था, न कोई महत्त्व; वह सिर्फ एकमात्र प्रजनन कार्य के लिए आवश्यक उपभोग्य वस्तु मात्र बनकर रह गई थी। म. बसवेश्वर ने स्त्री को उचित आदर दिलाकर समाज की बहुत बड़ी सेवा की, वीरशैव समाज में स्त्री भी पुरुष के समान ही मंत्रदीक्षा, लिंगधारणा और धार्मिक कार्यों तथा चर्चाओं में भाग लेने की अधिकारिणी मानी गई। म. बसवेश्वर के प्रयत्नों द्वारा स्थापित 'अनुभव मंटप' में संचालित धार्मिक चर्चाओं में अक्कमहादेवी, मुक्तायक्का, नीलक्का, निम्बक्का, गंगादेवी, लिंगम्मा आदि अनेक स्त्रियों ने भाग लिया। इनमें से अनेक के वचन तो उनके दार्शनिक चिन्तन तथा उनकी साहित्यिक प्रगल्भता के द्योतक है। बारहवीं शती से आज तक के जिन 300 वीरशैव शरणों का उल्लेख किया जाता है, उनमें लगभग 60 स्त्रियाँ

भी थीं। वीरशैव समाज में स्त्रियों को विशिष्ट गौरवमय स्थान दिलाना म. बसवेश्वर के परिवर्तनवादी दृष्टिकोण का ही परिचायक है।

'अनुभव मंटप' के निर्माण में म. बसवेश्वर के साथ उनके भतीजे चन्नबसवेश्वर और अल्लमप्रभु का अनन्य योगदान रहा है। इस अनुभव मंटप के द्वारा नया धर्म, नई आचरण व्यवस्था का प्रारम्भ हुआ। यहाँ अनेक स्त्री-पुरुष शरणों ने बसवेश्वर के साथ वचन निर्मिति में अपना योगदान दिया। इनमें कश्मीर के राजा महादेव भूपाल, गुजरात का व्यापारी आदय्या, ओडिशा के कलिंगसे मरुळ शंकरदेव, आन्ध्र प्रदेश से रामय्या, दक्षिण भारत से राजा मादरस आदि अनेक महत्त्वपूर्ण व्यक्तियों ने अपना वचन साहित्य में योगदान दिया। अपने विचार लोगों तक पहुँचाने के लिए बसवेश्वर ने कन्नड़ लोकभाषा को अपनाया। इस प्रकार अल्प समय में अनुभव मंटप की ख्याति सारे भारतवर्ष में चारों ओर फैल गई।

'अनुभव मंटप' यह लिंगायत धर्म के सांस्कृतिक इतिहास की वस्तुनिष्ठ और यथार्थकारक अध्ययन करनेवाली संस्था रही है। यहाँ विभिन्न क्षेत्रों से 770 शरण और शरणियाँ इकट्ठे होते थे; और धार्मिक, सामाजिक तथा आर्थिक समस्याओं पर मुक्त चर्चा करते थे। एक तरह यह तत्कालीन धार्मिक और सामाजिक संसद कहलाती थी। जनतंत्र के अनुसार वहाँ सभी निर्णय लिये जाते थे। स्त्री-पुरुष, सधन-निर्धन, स्पृश्य-अस्पृश्य में समानता का व्यवहार किया जाता था। सभी शरण-शरणियों को मुक्त स्वतंत्रता प्रदान की गई थी। तत्कालीन भारत में धर्म का अधिकार केवल पुरोहितों को था। ज्ञान और सत्ता का केन्द्र कुछ सीमित लोगों के हाथ में था। मन्दिर में धर्म के नाम पर बहुजनों का शोषण किया जाता था। शूद्र समझे जानेवालों का मन्दिरों में प्रवेश निषिद्ध था। अन्धश्रद्धा, निरर्थक कर्मकांड, अनाचार, बहुदेवोपासना आदि के कारण सारा वातावरण दूषित हो गया था। ऐसी प्रतिकूल परिस्थिति में म. बसवेश्वर ने धार्मिक सुधार के लिए आन्दोलन चलाया। उस समय अपने देश में स्थावर लिंगपूजा प्रचलित थी। परन्तु मन्दिरों में सभी का प्रवेश नहीं था। हजारों वर्षों से अस्पृश्य माने जानेवाले लोगों का मन्दिरों में प्रवेश निषिद्ध था। इन मन्दिरों पर उच्चवर्णियों का अधिकार था। इस कारण बसवेश्वर ने मन्दिर और मूर्तिपूजा का विरोध कर इष्टलिंग पूजा की अभिनव पद्धति का प्रारम्भ किया। उनकी लिंगदीक्षा की पद्धति के कारण सभी जाति के लोगों तथा स्त्रियों को धार्मिक अधिकार प्राप्त हुआ, किसी में भी ऊँच-नीच का भेद नहीं रहा। इस कारण सामाजिक एकता और बन्धुभाव की निर्मिति में सहायता हुई। मानव प्रेम बसवेश्वर के दर्शन का मूलतत्त्व था। उनके प्रगत विचारों के कारण ही उन्हें सभी जाति, धर्मों और पन्थों के अनुयायी मिले।

सभी भारतीय सन्तानों को अपरिग्रह अर्थात् द्रव्य संचय न करने का उपदेश दिया है। परन्तु मनुष्य की सत्ता और सम्पत्ति की हवस कम होने की अपेक्षा बढ़ती ही जा रही है। बसवेश्वर आदि सन्तों ने अपरिग्रह का मात्र उपदेश नहीं दिया,

उन्होंने उसे अपने आचरण में भी उतारा। जैसे कबीरदास भगवान से इतना ही माँगते थे—

साईं इतना दीजिए, जामे कुटुम समाय।
मैं भी भूखा ना रहूँ, साधु न भूखा जाय॥

लेकिन बसवेश्वर तो भगवान से इतना कुछ नहीं माँगते थे, वे तो आज और कल के लिए कुछ भी संग्रह करने के विरोध में थे। वे भगवान से इतना ही निवेदन करते थे कि—

सोने की एक रत्ती, कपड़े का एक सूत, अन्न का एक दाना,
आज के लिए, कल के लिए होना चाहिए—ऐसा कहूँ तो
आपकी सौगन्ध। आपके पुरातनों की सौगन्ध।
ये आपके शरणों के लिए है, और कुछ नहीं जानता।

मनुष्य की पाशवी प्रवृत्ति का दमन करके समाज जीवन में सच्चरित्र निर्माण करने के लिए, हर एक को सार्थक जीवन व्यतीत करने के लिए नैतिक विचार आवश्यक होते हैं। आज के विज्ञान युग में नैतिकता या नीति विचार को समाजशास्त्र का विषय माना जाता है। लेकिन बारहवीं सदी में तत्कालीन परिस्थितियों में नैतिकता धर्म का एक अभिन्न अंग था, इसलिए नैतिक स्तर को उन्नत किए बिना धर्मानुसरण में प्रगति नहीं होगी, इस प्रकार की धारणा थी। इसलिए म. बसवेश्वर के धर्म विचार और नीति विचार में अविच्छिन्न सम्बन्ध दिखाई देता है। आत्मरक्षण हो या लोककल्याण शुद्धि बिना यह असम्भव है। इसलिए म. बसवेश्वर ने अपने एक वचन में नैतिकता के सप्तशील सिद्धान्त बताए हैं :

न करो चोरी, न करो हत्या,
न बोलो मिथ्या, न करो क्रोध;
न करो तिरस्कार, न करो आत्मस्तुति;
न करो परनिन्दा,
यही अन्तरंग शुद्धि, यही बहिरंग शुद्धि,
यही है कुडलसंगमदेव को प्रसन्न करने की रीति॥

म. बसवेश्वर ने इस वचन में व्यक्ति के अन्तरंग-बहिरंग की शुद्धता के लिए व्यापक अर्थों में सप्तसूत्र बताए हैं। हर एक व्यक्ति के लिए काया, वाणी और मन इन तीनों की शुद्धता रखना आवश्यक है। देह से घटित होनेवाली चोरी, हत्या यह कायादोष है; झूठ और क्रोध यह वाणी के दोष हैं। तिरस्कार, आत्मप्रशंसा, दूसरों की निन्दा, यह तीनों मन के दोष हैं। इन सब दोषों का निर्दलन करने के लिए अपने वचन में उन्होंने आठ शास्त्रों के सन्दर्भ दिए हैं—

1. चोरी आर्थिक अपराध है, अत: उसका सम्बन्ध अर्थशास्त्र से है।
2. हत्या करना पाप है, अत: उसका सम्बन्ध धर्मशास्त्र से है।

3. झूठ बोलना अनीति है, अत: उसका सम्बन्ध नीतिशास्त्र से है।
4. क्रोध मानसिक विकार है, अत: उसका सम्बन्ध मानसशास्त्र से है।
5. व्यक्तिगत अथवा सार्वजनिक रूप से किसी का भी तिरस्कार करना सामाजिक दुर्व्यवहार है, अत: उसका सम्बन्ध समाजशास्त्र से है।
6. स्वयं आत्मस्तुति करना दुराचार है, अत: उसका सम्बन्ध आचारशास्त्र से है।
7. निन्दा कर किसी पर कीचड़ उछालना, या परस्पर वैमनस्य पैदा करना गन्दी राजनीति का खेल है, अत: उसका सम्बन्ध राजनीति से है।
8. अपने अन्तरंग और बहिरंग को शुद्धि द्वारा कुडलसंगमदेव को प्रसन्न करना अध्यात्मशास्त्र का विषय है।

इस तरह से वचनकार म. बसवेश्वर के वचन साहित्य में अर्थशास्त्र, धर्मशास्त्र, नीतिशास्त्र, मानसशास्त्र, समाजशास्त्र, आचारशास्त्र, राजनीतिशास्त्र और अध्यात्मशास्त्र कुल मिलाकर आठ शास्त्र विद्यमान हैं।

म. बसवेश्वर के सप्तशील सिद्धान्त मानव जीवन को सफल बनाने में महत्त्वपूर्ण योगदान देनेवाले हैं। जो भी व्यक्ति उनके इन सिद्धान्तों का अनुसरण अपने जीवन में करेगा, वह भौतिक जीवन में किसी भी प्रकार के संकटों में नहीं फँसेगा। जो अत्यधिक उच्च स्थान है, उस स्थान को वह प्राप्त कर सकेगा। आत्मसाक्षात्कार का मार्ग खुल जाएगा, इसलिए प्रत्येक व्यक्ति को म. बसवेश्वर के इन सप्तशील सिद्धान्तों का पालन अपने जीवन में करना चाहिए। ये सिद्धान्त निम्नलिखित हैं—चोरी न कर, हिंसा न कर, असत्य न बोलो, क्रोध न कर, तिरस्कार न कर, आत्मस्तुति न कर, निन्दा न कर।

चोरी न कर : म. बसवेश्वर का यह सदाचार का प्रथम सिद्धान्त है। इसका तात्पर्य है कि चोरी करना मनुष्य के व्यक्तित्व पर कलंक है, सामाजिक गुनाह है। समाज में सभी ओर चोर-लुटेरों का अस्तित्व है। जो चीज अपनी नहीं, उसे छूना गलत है। हर एक मनुष्य को श्रम-पसीने से काम करके अपनी आवश्यकताओं की पूर्ति करनी चाहिए। भ्रष्टाचार, आर्थिक शोषण, काम न करना आदि भी चोरी ही है। इससे परावलम्बी सामाजिक परिस्थिति का दर्शन होता है। समाज में सभी लोगों के लिए बसवेश्वर का यह सिद्धान्त श्रम का महत्त्व प्रतिपादित करता है।

हिंसा न कर : म. बसवेश्वर के सप्तशील सिद्धान्तों में यह दूसरा सदाचार का सिद्धान्त है। इसका तात्पर्य है कि जीव-हत्या न कर, किसी को कष्ट मत दो, किसी को हानि न पहुँचाओ। स्वार्थ के हेतु द्वेष भावना से हिंसा करना अनुचित है। मानसिक, शाब्दिक और शारीरिक किसी भी प्रकार से प्रत्यक्ष-अप्रत्यक्ष व्यवहार में किसी जीव पर हिंसा नहीं होनी चाहिए। मनुष्य को समझना चाहिए कि अहिंसा धर्म है, जीवन का मूलमंत्र है। हिंसा अन्धकार है और अहिंसा प्रकाश का मार्ग है। हिंसा जीवन के प्रति संकुचित दृष्टि है और अहिंसा व्यापक दृष्टि है।

असत्य न बोलो : म. बसवेश्वर के सप्तशील सिद्धान्तों में यह तीसरा सदाचार है। इसका तात्पर्य यह है कि मनुष्य को आजीवन सत्य बोलना चाहिए। आज हम देखते हैं कि समाजव्यवस्था में झूठ ने प्रच्छन्न होकर निवास कर लिया है, पुत्र माता-पिता से, पत्नी पति से, पति पत्नी से, भाई भाई से, गुरु शिष्य से, शिष्य गुरु से झूठ बोलते हैं। राजनेता झूठे आश्वासन देते हैं। इस प्रकार सत्य की अनभिज्ञता सबसे बड़ी अनभिज्ञता है। सत्य का अर्थ है यथार्थता, जो तथ्य जैसा है, उसे मानना, स्वीकार करना। सत्य ही सर्वश्रेष्ठ जीवनमूल्य है।

क्रोध न कर : म. बसवेश्वर ने व्यक्ति के सामाजिक स्वास्थ्य की ओर ध्यान देते हुए अपने चौथे सदाचार सिद्धान्त में क्रोध न करने का महत्त्व बताया है। क्रोधित होना या गुस्सा होना व्यक्ति का सहज स्वभाव है। क्रोध के कारण मनुष्य को बड़े-बड़े संकटों को सामना करना पड़ा है। काम, क्रोध, मद, मोह, माया, मत्सर में क्रोध व्यक्ति के लिए सबसे बड़ा हानिकारक है। व्यक्ति की प्रगति में क्रोध रुकावट पैदा करता है। क्रोध व्यक्ति के स्वास्थ्य पर बुरा असर करता है।

तिरस्कार न कर : म. बसवेश्वर के सप्तशील सिद्धान्त में पाँचवाँ सिद्धान्त दूसरों का तिरस्कार न कर। यह महत्त्वपूर्ण सिद्धान्त है। म. बसवेश्वर ने किसी भी चीज का तिरस्कार न करने के लिए बताया है। अर्थात् वर्गभेद, वर्णभेद, लिंगभेद, वर्तमान समय में उत्पन्न हुआ प्रदेशभेद, भाषाभेद आदि भेदभावों को त्यागकर सभी के मिल-जुलकर रहने से राष्ट्रीय एकता उत्पन्न होती है। विश्वबन्धुत्व की भावना में वृद्धि हो सकती है। इसलिए बसवेश्वर ने अपने एक वचन में कहा है कि यह कौन है ? कहने की अपेक्षा यह अपना है, यह कहना उचित है। सबको गले लगाने से प्रेम में निरन्तर वृद्धि होती है। मानव की कोई जाति नहीं होती। भक्त और भावक यही दो जातियाँ होती हैं। सदाचारी को मानव कहा जाता है; तो दुराचारी को दानव कहा जाता है। म. बसवेश्वर उच्च कुल में पैदा होकर भी निम्न जातियों, पीड़ित, शोषित वर्ग के लिए, स्त्रियों को ऊपर उठाने के लिए हर सम्भव प्रयास करते रहे। दूसरों के प्रति अपनापन दिखाते हुए अपने जीवन में आए सभी सुख-दुखों को तिरस्कृत किए बिना उन्हें अपनाना चाहिए, ऐसा कहते हैं। मनुष्य जीवन संघर्षमय है, इसलिए आज के स्पर्धात्मक युग में सभी को अपनापन देना चाहिए, किसी का तिरस्कार न करते हुए। यह विचार हमारे सामने वह रखते हैं।

आत्मस्तुति न कर : म. बसवेश्वर ने आत्मस्तुति का विरोध किया है। मनुष्य की बुरी आदत होती है कि वह अपनी बुरी आदतों को छिपाकर स्वयं को बहुत अच्छा दर्शाने का प्रयास करता है। मैं ही चन्द्र, मैं ही इन्द्र समझकर वह अपनी आत्मस्तुति में लगा रहता है। दर्पण में व्यक्ति का चेहरा जैसा है, वैसा दिखाई देता है; लेकिन उसे अपने मनरूपी दर्पण में झाँककर देखना चाहिए, तभी उसे अपने कुछ दोषों का पता लगेगा। अगर व्यक्ति अपने दोषों को दूर नहीं करेगा तो उसके

अध:पतन के लिए वही कसूरवार होगा। इसलिए म. बसवेश्वर कहते हैं कि अपने दोषों का निवारण पहले कर लेना चाहिए। बिना कोई विशेष कार्य किए, अपने द्वारा स्वयं ही बढ़ा-चढ़ाकर खूब वर्णन कर लेते हैं। जो व्यक्ति ज्ञानी, हितचिन्तक और क्रियाशील होता है वह सही मायने में आत्मस्तुति के पीछे नहीं पड़ता। परदे के पीछे रहकर, बिना कोई प्रसिद्धि चाहे वह अपने उद्देश्यों की पूर्ति के लिए कार्य करता रहता है। बसवेश्वर का व्यक्तित्व अवर्णनीय है। वे स्वयं को सबसे छोटा मानते हैं। सभी शिवशरणों के सम्मुख दोनों हाथ जोड़कर नतमस्तक होते हुए कहते हैं कि शिवशरणों से बड़ा कोई नहीं और मुझसे कोई छोटा नहीं है। यही उनकी विनम्रता है।

निन्दा न कर : म. बसवेश्वर का यह सातवाँ सिद्धान्त सदाचार का अप्रतिम सिद्धान्त है। इसमें दूसरों की निन्दा न करने का विचार प्रकट किया गया है। सभी महात्माओं ने प्रेम का महत्त्व अभिव्यक्त किया है। प्रेम से बलवान शस्त्र दूसरा नहीं है। व्यक्ति जब दूसरों की ओर उँगली दिखाता है तो उसकी तीन उँगलियाँ अपनी ओर रहती हैं। इसे समझकर पहले अपने आपको सुधार लेना चाहिए। निन्दा करने से वाणी का दुरुपयोग होता है। मनुष्य ही एक ऐसा प्राणी है जो बोल सकता है, अपने विचारों को वाणी के माध्यम से सम्प्रेषित कर सकता है। वाणी कैसी होनी चाहिए, इसके लिए बसवेश्वर आदि शरणों ने अपने वचनों में मीठी वाणी पर बल दिया है। परनिन्दा करने से वाणी की पवित्रता मिट जाती है। दूसरों को बुरा-भला कहना, एक-दूसरे के प्रति मन में गलत बातों को भरना इस प्रकार के कृत्य लोगों का अहित कर देते हैं। आज हम देखते हैं कि जहाँ भी जाएँ हर जगह पर वाणी में मधुरता की जगह कड़वाहट, कर्कशता है इसके कारण सभी में अलगाव, संघर्ष, नफरत, द्वेष, हिंसा, घृणा उत्पन्न हो रही है। इसलिए बसवेश्वर कहते हैं कि व्यक्ति को अपने मन पर, जिह्वा पर नियंत्रण रखना चाहिए।

सहायक ग्रन्थ

- डॉ. मारोती तेगमपुरे : महात्मा बसवेश्वर : काळ आणि कर्तृत्व, पृ. 9, 36, 94
- प्रा. चन्द्रकान्त एकलारे : क्रान्तिकारी विचारक : महात्मा बसवेश्वर, पृ. 17, 100, 121, 131
- प्रा. भीमराव पाटिल/प्रा. विजयकुमार करजकर : युगप्रवर्तक महात्मा बसवेश्वर, पृ. 11-18, 157, 255-58, 264-73

खंड-तीन

मध्यकालीन भक्ति साहित्य में अभिव्यक्त सामाजिक समरसता

मध्यकालीन भक्तिकाव्य : सामाजिक एकात्मता

डॉ. शिवप्रसाद शुक्ल

मध्यकालीन भक्तिकाव्य इतिहास की दृष्टि से मध्यकाल है, परन्तु डॉ. रामविलास शर्मा उसे लोकजागरण काल कहते हैं। हाँ, भक्ति आन्दोलन से ही सभी भारतीय भाषाएँ प्रकाश में आईं। हमें यह नहीं भूलना चाहिए कि उस समय हम मुसलमानों के गुलाम थे। इसीलिए मनोवैज्ञानिक स्तर पर जाकर रामचन्द्र शुक्ल ने कहा कि भक्ति निराशा की देन है। मध्यकालीन भक्तिकाव्य के सभी कवियों के पास वैचारिक पृष्ठभूमि आद्यन्त दिखाई पड़ती है, परन्तु हम उन्हें किसी वाद के कटघरे में चुस्त ढंग से न खड़ा करें। पंचतंत्र संहिता, भगवद्गीता, अध्यात्म रामायण, बौद्ध, जैन, नाथ, सिद्ध, हठयोगियों, वैष्णवों, शैवों, शाक्तों एवं चार्वाकों का यथेष्ट प्रयोग देखा जा सकता है। कबीर, जायसी, सूर एवं तुलसी के दर्शन के पीछे सबसे बड़ी शक्ति लोक की है और कहीं-कहीं भाषिक विभावन लक्षण के कारण शास्त्र की भी। कबीर ने शास्त्र भले ही न पढ़ा हो, लेकिन रामानन्द की गुरु दीक्षा और सत्संग के प्रभाव से उन्होंने इन तत्त्वों को ग्रहण किया है। हालाँकि डॉ. धर्मवीर कबीर का गुरु रामानन्द को नहीं मानते हैं। फिर भी कबीर सगुण ब्रह्म की अपेक्षा निर्गुण ब्रह्म को ज्यादा महत्त्व देते हैं। यही कारण है कि कबीर अवतारों एवं अवतारों की कथाओं दोनों का खंडन करते हैं। वे भले ही निर्गुण ब्रह्म पर बल देते हों, परन्तु ब्रह्म के निर्गुण और सगुण दोनों रूप अभिन्न हैं। इसीलिए वे कभी-कभी कहने में कठिनाई महसूस करते हैं :

सन्तो धोका काँसू कहिए।
गुण में निर्गुण निर्गुण में गुण बाट छाँड़ि क्या बहिए।
खालिक खलक खलक महि खालिक सब घट रह्या समाइ।

(कबीर ग्रन्थावली)

जिस तरह जड़ एवं चेतन एक दूसरे के पूरक हैं, उसी तरह ब्रह्म, जीव एवं जगत् अलग होते हुए भी एक-दूसरे के पूरक हैं। जायसी भी पद्मावत, अखरावट और आखिरी कलाम में ईश्वर के कर्ता, शक्तिमान और कृपालु रूप की बहुत प्रशंसा करते हैं। जो लोग जायसी के पद्मावत को दर्शन से शून्य विशुद्ध कविता कहने के

हिमायती हैं उन्हें इस बात का ध्यान रखना चाहिए कि अखरावट और आखिरी कलाम भी उन्हीं की रचनाएँ हैं। इसीलिए कविता उनके यहाँ धार्मिक चेतना की अभिव्यक्ति का एक साधन मात्र है। कबीर एवं जायसी में ब्रह्म विवेचन को लेकर भिन्नता होते हुए भी कहीं-कहीं काफी निकट दिखाई देती है—

नाँ तिस सबद न स्वाद न सोहा, नाँ तिहि मात पिता नहीं मोहा॥
नाँ तिहि सास ससुर नहिं सारा, नाँ तिहि रोज न रोवनहारा॥

(कबीर ग्रन्थावली, सं. श्यामसुन्दर दास, पृ. 243)

जीभ नाहिं पै सब किछु बोला। तन नाहीं सब ठाहर डोला॥
स्रवन नाहिं पै सब किछु सुना। हिया नाहिं पै सब किछु गुना॥
नयन नाहिं पै सब किछु देखा। कौन भाँति अस जाइ बिसेखा॥

(पद्मावत, सं. रामचन्द्र शुक्ल, पद सं. 2, पृ. 1)

इन दोनों उद्धरणों में अगर नाम न बताया जाए तो यह बताना मुश्किल होगा कि इनमें से कौन-सा उद्धरण कबीर का है और कौन-सा जायसी का। निर्गुण ब्रह्म के विवेचन में साम्य होने के बावजूद कुछ पहलुओं पर कबीर और जायसी में अन्तर है। जायसी कहीं भी सगुण ब्रह्म की चर्चा या प्रशंसा या आलोचना करते नहीं दिखाई पड़ते हैं। इसीलिए वे अवतारवाद के खंडन को भी अपने निर्गुण ब्रह्म के विवेचन में नहीं उठाते हैं। जबकि कबीर सगुण ब्रह्म का दबाव भी महसूस करते हैं और अवतारवाद का खंडन भी करते हैं। इस तरह कबीर अवतारवाद के प्रति विशेष सजग हैं और उसे वे माया प्रेरित बताते हैं। उदाहरणार्थ—

ना दसरथि घरि औतरि आवा, नाँ लंका का राज सतावा॥
देवै कूखि न औतरि आवा, ना जसवै लै गोद खिलावा॥

(कबीर ग्रन्थावली, पृ. 243)

सूर सगुण और निर्गुण दोनों के ही महत्त्व को स्वीकार करते हैं और जगह-जगह निर्गुण ब्रह्म की विशेषताओं का भी प्रत्याख्यान करते हैं। लेकिन वे प्रधानतः गुणगान सगुण ब्रह्म का ही करते हैं। कारण यह कि निर्गुण ब्रह्म के स्वरूप का साक्षात्कार वे अपनी सामर्थ्य के बाहर मानते हैं। रूप-रंग रहित होने के कारण निर्गुण ब्रह्म में मन को टिकाने के लिए जगह नहीं है। वे स्वयं कहते हैं—

अबिगत गति कछु कहत न आवै।
ज्यौं गूँगे मीठे फल कौ रस अन्तरगत ही भावै।
परम स्वाद सबही सु निरन्तर अमित तोष उपजावै।
मन बानी कौं अगम अगोचर सो जानै जो पावै।
रूप रेख गुन जाति जुगति बिनु निरालम्ब कित धावै।
सब बिधि अगम बिचारहिं तातैं सूर सगुन पद गावै।

(सूरसागर, प्रथम स्कन्ध, पद संख्या-2, पृ.1)

इस उदाहरण से स्पष्ट है कि सूर निर्गुण के बजाय सगुण ब्रह्म की लीला का गान करने का संकल्प लेकर चलते हैं। यही कारण है कि शुद्धाद्वैत/पुष्टिमार्गी ब्रह्म का आख्यान कृष्ण के माध्यम से मिलता है। जहाँ तक तुलसी के ब्रह्म विवेचन का प्रश्न है वे कबीर, जायसी एवं सूर की तुलना में अधिक शास्त्र अधीत हैं। वे शास्त्र–पुराण–आगम से भली प्रकार परिचित हैं। इसीलिए निर्गुण ब्रह्म चर्चा उनकी भक्ति कविता के क्रम में है। उन्होंने 'अगुनहिं सगुनहिं नहिं कछु भेदा' कहकर निर्गुण एवं सगुण रूपों का व्यावर्तक लक्षण रामभक्तिधारा में निरूपित किया। मनुष्य के रूप में ईश्वर के सगुण रूप की जितनी व्यापक चर्चा तुलसी ने की है उतना मध्यकाल के किसी दूसरे भक्त कवि ने नहीं की है। सूर ने कृष्ण के जिस सगुण रूप की चर्चा की है उसमें उनके बालजीवन और किशोरावस्था की लीलाओं का ही वर्णन अधिक मिला, जबकि तुलसी ने राम के समग्र व्यक्तित्व को और उसके बहाने सम्पूर्ण मानव जीवन को अपनी भक्ति कविता के दायरे में समेट लिया है। इस प्रकार सगुण लीला का गान करने में इन दोनों भक्त कवियों के दृष्टिकोण में काफी अन्तर है। सूर और तुलसी दोनों निर्गुण ब्रह्म के उस स्वरूप का खंडन करते हैं जो गोपियों का ध्येय रहा है। एक तरफ सूर ने उद्धव को योगियों का प्रतिनिधि बनाकर गोपियों के माध्यम से योग की आलोचना की, तो दूसरी तरफ तुलसी ने 'गोरख जगायो जोग, भगति भगायो लोग' कहकर योग की आलोचना की है। कुछ आलोचकों का यह कहना है कि यह अपरोक्ष रूप से कबीर आदि निर्गुणिया भक्तों की निर्गुण भक्ति की आलोचना है। तुलसी ने लिखा—

साखी सबदी दोहरा कहि किहनी उपखान।
भगति निरूपहिं भगत कलि निंदहिं बेद पुरान॥
श्रुति संमत हरि भक्ति पथ संजुत बिरति बिबेक।
तेहिं न चलहिं नर मोह बस कल्पहिं पंथ अनेक॥

अपरोक्ष रूप से यह तुलसी की कबीर जैसे भक्त कवियों की आलोचना मानी जा सकती है, लेकिन जहाँ तक सूर की बात है, उन्होंने भक्ति रहित ज्ञान, योग एवं निर्गुण ब्रह्म की आलोचना की है। हाँ, भक्तियुक्त ज्ञानयोग के वे आलोचक नहीं हैं। यदि वे इसके आलोचक होते तो उद्धव को, जो ज्ञान और योग पन्थ में दीक्षित हैं, गोपियाँ भक्ति अभिमुख कराने की कोशिश न करतीं। एक बात और महत्त्वपूर्ण है, सूर सगुण ब्रह्म की लीला का गुणगान कृष्ण लीला के रूप में करते हैं और अवतारों का, खासतौर से राम का उनसे अभेद स्थापित करते हैं। जबकि तुलसी प्रधानत: राम के चरित का गुणगान करते हैं और अवतारों से उनका अभेद स्थापित करते हैं। सूर राम कथा की चर्चा 150 से अधिक पदों में करते हैं और तुलसी कृष्ण की कथा का गायन कृष्ण गीतावली में करते हैं। अन्य देवताओं से जैसे शिव से राम का अभेद स्थापित करने का आग्रह तुलसी में विशेष दिखाई पड़ता है, सूर में नहीं। कबीर और

जायसी अपने ब्रह्म विवेचन में समन्वय की बात इस प्रकार करते नहीं दिखाई पड़ते।

माया की चिन्ता कबीर को सबसे अधिक सताती है। उनकी दृष्टि में सांसारिक वस्तुओं का जो बाहरी रूप दिखाई पड़ता है, वह सब माया की रचना है। संसार में कोई वस्तु या जीव नहीं है जो माया के प्रभाव से मुक्त हो। यह एक ओर ब्रह्म को छिपाने का माध्यम है और दूसरी ओर सृष्टि के जीवों को बाँधने का एक पाश। इसीलिए कबीर माया को कभी डाकिनी, शापिनी एवं ठगिनी के रूप में याद करते हैं। कबीर की माया उन सारी विशेषताओं को रखती है जिसकी चर्चा ईश्वरवादी भारतीय दर्शनों में होती रही है, किन्तु कबीर को माया का यह स्वरूप ईश्वरवादी दर्शनों की माया के बजाय नाथपन्थियों के माया के विवेचन से मिलता है। इसके अन्तर्गत उनका लोकानुभव भी शामिल है। कबीर जहाँ सांसारिक रिश्तों की नश्वरता की बात करते हैं तो कहीं न कहीं उसका आधार अमानवीयता भी है। यानी भक्तिहीन रिश्ते उनकी दृष्टि में सच्चे रिश्ते नहीं हैं। इसीलिए वे लौकिक स्तर पर जिन रिश्तों को माया करार दे देते हैं, उन्हीं रिश्तों को भगवान से जोड़कर पवित्र बना देते हैं।

सामाजिक सम्बन्धों के आधार पर अपने और भगवान को एक खास रिश्ते में बाँधना यह दर्शन के बजाय लोकानुभव से मिली हुई बात है। इसीलिए उनके माया दर्शन के स्वरूप में जहाँ एक ओर नाथ परम्परा का हाथ है, वहीं दूसरी ओर उनके अनुभव का भी। कबीर के समान जायसी और सूर माया से उतने आतंकित नहीं हैं। जायसी के यहाँ माया के लिए कोई जगह नहीं है। भारतीय दर्शन के प्रभाव की वजह से ही कहीं माया का नाम लेते हैं। वे शैतान की बात अवश्य करते हैं जो सामी दर्शन के अधिक निकट है। सूर के यहाँ माया जैसी कोई चीज नहीं है। शक्ति की चर्चा अवश्य है। सृष्टि के विकास में शक्ति सहायक की भूमिका निभाती है। इसीलिए सूर के यहाँ उसके शक्ति रूप का ही विशेष विवेचन हुआ है। राधा कृष्ण की शक्ति ही हैं। वे माया का अधिष्ठान ग्रहण करके सामने नहीं आतीं। वल्लभाचार्य के सम्पर्क में आने के पहले सूर के अनेक पदों में माया का आतंक दिखाई पड़ता है। लेकिन उनके सम्पर्क में आ जाने के बाद कृष्ण लीला के गायन के प्रवाह में यह आतंक दूर हो जाता है और शक्ति का उल्लास ही उल्लास दिखाई पड़ता है—

अब मैं नाच्यौं बहुत गुपाल।
काम क्रोध कौ पहिरि चोलना, कंठ बिषय की माल।
महामोह के नूपुर बाजत, निन्दा सबद रसाल।
भ्रम भोयौ मन भयौ पखावज, चलत असंगत चाल।
तृष्ना नाद करति घट भीतर, नाना बिधि दै ताल।
माया को कटि फेंटा बाँध्यौ, लोभ तिलक दियौ भाल।

कोटिक कला काछि दिखराई, जल थल सुधि नहिं काल।
सूरदास की सबै अबिद्या दूरि करौ नँदलाल।

(सूरसागर, प्रथम स्कंध, पद 153)

यहाँ कबीर एवं सूर माया को लोकानुभव से ग्रहण करते हैं। माया की विलक्षणता और चमत्कार की चर्चा 'बेली कौ अंग' में कबीर विस्तार से करते हैं—

जे काटौ तौ डहडही, सीचौं तो कुमिलाइ।
इस गुणवंती बेलि का, कुछ गुण कह्याँ न जाइ।
आँगणि बेलि अकासि फल, अणव्यावर का दूध।
ससा सींग की धनुहड़ी, रमै बाँझ का पूत।

(कबीर ग्रन्थावली, बेली कौ अंग)

कबीर के माया दर्शन के सबसे निकट तुलसी हैं। तुलसी की अविद्या माया मूलत: कबीर की ही खोटी माया है। तुलसी ने भी कबीर की तरह माया के व्यापक दुष्प्रभाव की चर्चा की है। इसके साथ वे माया के दूसरे पहलू पर प्रकाश डालते हैं जो जीव को मुक्त करती है, जबकि पहली बाँधती है। माया के इस दूसरे रूप की चर्चा कबीर के यहाँ उस रूप में नहीं मिलती, जिस रूप में तुलसी के यहाँ है। कबीर ने भी माया के दो भेदों की चर्चा की है। पहली स्थूल माया, दूसरी झीनी माया। कनक एवं कामिनी आदि को स्थूल माया कहते हैं और आदर-मान-सम्मान को झीनी माया। माया उनके यहाँ किसी रचनात्मक शक्ति या अनुग्रह के रूप में नहीं दिखाई पड़ती, महज साधना के बाधक रूप में दिखाई पड़ती है। तुलसी के यहाँ अविद्या माया जीव और ब्रह्म के बीच अवश्य भेद पैदा करती है, लेकिन विद्या माया जीव को ईश्वर से जोड़ती है। माया के जिस अवतार की चर्चा सीता के रूप में तुलसी करते हैं उसकी परिकल्पना कबीर के काव्य में नहीं दिखाई पड़ती है। इस प्रकार तुलसी की दृष्टि में सीता आदिशक्ति या विद्या माया की ही प्रतीक हैं। इसीलिए वे जीव का भ्रम मिटाकर उसे राम से जोड़ती हैं। माया और शक्ति में जिस तरह के विपरीत सम्बन्ध की बात कबीर करते हैं उस तरह के सम्बन्ध की कल्पना तुलसी नहीं करते हैं। कबीर एवं तुलसी ने इस सम्बन्ध ज्ञापन के लिए बिलकुल भिन्न-भिन्न दृष्टान्त चुना है। कबीर के यहाँ भक्ति और माया का सम्बन्ध उलटा है। माया भक्तों से डरकर दूर भागती है—

माया दासी सन्त की, ऊभी देइ असीस।
बिलसी अरु लातौं छड़ी, सुमिरि-सुमिरि जगदीस॥
कबीर माया डाकणीं, सब किसही कौं खाइ॥
दाँत उपाड़ौ पापणीं, जे संतौ नेड़ी जाइ॥

(कबीर ग्रन्थावली, माया कौ अंग, 10, 21)

तुलसी ने माया को परम्परागत दृष्टान्त से समझाने की कोशिश की है—

इहाँ न पच्छपात कछु राखउँ। बेद पुरान संत मत भाषउँ॥
मोह न नारि नारि कें रूपा। पन्नगारि यह रीति अनूपा॥
माया भगति सुनहु तुम्ह दोऊ। नारि बर्ग जानइ सब कोऊ॥
पुनि रघुबीरहि भगति पिआरी। माया खलु नर्तकी बिचारी॥
भगतिहि सानुकूल रघुराया। ताते तेहि डरपति अति माया॥

(रामचरितमानस, 7/115ख-1, 2, 3, 4, 5)

यहाँ कबीर एवं तुलसी की माया आशा, तृष्णा, कनक, कामिनी, मान एवं मोह से सम्पूर्ण संसार को बाँधती है। इसीलिए कबीर एवं तुलसी यह मानकर चलते हैं कि इस माया से छुटकारा बिना भगवत्कृपा के नहीं हो सकता :

सांकल हूँ ते सबल है, माया इहि संसार।
ते क्यूँ छूटैं बापुड़े, बाँधे सिरजनहार॥

(कबीर ग्रंथावली, माया कौ अंग, 25)

अस कछु समुझि परत रघुराया।
बिनु तव कृपा दयालु दास हित मोह न छूटै माया।

(तुलसी ग्रन्थावली, विनयपत्रिका, पद 123)

इस बार तुलसी ने विशेष रूप से नारी आसक्ति को माया कहकर तिरस्कृत किया—

माया की झलि जग जलै, कनक कामणी लागि।
कहु धौं किहि बिधि राखिये, रुई पलेटी आगि॥

(कबीर ग्रन्थावली, माया कौ अंग, 13)

काम क्रोध लोभादि मद प्रबल मोह कै धारि।
तिन्ह महँ अति दारुन दुखद मायारूपी नारि॥

(रामचरितमानस, 03/43)

इस प्रकार कबीर तुलसी में माया के बन्धन वाला पक्ष एक जैसा है।

जीव की चर्चा किसी न किसी रूप में कबीर, जायसी, सूर और तुलसी चारों कवि करते हैं। खासतौर से ये जीव की दो स्थितियों की चर्चा करते हैं—प्रथम माया मुक्त एवं द्वितीय माया युक्त। जीव के माया मुक्त स्वरूप का नाम है आत्मा और माया युक्त का नाम है जीव। इनके बीच जीव की एक स्थिति और दिखाई पड़ती है वह है जीव का माया के प्रति मोह भंग, जागरण और ईश्वर की प्राप्ति के लिए उसकी ओर प्रयाण। सामान्यत: मनुष्य मायाग्रस्त होता है। संसार में कोई ऐसा जीव नहीं है जो ईश्वर से अलग होने के बाद मायाग्रस्त न हो। वैसे जीव अपने असली स्वरूप में ब्रह्म का ही अंश है और खुदा का नूर है। इस मत से सभी कवि सहमत हैं। लेकिन सांसारिक चक्र में वह उनसे अलग हो जाता है तथा अपने को ही कर्ता, धर्ता और हर्ता सब कुछ मानने लगता है—

पाणी केरा पूतला, राख्या पवन सँवारि।
नाँनाँ बाँणी बोलिया, जोति धरी करतारि॥
नौ मण सूल अलूझिया, कबीर घर घर बारि।
तिनि सुलझाया बापुड़े, जिनि जाणीं भगति मुरारि॥

(कबीर ग्रन्थावली, बिचार कौ अंग, साखी-4-5)

मैं सबहिन्ह महिं औरनि मैं हूँ सब।
मेरी बिलगि बिलगि बिलगाई हो।
कोई कहौ कबीर कोई कहौ राम राई हो॥ टेक॥
नाँ हम बार बूँढ़ नाही हम नाँ हमरै चिलकाई हो॥
पठएँ न जाऊँ अनवा नहि सहजि रहूँ दुनियाई हो॥

(कबीर ग्रन्थावली, पदावली-50)

ब्रह्म ने मनुष्य के नाक, कान, आँख, जीभ, मुख, शीश एवं पैर सबकी रचना की है। इस पृथ्वी पर जितने भी जीव हैं सबको ईश्वर ने बनाया है। सबमें उसी का वास है। लेकिन आत्मा परमात्मा से विलग होकर जीव हो जाता है, परमात्मा परमात्मा रहता है। जीव के विषय में जायसी का भी अभिमत कुछ इसी प्रकार का है—

दीन्हेसि नयन जोति उजियारा। दीन्हेसि देखै कहँ संसारा॥
दीन्हेसि स्रवन बात जेहि सुनै। दीन्हेसि बुद्धि ज्ञान बहु गुनै॥
दीन्हेसि नासिक लीजै बासा। दीन्हेसि सुमन सुगन्ध बिरासा॥
दीन्हेसि जीभ बैन रस भाखै। दीन्हेसि भुगुति साध सब राखै॥
दीन्हेसि दसन, सुरग कपोला। दीन्हेसि अधर जे रचैं तँबोला॥
दीन्हेसि बदन सुरूप रँग, दिन्हेसि माथे भाग।
देखि दयाल 'मुहम्मद', सीस नाइ पद लाग॥

(जायसी ग्रन्थावली, सं. रामचन्द्र शुक्ल, आखिरी कलाम, पद-1)

कबीर एवं जायसी की ही तरह सूरदास का भी अभिमत द्रष्टव्य है—

पहिलै हौं ही हो तब एक।
अमल अकल अज भेद बिबर्जित सुनि बिधि बिमल बिबेक।
सो हौं एक अनेक भाँति करि सोभित नाना भेष।
ता पाछैं इन गुननि गए तैं हौं रहिहौं अवसेष॥

(सूरसागर, द्वितीय स्कन्ध, पद-38)

तुलसीदास भी उपरोक्त कवियों की तरह जीव की सत्ता को स्वीकार करते हैं—

ईस्वर अंस जीव अबिनासी। चेतन अमल सहज सुख रासी॥
सो मायाबस भयउ गोसाईं। बँध्यौ कीर मरकट की नाईं॥

जड़ चेतनहि ग्रंथि परि गई। जदपि मृषा छूटत कठिनई॥
तब ते जीव भयउ संसारी। छूट न ग्रंथि न होइ सुखारी॥

(रामचरितमानस, 7/116-2, 3, 4, 5)

जीव के अनेक योनियों की चर्चा सभी भक्त कवियों ने की है। उसमें मनुष्य जीवन की दुर्लभता हर किसी ने स्वीकार की है और उनकी सार्थकता हर किसी ने ईश्वर को पाने में और उसकी भक्ति करने में देखी है—

मनिषा जनम दुर्लभ है, देह न बारम्बार।
तरवर थै फल झड़ि पड़्या, बहुरि न लागै डार॥

(कबीर ग्रन्थावली : 'चितावणी कौ अंग', 34)

मानिख जनम अवतारा, नाँ ह्वै है बारम्बारा।
कबहूँ ह्वै किसा विहाँनाँ, तर पँखी जेम उडानाँ॥

(कबीर ग्रन्थावली, पद 296, पृ. 141)

हरि तुम बहुत अनुग्रह कीन्हो।
साधन धाम बिबुध दुरलभ तनु मोहि कृपा करि दीन्हों।

(विनयपत्रिका, पद 102)

इन भक्त कवियों की दृष्टि में सम्पूर्ण जीवों में मनुष्य योनि सर्वश्रेष्ठ है। भक्तिकाल में मनुष्य योनि की सार्थकता ईश्वर के तालमेल से है। इसीलिए जायसी ने भी 'मानुष प्रेम भयउ बैकुंठी' कह करके मनुष्य की इसी विशिष्टता की ओर संकेत किया। सूफियों के यहाँ सम्पूर्ण साधन ही मनुष्य प्रेम को उदात्त बनाकर स्वर्गीय बनाने का है। निश्चय ही इस कार्य को जीवों में मनुष्य को ही करने का सौभाग्य प्राप्त है। नफस से कल्ब की मुक्ति की साधना जीव की माया से मुक्त होने की ही साधना है। मध्ययुगीन भक्तिकाव्य के सम्पूर्ण कवि इस विचार से ग्रस्त हैं कि यह मनुष्य शरीर नश्वर है। शरीर द्वारा ईश्वर को छोड़कर जो भी उपलब्धियाँ होती हैं, सभी क्षणिक हैं। इस नश्वर शरीर को अनश्वर बनाने का एकमात्र उपाय है कि ईश्वरानुराग। इस प्रकार सम्पूर्ण भक्त कवियों की चिन्ता नश्वर शरीर से अनश्वर होने की है। इस अमरत्व की प्राप्ति वे ईश्वर से ही जुड़कर पाते हैं। जगत् के विषय में सम्पूर्ण भक्त कवि ईश्वरवादी हैं। वे मानते हैं कि इस जगत् का उद्‌भव ईश्वर से हुआ है और उसका नाश भी उसी के द्वारा होता है। कबीर, जायसी और तुलसी में इसकी चर्चा बार-बार है। सूर में इसकी चर्चा कम है। जगत् के विकास के बारे में ये सम्पूर्ण भक्त कवि द्वन्द्ववादी हैं। जड़-चेतन, दिन-रात, सूर्य-चन्द्रमा, धनी-निर्धन, राजा-रंक, पाप-पुण्य, स्त्री-पुरुष, ऊँच-नीच आदि सबकी उत्पत्ति का कारण ये ईश्वर को ही मानते हैं। हालाँकि डॉ. बाबासाहेब अम्बेडकर की टिप्पणी सन्त कवियों की तमाम सीमाओं को खींचती हैं। ''जहाँ तक सन्तों का प्रश्न है, तो मानना पड़ेगा कि विद्वानों की तुलना में सन्तों के उपदेश कितने ही अलग और उच्च हों, वे शोचनीय रूप से निष्प्रभावी रहे हैं।

वे निष्प्रभावी दो कारणों से रहे हैं। पहला किसी सन्त ने जाति-व्यवस्था पर कभी भी हमला नहीं किया। इसके विपरीत वे जात-पाँत की व्यवस्था के पक्के विश्वासी रहे हैं। उनमें से अधिकतर उसी जाति के होकर जिये और मरे उसी जाति में जिसके वे थे। उन्होंने यह शिक्षा नहीं दी कि सारे मानव समान हैं पर यह शिक्षा दी कि ईश्वर की सृष्टि में सारे मानव समान हैं। दूसरा कारण यह था कि सन्तों की शिक्षा प्रभावहीन रही है। क्योंकि लोगों को पढ़ाया गया कि सन्त जाति-बन्धन तोड़ सकते हैं, लेकिन आदमी नहीं तोड़ सकता। इसीलिए सन्त अनुसरण करने का उदाहरण नहीं बने।'' (मुख्य धारा का यथार्थ और दलित साहित्य, ओमप्रकाश वाल्मीकि, पृष्ठ 34), अम्बेडकर की यह टिप्पणी तथा कबीर, जायसी, तुलसी के दृष्टान्त द्रष्टव्य हैं—

एक बिनाँनी रच्या बिनाँन, सब अयाँन जो आपैं जाँन॥
सत रज तम थैं कीन्हीं माया, चारि खानि बिस्तार उपाया॥
पंच तत ले कीन्ह बंधानं, पाप पुन्नि माँन अभिमानं॥
अहंकार कीन्हें माया मोहू, संपति बिपति दीन्हीं सब काहू॥
भले रे पोच अकुल कुलवन्ता, गुणी निरगुणीं धनं नीधनवंता॥
भूख पियास अनहित हित कीन्हाँ, हेत मोर तोर करि लीन्हाँ॥
पंच स्वाद ले कीन्हाँ बंधू, बँधे करम जा आहि अबंधू॥
अचर जीव जंत जे आहीं, संकट सोच बियापैं ताहीं॥
निन्धा अस्तुति माँन अभिमाँना, इनि झूठै जीव हत्या गियाँना॥
बहु बिधि करि संसार भुलावा, झूठैं दो जगि साच लुकावा॥

(कबीर ग्रन्थावली, बड़ी अष्टपदी रमैणी, पद 10)

सुमिरौं आदि एक करतारू। जेहि जिउ दीन्ह कीन्ह संसारू॥

× × ×

कीन्हेसि अगिनि पवन जल खेहा। कीन्हेसि बहुतै रंग उरेहा॥
कीन्हेसि धरती सरग पतारू। कीन्हेसि बरन बरन औतारू॥
कीन्हेसि दिन दिनअर ससि राती। कीन्हेसि नखत तराइन पाँती॥
कीन्हेसि धूप सीउ औ छाँहा। कीन्हेसि मेघ बीजु तेहि माँहा॥
कीन्हेसि सप्त मही बरम्हंडा। कीन्हेसि भुवन चौदहो खंडा॥

(जायसी ग्रन्थावली, सं. रामचन्द्र शुक्ल, स्तुति खंड, पद 1)

सृष्टि का इस प्रकार का द्वन्द्वात्मक वर्णन तुलसी में भी मिलता है—

भलेउ पोच सब बिधि उपजाए। गनि गुन दोष बेद बिलगाए॥
कहहिं बेद इतिहास पुराना। बिधि प्रपंचु गुन अवगुन साना॥
दुख सुख पाप पुन्य दिन राती। साधु असाधु सुजाति कुजाती॥
दानव देव ऊँच अरु नीचू। अमिअ सुजीवनु माहुरु मीचू॥
माया ब्रह्म जीव जगदीसा। लच्छि अलच्छि रंक अवनीसा॥

कासी मग सुरसरि क्रमनासा। मरु मारव महिदेव गवासा॥
सरग नरक अनुरागा बिरागा। निगमागम गुन दोष बिभागा॥
जड़ चेतन गुन दोषमय बिस्व कीन्ह करतार।
संत हंस गुन गहहिं पय परिहरि बारि बिकार॥

(रामचरितमानस 1/5-3, 4, 5, 6, 7, 8, 9/6)

तुलसी एवं सूर के यहाँ सृष्टि विकास शास्त्रों के अनुकूल है, जबकि कबीर के यहाँ सृष्टि विकास नाथों के विश्व-दर्शन से काफी प्रभावित है। जायसी के यहाँ सृष्टि के विकास की स्थिति भिन्न है। वे सामी मत से सीधे जुड़े हुए प्रतीत होते हैं। सृष्टि विकास के पूर्व कबीर, जायसी, सूर और तुलसी सभी भक्त कवि ईश्वर को निर्गुण ही मानते हैं। सृष्टि विकास की प्रक्रिया में उनके विवेचन में काफी अन्तर है। कबीर ने इसी कर्ता को नेति शैली में निर्गुण कहा है और फिर उसी से पूरी सृष्टि के विकास को जोड़ा है। जैसे कर्ता का सबसे पहले एक रूप होना, फिर आगे चलकर दो भागों में बँट जाना, उसे शिव-शक्ति के नाम से पुकारना और पूरी सृष्टि के भेद को जाहिर करना—

आपुहिं करता भए कुलाला। बहुबिधि स्रिष्टि रची दरहाला॥
विधिनाँ सभै कीन्ह एक ठाऊँ। अनेक जतन के बने बनांऊँ॥

× × ×

भीतर तै जब बाहरि आवा। सिव सकती दुइ नाउँ धरावा॥
भूलै भरमि परै मति कोई। हिन्दू तुरुक झूठ कुल दोई॥
घर का सुत जब होइ अयाँनाँ। ताकै संगि न जाइँ सयाँनाँ॥
साँची बात कहै जे वासौं। सो फिरि कहै दिवाँनाँ तासौं॥
गोय भिन्न है एकै दूधा। काकौ कहिए ब्राह्मन सूदा॥
जिनि यहु चित्र बनाइया, साँचा सो सुतधार॥
कहै कबीर ते जन भले, जे चित्रवंतहिं लेहिं विचार॥

(कबीर ग्रन्थावली, रमैणी, पद 38)

जायसी ने भी इस्लामी धर्ममत की अवधारणा को स्वीकार करते हुए सबसे पहले कहा—

आदिहु ते जो आदि गोसाईं। जेइ सब खेल रचा दुनियाईं॥

× × ×

सरग न धरति न खंभमय, बरम्ह न बिसुन महेस॥
बजर बीज बीरौ अस, ओहि न रंग न भेस॥
तब भा पुनि अंकूर, सिरजा दीपक निरमला॥
रचा मुहम्मद नूर, जगत रहा उजियार होइ॥
ऐस जो ठाकुर किय एक दाऊँ। पहिले रचा मुहम्मद नाऊँ॥

(जायसी ग्रन्थावली, सं. आचार्य रामचन्द्र शुक्ल, अखरावट, पृ. 272-73)

और इन्हीं मुहम्मद से फिर धरती और आकाश पैदा हुआ और इन्हीं से आगे

चलकर आदम और हौवा पैदा हुए जो नारद (शैतान) के विश्वास में आकर भटक गए। गेहूँ खाने की वजह से वे स्वर्ग से निकाल दिए गए और फिर आगे चलकर सारी सृष्टि उनसे पैदा हुई, जैसे अन्य जीव उससे पैदा हुए वैसे ही हिन्दू और तुर्क भी—

तिन्ह सन्तति उपराजा, भाँतिहिं भाँति कुलीन।
हिन्दू तुरुक दुवौ भए, अपने अपने दीन॥

(जायसी ग्रन्थावली, सं. रामचन्द्र शुक्ल, अखरावट, पृ. 276)

इस प्रकार जायसी के यहाँ जगत् विकास का मूल सूत्र इस्लामी धर्ममत से जुड़ा हुआ दिखाई पड़ता है। हालाँकि उस पर भारतीय दर्शन और तत्कालीन परिस्थितियों का भी गहरा प्रभाव है। हिन्दू और तुर्क दोनों कुल एक ही कुल से पैदा होने की बात कबीर और जायसी भी कहते हैं। निश्चय ही यह चिन्ता उनकी अपने समय के हिन्दू तुर्क के वैमनस्य को मिटाने की है। इसी प्रकार सूर और तुलसी का सृष्टि विकास भी ईश्वर से प्रारम्भ होता है—

जो हरि करै सो होइ करता नाम हरी।
ज्यौं दरपन प्रतिबिम्ब, त्यौं सब सृष्टि करी॥
आदि निरंजन निराकार कोउ हुतौ न दूसर।
रचौं सृष्टि बिस्तार भई इच्छा इक औसर॥
त्रिगुन प्रकृति तैं महत्तत्व, महत्तत्व तैं अहंकार।
मन इन्द्री सब्दादि पँच तातैं कियौ बिस्तार॥
शब्दादिक तैं पंचभूत सुन्दर प्रगटाए।
पुनि सबकौं रचि अंड आप मैं आपु समाए॥
तीनि लोक निज देह मैं राखे करि बिस्तार।
आदि पुरुष सोई भयौ जो प्रभु अगम अपार॥
नाभि कमल तैं आदि पुरुष मोकौं प्रगटायौ।
खोजत जुग गए बीति नाल कौ अन्त न पायौ।
तिन मोकौं आज्ञा करी रचि सब सृष्टि बनाइ।
थावर जंगम सुर असुर रचे सबै मैं आइ॥

(सूरसागर, द्वितीय स्कन्ध, पद 36)

बिस्वबिख्यात बिस्वेस बिस्वायतन बिस्वमरजाद व्यालारिगामी।
ब्रह्म बरदेश वागीस व्यापक बिमल बिपुल बलवान निर्बान स्वामी।
प्रकृत्ति महतत्व सब्दादि गुन देवता ब्योम मरुदग्नि अमलांबु उर्बी।
बुद्धि मन इन्द्रिय प्रान चित्तातमा काल-परमानु चिच्छक्ति गुर्बी॥

(तुलसी ग्रन्थावली, विनयपत्रिका, पद 54)

इस प्रकार सूर और तुलसी दोनों प्रकृति महत्तत्व, अहंकार, मन, इन्द्रिय, शब्दादि, पंचतत्त्व, पंचभूत, स्थावर, जंगम, अवतार, सुर-असुर सबकी सृष्टि ईश्वर से मानते

हैं। बावजूद इसके ये सारे भक्त कवि जगत् को मिथ्या, असत्य, क्षणभंगुर स्वप्न जैसा झूठ सिद्ध करते हैं। इसीलिए इन कवियों की चिन्ता इससे अधिक परलोक बनाने की है। चूँकि परलोक की प्राप्ति इस लोक में ही साधना सिद्ध करने के बाद हो सकती है। इसीलिए वे वर्तमान जीवन को उसके लायक बनाने की बात करते हैं। संसार के मिथ्यात्व का बोध जितना कबीर को है उतना किसी को नहीं। वैसे सूर, जायसी और तुलसी भी उसके मिथ्यात्व की चर्चा करते हैं। जगत् मिथ्यात्व की सबसे कम चर्चा सूर के साहित्य में है। कारण कि उनकी दृष्टि में गोलोक का प्रतिरूप ही इस धरती का वृन्दावन ही है। इसीलिए उन्हें इस जगत् को मिथ्या मानने की कोई जरूरत महसूस नहीं होती।

गोपी-कृष्ण की पूरी लीला वृन्दावन में गोलोक जैसी चलती रहती है। कबीर इस जगत् को वीराना देश, हदलोक, मायका आदि कहा है और परलोक को बेहदलोक और ससुराल कहा है। अपना गन्तव्य वे व्यक्तिगत तौर पर और लोगों के गन्तव्य को भी वे परलोक ही मानते हैं। कबीर के काव्य में सामाजिक जीवन या मनुष्य जीवन, जगत् नश्वरता की जो चर्चा है, उसका एक प्रयोजन कहीं न कहीं मनुष्य मात्र को इस जगत् से विमुख करके ईश्वर की तरफ मोड़ना है। तुलसी लोक-परलोक दोनों से जुड़े हुए हैं। इसलिए वे लोक-परलोक दोनों को जोड़कर एक साथ चलते हैं। वे एक तरफ परलोक को भी सुखमय बनाना चाहते हैं और दूसरी तरफ इस लोक को भी। जायसी की चिन्ता इस मिथ्या जगत् में मनुष्य को अमर बनाने की है—

यह संसार सपन कर लेखा। माँगत बदन नैन भरि देखा॥
लाभ दिये बिनु भोग न पाउब। परिहि डाँढ़ जहँ मूर गवाउब॥

(जायसी ग्रन्थावली : आखिरी कलाम, 13)

इसीलिए वे इस संसार को असत्य, मिथ्या आदि कहते हुए भी इश्कमजाजी से इश्कहकीकी उपलब्ध करने की बात करते हैं। इस तरह उनकी भी तलाश इस नश्वर जगत् के बीच मनुष्य को अमर बनाने की ही है—

यह संसार झूठ थिर नाहीं। उठहिं मेघ जेउँ जाइ बिलाहीं॥
जो एहि रस के बाएँ भयउ। तेहि कहँ रस बिषभर होइ गयउ॥
तेइ सब तजा अरथ बेवहारू। औ घर बार कुटुम परिवारू॥
खीर खाँड़ तेहिं मीठ न लागै। उहै बार होइ भिच्छा माँगै॥

(जायसी ग्रन्थावली : अखरावट, पृ. 285)

काल, कर्म, गुण, स्वभाव की चर्चा किसी न किसी रूप में कबीर, जायसी, सूर एवं तुलसी के यहाँ दिखाई पड़ती है। कबीर ने कहा है कि—

करम करीमाँ लिखि रह्या, अब कछु लिख्या न जाइ।
मासा घटै न तिल बढ़ै, जौ कोटिक करै उपाइ॥

(कबीर ग्रन्थावली : बेसास कौ अंग, साखी 7)

इसी प्रकार तुलसी भी कर्म की बात करते हैं। लेकिन वे काल, कर्म सबको ईश्वर के वशीभूत बताते हैं। उन्होंने लिखा भी है कि—

काल करम गुन दोष जग, जीव तिहारे हाथ।
तुलसी रघुबर रावरो, जान जानकी नाथ॥
माया जीव सुभाव गुन, काल करम महदादि।
ईस अंक तें बढ़त सब, ईस अंक बिनु बादि॥

(तुलसी ग्रन्थावली, भाग-दो, दोहावली 177, 200)

कयामत के दिन कर्म का लेखा देने की बात जायसी ने आखिरी कलाम में की है। जो अच्छा कर्म करता है उसे स्वर्ग मिलता है और जो बुरा कर्म करता है उसे नरक। इसीलिए उन्होंने कहा—

धरम पाप फरियाउब, गुन औगुन सब दोख।
दुखी न होहु 'मुहम्मद', जोखि लेब धरि जोख॥

(जायसी ग्रन्थावली, आखिरी कलाम-29)

जहाँ तक भगवत्साधना का प्रश्न है वहाँ सम्पूर्ण भक्त कवि भक्ति और प्रेम के पहलू पर एकमत हैं। वे मुक्ति नहीं चाहते, भक्ति चाहते हैं और उसका आधार प्रेम है। यह बात दूसरी है कि उनकी भक्ति और प्रेम के स्वरूप में काफी अन्तर है। यह भक्ति भी वे प्रेम के द्वारा करना चाहते हैं, ज्ञान के द्वारा नहीं। ज्ञान, विवेक, वैराग्य और अन्य मानवीय सदाचरण उसी भगवान को प्राप्त करने के भक्त के सहायक साधन हैं।

कबीर को जहाँ भी मनुष्य-मनुष्य में भेद करने की साजिश दिखाई पड़ती है, वहाँ वे तल्ख हो जाते हैं। दरअसल उस समय हिन्दुओं और मुसलमानों में सांस्कृतिक तालमेल नहीं बैठ पा रहा था। कबीर अपनी खरी-खोटी बातें सुनाकर हिन्दुओं और मुसलमानों को अपनी-अपनी कट्टरता का परित्याग करवाना चाहते थे, लेकिन धर्म और मजहब के ठेकेदार उनकी बात मानने को तैयार न थे। जायसी ने हिन्दुओं और मुसलमानों के आपसी वैमनस्य का विस्तार से वर्णन किया है। वे भारतवर्ष की सनातनी परम्परा का वर्णन करते थकते नहीं हैं—

झूठ बोलि थिर रहै न राँचा। पंडित सोइ बेद मत साँचा।
बेद बचन मुख साँच जो कहा। सो जुग जुग अहथिर होइ रहा॥

(जायसी ग्रन्थावली, राघव चेतन, देशनिकाला, खंड 3/3, 4)

जायसी हिन्दुओं के लिए वेदमत को ही प्रमाणित मानते हैं। इसलिए उनका रत्नसेन राघव चेतन ब्राह्मण को देश-निकाला देता है। राजा का यह निर्णय ही उसे विनाश की ओर ले जाता है। राघव चेतन ब्राह्मण के साथ पंडित भी है। जायसी भारतीय समाज व्यवस्था से भली-भाँति परिचित थे। इसीलिए उन्होंने लिखा—

हम तुम्ह जाति बराँभन दोऊ। जातहिं जाति पूँछ सब कोऊ।

× × ×

हौं बाँभन और पंडित, कहु आपन गुन सोइ।
पढ़े के आगे जौ पढ़ै, दून लाभ तेहि होइ॥

(पद्‌मावत, 76/6-9, 79/4-9)

इससे स्पष्ट है कि मध्यकाल में जाति के प्रति विशेष पक्षपात था, लेकिन उसका स्वरूप आज के जातिवाद से, जो राजनीति से प्रेरित है, काफी भिन्न था। जायसी ब्राह्मण और पंडित के भेद को स्पष्ट कर देते हैं। जायसी के ब्राह्मण को 'लक्ष्मी-समुद्र खंड' में देखिए—

तिलक दुवादस मस्तक कीन्हे। हाथ कनक बैसाखी लीन्हे॥
मुद्रा स्रवन जनेऊ काँधे। कनक पत्र धोती तर बाँधे॥

(जायसी ग्रन्थावली, लक्ष्मी-समुद्र, खंड 12/3-4)

कबीर हिन्दुओं और मुसलमानों को फटकार रहे थे, जायसी ब्राह्मणत्व को रेखांकित कर रहे थे। क्या यह विवशता थी ? नहीं, बल्कि सांस्कृतिक परम्पराओं के प्रति गहन आस्था थी ? इसीलिए जायसी सांस्कृतिक भेदत्व को स्वीकार करने के बावजूद उस अभेद समाज की बुनावट कर रहे थे, जो वैयक्तिक स्तर पर अपनी अस्मिता को कायम रख सके।

सूरदास न तो समाज को फटकारते हैं और न ही सांस्कृतिक मेल करने की कोशिश करते हैं और न ही तुलसी की तरह पग-पग पर ब्राह्मणों की श्रेष्ठता का बखान करते हैं। लेकिन सूर बाल और शृंगार वर्णन के सजग पारखी हैं। उनके आराध्य कृष्ण हैं, जो 'आभीर' हैं। उनकी दृष्टि में राजा और रंक समान हैं। सूर के अनुसार भगवान की सेवा करके श्वपच भी श्रेष्ठ हो सकता है, किन्तु उसके बिना कोई भी श्रेष्ठ नहीं कहला सकता—

स्वपचहु स्रेष्ट होत पद सेवत, बिनु गोपाल द्विज जनम न भावै।

(सूरदास, सूरसागर सभा, प्रथम स्कन्ध, पद-233)

सूर ब्राह्मणों को महत्त्व तो नहीं देना चाहते, लेकिन कृष्ण जन्मोत्सव पर नन्द ब्राह्मणों को बुलाकर चन्दन का तिलक करते हैं, 'पहिरावनी' पहनाते हैं, पैर पड़ते हैं तथा ताँबे के खुर, चाँदी की पीठ एवं स्वर्ण की सींगों वाली बहुत सी गाएँ दान में देते हैं। ब्राह्मण आदर-सम्मान के साथ ही पूजा का पात्र था—

कंचन कलस होम द्विज पूजा चन्दन भवन लिपायौ।

(सूरसागर, दशम स्कन्ध, पद-4)

वेद-शास्त्र मथकारी व्याह-बिधि, सोइ कीन्हीं नृपराय।

× × ×

होम हवन दुज पूजा गनपति सूरज, सक्र महेस।
दीन्हों दान बहुत द्विजन कौं राजा मिथल नरेस॥

(सूरसारावली)

(सूरसागर सभा, दशम स्कन्ध, पद 4, सूरसारावली, दोहा 233-34)

इसी प्रकार कृष्ण जन्म की बात सुनकर 'महराने पांडे' पूछते-पूछते स्वयं ही यशोदा के घर पहुँच जाते हैं—

महराने तैं पाँड़े आयौ।
ब्रज घर घर बूझत नँद राउर पुत्र भयौ सुनि कै उठि धायौ।

× × ×

महरि बिनय करि दुहुँ करि जोरे घृत मधु पय फिरि बहुत मँगायौ।
सूर स्याम कत करत अचगरी, बार बार बाम्हनहिं खिझायौ।

(सूरसागर सभा : दशम स्कन्ध, पद 248)

इस प्रकार "जाति पाँति हमते बड़ नाहीं, नाहिन बसत तुम्हारी छैंया" वाले सूर ने विप्र या ब्राह्मण को पुत्र जन्म के समय, नामकरण, अन्नप्राशन एवं अन्त्येष्टि संस्कार के समय नितान्त आवश्यक माना है। तुलसीदास आगम-निगम, पुराण, वेद-शास्त्र, मर्यादा परम्परा के लोक गायक हैं। उन्होंने रामकथा को अनेक रूपों, शैलियों और छन्दों में विन्यस्त किया। कबीर और जायसी के द्वारा वर्णव्यवस्था को जो क्षति पहुँची थी, उससे तिलमिलाकर तुलसीदास ने लिखा था—

साखी सबदी दोहरा कहि किहनी उपखान।
भगति निरूपहिं भगत कलि निन्दहिं बेद पुरान॥

(दोहावली, 553)

बदहिं सूद्र द्विजन सन हम तुम्हतें कहु घाटि।
जानहिं ब्रह्म ते विप्र बर आँख देखावहिं डाँटि॥

(दोहावली-554)

यह तुलसीदास की वर्णाश्रमवादी नैतिक दृष्टि का परिणाम है। वे भक्ति एवं ब्रह्मज्ञान को केवल ब्राह्मणों तक ही सीमित रखना चाहते हैं। रामचरितमानस के उत्तरकांड में कलियुग का वर्णन करते हुए तुलसीदास ने अपनी वर्णाश्रमवादी मान्यता की पुष्टि की—

सूद्र द्विजन्ह उपदेसहिं ग्याना। मेलि जनेऊ लेहिं कुदाना॥
जे बरनाधम तेलि कुम्हारा। स्वपच किरात कोल कलवारा॥
नारि मुई गृह संपति नासी। मूड़ मुड़ाइ होहिं संन्यासी॥
ते बिप्रन्ह सन आपु पुजावहिं। उभय लोक निज हाथ नसावहिं॥
सूद्र करहिं जप तप ब्रत नाना। बैठि बरासन कहहिं पुराना॥

(रामचरितमानस, 7/98)

तुलसी के समय में वर्णाश्रम व्यवस्था जीर्ण-शीर्ण हो गई थी। हमें देखना यह है कि वैष्णव भक्ति आन्दोलन की गत्यात्मकता जो लोकाभिमुखी था, क्या सचमुच में आभिजात्य रूप धारण कर रही थी। तुलसी रामचरितमानस में ब्राह्मण को श्रेष्ठ बताते हैं :

पूजिअ बिप्र सील गुन हीना। सूद्र न गुन गन ग्यान प्रबीना॥

(रामचरितमानस, 3/33)

द्विज द्रोहिहि न सुहाइअ कबहूँ। सुरपति सरिस होइ नृप जबहूँ॥

(रामचरितमानस, 7/127)

अब जनि करहि बिप्र अपमाना। जानेसु संत अनंत समाना॥

(रामचरितमानस, 7/108)

शिव ब्राह्मण को श्रेष्ठ बताते हैं। दक्षिण के आलवारों से प्रभावित होने के कारण तुलसी वर्णाश्रम व्यवस्था पोषक लगते हैं। भक्ति आन्दोलन लोकाभिमुखी होने के बावजूद सामन्ती व्यवस्था के समानान्तर भावात्मक शोषण की सामन्ती व्यवस्था ब्राह्मणों के ही हाथ में रही। सबसे ज्यादा अन्तर्विरोधी कवि तुलसी भक्ति के स्तर पर सबको समान मानते हैं और समाज के स्तर पर उसे अनेक रूपों में स्वीकार करते हैं। रामचरितमानस के अलावा तुलसी अपनी अन्य रचनाओं में तत्युगीन समाज की वास्तविकता चित्रित करते हैं—

बरन धरमु गयो, आश्रम निवासु तज्यो,
त्रासन चकित सो परावनो परो सो है।

× × ×

गोरख जगायो जोगु भगति भगायो लोगु,
निगम नियोग तें सो कलि ही छरो सो है।

(कवितावली, 7/84)

तुलसीदास श्रमण संस्कृति को बिलकुल पसन्द नहीं करते थे। योगियों से भी वे नफरत करते थे। उसका कारण सामाजिक विद्रूपता थी। लोगों ने अपने-अपने कर्तव्य छोड़ दिए। विनयपत्रिका में यह इस रूप में मुखरित हुआ है—

आश्रम बरन धरम बिरहित जग, लोक बेद मरजाद गई है।
प्रजा पतित पाखंड पापरत, अपने अपने रंग रई है॥

(विनयपत्रिका, पद-139)

इस प्रकार तुलसी अपने युग के समाज की विसंगति से भली प्रकार परिचित थे। वे सनातनी परम्परा को प्रश्रय देकर समाज को व्यवस्थित करना चाहते थे। वे उस मानुष सत् को प्रतिष्ठापित करना चाहते थे जो सर्वश्रेयस्करी हो। वहीं कबीर मानव को मानव बनाना चाहते हैं, ब्राह्मण, क्षत्रिय, वैश्य एवं शूद्र नहीं। यही कबीर का बेहद मार्ग है। कबीर ने समाज व्यवस्था को नकारने के कारण क्षत्रियों को प्रश्रय नहीं दिया, लेकिन जायसी ने अलाउद्दीन और रत्नसेन की लड़ाई में मुस्लिम शासक और राजपूत को केन्द्र में रखा, उनके आपसी वैमनस्य और सामन्ती व्यवस्था का प्रत्यक्ष निरूपण किया। कबीर के लिए वर्गव्यवस्था एवं जातिप्रथा का कोई महत्त्व नहीं है—

एक बूँद तै सृष्टि रची है कौंन बांह्मन कौन सूदा।

(कबीर ग्रन्थावली, पारसनाथ तिवारी, पद-57)

हालाँकि जायसी सामाजिक भेदभाव को बढ़ावा नहीं देते, कारण कि वे मानते हैं कि हिन्दू और मुसलमान दोनों खुदा से पैदा हुए हैं—

तिन्ह सन्तति उपराजा, भाँतिहि भाँति कुलीन।
हिन्दू तुरुक दुवौ भए, अपने अपने दीन॥

(जायसी ग्रन्थावली, अखरावट, दोहा-6)

लेकिन वे अपने समय की सामाजिक विशृंखलता से भली प्रकार परिचित थे। मुस्लिम आक्रमणकारियों को राजपूत अपने स्वार्थ एवं सहयोग के लिए लाए और उनसे युद्ध भी किया। उस समय देश सूबों में बँट गया। ज्यादातर क्षत्रिय रजवाड़े थे जो आपस में राज्य-विस्तार के लिए लड़ते थे—

चित्रसेन चितउर गढ़ राजा। कै गढ़ कोट चित्र सम साजा॥
तेहि कुल रतनसेन उजियारा। धनि जननी जनमा अस बारा॥

(जायसी ग्रन्थावली, रत्नसेन जन्म खंड, पृ. 27)

ठा ठाकुर बड़ आप गोसाईं। जेइ सिरजा जग अपनिहि नाईं॥

(जायसी ग्रन्थावली, अखरावट, 17/1)

जायसी ने क्षत्रियों के छत्तीस कुलों का अनेक बार उल्लेख किया है। रत्नसेन चौहान कुल का है, गन्धर्वसेन को पता चलने पर पद्मावती की शादी के लिए तैयार हो जाता है :

कुल पूछा चौहान कुलीना। रतन न बाँधे होइ मलीना।

× × ×

फेरा तुरय छतीसौ कुरी। सबे सराहा सिंघलपुरी॥

(जायसी ग्रन्थावली, रत्नसेन सूली खंड, पृ. 250)

पद्मावती गोरा-बादल से अपनी दर्द-कहानी सुनाती है तो गोरा-बादल क्षत्रियत्व का प्रदर्शन करते हैं।

निसरि आए छत्री सुनि दोऊ। तस काँपे जस काँप न कोऊ॥

(पद्मावती-गोरा-बादल संवाद खंड, पृ. 250)

रत्नसेन बादशाह को चित्तौड़ पर चढ़ाई के लिए आता देख सभी हिन्दू राजाओं को संगठित करता है, जिसमें क्षत्रिय राजाओं की एक लम्बी पंक्ति है। (जायसी ग्रन्थावली, बादशाह चढ़ाई खंड, पृ. 203)

भारतीय समाज में क्षत्रियों का गौरवपूर्ण स्थान रहा है। उनका काम था समाज की रक्षा और राज्य संचालन। सूरदास ने भी क्षत्रिय राजाओं को राज्य संचालन की नीति में निपुण बताया है। 'सूरसागर' में बहुत से क्षत्रिय राजाओं के बल-पौरुष माहात्म्य का वर्णन आता है। (सूरसागर, भाग दो, दशम स्कन्ध, पद 4198)

उन्होंने चंदेरी के राजा शिशुपाल, कुंडिनपुर नृप भीष्म, कालपवन, साल्व नृप, वाराणसी नृप दन्तवक्र सत्राजित, शतधन्वा, मिथिलापुरी नृप सुफलकसुत, भौमासुर, कलिंगराज, बाणासुर, सुदक्षिण, काशी नृप पौंड्रक, साम्ब एवं द्विविद आदि तत्कालीन

राजाओं के साथ कृष्ण को युद्ध और सन्धियाँ करते दिखाया है। सूर अपने समकालीन मुगल शासकों की चर्चा नहीं करते। तुलसीदास के राम शक्ति, शील एवं सौन्दर्य की प्रतिमूर्ति हैं। वे रघुवंशी क्षत्रिय अपने कर्म से नर से नारायण बन जाते हैं। तुलसी के समय की सामाजिक स्थिति दयनीय थी जिसकी यथार्थानुभूति कवितावली में है। तुलसी के समय में मुगल बादशाहों का शासन था। जब लोकतंत्र में प्रजा इतनी परेशान है तो उस युग में क्या होता रहा होगा? तुलसी अपने युग के काफी पारखी हैं। रामचरितमानस में क्षत्रिय धर्म या क्षात्रधर्म की स्थापना वे परम्परागत आधार पर ही कराते हैं, फिर भी वर्णाश्रम व्यवस्था काफी लचीली हो गई है। रावण के ब्राह्मण होते हुए भी अत्याचारी शासक होने के कारण राम ने उसका वध किया। यदि तुलसी वर्णाश्रम व्यवस्था के कट्टर समर्थक होते तो रावण जैसे महापंडित को कभी न मरवाते। हर युग में क्षात्र धर्म सुरक्षा की दृष्टि से काफी अनिवार्य है। भारतीय संस्कृति का विराट स्वरूप तुलसी के यहाँ अन्तर्विरोधों के बावजूद काफी श्लाघ्य है :

राज समाज कुसाज कोटि कटु कल्पत कलुष कुचाल नई है।
आश्रम बरन.धरम बिरहित जग लोक बेद मरजाद गई है।
प्रजा पतित पाखंड पापरत अपने अपने रंग रई है॥

(विनयपत्रिका, पद 139)

तुलसी ने समाज को सुचारु रूप से चलाने के लिए भारतीय क्षत्रिय राजाओं की प्रशंसा की, जिसमें प्रतापभानु, महाराज जनक और राम हैं। तुलसी ने सूर या जायसी की तरह ज्यादा राजाओं का बखान नहीं किया। उन्होंने केवल जनमानस में व्याप्त राम को ही अपना आराध्य माना। उस समय के लोकमानस को देखते हुए कबीर भी बार-बार राम को ही दोहराते हैं। इसीलिए दोनों कवियों ने राम के माहात्म्य को निर्गुण एवं सगुण दोनों रूपों में गाया है। तुलसी न तो कबीर जैसा समाज को फटकारा और न जायसी जैसा हिन्दू और मुस्लिम द्वन्द्व को अभिव्यक्त किया और न सूर जैसा कृष्ण माहात्म्य को बखाना। बल्कि राम के क्षात्रधर्म की भूरि-भूरि प्रशंसा करके वर्णाश्रम को पुनर्स्थापित करने की कोशिश की।

कबीर ने किसी जाति को महत्त्व नहीं दिया। पेशे को जाति या वर्ण से जोड़ना सबसे खतरनाक है। कबीर की मान्यता है कि भक्तिविमुख धर्म अधर्म है :

भक्ति बिमुख जो धर्म सो अधरम कर्म गायो।
जोग जग्य ब्रतदान भजन बिनु तुच्छ दिखायो॥
हिन्दू तुरक प्रमान रमैनी सबदी साखी।
पच्छपात नहिं बचन सबहिं के हित की भाखी।
आरूढ़ दसा ह्वै जगत पर मुख देखी नाहिन भनी।
कबीर कर्म न राखी नहीं वर्णाश्रम षट्दरसनी॥

(कबीर ग्रन्थावली)

वर्णाश्रम व्यवस्था में वैश्यों का महत्त्वपूर्ण स्थान है। वे उत्पादन और पूँजी के संग्रह में निष्णात हैं। कबीर के यहाँ शाह का वर्णन इस प्रकार है—

कबीर पूँजी साहु की, तूँ जिनि खोवै ष्वार।
खरी बिगूचनि होइगी, लेखा देती बार॥

(कबीर ग्रन्थावली, साँच कौ अंग, दोहा 1)

उस समय के लोग कृषि अवलम्बित होते हुए भी विकसित खेती नहीं करते थे। उस समय विशिष्ट औद्योगिक व्यापार कोई विकसित नहीं था। कबीर धन्धे या व्यवसाय को ध्यानपूर्वक करने की सलाह देते हैं—

कबीर जे धंधे तौ धूलि बिन, धंधै धुलै नहीं।
ते नर बिनठे मूलि, जिनि धंधै मैं ध्याया नहीं॥

(कबीर ग्रन्थावली, चितावणी कौ अंग, 21)

कोई लरका बेचई लरकी बेचै कोइ।
साँझा करे कबीर स्यों हरि संग बनज करेइ॥

(कबीर ग्रन्थावली, दोहा 180)

इस प्रकार कबीर ने व्यापार करनेवालों के नाना प्रकार के धन्धों की चर्चा की है, लेकिन ये धन्धे वैश्य ही करते थे, ऐसा उन्होंने उल्लेख नहीं किया है। जायसी के यहाँ 'वणिक' व्यापार करनेवालों का वर्णन यत्र-तत्र मिलता है। समुद्र मार्ग से व्यापार करनेवाले वणिक को कवि ने 'नाइत' (सं. नौक्ति) कहा है। (पद्मावत, 537/6) उन्होंने मसलनामा में बनिए का वर्णन इस प्रकार किया है—

जो कुछ गाँठि होइ तौलेई, माँगे बनिया गुर नहिं देई॥

(कहरानामा, सं. अमरेन्द्र, पृ. 105)

यों देखा जाए तो मध्यकालीन सामाजिक एकात्मता के तहत ही जायसी ने पद्मावती के साथ विश्वनाथ की पूजा करने के लिए छत्तीस जातियों की स्त्रियों का वर्णन किया है :

भै आहा पदमावति चली। छत्तिस कुरि भइँ गोहन भली॥
भइँ गोरी सँग पहिरि पटोरा। बाम्हनि ठाँव सहस अँग मोरा॥
अगरवारि गज गान करेई। बैसिनि पाँव हंसगति देई॥
चंदेलिनि ठमकहि पगु भारा। चली चौहानि होइ झनकाना॥
चली सोनारि सोहाग सोहाती। औ कलवारि पेम मधु माती॥
बानिनि चली सेंदुर दिए माँगा। कयथिनि चलीं समाइ न आँगा॥
पटइनि पहिरि सुरँग तन चोला। और बरइनि मुख खात तमोला॥

(जायसी ग्रन्थावली, वसन्त खंड, पृ. 72)

जायसी के समय में पेशे जातियों से जुड़े थे, सबका अपना महत्त्व था। जायसी ने 'बनिजारा खंड' में सभी वर्ण के लोगों को अपने-अपने धन्धे में निरत दिखाया है :

चितउरगढ़ कर एक बनिजारा। सिंघलदीप चला बैपारा॥
बाम्हन हुत एक निपट भिखारी। सो पुनि चला चलत बैपारी॥

(जायसी ग्रन्थावली, बनिजारा खंड, पृ. 28)

यों तो ब्राह्मण ही सुआ को खरीदता है। सुआ वैसे भी पाले जाते रहे हैं। अखरावट और आखिरी कलाम में वणिकों का कोई वर्णन नहीं मिलता। जिस माहात्म्य के साथ जायसी ने ब्राह्मण एवं क्षत्रिय का वर्णन किया, उसी तरह का वर्णन व्यापार करनेवालों का नहीं किया है। द्वन्द्व के केन्द्र में ब्राह्मण और क्षत्रिय थे, जायसी प्रेम के महत्त्व को उद्घाटित कर मानुष सत् को निरूपित कर रहे थे। व्यवसाय, पेशे और जातियों का वर्णन करना उनका उद्देश्य नहीं था।

मध्ययुगीन कृष्ण भक्त कवियों ने व्यापार के लिए बनिज, व्यापार या ब्योपार शब्द का प्रयोग किया है। सूरदास के यहाँ वैश्य या वणिक या व्यापार करनेवालों का वर्णन विस्तार से है—

कहौ कान्ह कह गथ है हम सौं।
जा कारन जुवती सब अटकीं सो बूझति हैं तुमसौं॥
लौंग नारियर दाख सुपारी कह लादे हम आवैं।
हींग मिरिच पीपरि अजवाइनि ये सब बनिज कहावैं॥
कूट कायफर सोंठि चिरइता, करजीरा कहुँ देखत।
आल मजीठ लाख सेंदुर कहुँ ऐसिहि बिधि अवरेखत॥
बाइबिडंग बहेरा हर्रें, बैल गोन ब्यापारी।
सूर स्याम लरिकाई भूली, जोबन भएँ मुरारी॥

(द्रष्टव्य सूरसागर, प्रथम भाग, दशम स्कन्ध, पद 152)

यों देखा जाए तो मध्ययुगीन व्यापार आम जरूरतों तक सीमित थे। सूर के यहाँ सोने-चाँदी के आभूषण बेचनेवाले जौहरी एवं सर्राफों का वर्णन मिलता है। (सूरसागर, दशम स्कन्ध, पद 15, 16, 24, 1972) सूर का साध्य कृष्ण लीला है। उसी के आस-पास व्यवसायियों का वर्णन मिलता है।

तुलसी ने वर्णाश्रम को स्वीकार करते हुए भी वैश्य और शूद्र को हासिए पर रखा। वैसे 'रामलला नहछू' में सामाजिक संस्कारों में सहयोग देनेवाले विभिन्न पेशे से जुड़ी जातियों की उपादेयता का चित्रण है—

बिहँसत आउ लोहारिनि हाथ बरायन हो।
अहिरिनि हाथ दहेड़ि सगुन लेइ आवइ हो।
× × ×
रूप सलोनि तँबोलिनि बीरा हाथहि हो।
× × ×
दरजिनि गोरे गात लिहे कर जोरा हो।

केसरि परम लगाइ सुगन्धन बोरा हो।
मोचिनि बदन-सँकोचिनि हीरा माँगन हो।
पनहि लिहे कर सोभित सुन्दर आँगन हो।
बतिया सुघरि मलिनियाँ सुन्दर गातहि हो।
कनक रतनमनि मौरा लिहे मुसुकातहि हो।
कटि के छीन बरिनिया छाता पानिहि हो।
चन्द्र बदनि मृगलोचनि सब रसखानिहि हो।
नैन बिसाल नउनिया भौं चमकावइ हो।
देह गारी रनिवासहि प्रमुदित गावइ हो॥

(रामलला नहछू, पृ. 4)

तुलसी ने विविध व्यवसाय करनेवालों की प्रासंगिकता समाज के लिए उपयोगी मानी है। उन्होंने गजमुक्ता, हार, मणि एवं नग का वर्णन किया है। ''राम को रूप निहारति जानकी, कंगन के नग की परछायीं।'' तुलसी वैश्यों एवं शूद्रों का वर्णन सवर्णों यानी ब्राह्मणों एवं क्षत्रियों के सांस्कृतिक उत्सव में हाथ बँटाने के लिए करते थे।

भक्तिकाल में जातिप्रथा को निर्गुण कवियों ने कोई अहमियत नहीं दी। सामान्य जनता के गले भी बात उतर गई लेकिन धर्म के ठेकेदारों ने उसे पुनर्जीवित करने का प्रयास किया। वर्णाश्रम व्यवस्था में शूद्रों या दलितों का स्थान निम्न ही था। कबीर ने ब्राह्मणों की पवित्रता की भावना पर आघात करते हुए अत्यन्त सहज भाव से अकाट्य तर्कों के सहारे उन्हें दुतकारते हुए कहा :

काहे को कीजै पांडे छोति बिचारा। छोतिहि ते उपना सब संसारा।
हमारे कैसे लोहू तुम्हारे कैसे दूध। तुम कैसे बामन पांडे हम कैसे सूद।
छोति-छोति करता, तुम्ही जाइ। तो गर्भवास काहे को आए।
नहीं को ऊँचा नहीं को नीचा, जाका प्यंड ताही का सींचा॥

(कबीर ग्रन्थावली, सं. श्यामसुन्दरदास, पृ. 79)

कबीर वर्णाश्रम व्यवस्था को महत्त्व नहीं देते थे। मानव को मानव मानते थे। हिन्दू, तुरुक, क्षत्रिय, वैश्य एवं शूद्र नहीं। ये सब अपने-अपने धन्धे करते थे, जब धन्धे से लोगों ने वर्ण को जोड़ दिया तभी से गड़बड़ी पैदा हुई। सामाजिक छुआछूत ने समाज को बिगाड़ दिया, जिसका दुष्परिणाम लोग आज तक भुगत रहे हैं। जायसी के यहाँ सँपेरा, भड़भूजा एवं डोम आदि निम्न जातियों का वर्णन हुआ है। जायसी का ध्येय सांस्कृतिक समन्वय था। हिन्दू और मुसलमानों के वैमनस्य को वे प्रेम द्वारा पाटना चाहते थे। सूरदास ने दलितों का वर्णन कम किया है।

कंस बध्यौ कुबिजा कैं काज।
और नारि हरि कौं न मिली कहुँ, कहाँ गँवाई लाज।
जैसैं काग हंस की संगति, लहसुन संग कपूर।

जैसें कंचन काँच बराबरि, गेरू काम सिंदूर।
भोजन साथ सूद्र ब्राह्मन के, तैसौ उनकौ साथ।
सुनहु 'सूर' हरि गाइ चरैया, अब भए कुबिजानाथ।

(सूरसागर सभा, दशम स्कन्ध, पद 3152)

इस प्रकार सूर के यहाँ भक्ति में कोई भेदभाव नहीं है। हाँ, समाज में भेदभाव उस समय था और आज भी है। उनकी गोपिकाएँ घर-परिवार, सास-ससुर, ननद एवं पति की कोई परवाह नहीं करतीं। जिस समाज को कबीर वर्ण-जातिविहीन बनाना चाहते थे, वही कबीर सती नारी की भूरि-भूरि प्रशंसा करते हैं। उस समय सती एवं पतिव्रता नारियों का काफी सम्मान था :

सती जलन कूँ निकली, पीव का सुमिरि सनेह।
सबद सुनत जीव निकल्या, भूलि गई सब देह॥

(कबीर ग्रन्थावली, सूरातन कौ अंग, दोहा 38)

सामाजिक पारिवारिक मूल्यों की धुरी नारी है। कबीर, जायसी एवं सूर के यहाँ विविध सरोकारों वाली नारी का स्वरूप नहीं मिलता है। तुलसी के यहाँ नारी अनेक रूपों में समादृत है :

मातु पिता भगिनी प्रिय भाई। प्रिय परिवारु सुहृद समुदाई॥
सासु ससुर गुर सजन सहाई। सुत सुंदर सुसील सुखदाई॥
जहँ लगि नाथ नेह अरु नाते। पिय बिनु तियहि तरनिहु ते ताते॥
तनु धनु धामु धरनि पुर राजू। पति बिहीन सबु लोक समाजू॥
भोग रोगसम भूषन भारू। जम जातना सरिस संसारू॥
प्राननाथ तुम्ह बिनु जग माहीं। मो कहुँ सुखद कतहुँ कछु नाहीं॥
जिय बिनु देह नदी बिनु बारी। तैसिअ नाथ पुरुष बिनु नारी॥
नाथ सकल सुख साथ तुम्हारें। सरद बिमल बिधु बदनु निहारें॥

(रामचरितमानस, 2/64, 1, 2, 3, 4, 5, 6, 7, 8)

सगुण भक्त कवियों में सूर एवं तुलसी ने मुखरित स्वर में अपने युग की कमियों को भी उभारा और उसकी आदर्श सामाजिक व्यवस्था को भी अभिव्यक्त किया। गार्हस्थ्य जीवन को भी सराहा और भक्ति के मार्ग में नारियों को बाधक सगुण कवियों ने माना। कबीर और जायसी ने नारियों को भक्ति में बाधक नहीं माना। कबीर ने यदि समाज की विसंगतियों को ललकारा तो जायसी और सूर ने रागतत्त्व को बहाया, जो तुलसी ने शास्त्र-पुराण अनुमोदित सामाजिक व्यवस्था की बात की। तमाम सीमाओं के बावजूद तुलसी का साहित्य चिन्तन विराट है। यहाँ हमने कबीर, जायसी, सूर एवं तुलसी की कृतियों द्वारा उनकी सामाजिक एकात्मता को परखने की कोशिश की है। यों देखा जाए तो सामाजिक सोच की प्रगतिशील अन्तर्वर्तीधारा में सभी कवि एक जैसे हैं, बाह्य स्तर पर भले ही अन्तर हो। वर्णाश्रम का प्रभाव

सूक्ष्म रूप से जायसी, सूर एवं तुलसी के यहाँ है, कबीर के यहाँ नहीं है। कबीर को छोड़कर कुल-मर्यादा का ध्यान सभी कवियों ने रखा। पद्मावती को प्राप्त करने के लिए रत्नसेन को साधना करनी पड़ती है। सीता को प्राप्त करने के लिए राम को धनुष तोड़ना पड़ा था। कृष्ण को गोपिकाओं के लिए मुरली बजानी पड़ी। कबीर को राजाराम भरतार के आगमन पर मंगलाचार गाना पड़ा। इस प्रकार कहीं व्यवस्था का निषेध होने के बावजूद सामाजिक व्यवस्थाओं में प्रचलित शब्दों के माध्यम से अपनी बात को कहना कबीर की विशेषता है। इसीलिए कबीर को समाजसुधारक कहा जाता है। मध्यकालीन भक्त कवियों की सामाजिक एकात्मता टूटती सामन्ती व्यवस्थाओं को रेखांकित करनेवाली जनधर्मी संस्कृति का द्योतक है। यहीं कबीर, जायसी, सूर एवं तुलसी आज भी प्रासंगिक हैं और रहेंगे। इसीलिए उनकी दृष्टि में हर चीज का प्रस्थान और गन्तव्य ईश्वर और उसकी भक्ति है।

तुलसी साहित्य का सामाजिक परिप्रेक्ष्य

प्रो. रंगनाथ पाठक

भक्तिकालीन कवियों में तुलसी युगीन परिस्थितियों के प्रति सर्वाधिक सजग रहे हैं। पूर्ववर्ती साहित्य परम्परा का गम्भीर अध्ययन तथा युग-जीवन में गहरी पैठ के साथ ही लोकमंगल से अनुप्राणित उनकी समाजोन्मुखी रचनात्मक दृष्टि उनके साहित्य को कालजयी बना देती है। गोस्वामी जी की दृष्टि में कविता स्वान्त:सुखाय लिखी गई वह रचना है, जिसका लक्ष्य समाज कल्याण है। इस लोकमंगल विधायक दृष्टि के चलते ही मानस भारतीय समाज धर्म एवं दर्शन का वह समन्वयात्मक ग्रन्थ बन सका जो व्यक्ति को समाज में एक आदर्श मानव के रूप में प्रतिष्ठित करने में समर्थ है। लोकमंगल की चेतना ही उन्हें समन्वयवादी जीवन-दर्शन की स्थापना के लिए प्रेरित करती है। वैसे तो तुलसी मूलत: भक्त हैं लेकिन उनका जीवन-दर्शन पूर्ववर्ती एवं समकालीन भक्तों, सन्तों तथा साधुओं से भिन्न है। यह उन्हें वैयक्तिक मोक्ष-मार्ग की ओर ही उन्मुख नहीं करता, बल्कि युग जीवन के हर्ष-विषाद, विषमता, विद्रूपता, अन्याय एवं अत्याचार से जुड़ने एवं जूझने को बाध्य भी करता है।

रचनाकार अपनी अभिव्यक्ति के क्रम में कभी तो समाज का नग्न यथार्थ उपस्थित कर समाज को उसकी नग्नता से, मूल्यों के विघटन एवं ह्रास से परिचित कराता है और कभी मानव-जीवन को पतन के गर्त से निकालने एवं उसे एक नया उत्कर्ष प्रदान करने हेतु स्वर्णिम आलोक प्रदान करता है। इस आलोक में मनुष्य अतीत की उन परिस्थितियों से अवगत होता है जिसमें उदात्त मूल्यों का अनुपालन होता है। कभी-कभी साहित्यकार अपने स्वतंत्र चिन्तन के आधार पर कुछ नवीन जीवनादर्शों का सृजन भी करता है, जिनमें भविष्य की सम्भावनाओं के बीज निहित होते हैं। तुलसी ने प्राचीन काव्य-परम्पराओं का मात्र अध्ययन एवं अनुगमन ही नहीं किया, बल्कि मौलिक रूप में उसमें बहुत-कुछ जोड़ा भी है। यही तुलसी की उपलब्धि है। उनकी भक्ति भावना का महत्त्व जन-सामान्य की समस्याओं से सम्बद्ध होने में है। जीवन के दुख और दर्द ने पीड़ा के मर्म से उन्हें परिचित करा दिया था। यह एक ओर वर्तमान का नियामक है तो दूसरी ओर भावी समाज के लिए प्रेरणा का स्रोत भी है।

तुलसी के काव्य-विषयक प्रतिमान और उनकी प्रतिष्ठा का स्वरूप उदात्त कोटि का है। उनके काव्य की कसौटी भी सर्वजन-सापेक्ष है। उनकी दृष्टि में बड़ी कविता वह है जो अपने प्रतिपाद्य की उदात्तता और अभिव्यक्ति की सरलता के कारण बुधजनों के साथ ही सामान्य जन के बीच व्याप्त शत्रुता, विषमता एवं अशान्ति को सहज ही शमित कर देती है, उन्होंने कहा भी है—

कीरति भनिति भूति भलि सोई। सुरसरि सम सब कहँ हित होई॥

(रामचरितमानस, बालकांड 13-9)

गोस्वामी जी का सम्पूर्ण साहित्य ऐसा ही है। परम्परित काव्यशास्त्रीय मान्यताओं (काव्य यशसेऽर्थकृते व्यवहारविदे शिवेतरक्षतये। सद्यः परिनिर्वृत्तये कान्तासम्मित-योपदेशयुजे॥—आचार्य मम्मट, काव्य प्रकाश, 'प्रथम उल्लास') की रक्षा के साथ-साथ उसमें मनुष्य को क्षुद्रताओं से ऊपर उठाने, उनमें आध्यात्मिक दृष्टि का विकास करने, लोकमंगल का विधान करने तथा जीवन में पूर्ण सामंजस्य लाने के सहज विधा निर्देश उनके साहित्य में समाहित है। राम को मानस के नायक के रूप में प्रस्तुत करने के पीछे तुलसी के मन में रचा-बसा उनका लोकादर्श और वह मूल्य चेतना थी जो युगीन परिवेश के लिए अनिवार्य थी। यद्यपि तुलसी ने अपने साहित्य-सृजन का प्रयोजन 'स्वान्तःसुखाय' घोषित किया तथापि उससे मानवता का जितना कल्याण हुआ उतना सम्भवतः अन्य किसी रचनाकार के साहित्य से न हुआ होगा। 'स्वान्तःसुखाय' होते हुए भी उनके साहित्य का लक्ष्य लोक-कल्याण के महत् आदर्श से सदा सम्पृक्त रहा है। उनका आत्मिक सुख 'स्वान्तःसुख' लोकमंगल का पर्याय बन गया है। लोकमंगल की इसी साधना की सिद्धि के लिए तुलसी ने 'ग्राम्य-गिरा' में राम के यश-वर्णन का क्रान्तिकारी संकल्प लिया।

तुलसी ने देश की सामाजिक, सांस्कृतिक, धार्मिक एवं राजनीतिक अधोगति को बड़े करीब से देखा था। वे जानते थे कि मात्र निवृत्तिपरक ज्ञान एवं उपदेश के माध्यम से समाज में व्यवस्था एवं सन्तुलन नहीं लाया जा सकता। मनुष्य के भीतर आत्मविश्वास एवं आत्मबल पैदा करने के लिए भक्ति, ज्ञान एवं कर्म से सम्बन्धित जीवन-दर्शन की प्रतिष्ठा की आवश्यकता थी। तुलसी ने रामकथा का आश्रय लेकर ऐसे आदर्शों की प्रतिष्ठा की जो किसी भी युग एवं समाज के लिए ग्राह्य हो सके। यद्यपि वे सारे संसार को बन्धुत्व की दृष्टि से देखते थे फिर भी उनके हृदय में 'जननी जन्मभूमिश्च स्वर्गादपि गरीयसी' की भी भावना थी। तुलसी की इसी भावना पर मुग्ध होकर आचार्य रामचन्द्र शुक्ल ने कहा है—"आज जो हम बहुत से 'भारतीय हृदयों' को चीरकर देखते हैं, तो वे अभारतीय निकलते हैं। पर इसी कवि केसरी को भारतीय सभ्यता, भारतीय रीति-नीति की रक्षा के लिए सबके हृदय-द्वार पर अड़ा देख हम निराश होने से बच जाते हैं।"

'मानस' की रामकथा वाल्मीकि एवं कालिदास की रामकथा से भिन्न एवं

युगीन समस्याओं से सम्बद्ध है। तुलसी का 'रामराज्य' मात्र सामन्ती व्यवस्था का प्रतिमान न होकर लोक-वेद की मान्यताओं एवं जन सम्मत विचारों का समर्थक है। राम अपनी प्रजा से स्वयं कहते हैं—

जौं अनीति कछु भाषौं भाई। तौ मोहि बरजहु भय बिसराई॥

(रामचरितमानस, उत्तरकांड 42-6)

जीवन में स्वीकृत मूल्यों एवं मान्यताओं के प्रति तुलसी में अगाध श्रद्धा है। स्वस्थ समाज के निर्माण के लिए लोक एवं वेद के सहअस्तित्व को स्वीकार करने के साथ ही परम्परा एवं प्रवाह में, संस्कृति एवं सभ्यता में तुलसी अपनी आस्था व्यक्त कर अपने व्यापक जीवन दर्शन का परिचय देते हैं। युगीन संकट को कैसे झेला जाए और मिटते अस्तित्व की कैसे रक्षा की जाए, यह उनके सम्मुख एक बड़ा प्रश्न था। अपनी रचनाओं के माध्यम से उन्होंने विघटन एवं बिखराव से असन्तुलित एवं अव्यवस्थित भारतीय जनमानस को एक स्वस्थ एवं सार्थक धरातल देने का सफल प्रयास किया तथा राम का आदर्श चरित्र भारतीय समाज के बीच रखा। इन तथ्यों का आकलन करते हुए जार्ज ग्रियर्सन (George Grierson) ने तुलसी के प्रति अपना उद्‌गार इस प्रकार व्यक्त किया है—

One of the greatest reformers and one of the greatest poets that India has produced to the present writer, he is in both characters, the greatest-he disdained to found a church, and contended himself with telling his fellow countrymen how to work out each his own salvation amongst his own kith and kin. Again pandits may talk of vedas and upnishadas and a few may even study them. Others may say they find faith in Puranas, but to the vast majority of the people of Hindustan learned and unclearned alike their sole norm of conduct is the so-called Tulsikrit Ramayana. (The Vernacular literature of Hindustan).

जाहिर है कि 'रामचरितमानस' जीवन में मर्यादा व्यवस्था एवं नैतिकता की प्रतिष्ठा करता है। वह सद्‌गुणों का प्रवर्तन तथा 'कलिमलहरन' है। इसमें 'स्वान्तःसुख' एवं 'समष्टिसुख' का अद्‌भुत अन्योन्याश्रित सम्बन्ध तथा समन्वय है। तुलसी के कवि मानस के साथ जन-मानस अथवा युग-मानस सूत्रबद्ध हो गया है। उनका समस्त साहित्य मनोविकारों को शमित करनेवाला परिष्कृत रुचि का विधायक और पुरुषार्थों का साधक है।

गोस्वामी जी ने अपने साहित्य में 'रामत्व' की प्रतिष्ठा की है। यह 'रामत्व' जीवन के विशाल कैनवास पर अनेक सन्दर्भों से जुड़ता हुआ तुलसी के साहित्य को विराट एवं उदात्त बनाता है। तुलसी के राम मात्र आत्मप्रतिष्ठा के लिए संघर्ष करनेवाले वाल्मीकि के राम से भिन्न हैं। साथ ही वे यश-लोलुप होकर विजयपताका फहराने की इच्छा रखनेवाले कालिदास के राम से भी मेल नहीं खाते। तुलसी के

राम उस मानव का प्रतिनिधित्व करते हैं जिसमें वैभव एवं साधन-सम्पन्नता का अभाव है। ऐसी स्थिति में अपने सत्याचरण, शील, उदारता एवं करुणा के भरोसे कठिन से कठिन परिस्थिति में संघर्ष को तत्पर राम अन्याय के प्रतिरोधार्थ युद्ध करते हैं और नैतिकता, मर्यादा, लोकमंगल और कर्तव्यनिष्ठा आदि मानवीय मूल्यों की प्रतिष्ठा करते हैं। तुलसी के राम के विषय में आचार्य हजारीप्रसाद द्विवेदी जी कहते हैं—'तुलसीदास केवल ज्ञान का ग्रन्थ नहीं लिख रहे हैं। मनुष्य के नित्य जीवन में घटनेवाले ईर्ष्या-द्वेष, सुख-दुख और लोभ-मोह के विकारों के भीतर से उन्होंने परमलक्ष्य की प्राप्ति की ओर अपने पाठक को ले जाना चाहा। इसलिए उनका यह ग्रन्थ शुष्क आचार संहिता या थोथे उपदेशों की पोथी नहीं है, वह मनुष्य जीवन की गहराई में उतरा है और अत्यन्त सहज भाव से उसे रामोन्मुख करता रहा है। राम, जो मनुष्य के समस्त आशा-आकांक्षाओं का सर्वोत्तम केन्द्र है, वहाँ काम, क्रोध, द्वेष, मोह आदि टिक नहीं सकते। राम एक ऐसा सूर्य है जिसके सामने मोहरूपी अन्धकार की कल्पना नहीं की जा सकती। परन्तु यह राम हमारे दैनन्दिन जीवन के अनुभवों के भीतर से उजागर हुआ है। वह मनुष्य रूप में अवतरित हुआ है और मनुष्य की सारी कमजोरियों और विकारों के भीतर उज्ज्वल आलोक के रूप में निकलता चला गया है। वह गेय बनकर नहीं अनुभव योग्य होकर हमें आकर्षित करता है।' आचार्य हजारीप्रसाद द्विवेदी, 'अजस्र प्रेरणा का स्रोत—रामचरितमानस' (निबन्ध)।

राम कभी भी टूटते नहीं। निर्वासन, एकाकीपन, पत्नी के अपहरण, अनिश्चित भविष्य आदि अनेक प्रकार के आत्मसंघर्षों से गुजरते हुए वे अपने सम्पूर्ण जीवन को कर्तव्य के प्रति समर्पित कर देते हैं। 'मानस' में राम, भरत, सीता आदि चरित्र लोक-साधना की प्रतिमूर्ति हैं। राम के चरित्र में आद्यन्त एकाग्रता, अखंडता, शील एवं करुणा की दिव्यता विद्यमान है। अपने इन्हीं गुणों के बल पर वे रावण जैसे 'सुभट सिरोमनि' का सामना करते हैं। राम विभीषण से कहते हैं—

सुनहु सखा कह कृपानिधाना। जेहिं जय होइ सो स्यंदन आना॥
सौरज धीरज तेहि रथ चाका। सत्य सील दृढ़ ध्वजा पताका॥
बल बिबेक दम परहित घोरे। छमा कृपा समता रजु जोरे॥
ईस भजनु सारथी सुजाना। बिरति चर्म संतोष कृपाना॥
दान परसु बुधि सक्ति प्रचंडा। बर बिग्यान कठिन कोदंडा॥
अमल अचल मन त्रोन समाना। सम जम नियम सिलीमुख नाना॥
कवच अभेद बिप्र गुर पूजा। एहि सम बिजय उपाय न दूजा॥
सखा धर्ममय अस रथ जाकें। जीतन कहँ न कतहुँ रिपु ताकें॥

(रामचरितमानस, लंकाकांड, 79/5-11)

किसी भी देश-काल में मानव इन मानवीय मूल्यों को अपनाकर संघर्ष करता हुआ अन्याय, अत्याचार एवं शोषण को समाप्त कर मानवता को विजयिनी बना सकता है।

तुलसी में स्पष्टवादिता भी है। यदि किसी के चरित्र में उन्हें कुछ अग्राह्य लगता है तो टिप्पणी करने से कतई नहीं चूकते। विभीषण और सुग्रीव राम के भक्त हैं। भक्त के रूप में उन्होंने दोनों को सराहा है। लेकिन उनमें जहाँ त्रुटि है उस पर व्यंग्य करते हुए तुलसी कहते हैं—

महाबली बालि दलि, कायर सुकंठ कपि,
सखा किये महाराज हौं न काहू काम को।
भ्रातघात-पातकी निसाचर सरन आये,
कियो अंगीकार नाथ एते बड़े बाम को॥

(कवितावली, उत्तरकांड 14)

रेखांकित पदों का प्रयोग कवि की स्पष्टवादिता के कारण हुआ है। कवि ने राम पर भी प्रहार किया है—

बन्धु-बधू-रत कहि कियो बचन निरुत्तर बालि।
तुलसी प्रभु सुग्रीव की चितइ न कछू कुचालि॥

(दोहावली, 157)

दरअसल, तुलसी के 'मानस' का संघर्ष अशेष मानव के हृदयस्थल का संघर्ष है, उसकी कथा अशेष मानवी अन्तस्तल की कथा है एवं सीता का उद्धार अशेष मानवी प्रजा का असात्त्विक वृत्तियों से उद्धार है। इस प्रकार मानस मानवीय संस्कृति की महान गाथा है।

समन्वय तुलसी की लोकसाधना का अप्रतिम सौन्दर्य एवं उनके जीवन दर्शन का मेरुदंड है। समन्वय के माध्यम से तुलसी ने अपने युग में व्याप्त अन्तर्विरोधों एवं विसंगतियों का समाधान कर समरसता लाने का प्रयास किया है। सामाजिक, सांस्कृतिक, धार्मिक एवं राजनीतिक सभी स्तरों पर उनकी समन्वय की स्थापना के साथ ही आध्यात्मिकता एवं धर्म को आत्मानुभूति का विषय बनाकर तुलसी ने सन्त साधना और काव्य साधना को एक धरातल पर लाने का अप्रतिम कार्य किया है।

तुलसी की समन्वय-साधना का प्रभाव अकबर पर भी पड़ा। अकबर का सर्वधर्म समन्वय सिद्धान्त तौहीद या दीन-ए-इलाही के नाम से प्रवर्तित हुआ जिसके चलते मौलाना अब्दुल कादिर बदायुँनी ने अपने ग्रन्थ 'मुंतखबुत्तवारीख' में अकबर की कड़ी आलोचना की है। अकबर ने अपने शासन के अन्तिम समय में 'रामसीय' प्रकार का एक सिक्का चलाया। इस सिक्के पर तुलसी का परमप्रिय द्वन्द्व समास 'रामसीय' नगराक्षरों में उद्धृत है। सन् 1580 के आस-पास अकबर ने

महाभारत एवं रामायण के फारसी अनुवाद भी कराए और उनकी बहुमूल्य सचित्र प्रतियाँ भी तैयार करवाईं। रायकृष्ण दास का कहना है—'मेरा तो विश्वास है कि तुलसी के 'रामसीय' आन्दोलन का ही यह प्रभाव था जिससे अकबर ने इस प्रकार का सिक्का चलाया।' (रायकृष्णदास, 'रामसीय' मुद्रा एवं तत्कालीन समाज पर तुलसीदास का प्रभाव—निबन्ध)

तुलसी का स्वयं का जीवन भी जाति-सम्प्रदाय के घेरों के ऊपर 'या' जिसके चलते उन्हें जाति एवं सम्प्रदाय के समर्थकों का कोपभाजन बनना पड़ता था। फिर भी तुलसी निर्विकार भाव से कहते थे—

धूत कहौ, अवधूत कहौ, रजपूत कहौ जोलहा कहौ कोऊ।
काहू की बेटी सो बेटा न ब्याहब, काहू की जाति बिगार न सोऊ॥

(कवितावली, उत्तरकांड 106)

तुलसी में परम्परा के प्रति गहरी आस्था रही है। कर्तव्याकर्तव्य, विधि-निषेध, करणीय तथा अकरणीय के सन्दर्भों में वे लोकमान्यताओं पर बल देते हैं। यही कारण है कि ब्राह्मण, शूद्र और नारी की स्थिति एवं कर्तव्य के निर्धारण में वे मध्यकालीन सांस्कृतिक संक्रान्ति के प्रभाव से पूर्णतः मुक्त नहीं हो सकते हैं। वे ब्राह्मण को 'भूसुर', 'महीसुर' आदि संज्ञाओं से विभूषित करते हैं। शूद्र को वेद पढ़ने का अधिकार नहीं देते। नारी की स्थिति भी वहाँ अत्यन्त दयनीय है। लेकिन जहाँ कहीं तुलसी ने परम्पराओं के साथ अपना प्रयोग किया है, मौलिक हुए हैं, वहाँ उनका साहित्यकार निखर उठता है। उदाहरणार्थ—नारी चरित्र की प्रतिनिधि पात्र सीता की मानस के प्रारम्भ में ही वंदना करते हुए वे कहते हैं—

उद्‌भवस्थितिसंहारकारिणीं क्लेशहारिणीं।
सर्वश्रेयस्करीं सीतां नतोऽहं रामवल्लभाम्॥

(रामचरितमानस, बालकांड, प्र. सो., श्लोक-5)

जहाँ तक शूद्रों के साथ अन्याय का प्रश्न है, तिरस्कार की दृष्टि से देखे जानेवाले निषादराज का चरित्र एवं उनके साथ राम एवं भरत का व्यवहार देखने योग्य है। भरत के व्यवहार का वर्णन करते हुए तुलसी लिखते हैं—

लोक बेद सब भाँतिहिं नीचा। जासु छाँह छुइ लेइअ सींचा॥
तेहि भरि अंक राम लघु भ्राता। मिलत पुलक परिपूरित गाता॥

(रामचरितमानस, अयोध्याकांड, 193/3-4)

महर्षि कृष्णद्वैपायन व्यास ने अपने ग्रन्थ देवीभागवत में ब्राह्मणों को ही समाज की सभी प्रकार की बुराइयों की जड़ माना है। उन्होंने कहा है कि द्वापर के राक्षस ही कलियुग में ब्राह्मण रूप में उत्पन्न होंगे—

पूर्वं ये राक्षसा राजंस्ते कलौ ब्राह्मणा स्मृताः।

(महर्षि कृष्णद्वैपायन, देवीभागवत, स्कन्ध सं. 6, अ. 11, श्लोक 42)

कलियुगी ब्राह्मणों का वर्णन करते हुए वे लिखते हैं—

पाखंड निरता: प्रायो भवन्ति जन वञ्चका:।
असत्य वादिन: सर्वे वेद धर्म विवर्जिता:।
शूद्रसेवापरा: केचित्रानाधर्म प्रवर्तका:॥
वेदनिन्दाकरा: क्रूरा धर्मभ्रष्टातिवादका:॥

(महर्षि कृष्णद्वैपायन, देवीभागवत, 6/11/46)

अर्थात् कलियुगी ब्राह्मण पाखंडरत, जनवंचक, असत्यवादी, धर्मभ्रष्ट और अनेक सम्प्रदायों के प्रवर्तन में रुचि रखनेवाले होंगे।

गोस्वामीजी देवीभागवतकार से भिन्न दुर्गति प्राप्त ब्राह्मण जाति के प्रति आक्रोश न व्यक्त कर सहानुभूति का भाव रखते हैं। उनके अनुसार शूद्रों ने ब्राह्मणों को स्थानच्युत कर दिया है और उनके अस्तित्व को चुनौती देते रहते हैं। वे मानव में कहते हैं—

जे बरनाधम तेलि कुम्हारा। स्वपच किरात कोल कलवारा॥
नारि मुई गृह सम्पति नासी। मूड़ मुड़ाई होहिं संन्यासी॥
ते बिप्रन्ह सन आपु पुजावहिं। उभय लोक निज हाथ नसावहिं॥
बिप्र निरच्छर लोलुप कामी। निराचार सठ बृषली स्वामी॥
सूद्र करहिं जप तप ब्रत नाना। बैठि बरासन कहहिं पुराना॥
सब नर कल्पित करहिं अचारा। जाइ न बरनि अनीति अपारा॥

(रामचरितमानस, उत्तरकांड 99/5-10)

जहाँ तक अन्य जातियों का प्रश्न है देवी भागवतकार ने केवल इतना ही कहा है—

तथैव क्षत्रिया वैश्या शूद्राश्च धर्मवर्जिता:।
असत्यवादिन: पापास्तथा वर्णेतरा: कलौ।

(देवीभागवत, स्कन्ध 6, अ. 11, श्लो. 46-47)

गोस्वामी ने 'मानस' में अन्य जातियों का उल्लेख किए बगैर युगीन सामाजिक स्थिति का चित्र खींचा है—

सो कलिकाल कठिन उरगारी। पाप परायन सब नर नारी॥

(रामचरितमानस, उत्तरकांड, 96-8)

सब नर काम लोभ रत क्रोधी। देव बिप्र श्रुति संत बिरोधी॥

(रामचरितमानस, उत्तरकांड, 98-3)

नि:सन्देह यहाँ वर्णाश्रम व्यवस्था का समर्थन नहीं वरन् मध्यकालीन भारत में सामाजिक मूल्यों के परिवर्तन एवं द्वन्द्व का चित्र है। तुलसी मूल्यों के विघटन से चिन्तित एवं पीड़ित थे तथा समाज में सामंजस्य स्थापित करने हेतु सदैव प्रयत्नशील रहे।

अपने युग की सामाजिक, सांस्कृतिक एवं राजनीतिक स्थिति से तुलसी जूझ रहे थे। उस युग का सजीव चित्र उनके साहित्य में उपलब्ध है—

खेती न किसान को, भिखारी को न भीख बलि
बनिक को बनिज न चाकर को चाकरी।
जीविका विहीन दुखी सीद्यमान सोचवश
कहत एक एकन ते कहाँ जाई का करी॥

(दोहावली)

इस प्रकार दिग्भ्रमित एवं टूटते मानव समाज के सम्यक् विकास एवं उद्धार के लिए उन्होंने 'रामराज्य' का राज्यादर्श सामने रखा। सम्भवतः तत्कालीन मुगल शासक अकबर इससे प्रभावित 'रामसीय' की ओर झुका होगा। अन्य राजतंत्रों से सर्वथा भिन्न तुलसी के 'रामराज्य' ने आगे चलकर महात्मा गांधी को भी अपनी ओर आकर्षित किया और यही महात्मा जी के जीवन का सपना बन गया। तुलसी का रामराज्य किसी व्यक्ति विशेष का राज्य नहीं है और न तुलसी के राम ही व्यक्ति विशेष हैं। राम उन आदर्शों के प्रतीक हैं जो तुलसी के राज्यादर्श की स्थापना के लिए साधन स्वरूप हैं। इन्हीं राज्यादर्शों की अवस्थिति उस राज्य के सृजन एवं स्थायित्व का कारण बनती है। यह 'रामराज्य' कल्पना का स्वर्ग होते हुए भी लोक-सुलभ है और आदर्श होते हुए भी यथार्थ की पकड़ में आता है। तुलसी के 'रामराज्य' में राजा का कर्तव्य बड़ा ही व्यापक है। वहाँ यथा राजा तथा प्रजा का सिद्धान्त ही चरितार्थ होता है। तुलसी ने कहा है—

जासु राज प्रिय प्रजा दुखारी। सो नृप अवस नरक अधिकारी॥

तुलसी के 'रामराज्य' में प्रजा की स्थिति पूर्णतः खुशहाल है—

दैहिक दैविक भौतिक तापा। राम राज नहिं काहुहि ब्यापा॥
सब नर करहिं परस्पर प्रीती। चलहिं स्वधर्म निरत श्रुति नीती॥

अल्पमृत्यु नहिं कवनिउ पीरा। सब सुन्दर सब बिरुज सरीरा॥

(रामचरितमानस 7-20/5-7)

नहिं दरिद्र कोउ दुखी न दीना। नहिं कोउ अबुध न लच्छनहीना॥

यह नहीं अनाचार एवं अत्याचार के चलते जो प्रकृति रुष्ट होकर प्रलयंकारिणी बनती है, वह 'रामराज्य' में जनहित में पूर्णरूपेण सहायिका है—

फूलहिं फलहिं सदा तरु कानन। रहहिं एक सँग गज पंचानन॥
लता बिटप मागें मधु चवहीं। मनभावतो धेनु पय स्रवहीं॥
बिधु महि पूर मयूखन्हि, रबि तप जेतनहि काज।
मागें बारिद देहिं जल, रामचंद्र कें राज॥

(रामचरितमानस 7/2/1, 7/22/5, 5/23)

तुलसी का आदर्श राज्य लोकवादी चेतना का मूर्तिमान स्वरूप है। प्रजासम्मत राज्य का तुलसी समर्थन करते हैं। उनके राजा राम प्रजा की आलोचना का सम्मान करते हैं।

स्पष्ट है कि कालजयी रचनाकार के दायित्व का निर्वाह करते हुए तुलसी अपने साहित्य की सामाजिक एवं सांस्कृतिक उपयोगिता सिद्ध करने में पूर्णरूपेण सफल हैं। अपने साहित्य में मानवीय मूल्यों का उन्होंने मात्र उपदेशात्मक रूप में ही वर्णन नहीं किया है बल्कि 'रामकथा' के चरित्रों के माध्यम से प्रायोगिक रूप में जैव धरातल पर उनका व्यावहारिक रूप भी प्रस्तुत करते हैं, जिनका अनुगमन कर विश्वमानव देवत्व यानी पूर्ण मनुष्यत्व को प्राप्त कर सकता है।

साहित्य के भारतीय मध्यकाल का दक्षिण-पूर्वी परिप्रेक्ष्य

डॉ. शंकरलाल पुरोहित

मित्रो! आजकल विविध विमर्शों की परम्परा बड़े जोरों पर है। जैसे स्त्री-विमर्श, दलित-विमर्श...। आप उस परम्परा से हटकर, जिसे सम्भवत: खंडित दृष्टि माना गया है, अखंड दृष्टि ले रहे हैं। यहाँ 'समरसता' की बात, वह भी हिन्दी ही नहीं, भारतीय साहित्य के परिप्रेक्ष्य में कर रहे हैं। मुझे इसमें शामिल कर आपने गौरव दिया है।

आप जैसे जायसी, तुलसी, सूर, कबीर और मीरा की साहित्य साधना को समरसता की साधना कहते हैं। यहाँ हिन्दू-मुस्लिम, ब्राह्मण-दलित, स्त्री-पुरुष आदि की समरसता की बात कहते हैं। किसी क्षेत्र, वर्ण, सम्प्रदाय, लिंग के प्रसंग में किसी तरह का भेदभाव नहीं बरता। पाँचों मध्यकाल के कवि समूचे मध्य देश का प्रतिनिधित्व करते हैं। इनकी प्रतिभा ऐसी है कि उसी के बल पर स्थापित है, पूज्य है, मान्य है।

मैं आपका ध्यान ऐसे ही 'पंचबन्धु' की ओर दिला रहा हूँ। हम इन्हें 'पंचसखा' कहते हैं—जगन्नाथ दास, बलराम दास, यशोवन्त दास, अच्युतानन्द दास और शिशु अनन्त दास। ये समाज के विभिन्न वर्गों से आए हैं। बस, जगन्नाथ के भक्त हैं, इस प्रकार सखा भाव में बँध जाते हैं। कोई भागवत है तो कोई रामावत, कोई निर्गुणिया है तो कोई लोक से जुड़ा है। फिर भी सब के अन्तस्सम्बन्ध—जगन्नाथ जैसी विराट चेतना, विराट समन्वयक दृष्टि के नाते 'सखा'—पंचसखा कहलाते हैं। इनमें काव्य 'जीवनोत्सव' के रूप में आता है। अत: कहीं किसी पर की ओर देखने का समय नहीं। सब अपने-अपने दुख-सुख से घिरे होकर भी किसी कुत्सा, किसी विभेद, किसी असम-विषम की बात नहीं करते। यहाँ कुछ पहले हुए सारलादास का उल्लेख कर रहा हूँ। 'महाभारत' के रचनाकार के सामने रचना का पहले से चला आता लोक-विधान है। संस्कृत परम्परा में व्यासकृत महाभारत का शिष्ट रूप भी है। उससे कहीं कोई टकराहट नहीं। पर लोक का कवि सारलादास वास्तव में यथार्थोन्मुख लोक-गाथाओं और लोक-कथाओं को भी लेता है। यह लोक वाङ्मय का मार्मिक विधान संगम न कर महाकाव्य रूप लेता है। बाद में बलराम दास में यह लोकमत

रामकथा को आधार कर वाल्मीकि के शिष्ट कथानक में सीधे राम-सीता को जगन्नाथ के आमने-सामने खड़ा करता है। वाल्मीकि को अध्यात्म उपेक्षित, व्यवहार ज्ञान से पुष्ट रूप विविध शास्त्र-पुराणों से साग्रह संगृहीत कथानक प्रभूत विस्तार के साथ मिलता है। कवि श्लिष्ट प्रयोग न कर, सामान्य शब्द संयोजन में अर्थ का दूरगामी प्रभाव सम्भव कर देते हैं। इनमें काव्यशास्त्र, ज्योतिष, वृक्ष-शास्त्र, युद्ध-शास्त्र आदि में बलराम ने लोकदृष्टि का जगह-जगह व्यापक ब्योरा दिया है। बलराम दास का 'रामतारक मंत्र' में सिद्ध होना 'दांडी रामायण' की रचना प्रक्रिया के केन्द्र में है। परन्तु कहीं साम्प्रदायिक विद्वेष अथवा टकराहट का अवसर नहीं मिलता। यद्यपि बलराम की जीवनानुभूति में सगुण-निर्गुण दृष्टि लेकर वैष्णव साधना में मत-विभेद चरम पर था। कवि सिद्धि को यहाँ समाज अथवा लोक से जोड़ रहे हैं।

दशरथ की राजसभा में प्रश्न है कि श्रृंगी ऋषि को लाकर अनावृष्टि के कष्ट को दूर कौन कर सकता है। सब मौन हैं। स्त्री दर्शन तक न किए को लाने का बीड़ा कौन उठाए? जरत्कुशा वेश्या सब जानकर भी प्रस्तुत हो जाती है। श्रृंगी अपूर्व सजी सुन्दरी देख पूछते हैं—हे ऋषि आप कौन? आपका मंत्र? गुरु? परम्परा? वह स्पष्ट कहती है—हम अनंग ऋषि की शिष्या, काम मंत्र में दीक्षित हैं...। लम्बा वार्तालाप। ऋषि अभ्यर्थना करते हैं। अनास्वादित दिव्य पदार्थ, अनाघ्राणित सुगन्ध और अस्पर्श की अनूठी स्पर्श जनित अनुभूति में विभोर। नौका तक वे आते हैं। अनजाने नौका चल पड़ी। वे अवध पहुँचकर उतरते हैं। तभी वृष्टिपात से सब आनन्दविभोर। अपनी उपस्थिति मात्र से लोक-कल्याण देख श्रृंगी शान्त हो जाते हैं। संसार बाहर रह सिद्धि की असारता का अनुभव करने को स्वयं गृहस्थ बनते हैं। दशरथ के लिए भी पुत्रेष्टि यज्ञ कर संसार को अद्‌भुत दान देते हैं। बलराम ने यह जो रामजन्म की भूमिका दी है—वन और नगर सभ्यता के बीच निर्भरशीलता, अन्योन्याश्रयता दिखाई है, वह सामाजिक समरसता की पहली आधारभूमि है। यहाँ साम्प्रदायिक टकराव की कोई गन्ध नहीं। नारी की भूमिका उसी समाज में बलराम ने अनूठे ढंग से व्यंजित की है। लिंगाधारित असमता पर कवि ने प्राक्कथन में ही विलक्षण संगम प्रस्तुत कर दिया। अभिजात और लोक को आमने-सामने प्रस्तुत कर अत्यन्त दिव्य स्थिति रखी है।

अब एक दृष्टि जगन्नाथ दास पर। भागवत कथा हमारे यहाँ शिष्ट परम्परा में थी। लोग श्रीमन्दिर में संस्कृत भागवत सुनते। जगन्नाथ की अनपढ़ माँ भी सुना करती हैं। कुछ छन्द-गीत लिखते जगन्नाथ से कहा—अरे, भागवत भी इन छन्दों में रच दे, कुछ तो मेरे पल्ले पड़े। माँ के लिए—'स्वान्तः सुखाय' बात है—जगन्नाथ ने लोक में भागवत लिखी। माँ ने सुनी। अब उसे कोई भी माँ टुंगी में बैठकर सुनती है। लोक अंग बन जाता है शिष्ट परम्परा का शिखर ग्रन्थ। मन्दिर प्रांगण में यह दृश्य स्वयं श्री चैतन्य देखते हैं। विभोर हो उठते हैं। उन्हें गले लगा लेते हैं। तुमि अति बड़ी...तुमि अति बड़ी—तुलसी को हतप्रभ कराया। वैसे जगन्नाथ दास को 'तेली

भागवतकार' कहकर अतिष्ठ करानेवाले सहम जाते हैं। दास जी चैतन्य के आगे नतमस्तक हैं। समूचा भागवत शिष्ट बन जाता है चैतन्य के दो तुलसीपत्र पड़ते ही। इसमें कहीं कोई विद्रोह नहीं। बड़बोलापन नहीं। दासानुदास वाली सहजता और समरसता है। यानी सारलादास वाली शुरुआत बलराम दास से होते हुए जगन्नाथ दास में शिखर तक पहुँच गई है।

जगन्नाथ दास अपने इष्ट (लोकजन) को सुनाने को भागवत की पुनर्रचना कर रहे हैं। कुछ कहते हैं अनुवाद कर रहे, कुछ कहें पुनःसृजन कर रहे हैं। जो हो, ओड़िया की सहज भाषा का अनलंकृत रूप आदर्श मानकर चलते हैं। एक तो भागवत दर्शन और दूसरे भागवत कथा—दोनों का मेल बनाना है। सीधे-सादे समाज के सामने उभय दर्शन, गूढ़ भगवत् दर्शन प्रस्तुत करना—व्यास से विचलन न हो—वह बहुत बड़ी शर्त है। अब रही बात कथा की—इसमें कवि शास्त्र विरोधी, लोक प्रचलित कथा रूढ़ियों को छोड़ते हुए नव रूप दे सकता है। इस प्रकार जगन्नाथ दास का भागवत भक्ति का सागर है, पर है मर्यादित, लोकरुचि के अनुकूल एवं नई लोकधारा का निर्माता, जो पिछले पाँच शतक से ओड़िया प्राणों में जीवनी संचार और दिशा निर्माण करती रही। जगन्नाथ दास की कल्पना लोक मर्यादा का निर्माण कर तर्कसम्मत भाषा की उद्भावना करते हैं। जगन्नाथ कथा के आध्यात्मिक पक्ष को अनायास अप्रस्तुत विधान से रँग देते हैं। उनका अनायास अप्रस्तुत विधान इसी दृष्टि से सहज बोधगम्य होता है—"शतेक घट राखो, फिर भी उनमें समूचा आकाश न दिखे।" सगुण-निर्गुण की भाँति राम-कृष्ण का अभेद और गम्भीर एकात्म भाव वर्णित हुआ है। इस प्रकार घोर निराशा, अन्धकार के क्षणों में दासजी जीवन का भाव सहज-सरस शब्दावली में व्यंजित करते हैं। इसी में जीवन का अध्यात्म रसमय बनकर सरस कथा का रूप धारण कर लेता है। यहाँ जीवन के महाकाव्य में आशा, आकांक्षा, उत्कंठा और असीम अभीप्सा के साथ उत्कीर्णन हुआ है। जगन्नाथ दास की यह भावभूमि समरसता की हो जाती है। सारला और बलराम से होकर जगन्नाथ दास तक आते-आते भागवत कथा हर दृष्टि से ओड़िया संस्कृति का सहज प्रवाह बन जाती है। ईश्वर के मन्दिर से उठाकर टुंगी तक लाते हैं। दर्शन को संस्कृत से चोट कर 'बड़ी-बड़ी कर लोन' की तरह हर पंक्ति में सिक्त कर देते हैं। स्वयं महाप्रभु बुद्धि या चिन्तन की नहीं, प्राणों की, जीवन की निधि बन जाते हैं। निर्माल्य कणों की तरह कपड़े की कोस्थली में हैं। तुलसीदल की तरह चरणामृत पर तैरते हुए बिना दाँतों से चबाए ही पेट में जाकर आत्मा में समाविष्ट हो जाते हैं। कहीं कोई रुकावट नहीं, कोई द्वन्द्व या द्वैत नहीं। इस समरसता का सबसे बड़ा प्रतीक श्री जगन्नाथ हैं—कृष्ण या राम नहीं। परन्तु राम-कृष्ण की यह अनन्यता ही भागवत के प्राण हैं। मानो जगन्नाथ दास ने व्यास की कथा को जगन्नाथ कथा में ढाल दिया है। इतना सायास कार्य नहीं, यह अनन्योभाव अनायास आ जाता है। पूरी श्रीमद्भागवत

जगन्नाथ दास जी ने ओड़िया पाठकों को भेंट दी। परन्तु अद्भुत रूपान्तरण के साथ। उनकी रचना-सामग्री उनकी दृष्टि में है, उनकी भाषा में है, उस कथानक और भाव-सागर के ट्रीटमेंट में है, जहाँ से खारेपन वाला नमक हटाकर वे अमृतसार बना देते हैं। भाषा और भावभूमि दोनों स्तरों पर ईश्वर और आदमी को खूब निकट ले आते हैं। अनुभूति में जीवन और दर्शन का ऐसा मिला-जुला रूप अन्यत्र दुर्लभ है। यहाँ भक्ति, श्रद्धा, आराधना, पूजा जैसे शब्द भी कुछ-कुछ दूरी का आभास देते हैं। जगन्नाथ दास की भागवत में व्यक्ति मानो स्वयं को ही केन्द्र में रखता है अथवा ईश्वर ही उसके केन्द्र में (हृदय में) अवस्थापित है। उन्हें अब नित्यप्रति के या नित्य के जीवन का अभिन्न अंग बना लेता है। यहीं उनका मूल्यबोध अलग पहना या ओढ़ा चोगा नहीं लगता। शरीर को चमड़ी की तरह ढाँपे है, नस-नस की तरह फैला है और रक्त की तरह मन-प्राणों में प्रवाहित हो रहा है।

यहाँ अच्युतानन्द दास का उल्लेख किए बिना प्रसंग अधूरा रह जाता है। अच्युत योगमार्गी साधक थे। योग मार्ग सभी पंचसखाओं के साथ जोड़ सकते हैं। पर अच्युत का योग साधन समग्र जीव हिताय है। उनका मालिका ग्रन्थ लोक सचेतनता हेतु गत और वर्तमान से बढ़कर भविष्य के भी संकेत देता है। इनकी भाषा और भावभूमि सरल होते हुए भी वे जगह-जगह ऐसे क्षेत्र में चले जाते हैं, जहाँ सामान्य जन, सामान्य भाषा और सामान्य चेतना का प्रवेश दुरूह हो जाता है। (आजकल इसी को आधार बनाकर कुछ लोगों ने इन पोथियों में करिश्माई/जादुई/अतिभौतिकी) सुपर ह्यूमन क्रिया में दिखाना शुरू कर दिया है। उसकी बात छोड़ दें तो भी अच्युत का रचना-संसार इतना विराट और विविधतामय है कि अब तक पूरी तरह आकलन सम्भव नहीं हुआ। अच्युत में गीता-उपनिषद आदि की सामग्री का पुनर्लिखन हुआ है। वे लोक से इतने सम्पृक्त हैं कि उनके आज भी अगणित अनुयायी मिल जाते हैं। संस्कृत में उपलब्ध तत्त्वज्ञान और दर्शन-धारा को जन-सामान्य के बोधगम्य हेतु एक नए फार्मेट में प्रस्तुत करते हैं। कृष्णार्जुन संवाद शैली में पिंड-ब्रह्मांडवाद की व्याख्या और विश्लेषण ने एकदम अलंकारहीन शब्दावली में करते हैं। यह बोधगम्यता ही उन्हें जीवन-जिज्ञासु और आत्म अन्वेषार्थी लोक के निकट कर देता है। यहीं सामान्यजन के कवि बने हैं। उच्चकोटि का तत्त्व विश्लेषण करते हुए कभी नहीं लगते। बस, जगन्नाथ नाम स्मरण, नामोच्चारण के बहाने सारी बात कह समरस हो रहे हैं।

इन कुछेक उदाहरणों से मध्यकालीन सन्त साहित्य के ओड़िया भाषा में उपलब्ध दृष्टिकोण पर अधूरी चर्चा की गई, यशोवन्त और शिशु शंकर को नहीं लिया जा सका, इसका खेद है। क्षमा करेंगे। यह पंचसखा साहित्य विचार और भाव का उभय स्तर पर जन-मन में ऐसा घुला-मिला है कि पाँच सदी से दूसरा कोई रंग चढ़ ही नहीं रहा।

भारतीय भक्ति साहित्य और सामाजिक एकात्मता

डॉ. सूर्यनारायण रणसुभे

भारतीय भक्ति साहित्य यह बहुत व्यापक शब्द है। भारतीय भक्ति साहित्य की शुरुआत प्राचीन काल से हुई है, और इसका उद्‌गम दक्षिण में तमिल भाषा में हुआ है; इस पर भी आम सहमति है। मध्यकाल में करीब-करीब सभी भारतीय भाषाओं के काव्य विधा में भक्ति की यह प्रवृत्ति दिखलाई देती है। कुछ समीक्षक इसे भक्ति का आन्दोलन भी कहते हैं। परन्तु यह विशेषण भक्ति के साथ लगाना बहुत विवेकसम्मत नहीं लगता। आन्दोलन की जो अवधारणा है उसमें यह बात नहीं बनती। यह सच है कि 12वीं से 18वीं शती तक सभी भारतीय भाषाओं में भक्ति की भावना तरंगित हो उठी थी। ईश्वर से कृपा प्राप्त करने हेतु अथवा मोक्ष-प्राप्ति हेतु किसी भी प्रकार के कर्मकांडों की जरूरत नहीं है, तीर्थक्षेत्रों में जाने की जरूरत नहीं है, मनुष्य और ईश्वर के बीच किसी तीसरे की भी जरूरत नहीं है—ये इस भक्ति साहित्य के नकारात्मक स्वर हैं। नामस्मरण, मन की शुद्धता, विवेकनिष्ठा, ईश्वर के प्रति अनन्य निष्ठा—ये उसके सकारात्मक स्वर हैं। इस भक्ति साहित्य के उद्‌गम के मूल में यहाँ की वर्ण तथा जाति-व्यवस्था भी कारणीभूत रही है। करीब पाँच सौ वर्षों तक देश के सभी हिस्सों में भक्ति का स्वर उमड़ आया और इस कारण यह निष्कर्ष निकाला जाने लगा कि भक्ति साहित्य ने सामाजिक एकात्मता को अधिक दृढ़ किया है। यह काव्य समाज-सुधार का काव्य है। प्रस्थापित वर्ण और जाति-व्यवस्था के प्रति विद्रोह का साहित्य है आदि-आदि।

मुझे लगता है कि इस प्रकार के निष्कर्ष निकालने में कहीं जल्दबाजी हो रही है अथवा भक्ति साहित्य के उदात्तीकरण का प्रयास हम कर रहे हैं। इस साहित्य के प्रति 19वीं सदी के नवजागरण काल के अध्येताओं के विचार क्या हैं, इसे भी हम जान लेने का प्रयत्न करेंगे तो इस विषय का दूसरा आयाम स्पष्ट हो सकेगा। इस सन्दर्भ में कुछ सूत्र मैं विचारार्थ प्रस्तुत कर रहा हूँ—

1. सामाजिक एकात्मता से तात्पर्य होता है—समाज का प्रत्येक व्यक्ति दूसरे व्यक्ति के प्रति सम्मान का भाव रखे। प्रत्येक की अपनी अस्मिता होती है,

उसके प्रति वह संवेदनशील हो। प्रत्येक मनुष्य का (चाहे वह स्त्री हो या पुरुष) अपना स्वतंत्र व्यक्तित्व होता है। उस व्यक्तित्व के प्रति सहानुभूति रखना, आदर करना प्रत्येक का नैतिक कर्तव्य होता है। जब इस प्रकार की मानसिकता को लेकर व्यक्ति जीते रहेंगे, तभी उस समाज में सामाजिक एकात्मता है—ऐसा हम कह सकेंगे।

2. भक्ति साहित्य क्या इस प्रकार के संस्कार डाल रहा है? वास्तविकता यह है कि भक्ति साहित्य के अन्तर्गत कबीर को अपवाद रूप में छोड़ दें—तो शेष किसी भी सन्त या भक्त कवि ने वर्ण या जाति-व्यवस्था का विरोध नहीं किया है। इनकी सामाजिक एकात्मता—प्रत्येक के वर्ण का महत्त्व बनाए रखकर, प्रत्येक की जाति सुरक्षित रखकर ही—का स्वरूप इस प्रकार टुकड़ों में बाँटे गए समाज की है। एक ओर तुलसी ब्राह्मण की श्रेष्ठता का बार-बार वर्णन करते हैं, तो दूसरी ओर निर्गुण कवि दलित जाति में जन्म हुआ, इसलिए पछता रहे हैं। भाग्य को कोस रहे हैं। वर्ण और जाति-व्यवस्था को सुरक्षित रख वे किस सामाजिक एकात्मता की बात कर रहे हैं—स्पष्ट नहीं है। वास्तविकता यह है कि प्रस्थापित समाज व्यवस्था के विरुद्ध वे बोल नहीं रहे हैं। अपितु प्रस्थापित पौरोहित्यवाद के विरुद्ध (अर्थात् केवल निर्गुण कवि) बोल रहे हैं। सगुण तो उसके विरोध में भी नहीं बोलते।
3. मध्यकाल में 'समाज' का अर्थ 'जाति' से ही किया जा रहा था। 'राष्ट्र', 'समाज', 'एकात्मता' आदि अवधारणाएँ नवजारण काल की हैं। आधुनिक काल की इन अवधारणाओं को मध्यकाल के कवियों पर थोपकर, उनका उदात्तीकरण करना अथवा उनकी सीमाओं को बतलाना कहाँ तक उचित है? उन्हें उनके काल के सन्दर्भ में ही समझ लेना जरूरी है।
4. डॉ. बाबासाहेब आंबेडकर मराठी सन्त साहित्य के गम्भीर अध्येता थे। उन्होंने लिखा है कि सन्त विद्रोही थे, क्रान्तिकारी नहीं। वे व्यवस्था के परिवर्तन की बात नहीं कर रहे थे, अपितु व्यक्तिगत स्तर पर वे भक्ति को अवकाश में अपने लिए जगह माँग रहे थे। वर्ण और जाति के विरोध में इनमें से कुछ बोल जरूर रहे थे, परन्तु उनका यह निषेध व्यक्तिगत स्तर पर ही था। वास्तव में वे भक्ति के जनतांत्रिकीकरण की माँग कर रहे थे। 'समाज' के जनतांत्रिकीकरण पर वे मौन थे।
5. ये सन्त व्यक्तिगत मोक्ष, मुक्ति की बात कर रहे थे। उसके लिए ही वे साधना कर रहे थे। समाज मुक्ति अथवा समाज की स्वतंत्रता आदि बातें उनके विषय की कक्षा में थीं ही नहीं।
6. वास्तव में हमारे यहाँ 'राष्ट्र', राष्ट्रीय एकात्मता, 'समाज', सामाजिक एकात्मता

आदि का एहसास ब्रिटिशों का भारत में आगमन होने के बाद ही हुआ। समग्र समाज तथा 'राष्ट्र' की अवधारणा को इससे परिचय से ग्रहण किया है, इसे स्वीकारने में दिक्कत क्या है? 'राष्ट्र' शब्द बहुत प्राचीन है, वेदों में भी मिलता है। उसका अर्थ ही भिन्न है। मगर राष्ट्र शब्द आज के राष्ट्र के अर्थ में यहाँ होता तो फिर महाराष्ट्र या सौराष्ट्र शब्द यहाँ क्यों प्रयुक्त करते, इसका उत्तर देना होगा। खैर, नवजागरण काल में ही यह सोचा जाने लगा कि जाति, वर्ण, लिंग, प्रदेश, भाषा के परे जाकर एक जाग्रत्, विवेकसम्पन्न समाज का निर्माण करना है। इसी कारण तो नवजागरण काल में प्रबोधन और जागरण हेतु जितनी भी महत्त्वपूर्ण संस्थाओं का जन्म हुआ, उसमें 'स्मरण' शब्द का प्रयोग हुआ है। ब्रह्म समाज (बंगाल), प्रार्थना समाज (महाराष्ट्र), आर्य समाज (हिन्दी प्रदेश), सत्यशोधक समाज (महाराष्ट्र) वास्तव में ये संस्थाएँ ही एकात्मता हेतु प्रयत्नशील थीं। भक्ति साहित्य में तो इस प्रकार का कोई एहसास ही नहीं है।

7. अगर सचमुच भक्ति साहित्य में सामाजिक एकात्मता का स्वर होता, तो नवजागरण काल के महापुरुष इन्हें आदर्श के रूप में अपनाते। परन्तु नवजागरण नाम के परिवर्तनवादी सन्तों या भक्तों को आदर्श मानने की बात छोड़िए उनका नाम तक नहीं लेते। महर्षि दयानन्द ने सत्यार्थ प्रकाश में सभी सन्तों के विरोध में आक्रामक रूप से लिखा है। इन्होंने समाज को नियतिवादी, अन्धश्रद्धालु, दैववादी, भाग्यवादी बना दिया, ऐसा उनका आरोप है। स्वातंत्र्यवीर सावरकर जी ने भी सन्त साहित्य को प्रगति विरोधी बताया है। सुप्रसिद्ध साहित्यकार वि. का राजवाड़े भी सन्तों पर टूट पड़े हैं।

8. सभी सन्तों ने—इसके लिए कबीर भी अपवाद नहीं हैं—स्त्री जाति के प्रति अवहेलना के उद्‌गार निकाले हैं। इस प्रकार आधी जनसंख्या को तो उन्होंने अपवित्र और भक्ति में बाधा के रूप में देखा है। दलितों को भी नकारा है। स्त्री और दलित दोनों के प्रति इस प्रकार के दृष्टिकोण रखने वालों को सामाजिक एकात्मता के लिए कारण कैसे क्या मान लिया जा सकता है।

9. अर्थात् हम केवल एक आयाम की दृष्टि से इस पर विचार कर रहे हैं। भक्ति साहित्य में सामाजिक एकात्मता का स्वर नहीं है, इसलिए हम सम्पूर्ण भक्ति साहित्य को नकारेंगे—ऐसा अतिवादी दृष्टिकोण भी यहाँ पर नहीं है। राजनीतिक अस्थिरता के इस काल में भक्ति साहित्य ने यहाँ के आम आदमी को बहुत बड़ी आस्था दी है, हिम्मत दी है। उसके व्यक्तिगत चरित्र को अधिक विवेकसम्पन्न बनाने का प्रयत्न भी किया है। उस काल

की जो एक जिम्मेदारी संवेदनशील व्यक्तियों पर आ पड़ी थी, उसका निर्वाह पूरी कुशलता के साथ उन्होंने किया है। विशेषत: भाषा के क्षेत्र में उनका कार्य एकमेवाद्वितीय है। उनकी सोच ने भी इस देश को सन्तुलित रखा है। उनके सकारात्मक पक्ष में और कई बातें जाती हैं। परन्तु जहाँ तक सामाजिक एकात्मता की बात है, वह उनके काव्य में कतई नहीं है, इसे खुले मन से स्वीकारना ही विवेकसम्मत होगा।

भक्तिकाल : एक अलग समाज-रचना की जरूरत

डॉ. मु.ब. शहा

भक्तिकाव्य के कवि कभी कवि नहीं थे। कविता करना उनका उद्देश्य नहीं था। वे अपने समय की आकांक्षाओं को प्रदर्शित कर रहे थे। ये प्रगटन कविता में था और उसके लिए दूसरा कोई चारा नहीं था। वे सारे समाज के स्वस्थ और सच्चाई के रास्ते पर चलना सिखाते थे। उनकी मूल भूमिका सामाजिक थी, साहित्यिकता बाद में आकर मिल गई।

सगुण और निर्गुण ये दो वाद थे। महाराष्ट्र में ऐसा कोई विभाजन नहीं था। वे सारे सन्तों को 'सन्त' कहकर पुकारते थे। निर्गुण मार्गी कवि साक्षर और शिक्षित नहीं थे। कविकर्म के प्रति वे उतने सचेत नहीं थे, जितने पूर्ववर्ती संस्कृत कवि। निम्न वर्ग से आए हुए ये निर्गुणी जैसे बने, वैसी कविता करते थे। क्योंकि जनता में पहुँचने का वही एकमात्र रास्ता था। एक बात बिलकुल सही थी कि निर्गुण सन्तों ने नारी की बेहद निन्दा की है। शायद सभी धर्म का अर्थ ही नारी की निन्दा करना था! धर्म का इतना प्रभाव था कि सन्त और भक्त अपनी जाति को लाँघकर जाने की बात सोच भी नहीं सकते थे।

ईश्वर की दी हुई जाति सारे भक्त कबूल करते थे। अपनी निम्न जाति सम्बन्धी उलटे-सीधे उद्‌गार सभी सन्तों ने निकाले हैं, पर जाति को लाँघने की बात किसी ने नहीं की।

ईश्वर सर्वोपरि था और सभी सन्तों तथा भक्तों ने ईश्वर सम्बन्धी सर्वोच्च आकांक्षाएँ प्रगट कीं। तुलसी जैसा कवि भी अपनी कविता में 'कवि न होउँ नहिं चतुर कहावउँ। मति अनुरूप राम गुन गावउँ॥' कहता है। आचार्य शुक्ल जी उसे ही महत्त्व देते हैं। आचार्य शुक्ल का एक मत था कि उन्होंने सगुणों को बहुत बड़ी आत्मीयता दी।

सन्त कवि अनपढ़, गँवार जरूर थे, पर उन्हें अपने और सारे समाज का आत्मगौरव बढ़ाना था। इस क्षेत्र में उन्होंने जो कार्य किया, वह बेजोड़ है। उन्होंने सारे समाज का आत्मसम्मान तो जाग्रत् किया पर निम्न जातियों में वह चेतना भर दी जो अभी तक कम न हुई। यह एक दृष्टि से सामाजिक काम था। पर अनपढ़,

गँवार सन्तों ने उसे बहुत जागरूकतापूर्वक किया। सन्तों के और खासकर निर्गुणियों के कारण निम्न वर्ग के लोग साहित्य क्षेत्र में भी अवतरित हुए। कबीर बिना पढ़ा-लिखा साहित्यकार था। सन्त लोग एक वैकल्पिक युग की रचना में मग्न थे। वे चाहते थे कि ऐसा एक समाज बने जो मूलतः आदर्श तथा सत्याभिमानी हो। सन्तों ने शायद ही अपनी कविता में या कथन में झूठे या अनादर्श साहित्य की कसम खाई हो। मुक्तिबोध का स्मरण किया जा सकता है—

"साहित्य-क्षेत्र में सामान्य जनता तभी सक्रिय हो उठती है, जब उसमें कोई व्यापक सांस्कृतिक आन्दोलन चल रहा हो। ऐसा आन्दोलन जो उसके आत्म-गौरव और आत्म-गौरव को स्थापित और पुनःस्थापित कर रहा हो। किसी जमाने में भारत में भी (विभिन्न परिस्थितियों में क्यों न सही) ऐसा ही हुआ था, दलित-पीड़ित और गरीब वर्गों के लोग साहित्य-क्षेत्र में सक्रिय हो उठे थे। हमारे भक्ति आन्दोलन के पूर्वार्ध का स्मरण कीजिए। उस समय भी शास्त्री, पंडितों और कलाकारों ने उसका विरोध किया था, क्योंकि साहित्य-सौन्दर्य के उनके मानदंडों के अनुसार गरीब लोगों का साहित्य तुच्छ और विद्रूप था।" (नए साहित्य का सौन्दर्यशास्त्र, पृ. 99)

निर्गुणी कवि एक वैकल्पिक समाज-रचना चाह रहे थे। इसलिए साहित्य में वर्ण-विद्रोह की परम्परा आदि से रही। पूर्ववर्ती लगभग सारे साहित्य में—खासकर संस्कृत में—वर्णाश्रम धर्म की प्रधानता रही। सरहपाद जैसे सिद्धों से शुरू होनेवाली यह परम्परा आगे भी कायम रही। सिद्धों का रचनाकाल आदिकाल और वीरगाथाकाल के पहले का है। मतलब संवत् 1040 से वर्ण विद्रोह शुरू हुआ, वह आज तक कायम है। महाराष्ट्र में भक्तों ने अपनी-अपनी जाति के खिलाफ बहुत-कुछ लिखा है। पर अपनी जाति के गुण भी गाए हैं।

इसमें सबसे प्रखर अभिव्यक्ति कबीर की है। यह सच है कि कबीर नारी-निन्दा में निपुण हैं। वे स्त्री को एक 'माया' मानते थे और नारी की निन्दा उन्होंने उसी अर्थ में की है। पर वर्ण के विरुद्ध उन्होंने चौतरफा आक्रमण किया।

जो तू बाभन बाभनी जाया।
तो आन बाट काहे न आया॥

यह उक्ति उसी का प्रतीक है। रैदास, दादू, मलूक आदि सन्त कवियों ने—"जाति पाँति पूछे नहिं कोई, हरि को भजै सो हरि का होई" वाले समतादर्शक सूत्र को आगे बढ़ाया। निम्न जातियों के सन्तों ने वर्ण-व्यवस्था की धज्जियाँ उड़ा दीं।

सिद्ध कवि सरहपा से कबीर तक ने वर्ण व्यवस्था के विरुद्ध इतना आक्रोश मचाने के बाद भी, वर्णव्यवस्था टस से मस नहीं हुई। आज भी लोगों के मन में उनका 'वर्ण' विद्यमान है। बाहर बताने के लिए वर्णों का अभिमान विद्यमान न हो, पर हम अपने दीवानखाने में कौन कहाँ बैठे, इसकी जगह निश्चित कर लेते हैं। डॉ. व्यंकटराव रणधीर ने लगभग 150 गाँवों में अस्पृश्यता अभियान चलाया।

अचरच की बात है कि खुद अस्पृश्यों में जाति-पाँति के भेद बाकी हैं। इतने बड़े सन्त साहित्य का क्या असर हुआ?

तुलसी को लोग पूज़ते हैं। पर रामकथा कहने के बहाने उन्होंने भी शूद्र शम्बूक का तप करने के कारण राम से वध करवाया ही।

यही बात भक्तिकाल के सन्दर्भ में है। पूरे भक्तिकाल में बहुत से अन्तर्विरोध हैं। चर्चा से ही वे सामने आते हैं। निर्गुण मत में धार्मिक जनवाद का निम्न स्वरूप अवश्य था। तुलसीदास ने निम्न जातीय भक्ति का स्वीकार अवश्य किया था, पर उन्हें उनकी मर्यादा भी बता दी। यह मर्यादा बाद में हजारीप्रसाद द्विवेदी जी ने स्पष्ट की। उन्होंने तुलसी के सन्दर्भ में लिखा, "ब्राह्मण वंश में उनका जन्म हुआ। दरिद्र होने के कारण उन्हें दर-दर भटकना पड़ा। गृहस्थ जीवन में वे सबसे निकृष्ट आसक्ति के शिकार हुए, और काशी के संन्यासियों और दिग्गज पंडितों के संसर्ग में उन्हें खूब आना पड़ा।" (हिन्दी साहित्य की भूमिका, पृ. 96)

यह उद्धरण यह बताता है कि द्विवेदी जी की दृष्टि में 'वर्ण' ही एकमात्र कारक है।

दूसरी बात पर विचार करना जरूरी है। वर्णव्यवस्था पर जमकर हमले सभी निर्गुणियों ने किए। पर राज-व्यवस्था के बारे में वे चुप कैसे रहे? कभी किसी सन्त ने राजव्यवस्था पर जमकर हमले किए, ऐसा न पढ़ा, न देखा। तब राजभक्ति सामान्य बात थी। पर राजव्यवस्था का रूप उसके लिए सामान्य चाहिए। मुगल साम्राज्य की व्यवस्था सब लोगों को पता थी। सन्तों को—कम से कम औरंगजेब की राजव्यवस्था पर—हमले करना जरूरी था। तब मराठों के विरुद्ध वह एक जानलेवा लड़ाई लड़ रहा था।

पर औरंगजेब की राजसत्ता में होनेवाले अन्याय भी किसी ने जाहिर नहीं किए। वे होते नहीं थे, ऐसा नहीं है। जजिया कर का लादना उसी में शुमार होता है। तब शायद ईश्वरी सत्ता ही सब कुछ थी, भौतिक व्यवस्था को कोई मानता नहीं था। काव्य में बड़े-बड़े कारनामे करनेवाला ईश्वर प्रत्यक्ष में था नहीं।

आधुनिक साहित्य में हिंदी आलोचना की दूसरी परम्परा चल पड़ी है। डॉ. श्री भगवान सिंह यह कहते हैं, "अब 'वर्णतथ्य' के स्थान पर 'वर्गतथ्य' प्रमुख हो गया है। यह जरूर है कि आधुनिक साहित्य के मूल्यांकन में वर्णवाला तथ्य ओझल हो गया। आधुनिक साहित्य में जाति-विरोधी चेतना को रूपायित करनेवाले प्रेमचन्द, निराला या नागार्जुन जैसे कवि सबके सब उच्च वर्ण के हैं, लेकिन साहित्य-संसार में विद्यमान वर्ग एवं वर्ण के जटिल स्वरूप पहचानने में काफी मददगार हो सकता है। आज भी भारतीय जटिल स्वरूप को समझने के लिए वर्णवाली बात को ध्यान में रखना अपेक्षित है—सामाजिक रूपान्तरण का कोई भी प्रयास इस वर्ण-समस्या से जूझे बगैर सफल नहीं हो सकता।"

हम अगर इस वर्ण-समस्या पर भक्तिकाल को कसें तो अच्छा होगा।

भक्तिकालीन भक्ति साहित्य और सामाजिक एकात्मता

डॉ. हणुमन्तराव पाटील

राष्ट्रीय एकता के कारण सामाजिक समरसता बढ़ती है। राष्ट्रीय एकता एक ऐसी भावना है जिसका सम्बन्ध मनुष्य की अन्तश्चेतना से होता है। राष्ट्रीय एकता के कारण व्यक्ति अपने समाज, राष्ट्र के कल्याण तथा हित के लिए अपना सर्वस्व न्योछावर एवं बलिदान करने में गौरवान्वित समझता है। इसलिए यह स्वाभाविक है कि जिस राष्ट्र में राष्ट्रीय एकता की भावना जितनी अधिक प्रबल एवं सबल होगी, वह राष्ट्र उतना ही उन्नत और विकासशील माना जाएगा। एक ही देश के अपरिचित व्यक्ति भी यदि विदेश में मिल जाते हैं तो उनमें एक-दूसरे के प्रति सहानुभूति एवं बन्धुत्व की भावना प्रस्फुटित हो जाती है। साहचर्य की यह भावना ही राष्ट्रीय एकता एवं सामाजिक समरसता को जन्म देती है।

राष्ट्रीय एकता एवं सामाजिक समरसता के लिए मानवीय मूल्यों का होना आवश्यक है। समानता के आधार पर ही सामाजिक समरसता आती है। इस सम्बन्ध में कविवर दिनकर की ये पंक्तियाँ अत्यन्त महत्त्वपूर्ण हैं...

शान्ति नहीं तब तक, जब तक
सुख भाग न नर का सम होगा
नहीं किसी को बहुत अधिक हो,
नहीं किसी को कम[1]

भक्तिकालीन भक्ति साहित्य भारतीय चिन्तन की स्वाभाविक अभिव्यक्ति है। इसको व्यापक स्वरूप प्रदान करने का श्रेय तत्कालीन सामाजिक अव्यवस्था को है। सामाजिक दृष्टि से यह न्याय और समानता का आन्दोलन है।

भक्तिकालीन काव्य लोकजीवन का काव्य है। इसमें दलित, उपेक्षित, शोषित वर्ग की पीड़ा और उसकी इच्छा, आकांक्षा को अभिव्यक्त किया गया है। धर्म के नाम पर व्याप्त कुरीतियों, बाह्याचारों, पाखंडों पर तीखा प्रहार किया गया है। मनुष्य-मनुष्य में भेद उत्पन्न करनेवाली मिथ्या दीवारों को भग्न किया गया है। मुल्ला, पुरोहितों के प्रभुत्व की धज्जियाँ उड़ाई गई हैं और समता, बन्धुता और

मानवतावाद की पुकार सुनाई देती है। इस साहित्य ने पीड़ित, प्रताड़ित, शोषित जनता को प्रगतिशील दृष्टि दी है। धर्मनिरपेक्ष राष्ट्र के निर्माण करने का कार्य किया है। ऊँच-नीच, छुआछूत और बाह्याचारों को भक्तिकालीन कवियों ने नहीं सहा और इन पाखंडों के प्रति घृणा दिखाने का कार्य किया है। ये कवि खरी-खरी सुनाने में तनिक भी नहीं हिचके और सत्य की खोज में अपना सब कुछ स्वाहा किया है। इन कवियों की कथनी और करनी में साम्य होने के कारण निर्भीकता और सत्यवादिता उनके व्यक्तित्व के मूल तत्त्व हैं। सन्तोषी स्वभाव के इन कवियों ने समता, बन्धुता तथा न्याय की स्थापना के लिए समन्वयवादी विचारधारा का प्रसार किया है।

भक्तिकालीन साहित्य लोकजागरण करनेवाला काव्य है। समाज में उच्चतम नैतिक मूल्यों की स्थापना करने के लिए इस साहित्य का निर्माण हुआ है। यह साहित्य साम्प्रदायिक भेदभाव से ऊपर उठ मानव समता को महत्त्व देता है। युगों-युगों से पीड़ित, शोषित और दलित मानव को आत्मगौरव और आत्मविश्वास देनेवाला है यह साहित्य। समाज में जो बिखराव है, विखंडन है, अपसंस्कृति है उसको दूर करने का कार्य सन्त साहित्य ने किया है। इसलिए इस काव्य को राष्ट्र की सांस्कृतिक निधि माना जाता है।

"भक्तिकालीन निर्गुण-सगुण दोनों वर्गों के कवियों ने जाति, धर्म, लिंग, देश, काल की सीमाओं से परे जनकल्याण का जो सन्देश दिया, वह न केवल भारतीय काव्य में अपितु विश्व काव्य में अन्यतम है। भक्तिकाव्य किसी विशेष वर्ग, जाति अथवा क्षेत्र तक सीमित नहीं रहा है अपितु समस्त भारतीय जीवन का प्रतिनिधि काव्य है।"[2]

भारतीय धर्म साधना में भक्ति काव्य की सर्जना का विशेष महत्त्व है। मध्यकाल में हिन्दू समाज अपने अस्तित्व को बनाए रखने के लिए संघर्ष करता रहा। उत्तरी भारत में इस्लाम का प्रभुत्व स्थापित होने लगा था। चौदहवीं शताब्दी में तुगलक बादशाह के समय में देश में धार्मिक और राजनीतिक अत्याचारों की बाढ़ सी आ गई थी। यह भारतीय सामन्ती व्यवस्था का ह्रास और पतन का काल था। विदेशी शासकों का प्रभुत्व होने के कारण राजपूतों का शौर्य मन्द हो चुका था। सामुदायिक मुस्लिक शासकों द्वारा हिन्दू जनता पर अत्याचार ढाए गए। ऐसे समय भक्तिकाल के प्रमुख कवि नामदेव, कबीर, सूरदास, जायसी, तुलसीदास, मीराबाई, तुकाराम आदि का प्रादुर्भाव हुआ। मध्यकालीन भक्ति काव्य में भारतीय संस्कृति और आचार-विचार की पूर्णतः रक्षा हुई है।

महात्मा कबीर ने कहा था—ईश्वर घर-घर में विराजमान है, उसे बाहर खोजने की आवश्यकता नहीं, जैसे कस्तूरी मृग की नाभि में रहती है, और वह व्यर्थ ही उसे वन में ढूँढ़ता है, उसी प्रकार राम घट-घट व्यापी हैं, मन्दिर-मस्जिद जाने की जरूरत नहीं।

कस्तूरी कुंडलि बसै, मृग ढूँढ़ै बन माँहि।
ऐसे घटि घटि राम हैं, दुनियाँ देखै नाहिं॥

आज वर्तमान स्थिति में भगवान को लेकर झगड़े हो रहे हैं, मन्दिर गिराए जा रहे हैं। मस्जिद गिराई गई। अपने राजनीतिज्ञ निजी स्वार्थ के लिए भगवान के नाम का दुरुपयोग कर रहे हैं। आज फिर से समय आ गया है कि कबीर जैसा कोई महात्मा जन्म ले, उसका आविर्भाव हो। आज के वर्तमान युग में कबीर के विचारों की आवश्यकता है। सात सौ साल बीत गए लेकिन हम आज भी जाति की विद्वेषाग्नि में जल रहे हैं। कबीर ने जातिवाद नष्ट करने के लिए एकेश्वरवाद का सन्देश सुनाया और बहुदेववाद का विरोध किया। ये सन्त कवि समाजसुधारक थे।

पढ़ाई के साथ प्रेम की भी आवश्यकता है। प्रेम एक ऐसा धागा है, जो सारे संसार को एकता के सूत्र में बाँधे रखता है, इसलिए पढ़ा-लिखा होना भी ज़रूरी नहीं, इसलिए कबीर ने प्रेम का महत्त्व बतलाया और कहा—

पोथी पढ़ि पढ़ि जग मुआ, पंडित भया न कोइ।
एकै आखिर पीव का, पढ़ै सो पंडित होइ॥

आज निजी स्वार्थ के नीचे प्रेम शब्द दब गया है। लोग स्वार्थान्ध हो गए हैं। स्वार्थ के लिए भाईचारा शब्द न रहा। घोर सुधारक महात्मा कबीर जी ने जातिगत, वंशगत, धर्मगत, संस्कारगत, विश्वासगत, शास्त्रगत रूढ़ियों और परम्परा के मायाजाल को बुरी तरह छिन्न-भिन्न कर दिया। मन्दिर, मस्जिद, तीर्थाटन, हज, नमाज को निरर्थक सिद्ध किया और दोनों धर्मों के पाखंडी लोगों को फटकारा और कहा—

अरे इन दोउन राह न पाई।
हिन्दुअन की हिन्दुआई देखी तुरकन की तुरकाई॥

भक्तिकाल में कबीर की वाणी ने अमन का काम किया। आज भी कबीर की बातों का अनुकरण करें तो हम सुख-चैन पा सकते हैं। दंगे-फसाद नष्ट हो सकते हैं। कबीर का हिन्दी साहित्य में अप्रतिम स्थान है। उसका मूल्यांकन सुधारक, समाजसेवक, उपदेशक या दार्शनिक न होकर साहित्य के नाते अधिक है। "कबीर ने साहित्य को एक ऐसी शीतल स्वर्गीय छाया दी जिसके नीचे बैठकर संघर्ष जनित सन्ताप एवं पारस्परिक द्रोह-मोह भी सच्ची शान्ति का अनुभव करते हैं।"[3]

कबीर की तरह तुलसीदास भारतीय संस्कृति-मर्म को समझते हैं। 'रामचरितमानस' की रचना करते समय उन्होंने मर्यादा और औचित्य की सीमा का उल्लंघन नहीं किया। मध्यकाल में अनीति, अत्याचार का वातावरण था। हिन्दू लोगों की आँखों के सामने बहू-बेटी की इज्जत लूटी जा रही थी। ये सब तुलसीदास देख रहे थे। भगवान के ऊपर से लोगों का विश्वास उठने लगा था। नारी के सतीत्व की रक्षा करनेवाला कोई नहीं था। इसलिए तुलसीदास ने मर्यादा पुरुषोत्तम राम के चरित्र की रचना की और 'रामचरितमानस' लिखा।

समाज में, राजनीति में, शिक्षा में, धर्म में जहाँ भी देखा जाए वहाँ अराजकता की स्थिति थी। जो आज भी विद्यमान है। गुरु का आदर करना, माँ-बाप की आज्ञा का पालन करना, उनकी सेवा करना, भाई-भाई में प्यार, कुटुम्ब प्रथा इन सबका वर्णन तुलसी ने 'रामचरितमानस' में किया है। जनकल्याण की दृष्टि रखकर उन्होंने महाकाव्य की रचना करके समन्वय साधने का प्रयत्न किया है। आज वर्तमान युग में इन सभी बातों की आवश्यकता है। अपने बच्चे बड़े होने के बाद माँ-बाप की इज्जत नहीं करते। उन्हें पहचानते नहीं। भाई-भाई में झगड़े हो रहे हैं। एक दूसरे का सम्मान नहीं करते। सेवक स्वामी की आज्ञा का पालन नहीं करते। विद्यार्थी गुरु का अपमान करते हैं। भाभी-देवर का रिश्ता लक्ष्मण-सीता जैसा नहीं रहा। लक्ष्मण सीता को माता समान मानते थे। आज बेटा माँ की इज्जत नहीं करता तो भाभी की क्या करेगा! हनुमान राम के लिए सब कुछ करने को तैयार थे। आज ऐसा सेवक दिखाई नहीं देता। तुलसीदास रचित 'रामचरितमानस' का प्रतिपादित धर्म वस्तुतः उत्तम धर्म है। यह धर्म व्यक्ति को गौरव प्रदान करनेवाला है।

तुलसीदास निरूपित धर्म में कर्तव्य का पालन है। तुलसी के 'रामराज्य' की कल्पना की आज जरूरत है। पुत्र का आदर्श, माता-पिता का आदर्श, भाई का आदर्श, पति-पत्नी का आदर्श, राजा-प्रजा का आदर्श, गुरु-शिष्य का आदर्श, स्वामी-सेवक का आदर्श, पुत्र का आदर्श तुलसीदास जी ने भारतीय जनता के सामने रखा। उन आदर्शों की आज वर्तमान अवस्था में जरूरत है।

ज्ञानेश्वर, तुलसीदास, कबीर, तुकाराम तो धर्म सुधारक थे, लेकिन मीराबाई ने अपनी वाणी-गुणों द्वारा नारी-मन पर गहरी छाप छोड़ी है। मीरा प्रतिष्ठित राजपूत घराने में जन्मी-पली। मीरा के हृदय पर राजपूत रमणी का साहस और एकनिष्ठा की गहरी छाप मिलती है। तात्कालिक परिस्थितियों में किस प्रकार बाधाओं का सामना किया, उसका वर्णन उनके पदों में हमें मिलता है। सोलहवीं शती में जहाँ नारी की जगह चूल्हे-चौके तक सीमित थी, तब मीरा ने सास-ससुर, परिवारवालों और समाज के खिलाफ विद्रोह किया। एक राजपूतानी ललना का यह विद्रोह राजमहलों की सीमाएँ पार कर लोगों में चर्चा का विषय बन गया। मेवाड़ के विख्यात राजघराने की इस अप्रत्याशित घटना ने युगीन वातावरण में हलचल पैदा कर दी। लेकिन मीरा अपने गिरधारीलाल की प्रेम-साधना में इतनी तल्लीन हो गई थी कि कुल-परिवार की मर्यादा के नियमों की परवाह किए बिना भक्ति साधना एवं साधु संगति में अपना समय व्यतीत करती रही। मनमोहन कृष्ण का गुणगान करते हुए उसने समाज को ललकारा, पति भोजराज की मृत्यु के बाद वह सती नहीं हुई। कुलवधू द्वारा लोक-मर्यादा, कुल का विनाश देखकर उसे प्रताड़ित किया गया। नित दिन होनेवाली कुचालों से मुक्ति पाने के लिए मीरा ने ससुराल छोड़ दी। मीरा विशेष नारी थी। भक्तिकाल की समस्त राजनीतिक गतिविधियों में नारी का कोई स्थान नहीं था।

अपने ससुर सांगा की मृत्यु के बाद मीरा के भीतर का संघर्ष और उग्र हो गया। मीरा को घोर-यातना देकर विचलित किया गया। पर सब प्रयत्न असफल रहे। मीरा के पदों में अन्तर्बाह्य संघर्ष की अभिव्यक्ति हुई है। उनके पदों में रोष, विद्रोह तथा करुणा की भावना मुखरित हो उठी है।

सोलहवीं शती में समकालीन समाज में व्याप्त हर उस परम्परा को मीराबाई ने चुनौती दी, जिसमें नारी का अपमान या अवहेलना की गन्ध विद्यमान थी। अस्वाभाविक बन्धनों के विरुद्ध जो मनोवैज्ञानिक प्रतिक्रिया हुई, वह मीरा के पदों में प्रकट हुई।

सभी चुनौतियाँ स्वीकार की लेकिन मीरा ने अपने मन की पराजय नहीं होने दी। हर बाधा को झेलकर ढिंढोरा पिटवाकर कहा—

माई री मैं तो लियो गोविन्दा मोल, कोई कहे छाने।
कोई कहे चोडलियो बजता ढोल
राणाजी मोहो बदनामी लागे मिठी
कोई निन्दो, कोई विन्दो मैं चलूँगी चाल अनूठी।

आज के वर्तमान सन्दर्भ में नारी जागृति के लिए मीराबाई की विचारधारा की सख्त जरूरत है। सोलहवीं शती में एक नारी समाज, परिवार से विद्रोह कर सकती है, जबकि आधुनिक युग में इक्कीसवीं शती में नारी अत्याचार चुपचाप सह लेती है। आज की नारी में मीरा जैसी शक्ति और धैर्य कहाँ! नारी पढ़-लिखकर भी समाज से प्रताड़ित है। समाज से संघर्ष करने के लिए डरती है। मीरा जैसा डटकर मुकाबला नहीं करती। आज जो दो-चार औरतें नारी मुक्ति का नारा देती हैं, उससे राजनीतिक स्वार्थ की गन्ध आती है।

हिन्दी की तरह मराठी के सन्तों ने भी आपसी भाईचारे को महत्त्व दिया है। नामदेव, ज्ञानेश्वर, एकनाथ, रामदास, तुकाराम आदि सन्तों ने आपसी भाईचारे के मूल्य का ही प्रसार किया है। भारत के प्रत्येक प्रदेश के सन्तों ने भाईचारे के मूल्य का महत्त्व प्रकट कर उसको वृद्धिगत करने के लिए कहा है।

भारतीय इतिहास का मध्यकाल अन्तर्विरोध का काल था। भक्तिकालीन कवियों ने सत्तालोलुप और युद्ध में जर्जरित होनेवाले समाज में ईश्वरीय उपासना के महत्त्व को दर्शाया, प्रेम एवं सद्भावना पर विशेष बल दिया। नामदेव, कबीर और जायसी जैसे कवियों ने हिन्दू और मुसलमानों को एक दूसरे का हमदर्द-हमराही बनाने का जो प्रशंसनीय कार्य किया, वह समकालीन भारतीय परिवेश में ज्यादा अनुकरणीय है।

इस प्रकार हम देखते हैं कि भक्तिकालीन कवियों ने भाईचारे एवं गैर-साम्प्रदायिक भारतीय भाव-बोध को प्रशस्त किया। समकालीन जीवन में भक्तिकालीन कवियों द्वारा दर्शाई गई उदारता, सहिष्णुता एवं भारतीयता को आत्मसात् कर लें तो समकालीन जीवन में दिखाई देनेवाले सारे साम्प्रदायिक कट्टरपन से छुटकारा पा सकते हैं।

भक्तिकालीन पद लोक-मंगल की भावना से युक्त दिखाई देते हैं। कवियों ने अपनी ओजस्वी वाणी से निर्बल और अस्वस्थ समाज को सबल और स्वस्थ बनाने का प्रयास किया। वस्तुतः समाज के दलित, उपेक्षित, पीड़ित, शोषित वर्ग के लौकिक-आध्यात्मिक उन्नयन का प्रयास ही इनके जीवन का उद्देश्य रहा।

भक्ति साहित्य का सम्बन्ध मानव हृदय की दो वृत्तियों से जोड़ा जाता है। श्रद्धा और प्रेम के योग का नाम भक्ति है अथवा धर्म की रसात्मक अनुभूति का नाम भक्ति है। 'भज्यते सेव्यमें इति भक्ति' अर्थात् ईश्वर को भजना या उसकी सेवा करना ही भक्ति है। 'भजनं भक्ति' अर्थात् ईश्वर का भजना करना, उसका गुणगान करना भक्ति है। अतः इस संसार में भक्ति विरहित मानव कैसा होगा? इसकी कल्पना करते हुए एक सन्त कवि कहते हैं—

भगति हीन नर सोहइ कैसा। बिनु जल बारिद देखिअ जैसा॥

संसार में रहते हुए मुक्ति की कल्पना सर्वप्रथम महाराष्ट्रियन तुकाराम, एकनाथ, नामदेव, ज्ञानेश्वर एवं रामदास स्वामी जैसे सन्तों ने की है। भक्ति का मार्ग केवल व्यक्तिगत मुक्ति का मार्ग नहीं है, सामाजिक सन्दर्भों में इसने अपनी उपयोगिता प्रमाणित की है। जब भी देश में सांस्कृतिक संकट आया है अथवा नैतिक मूल्यों का ह्रास हुआ है, भक्ति सिद्धान्त ने प्रकट होकर ऐसे संकटों से मुक्ति दिलाई है। इसी का सहारा लेकर सांस्कृतिक आन्दोलन हुए हैं। मध्ययुग का भक्ति आन्दोलन इसका प्रमाण है।

आज के आधुनिक युग में प्रेम, दया, करुणा, सहानुभूति, सत्यवादिता, कृतज्ञता, आज्ञाकारिता, नम्रता, श्रद्धा जैसे मानवीय मूल्यों का ह्रास हो रहा है। इन मूल्यों का विकास प्राथमिक पाठशाला के विद्यार्थियों से विश्वविद्यालयों के छात्रों में कौन से माध्यम से करें? यह प्रश्न शैक्षिक संस्थाओं को आज सता रहा है क्योंकि आज के छात्रों को जो प्रेरणाएँ, आदर्श प्राप्त होते हैं, वह दूरदर्शन, केबल टी.वी. के कृत्रिम सुपरमैन, हीमैन, गोविन्दा, शाहरुख खान आदि फिल्मी नायक होते हैं। इन नायकों की वास्तविक जिन्दगी मानसिक परेशानियाँ, विलासी सभ्यता की परिचायक होती है। अतः आज की युवा पीढ़ियों को उचित-अनुचित का ज्ञान भक्ति साहित्य पढ़ने से प्राप्त हो सकता है। "भौतिकवाद की जो आँधी आज अपने राजस प्रभाव से हमें विक्षुब्ध कर रही है, उसका समाधान केवल भक्तियुगीन आध्यात्मवाद में है।"[4]

भक्तिकालीन साहित्य का आज के परिप्रेक्ष्य में लक्ष्य है पुनर्जागरण सन्देश। मनुष्य भूल गया है कि उसका इस विश्व के साथ क्या सम्बन्ध है? वह यह भी भूल गया है कि विश्व में एक नैसर्गिक शक्ति होती है, जो इस संसार को बनाती है, मिटाती है, सजाती है, सँवारती है। किन्तु मनुष्य इस सत्य को भूल गया है क्योंकि आज उसके सामने विज्ञान के आदर्श हैं। विज्ञान प्रयोग करके प्रत्यक्ष प्रमाण मनुष्य को दिखाता है और वही सत्य माना जाता है। किन्तु आँखों-देखा कभी झूठ होता

है, जैसे—अन्धकार में रस्सी को साँप समझना, धुएँ से अग्नि का होना इत्यादि। आँख, कान, नाक, जिह्वा, त्वचा इन पाँच ज्ञानेन्द्रियों से सत्य की खोज नहीं की जा सकती है। आज का मानव माया की चकाचौंध वाले साधनों में, जैसे—पंचसितारा होटल में रसगुल्ले, पानीपुड़ी खाने में आनन्द की मिठास ले रहा है। वह इसकी प्राप्ति को ही सत्य मान बैठा है।

आज का मानव भौतिक सुख की प्राप्ति एवं दृश्यजगत् के सौन्दर्य का पान करना, उसमें रम जाना ही जीवन का लक्ष्य मान रहा है। अत: जीवन की तरफ देखने का सही ढंग हमें भक्तिकालीन साहित्य के कवियों की वाणियों में ही प्राप्त होता है—

झूठे सुख कौं सुख कहैं, मानत हैं मन मोद।
खलक चबीणाँ काल का, कुछ मुख मैं कुछ गोद॥

(कबीर ग्रन्थावली, काल कौ अंग-1)

"इक्कीसवीं सदी में प्रवेश करता हुआ विश्व समाज आज जितना दिग्भ्रमित, हतोत्साहित, परेशान, समस्याओं के गर्त में लिपटा और छद्म विज्ञानवाद के पंजे में कसा कराहता हुआ बेचैन हो गया है। ऐसे समाज की उन्नति के लिए भक्तिकालीन काव्य अत्यन्त महत्त्वपूर्ण है।"

आज का मानव आधुनिकता के नाम से बुद्धिवादिता के पीछे लगा है। जहाँ निरा बुद्धिवाद है वहाँ संघर्ष है, संघर्ष में दुख और अभिशाप हैं। इन परिस्थितियों में यदि तनिक भी मानव के मन के विरुद्ध घटनाएँ घटित होती हैं तो वह अपना धैर्य खो देता है या हिंसा, क्रोध को गले लगाकर अनेक मानसिक बीमारियों का शिकार हो जाता है। अत: मन शान्त करने के लिए वर्तमान परिस्थितियों में कौन-सी संस्थाएँ उपचार का काम कर सकती हैं ? शारीरिक कमजोरी को औषधि, गोलियों के सेवन से दूर किया जा सकता है, किन्तु मन की दुर्बलताओं का आज एक ही इलाज है, वह है—भक्ति। भक्ति काव्य पढ़ने से, सुनने से मन को शनै:-शनै: शान्त करने की कला का ज्ञान होता है।

बन्धन और मोक्ष का कारण हमारा मन ही है। विषय की ओर झुकने से बन्धन की (इन्द्रिय संयम) आवश्यकता है और विषयासक्ति मन से निकल गई तो मोक्ष-प्राप्ति सहज है। अत: इस संसार में रहकर आसक्ति से किस तरह दूर रहा जा सकता है,यह बताने का काम भक्ति साहित्य करता है। जिस तरह कमल पुष्प पानी में रहता है परन्तु पानी उसे गीला नहीं कर सकता, उसी तरह संसार में रहते हुए सच्चे भक्त को मायारूपी भौतिक सुखों की आसक्ति लीन नहीं कर सकती। दूसरे शब्दों में, भक्तिकालीन रचनाकारों में सन्त ज्ञानेश्वर, सन्त तुकाराम, सन्त नामदेव, सन्त कबीर, सन्त रामदास स्वामी, मीराबाई, सूर, तुलसी, जायसी जैसे भक्त कवियों ने सांसारिक जीवन और भक्ति का मेल कराया है।

इस प्रकार हम देखते हैं कि वर्तमान जीवन सुख और शान्ति से भरा हुआ होने के लिए भक्ति के पदों की सबसे अधिक महत्ता है। भक्ति के इन पदों की समकालीन जीवन में सबसे अधिक उपयोगिता है। वैश्विक मनुष्य को सुखी और समृद्ध बनाने का कार्य केवल भक्तिकालीन पद ही कर सकते हैं।

"भक्तिकालीन शाश्वत वाणी का शाश्वत महत्त्व मध्ययुग में ही नहीं, भारतीय संस्कृति के लिए हर युग में रहा है। आधुनिक युग के महान विचारकों ने भी भक्तिकालीन कवियों का महत्त्व समझा था।"[5] इसलिए यह नि:संकोच कहा जा सकता है कि भक्तिकालीन पदों की समकालीन जीवन में बहुत महत्ता है।

इस प्रकार हम यह देखते हैं कि भक्तिकालीन साहित्य में मानवतावादी विचार दिखाई देते हैं। यह साहित्य कालजयी है, क्योंकि इसमें जनमानस की भावनाएँ हैं। इस साहित्य ने बुद्धि प्रामाण्य को स्वीकार करते हुए आचरण की शुद्धता पर जोर दिया है और आडम्बरों का तिरस्कार किया है। इसमें पर-दुखकातरता की भावना है, जो सामाजिक समरसता के लिए महत्त्वपूर्ण है। इस साहित्य की प्रासंगिकता स्वीकार करनी चाहिए क्योंकि इस साहित्य का रचनात्मक पक्ष भी है जो लोकमंगलकारी है। इस साहित्य में निहित मानवतावादी तत्त्व शाश्वत तथा कालनिरपेक्ष है। यह काव्य सार्वभौमिक, सार्वदेशिक, सार्वकालिक और चिरन्तन है। वह अतीत में जितना सार्थक था वर्तमान में उतना ही प्रासंगिक है और भविष्य में उतना ही उपादेय रहेगा।

सन्दर्भ

1. कुरुक्षेत्र—दिनकर, द्वितीय संस्करण, पृ. 110
2. हिन्दी सन्त काव्य : समाजशास्त्रीय अध्ययन, प्र.सं. पृ. 11
3. साहित्य और मूल्यबोध—स्वामी ओम् आनन्द सरस्वती, प्र.सं., पृ. 17
4. मध्ययुगीन काव्य के आधार स्तम्भ—तेजपाल चौधरी, प्र.सं., पृ. 01
5. मध्ययुगीन हिन्दी सन्त साहित्य और रवीन्द्रनाथ, रामेश्वर मिश्र, प्र.सं., पृ. 14

राजस्थान का सन्त-साहित्य

डॉ. नवीन कुमार नन्दवाना

राजस्थान की धरा त्याग और तप तथा भक्ति और शक्ति की धरा है। यहाँ महाराणा प्रताप जैसे वीर-प्रतापी शासक हुए हैं तो भक्तिमयी मीरा भी हुई है, यहाँ पन्ना जैसी त्याग की प्रतिमूर्ति हुई है, तो भामाशाह जैसे दानी भी हुए हैं जिन्होंने राष्ट्रहित में अपना सर्वस्व समर्पित कर दिया। राजस्थान की इस वीर-प्रसूता भूमि को विविध सन्तों की जन्मदात्री एवं कर्मस्थली होने का गौरव भी प्राप्त है।

सन्त शब्द की व्युत्पत्ति 'सत्' शब्द से मानने पर इसका अर्थ होता है—वह जिसे सत्य की अनुभूति हो गई हो। इस प्रकार इन सन्तों ने जीवन एवं ईश्वर तत्त्व के सत्य से साक्षात्कार किया था। हिन्दी साहित्य में सन्त काव्यधारा अपना विशिष्ट स्थान रखती है। 'सन्त' शब्द की संकल्पना को समझाते हुए डॉ. वासुदेव शरण अग्रवाल लिखते हैं—"सच्चा सन्त वही है जो देवत्व एवं भूतत्व दोनों में सन्तुलन स्थापित कर सकता है। उसके भीतर से किसी दिव्य आध्यात्मिक और अव्यक्त तत्त्व के प्रति अमिट आस्था निरन्तर प्रकट होती है। सन्त वही है जो इस पृथ्वी पर रहते हुए भी दिव्यलोक का सन्देश भूतल पर लाता है। जो व्यक्ति केन्द्र में ऊँचा उठकर समष्टि जीवन के प्रति आस्थावान होता है, जो स्वार्थ त्यागकर सामूहिक हित की बात सोचता है वास्तव में सन्त वही है जिसके कर्म एवं विचार में एकता हो।"[1] आचरण की यही पवित्रता एवं कथनी एवं करनी का यही साम्य सन्तों को जनसापेक्ष बनाता है।

भारत के धर्माकाश में स्वामी रामानन्दरूपी नक्षत्र का उदय एक महान घटना सिद्ध हुई। आकाशधर्मा गुरु रामानन्द ने युगीन परिप्रेक्ष्य में भक्ति की एक ऐसी व्यापक भावभूमि तैयार की जो अवर्ण-सवर्ण, ऊँच-नीच, पुरुष-स्त्री में भेद किए बिना सबका स्वागत करती थी। रूढ़ियों एवं आडम्बरों का विरोध एवं अन्त:साधना पर बल देने की प्रवृत्ति समाज एवं समय-सापेक्ष थी। उत्तर भारत में सन्त मत के पुरोधा कबीर इन्हीं रामानन्द के शिष्य थे। कबीर एवं पीपा जैसे महान सन्तों की परम्परा एवं वैचारिक दृष्टि राजस्थान में भी फली-फूली।

राजस्थान के सन्त सम्प्रदायों में विश्नोई, जसनाथी, दादूपन्थ, लालदासी, चरणदासी एवं हरिदासी सम्प्रदाय प्रमुख हैं। राजस्थान के सन्तों में स्वामी दादू दयाल, रज्जब, सुन्दरदास, दरिया साहब, चरणदास, दयाबाई एवं सहजोबाई प्रमुख हैं।

जन्मकाल, तिथि, नाम एवं कुल के बारे में विभिन्न मत प्रचलित होते हुए भी सन्त दादू दयाल के विषय में यह माना जाता है कि इनका जन्म अहमदाबाद (गुजरात) में संवत् 1601 वि. में नागर ब्राह्मण परिवार में हुआ। कुछ लोग इन्हें धुनिया मुसलमान भी मानते हैं। इन्होंने दादू पन्थ की स्थापना की जिसका प्रधान स्थल नरैना (जयपुर) है। संवत् 1660 वि. में निर्वाण प्राप्त करनेवाले सन्त दादू दयाल की शिष्य परम्परा बहुत लम्बी है। सन्त गरीबदास, रज्जब एवं सुन्दरदास उनके प्रमुख शिष्य थे।

सन्त दादू दयाल मानवीय प्रेम के पक्षधर थे। सांसारिक जाति-व्यवस्था में उनकी कोई रुचि नहीं थी। इस बात का प्रमाण उस जवाब से मिलता है जो उन्होंने अकबर बादशाह द्वारा खुदा की जात, अंग, वजद एवं रंग के बारे में पूछने पर दिया था—

इसक अल्लाह की जाति है, इसक अलाह का रंग।
इसक अल्लाह औजूद है, इसक अल्लाह का रंग।[2]

जिस प्रकार एक ज्योति किरण कोटि तमस का हरण करने में सक्षम होती है, ठीक उसी प्रकार सन्तों की दिव्य वाणी समाज के तमस पर ज्योति का परचम लहराती है। सन्त दादू ने भी इस ज्ञान की दिव्य प्रभा को जन-जन तक पहुँचाया है। सन्त कबीर के मार्ग का अनुसरण करनेवाले दादू दयाल उन्हें गुरुतुल्य मानते थे। वे लिखते भी हैं—

जो था कन्त कबीर का सोई बर बरिहूँ।
मनसा वाचा कर्मना मैं और न करिहूँ॥
साँचा सबद कबीर का मीठा लागे मोहि।
दादू सुनताँ परमसुख केता आनँद होहि॥[3]

सन्त दादू दयाल सदाचरण के पक्षधर थे। वे मांस-मदिरा का विरोध करते थे। उनके अनुसार राम को हृदय में बसाने में ही भलाई है। गरीबों का गला काट सम्पत्ति अर्जन के वे विरोधी थे। दया को प्रमुखता देने के कारण ही वे दादू दयाल कहलाए। वे कहते हैं—

माँस अहारी मदु पीवैं, विषै विकारी सोइ।
दादू आतम राँम बिन, दया कहाँ थी होइ॥
दादू दुनिया सौं दिल बँधि करि, बैठे दीन गँवाइ।
नेकी नाँउ बिसारि करि, करद कमाया षाइ॥[4]

दादू मानवीय प्रेम के पक्षधर थे। अत: सांसारिक चीजों को वृथा मानते थे। उनका मानना था कि केवल पुस्तकीय ज्ञान से हृदय में परमात्मा का प्रकाश होना

सम्भव नहीं है, अतः वे मानवीय प्रेम एवं अन्तःकरण की विमल ज्योति का समर्थन करते थे और उसे ही ईश्वर प्राप्ति में सहायक मानते थे। वे कहते हैं कि—

दादू केते पुस्तक पढ़ि मुए, पंडित वेद पुराँन।
केते ब्रह्मा कथि गए, नाँहिन राँम समाँन॥
दादू सब हम देष्या सोधि करि, वेद पुराणौं माहिं।
जहाँ निरंजन पाइए सो देस दूरि इत नाहिं॥
दादू पाती प्रेम की, बिरला बाँचै कोइ।
वेद पुराँन पुस्तक पढ़ैं, प्रेम बिना क्या होइ॥[5]

सांसारिक रूढ़ियों एवं आडम्बरों का विरोध सन्त काव्य की प्रमुख विशेषता रही है। स्वयं कबीर ने भी ढाई आखर प्रेम को महत्ता दी है। वे ईश्वर को घट-घट का वासी मानते हैं। अतः मन्दिर-मस्जिद की अपेक्षा अन्तःकरण की शुद्धता को महत्ता देते हैं—

मोको कहाँ ढूँढ़े बन्दे, मैं तो तेरे पास में।
ना मैं मन्दिर, ना मैं मस्जिद, ना काबे कैलास में॥[6]

दादू दयाल धर्म के नाम पर हो रहे आडम्बरों के सदा ही विरोधी रहे हैं। मूर्ति पूजा के स्थान पर हृदय की सात्त्विकता एवं अन्तःकरण की शुद्धि को प्रमुखता देनेवाले सन्त दादू दयाल कबीर की भाँति ईश्वर को अपने अन्दर ही खोजने की बात कहते हैं। उनके अनुसार ईश्वर की प्राप्ति तीर्थाटन से नहीं, मनःशुद्धि एवं सदाचरण से ही सम्भव है। मूर्तिपूजा का खंडन वे इस प्रकार करते हैं—

जिनि कंकर पत्थर सेविया, सो अपणा मूल गँवाइ।
अलष देव अन्तरि बसे, क्या दूजी जाइगह जाइ॥
दादू पथर पीवै धोइ करि, पथर पूजै प्राँन।
अन्तकालि पँथर भए वहु बूड़े इहि ग्यान॥
कंकर बँध्या गाँठड़ी, हारे के वेसास।
अन्तकालि हरि जौहरी, दादू सूत कपास॥[7]

वहीं ईश्वर की तलाश में वे तीर्थाटन का विरोध इस प्रकार करते हैं—

दादू केई दौड़े द्वारिका, केई कासी जाँहि।
केई मथुरा कौं चलै, साहिब घटही माँहि॥
पूजणहारे पासि हैं, देही माँहैं देव।
दादू ताँकू छाड़ि करि, वाहरि माँडीं सेव॥[8]

सन्त दादू दयाल उस मान्यता का विरोध करते हैं जो मृत्यु के पश्चात् मुक्ति एवं स्वर्ग की कामना कराती है। उनका मानना है कि सद्गुरु की कृपा एवं आचरण की शुद्धता से ईश्वर की प्राप्ति सम्भव है—

माला जपौ न कर जपौ, जिभ्या कहौं न राम।
सुमिरन मेरा हरि करै, मैं पाया बिसराम॥[9]

वास्तव में सन्त दादू दयाल एक ऐसे महान सन्त थे जिन्होंने संसार में व्याप्त रूढ़ियों एवं आडम्बरों का विरोध करके हृदय को ज्ञान–आभा से दीप्त कर ईश्वर प्राप्ति का मार्ग सुझाया। स्वयं ज्यादा पढ़े–लिखे न होने पर भी उनकी वाणी आज भी हमारा मार्गदर्शन करती है।

हमारे सन्तों ने स्वयं कष्ट भोगकर हमारे लिए एक सहज मार्ग को दर्शाया है। राजस्थान में सन्त रज्जब प्रथम मुस्लिम सन्त हुए। संवत् 1624 वि. में सांगानेर नामक स्थान पर इनका जन्म पठान वंश में हुआ। लगभग 20 वर्ष की आयु में ये आमेर नामक स्थान पर सन्त दादू दयाल के शिष्य बने। अपना सम्पूर्ण जीवन दूल्हे के वेश में निकालनेवाले रज्जब के विषय में चर्चित है कि—

रज्जब तैं गज्जब किया, सिर पर बाँधा मौर।
आया था हरि भजन को, करे नरक को ठौर॥[10]

रज्जब ने दो बड़े ग्रन्थों 'वाणी' एवं 'संर्वगी' की रचना की। हिन्दू एवं मुसलमानों का भेद मिटाकर साम्प्रदायिक एकता की स्थापना की बात सभी सन्तों ने की। इस दिशा में सन्त रज्जब कहते हैं—

हिन्दू पावैगा वही, वो ही मूसलमान।
रज्जब किणका रहम का, जिसकूँ दे रहमान॥
रज्जब हिन्दू तुरक तजि, सुमिरहु सिरजनहार।
पखापखी सूँ प्रीति करि, कौन पहूँचा पार।[11]

सन्त कवियों ने समाज में व्याप्त सामन्ती चेतना का विरोध किया। कुलीनता के प्रश्न सामन्ती चेतना सूचक हैं। विभिन्न सन्त कवियों ने इसका विरोध करते हुए जन्म की अपेक्षा कर्म को महत्ता प्रदान की है। सन्त कवि रज्जब का मानना है कि—

कुल परबन नहिं पूजिए, सुन प्रतिभा को मान।
त्यूँ रज्जब रामहिं भजे, गई सकल कुल कान॥[12]

राजस्थान में दादू परम्परा के शिष्यों में सन्त कवि सुन्दरदास का स्थान महत्त्वपूर्ण है। इनका जन्म सं. 1653 वि. में दौसा के खंडेलवाल ब्राह्मण परिवार में हुआ। बाल्यावस्था में ही ये सन्त दादू दयाल के शिष्य बन गए। सुन्दरदास श्रृंगार रस के विरोधी थे। इनका मानना था कि यह जो मानव जीवन मिला है, उसे सद्गुरु द्वारा निर्देशित सुमार्ग पर ले जाना चाहिए। वचन विवेक की बात करते हुए कहते हैं कि—

बोलिये तौ तब जब बोलिबे की सुधि होई।
न तौ मुख मौन करि, चुप होइ रहिये॥[13]

सुन्दरदास जी ने 42 ग्रन्थों की रचना की जिनमें 'ज्ञान समुद्र' एवं 'सुन्दर विलास' प्रमुख हैं। सन्त आत्म–परिष्कार के माध्यम से ईश्वर प्राप्ति के मार्ग को अपनाते हैं। वे विविध बाह्याडम्बरों के विरोधी रहे हैं। इसी मत के पक्षधर सन्त सुन्दरदास का मानना है कि—

आपुकौ सँभारै तब तौ तँही सुख सागर है।
आपु कूँ बिसारै तब तूही दुख पाइ है॥
तूँ ही जब आवै ठौर, दूसरी न भासै और।
तेरी ही चपलता में दूसरौ दिषाइहै॥[14]

ईश्वर से प्रेम रखनेवाला भक्त आठों पहर उसकी आराधना में तल्लीन रहता है। उस प्रभु के द्वार पर ऊँच-नीच एवं छोटे-बड़े का कोई भेद नहीं रहता है। 'प्रेम पराज्ञान ज्ञानी कौ अंग' में सन्त सुन्दरदास लिखते हैं—

प्रीति की रीति नहीं कछु राखत जाति न पाँति नहीं कुल-गारौ।
प्रेम के नैम कहूँ नहि दीसत लाज न कानि लग्यौ सब खारौ॥
लीन भयौ हरि सौं अभिअन्तर आठहुँ जाम रहै मतवारौ।
सुन्दर कौउ न जानि सकै यह 'गोकुल गाँव कौ पैंडौ ही न्यारौ॥[15]

पश्चिमी राजस्थान मारवाड़ के नाम से जाना जाता है। इसी मारवाड़ के जैतारण नामक ग्राम में धुनिया (मुसलमान) परिवार में सन्त दरिया साहब (मारवाड़ वाले) का जन्म संवत् 1733 वि. में हुआ। सतगुरु की तलाश में जगह-जगह भटकने के बाद इनके मन को शान्ति सन्त प्रेम जी का शिष्यत्व ग्रहण करने पर मिली। सतगुरु स्मरण, प्रेम, विरह एवं नाम स्मरण आदि विषयों पर सन्त दरिया साहब ने अपने हृदय के विविध भावों को वाणी प्रदान की। साधु के लक्षणों की चर्चा करते हुए वे लिखते हैं—

दरिया लच्छन साध का, क्या गिरही क्या भेख।
नि:कपटी निरसंक रहि, बाहर भीतर एक॥[16]

सांसारिक विषय-वासनाओं को व्यर्थ की बकवाद माननेवाले दरिया साहब उस अनहद से स्नेह रखने को कहते हैं। उनका मानना है कि यह संसार विषय-वासनाओं में उलझता ही रहता है। ज्यों-ज्यों व्यक्ति इसे सुलझाने का प्रयास करता है, त्यों-त्यों वह उसमें उलझता ही जाता है। अन्य सन्तों की भाँति मूर्तिपूजा एवं अन्य आडम्बरों का विरोध सन्त दरिया साहब ने भी किया। वे कहते हैं—

दरिया गैला जगत् कौ, क्या कीजै समझाय।
रोग नीसरै देह में, पत्थर पूजन जाय॥[17]

राजस्थान के मेवात क्षेत्र के डेहरा गाँव में ढूसर बनिया परिवार में अलवर शहर से 8 किमी. दूरी पर सन्त चरणदास जी का जन्म हुआ। इनके बचपन का नाम रणजीत था। शुकदेव या सुखदेव जी इनके गुरु माने जाते हैं। समाज के कल्याण की कामना हृदय में सँजोए इन सन्त कवियों ने समाज में व्याप्त जातिगत भेदभाव का विरोध करते हुए निम्न एवं अस्पृश्य समझे जानेवाले जन के उत्थान का कार्य किया। ईश्वर आराधना के साथ-साथ इन्होंने सामाजिक सरोकारों से भी गहरा नाता रखा। इन्हीं जनसरोकारों को ध्यान में रखते हुए सन्त चरणदास जी कहते हैं—

चारि बरन सूँ हरिजन ऊँचै।
भये पबित्तर हरि के सुमिरे, तन के उज्ज्वल मन के सूचे॥
जो न पतीजै साखि बताऊँ, सबरी के झूठे फल खाये।
बहुत ऋषीसर ह्वौई रहते, तिन के घर रघुपति नहिं आये॥[18]

इनके द्वारा रचित 31 रचनाओं का उल्लेख मिलता है किन्तु 'ब्रज चरित्र', 'अष्टांगयोग वर्णन', 'योग-सन्देह सागर' एवं 'पंचोपनिषद्' आदि बारह रचनाएँ प्रामाणिक मानी जाती हैं। सन्त होते हुए भी इन पर श्रीमद्भागवत का विशेष प्रभाव था। इन्होंने लम्बे समय तक तीर्थाटन किया किन्तु वे जीवन-सत्य इस प्रकार बताते हैं—

घट में तीरथ क्यों न नहावो।
इत-उत डोलो पथिक बनें हीं, भरमि-भरमि क्यों जनम गँवावो॥
गोमती कर्म सुकारथ कीजै, अधरम मैल घुटावो॥
सील-सरोवर हितकरि न्हैये, काम-अग्नि की तपन बुझावो॥
रेवा सोई छिमा को जानो, तामें गोता लीजै॥
तन में क्रोध रहन नहिं पावै, ऐसी पूजा चित्र दे कीजै॥
सत जमुना, सन्तोष सरस्वती, गंगा धीरज धारो।
झूँठ पटकि निर्लोभ होय करि, सबहीं बोझा सिर सूँ डारौ॥
दया तीर्थ कर्मनासा कहिए, परसै बदला जावै।
चरन दास सुकदेव कहत हैं, चौरासी में फिर नहिं आवै॥[19]

हिन्दी सन्त साहित्य को महिला सन्तों ने भी आगे बढ़ाया। राजस्थान की महिला सन्तों में सहजोबाई एवं दयाबाई का नाम उल्लेखनीय हैं। अपने गुरु चरणदास के ही जन्मस्थल डेहरा गाँव में सहजोबाई का जन्म हुआ। इनका जन्मकाल 1740 वि.स. माना जाता है। उच्च कोटि की साधिका सहजोबाई का प्रमुख ग्रन्थ 'सहज प्रकाश' है। गुरु महिमा, नाम स्मरण एवं आचरण की शुद्धता को प्रमुखता देनेवाली सन्त सहजोबाई ने जीवन-सत्य को इस प्रकार वर्णित किया है—

सीस कान मुख नासिका, ऊँचे-ऊँचे ठाँव।
सहजो नीच कारने, सब कोउ पूजै पाँव॥
नन्हीं चींटी भवन में, जहाँ-तहाँ रस लेई।
सहजो कुंजर अति बड़ो, सिर पै डारै खेह॥
साहन कूँ तो भय घना, सहजो निर्भय रंक।
कुंजर के पग बेड़ियाँ, चींटी फिरै निसंक॥[20]

जिस समन्वय की बात गोस्वामी तुलसीदास ने की थी, ठीक वैसी ही समन्वय की साधना सहजोबाई के काव्य में भी मिलती है। निर्गुण एवं सगुण में तुलसी कोई भेद नहीं रखते थे, ठीक उसी मत का समर्थन करते हुए सहजोबाई निर्गुण एवं सगुण को एक ही मानती हैं—

निर्गुन सर्गुन एक प्रभु, देख्यो समझ विचार।
सतगुरु ने आँखी दई, निस्चै कियौ निहार॥[21]

सन्त चरणदास की एक और शिष्या दयाबाई का जन्म भी अपने गुरु के ग्राम डेहरा में ही हुआ। अपने दोहों और चौपाइयों द्वारा दयाबाई ने भी गुरु महिमा एवं ईश्वर प्रेम को वाणी प्रदान की है। अन्य सन्तों की भाँति ये भी ईश्वर को इस प्रकार उपालम्भ देती हैं—

कब को टेरत दीन भो, सुनो न नाथ पुकार।
की सरवन ऊँचौ सुनो, की दीन्हों बिरद बिसार॥[22]

राजस्थान के निर्गुण सन्तों में सन्त जाम्भोजी का नाम भी प्रमुखता से लिया जाता है। नागौर के पीपासर गाँव में जाम्भौजी ने विश्नोई सम्प्रदाय का प्रवर्तन किया। इन्होंने 29 नियमों का प्रतिपादन किया। पर्यावरण संरक्षण में इस सम्प्रदाय का विशिष्ट योगदान है। हरिदास निरंजनी 'निरंजनी सम्प्रदाय' के सन्त थे। इस सम्प्रदाय का प्रमुख मठ डीडवाणा (नागौर) में है। वहीं मुसलमान परिवार में अलवर में जन्म लेनेवाले लालदास का समाधि स्थल नगला (भरतपुर) में है। इनकी रचनाएँ 'लालदास की चेतावणी' में संकलित हैं। ईश्वर भक्ति के साथ नीति इनके काव्य की प्रमुख विशेषता है—

लालजी भगत भीख न माँगिये, माँगत आये शरम।
घर-घर टाँडत दुख है, क्या बादशाह, क्या हरम॥
लालजी साधु ऐसा चाहिए, धन कमाकर खाय।
हिरदे हर की चाकरी, पर घर कभूँ न जाय॥[23]

इस प्रकार कहा जा सकता है कि सन्त काव्य समाज के प्रति अपनी प्रतिबद्धता रखनेवाला काव्य है। इन रचनाकारों ने ईश्वर तत्त्व के साथ-साथ धर्म, दर्शन एवं भक्ति के मार्ग में पड़ी शृंखलाओं को काटकर भक्ति का सरल-सहज मार्ग प्रदर्शित किया। राजस्थान के सन्त दादू दयाल, सुन्दरदास, रज्जब आदि ने भी भारतीय सन्त साहित्य के वैभव को समृद्ध करने में अपना विशिष्ट योगदान दिया। कर्म की महत्ता स्वीकारते हुए कर्मकांड रहित धर्म की स्थापना का सद्प्रयास सन्त साहित्य करता है। कागद लेखी के स्थान पर आँखन देखी को महत्ता देते हुए ढाई आखर प्रेम के जन-जन तक पहुँचाने का काव्य सन्त काव्य है, जो जन-जन हितकारी है।

सन्दर्भ

1. राजस्थान के सन्त कवियों का दर्शन एवं उनकी लोकधर्मिता, डॉ. रामप्रसाद दाधीच 'प्रसाद', राजस्थानी ग्रन्थागार, जोधपुर, 2009, पृ. 45
2. सन्त सुधा सार, वियोगी हरि, सत्साहित्य प्रकाशन, नई दिल्ली, 1958, पृ. 262
3. वही, पृ. 263

4. दादू दयाल, सं. परशुराम चतुर्वेदी, नागरी प्रचारिणी सभा, वाराणसी, सं. 2003 वि., पृ. 148
5. वही, पृ. 158
6. कबीर वाणी पीयूष, सं. डॉ. श्यामसुन्दर दास, नागरी प्रचारिणी सभा, काशी, सं. 2058 वि., पृ. 40
7. दादू दयाल, सं. परशुराम चतुर्वेदी, नागरी प्रचारिणी सभा, वाराणसी, सं. 2023 वि., पृ. 162
8. वही, पृ. 163
9. राजस्थान के सन्त कवियों का दर्शन एवं उनकी लोकधर्मिता, डॉ. रामप्रसाद दाधीच 'प्रसाद', राजस्थानी ग्रन्थागार, जोधपुर, 2009, पृ. 106
10. भारत के महान सन्त, बलदेव वंशी, प्रतिभा प्रतिष्ठान, नई दिल्ली, 2009, पृ. 93
11. सन्त सुधा नगर, वियोगी हरि, सत्साहित्य प्रकाशन, नई दिल्ली, 1958, पृ. 432
12. भक्ति आन्दोलन : इतिहास और संस्कृति, सं. कुँवरपाल सिंह, वाणी प्रकाशन, नई दिल्ली, 2004, पृ. 181
13. सन्त सुधा सार, वियोगी हरि, सत्साहित्य प्रकाशन, नई दिल्ली, 1958, पृ. 511
14. दादू पन्थ एवं उनके साहित्य का समीक्षात्मक अध्ययन, केशव प्रसाद सिंह, काशी विद्यापीठ, वाराणसी, सं. 2028, पृ. 191
15. सन्त सुधा सार, वियोगी हरि, सत्साहित्य प्रकाशन, नई दिल्ली, 1958, पृ. 369
16. वही, पृ. 425
17. वही, पृ. 426
18. भारत के महान सन्त, बलदेव वंशी, प्रतिभा प्रतिष्ठान, नई दिल्ली, 2009, पृ. 129
19. सन्त सुधा सार, वियोगी हरि, सत्साहित्य प्रकाशन, नई दिल्ली, 1958, पृ. 449
20. वही, पृ. 698
21. वही, 469
22. वही, पृ. 478
23. हिन्दी साहित्य का इतिहास, सं. डॉ. नगेन्द्र, मयूर पेपर बैक्स, नोएडा, 2000, पृ. 134

मध्यकालीन एवं गुजराती दलित सन्तों का तुलनात्मक अध्ययन

डॉ. आर.एच. वणकर 'स्नेहस्वरूप'

साहित्य में मध्यकालीन साहित्य का समग्र साहित्य पर दबदबा रहा है। मध्यकाल में पूरे भारतवर्ष में एक बाढ़ सी आ गई थी। चारों तरफ से सन्तों ने भारतीय समाज को जाग्रत् करने का प्रयास किया था। ऐसे में भला गुर्जर प्रदेश—जो गुजरात के नाम से जाना जाता है—क्या वह पीछे रह सकता है? नहीं, गुजराती साहित्य में भी मध्यकाल यादगार बना रहा है, इसके मूल में सन्त कवियों का योगदान है। भक्ति के आरम्भ को लेकर प्राय: यह मान्यता रही है।

भक्ति द्राविण ऊपजी, लाये रामानन्द।
परगट किया कबीर ने, सप्तदीप नवखंड॥

गुजराती साहित्य में अनेक सन्त कवियों का साहित्य जगत् में अलग महत्त्व है। गुजराती साहित्य में अनेक सन्त कवियों की अपनी एक अलग पहचान है। दोनों एक साथ ही पैदा हुए थे, विचारधारा भी समान थी, दोनों में समरसता का भाव भरा था, किन्तु अज्ञानी लोग सन्तों की बानी को पूरी तरह समझ नहीं पाए और आज तक यह भेद परम्परा जारी है। इस परम्परा को तोड़ने का प्रयास किया गया, किन्तु किसी को सफलता न मिली। फिर भी उन्होंने अपनी यात्रा जारी रखी। जिन-जिन सन्त कवियों का तुलनात्मक अध्ययन करनेवाला हूँ, वे निम्नलिखित हैं—

1. अखो, 2. प्राणनाथ, 3. आनन्दधन, 4. प्रीतम, 5. गवरीबाई, 6. ब्रह्मानन्द। गुजराती दलित सन्त कवि 1. रतनीबाई, 2. खीमडीया कोटवाल, 3. दासी जीवण, 4. भीमसाहब, 5. त्रिकमसाहब, 6. बालक साहब, 7. रूखी रामदास, 8. नथुराम, 9. अक्कलदास, 10. उगाराम, 11. दास हमीरो—आदि। इनके सिवा कई छोटे-बड़े सन्त कवियों की लिस्ट बनाई जा सकती है, किन्तु जहाँ तक तुलना का सवाल है, दोनों विषयों को बारीकी से देखा एवं परखा जाएगा। संसार में सन्तों की कमी नहीं है, सन्तों ने अपने जीवन को तपाकर दूसरों के लिए समर्पित किया, ऐसे सन्तों को प्रणाम। प्रारम्भ करने से पहले 'सन्त' शब्द के बारे में अनेक जगह पर अलग-अलग व्याख्या मिलती है। किन्तु असल में एक ही में लय हो जाती है। तो ऐसी 'सन्त' शब्द की परिभाषा के बारे में दृष्टिपात करें।

सन्त शब्द की व्युत्पत्ति : 'सन्त' शब्द की व्युत्पत्ति शब्दकोशों में अलग-अलग मिलती है। हिन्दी-गुजराती कोश, सम्पादक, मगनभाई प्रभुदास देसाई, गुजरात विद्यापीठ में—सन्त—पुं. साधु पुरुष, 'महात्मा' के रूप में उद्धृत किया है।[1] हालाँकि हिन्दी पर्यायवाची कोश में—डॉ. भोलानाथ तिवारी द्वारा सम्पादित—'सन्त' शब्द की व्युत्पत्ति इस प्रकार बताई गई है—'सन्त'—ऋषि, औलिया, तपस्वी, तापस, फकीर, बैरागी, मनीषी, महात्मा, मुनि, यति, योगी, वीतरागी, विरागी, वैरागी, संन्यासी, साधु, साधू, सिद्ध, सिद्ध-महात्मा, त्यागी—आदि पर्यायवाची के रूप में है।[2] ये सारे लक्षण यदि किसी भी देहधारी मनुष्य में हैं तो वह सन्त परम्परा में आते हैं। चूँकि इस परम्परा में कुछ विरले ही आते हैं। 'बृहद्' शब्दकोश में सन्त शब्द की व्युत्पत्ति इस प्रकार है—सन्त—पुं, (सं.) अंजलि, सहततल, (सत् का प्रथमा का बहुवचनान्त रूप) साधु, धर्मात्मा, विरक्त, महात्मा, गृहस्थाश्रम में प्रवेश करनेवाला साधु, वि. अत्यन्त निर्मल और पवित्र। —समागम—पुं. सन्तों का सत्संग।[3] इस तरह विभिन्न कोशों में ये सारे शब्द सन्त बनाने में सहायक बनते हैं। इनके अलावा गुजराती-हिन्दी कोश में—सन्त शब्द की व्युत्पत्ति सन्त, पुं. ऋषि, पुं. पुण्यजन, साधु, पुं. सिद्ध।[4] इस प्रकार सन्त शब्द के बारे में अनेक पर्यायवाची शब्द मिलते हैं। सन्त के बारे में लोगों की मात्र ये धारणा रही है कि जो कुटिया में रहे और संन्यासी रूप में जीवन बिताए वह ही सन्त है, उसका काम सिर्फ संसार से अलिप्त रहकर जीवन बसर करना है। फिर भी ये कहनेवाले भूल जाते हैं, उन्हें सन्त नहीं साधु कहा जाता है। सन्त वह है जो एकात्म भावना सभी में पैदा करें, जो एकेश्वरवाद की बात करें। जो ऐक्य की बात करें। भले सारा जगत् द्वैत में रम रहा है, किन्तु उनको एक करके समाज में एकता की भावना पैदा करें। यही सन्त कहा जाता है। सन्त के पास जाने से यदि इनसान के विचारों, वाणी, रहन-सहन में परिवर्तन नहीं आता तो वह शायद सन्त नहीं हो सकता। पाखंडी हो सकता है। आज देश में पाखंडी सन्तों की भरमार है जिसकी वजह से आज देश का विभाजन हो रहा है। सच्चा सन्त कभी भी विघटन नहीं मानता। सन्त समरसता लाता है। दुखियों का दुख दूर करता है। उसकी छाया इनसान को सान्त्वना प्रदान करती है, उसके पास जाने से इनसान का देवत्व जाग उठता है, वही सन्त होता है। हाँ, सन्त के पास जब अज्ञानी जीव जाता है तो उसे उसकी फटकार भी सुननी पड़ती है। भय बिना प्रीति भी नहीं होती? सन्त तुलसी ने ठीक ही कहा है न! किन्तु आज तक की हमारी मान्यताएँ रही हैं कि 'सन्त' मात्र सन्त होते हैं, हमारा उसके साथ कोई लेना-देना नहीं है, इसलिए आज मध्यकालीन सन्त परम्परा को पुनः याद करनी पड़ती है। जिस तरह आज का माहौल बन गया है, आज हमारे देश में धार्मिकता के नाम पर पाखंडी लोग कैसे सामान्य लोगों को भरमा रहे हैं, तब सन्तों की दिव्य वाणी, आज भी उतनी

सार्थक साबित होती है। फिर चाहे वह दलित सन्त कवि हो, मुस्लिम फकीर हो या फिर तुलसी, अखो या मीरा हो।

अखो : गुजराती सन्त कवियों में अखा का स्थान विशेष उल्लेखनीय है। ई.स. 1615–75 के आसपास अहमदाबाद के पास वेजलपुर में जन्म। सोने का व्यवसाय करता था। अहमदाबाद में उन्होंने टंकशाला में अधिकारी के रूप में काम किया। किन्तु दुनियावी कड़ुवे अनुभवों ने उनके जीवन में वैराग्य पैदा किया। बाद में अपना व्यवसाय छोड़कर पंडितों की नगरी काशी में चला गया। वहाँ अनेक सन्तों के साथ सत्संग किया। साथ-साथ वेदान्त का अध्ययन किया। अखा की पहचान—एक वेदान्त ज्ञानमार्गी कवि के रूप में होती है। वे रूढ़िगत परम्परा एवं अन्धश्रद्धा के प्रखर विरोधी थे। अखा ने गुजराती एवं हिन्दी दोनों में रचनाएँ लिखी हैं। निम्न पंक्तियों से शायद कोई गुजराती पढ़ा-लिखा अनभिज्ञ होगा।

तिलक करता त्रेपन वह्या।
जपमाळाना नाकाँ गया।
तीरथ फरी फरीने थाका चर्ण।
तोय न पहोंच्या हरि ने शर्ण।
कथा सुणी सुणी ने फूटया कान।
'अखा' तोय नाव्युं ब्रह्मज्ञान॥

गुजराती साहित्यकोश, खंड 1 (मध्यकाल) में अखा के बारे में ई.स. की 17वीं शताब्दी का पूर्वार्ध ज्ञानमार्गी कवि कहा गया है। जाति से सोनी कई विद्वान इन्हें परजिया या कई लोग इसे श्रीमाली सोनी कहते हैं।[5] अखा ने बचपन में ही माता को और जवानी में पिता को तथा अपनी इकलौती बहन को तथा दो पत्नियाँ गँवाईं। किन्तु दूर की एक बहन को बहन मान लिया था। अखा के बारे में अनेक जनश्रुतियाँ हैं। एक जनश्रुति ऐसी है—काशी में ब्रह्मानन्द गुरु ने अखा की तत्त्व जिज्ञासा को सन्तुष्ट किया था। इसका प्रमाण है बार-बार अखा की रचनाओं में उल्लेख मिलता है।

अखा ने वेदान्त का गहरा अध्ययन किया था। जिसका प्रभाव उनकी रचनाओं में पाया जाता है। अखा ने विशेष करके भारतीय सन्त परम्परा में बैठे बगुला भक्तों की पोल खोलकर रख दी है। अखा ने तत्कालीन समाज में जो मान्यताएँ घर कर गई थीं उस पर करारा व्यंग्य किया है। जहाँ-तहाँ दम्भ, पाखंड, वहम, अज्ञान, अविद्या, रूढ़िगतता, पाखंडी गुरुओं की भर्त्सना की है।

कर्मकांड, तीर्थाटन, देह दमन, बाह्याचार, भाग्यवाद तथा भूत-प्रेत, ज्योतिष, छुआछूत आदि विषय को लेकर पाखंडी विद्वानों को लताड़ा है। प्राचीन मान्यताओं का खंडन करके समाज में समरसता कैसे प्रस्थापित हो, इसके लिए प्रयास किया है। फिर भी आज भी अनेक अज्ञानी लोग इस परम्परा में फँसे हैं। आज के इनसान

ने ज्ञान तो विशेष प्राप्त कर लिया, किन्तु अपनी सोच बदली नहीं। वह सोच लेकर नएपन का मात्र दिखावा कर रहा है।

'अखो' भगत सिर्फ चिन्तक ही नहीं, बल्कि अच्छा चिकित्सक तथा तटस्थ ज्ञानी भी था। सच भी है जो सच्चा ज्ञानी एवं तटस्थ होता है, वह अवश्य समरसता की बात कर भी सकता है, और उसकी बात रंग भी ला सकती है। 'अखो' तत्त्वज्ञानी सन्त होने के कारण मनुष्य मात्र का सिर्फ कल्याण चाहता था। वह संसार के लोगों को ऊर्ध्वगमन करानेवाला सन्त था। उसका एकमात्र उद्देश्य था सिर्फ मानव-कल्याण। हालाँकि बहुत-कुछ सुधार हुआ है फिर भी अभी बहुत-कुछ बाकी भी है। अखा पर गुजराती वाङ्मय में लिखनेवालों की कमी नहीं है जिसमें ये नाम महत्त्वपूर्ण हैं—1. नर्मदाशंकर मेहता, 2. उमाशंकर जोशी, 3. रमणलाल जोशी, 4. रमणलाल पाठक, 5. भूपेन्द्र त्रिवेदी, 6. अम्बालाल जानी। अरे! अखा पर सैकड़ों एम.फिल्. और पीएच.डी. शोधकार्य हुए हैं। इसलिए मुझे फख्र के साथ कहना चाहिए कि जितना काम हिन्दी साहित्य में कबीर पर हुआ है, उतना काम गुजराती साहित्य में अखा पर हुआ है। अत: अखा को गुजरात का 'कबीर' कहें तो भी कोई अनुचित नहीं माना जाता।

अखा की ज्ञान-दृष्टि गहरी थी, सत्य को पा लिया था। आज की तरह अखो भीड़ इकट्ठी करने में गुरुत्व प्राप्त करना नहीं चाहते थे। बल्कि सपाटबयानी करके समाज को एक सन्देश पहुँचाना चाहते थे। आज का पंडित अपने स्वार्थ के पीछे भागता है, पद, प्रतिष्ठा के लिए सत्-असत् का भेद भूल गया है। चारों तरफ अन्याय, असत्य का वाावरण छा गया है। फिर भी लोग हाथ-पे-हाथ रखकर बैठे हैं, इसलिए अखा कहते हैं कि आज का युग अन्धा युग है। अपनी पुरानी परम्परा को तोड़कर नई परम्परा को स्थापित करने का संनिष्ठ प्रयास किया है।

आज वही पुरानी विचारधारा दृश्यमान होने लगी है। आत्मज्ञानी अखा ने लोगों को आगाह किया है। साथ-साथ अपने देवत्व को जगाने का आह्वान किया है। आज निरन्तर मानवीय मूल्यों का हनन हो रहा है। इनसान सभ्य बना है, किन्तु जो सभ्यता वाकई में इनसान में होनी चाहिए, वह नहीं है। आज आलोचक अपना पथ भूला है। अखा के जमाने में जितना विरोध हुआ था आज उतना नहीं होता। कबीर ने भी अनेक विरोधों का सामना किया था। किन्तु उसकी वाणी तो दिव्यता से भरी थी। आज का साहित्य पुराने साहित्य से बहुत पीछे है। ईमानदारी, सजगता, समरसता, लोककल्याण की भावना, अच्छाई, सच्चाई आदि गुणों से युक्त सर्जक दूसरों का दिल जीत लेता है। अखा ने भले व्यंग्यात्मक तीर मारे हैं, किन्तु समाज उसको सहर्ष स्वीकारता है। आज साहित्यकार अपनी निजी प्रशंसा के लिए लिख रहा है, या फिर जी रहा है। अत: एकान्त श्रीवास्तव का कहना है—"अधैर्य हमारे युग की पहचान बन गया है। आज लिखा, कल छपा, परसों पुरस्कार।"[6] बात भी

शत प्रतिशत सही है। तभी मो मध्यकालीन साहित्य आज भी समाज में इतना प्रभावी है। गुजराती में अखा के साहित्य को ही ले लीजिए। अखा अपनी सखियों से कहते हैं—

साखी, आँखी ज्ञान की, समुझि देखि मन माँहि।
बिनु साखी संसार का, झगरा छूटत नाहि॥[7]

और कहते हैं—

आत्मज्ञान ने उपज्या तो गुन उपजे क्या होय।
नवलख तारा ते अखा, दिनकर कहे न कोय॥
तन उजले धन उजला, और उजले कपड़े अंग।
एक मन मैले सब मरू भया जो उज्ज्वल न मिला हरिसंग॥

यहाँ हमें कबीर की तुलना अखा के साथ करने में समतुल्यता का एहसास होता है। कबीर ने जो बात कही है वही बात अखा ने गुजराती भाषा में कही है। कबीर निम्न पंक्ति में सच कहते हैं—

एक रुधिर एकै मल मूतर, एक चाँम एक गूदा।
एक बूँद तै सृष्टि रची है कौंन ब्राह्मन कौंन सूदा॥[8]

वस्तुतः कबीर की वाणी में एवं अखा की वाणी में जो व्यंग्य है वह शायद अन्य कवियों में कम पाया जाता है। गुजराती साहित्य में अखा के अलावा—1. प्राणनाथ, 2. आनन्दधन, 3. नरसिंह मेहता, 4. प्रीतम साहब, 5. ब्रह्मानन्द, 6. गवरीबाई। इनके अलावा गुजराती में अनेक सन्त कवि हो गए हैं, जिन्होंने मात्र ईश्वर आराधना-भक्ति नहीं की, बल्कि समाज को नया पथ दिखाया है। समानता की, समरसता की एवं वसुधैव कुटुम्बकम् की भावना की बात की है।

मेरे प्राण आनन्दधन, तान आनन्दधन।
मात आनन्दधन, तात आनन्दधन॥
गात आनन्दधन, जात आनन्दधन॥

गुजरात के सन्त कवियों में ब्रह्मानन्द का नाम बहुचर्चित है। उसकी वाणी में माधुर्य है। देखें—

सुन्दर पाई देह नेह कर राम से
क्या बल ध्यावे काम धरा धन धाम से,
आत न रंग पतंग, संग नहि आवसी
जमहू के दरबार मार बहू खावसी।

गुजराती साहित्य में दलित सन्त कवियों का भी अपना अलग स्थान है। इनकी वाणी में भी आक्रोश के साथ-साथ समानता की बात है। हालाँकि बिन दलित साहित्यकारों का आशय है कि दलित साहित्य में आक्रोश के सिवा कुछ नहीं है। फिर भी ये लोग भूल जाते हैं कि दलित साहित्य में भी एक वैचारिक पृष्ठभूमि है।

वैसे तो दलित सन्त परम्परा में तो अनेक सन्तों का नामस्मरण कर सकते हैं, इसमें 'दासी जीवण' के बारे में ही कुछ बातें सोचें।

दलित सन्त कवियों की बात करने से पूर्व कबीर की दो पंक्तियाँ देखें—

जाति न पूछो साधु की, पूछ लीजिये ज्ञान।
मोल करो तलवार का, पड़ा रहन दो म्यान॥

सदियों से चली आ रही प्राचीन परम्परा को तोड़ने का सवर्ण सन्तों ने एवं दलित सन्तों ने काम किया है। किन्तु इतना अपेक्षित परिवर्तन समाज में नहीं आ पाया है। लोगों ने सन्तों की वाणी को सुना, पढ़ा किन्तु आचरण में कोई परिवर्तन न आया। जब तक आचरण में नहीं उतारा जाता तब तक ये वाणी को पढ़ना या सुनना किस काम का?

दासी जीवण : भक्ति के क्षेत्र में जाने से पहले कुछ उसूल अपनाने पड़ते हैं। इसके बिना इसमें प्रवेश नहीं मिलता। जिस तरह तुलसी ने दास्य भाव से, सूरदास ने सख्य भाव से भगवान के साथ नाता जोड़ा उसी तरह दासी जीवण ने 'दासी' के रूप में भगवान से नाता जोड़ा था। एक पंक्ति से—

जीवण, जगमाँ जागिया, थया नरमाँथी नार।
दासीपणुं दर्शावियुं राधाना अवतार।[9]

दलित सन्तों में जीवण का नाम शिखर पर है। इसके बारे में अनेक सत्य घटनाएँ इतिहास-प्रसिद्ध हैं, किन्तु विस्तार भय के कारण नहीं बताई जातीं।

जन्म : भक्त दासी जीवण का जन्म गोंडल से सात किलोमीटर दूर घोघावदर गाँव में हुआ था। वे दाफडा परिवार के थे। चमार जाति के थे। उसका व्यवसाय चमार का था, पिता का नाम जागाभाई था। चूँकि इसकी आर्थिक स्थिति अच्छी थी। रैदास के बाद में जीवण का नाम लिया जाता है। इनके जीवन के बारे में भी अच्छी खासी जानकारी मिलती है। फिर भी हमारे लिए इनके मुख से जो वाणी निकली थी ये अनमोल है। क्या जादू था, किसी ने सच कहा है शब्द को दुबारा इस्तेमाल करने से शब्द का भी मूल्य कम हो जाता है, और बोलनेवाले का भी। जीवण के बारे में यह बात सच साबित होती है। दलित समाज को पथ पर लाने का कार्य यदि किसी सन्त ने किया है तो वे दासी जीवण हैं। उनका पूरा जीवन समरसता से भरा था। उसकी वाणी में कहीं-कहीं हिन्दी छाँट भी मिलती है। यथा—

मैं तोरी दासी पिया,
मैं तोरी दासी, रंग तुम्हारे राची।[10]

कई लोग इसे राधा का नया अवतार कहते हैं। दासी जीवण में प्रेमलक्षणा भक्ति का बोलबाला है। उसके पदों में गेयता है। प्रेम है, कृष्ण के प्रति तालावेली है। तभी तो ये कहते हैं—

एवा कामणियाँ ओल्यो कानुडो जाणे।
दुजाँ कामणियाँ मारी नजरे नावे रे॥[11]

दासी जीवण की वाणी में चोटदारता का नामोनिशान नहीं है। फिर भी वह साधारण तरीके से समाज को सन्देश पहुँचाते हैं। उनका जीवन अनेक मुसीबतों के बीच पसरा हुआ था, फिर भी ईश्वर की कभी भी शिकायत नहीं की थी। अखा में जो वेधकता है, वह दासी जीवण में नहीं पाई जाती। दासी जीवण साधारण पदों में असाधारण बात कह देते हैं। जो उनके व्यक्तित्व की अलग पहचान है।

भक्त कवि दासी जीवण में मन की चंचलता के बारे में भी कुछ भजन लिखे हैं। इनके सिवा कटारी सम्बन्धी भी पद मिलते हैं। यथा मीरा कहती है—

आली साँवरे की दृष्टि मानो, प्रेम की कटारी है,
लगत बेहाल भई, तन की सुध बुध गई।
तन मन सब व्यापो प्रेम, मानो मतवारी है॥

दासी जीवण की पंक्तियाँ—

प्रेम कटारी आरपार, निकसी मेरे नाथ की
और की होय तो औषध कीजे, आतो हरी के हाथ की। [12]

चूँकि दलित सन्त कवियों की वाणी में दास्य भाव है। मध्यकाल में दलितों की स्थिति नाजुक थी। ऐसे समय में ईश्वर की आराधना के सिवा कुछ नहीं था। दलित सन्तों में अक्कलदास का नाम भी महत्त्वपूर्ण माना गया है। इनके सिवा बालकसाहब की वाणी में भी चमत्कार प्रसंगों की बात काव्यमय ढंग से प्रस्तुत की गई है।

दलित सन्त कवियों में त्रिकमसाहब की वाणी है—प्रेमलक्षणा के बारे में त्रिकमसाहब प्रसिद्ध हैं। जैसी प्रेमलक्षणा हम नरसिंह, मीरा, दयाराम तथा दासी जीवण में देख सकते हैं—ऐसी प्रेमलक्षणा त्रिकमसाहब में पाई जाती है। त्रिकम साहब कहते हैं—

प्रेमनी प्रेमनी प्रेमनी रे,
वाले मारी कटारी मने प्रेमनी रे। [13]

संक्षेप में कहा जाए तो गुजराती सन्तों में एवं दलित सन्तों की वाणी में बहुत साम्य/वैषम्य दिखाई पड़ता है। फिर भी दोनों का ठिकाना तो एक ही है। संसार में जब तक समानता, समरसता नहीं आती तब तक रामराज्य की कल्पना करना व्यर्थ है। आइए, हम समरसता लाने में हमारा योगदान दें।

सन्दर्भ

1. हिन्दी-गुजराती कोश, सं. मगनभाई प्र. देसाई, पृ. 508
2. हिन्दी पर्यायवाचक कोश, डॉ. भोलानाथ तिवारी, पृ. 620
3. बृहद् हिन्दी कोश, सं. कालिका प्रसाद, पृ. 1163
4. गुजराती-संस्कृत कोश, पटेल जेठालाल, पृ. 277
5. गुजराती शब्दकोश, खंड 1, जयन्त कोठारी, पृ. 152

6. **विपाशा, कविता विशेषांक,** सम्पादित, पृ. 5
7. **गुजराती सन्तों की हिन्दी वाणी,** पृ. 15
8. वही, पृ. 17
9. सौराष्ट्र के दलित भक्त कवि, गोहिल, पृ. 206
10. वही, पृ. 219
11. वही, पृ. 215
12. सौराष्ट्रना हरिजन सन्तो, एन.यू. गोहिल, पृ. 227
13. वही, पृ. 187

‘रामचरितमानस’ तथा ‘ज्ञानेश्वरी’ में अभिव्यक्त सामाजिक समरसता : तुलनात्मक अध्ययन

डॉ. सुनील कुलकर्णी / प्रा. कोमल परदेशी

सम्पूर्ण भारतीय साहित्य की कालजयी कृतियों पर हम यदि विचार करें तो मुख्यत: दो नाम हमारे सामने आते हैं—एक गोस्वामी तुलसीदास जी द्वारा रचित ‘रामचरितमानस’ और दूसरा महाराष्ट्र के प्रसिद्ध सन्त कवि ज्ञानेश्वर जी द्वारा लिखित ‘ज्ञानेश्वरी’। एक के नायक हैं भारतीय जनमानस के रोम-रोम में बसे हुए ‘राम’ और दूसरे के नायक हैं नटखट लीलाधारी ‘श्रीकृष्ण’। इन दोनों के उदात्त चरित्र से ही प्रेरणा लेकर तथा उनमें स्थित मानवीय गुणों को अपनाने से सम्पूर्ण सृष्टि को ‘समरस’ बनाया जा सकता है। हमारी श्रद्धा के अनुसार हम सदा यह मानते हैं कि भगवान भिन्न-भिन्न रूपों में अवतार लेकर पृथ्वी पर प्रकट होते हैं। युग अलग होते हैं परन्तु उनकी आवश्यकताएँ समान होती हैं। कभी त्रेतायुग में श्रीराम बनकर तथा कभी द्वापर युग में श्रीकृष्ण बनकर वे मानव रूप में जन्म लेते रहे हैं। अनेक प्रकार से वे जनता को दुख से उबारने का कार्य करते हुए दिखाई देते हैं। ‘रामचरितमानस’ और ‘ज्ञानेश्वरी’ जैसे कालजयी ग्रन्थों से हमें यही द्रष्टव्य होता है कि मनुष्य की सहायता के लिए भगवान कोई ऐसा भक्त या साधक अवश्य निर्माण कराते हैं जो हर युग के लिए कालजयी साबित हो सके, कभी तुलसीदास तो कभी ज्ञानेश्वर जैसे परमभक्त एवं साधक उसके श्रेष्ठतम उदाहरण हैं।

कलियुग जैसे युग में भी मनुष्य के लिए गोस्वामी तुलसीदास ने ‘रामचरितमानस’ तथा सन्त ज्ञानेश्वर ने ‘ज्ञानेश्वरी’ जैसे हर युग में कालजयी साबित हो सकनेवाले ग्रन्थों की रचना की है। जनभाषा में लिखित इन रचनाओं को रामायण और गीता के समकक्ष ही माना जाता है। वस्तुत: मूल संस्कृत ग्रन्थों की तुलना में ‘रामचरितमानस’ और ‘ज्ञानेश्वरी’ अधिक विशाल जनसमुदाय तक पहुँचने में सफल रही है। समाज का उपेक्षित एवं अशिक्षित वर्ग भी भगवान की उपासना का समान अधिकारी है। इस विशाल दृष्टि के कारण ही रामचरितमानस और ज्ञानेश्वरी जैसे महान कालजयी

ग्रन्थों की रचना हुई है। इन दोनों ग्रन्थों के मूल में समाज में व्याप्त विषमताओं को नष्ट कर सामाजिक समरसता प्रस्थापित करने का उदात्त ध्येय होने के कारण काल की कसौटी पर ये दोनों कृतियाँ शत प्रतिशत खरी उतरती सिद्ध होती हैं।

कालजयी कृति किसे कहा जाए तथा तुलसीदास द्वारा रचित रामचरितमानस किन कारणों से कालजयी कृति है, इस पर प्रकाश डालते हुए श्री योगेन्द्र प्रताप सिंह लिखते हैं—"कविता कवि के काव्य-पाठ की सामर्थ्य से सम्बद्ध होकर युगों-युगों तक सजीव यात्रा करती रहती है। जिसे कहना चाहें तो कह सकते हैं वह कभी मरती नहीं। इस प्रकार की श्रेष्ठ कृतियों को हम कालजयी कृति कहते हैं और इन कृतियों में मानव जाति सनातन काल से चली आती हुई अपनी वर्तमानकालीन समस्याओं के समाधान खोजने का प्रयास करती है। गोस्वामी तुलसीदास कृत रामचरितमानस अन्य सन्दर्भों के साथ-साथ सृजन की इस विचित्रतापूर्ण कुशलता से अपने को निरन्तर जोड़े हुए अपनी कृतित्व की कालजयिता का साक्ष्य प्रस्तुत करता है। तुलसी अपनी प्रतिभा सामर्थ्य से अपने अतीत, वर्तमान तथा आगत काल को उससे जोड़ने में निरन्तर तत्पर रहते हैं।"[1] हर भक्त का सम्बल है, जब भक्त किसी मुश्किल में होता है तो उसे राम नाम का मंत्र ही वह बल प्रदान करता है, जिसके आधार पर वह अपने जीवन की मुश्किलों को मिटाकर अपने जीवन को आनन्दमय बना सके। रामचरितमानस की इस सामाजिक समरसता स्थापित करने की शक्ति पर कोई भी विवाद नहीं हो सकता क्योंकि यह किसी के लिए विवाद का ग्रन्थ नहीं बल्कि मिलन तथा सुसंवाद का ग्रन्थ बनकर सामान्य मनुष्य के जीवन में आनन्द लाता है। इस भूमिका के कारण रामचरितमानस में सच्ची सामाजिक समरसता हमें दृष्टिगोचर होती है। गोस्वामी तुलसीदास राम नाम की समाहारी का वर्णन करते हुए लिखते हैं—

ब्रह्म राम तें नामु बड़ बर दायक बर दानि।
रामचरित सम कोटि महँ लिय महेस जियँ जानि॥[2]

अर्थात् राम नाम ब्रह्म के समान ही परम वरदायी है। रामचरितमानस की महानता को साक्षात् शिव भी स्वीकार कर चुके हैं। राम नाम हर भक्त को हर संकट से उबारने की शक्ति प्रदान करता है। ज्ञानेश्वरी में भी सन्त ज्ञानेश्वर भगवान के लिए सब कैसे समान है, यह बताते हुए लिखते हैं—

देखा विवेकवन्तु सुविमळु। तोचि शुंडादंडु सरळु।
जेथे परमानन्द केवळु महासुखचा॥ 4॥
तरी संवादु तोच दशनु। जो समता शुभ्रवर्ण।
देवो उन्मेंष सूक्ष्मेक्षणु। विघ्नराजु॥ 15॥[3]

भगवान गणेश की महिमा के माध्यम से ज्ञानेश्वर प्रस्तुत पद में कहते हैं सबको समान सुख पहुँचाना ही भगवान के लिए महासुख है, जिसके लिए वे सदैव

तत्पर रहते हैं। इसी प्रकार समता का सन्देश ज्ञानेश्वरी में यत्र-तत्र-सर्वत्र दिखाई देता है।

सामाजिक समरसता के लिए मुख्यत: जिन तत्त्वों की आवश्यकता होती है, वे तीन सद्‌गुण क्षमा, कृपा और समता हर मनुष्य में विद्यमान होते हैं। क्षमा, कृपा और समता इन तीनों के मेल से ही समरसता का निर्माण होता है। कई सन्त-महात्माओं ने धार्मिक समानता की बात तो कही है परन्तु सामाजिक समरसता के लिए कोई विशेष प्रयास नहीं किए। इस कारण धार्मिक समता का विस्तार आगे सामाजिक समरसता में नहीं हो पाया है। इसीलिए रामचरितमानस तथा ज्ञानेश्वरी में सामाजिक समरसता पर अधिक बल दिया गया है। युद्ध के मैदान में भगवान श्रीकृष्ण द्वारा अर्जुन को उपदेश देते समय जिस गीता का सृजन किया उसके मूल में हमें सामाजिक समरसता के कुछ अंश मिलते हैं। गीता के एक प्रसंग में भगवान कृष्ण अर्जुन से कहते हैं—''समत्वम् योग उच्चते॥'' अर्थात् समत्व ही सच्चा योग है और जो समत्व को मानता है वही सच्चा पंडित है। सामाजिक समरसता स्थापित करने के लिए आज हमें भी गीता के इस श्लोक से कुछ सीखने की आवश्यकता है। ज्ञानेश्वर ने इसी भावना का अधिक विकास अपनी ज्ञानेश्वरी में किया है। गीता में 'ज्ञानयोग' तथा 'कर्मयोग' तो था परन्तु 'भक्तियोग' का दिव्य समन्वय कराने का महान कार्य सन्त ज्ञानेश्वर ने किया है। ज्ञानेश्वरी में तीनों योगों का समन्वय हमें देखने को मिलता है।

रामचरितमानस में भी हमें यही द्रष्टव्य होता है। आचार्य रामचन्द्र शुक्ल इसे और अधिक स्पष्टता से समझाते हुए कहते हैं, ''धर्म का विकास इसी लोक के बीच हमारे परस्पर व्यवहार के भीतर होता है। हमारे परस्पर व्यवहारों का प्रेरक हमारा रागात्मक या भावात्मक हृदय होता है। अत: हमारे जीवन की पूर्णता कर्म (धर्म), ज्ञान और भक्ति तीनों के समन्वय में है।''[4] हम आज इन तीनों को अपने जीवन में स्वीकार करें तो निश्चित ही समरसता की स्थिति को प्राप्त कर सकते हैं। हमारे समाज का एक वर्ग सामाजिक समरसता तो चाहता है, परन्तु दूसरा वर्ग यह कहता है, ''प्रतिक्षण परिवर्तित होनेवाले काल में समरसता की आशा करना व्यर्थ है। कोई भी मन:स्थिति-परिस्थिति हमें कितनी भी प्रिय क्यों न हो, स्थिर नहीं रह सकती।'' परन्तु उसे स्थापित करने का प्रयास तो सम्भव है। रामचरितमानस नियति और प्रयत्न के इन दोनों छोरों में समन्वय स्थापित करने की चेष्टा करता है।

इसी सन्दर्भ में डॉ. रामप्रसाद मिश्र कहते हैं—''रामचरितमानस युग और चिर का सेतु महाकाव्य है।''[5] जो उसकी समन्वय शक्ति को और उसके कालजयी रूप को दर्शाता है। तुलसीदास के रामचरितमानस में सामाजिक समरसता को स्थापित करने का एक आशावादी स्वर दिखाई देता है। रामचरितमानस में वे कहते हैं—

कीरति भनिति भूति भलि सोई। सुरसरि सम सब कहँ हित होई॥

तुलसीदास जी के मतानुसार वही काव्य सरस है जिसमें श्रेय और प्रेय का समन्वय हो तथा वही सुर मंगलकारी है जिसमें सबके मंगल की कामना की गई हो। जब हमारा समूचा समाज एक सुर में समरसता की आवाज लगाएगा तभी समाज में विषमता नष्ट हो सकेगी। सन्त ज्ञानेश्वर के मन में भी ऐसी ही समाज की अभिलाषा थी। इसी कारण वे ज्ञानेश्वरी में लिखते हैं—

तिथें वोळखी चि शरिर से। सुख चिया साम्राज्यी बैसे।
तेक्षे होय तेथे मेंळी। मग सामरस्याची या राहुळी।
महासुखची दिवाळी, जगेंशी दिसे।

सन्त ज्ञानेश्वरी के अनुसार उसी प्रदेश में सच्चा स्वर्ग है जिसके दर्शन से सुख का साम्राज्य बने और वहीं विचारों एवं आत्मा की शुद्धि से समरसता प्राप्त होती है। तुलसी के राम तो अत्यन्त उदार एवं सबके लिए समान भावना रखनेवाले हैं। जातीय एकता एवं सामाजिक समरसता का मनोरम सन्देश वे अपनी कृति रामचरितमानस में इन शब्दों में देते हैं—

श्री रघुवीर की यह बानी। नीचहूँ सो करत नेह,
परम अधम निषाद पाँवर कौन ताकि कानि।
लियो सो उर लाइ सुत, ज्यों, प्रेम को पहचानि॥[6]

हर वर्ण के मनुष्य को राम समान समझकर अपने गले लगाते हैं, आज के हमारे सभी वर्णों को राम के चरित्र से सीख मिल सकती है। जब उनके आराध्य ही किसी प्रकार का भेदभाव नहीं मानते तो हम क्यों व्यर्थ में दूरी बनाए हुए हैं!

रामचरितमानस में श्रीराम के माध्यम से संसार को समरसता का सन्देश देते हुए तुलसीदास कहते हैं—"सदा सर्व मत सर्व हित जाती करहु नित प्रेम।"[7] अर्थात् राम सदा सबके हित के लिए ही प्रयत्नशील रहते हैं। उन्होंने किसी भी प्रकार का भेदभाव नहीं किया है। या यों कहें कि, "मानस में समाज मनुष्य या उसके विविध वर्णों में सीमित नहीं है। सर्वत्र सृष्टि में एकात्मता स्थापित करने के लक्ष्य को सम्मुख रखकर विभिन्न विचारों, वृत्तियों तथा वर्णों इत्यादि के समन्वित समाज का स्वरूप स्थापित किया गया है।"[8]

वर्तमान के इस युग में इस प्रकार की सामाजिक समरसता की आवश्यकता हमें बार-बार महसूस हो रही है। मूलत: भगवान का हर रूप समान है। उनकी पूजा करनेवालों को उपदेश देते हुए ज्ञानेश्वर लिखते हैं—"कृष्ण विष्णु हरि गोविन्द एय नामांचे किखिल प्रबन्ध"। इस पद द्वारा सन्त ज्ञानेश्वर भाषा प्रदेश के नाम पर अपने आराध्यों को बाँटनेवालों की आँखों में अंजन डालकर सामाजिक समरसता का सूत्र ही दे रहे हैं, जो समरसता की यथार्थ स्थिति के लिए दिशा-निर्देश देती है। "महाराष्ट्र में जो वारकरी पन्थ विलक्षण रूप में विकसित हुआ, उसका श्रेय सन्त ज्ञानेश्वर के

इस समन्वय भाव को ही जाता है।"[9] जो उसके कालजयी होने का प्रमाण भी है। आज भी जब वैष्णवों का मेला आषाढ़ी एकादशी के निमित्त पंढरपुर जाता है तो उसमें हम सामाजिक समरसता के यथार्थ एवं वास्तविक स्थिति के दर्शन को खुली आँखों से देख सकते हैं।

ज्ञानेश्वरी की तरह रामचरितमानस में भी जाति-पाँति को नकारकर नए आदर्श समाज की स्थापना को महत्त्व दिया गया है। "जाति-पाँति, कुल आदि भेदों में बँटे समाज को मानस में अस्वीकृत कर राम भक्तों के समाज की कल्पना और कामना है।"[10] जो एक नई सामाजिक समरसता की आस को सदा ही जाग्रत् रखने का कार्य कर सकती है।

सारांशत: कहा जा सकता है कि रामचरितमानस तथा ज्ञानेश्वरी जैसी कालजयी कृतियाँ यथार्थ में सामाजिक समरसता की अवधारणा को हमारे सम्मुख प्रस्तुत कर, हमें सामाजिक अंन्धविश्वासों से उबारकर, हमारे सामने नई सामाजिक संरचना का मार्ग खोलने में सहायक सिद्ध हो सकती हैं। परन्तु मनुष्य जब तक उसे सच्चे हृदय से स्वीकार कर प्रत्यक्ष जीवन व्यवहार में आत्मसात् नहीं करता, तब तक सामाजिक समरसता का स्वप्न यथार्थ में साकार नहीं हो पाएगा। सामाजिक समरसता के आशा भरे स्वर और जीवन की ओर देखने की सकारात्मक वृत्ति ने ही इन ग्रन्थों को कालजयी बना दिया है।

सन्दर्भ

1. जन-जन के कवि तुलसीदास, योगेन्द्र प्रताप सिंह, पृ. 103
2. रामचरितमानस, बालकांड, पद-25, तुलसीदास, पृ. 36
3. ज्ञानेश्वरी, ज्ञानेश्वर, पृ. 12
4. गोस्वामी तुलसीदास, आ. रामचन्द्र शुक्ल, पृ. 142
5. तुलसी साहित्य की समन्वय चेष्टा, डॉ. रामप्रसाद मिश्र, पृ. 28
6. विनयपत्रिका, पद 215, तुलसीदास, पृ. 277
7. रामचरितमानस, उत्तरकांड, पद 16, तुलसीदास, पृ. 386
8. रामचरितमानस की सांस्कृतिक मीमांसा, डॉ. सोमनाथ शुक्ल, पृ. 120
9. भारतीय काव्य में सर्वधर्म समभाव, सं. डॉ. नगेन्द्र, पृ. 112
10. वही, पृ. 120

सन्त कबीर और सन्त तुकाराम के काव्य में सामाजिक समरसता

प्रा. डॉ. ऊर्मिला पाटील

'सन्त' शब्द उस सदाचारी व्यक्ति के लिए प्रयुक्त होता है जो आत्मज्ञान की उपलब्धि को प्रमुख उद्‌देश्य मानता है। आत्मज्ञान या अनुभव ज्ञान से व्यक्ति जाति-पाँति से परे हो जाता है। इससे वह समाज के बन्धनों को अस्वीकार करता है और वैश्विक एकता की ओर बढ़ता है। उसकी वाणी में सत्कर्म तथा लोकहित की भावना निहित होती है। वह सबके हित के लिए उनकी सेवा में अपने आपको समर्पित कर देता है। डॉ. कैलाशनाथ पांडेय कहते हैं—"वह व्यक्ति जिसने जीवन और जगत् के सत्य को समझ लिया है, वही सन्त है जो समर्पण भाव से युक्त होता है।" मराठी के सन्त तुकाराम कहते हैं—"सज्जन तो शब्द सत्य जो मानी...।" उनका प्रसिद्ध अभंग है जो इसी बात की पुष्टि करता है—

जे का रंजले गांजले। त्यासि म्हणे जो आपुले।
तोचि साधु ओळखावा। देव तेथेचि जाणावा॥

अर्थात् दूसरे के दुख को अपना दुख समझनेवाला सज्जन ही ईश्वर का रूप है। सामाजिक सन्तुलन के लिए सदाचार एक आवश्यक तत्त्व है। इससे सामाजिक सम्बन्धों के माधुर्य की रक्षा होती है।

सन्त अपने युग के लोकहितकारी एवं क्रान्तद्रष्टा रहे हैं। सामाजिक समता का विवेचन वे अपने साहित्य और आचरण के द्वारा करते रहे। प्रत्येक व्यक्ति का समाज के प्रति दायित्व होता है, उसके कार्य से समाज का हित होता है इसीलिए अच्छे कर्म की आवश्यकता है। सन्तों ने जनसामान्य के लिए भक्ति का मार्ग अपनाया है। सुधार की प्रक्रिया समाज से आरम्भ होकर भक्ति के क्षेत्र को पार करके मनुष्य को सन्मार्ग की ओर अग्रसर करती है। सन्त तुकाराम कहते हैं—

बोले तैसा चाले। त्याची वंदावी पाउले।

सद्‌गुणों का विकास हितकारी वचनों से नहीं उनके आचरण और व्यवहार में लाने से होता है तभी तो सभी उस व्यक्ति पर विश्वास कर सकते हैं।

भारतीय जीवन के विकास का आधार भक्ति साहित्य माना जाता है जिसमें

समस्त मानव समाज को चेतना प्रदान करने की क्षमता है। भारतीय धर्म साधना और हिन्दी भक्तिकाल में अनेक सन्त, महात्मा, विचारक, मानव मूल्यों के प्रबल समर्थक, जनता के हितैषी हुए, जिन्होंने शताब्दियों की सीमा को लाँघकर समाज का पथ आलोकित किया है। आचार्य रामचन्द्र शुक्ल का कथन है—"भक्ति आन्दोलन की जो लहर दक्षिण से आई उसी ने उत्तर भारत की परिस्थिति के अनुरूप हिन्दू-मुसलमान दोनों के लिए सामानय भक्ति मार्ग की भावना कुछ लोगों में जगाई। महाराष्ट्र के प्रसिद्ध भक्त नामदेव ने हिन्दू-मुसलमान दोनों के लिए सामान्य-भक्ति-मार्ग का आभास दिया। सन्त नामदेव की रचना से स्पष्ट है कि उन्होंने उत्तर भारत में सन्त परम्परा की पृष्ठभूमि तैयार की है।"

सन्त साहित्य का सृजन भारतीय भक्ति साहित्य के एक विशेष अंग के रूप में हुआ है। त्रासदी के समय भक्तों ने लोकरंजन द्वारा सम्बल प्रदान किया है। गुरमीत सिंह सन्त साहित्य की राष्ट्रीय भूमिका के सन्दर्भ में कहते हैं—"राष्ट्रीय स्वरूप का सपना तभी साकार होता है जब वह सांस्कृतिक समरसता से प्राणवान होता है। संस्कृति की समरसता देश के निवासियों की अनवरत साधना का परिणाम होती है जिसका आधार व्यक्ति और समाज के स्तर पर शाश्वत जीवन मूल्य होते हैं। जो समन्वित विकास के द्वारा मानव जीवन, पुरुषार्थों को फलीभूत करते हैं।" उसके लिए समाज के सभी जाति-धर्मों के लोगों को एक करने की आवश्यकता है जो बाह्यव्यवस्था से नहीं आन्तरिकता या आत्मीयता से ही सम्भव है। सन्त साहित्य के सृजनकर्ताओं के जीवन और काव्य का लक्ष्य आध्यात्मिक साधना एवं सत्य से साक्षात्कार कराना था। साधना का यह मार्ग लोकसंग्रह, सामाजिक दृष्टि, सामाजिक उत्थान एवं राष्ट्रीय संगठन से ही गुजरता है। मानव प्रेम इसका आधार है। इसीलिए सन्तों ने अपना जीवन जनचेतना को समर्पित किया है। आडम्बरों का त्याग, आपसी सद्भाव, जाति-धर्म-सम्प्रदायों का मेल, मनुष्य में इनसानियत निर्माण करना भारतीय संस्कृति का अंग बन गया। नामदेव, तुकाराम, गुरु नानक, कबीर आदि सन्त-महात्माओं ने मानव-प्रेम का सन्देश दिया।

बारहवीं-तेरहवीं शताब्दी में लगभग सम्पूर्ण भारत में शैवमत का जोर था और उत्तर भारत में उसी का रूप नाथ मत था। भारत में मुसलमानों के आगमन से विविध क्षेत्रों पर प्रभाव पड़ने के कारण धार्मिक और सामाजिक क्षेत्र में परिवर्तन हो रहा था। सन्त साहित्य इसी संक्रान्तिकाल की उपज है। डॉ. रामकुमार वर्मा लिखते हैं—"धार्मिक विचारों में परिवर्तन होने का सूत्रपात एक ऐसे रूप में आरम्भ हुआ जिसने हमारे साहित्य में एक नवीन धारा की सृष्टि कर दी।" वह थी निर्गुण भक्ति। बहुदेववादी हिन्दू और एक अल्लाह वाले मुसलमानों में शान्ति लाने की, समन्वय की आवश्यकता थी। अतः सन्त कवियों के बहुत पूर्व गोरखनाथ ने कहा था—

मुहम्मद मुहम्मद न कर काजी। मुहम्मद का विषय विचार।
मुहम्मद हाथि करद जे होती। लोहे गढ़ी न संसार॥

मराठी सन्त नामदेव जो निर्गुण भक्ति के प्रचारक थे, सन्त ज्ञानेश्वर के साथ उनके उत्तर भारत की यात्रा करने का उल्लेख 'तीर्थावलि' में मिलता है। मुसलमानों के अत्याचारों से जनता पीड़ित थी, उनकी दयनीय दशा देखकर उनका मन द्रवित हुआ था। उन्होंने हिन्दुओं के मन्दिरों को टूटते हुए, तलवार के बल पर धर्मान्तर होते हुए, सुन्दरियों की लाज लुटते हुए देखा। इन सारी बातों से उन्हें बहुत दुख हुआ। आलन्दी में जाने के बाद ज्ञानेश्वर ने समाधि ली तो वे बहुत उदास हो गए। धार्मिक जागृति के लिए वे उत्तर भारत में यात्रा करते रहे। वे लगभग अठारह वर्षों तक पंजाब में कार्य करते रहे। वे कहते हैं—

शिंपियाचे कुळी जन्म मज जाला। परि हेतु गुन्तला सदाशिवीं।

सन्त नामदेव ने कर्मकांड का विरोध करते हुए मानसिक शुद्धता पर बल दिया। हिन्दू-मुसलमानों को फटकारते हुए कहा है—

हिन्दू पूजै देहुरा मुसलमानु मसीत।
नामे सोई सेविआ जह देहुरा न मसीत॥

नामदेव की निर्गुण भक्ति ही हिन्दी सन्त साहित्य का प्रमुख प्रेरणा-स्रोत रही है। इनके पंजाबी शिष्य थे—विष्णुस्वामी, बहारेदास, जलतो सुतार, लब्धाखत्री आदि। नामदेव के अनेक पद सीखों के गुरुग्रन्थसाहब में समाविष्ट किए गए हैं जिनमें प्रेम, एकता, समता का सन्देश मिलता है।

यह बात सच है कि "सन्तों ने अपने समय की विडम्बनाओं को देखा, अपने युग की कड़वाहटों से भरी ज़िन्दगी के वे सच्चे भोक्ता थे, उन्हें इस व्यवस्था में न न्याय मिलने की आशा थी और न ही विश्वास था।" सन्तों का युग अनेक अन्तर्विरोधों की उपज था इसलिए उन्होंने व्यवस्था पर कड़ा प्रहार किया है क्योंकि मध्यकाल में ब्राह्मणवादी चिन्तन का प्रभुत्व था। वे वर्णव्यवस्था के पालन में ही मनुष्य जीवन की सार्थकता मानते थे। समाज में अनेक धर्म-सम्प्रदाय पनप रहे थे, जो अपने मत विकसित करने का प्रयत्न करने में लगे थे। अन्धविश्वास, आडम्बर, अमानवीय मूल्य, धार्मिक पाखंड, मानव विरोधी जड़ परम्पराएँ आदि से सम्बन्धित चुनौतियाँ उनके सामने थीं। सामान्य जनता में जाति, धर्म और आर्थिक वैषम्य के कारण वैचारिक विषमता व्याप्त थी, जिसे दूर करने के प्रयास सन्तों ने किए थे। ऐसी संघर्षमय स्थिति में कबीर, तुकाराम का आविर्भाव होना स्वाभाविक ही था। आचार्य हजारीप्रसाद द्विवेदी ने लिखा है—"सादगी में जीवन व्यतीत करनेवाले सन्तों का एक ऐसा क्रान्तिकारी वर्ग था जिसने सभी अत्याचारों एवं दुर्व्यवस्थाओं के विरोध में अपना झंडा ऊँचा किया। इन सन्तों में अधिकतर निम्न जाति के लोग थे जो समाज और राज्य की तरफ से तिरस्कृत थे।" हिन्दी, मराठी साहित्य के मध्यकाल में सन्तों

की लम्बी परम्परा मिलती है। कबीर जुलाहे, रैदास चमार, दादू दयाल और दरिया साहब धुनियाँ, बुल्ला साहब कुनबी, दीन दरवेश लुहार, चरणदास, सहजोबाई और दयाबाई वैश्य, सेना नाई, गोरा कुम्हार, सावता माली, चोखा मेला, नरहरि सुनार, परिसा भागवत, विसोबा खेचर, मुक्ताबाई, जनाबाई महिलाएँ; ज्ञानेश्वर एकनाथ ब्राह्मण, नामदेव दर्जी, तुकाराम वणिक थे। सन्त तुकाराम की शिष्य परम्परा में विविध जाति के लोग मिलते हैं—"निलोबा राय, रामेश्वर भट्ट, गंगाराम कडूसकर, महादजी पन्त कुलकर्णी, कोंडोपन्त, मालाजी गाडे, गवरशेट वाणी, मल्हार पन्त कुलकर्णी, आबाजी पन्त, कान्होबा, बन्धु, सन्ताजी जगनाडे, कोंड पाटील, नावाजी माळी, शिवबा कासार, कचेश्वर ब्रह्मे, बहिणाबाई आदि थे।" इनमें सात ब्राह्मण और शेष अन्य वर्णों के थे। इनमें निम्न और शूद्र जाति के सन्त अधिक थे, उल्लेख करनेवाली बात यह थी कि उनमें स्त्रियाँ भी सम्मिलित थीं। ज्ञानेश्वर, एकनाथ तो ब्राह्मण होते हुए भी जाति के बन्धनों को दूर करने के कारण ही समाज से बहिष्कृत कर दिए गए थे। फिर भी उन्होंने सामाजिक कार्य से मुँह नहीं मोड़ा। सामाजिक विसंगतियों से वे लड़ते रहे। मुक्तिबोध ने लिखा है—"पहली बार शूद्रों ने सन्त पैदा किए। अपना साहित्य और अपने गीत सृजित किए।"

सन्त सामाजिक, राजनीतिक, धार्मिक प्रत्येक घटना, क्रिया आदि के विषय में जागरूक रहे हैं। धर्म के अन्तर्गत नैतिक, सामाजिक कार्यों का समावेश होता है। डॉ. कोलते कहते हैं, "प्रत्येक सन्त ने अपने दृष्टिकोण से समाज का निरीक्षण कर इस कार्य में यथाशक्ति अपना हाथ बँटाया है।" सन्तों का यह दृष्टिकोण रहा है कि वे जिस समाज में रहते हैं, उसके विकास-उन्नति की जिम्मेवारी उन्हीं पर है। इसीलिए उन्होंने सामान्य जनता के लिए सरल, सीधा भक्ति मार्ग दिखलाया है।

सन्तों का उदय धर्म और सज्जनों की रक्षा के लिए ही होता है। कबीर और तुकाराम इसी परिस्थिति की देन हैं। समाज में फैली विषमता से मुक्ति दिलाने के लिए कबीर संघर्ष करने के लिए खड़े रहे, किन्तु स्वयं उन्हें पहले समाज के संघर्ष का सामना करना पड़ा, क्योंकि उनका जन्म विधवा ब्राह्मणी की कोख से हुआ था, तो मुसलमान परिवार में उनका पालन-पोषण हुआ और कर्म से वे जुलाहा थे। निम्न वर्ग के होने के कारण समाज से दुर्लक्षित, अपमानित हुए। कबीर के लगभग सौ-सवा सौ वर्षों के बाद महाराष्ट्र में तुकाराम वैश्य परिवार (निम्न जाति) में जन्मे इसलिए वे भी सामाजिक सुविधाओं से वंचित रहे। वेदादि पठन का उन्हें अधिकार नहीं मिल सका। इसलिए उन्होंने सर्वप्रथम जाति-पाँति-भेदभाव की दीवार को तोड़कर भक्ति के लिए सभी का अधिकार घोषित किया। पंडितों, धर्म के ठेकेदारों पर कठोर प्रहार किया जो उच्च वर्ग के लिए ही भक्ति के अधिकार का दम्भ बताते थे। सन्त तुकाराम ने भी कबीर के समान भारतीय धर्म साधना एवं संस्कृति के

शाश्वत सत्य, मानवतावादी दृष्टि को उद्घाटित किया है। कबीर और तुकाराम के काव्य में भक्तिविषयक दृष्टिकोण के साथ-साथ क्रान्तिकारी भावना व्यक्त हुई है। इन सन्तों ने भक्ति के द्वार सबके लिए खोले जहाँ वर्णभेद, जातिभेद, धनी-निर्धन, स्त्री-पुरुष भेद नहीं था। पतित, दीन, हीन सभी भक्ति मार्ग के धनी थे। प्रगति के लिए आध्यात्मिक दृष्टि का अवलम्बन किया है—

जाति पाँति पूछे नहिं कोई। हरि को भजै सो हरि का होई। **(क.ग्रं.)**
नाही तेथे वाणी सकळा वर्णी ध्यावी धणी॥ **(तु.अ.भा.)**

सन्तों ने अपने युग में व्याप्त सामाजिक असमानता, वर्णभेद, जातिभेद की विकृत भावना मिटाकर समता स्थापित करने का प्रयास किया है। उनकी दृष्टि से तो ईश्वर के सब जीव समान हैं, अत: उन्हें जीने का भी समान अधिकार है। कबीर और तुकाराम इस सन्दर्भ में कहते हैं—

अल्ला एक नूर उपनाया, ताकी कैसी निन्दा।
एक नूर तै सब जग कीआ, कौंन भले कौन मन्दे॥ **(क.ग्रं.)**
शुद्धाशुद्ध निवडे कैसे। चर्म मास भिन्न नाहीं॥ **(तु.अ.गा.)**

सामाजिक आदर्श एवं मानव-मूल्यों की स्थापना के लिए दोनों सन्तों ने मानव कल्याणकारी और सर्वजन सुलभ धर्म-मार्ग का प्रवर्तन किया। इसलिए राजनीतिक-आर्थिक समस्याओं पर बल न देकर धार्मिक और सामाजिक समस्याओं को अपनाया। निर्भीक प्रगतिशील सम्प्रदाय की स्थापना द्वारा समत्वभाव को प्राधान्य दिया। तत्कालीन समाज की बाधक मर्यादाओं का विरोध करके वे वर्गहीन समाज की स्थापना करना चाहते थे। किन्तु इस प्रयत्न में उन्हें सीमित सफलता मिली, क्योंकि वे यह समझ न सके कि वे जिस वर्णव्यस्था का विरोध कर रहे हैं, उसकी जड़ें बहुत गहरी थीं और उसकी नींव पर हिन्दू समाज खड़ा था। डॉ. रामविलास शर्मा ने लिखा है—"सन्तों ने धर्म की रूढ़ियों का उल्लंघन किया—उनके गीत दूर-दूर तक गाँवों में इकतारे पर सुनाई देते थे और वह तार भारतवर्ष की एकता का ही है।" सन्तों के कथन एवं कार्य से समरसता का भाव ध्वनित होता है।

मनुष्य जीवन में मूल्यों का महत्त्व अधिक होता है। सन्तों की व्यक्ति, अहिंसा, सत्य, प्रेम, अपरिग्रह में निष्ठा होती है, जो परनिन्दा नहीं करता, परस्त्री के प्रति आदरभाव रखता है वही समाज में सन्मान्य होता है। प्राणिमात्र के प्रति दयाभाव ही अहिंसा का समर्थन करता है। कबीर कहते हैं—

जाकौ दूध धाइ करि पीजै, ता माता कौ बध क्यूँ कीजै।
लहुरै थकै दुहि पीया खीरौ, ता का अहमक भ कै सरीरौ। **(क.ग्रं.)**

तुकाराम कहते हैं—

जीव जीव नेणे पापी सारिका चि। नळी दुजयाची कापू कैसे।
आत्मा नारायण सर्वां घटी आहे। पशु मध्य काय कळो नये॥ **(तु.अ.गा.)**

तुकाराम हिंसा करनेवाले व्यक्ति को चांडाल मानते हैं जो नरक में जाकर बहुत कष्ट भोगता है। अहिंसा का वास्तविक अर्थ है प्राणिमात्र की रक्षा, दुष्टों का विनाश।

गृहस्थ के लिए ईमानदारी से धन कमाना और उसका आवश्यकतानुसार व्यय करना कल्याणकारी मार्ग है। सन्त तुकाराम कहते हैं—

जोडोनिया धन उत्तम वेव्हारे। उदास विचारे वेंच करी।
उत्तम चि गती तो एक पावेल। उत्तम भोगील जीव खाणी॥ (तु.अ.गा.)

कबीर की दृष्टि से सन्त धन की गठरी नहीं बाँधते। परिवार के लिए जितनी आवश्यकता है उससे अधिक वे नहीं चाहते—

साईं इतना दीजिए, जामे कुटुम समाय।
मैं भी भूखा न रहूँ, साधु न भूखा जाय॥ (कबीर)

दूसरे दोहे में कहते हैं—

सन्त न बाँधे गाँठड़ी, पेट समाता लेइ।
साँई सू सनमुख रहैं, जहाँ माँगै तहाँ देइ॥ (क.ग्रं.)

कबीर और तुकाराम दोनों ने प्रभु को सत्यस्वरूप माना है। सत्य के आचरण से ही हित होनेवाला है—

साँच बरोबरि तप नहीं, झूठ बरोबरि पाप॥ (क.ग्रं.)
साच का विट्ठल साच हे करणे। सन्त जे वचन बोलियेले॥ (तु.अ.गा.)

दूसरों की निन्दा करनेवालों को तुकाराम दुर्जन एवं फोकट के मजदूर मानते हैं। जो निन्दा करते हैं, वे नरक में जाते हैं—

करिती पातकांची धुनी। मोल न घेता साबणी... ।
पार उतरून म्हणे तुका, आम्हा आपण जाती नरका॥ (तु.अ.गा.)

निन्दक अपने स्वभाव के कारण कष्ट-यातना भोगेगा, इस संसार के चक्र में फँसेगा, किन्तु वह जिसकी निन्दा करता है वह अगर अपने अवगुणों को समझकर उनमें सुधार लाए तो सत्य मार्ग की प्राप्ति कर लेगा। शायद इसीलिए कबीर निन्दक को दूर नहीं करना चाहते—

निन्दक नेड़ा राखिये आँगणि कुटी बँधाइ।
बिना साँबण पाँणी बिना, निर्मल करै सुभाइ॥ (क.ग्रं.)

सन्तों ने परमार्थ के मार्ग में नारी को एक बाधक तत्त्व माना है। इनसे दूर रहनेवाला व्यक्ति पवित्र, निर्मल होता है—

एक कनक अरु काँमनी, दोऊ अगनि की झाल... (क.ग्रं.)
नारी कुंड नरक का, बिरला थंभै बाग... ॥ (क.ग्रं.)

सन्त तुकाराम कहते हैं—

विटाळ तो पर द्रव्य, पर नारी। यैथुनि तो दुरी तो सोवळा (तु.अ.गा.)

कबीर ने नारी को आत्मरूप माना है और उसकी संसार के प्रति आसक्ति को व्यभिचार माना है। उनका नारी के प्रति संकीर्ण दृष्टिकोण दिखाई देता है।

सन्त शाश्वत मूल्यों के उद्‌गाता हैं, वे आजीवन इन उदात्त मूल्यों के आचरण में लगे थे, किसी एक धर्म या पन्थ का उन्होंने पक्ष नहीं लिया, इसलिए वर्तमान युग में भी ये मूल्य प्रासंगिक बने हैं। डॉ. मैनेजर पांडेय कहते हैं—"भक्त कवियों की दृष्टि में सत्य के ऊपर कुछ भी नहीं है—न कुल, न जाति, न धर्म, न सम्प्रदाय, न किसी शास्त्र का भय और न लोक-परलोक का भ्रम। इन सबका दुराग्रह हमेशा मनुष्यत्व के विकास में बाधक बनता है, इसलिए भक्ति काव्य में निर्द्वंद्व और निर्भीक आलोचना है।"

सन्तों ने देखा कि लोग धर्म के सत्य रूप को त्यागकर बाह्याडम्बरों के पीछे लगे हैं, जो समाज में संकीर्णता, लड़ाई-झगड़ों के कारण बने हैं। समाज को एकसूत्र में बाँधने के लिए, धार्मिक भेदभाव को दूर करना आवश्यक था। समाज में फैले अन्धविश्वास, भ्रम, ढोंग, व्रत, उपवास, आडम्बरों के ध्वंस का उपदेश देकर वे जनता को सचेत करना चाहते थे। उन्होंने यह भी देखा कि उस समय के काजी, मुल्ला, औलिया, योगी, तपी, पंडित, साधु अपना मार्ग भूलकर मौज में मस्त थे। समाज पतन की कगार पर खड़ा था। अत: आन्तरिक विरोध का दमन आवश्यक था। इसलिए सन्तों ने कहीं फटकार तो कहीं असन्तोष तो कहीं आलोचना की है। दिन में अनेक बार माला के मनके घुमाकर राम-नाम कहनेवालों के मन में हमेशा विषय-भोग की लालसा है। ढोंग करने से कोई फायदा नहीं है। तुकाराम कहते हैं—

काय करिल जपमाळा। करिशी वेळोवेळा विषय जप...।
काय धोविले कातडे। काळ्कुट भीतरि कुडे
हालवीत बैस माला विषय जप वेळोवेळी
तुका म्हणे हा व्यापार। नाम विठोबाचे सार॥ **(तु.अ.गा.)**

कबीर भी आन्तरिक भक्ति करने की सलाह देते हैं—

माला फेरत जुग भया, पाय न मन का फेर।
कर का मनका छाँड़ि दे, मन का मनका फेर॥ **(क.ग्रं.)**

केश मुंडन, जटा बढ़ाना, भगवा वस्त्र पहनने से कोई साधु नहीं बन सकता। शुद्ध मन से धर्म-साधना करना आवश्यक है। आन्तरिक साधना से ही मानव-मानव एकसूत्र में बँध सकते हैं। कबीर कहते हैं—

मन मैवासी मूँडि ले, केसौं मूँडे काँइ।
जो कुछ किया सु मन किया, केसौं कीया नाँहि॥ **(क.ग्रं.)**

अपने आपको साधु समझनेवालों और ढोंग करनेवालों को तुकाराम फटकारते हैं—

होऊनि संन्यासी भगवी लुगडी। वासना न सोडी विषयांची॥
लांबवून जटा नेसोनि कासोटा। अभिमान मोठा करिताती॥ **(तु.अ.गा.)**

साधु वेश धारण करनेवालों को कबीर कहते हैं—

कहा भयो रची स्वाँग बनायौ,
अन्तरिजामी निकट न आयौ।

तो तुकाराम कहते हैं—

ऐसे नाना भेष घेउनी हिंडती,
पोटासाठी घेती प्रतिग्रह॥

जप, तीर्थाटन, रोजा, कर्मकांड के लिए कबीर ने हिन्दू-मुसलमान दोनों को फटकारा है—

दिनभर रोजा धरत है, रात हनत है गाय।
इक हत्या इक बंदगी, कैसी खुशी खुदाय॥

समाज में धर्म के ठेकेदारों का धार्मिक क्रिया-कलापों पर अधिकार और दबाव भी था जो अपने बनावटी उपदेशों से लोगों का जीवन अन्धकार से मुक्त करने में लगे थे। उन्हें चेतावनी देते हुए कहते हैं—

पंडित और मसालची, दोनों सूझे नाहिं।
औरन को करे चाँदनी आप अँधेरे माहिं॥ **(क.ग्रं.)**

कबीर मुसलमानों को तुर्क कहकर फटकारते हैं—

जे तूँ तुरक तुरकनी जाया, तौ भीतरि खतनी क्यूँ न कराया...
काँकर पाथर जोरि के मसजिद लियो बनाय।
ता पर मुल्ला बाँग दे बहरो हुआ खुदाय॥

तुकाराम ब्राह्मणों की नीति पर प्रहार करते हुए कहते हैं—

ऐसे धर्म जाले जाळी। पुण्य रंक पाप बळी।
सांडिले आचार। द्विज चाहाडे जाले चोर।

ब्राह्मणों को खरी-खोटी सुनाते हुए कबीर जातिविषयक दृष्टिकोण व्यक्त करते हैं—

तू ब्राह्मण मैं कासी का जुलाहा
चीन्हि न मोर गियाना... ॥

जातिगत भेदभाव करनेवाले ब्राह्मणों के अत्याचारों को सहन करने से तुकाराम का असन्तोष व्यक्त हुआ है—

महारासि सिवे। कोपे ब्राह्मण तो नव्हे
तया प्रायश्चित काही। देहत्याग करिता नाही।

शूद्र के स्पर्शमात्र से क्रोधित हो जानेवाला ब्राह्मण अपने ब्राह्मणत्व को खो देता है। देह त्याग का प्रायश्चित्त कर लेने पर भी वह शुद्ध नहीं होता। इसलिए वे कहते हैं अच्छा हुआ कि मैं शूद्र कुल में जन्मा जिससे उच्च जाति का झूठा अभिमान करने की भावना से बच गया हूँ—

बरा कुणबी झालो, नाही तरी दम्भे असतो मेलो...। **(तु.अ.गा.)**

सन्तों की दृष्टि से ईश्वर सर्वव्यापी है, तीर्थस्थान, मूर्तिपूजा, श्राद्ध आदि निरर्थक हैं। इससे तो भेदभाव बढ़ने की सम्भावना अधिक थी इसलिए वे कहते हैं—

पाथर ही का देहुरा, पाथर ही का देव।
पूजणहारा अन्धला, लागा खोटी सेव॥ **(क.ग्रं.)**

तीरथ करि-करि जग मुवा, डूघे पाँणी न्हाइ।
राँमहि राम जपंतडाँ, काल घसीट्याँ जाइ॥ **(क.ग्रं.)**

तुकाराम भी तीर्थस्थान की निरर्थकता व्यक्त करते हुए अन्तर्मन की शुद्धता पर बल देते हुए कहते हैं—

काय काशी करिती गंगा, भीतरि चांगा नाही तो... ॥
जाऊनिया तीर्था काय तुवा केले, चर्म प्रक्षाळिले वरी-वरी॥

पितरों को श्राद्ध से क्या मिलता है, सभी तो कौवे और कुत्ते खा लेते हैं। जीवित को खाने से दूर रखा जाता है—

जीवित पितर न मानै कोऊ, मुए सराद्ध करहि।
पितर भी बपुरे कहु क्यों पावहि कौवा-कूकर खाहि॥ **(क.ग्रं.)**

मध्यकालीन समाज में अनपढ़, अज्ञानी लोगों के साथ-साथ कुरान, वेद-पुराण पठन करके अपना पांडित्य प्रदर्शन करनेवाले विद्वानों की कमी नहीं रही थी। कबीर ऐसे लोगों के प्रति अविश्वास व्यक्त करते हुए कहते हैं—

पंडित वेद पुरान पढ़ै ओ मौलाना पढ़े कुराना।
कहै कबीर वे नरक गए, जिन हिरदय राम न जाना॥

वेद-पुराण, कुरान आदि ग्रन्थों का निरादर करना कबीर का दृष्टिकोण नहीं था, उनसे प्राप्त ज्ञान के दुरुपयोग की निन्दा की है क्योंकि उन्होंने तत्कालीन समाज की स्थिति को अपनी आँखों से देखा था, स्वयं अनुभव किया था इसलिए कागज पर लिखी बातों पर वे विश्वास नहीं करते—

तू कहता कागज की लेखी, मैं कहता हूँ आँखिन देखी... ॥

तुकाराम कीर्तन को धन्धा बनानेवालों को फटकारते हुए उनका मुख देखना भी पसन्द नहीं करते—

कीर्तनाचा विलरा मातेचे गमन। भाड खाई धन विटाळ तो।
हरि भक्ताची माता हे हरिगुण कीर्ति। इतवर पोट भरिती चांडाळ ते॥

सन्त भारतीय समाज के संरक्षक एवं पोषक थे। उनका कर्म पर विश्वास था, सवर्णों पर व्यंग्य करते हुए कबीर लिखते हैं—

ऊँचे कुल का जनमियाँ, जे करणीं ऊँच न होइ।
सुवरन कलस सुरै भर्‌या, साधू निंद्या सोइ॥

एक ही मार्ग से सभी मनुष्य उत्पन्न होते हुए भी ब्राह्मण अपने आपको क्यों श्रेष्ठ और पवित्र मानते हैं?

जो तूँ बाभन बभनीं जाया, तो आँन बाट होइ काहे न आया॥

सन्त सबको एक परिवार के सदस्य समझते थे। साम्य की भावना की आधारभूमि आध्यात्मिक थी। उसकी प्रेरणा से ही उनका मानवतावाद ईश्वर के विश्वास पर खड़ा है। उन्होंने विषमता के बन्धन तोड़कर समता को प्रोत्साहन दिया। इस प्रकार सन्तों ने समत्व भावना के लिए उचित पृष्ठभूमि तैयार की थी। कथनी और करनी की एकता ही सफलता की कसौटी होती है। सन्तों की वाणी और व्यावहारिक आचरण में एकता दिखाई देती है। वे स्वयं मानवतावादी थे। सामंजस्य उनके उपदेश का मुख्य मुद्दा था। अपने जीवन के प्रत्यक्ष प्रमाण उन्होंने लोगों के सामने रखे थे—

जैसी मुख तैं नीकसै, तैसी चालै चाल।
पारब्रह्म नेड़ा रहै, पल में करै निहाल॥ **(क.ग्रं.)**

तुकाराम कहते हैं—

बोले तैसा चाले। त्याची वंदीन पाउले।
अंग झाडीन अंगण। त्याचे दासत्व करीन॥

कबीर कथनी और करनी के सामंजस्य पर बल देते हुए कहते हैं—

कथनी कथी तौ का भया, जे करणीं नाँ ठहराइ।
कालबूत के कोट ज्यूँ, देषतही ढहि जाइ॥

तुकाराम की 'दिंडी' में सभी जाति, धर्म के लोग जाते थे। कीर्तन में मशगूल होकर वे एक-दूसरे के गले मिलते थे। काम, क्रोध, लोभ, दम्भ, मत्सर आदि विकृत भावों को भूलकर जात-पाँत के बन्धन से मुक्त होकर अद्भुत आनन्द प्राप्त करते थे—

खेळ मांडियेला वाळवंटी घाई। नाचती वैष्णव भाई रे।
क्रोध अभिमान केला वावटणी। एक एका लागतील पायीं रे।
वर्णाभिमान विसरली जाति। एक एका लोटांगणी जाती रे॥

सन्तों के मार्ग का अनुसरण, सन्तों की समदर्शिता का लोगों ने स्वीकार कर लिया तो समाज में भेद नहीं रहेंगे। डॉ. रवीन्द्रकुमार सिंह सन्तकाव्य की सामाजिक प्रासंगिकता के सन्दर्भ कहते हैं—"सन्तों ने जो मानवमात्र की एकता एवं भाईचारे के प्रति आवाज उठाई थी और उसके लिए संघर्ष किए थे वे वर्तमान समय में ज्यादा प्रासंगिक हो गए हैं।" बड़ी आत्मीयता से उन्होंने अपने विचारों को लोकजीवन एवं लोकभाषा से जोड़ा है जिससे जनसामान्य पर असर हो सके। सन्तों ने भक्ति के द्वार सबके लिए खोल दिए, अपने जीवन में इसका व्यावहारिक उपयोग प्रस्तुत किया, लोगों में आत्मविश्वास जगाकर सामाजिक समानता के प्रति जागृति निर्माण की है। निराकार ब्रह्म ही भक्तों के लिए साकार रूप धारण करने की बात कहकर सगुण-निर्गुण में समन्वय स्थापित करने का प्रयत्न किया है।

सन्त उदात्त मानवीय गुणों का विकास चाहते हैं। इनके आधार पर वे इनसानियत की भावना का भी विकास चाहते हैं। इन सबमें मूल्यवान भाव है प्रेम। यह स्वाभाविक

भाव है जो मनुष्य को मनुष्य से जोड़ता है। इसका शत्रु है अहंकार, जाति-धर्म-वर्ण-धन आदि का अहंकार। इसे दूर करने के लिए निन्दा, हिंसा, धनलिप्सा, मिथ्याचरण, दुर्वृत्तियों की आलोचना एवं उनकी निस्सारता भी प्रमाणित की है। विषयसुखों की निन्दा, मन की निर्मलता, सत्य, सदाचार, अहिंसा, अपरिग्रह आदि मूल्यों से युक्त जीवन यापन करने का सन्देश दिया है और भक्ति मार्ग पर चलने का लोगों से आग्रह किया है। आध्यात्मिक साधना, जीवात्मा-परमात्मा का ज्ञान, जन्म-मृत्यु के चक्र से मुक्ति के साथ-साथ लोककल्याण की कामना से प्रेरित होकर लोगों को सत्य का साक्षात्कार कराने का प्रयास किया है—"इन सन्तों ने सारे मनुष्यों को एक माना, मानव धर्म को एक मूलधर्म के रूप में स्वीकारा और अपने जाग्रत् विवेक द्वारा साक्षात्कृत सत्य को व्यावहारिक जीवन में उतारा।" सन्तों के अपने अनुभव और विवेक से प्राप्त सत्य को तत्कालीन लोगों ने आस्था में स्वीकार किया हुआ दिखाई देता है। सच देखा जाए तो सन्तों की समत्व भावना विकास और उन्नति से परिपूर्ण है। समाज को नया मोड़ देना, उसके स्वस्थ निर्माण के लिए संकीर्ण भावों का त्याग, मानव-हित के लिए उदार दृष्टिकोण विकसित करके उदात्त भावों को प्रोत्साहित किया है। विशृंखल समाज को एकसूत्र में बाँधने का प्रयास किया है। सन्तों का यह सारा चिन्तन एक नवीन उद्भावनावाला चिन्तन था जिसके मूल में उनकी आन्तरिक प्रेरणा ही महत्त्वपूर्ण नहीं थी बल्कि किसी-न-किसी रूप में सामाजिक समरसता एवं न्याय के प्रश्न भी उसके साथ जुड़े थे। आज भी स्वस्थ समाज निर्माण के लिए सन्त साहित्य की आवश्यकता है। निष्कर्षत: कहा जा सकता है कि—

- सामाजिक, सांस्कृतिक, आध्यात्मिक उन्नति के लिए भक्ति साहित्य सहायक एवं प्रेरक रहा है। सन्तों ने सभी धर्मों एवं सगुण-निर्गुण में समन्वय किया है।
- अन्य धर्मों की अच्छाइयों को आत्मसात् करने से सद्भावना एवं सौहार्दता से स्वस्थ वातावरण की निर्मिति हो सकती है, ऐसी इनकी धारणा रही है।
- जातिभेद, वर्णभेद के कारण निर्मित सामाजिक विषमताओं का सन्तों ने प्रत्यक्ष अनुभव किया था। शूद्र जाति में जन्म लेने से सन्तों को समाज से संघर्ष करना पड़ा। कबीर, तुकाराम इसके साक्षात् प्रमाण हैं।
- शास्त्र प्रमाणित स्थान पर जीवन के अनुभव से प्राप्त सत्य का पालन अर्थात् आँखों-देखी बातों को ही सन्तों ने अपने साहित्य में स्थान दिया।
- जातिभेद, वर्णभेद, ऊँच-नीच की भावना का खंडन करके भावात्मक एकता का आग्रह किया है। उनका जन्म पर नहीं, कर्म पर विश्वास था।
- कथनी और करनी में सामंजस्य स्थापित करके स्वयं व्यवहार में उसका अनुसरण करने से जनसामान्य की भक्तिमार्ग पर आस्था बढ़ने लगी है।

- मनुष्य चेतना को कुंठित बनानेवाली हिंसा, दम्भ, कपटाचरण, धनलिप्सा आदि दुर्वृत्तियों की निन्दा करके उन्होंने प्रेम, सत्य, समता, अहिंसा, सदाचार, अपरिग्रह आदि मानवीय उदात्त मूल्यों के पालन का आग्रह किया है।
- धार्मिक आडम्बर, पाखंड, ढोंग, रूढ़ियों पर प्रहार करके लोगों में जागृति निर्मिति की है। आन्तरिक भक्ति पर बल दिया है।
- कबीर की दृष्टि हिन्दू-मुसलमान दोनों की एकता पर और तुकाराम की दृष्टि पुनः हिन्दू धर्म की स्थापना पर रही है।
- प्रेममार्ग ही भक्ति का प्रमुख मार्ग है और मानवता का भी। इसीलिए सन्त समतामूलक मानवीय समाज निर्माण की आकांक्षा करते हैं।
- सन्त सामाजिक एवं धार्मिक विरोधाभासों पर उँगली उठानेवाले और सामाजिक न्याय की पक्षधरता का सवाल उठानेवाले जागरूक साधक रहे हैं।

सहायक ग्रन्थ

- कबीर ग्रन्थावली, सम्पा. डॉ. श्यामसुन्दर दास
- तुकाराम बाबांच्या अभंगाच्या गाथा, सम्पा. श्री विष्णु पंडित
- श्री तुकाराम गाथा, सम्पा. डॉ. अशोक कामत
- सन्त काव्य की सामाजिक प्रासंगिकता, डॉ. रविन्द्रकुमार सिंह
- कबीर और तुकाराम के काव्य में प्रगतिशील चेतना, डॉ. सुनील कुलकर्णी
- श्री तुकाराम चरित, श्री पांगारकर
- मध्यकालीन धर्म साधना, आ. हजारीप्रसाद द्विवेदी
- हिन्दी साहित्य का इतिहास, आ. रामचन्द्र शुक्ल
- समीक्षाशास्त्र, डॉ. दशरथ ओझा
- मराठी सन्तों का सामाजिक कार्य, डॉ. वि.भि. कोलते
- महाराष्ट्र के सन्तों का हिन्दी काव्य, प्रा. प्रभाकर पंडित
- भक्ति आन्दोलन और सूरदास का काव्य, डॉ. मैनेजर पांडेय
- नई कविता का आत्मसंघर्ष और अन्य निबन्ध, मुक्तिबोध
- माध्यम, विवरण, वागर्थ, सम्मेलन पत्रिका, अक्षत, राष्ट्रवाणी पत्रिकाएँ

'मानस' के समरसता स्थल

स. प्रो. प्रकाश कोपार्डे

सादर सिवहि नाइ अब माथा। बरनउँ बिसद राम गुन गाथा॥
संबत सोरह सौ एकतीसा। करउँ कथा हरि पद धरि सीसा॥[1]

संवत 1631 में तुलसी ने रामकथा को 'मानस' बद्ध करना आरम्भ किया। उसमें तुलसी मानस के चित्र भी देखने को मिलते हैं। बाबा नरहरि दास से 'सुकर क्षेत्र' में श्रुत, वाल्मीकि रामायण, अध्यात्म रामायण, भागवत एवं अध्ययन रूप प्रसन्नराघव नाटक, हनुमन्नाटक, उत्तररामचरित तथा अन्यान्य कृतियाँ और जनश्रुतियाँ तुलसी 'मानस' के निर्माण स्थल हैं। वेद में रामकथा नहीं है, वह पुराण कालों में प्रवाहित होती दिखाई देती है। इसीलिए तुलसी ने 'नानापुराण निगमागम' कहा। उन्होंने राम को देवत्व या राजा के रूप में नहीं बल्कि शक्ति, शील और सौन्दर्य के प्रतीक 'पूर्ण ब्रह्म' के स्वरूप स्थापित किया है। रामकथा सकल जनकल्याण हेतु लिखा प्रपंच है। अतः सद्भाव उसमें ओतप्रोत ही होगा। तुलसी कहते हैं—''रामकथा सुरधेनु सम सेवन सब सुख दानि''[2] रामकथा कामधेनु गाय की तरह है जो जो माँगेगा, वह-वह मिलेगा। केवल प्रीति भाव मन धर ले क्योंकि—''प्रीति बिना नहिं भगति दृढ़ाई। जिमि खग पति जल के चिकनाई।'' अर्थात् जहाँ प्रेम वहीं श्रद्धा, श्रद्धाभाव मन विकाररहित बनाकर समता (जीव-परमात्मा के बीच) स्थापित करता है। यह समरसता ही नर-नारी, देव-दानव, पशु-पक्षी, सूक्ष्म जीव, वन्य और प्रकारान्तर से सारी सृष्टि में स्थापित की है—रामचरितमानस में।

युग-समरसता

तुलसी मुगल काल के कवि-भक्त थे। मुगलों ने भारतीय संस्कृति, सभ्यता को तहस-नहस करना आरम्भ किया। आध्यात्मिक क्षेत्र में अनेक धर्म एवं सम्प्रदाय एक-दूसरे के विरोध में खड़े हो रहे थे। वैष्णव एवं शैव, दक्षिण एवं उत्तर आदि विरोध के तेवर स्पष्ट थे। मठों, मन्दिरों, देवालयों में भ्रष्टता बढ़ रही थी। सामाजिक स्तर पर हिन्दुओं को जबरन इस्लामपरस्ती की तालीम दी जा रही थी। किसान,

मजदूर कष्टी थे, आदर्श कोई नहीं था। इन स्थितियों में आदर्श स्थिति कोई थी, तो अकबर का धर्म-कला सहिष्णु होना। सन् 1565 से अकबर सहिष्णु प्रवृत्ति की ओर झुका। उसके इबारतखाने में हिन्दू सन्त—पुरुषोत्तम तथा देवी, जैन सन्त—जिन सेन सूरि, हरिविजय, विनयसेन सूरि, पारसी सन्त—मेहरजी राणा, ईसाई सन्त—फादर माँसरेत तथा अक्वावीवा आदि अन्य धर्म सम्प्रदाय के श्रेष्ठी समरस थे। धर्म और कला के क्षेत्र में अकबर ने समवाय स्थापित किया। इसी समय तुलसी ने उत्तर की वैष्णव भक्ति और दक्षिण को शैव भक्ति के साथ चार युगों की भक्ति भावनाओं को मानस में स्थान दिया। सत् युग की ध्यान धारणा, त्रेता युग की यज्ञ परम्परा (दशरथ द्वारा शृंगी का पुत्र कामेष्टि यज्ञ, जिससे चार पुत्रों की प्राप्ति), द्वापर युग की पूजन पद्धति, कलियुग की नाम-गुणगान परम्परा, इन चारों युगों की प्रमुख भक्ति-परम्पराओं का समरस रूप मानस में उद्घाटित हुआ है। कैकेयी के पश्चात्ताप में ध्यान, पुत्रकामेष्टि यज्ञ, भरत का पादुका पूजन, अन्य जीवों द्वारा राममहिमा का वर्णन, नाम महिमा (जैसे—जटायु विभीषण, अंगद-रावण संवाद में, काकभुशुंडि-गरुड़ संवादों में दृष्टिगोचर होता है।) चारों युगों की भक्ति भावना का समावेश मानस में होता है।

युग चित्रण में तुलसी लिखते हैं—"रामकथा कलि कामद गई"[3] वे कहते हैं कि रामकथा कलियुग में गाई जा रही है, कलियुग के दोषों का उपाय उसमें निहित है। इस युग में अनुज-तनुज की 'जानहिं' मिट रही थी। कलियुग की पाप वृत्तियों के कारण प्राकृतिक आपदाओं से समाज घिर गया था। डॉ. रमेश कुन्तल मेघ जी लिखते हैं—"सन् 1556 में उत्तर भारत, 1573-74 में गुजरात और 1595-98 में समूचे भारत में अकाल पड़े। आखिरी अकाल में तो आदमी आदमी तक खा डालते थे।"[4] इसमें 1556 और 1573-74 का अकाल मानस में दृष्टिगत होता है। काकभुशुंडि अपने पूर्व जन्म के वृत्तान्त में उन्हीं अकालों का वर्णन करते हैं। अकबर के वित्तमंत्री टोडरमल ने अकाल पर उपाय किए। इसी प्रकार तुलसी काव्य में सब दुखों पर उपाय है, यही यहाँ द्रष्टव्य है। तुलसी अपने युग का चित्रण रामकथा में करना नहीं छोड़ते। यह उनका कालसाक्षेपता से निरपेक्षता की ओर चलना ही है। अतः मानस में युग का अनिवार्य चित्र और भविष्य की पुकार है।

अकबर ने मध्य एशिया और भारत का मिलाप किया। वह तुर्की-मंगोल परम्परा से था। मंगोल धार्मिक दृष्टि से उदार थे। इसी कारण अकबर ने कला और धर्म के क्षेत्र में समवाय किया। वहीं धर्म और अध्यात्म में युग सामंजस्य तुलसी स्थापित करते हैं। इस समय सगुण-निर्गुण, भक्ति-ज्ञान, हिन्दू-इस्लाम, इन दोनों में समन्वय (समरसता) के प्रतीक थे तुलसी। आज के परिवेश के प्रति डॉ. गणेश खरे के विचार यों है—"बिखरता हुआ आज का पारिवारिक सम्बन्ध टूटती हुई सामाजिक, सांस्कृतिक और नैतिक मान्यताएँ, बढ़ते हुए औद्योगिक-यांत्रिक जीवन की नीरसता, शिक्षित बेकारी, आबादी की घनता, चारित्रिक पतन, दायित्वहीनता,

शोषण, प्रवंचना और सब कुछ बटोरकर अपने पास के केन्द्रीभूत करने की भौतिक स्पृहा। इच्छा, ज्ञान, क्रिया के बीच बढ़ती हुई इन दूरियों के कारण आज का हमारा जीवन एक राष्ट्रीय भावात्मक तथा सांस्कृतिक एकता में बँधा हुआ भी भीतर से जर्जरित होकर विडम्बनापूर्ण बन गया है।''[5] अत: इन स्थितियों में भी सांस्कृतिक रूप रक्षा हेतु मानस एक कालजयी रचना है। इस्लामिक आक्रमण के समय लिखा भारतीयत्व से भरा 'मानस' आज के रामदेव बाबा के 'भारत जागरण अभियान' का आरम्भिक रूप है। आज पश्चिम सभ्यताओं के आक्रमण से पस्त भारत में स्वदेश चेतनता को प्रवाहित करने के लिए मानस-विचार आवश्यक है। इसमें दुश्चरित्रों का नहीं, प्रवृत्तियों का विरोध है। अत: मानस रामकथा न रहकर उसके माध्यम से मानवीय समवाय के परिप्रेक्ष्य को आलेखित ग्रन्थ है। इसमें अभिव्यक्त धारणाएँ युगों की हैं।

पात्र-समरसता

रामचरितमानस में पूर्ण ब्रह्म राम की प्राप्ति हेतु इस जगत् का हर जीव पर्याप्त सा दिखाया है। ऐसा वर्णन अन्यत्र नहीं है। मानव-दानव, पशु-पक्षी, सूक्ष्म जीव, ऋषि-मुनि, सज्जन, राजा-प्रजा ही नहीं पर्वत, कपटी चरित्र सब रामत्व की ओर अग्रसर हैं। यही पात्रों की समरसता है। जैसे कुछ उदाहरण द्रष्टव्य हैं—

- सुग्रीव बालि के आतंक से आहत है। ऐसे समय में वे राम सम्मुख अपनी करुण कथा कहते हैं। इस पर राम की मन:धारणा को तुलसीदास इस प्रकार व्यक्त करते हैं—

  निज दुख गिरि सम रज करि जाना। मित्रक दुख रज मेरु समाना।[6]

रामचन्द्र जी अपना दुख त्यागकर सुग्रीव के दुख निवारण में जुटे। यह मित्र समरसता का द्योतक है।

- शूर्पनखा सीता का भक्षण करने तथा राम के सामने विवाह का प्रस्ताव रखती है। तब स्त्री पर हाथ कैसे उठाएँ इसीलिए सीता का भक्षण करने जा रही शूर्पनखा की सिर्फ नाक लक्ष्मण के माध्यम से कटवाई है।
- पात्र-समरसताओं में विशेष यह है कि मनुष्येतर पत्नी का भी ब्रह्मत्व में विलीन होता चित्र मानस अभिव्यक्त करता है—

  ब्रह्मानंद मगन कपि सब कें प्रभु पद प्रीति।
  जात न जाने दिवस तिन्ह गए मास षट बीति॥[7]

राम ब्रह्म स्वरूप हैं और वानर भी ब्रह्मानन्द में (राम में) लीन हैं। मात्र तुलसी को छोड़कर अन्य किसी भी भक्त-कवि ने मनुष्येतर जीवों की भक्ति की बात कही है! शेषनाग, जटायु, सुरसा (सर्पों की माता), गरुड़, सम्पाती, द्विविद आदि प्राणियों के उद्गार की चर्चा तुलसी का मानस करता है। तुलसी के राम पूर्ण ब्रह्म हैं। यथा—

ग्यान अखंड एक सीताबर। माया बस्य जीव सचराचर॥[8] सीता पति अखंड ज्ञान-ब्रह्म हैं। चराचर माया के कारण परमात्मा से मिल नहीं रहा है। अतः ज्ञानमार्गी ब्रह्म विवेचन के साथ सगुण राम के अवतार में वे चर जीव की मुक्ति देखते हैं। मनुष्येतर जीवों के साथ राम ब्रह्म की समरसता आदर्श हैं।

- जाम्बवन्त की योजनाओं को ध्यानपूर्वक सुनकर उनकी योजनाओं का पालन राम कर रहे हैं, रावण युद्ध में जाम्बवन्त की सलाह लेकर वे जीतते हैं। राम-ब्रह्म हैं। वे ज्ञाता हैं फिर भी सब जीवों के प्रति उनके मन में आदर का स्वीकृति का भाव है। इसीलिए परमात्मा का आत्मा के साथ पूर्ण समवाय मानस में दिखाई देता है।

  प्रभु जानी कैकई लजानी। प्रथम तासु गृह गए भवानी॥
  ताहि प्रबोधि बहुत सुख दीन्हा। पुनि निज भवन गवन हरि कीन्हा॥[9]

कैकेयी के कारण ही राम को बनवास भोगना पड़ा। किन्तु कैकेयी को पश्चात्ताप होता है, राम ज्ञाता हैं। अत: राम आगमन पर सब आते हैं, परन्तु कैकेयी लज्जावश नहीं आई। अत: प्रभु राम उनसे स्वयं मिलते हैं और कैकेयी की पश्चात्ताप अग्नि को शान्त करते हैं। पापी किन्तु पश्चात्तापी जीव के प्रति राम का प्रेम-व्यवहार-स्वभाव समरसता का प्रतीक है।

राम उत्तम पुरुष हैं। स्वभाव, विचार, आचार में समता रखते हैं। वे मर्यादाओं से युक्त हैं। अत: खल चरित्रों का वध, जीवों में निषाद, वानर, भील का वनवास में उद्धार, पश्चात्तापियों का पुनर्वसन, वहीं पत्थर रूपी अहल्या, कूटनीतिक मन्थरा, राक्षसी त्रिजटा, इन्द्र देव पुत्र जयन्त आदि के हृदय में परम भाव निर्माण का कार्य भी करते हैं। अत: विभिन्न स्वभावों के जीवों के साथ तादात्म्य स्थापित करते हैं। राज बहादुर लमगोंडा ने 'विश्वसाहित्य में रामचरितमानस' भाग-एक, दो में विश्व की अनेक रचनाओं के साथ तुलना करके मानस की श्रेष्ठता को प्रमाणित किया है।

विरोधी प्रवृत्तियों में समरसता

आदिकालीन परिवेश से ही धर्म एवं सम्प्रदायों में विवाद फैला था। निर्गुण और सगुण में विरोध पनप रहा था। वैष्णव एवं शैव्य सम्प्रदाय में समन्वय की भावधारा को जोड़ने का कार्य तुलसी ने कुशलतापूर्वक किया। तुलसी सभी सज्जनों से विनती करते हैं—

औरउ एक गुपुत मत सबहि कहउँ कर जोरि।
संकर भजन बिना भगति न पावइ मोरि॥[10]

एक गुप्त बात मैं सबको हाथ जोड़कर विनम्रता से कहता हूँ। शंकर के भजन-नामस्मरण के बिना मनुष्य मेरी भक्ति प्राप्त नहीं कर सकता। यह कहकर वैष्णव-शैव का भेद मिटाया।

मनुष्य ने स्वयं को श्रेष्ठ एवं अन्य मनुष्येतर जीवों को कनिष्ठ घोषित किया था। अतः ब्रह्म से निर्मित सृष्टि में भेदभाव पनपा। मनुष्य अन्य जीव पर स्वामित्व का अधिकार मानने लगा। लेकिन तुलसी ने हर जीव को परमात्मा की यात्रा में लीन दिखाया। विरोधों को समाप्त करते हुए वैश्विक रूप की सम्भावनाओं को एक ही सत्ता के प्रति समर्पित किया है। जैसे—

असुर नाग खग नर मुनि देवा। आइ करहिं रघुनायक सेवा॥ [11]

अपने समय की धर्म सम्प्रदाय की मत विविधता को तुलसी मान्य करते हैं—

लोक लोक प्रति भिन्न बिधाता। भिन्न विष्नु सिव मनु दिसित्राता॥
नर गंधर्व भूत बेताला। किन्नर निसिचर पसुं खग ब्याला॥ [12]

सबके अपने राम हैं। प्रत्येक जीव अपने ईश्वर से जुड़ा था। लेकिन मानस में नर, गन्धर्व, भूत, किन्नर, निसिचर, पशु, पक्षी, मुनि, देव, दानव आदि रामत्व में विलीन हो रहे हैं। मानस विरोधी प्रवृत्तियों का समवाय है। इसी कारण, ईर्ष्या, दुख, अधर्म, अश्लील, द्वेष, क्रोध, अव्यवस्था की जगह प्रेम, धर्म, शील, सौन्दर्य, सद्‌भाव, करुणा, सुख, व्यवस्था युक्त रामराज्य की कल्पना को प्रस्तुत किया।

गोस्वामी वर्णाश्रम व्यवस्था के समर्थक थे। लेकिन वे धर्मान्ध नहीं थे। अथवा वे ब्राह्मण समर्थक नहीं थे। रामविलास शर्मा जब तुलसी को केन्द्र में रखकर लिखते हैं, तब उन पर आरोप होता है कि उन्होंने कबीर क्यों नहीं लिखा? वे ब्राह्मण थे इसलिए ब्राह्मण समर्थन हुआ। तुलसी ने वर्णाश्रम का समर्थन इसीलिए किया क्योंकि इस्लाम से हिन्दू धर्म आहत हो रहा था। वे 'रामाज्ञा प्रश्न' में स्पष्ट कहते हैं कि ब्राह्मण ज्ञाता-विद्यादाता हो लेकिन सम्पत्ति संग्रहणकर्ता न हो। वर्णाश्रम का समर्थन काल की आवश्यकता थी। रामराज्य या सुराज्य के चित्र को रेखांकित करके, जो लोग धर्मान्तरण कर रहे हैं, उन्हें रोकना था।

तुलसी का मानस समन्वित विचारों की सुरधेनु और कल्पतरु है। राम वर्णन में अतीत गौरवगान, चित्रण में छायावादी, पतित उद्धार में प्रगतिवादी, वन्य जीव तादात्म्य में प्रयोगवादी, सुग्रीव विजय, विभीषण को लंकापति बनाने में अस्तित्ववादी, अहल्या, कैकेयी, शबरी, त्रिजटा आदियों के समर्थन में स्त्रीवादी, जटायु, काकभुशुंडि, द्विविद, सुरसा, अंगद, हनुमान आदि के उद्धार में आदिवासी विमर्श की पहल दिखाई देती है। अंगद, सुग्रीव, हनुमान वानर से मनुष्य रूप धारण करते हैं (उत्तरकांड)। ये चित्र मनुष्य के पूर्ण विकास की स्थिति को दर्शाते हैं। अतः हिन्दी साहित्य में वर्तमान में प्रचलित अनेक वादों एवं प्रवादों को हम 'मानस' में समप्रवाह चलते देखते हैं।

तुलसी काल की सम्भावनाओं के सजग प्रहरी थे। आदर्श की स्थापना करना नहीं वरन् उन्होंने प्राथमिक स्तर पर भारतीय आदर्शों का प्रतीक राम-कथा के माध्यम से जनमानस में उल्लास भर दिया, वह भी उनकी भाषा में, जो कि उसके

पहले संस्कृत भाषा में होने के कारण जन से परे था। 'मानस' कथा और भाषा दोनों जन समरसता का उत्तम उदाहरण हैं।

तुलसी ने अकबर के समानान्तर समरसता तत्त्व को स्वीकारा। पात्रों में, विरोधों में समवाय प्रतिपादित किया, विरोधी प्रवृत्तियों का समरूप रिचर्ड्स के सिद्धान्तों के साथ जुड़ जाता है। वहीं मैथ्यू अर्नाल्ड के श्रेष्ठ काव्य संकलन का उत्तम उदाहरण 'मानस' है। पात्र विधान में रस की निष्पत्ति, ध्वनि का प्रवाह, रीति के रूप में राम-मार्ग, अलंकार के रूप में शीलयुक्त सौन्दर्य मर्यादा से युक्त, और औचित्य के रूप में सृष्टि के समस्त जीवों के साथ राम का तादात्म्य तुलसी के मानस में यह सब बिखरा है। केवल देखने की दृष्टि आवश्यक है।

सन्दर्भ

1. श्रीरामचरितमानस, सटीक बालकांड-33/2, पृष्ठ 40, टीकाकार हनुमानप्रसाद पोद्दार
2. वही, बालकांड-113, पृ. 110
3. वही, बालकांड-30 (ख) 5, पृ. 37
4. तुलसी आधुनिक वातायन से, श्री रमेश कुन्तल मेघ, पृ. 71, भारतीय ज्ञानपीठ प्रकाशन, प्रथम संस्करण, 1967
5. तुलसी मानस सन्दर्भ, सम्पा. डॉ. रामस्वरूप आर्य, डॉ. गिरिराज शरण अग्रवाल, आलेख युग बोध के परिप्रेक्ष्य में तुलसी का काव्य, डॉ. गणेश खरे, पृ. 70
6. तुलसी मानस सन्दर्भ, किष्किन्धाकांड, 6/1, पृ. 71
7. वही, उत्तरकांड-25, पृ. 910
8. वही, उत्तरकांड-77 (ख) 2, पृ. 965
9. वही, उत्तरकांड-9 (ख) 9, पृ. 901
10. वही, उत्तरकांड-45, पृ. 936
11. वही, बालकांड-80 (ख) 1, पृ. 41
12. वही, उत्तरकांड-80 (ख) 1, पृ. 967

मध्ययुगीन मराठी सन्तों की सामाजिक समरसता

स. प्रो. विजय लोहार

समाज मनुष्यों का बृहत् समूह है जिसमें प्रत्येक मनुष्य अपने आत्मविस्तार, आत्मसंरक्षण और आत्मोपलब्धि के लिए निरन्तर प्रयासरत रहता है। मनुष्य का सामाजिक जीवन संगठित, गतिशील और परिवर्तनशील होना परमावश्यक माना जाता है। यदि इस संगठन को क्षति पहुँचे या गतिशीलता में अवरोध उत्पन्न हो तो मानवीय जीवन का सामाजिक ढाँचा चरमरा जाता है। सामाजिक व्यवस्था के इसी ढाँचे को सुव्यवस्थित बनाने और समाज में समरस भावना का प्रसार करने हेतु देव अवतार की भाँति धरती पर सन्त अवतरित होते हैं।

भारतीय समाज विभिन्न कुरीतियों से त्रस्त और उससे उपजी दीनता तथा निराशा से ग्रस्त रहा है। ऐसे समाज में भक्ति, प्रेम, आस्था और विश्वास का बीजवपन सन्तों ने बार-बार किया है। सन्तों की वाणी से भक्ति सलिला ही नहीं, सामाजिक समरसता की अविरल धारा प्रवहमान रही। जिसकी पुष्टि डॉ. हीरालाल शर्मा के कथन से हो जाती है—"निराश और दीन भावना से ग्रस्त भारतीय समाज में मानवतावादी मूल्यों—न्याय, साहचर्य तथा सामासिक संस्कृति—को प्राथमिकता देने के उद्देश्य से हमारे सन्तों ने भ्रातृत्व भाव, सहिष्णुता, प्रेम भावना, सेवा भाव, मितव्ययिता, निन्दा और लोभ का त्याग, शुद्ध आचरण, धैर्य का सम्बल, सत्संगति, मन की पवित्रता, अहंकार का त्याग आदि पर विशेष बल दिया है।" इस सन्दर्भ में महाराष्ट्र के मध्ययुगीन सन्तों की भूमिका विशेष उल्लेखनीय रही है। उन्होंने सांस्कृतिक एवं सामाजिक एकात्मता के लिए उपर्युक्त मानव-मूल्यों तथा जीवन मूल्यों को अपने साहित्य के माध्यम से उभारा, साथ ही उनका परिपालन अपने प्रत्यक्ष जीवन में किया।

महाराष्ट्र में सन्तों की परम्परा ग्यारहवीं-बारहवीं शती से प्राप्त होती है। सन्त परम्परा के प्रवर्तनकारों में सन्त ज्ञानेश्वर, सन्त नामदेव, सन्त एकनाथ, सन्त तुकाराम तथा सन्त जनाबाई आदि प्रमुख रहे। इन सन्तों के विचारों, कार्यों तथा सिद्धान्तों का वहन बाद के सन्तों ने बखूबी किया जिसके परिणामस्वरूप महाराष्ट्र में भक्ति और

सामाजिक समरसता की एक स्वस्थ परम्परा का प्रचलन हुआ। 'नाचु कीर्तनाचे रंगी। ज्ञानदीप लावू जगी।' कहते हुए लाखों हरिभक्त महाराष्ट्र के कोने-कोने से प्रतिवर्ष पंढरपुर आते हैं। चाहे कितनी ही दूरी हो, अनेक बाधाएँ हों, धूप हो, ठंड हो या फिर बरसात हरसम्भव स्थिति में यह यात्रा तय होती है। 'पुंडलिक वरदे हरी विट्ठल, श्री ज्ञानदेव तुकाराम' का जयघोष हर हरिभक्त के मुख से होता है। यहाँ व्यापक संगठन शक्ति का सुन्दर दर्शन होता है। इन हरिभक्तों में ऊँच-नीच, अमीर-गरीब, स्त्री-पुरुष, ग्रामीण-शहरी किसी प्रकार का भेदभाव नहीं होता। ये समस्त हरिभक्त अलग-अलग तबके से सम्पृक्त होते हैं। महाराष्ट्र के गाँव-गाँव में कीर्तन, प्रवचन, हरि पारायण और अखंडनाम सप्ताह आदि के माध्यम से भक्ति और सामाजिक समरसता का मनभावन वातावरण तैयार होता है। इन समारोहों में सन्त ज्ञानेश्वर की रचना ज्ञानेश्वरी और हरिपाठ का, सन्त तुकाराम के अभंगों का; साथ ही सन्त एकनाथ और सन्त जनाबाई इनकी अभंगवाणी का स्वर गुंजायमान रहता है।

मध्ययुगीन मराठी सन्तों में सामाजिक समरसता का बोध प्रबल रूप में प्राप्त होता है। इन संवेदनशील सन्तों का समसामयिक समाज में परिव्याप्त विषमता को देखकर क्षुब्ध हो जाना स्वाभाविक है। इन सन्तों ने समाज के कठोर से कठोर यथार्थ का सामना किया। इसलिए उन्हें अन्तर्बाह्य संघर्षों से जूझना भी पड़ा। समाज की विषैली विषमता की जड़ें काटने के लिए ये सन्त ज्ञानरूपी लुकाठा हाथ में लेकर समाज में कार्यरत रहे। इन सन्तों का अन्तर्बाह्य संघर्ष उनके साहित्य में भी अभिव्यक्त हुआ। सन्त नामदेव अपने आराध्य पांडुरंग को उपालम्भ देते हैं और परोक्ष रूप में सामाजिक विषमता का चित्र उकेरित हो जाता है—

तुम्हाँ घरीं बोचकी लुगडी।
आम्हाँ घरीं पोरें उघडी॥
तुम्हाँ घरीं दूर्ग वरवंटा।
आम्हाँ घरीं बारा वाटा॥
तुम्हाँ घरीं गाई-म्हशीं।
आम्हाँ घरीं उंदीर-घुशी॥
तुम्हाँ घरीं सुवर्ण मडकी।
आम्हाँ घरीं मडकी फुटकी॥

इसी प्रकार सन्त चोखामेळा अपने एक अभंग में सामाजिक वैषम्य का सजीव उदाहरण प्रस्तुत करते हैं—

एकासी आसन। एकासी वसन।
एक तेचि नग्न फिरताती॥
एकासी कदान्न। एकासी मिष्ठान्न।
एक न मिळे कोरान्न माँगताती॥

मध्ययुगीन मराठी सन्तों में जाति-धर्मनिरपेक्षता भी परिलक्षित होती है। वैसे भी सन्तों की केवल एक जाति होती है, उनका सन्तत्व। इन सन्तों में कहीं भी जात्याभिमान दृष्टिगोचर नहीं होता। सन्त ज्ञानेश्वर ने जनभाषा में भगवद्गीता को ज्ञानेश्वरी के रूप में जनता के सम्मुख रखा। सन्त एकनाथ ने बरसी का सुरुचि भोजन अछूतों में बाँटा। उसी प्रकार कड़ी धूप में नंगे पैर खड़े अछूत बालक को गोद में उठा लिया। सन्तश्रेष्ठ तुकाराम ने घर का सारा अनाज भूखों मर रहे अकाल-पीड़ितों में बाँट दिया। इन सन्तों में से अनेक श्रमिक तबके से सम्बन्धित रहे। जैसे कि सन्त नामदेव दर्जी थे, सन्त गोरोबा कुम्हार थे, सन्त सेना नाई थे, सन्त चोखामेळा अछूत थे, सन्त सावता माली थे और सन्त नरहरि सोनार थे। ईन सभी सन्तों का कार्य बहुआयामी रहा है। आज भी उन सन्तों का समाज में परमादरणीय स्थान है। ये सभी सन्त न केवल भक्ति के क्षेत्र में, अपितु सामाजिक जीवन में भी कर्मशील रहे हैं। उन्होंने ज्ञान, कर्म और भक्ति को सरलता के साथ जनता के सम्मुख रखा। उनकी दृष्टि में ईश्वर सर्वव्यापी है। प्रत्येक प्राणी में हरि का निवास है। यहाँ कोई ऊँच नहीं, कोई नीच नहीं, क्योंकि कोई भी जन्म से ऊँच-नीच पैदा नहीं होता, वह तो मनुष्य पैदा होता है। मध्ययुगीन मराठी सन्तों का कार्य समयसापेक्ष तथा समाजसापेक्ष रहा है। भिन्न काल, भिन्न जाति तथा भिन्न कार्य परिवेश से सम्बन्धित इस सन्तों का जीवन स्वरूप एक-सा रहा है। समर्थ रामदास के शब्दों में कहें, तो—

साधु दिसताती वेगळाले। परि ते स्वरूपी मिळाले॥
अवधि मिळोनी एकची झाले। देहातीत वस्तु॥

मराठी सन्तों की प्रवृत्ति समाजाभिमुखी रही है। इसलिए उनका स्वान्तः सुखाय भी बहुजन हिताय बन गया है। इन सन्तों के साहित्य एवं प्रत्यक्ष सामाजिक आचरण से समाज में समरस भावना का प्रचार-प्रसार ही हुआ है। सन्तों ने सामाजिक विभीषिका को खुली आँखों से देखा, स्वयं उसे भोगा-सहा और अपनी रचनाओं के माध्यम से कहा। ये सन्त पलायनवादी नहीं हैं, ये तो कर्मयोग के पथिक हैं। उन्होंने जगत् और परमार्थ का अपने साहित्य और जीवन में सन्तुलित समन्वय किया। नैतिक मूल्यों से विरत हो रहे समाज में सन्तों ने नैतिक अधिष्ठान की संस्थापना की। सत्य-असत्य, पाप-पुण्य, सही-गलत की विवेकदृष्टि समाज को प्रदान की। सन्त तुकाराम स्पष्टतः कहते हैं—

पुण्य परोपकार पाप ते परपीड़ा। आणिक नाही जोड़ा दुजायासी॥
सत्य तेचि धर्म असत्य ते अकर्म। आणिक हे वर्म नाही दुजे॥
सन्तांचा संग तोचि स्वर्गवास। नर्क तो उदास अनर्गळ॥
तुका म्हणे उघड़े आहे हित-घात। जया जे उचित करा तैसे॥

समस्त समाज और संसार इन सन्तों का परिवार रहा। अतः उन्होंने विश्व के समस्त प्राणियों के प्रति मंगल की कामना व्यक्त की। सन्त ज्ञानेश्वर द्वारा लिखित

पसायदान तो सामाजिक ही नहीं वैश्विक समरसता का प्रतीक है।

जे खळांचि व्यंकटी सांडो। तया सत्कर्मी रती वाढो॥
भूता परस्परे पड़ो। मैत्र जीवांचे॥
दुरितांचे तिमिर जावो। विश्व स्वधर्म सुर्ये पाहो॥
जो जे वांछील तो ते लाहो। प्राणीजात।

मैत्री भाव, बन्धु भाव, समरस भाव, ज्ञान के प्रकाश की कामना, वसुधैव कुटुम्बकम् और सर्वे सुखिनः सन्तु की व्यापक और निरामय भावना अन्यत्र दुर्लभ है। अतः स्पष्ट है कि मध्ययुगीन मराठी सन्तों का सामाजिक समरसता-बोध व्यापक एवं बहुआयामी है।

अन्त में केवल इतना ही—

जे का रंजले गांजले। त्यासी म्हणे जो आपुले॥
तोचि साधु ओळखावा। देव तेथेचि जाणवा॥

निष्कर्ष

- महाराष्ट्र में मराठी सन्तों की परम्परा ग्यारहवीं-बारहवीं शती से परिलक्षित होती है।
- महाराष्ट्र के इन मराठी सन्तों के विचारों एवं जीवन के परिणामस्वरूप समाज में भक्ति की एक समरस परम्परा का निर्माण हुआ।
- समाज में इन सन्तों को अन्तर्बाह्य संघर्षों से भी जूझना पड़ा।
- सन्त जाति-धर्मनिरपेक्ष रहे।
- इन सन्तों ने समाज में नैतिक अधिष्ठान एवं सामाजिक समरसता की संस्थापना की।
- सन्तों की दृष्टि काफी उदार और व्यापक रही।

सहायक ग्रन्थ

- भक्तिकाव्य और वर्तमान समय, सम्पा. डॉ. रतनकुमार पांडेय
- सन्त कविता : एक दृष्टिकोण, डॉ. प्रकाश केजकर
- सन्त साहित्य : काही अनुबन्ध, डॉ. अशोक कामत

मराठी पद्य भक्ति साहित्य के प्रसार में संचार माध्यमों की भूमिका

प्रो. अपर्णा कुलकर्णी

प्रस्तावना

आमतौर पर भजन, अभंग, ओवी, धार्मिक ग्रन्थ ये सभी भक्ति साहित्य माने जाते हैं। भगवान पर स्नेह जताने के लिए और संसार में मन:शान्ति प्राप्त करने के लिए भक्ति साहित्य की निर्मिति हुई। भक्ति साहित्य यह एक रूप से भगवान के लिए समर्पण है जहाँ कोई माँग नहीं रहती। तेरहवीं और चौदहवीं सदी से भक्ति साहित्य ने अपना स्थान बनाकर रखा है। मराठी में सन्त तुकाराम, सन्त एकनाथ, सन्त ज्ञानेश्वर, सन्त जनाबाई, मुक्ताबाई जैसे सन्तों ने परमेश्वर भक्ति का महत्त्व बताने और लोगों को जीवन ज्ञान देने के लिए कई पंक्तियाँ गद्य और पद्य रूप में लिखीं। लोग इस भक्ति साहित्य का भावार्थ समझ सकें इसलिए कीर्तन, प्रवचन जैसे संवाद माध्यम प्रचलित हो गए। भक्ति साहित्य में लिखित और मौखिक सामग्री थी। उसे लोगों के सामने पेश करने का खास तरीका यानी की कीर्तन और प्रवचन। इससे यह साबित होता है कि भक्ति साहित्य के लोगों तक पहुँचने में संवाद माध्यमों की जरूरत थी और है। आदिकाल में कीर्तन-प्रवचन जैसे संचार माध्यम थे। अब नभोवाणी, टेलीविजन, मुद्रित माध्यम, डी.वी.डी. जैसे आधुनिक साधनों से भक्ति साहित्य का प्रसार होता है। तांत्रिक क्रान्ति से भक्ति साहित्य का जतन और प्रसार करना आसान बन चुका है और इसी महत्त्वपूर्ण विषय पर प्रस्तुत शोध निबन्ध पर चर्चा की गई।

भक्ति साहित्य का महत्त्व

भक्ति साहित्य से जनता के साथ प्रत्यक्ष संवाद होता है और हार्दिक स्तर पर होता था, जो असल में काव्य की भूमि थी। इस प्रकार के काव्य में चरमोत्कर्ष पैदा होता था और प्रभावकारी भाव पैदा होता था। भक्ति काव्यों में केवल रंजन नहीं, बल्कि मानवीय मूल्यों का प्रकर्ष मिलता है। भक्ति यानी विलक्षण समर्पण। इसी का सहारा

लेते हुए सन्त और समाजसुधारकों ने जनता का प्रबोधन किया। महात्मा गांधीजी का उदाहरण इसमें देना उचित होगा। 'रघुपति राघव राजाराम, पतित पावन सीताराम' इसी भक्ति पंक्ति की वजह से भक्ति परम्परा गांधीजी के साथ निकल पड़ी। विनोबा भावे जी ने भी भक्ति साहित्य से ही लोकमानस में स्थान बनाया।[1]

मौखिक परम्परा की वजह से आद्य भक्ति साहित्य और संगीत का प्रचार और प्रसार होता रहा। आम जनता की भावनाओं तक पहुँचनेवाला भक्ति साहित्य सदा प्रवहमान बन चुका है।

संचार माध्यमों का महत्त्व

भक्ति साहित्य की जरूरत और उसका परिणाम देखते हुए संचार माध्यमों ने उसे महत्त्वपूर्ण स्थान दिया है। कई गायकों ने भक्ति गीतों से अपनी खासियत बनाई है। लोगों की भावना और मानसिकता पर राज करनेवाले भक्ति साहित्य ने संगीत का सहारा लिया और आज भी भक्ति संगीत की लहर जारी है। तुकाराम, रामदास, ज्ञानेश्वर जैसे महान सन्तों की लिखी रचना का आधार लेकर अभ्यासकों ने अनुसन्धान किया। उस पर किताबें निकाली गईं। इतना ही नहीं, यही पंक्तियाँ हमें टेलीविजन चैनेल्स पर दिखाई देती हैं। सुबह के प्रसन्न वातावरण में मराठी और हिन्दी चैनलों पर भक्ति रस ही दिखाई देता है। कोई भी समाज, आर्थिक स्तर का व्यक्ति हो भक्ति संगीत उसे मोहित कर देता है। भक्ति संगीत और साहित्य की ताकत बढ़ाने में माध्यमों का योगदान बड़ा है। इसी महत्त्व को ध्यान में रखकर प्रस्तुत शोध निबन्ध को लिखने का प्रयास किया है।

शोध निबन्ध का स्वरूप

हिन्दी भक्ति साहित्य पर भगवद्गीता, सन्त कबीरदास, मीराबाई का प्रभाव है। संस्कृत में लिखे 'वेदों' में स्थित पंक्तियाँ आम जनता तक पहुँचाने के लिए छोटी-छोटी रचनाएँ बनाई गईं। हिन्दी भक्ति साहित्य का आशय और विषय विस्तृत है। भारत में हर प्रान्त में अलग-अलग भाषा में भक्ति साहित्य की परम्परा है। किन्तु अभ्यास विषय की मर्यादा को ध्यान में रखकर 'मराठी पद्य भक्ति साहित्य' ही चुना है। मराठी भक्ति साहित्य के प्रसार में संचार माध्यमों का महत्त्व इसी मुख्य विषय पर ज्यादा ध्यान देने की कोशिश की गई है। इसके लिए इंटरनेट पर उपलब्ध जानकारी, टेलीविजन प्रसारण, आकाशवाणी, वृत्तपत्रों का निरीक्षण जैसे प्राथमिक स्रोतों का उपयोग किया है।

भक्ति साहित्य और संचार

जनसंचार के मुख्य रूप से तीन तत्त्व होते हैं—

1. सम्प्रेषक—स्रोत या वह व्यक्ति जो सन्देश प्रसारित करता है।

2. सम्प्रेषण—विचार या सन्देश जिसका प्रसारण किया जाता है।

3. सम्प्रेष्य—व्यक्ति या समूह जो सन्देश प्राप्त करता है।

संचार की प्रक्रिया तब पुरी हो जाती है जब सम्प्रेषण हेतु कोई उचित माध्यम नहीं होता।[2] भक्तिगीत, भजन, अभंग जैसे भक्ति साहित्य अर्थात् सम्प्रेष्य लोगों तक पहुँचाने के लिए कीर्तन, प्रवचन, संगीत समारोह, दिंडी/वारी उत्सव जैसे माध्यमों का उपयोग प्राचीन काल से किया जा रहा है। प्राचीन युग में जब लिखने-पढ़ने अथवा प्रिंटिंग, टेलीविजन जैसे साधन नहीं थे, उस समय जनसंचार का सबसे बड़ा माध्यम गुरु, उपदेशक और समाजसुधारक थे।

हेरॉल्ड लॉसेवल के संचार मॉडल के अनुसार who, says, what, which, channel to whom, with what effect इन्हीं प्रश्नों का उत्तर ही जनसंचार है। भक्ति साहित्य इसी तरीके से लोगों तक पहुँचाया जाता है[3] जिसे फिड बैक भी मिलता है। भक्ति साहित्य का तुरन्त प्रभाव ग्रहणकर्ता पर पड़ता है। आदिकाल से चले आ रहे जनसंचार के इन माध्यमों की प्रासंगिकता अब भी बनी हुई है। इन माध्यमों की यह प्रमुख विशेषता है कि मनुष्यों द्वारा उस समूह की भाषा, संस्कृति एवं रुचि के अनुसार सन्देश का प्रसारण किया जाता है। आद्यकालीन भक्ति साहित्य का संचार माध्यम केवल कीर्तन और प्रवचन ही था।

मध्ययुगीन भक्ति साहित्य का संचार माध्यम कीर्तन, प्रवचन के सिवा आकाशवाणी, ग्रामोफोन, धार्मिक महोत्सव थे। और आधुनिक भक्ति साहित्य का संचार माध्यम—फेसबुक, वाटसएप, इंटरनेट तक पहुँचा है। ग.दि. माडगूळकर, मंगेश पाडगावकर, पी. सावळाराम इन कवि ने भक्ति साहित्यों को प्रवाही रखा।[4]

पद्य मराठी भक्ति साहित्य के प्रकार

1. स्तोत्र : परमेश्वर की स्तुति, जिसमें मंत्रशक्ति है। इस मंत्रशक्ति से देव-देवता के प्रसन्न होने की सम्भावना जताई जाती है। वेद और भागवत से स्तोत्र का उद्‌गम माना जाता है। यह साहित्य प्रकार आदिम माना जाता है।[5]

2. अभंग : अभंग भक्ति संस्कृति का हिस्सा है। परमेश्वर की आराधना में जिसमें खंड नहीं होता वो अभंग। यह ऐसा गीत काव्य है जिसका धर्म ही भक्ति है। इसमें नाममुद्रा रहती है। 'तुका म्हणे, नामा म्हणे'।[6]

3. आरती : आरती एक भगवान की स्तुति है। आरती यानी की स्तोत्र नहीं। आरती गेय होते हुए भी उसमें मंत्र सामर्थ्य नहीं।[7]

4. भजन : भजन का मतलब है परमेश्वर को समझनेवाली भाषा। वीणा, करताल, मँजीरी जैसे साधनों की सहायता से उत्पन्न होनेवाला यह एक आविष्कार माना जाता है। मराठी में इसका वर्णन किया है। 'भजन यानी साक्षात् ब्रह्म रस का

सेवन'[8] कीर्तन में भजन, अभंग का अन्तर्भाव होता है। सोंगी भजन, एकतारी **भजन** इस प्रकार में भजन को सादर किया जाता है।

A Bhajan is any type of Indian Devotional song. It is no fixed form. It may be simple as a Mantra or Kirtan, Dhrupad with Music based on classical ragas & Tats.[9]

5. ओवी : सन्त ज्ञानेश्वर महाराज ने ज्ञानेश्वरी की शुरुआत ही ओवी से की है।

ओम नमोजी आद्या। वेद प्रतिपाद्य।
जय जय स्वसंवेदा। आत्मरूपा॥ [10]

6. भक्ति गीत : अल्बम और फिल्मी गीतों के लिए भक्ति गीत की निर्मिति की गई। अजित कडकडे, अनुराधा पौडवाल, सुरेश वाडेकर, स्वर्गीय पंडित भीमसेन जोशी आदि गायकों ने भक्ति गीतों से भक्ति संस्कृति को जारी रखा गया है।[11]

मौखिक संचार

मौखिक और लिखित (Oral or written) दो प्रकार की संचार प्रणाली है। स्तोत्र, अभंग, आरती, भजन जैसे पद्य भक्ति साहित्य मौखिक संचार (Oral communication) से ही ज्यादा लोकप्रिय बने। लोकसंगीत का सहारा इसके लिए लिया गया।

मराठी पद्य भक्ति साहित्य के प्रसार में जनसंचार माध्यम :

1. कीर्तन-प्रवचन से संवाद : लोगों को मानसिक स्वास्थ्य मिले और भगवान की भक्ति दृढ़ हो जाए इसलिए बनाई गई संगीत परम्परा। जिसमें भजन, ओवी (पद) अभंग इसका उपयोग करके भक्ति का सन्देश पहुँचाया जाता है। कीर्तनकार खास अदा से यह सन्देश पेश करता है। प्रबोधन करता है। उसकी पेशकश लोगों को आकर्षित करती है। प्रवचन में भी धार्मिक ग्रन्थों की सहायता से जीवन-मूल्यों का सन्दर्भ देकर मानसिक शान्ति और आध्यात्मिक प्रबोधन किया जाता है। मन्दिर या आश्रम जहाँ लोक इकट्ठा होते हैं वहाँ इसी की पेशकश की जाती है।

ज्ञानेश्वरी का सामूहिक पठन : ज्ञानेश्वरी जैसे धार्मिक और आध्यात्मिक ग्रन्थों का सार्वजनिक पठन किया जाता है जिससे ग्रन्थों में लिखा सन्देश, भावार्थ लोगों तक पहुँच जाए।

सन्त गाडगे महाराज, चोखामेला, गोरा कुम्हार जैसे सन्तों ने ग्रामसफाई, जातीय भेद, अस्पृश्यता और सामाजिक स्थिति पर भाष्य किया। सामाजिक प्रबोधन में सामाजिक एकात्मता के लिए यह संचार माध्यम महत्त्वपूर्ण माना जाता है।

2. फिल्मों द्वारा भक्ति साहित्य : फिल्म को प्रभावशाली जनसंचार माध्यम माना जाता है। अभिनय और कथात्मक रूप से लोगों तक पहुँचने का यह दृक्श्राव्य माध्यम है।

वी. दामले द्वारा दिग्दर्शित और प्रभात फिल्म कम्पनी द्वारा निर्मित 'सन्त तुकाराम' यह फिल्म बनाई गई। भक्ति में रममाण सन्त तुकाराम का यह जीवन चरित्र भी भक्ति साहित्य ही है। इस फिल्म ने कई रिकॉड्र्स तोड़ दिए। लगातार 52 हफ्ते यह फिल्म थिएटर में प्रेक्षकों की भीड़ खींचती रही। आखिर में 1937 का अन्तर्राष्ट्रीय फिल्म अॅवार्ड भी इस फिल्म ने प्राप्त किया।[12]

1964 में 'सन्त निवृत्ति ज्ञानदेव' विनायक सारस्वते और बाल चव्हाण निर्मित फिल्म ने फिल्म फेयर अवॉर्ड प्राप्त किया था। 'मी तुळस तुझ्या अंगणी (राजा ठाकुर 1956), शिर्डीचे साईं बाबा (कुमारसेन समर्थ 1957), सन्त गोरा कुम्हार, धरीला पंढरीचा चोर जैसे मराठी फिल्मों ने भक्ति साहित्य का प्रसार किया।[13]

फिल्मी गीतों द्वारा : आम्ही जातो आमच्या गावा, अष्टविनायक, गुळाचा गणपति, साधी माणसे जैसे मराठी फिल्मों के भक्ति गीत मशहूर रहे हैं। 'देहाची तिजोरी', 'ऐरणीच्या देवा', 'उठा उठा हो सूर्यनारायणा', 'घन:श्याम सुन्दरा' ये फिल्मी भक्ति गीत आज भी आकाशवाणी द्वारा सुनाई देते हैं। भक्ति गीतों से सांस्कृतिक एकात्मता बढ़ने में काफी मदद हो चुकी है।[14]

3. एम.पी.थ्री. (सी.डी./डी.वी.डी. द्वारा) : अन्य संगीत प्रकार होते हुए भी भक्ति संगीत का ज्यादा असर लोगों पर है। रसिक श्रोता अब जब जी चाहे, जो भक्ति गीत चाहे सुन सकते हैं। केवल बाजार में उपलब्ध सी.डी./डी.वी.डी. की वजह से हर देव-देवताओं की आरतियाँ, भजन, स्तोत्र, पूजा विधि यह भक्ति साहित्य इसी माध्यम से आसानी से उपलब्ध है। एचएमवी, सारेगम कम्पनियों ने ऑडियो, वीडियो भक्तिसंगीत की वेरायटी श्रोताओं के सामने रखी है। निम्नलिखित मराठी-हिन्दी गायकों ने मराठी भक्ति संगीत को प्रवाही रखने की कोशिश की है। महत्त्वपूर्ण गायक और उनके द्वारा गाए गए गानों का उल्लेख निम्न प्रकार से किया जा सकता है—

सुरेश वाडेकर—'अक्कलकोट स्वामींची पालखी, देवाचिये द्वारी, ओंकार स्वरूपा, जाणिव नेणिव'।

माणिक वर्मा—'अमृताहूनी गोड नाम तुझे देवा', 'घन निळा लडीवाला'।

सुधीर फडके—जीवनगाणी और भक्ति गीते, आकाशी झेप घेरे पाखरा, तुझे गीत गाण्यासाठी नसे राऊळी वा नसे मन्दिरी, 'विठू माऊली तू'।

सुमन कल्याणपूरकर—'देव माझा विठू सावळा', 'रामा रघुनंदना'।

हृदयनाथ मंगेशकर—'नको देवराया', 'विट्ठला तू वेडा कुम्भार'

4. समाचारपत्रों द्वारा : मराठी समाचारपत्रों ने भक्ति साहित्य को नियमित स्थान दिया है। श्लोक, स्तोत्र या किसी ओवी का भावार्थ बनानेवाले स्तम्भ, भक्ति महोत्सव के समाचार और आध्यात्मिक विवेचन आदि स्वरूप में भक्ति साहित्य लोगों तक पहुँचाने का काम समाचारपत्रों ने किया है। निम्नलिखित समाचारपत्रों में छपे भक्ति साहित्य का परामर्श लेने का प्रयास किया है—

1. **दैनिक सकाळ**—24 फरवरी, 2011, अध्याय-9, श्लोक 3, अर्थ डॉ. बालाजी ताम्बे, पृ. 2
2. **दैनिक सकाळ**—24 फरवरी, 2011, स्मार्ट सोबती—आठवणींचे पक्षी, सन्त रामदास, लेखक डॉ. रानडे
3. **दैनिक सकाळ**—18, 19 फरवरी, 2011, अध्याय-9, श्लोक 1, 2, डॉ. बालाजी ताम्बे, पृ. 4-5
4. **दै. लोकमत**—24 फरवरी, 2011, गणि गण गणात बोते, स्तम्भ लेखन, डॉ. नरेन्द्र कुंटे, अध्यात्म।

भक्ति साहित्य को अलग-अलग स्वरूप में देखने का प्रयास समाचारपत्रों ने किया है।

5. टेलीविजन : टेलीविजन चैनलों की सुबह ही भक्ति गीतों, भक्ति योग से होती है। न्यूज चैनल हो या मनोरंजन का चैनल हर एक की शुरुआत किसी स्तोत्र, भक्ति गीत या श्लोक से होती है। समाज की भक्ति परम्परा को ध्यान में रखते हुए भक्ति साहित्य को स्थान दिया है। टेलीविजन चैनल्स और भक्ति कार्यक्रम इस प्रकार है—

साम मराठी—श्रीगीता योग, डॉ. बालाजी ताम्बे, सु. 7.30, रात 9.30 बजे
स्टार माझा—देव माझा, सु. 7.00
झी मराठी—देवाचिये दारी, राम शेवाळकर, सु. 7.00
श्री चोवीस तास—आरती सु. 7.30

सभी चैनलों ने भक्ति साहित्य को स्वतंत्र आधा घंटा दे दिया है। भक्ति गीत, अभंग, श्लोक और उनके भावार्थ ऐसे सम्मिश्रण कार्यक्रम पर ज्यादा जोर दिया गया है।

आस्था, भक्ति जैसे चैनल केवल भक्ति साहित्य ही प्रसारित करते हैं। आसाराम बापूजी, रामदेव बाबा, पं. रविशंकर जैसे आधुनिक सन्तों का आध्यात्मिक कार्यक्रम, भजन पूरे 24 घंटे दिखाई देते हैं जिससे भक्ति साहित्य और भक्ति प्रेरणा का प्रसार होता है।

6. पंढरपुर वारी और टेलीविजन/समाचारपत्र : महाराष्ट्र में भक्ति सम्प्रदाय की परम्परा सर्वपरिचित है। भक्ति, उत्साह और परमेश्वर को मिलने के लिए उत्कंठ लोग महाराष्ट्र के पंढरपुर वारी में शामिल होते हैं। लाखों वारकरी लोगों का एकात्म भाव यहाँ दिखाई देता है। अभंग, और भजनों के साथ नृत्य, रिंगण, महिलाओं का सहभाग यह वारी की विशेषताएँ हैं। सन्तश्रेष्ठ ज्ञानेश्वर माऊली और तुकाराम महाराज की पालकी, सिर पर तुलसी वृन्दावन का घड़ा लिये महिलाएँ, करताल, ढोल की ध्वनि यह वारी के मुख्य आकर्षण का केन्द्र हैं। ज्येष्ठ और आषढ़ पूरे एक मास तक चलनेवाली इस वारी का सीधा प्रसारण अनेक टी.वी. चैनलों द्वारा किया जाता है। हर रोज की विधि, लोगों की राय, जैसे भावपूर्ण समाचार विविध चैनलों द्वारा दिए जाते हैं। भावों और श्रद्धा बसी इस वारी का दर्शन-लाभ प्रेक्षक अपने घरों

में बैठकर ले सकते हैं। हर धर्म और पन्थ के लोग अपना अहंकार भूलकर 'वारी' में सम्मिलित होते हैं। सामाजिक एकात्मता या समरसता का प्रतीक मानी जानेवाली इस 'वारी' का सीधा प्रसारण करने से 'सामाजिक समरसता' बढ़ाने में बहुत मदद होती है।

7. आकाशवाणी द्वारा : आकाशवाणी के सभी स्टेशनों पर 6:00 से 8:00 बजे तक विविध भक्ति गीत सुनाए जाते हैं। ग्राम्य जीवन पर इस आकाशवाणी संचार माध्यम का गहरा प्रभाव है। हर घर-परिवार में प्रात: सुबह की वेला में सुरीले भक्ति गीतों की आवाजें सुनाई देती हैं। विगत कई सालों से आकाशवाणी पर इन भक्ति गीतों का प्रक्षेपण होता रहा है। वर्तमान में केवल आकाशवाणी ही नहीं, अशासकीय एफ एम केन्द्रों ने भक्ति गीतों को खूब प्रधानता दी है। एफ एम पर तो प्रात: 6:00 बजे से ही भक्ति गीतों का सिलसिला आरम्भ होता है। उसमें मराठी और हिन्दी दोनों भाषा के भक्ति गीतों का अन्तरभाव होता है। विविध आकाशवाणी केन्द्रों पर प्रसारित होनेवाले कार्यक्रम का उल्लेख निम्न प्रकार से किया जा सकता है—

पलगाव—भक्तिधारा, परमाणी, भक्ति प्रभाव, नागपुर, अर्चना।

विलासपुर—आनन्द यात्रा

कोल्हापुर—टोमॅटो एफ एम मॉर्निंग मंत्र

केवल गीत ही नहीं, संगीतकार और गायक की जानकारी इस वक्त दी जाती है। सभी प्रकार के गीत इसमें शामिल रहते हैं। नभोवाणी की शुरुआत से आज तक भक्ति गीतों द्वारा भक्ति साहित्य के प्रसार का कार्य नभोवाणी ने किया है।

8. इंटरनेट द्वारा : भक्ति साहित्य के प्रकार, मराठी, हिन्दी, तमिल जैसे अलग भाषाओं का भक्ति साहित्य, भक्ति गीत, अल्बम्स इस प्रकार की सभी जानकारी इंटरनेट पर उपलब्ध है। अभ्यासकों के लेख, उपलब्ध किताबें, फिल्म इस प्रकार की जानकारी इंटरनेट द्वारा आसानी से मिल सकती है। भक्ति साहित्य के प्रसार में इंटरनेट जैसे आधुनिक जनसंचार माध्यम का योगदान काफी महत्त्वपूर्ण है।

ग्लोबलाइजेशन में भक्ति गीतों और अन्य भक्ति साहित्यों द्वारा भारतीय सांस्कृतिक परम्परा का अस्तित्व अबाधित रखा गया है। आशा भोसले, वसन्त देशपांडे, मन्ना डे जैसे गायक, सुधीर फडके, राम कदम जैसे संगीतकारों के अल्बम इंटरनेट पर उपलब्ध हैं।

निष्कर्ष

1. मराठी पद्य भक्ति साहित्य के प्रसार में पारम्परिक और आधुनिक संचार माध्यमों ने महत्त्वपूर्ण भूमिका निभाई है।
2. भक्ति साहित्य से जुड़ी सामाजिक एकात्मता या सरमरसता बढ़ाने में संचार माध्यमों का हिस्सा उल्लेखनीय है।

3. सांस्कृतिक विकास में भक्ति संगीत की भूमिका महत्त्वपूर्ण है और सांस्कृतिक विकास की बढ़ौती में संचार माध्यमों का हिस्सा ऊँचे स्तर पर है।
4. ग्लोबलाइजेशन में भी संचार माध्यमों ने भक्ति और सन्त साहित्य को नियमित और परिपूर्ण स्थान दिया है।

समारोप : पाश्चात्य एवं रिमिक्स के जमाने में मराठी पद्य भक्ति साहित्य का अस्तित्व जारी रखने और उसका प्रसार करने की जिम्मेदारी संचार माध्यमों पर है।

सन्दर्भ

1. पांडेय रतनकुमार, भक्तिकाव्य और वर्तमान समय, अनंग प्रकाशन, दिल्ली, पृ. 39
2. डॉ. झा मुक्ति नाथ, जनसंचार के पारम्परिक माध्यमों का उद्‌भव एवं विकास, भावना प्रकाशन, दिल्ली, पृ. 18
3. कित्ता, पृ. 19-20
4. पांडेय रतनकुमार, भक्तिकाव्य और वर्तमान समय, पृ. 38
5. डॉ. देशपांडे गोपाळ शिरीष, रूपनिरूपण, ग्रन्थावली प्रकाशन, मुम्बई, पृ. 40
6. वही, पृ. 41-42
7. वही, पृ. 43
8. डॉ. देखणे रामचन्द्र, वारी-स्वरूप आणि परम्परा, पद्मगन्धा प्रकाशन, पुणे, पृ. 55
9. www.onesmartic.com/marathi/marathi_bhakti_sangithtml
10. डॉ. देखणे रामचन्द वारी, स्वरूप आणि परम्परा, पद्मगन्ध प्रकाशन पुणे, पृ. 59
11. www.marathi_bhaktisong.com
12. www.tukaram.wikipedia, encyclopedia
13. cnwiki/en/marathi_cinema.
14. www.dhingana.com/music/marathi

- वही
- विभिन्न चैनल, स्टार माझा, झी मराठी, साम मराठी

खंड-चार

आधुनिक सन्तों एवं समाजसुधारकों के साहित्य में अभिव्यक्त सामाजिक समरसता

आधुनिक सन्तों में सामाजिक समरसता

डॉ. विश्वास पाटील

साधु-सन्त के दो प्रमुख लक्षण मेरी दृष्टि में वरेण्य हैं। एक है विनम्रता का भाव और दूसरा है समदृष्टि का चाव। गीता ने दैवी सम्पदा का वर्णन करते हुए पहले निर्भयता का स्मरण किया है और अन्त में विनम्रता का। गीता ने ईश्वर या परब्रह्म की अवस्था का महत्त्व प्रतिपादित करते हुए उसे सर्वभूत मात्र में स्थित बताया है। सबके हृदयों में अपने अवस्थित होने की बात कही है। इसी सत्य को 'घट घट में साईं रमता' कहकर कबीर ने और 'सीय राम मय सब जग जानी' कहकर तुलसी ने स्वीकृति की मुहर लगाई है।

मध्यकालीन सन्त परम्परा का यह स्रोत अविच्छिन्न रूप में काल की इयत्ताओं को लाँघकर अविराम भाव से प्रवहमान है। आधुनिक काल में भी भक्त-सन्त परम्परा के पदचिह्न बराबर पाए जाते हैं। अध्यात्म की गहन गुहाओं में अवस्थित इन सत्पुरुषों में 'आत्मनो मोक्षार्थ' के साथ 'जगत् हिताय च' दृष्टि की प्रधानता दिखाई देती है। यह परम्परा आन्तरभारती का उद्घाटन करती है। 'चरैवेति चरैवेति' इनका जीवनमंत्र होने के कारण 'वसुधैव कुटुम्बकम्' इनका अनुभव है। उन्होंने निरन्तर मनुष्य को मनुष्य से जोड़े रखा है। मानवी आपातकालीन स्थितियों में उन्होंने सेवापथ का अंगीकार किया है। राष्ट्र की बन्धावस्था से क्षुब्ध होकर उसे मुक्त करने के लिए प्रत्यक्ष रणक्षेत्र में छलाँग लगाई है। देव और देश को एकात्म माना है।

विदर्भ में गणपति महाराज नामक सन्त द्वारा सामाजिक अभिसरण के निमित्त किया हुआ काम विलक्षण रूप से अभिनन्दनीय है, ज्ञानेश्वर कन्या के रूप में समादृत श्री गुलाबराव महाराज (सन् 1881 से 1915) का मराठी-हिन्दी साहित्य विशिष्ट है। इन्दौर में जन्मे और पारनेर को अपने शक्तिपीठ के रूप में गौरवान्वित करनेवाले डॉ. रामचन्द्र प्रह्लाद पारनेरकर जी ने मराठी-हिन्दी में गद्य-पद्यात्मक विपुल ग्रन्थ लेखन किया है। उन्होंने शंकराचार्य के अद्वैतवाद का खंडन करते हुए पूर्णवाद दर्शन के रूप में एक नए दर्शनशास्त्र की मीमांसा की। केवल उत्तर महाराष्ट्र

की आधुनिक भक्त-सन्त परम्परा का अध्ययन विशिष्ट है। चालीसगाँव के करीब वालझरी के निकट महर्षि वाल्मीकि का आश्रम और यावल में महर्षि व्यास की समाधि है। कानळदा में ऋषि कण्व का आश्रम होने के प्रमाण हैं तो प्रकाशा में 'शिवमहिम्न' के रचयिता पुष्पदन्तेश्वर का मन्दिर है। एदलाबाद में चांगदेव तथा मुक्ताबाई का स्थान है तो कण्हेर पहाड़ी पर कण्हेर स्वामी की समाधि है। सतपुड़ा के सम्पुटों में नाथ-सिद्धों की गुफाएँ हैं और अश्वत्थामा का स्थान है। एरंडोल में पांडवों का बाड़ा है तो तलोदा में हिडिम्बा का वन है। महानुभाव अर्थात् जयकृष्णी सम्प्रदाय के प्रमुख प्रवर्तक चक्रधर स्वामी का उत्तर महाराष्ट्र में मुक्त संचार हुआ था। उनके संकेत महानुभावों के 'लीळाचरित्र' ग्रन्थ में मिलते हैं। चालीसगाँव में सन्त एकनाथ के सद्‌गुरु जनार्दन स्वामी देशपांडे जी का जन्म हुआ। गुजरात में जन्मे हुए मीरन आबा अत्तारी का यहाँ निवास रहा। बुरहानपुर में कबीर पन्थ की गादी है। यह उल्लेख काफी विस्तारपूर्वक दिया जा सकता है।

आधुनिक परम्परा में मुल्हेर अर्थात् मयूरगिरि के श्री उद्धव महाराज की मराठी-हिन्दी रचनाएँ काफी मात्रा में मिलती हैं। क्रान्तिकारी आशय से सम्पन्न उनका लेखन भरपूर है। इसमें समाजसुधार की गूँज है। विषमता दूर करने के लिए वे कटिबद्ध हैं। उन्होंने स्त्री-शूद्रों को पारमार्थिक अधिकार देने के लिए प्रयत्न किए। सत्रहवीं सदी में कवि कमलनयन का आविर्भाव हुआ। मराठी के साथ ब्रजभाषा में उनकी रचनाएँ आश्चर्यकारक रूप में पाई जाती हैं। तुलसीदास जी के शिष्योत्तम जन जसवन्त जी की ब्रज भाषा की रचना अद्‌भुत रूप से प्रत्ययकारी है। महाराष्ट्र में अमलनेर का सखाराम महाराज का सेवा संस्थान प्रसिद्ध है। सोनगिरि का गोविन्द महाराज संस्थान, कुकुरमुंडा का सन्तोजी संस्थान अपनी समाजाभिमुख सेवाओं के कारण आज भी सक्रिय हैं। धुलिया में नारायणबुवा की समाधि है। सतपन्थ के संस्थापक इमामशाह महाराज हैं। फैजपुर उनका केन्द्रस्थल है। जगन्नाथ महाराज ने 1967 में 'महात्मा सद्‌गुरु श्री इमाम शहा महाराज' नामक ग्रन्थ की रचना की है। इसमें मानवता धर्म का परिचय मिलता है। सामाजिक एकात्मता की दिशा में उनके बढ़ते चरण महत्त्वपूर्ण हैं। श्री शाय जनतात्मने उक्ति के अनुसार उन्होंने समाजपुरुष की अभ्यर्थना की। श्री जगन्नाथ महाराज ने श्री सतपन्थ शिक्षण संस्कार माला खंड 1 और खंड 2 ग्रन्थों का प्रणयन सन् 1998 में किया। बालक तथा अभिभावकों के लिए संस्कार पाठशाला के ये पाठ्यग्रन्थ हैं। महाराज की प्रगतिशील जीवन-दृष्टि का सम्यक् परिचय इन ग्रन्थों में पाया जाता है।

आदिवासी जनजाति में जन्मे गुला महाराज का कार्यकाल सन् 1898 से 1938 तक का है। आपने 'आप मंडल' की स्थापना कर आदिवासी जनता में शुद्धि आन्दोलन चलाया। आत्मसम्मान की नींव रची। आत्मदेव अर्थात् आपदेव उनका नारा था। यह 'सर्व खल्विदं ब्रह्म' का उच्चारण था। पारिवारिक बन्धनों का नया

अर्थ उन्होंने उद्घाटित किया। दाम्पत्य भाव सम्बन्धों को गहराई अर्पित की। बाह्यशुद्धि से आन्तरशुद्धि तक की राह खोल दी। सामाजिक समानता का दर्जा दिलाने की दिशा में अखंड प्रयत्नशील रहे। प्रकृति पूजन का रहस्य समझाया। फैज़पुर कांग्रेस के अधिवेशन में स्वयं उपस्थित रह अपनी देशभक्ति का परिचय दिया। शिरसगाँव टाकळी में 18 मार्च, 1915 को जन्मे और शहाद सम्भाग के अनरद नामक ग्राम में रुककर अपनी लेखन साधना का विकास करनेवाले शंकर महाराज ने रामायण रचकर एक अचरज-भरी दास्तान लिखी। वे स्वयं स्कूल में कभी नहीं गए थे। उन्होंने रामायण की मराठी परम्परा का अन्तिम रामायण लिखा। इस 'अभंग रामायण' पर 'रामचरितमानस' का विलक्षण प्रभाव पढ़ा-पाया जाता है। मराठी हिन्दी के अध्येताओं के लिए यह संशोधन का विषय अभी भी अस्पर्श्य है। पारम्परिक रूप में अशिक्षित प्रतिभा का यह लोकसम्मत आविष्करण अद्भुत है। शंकर महाराज ने 21 जुलाई, 1945 को समाधि ग्रहण की। 13 अक्टूबर, 1815 को पंढरपुर के निकट भोसे में जन्मे देव तहसीलदार ने अपनी जीवनयात्रा का समापन 11 दिसम्बर, 1887 को किया। देव जी ने जनता के हितार्थ सरकारी कोषों को खोलकर रख दिया था। 1714 में शेंदुर्णी में जन्मे कडोजी महाराज ने मराठी-हिन्दी में अकूत रचना की है। उनका सामाजिक बोध अत्यन्त आश्चर्यकारी है। पिंपळगाव हरेश्वर में जन्मे गोविन्द महाराज और उनके सुपुत्र तोताराम महाराज की मराठी-कविता अभी संशोधकों की प्रतीक्षा में है। तोताराम महाराज का कार्यकाल 1813 से 1854 तक का है। उनका समाधि मन्दिर प्रकाशा में स्थित है।

उत्तर महाराष्ट्र को अभिवादन करने के पश्चात् अब हम अपने मूल अध्ययन विषय का विचार करेंगे। रत्नागिरि में पावस नामक पावन स्थान पर स्वामी स्वरूपानन्द जी का समाधि स्थान है। उनके साथ महाराष्ट्र के पड़ोसी प्रान्त के चुनीभाई मोटा का तुलनात्मक अध्ययन एक नया आयाम है। आरम्भ चुनीभाई से करेंगे।

चुनीभाई का जन्म एक रँगरेज परिवार में हुआ। अन्यों को रंग से रँग देनेवाले परिवार के धनी चुनीबाई को गांधी रंग लग गया। देशसेवा का विचार जागा। देशसेवा का अर्थ समाज की सेवा करना था। दीन-हीन, शोषित-पीड़ित, प्रताड़ित-पददलितों की सेवा में चुनीभाई के चरण बढ़े। हरिजन सेवा कार्य में अपने आपको उन्होंने समर्पित कर दिया था। हरिजन सेवा का अर्थ हरि चरण सेवा था। समाज से उन्होंने सम्मान पाया और समाज को सम्मानित किया। संवत् 1654 अर्थात् सन् 1897 में आपका जन्म हुआ। माता का नाम था सूरज बेन और पिता का नाम था आशाराम जी। चुनीभाई अपनी माता-पिता की दूसरी सन्तान थे। बचपन सुख-वैभव में बीता। दादा जी के निधन के साथ परिस्थिति में परिवर्तन जागा और उनका परिवार सावली गाँव का त्यागकर कलोल गाँव में आकर बसा। यहाँ चर्मकारों की बस्ती में उन्होंने निवास किया। गरीबी से जूझते हुए नन्हे चुनीभाई ने अपरम्पार

यातनाओं का सामना किया। अपार मेहनत-मजदूरी की। अत्यन्त सर्वसाधारण परिवार में उनका जन्म हुआ, परवरिश हुई। चार कक्षाओं तक पढ़ने के उपरान्त फीस जमा न कर सकने के कारण शिक्षा का महाद्वार बन्द हो गया था, लेकिन बिना थके-हारे वे निरन्तर चलते रहे। फीस अदा करने के लिए चुनीभाई ने चपरासी का काम किया। प्रगल्भ बुद्धि के होने के कारण उन्होंने चार कक्षाओं का अध्ययन डेढ़ साल में ही पूरा कर लिया। पढ़ाई के लिए पेटलाद गए। वहाँ वे जानकीदास महाराज के सान्निध्य में आए। उनकी सूचनानुसार अहमदाबाद में सरजूदास महाराज से आशीर्वाद पाए। मैट्रिक की परीक्षा विशेष योग्यता के साथ उत्तीर्ण की।

चुनीभाई आगे चलकर पूज्य मोटा के नाम से प्रसिद्ध हुए। गुजराती भाषा में मोटा का अर्थ होता है बड़ा भाई। वे अपना स्वयं का उल्लेख हमेशा 'यह जीव' इस प्रकार से किया करते थे। विशेष योग्यतापूर्वक माध्यमिक पाठशाला का अध्ययन सम्पन्न कर उन्होंने महाविद्यालयीन शिक्षा के क्षेत्र में कदम रखा। मूल महाराष्ट्र के श्री पांडुरंग वळामे जी, जो आगे चलकर श्री रंग अवधूत के नाम से विख्यात हुए, उनके सहाध्यायी थे। देश भर में रोलेट एक्ट का बुलडोजर घूम रहा था। महात्मा गांधी जी ने देश की तरुणाई का आह्वान किया था। मुक्ति संग्राम के सत्याग्रही पर्व का शुभारम्भ हो गया था। पूज्य मोटा ने महाविद्यालयीन पढ़ाई को प्रणाम किया और गांधी प्रणीत देशसेवा के पथ पर अग्रसर हुए। विश्वविद्यालय से स्नातक होने का सपना छोड़ वे गांधी विश्वविद्यालय में दाखिल हुए। उनकी देशसेवा की आरम्भिक इयत्ता हरिजन आश्रम थी।

अँजुली में गंगाजल उठाए उन्होंने देशभक्ति की शपथ ली। अब उनकी जीवन नौका देवभक्ति के तट पर लग रही थी। देश और देव उनकी चेतना के दो पक्ष थे। एक बार लम्बी बीमारी से थककर वे आराम करने के इरादे से नर्मदा तट पर आ रुके थे। वहाँ एक सत्पुरुष की सेवा उन्होंने की। उनसे आशीर्वाद पाया। 'अगले साल आपको सद्गुरु के दर्शन होंगे और आपके जीवन विकास यात्रा का श्रीगणेश होगा।' यह आशीर्वाद उन्होंने पाया। भयद देश वर्तमान से हार-थककर इस युवक ने नर्मदा मैया को देह-समर्पित करने का निश्चय किया। नर्मदा मैया ने इस पावन देह को जनकल्याणार्थ अत्यन्त हल्के हाथों से किनारे पर स्थापित कर दिया। चुनीभाई का मन साधना मार्ग में दीक्षित हो अविराम गति से सक्रिय हुआ।

हरिजन सेवा संघ का कार्य करते हुए अपने अवकाश काल में चुनीभाई साधना के लिए समय निकालते। इसी काल में वे श्मशान में ही रात्रि विश्राम के लिए जाने लगे। उनके साधना काल का आरम्भ यों श्मशानवास और श्मशानघाट से हुआ। इस काल में क्रूर श्वापदों की भयद बस्तियों में रात भर जागने की आदत उन्हें हो गई। 1930 की आजादी की लड़ाई में उन्होंने हरिस्मरण करते हुए लाठियों का कड़ा प्रहार झेला। गुजरात हरिजन सेवा संघ के सहमंत्री बने। 1932 में कारावास से मुक्ति पाई।

श्री ठक्कर बाप्पा का आदेश पा हरिजन सेवा संघ में कार्यशील बने। सचिव पद ग्रहण कर व्यवस्थापन की जिम्मेदारी को पार किया। सजा के साथ आर्थिक दंड भी हुआ करता था। आर्थिक दंड भरना उनके लिए सम्भव नहीं था, उतने काल तक अधिक सजा वे भुगतते। अनेक बार कारावास झेला। नडियाद के घर पर चार-पाँच बार जब्ती का प्रसंग झेलना पड़ा। इस दरम्यान चुनीभाई के प्रकाशित साहित्य को भी जब्त किया गया। स्वप्न दृष्टान्तों के माध्यम से साधना के सम्बन्ध में वे प्रकाश पाते रहे। सद्गुरुनाथ मार्गदर्शन करते। सद्गुरु ने संडास-सफाई का जो आदेश दिया था, वह सीधे गांधी स्वच्छता अभियान से सम्बद्ध था। इस प्रेरणा के प्रकाश में चुनीभाई सफाई काम में सक्रिय हुए। विवाहोपरान्त एक माह के भीतर ही उनकी पत्नी स्वर्ग सिधारी। उनके जीवन काल में उनकी साधना के साथ-साथ उनकी शौर्य-पताका भी दिगंत फहराती रही।

कराची में उनका जो वास्तव्य काल था, वह अधिकांशत: भावावस्था में ही बीता। बचपन से ही हिमालय के उत्तुंग शिखरों की पुकार उन्हें सुनाई दे रही थी। सन् 1923 के पश्चात् वे हिमालय-यात्रा के लिए चल दिए। उन्हें अनेक दैवी अनुभवों का साक्षात्कार हुआ। कठोर साधना का अनुभव पाकर सद्गुरु के चरणों में वे नित्य एकात्म रहे। उनका भक्तिभाव दृढ़ हुआ। कराची का एक प्रसंग विशिष्ट है। रमजान का पवित्र महीना था। चुनीभाई ने रोजे रखे। ईदगाह पर जा हज़ारों मुस्लिम भाइयों के साथ मिलकर प्रार्थना की। गुरु का आदेश पाकर वे घर वापस आ रहे थे कि रास्ते में गोरे सार्जेंट ने उन्हें रोकने का प्रयत्न किया। चुनीभाई क्रुद्ध हो गए। उनकी क्रुद्धावस्था को देख गोरा घबराकर भाग खड़ा हुआ। यह संस्मरण स्वयं चुनीभाई ने ही लिखा है। गवर्नर के बँगले के निकट सद्गुरुनाथ उनकी राह ताकते खड़े थे। अपने सतशिष्य को उन्होंने गले से लगाया। उसके मस्तक का अवघ्राण किया। रोजा खोलने के लिए पाँच रुपए का नोट दिया।

साधना काल में चुनीभाई व्रतस्थ रहे। उसके बाद आध्यात्मिक प्रगति की राह पर चलते हुए भी उन्होंने संन्यास का वरण करने की बात कदापि नहीं सोची। आरम्भ से ही उन्होंने जीवन का उन्मुक्त रूप से स्वीकार किया। उनका जीवन ध्येय जीवनाभिमुख रहा। मन को अपार शान्ति का अनुभव कर वे गांधी जी की आजादी की लड़ाई में जुट गए। अखंड अतन्द्र रहे। रात-दिन उन्होंने कर्मयोग का आचरण किया। अखंड रूप में बारह-बारह घंटों तक वे लगातार गुजरात हरिजन सेवा संघ में सक्रिय रहे थे। उनकी साधना-यात्रा अखंड ऊर्जस्वल रही। 1930 में उन्हें शान्ति का, 1934 में द्वैत का और 1939 में अद्वैत का साक्षात्कार हुआ। इससे वे प्रमुदित-प्रसन्न हुए। इस साक्षात्कार के साथ उनकी मुक्त-दशा का आरम्भ हुआ। जीवन मुक्तावस्था का अनुभव उन्होंने पाया। उन्हें सगुण-साकार रूप में ब्रह्मचैतन्य का दो-तीन बार अनुभव हुआ।

13 मार्च, 1939 का सुहाना मुहूर्त था। चुनीभाई कानपुर से काशी की ओर यात्रा कर रहे थे। उनके साथ दिव्यानुभव था। प्रयाग स्टेशन पर उन्होंने गांधी जी को चरण स्पर्शपूर्वक प्रणाम किया। एक दीर्घव्यापी वेदना तीव्रतम बन गई। 1939 में चुनीभाई हरिजन सेवा संघ के कार्य से निवृत्त हुए। साधकों को मार्गदर्शन करने के ईश्वरी कार्य में जुट गए। 1942 में देश भर में नेताओं की गिरफ्तारी का सत्र आरम्भ हुआ। 9 अगस्त, 1942 को उन्होंने अन्तर्नाद से प्रेरणा पाई। हरिजन सेवा संघ के लिए निधि-संकलन के कार्य में वे जुट गए। गांधी-सत्याग्रह की सत्प्रेरणा उनकी आन्तरिक शक्तियों को पुकार रही थी। वे इस कार्य में संलग्न हो गए। खादी वस्त्रधारी होने के कारण पुलिस के अन्याय-अत्याचारों का मुकाबला उन्हें करना पड़ता। अपने मिशन की यशस्विता के लिए उन्होंने कोलम्बो तक की यात्रा की।

1939 से चुनीभाई पूज्य मोटा के नाम से सम्पूजित हुए। पूज्य मोटा की आध्यात्मिक साधना का पट विस्तृत एवं भावसमृद्ध है। पूज्य मोटा ने विपुल मात्रा में गद्य-पद्य लेखन किया है। उनका काव्य लेखन सहज, संस्कृत है। उनका गद्य-लेखन सादगीभरा होते हुए भी हृदयस्पर्शी है। 'न दैन्यं न पलायनम्' उनके लेखन का अन्त:सूत्र है। साधकों के लिए पूज्य मोटा द्वारा निर्देशित कुछ सूत्र हैं—

- हर क्षण समर्पण भावना का उद्घोष
- अखंड जागृति तथा जाग्रत् साक्षीभाव
- मृत्योपरान्त का शोक स्वार्थयुक्त होने के कारण असात्त्विक है
- गृहस्थ जीवन आन्तरिक विकास की प्रयोगशाला है
- प्राणिमात्र के प्रति मैत्री यानी हार्दिक उदारता-भाव
- नम्रता के अभाव में साधना अहंकारभरी और अज्ञानमय है
- भक्ति, ज्ञान, ध्यान और कर्म इस चतु:सूत्री की समन्वय साधना है
- अपने परिजन, सगे-सम्बन्धी अपने कर्म के ही विविध रूप हैं
- साधक का महत्त्वपूर्ण लक्षण प्रसन्नचित्त होना है।

पूज्य मोटा ने साधना काल में बहुत पढ़ने को टालने की सूचना दी है। साधकों को मार्गदर्शन करनेवाले अनगिनत पत्र उन्होंने लिखे हैं। 1940 से 1943 इस कार्यकाल का उनका यह पत्र-व्यवहार विशिष्ट है। उनकी अनगिनत रचनाओं में से 'जिज्ञासा', 'श्रद्धा', 'निमित्त', 'कृपा', 'कर्म उपासना', 'श्रीसद्गुरु', 'स्वार्थ', 'मोह', 'प्रेम' इनको गिनाया जा सकता है। पूज्य मोटा का ग्रन्थ लेखन व्यापक एवं विस्तृत है। उनके काव्य-ग्रन्थों में हृदय पुकार, कर्मगाथा, प्रणाम प्रलाप, पुनीत प्रेमगाथा, जीवन दर्शन, जिज्ञासा, जीवन स्मरण, श्रद्धा, भाव, जीवन रसायन, निमित्त, राग, द्वेष, जीवन, आह्लाद, जीवन तप, जीवन स्मरण, जीवन सौरभ, साधना, कर्म उपासना, कृपा, स्वार्थ, श्रीसद्गुरु, प्रेम, जीवन स्पन्दन, मोह, गुण विमर्श, जीवन पगडंडी, भाव कणिका, भाव ज्योति, भाव रेणु, भाव पुष्प, जीवन प्रवाह, जीवन प्रभात, At the feet, To the mind। गद्य लेखन में जीवन संग्राम, हरिजन सन्त, जीवन सन्देश, Life is struggle, पत्र संकलन आदि। इनमें साधक को मार्गदर्शन किया गया है। गुह्य विषयों का रहस्य बताया गया है। जिज्ञासु और श्रेय साधक दोनों के लिए यह साहित्य उपयुक्त है। इस पत्र-व्यवहार के पश्चात् सन् 1944 में अरविन्द का पत्र-व्यवहार प्रकाशित हुआ। दोनों में आश्चर्यकारक समानता है। पूज्य मोटा के जीवन काल की सारस्वत-साधना में अपार विविधता है, व्यापकता है। स्वाधीनता संग्राम के एक जुझारू योद्धा, सिद्धहस्त सारस्वत, सेवाभावी, ईश स्मरण में तल्लीन भक्त, नित्य नए प्रयोगों के आग्रही साधक—उनके रूपों के कितने-कितने आविष्कार दिखाई देते हैं। मानो सतरंगा इन्द्रधनुष ही सज्जित हो।

पूज्य मोटा ने किसी को भी शिष्य नहीं बनाया। गुणीजनों का सदा सम्मान किया। कलाकारों के प्रति आदरभाव व्यक्त किया। सूरत के निकट तापी नदी के तट पर रांदेर शेठी के निकट, नडियाद में, नरोळा अहमदाबाद में आश्रम है। कावेरी नदी के तट पर कुम्भकोणम् में उन्होंने हरि: ॐ आश्रम की स्थापना की है। पुष्पहार के बजाय पूज्य मोटा सूत के हारों को ही प्रधानता देते रहे। 1922 से 1939 तक प्रदीर्घ काल वे हरिजन सेवा संघ के कार्य से संलग्न रहे। रांदेर आश्रम के वास्तु पूजन के लिए उन्होंने पुष्पा दलाल तथा चम्पामाई इन विधवाओं के हाथों पूजन किया। यह उनके क्रान्तिकारी व्यक्तित्व के अभिनव आयाम का उद्घाटन करनेवाली घटना है। एक कुमारिका ठगी गई थी। अनाथाश्रम के सचिव श्री गटु भाई को उन्होंने सूचित किया कि इस दुर्भागी बहन की जचगी की पूरी व्यवस्था की जाए। बालक के जन्म के पश्चात् उसे सम्मानपूर्वक विदा किया गया। आश्रम ने बालक के भरण-पोषण की जिम्मेदारी उठाई। केनेडा निवासी श्री रोबीन, श्री आर्मस्ट्रांग, स्वीडन की बहन एलिजाबेथ स्टेडलर, अमेरिका के प्रो. डॉ. रिचार्ड एलपर्ट, कैलिफोर्निया के डेनियल गोलमन के समान अनेक विदेशी साधकों ने भी पूज्य मोटा से आत्मोन्नति के विषय में मार्गदर्शन पाया।

महाराष्ट्र के रत्नागिरि जिले के पावस नामक स्थान पर 15 दिसम्बर, 1903 को स्वरूपानन्द का जन्म हुआ। उनके पिता का नाम विष्णुपन्त और माता का नाम सरस्वती था। बालक का नाम रखा गया रामचन्द्र! स्वरूपानन्द जी ने आगे चलकर असहयोग आन्दोलन में हिस्सा लिया। पावस में राष्ट्रीय स्कूल और स्वावलम्बनाश्रम चलाने की उनकी योजना थी। यथाशक्ति अन्य कार्यक्रमों की भी योजना मन में थी। वे सूत्रयज्ञ चलाना चाहते थे। सन् 1921 का समापन हो रहा था कि उन्होंने स्कूल का त्याग किया। गांधी जी का भव्य-दिव्य आदर्श उनकी आँखों के सामने था। देशकल्याणार्थ सुख-सर्वस्व का त्याग करने का उन्होंने संकल्प किया। उनका यह संकल्पात्मक निश्चय उनके काव्यग्रन्थ 'संजीवनी गाथा' में प्रकट हुआ है। वे कहते हैं कि हम ध्येय प्राप्ति के लिए सुख-दुख झेलने को तैयार-तत्पर हैं। ध्येय-

सिद्धि के लिए प्राणार्पण को तैयार हैं। सत्य और ईमान की रक्षा के लिए स्वार्थ पर हम लात जमाएँगे।

जून 1922 में स्वरूपानन्द जी ने 'स्वावलम्बनाश्रम' नाम से एक राष्ट्रीय विद्यालय का सूत्रपात किया। समय की अचूकता और अनुशासन पर यहाँ विशेष बल दिया जाता रहा। सामुदायिक सूतकताई का शुभारम्भ हुआ। एक करघा गुनगुनाने लगा। उस समय में उनकी पोशाक घुटनों तक लम्बा खद्दर का पंचा, खद्दर का कुरता, माथे पर खद्दर का वस्त्र या टोपी थी। उनकी दृष्टि में जीवन का ध्येय सत्य का साक्षात्कार होने के कारण शिक्षा उसकी पोषक होनी चाहिए। उन्होंने श्री बाबा महाराज वैद्य नामक सत्पुरुष से दीक्षा पाई, अनुग्रह पाया। गांधी जी की अध्याम-परायणता से स्वरूपानन्द जी अभिभूत हुए। देश दशा को देख गांधी जी ने अपनी परमार्थ-सिद्धि को देशकार्य से संलग्न कर दिया था। उनकी नज़रों में यह आत्मोन्नति की राह थी। उनका सात्त्विक तपाचरण कायिक-वाचिक-मानसिक त्रिधारात्मक था। सत्कर्माचरण, सदाचरण और सद्धर्माचरण की त्रिवेणी बही। स्वरूपानन्द जी ने मनोरंजन और ज्ञानार्थ राष्ट्रीय नाट्य मंडलों की स्थापना की। महाराष्ट्र में इन मंडलों को 'मेला' के रूप में जाना जाता था। स्वरूपानन्द जी की श्रीकृष्ण नाट्य मंडली खद्दर के उपयोग और प्रभाव माहात्म्य के कारण विशिष्ट रही। धर्मरक्षणार्थ एवं खलनिग्रहार्थ ईश्वर का अवतार सम्पन्न होता है। इस भाव को स्पष्ट करते हुए गायक का स्वर बुलन्दियों पर चढ़ गाता रहता कि जब-जब गोरे अधम असुर उन्मत्त होंगे तब-तब कालों का हितरक्षणकर्ता कृष्ण उन्हें दंडित करेगा। स्वरूपानन्द जी ने राजा छत्रसाल के जीवन पर एक नाट्य की निर्मिति की। सन् 1925 में यह नाटक मंचित हुआ। नाटक की शुरुआत में या मध्यान्तर के समय वे आधा-पौन घंटा भाषण देते। देशाभिमान का जागरण करनेवाला यह भाषण भावनाप्रधान हुआ करता था। स्वातंत्र्य संग्राम के लिए इस प्रकार से लोकमत का जागरण किया जा रहा था। इस प्रकार से व्यक्ति, समाज और राष्ट्र के उत्थान हेतु विविध मार्गों से और नाना प्रयत्नों से स्वरूपानन्द जी प्रयत्नरत थे। उनके इन प्रयत्नों के फलस्वरूप स्वावलम्बनाश्रम में छात्रों की संख्या बढ़ती गई। सूत्रयज्ञ जारी रहा। कताई-बुनाई का राष्ट्रीय कार्यक्रम आरम्भ हुआ। स्वयं स्वरूपानन्द जी उत्तम और बारीक दर्जे का सूत कातने में दक्ष एवं गतिशील थे।

स्वावलम्बनाश्रम का धीरे-धीरे विस्तार होता गया। इस राष्ट्रीय विद्यालय में बिना मूल्य शिक्षा-व्यवस्था थी। सन् 1929 में कांग्रेस ने आजादी का प्रस्ताव पारित किया। 1930 में दांडी यात्रा का आरम्भ हुआ। प्रखर देशभक्ति, निःसीम त्याग, जनता का अटूट प्रेम, लोकसंग्रह की कुशलता, जनमेदिनी पर अकूत प्रभाव गांधी जी में दिखाई दिया जिससे जनता अप्रभावित न रह सकी। यह लड़ाई अनत्याचारी एवं अहिंसक थी। स्वरूपानन्द जी का कथन था कि लोकसेवा व्रतस्थ जनों को

सौभाग्यशाली माना जाना चाहिए। लोकसेवार्थ ऐसे लोग सत्य का स्मरण करते हुए सर्वस्व का दान करते हैं। उनके सेवा-व्रत से जगन्नाथ पुष्ट होते हैं। जनता में जनार्दन के दर्शन होते हैं। साधक को चाहिए कि जीवन का लक्ष्य सत्यदर्शन हो। प्रेम और अहिंसा का व्रत लेकर अखंड रूप में जन सेवानिरत साधक बिना किसी शस्त्र बल के दुष्टों का प्रतिकार करता है। अपनी प्रस्तुत कविता के माध्यम से स्वरूपानन्द जी ने गांधी दर्शन की काव्यात्म व्याख्या की है। स्वरूपानन्द जी ने जीव के परम कल्याण के लिए आत्मज्ञान की आवश्यकता को प्रतिपादित किया है। व्यावहारिक आचार-विचार-व्यवहार को सर्वोदय का सन्दर्भ दिया। प्राचार्य रबडे जी के नेतृत्व में उन्होंने रत्नागिरि से देवगढ़ तक की यात्रा अपने अठारह साथियों के साथ की थी। 14 मई, 1930 को शिरोडा सत्याग्रह के दरम्यान उनके साथ डेढ़-सौ जुझारू सिपाही थे। गांधी आन्दोलन के इतिहास का ऊर्जस्वल इतिहास नमक कानून भंग है। इस आन्दोलन में स्वरूपानन्द जी की भूमिका विशिष्ट रही है। यह अभूतपूर्व संघर्ष था। उनके श्री पटवर्धन मास्टर साहब को लिखे हुए पत्र का यह अंश द्रष्टव्य है—

"14 जून, 1930 को मैं पुणे पहुँचा। इसके आगे जंगल का कानून भंग या पुणे शहर में ही पिकेटिंग आदि करने का मानस था या फिर किसी गाँव में रहकर एकाध रचनात्मक कार्य करने की योजना मन में थी।"

1930 में स्वरूपानन्द जी के आध्यात्मिक अधिकार में उत्तरोत्तर वृद्धि हुई। वे भक्ति-ज्ञान-वैराग्य से मंडित हुए। सिद्धावस्था का भाव भावातीत अवस्था में पिघल गया। वे सद्गुरु पद के शिखर तक पहुँचे। उनकी साधुता का प्रभाव चहुँओर पड़ा। गांधी आश्रम शैली के अनुसार उन्होंने प्रातः एवं सायं प्रार्थना पर बल दिया। अखंड सोऽहं का अनुसन्धान किया।

स्वरूपानन्द जी का किसी भी प्रकार के भोलेपन या पोंगेपन में विश्वास नहीं था। सच्चा परमार्थ परिस्थिति में परिवर्तन करनेवाला नहीं होता, वह प्राप्त परिस्थिति को भी सुखपूर्वक भोगने की कला सिखाता है। स्वरूपानन्द जी ने गद्य तथा पद्य दोनों प्रकार का लेखन विपुल मात्रा में किया है। उनका गद्य लेखन बहुत बड़ी मात्रा में विनष्ट हो गया। उनके 'स्वातंत्र्योदय' और 'सत्य नारायण' नाटक आज अप्राप्य हैं। अपने मित्र काका लिमये को लिखे हुए तथा परिवार में माता-पिता के नाम लिखे हुए पत्र नहर में डूब गए या दीमक का अन्न बन चुके हैं। अपने आप्तजन तथा सम्बन्धियों के नाम लिखे हुए पत्र आज उपलब्ध नहीं हैं। उनके पद्य-लेखन में 'मृत्युपुत्र', 'अमृतधारा' तथा 'संजीवनी गाथा' स्वानुभवाधारित हैं। वे लिखते हैं— "चित्त की प्रसन्नता को सदा बनाए रखना चाहिए। किसी भी परिस्थिति में खिन्न-उदास नहीं होना चाहिए। अन्तःकरण में अखंड रूप से उल्लास का भाव बना रहे और किसी भी प्रकार की आपदा का कोई त्रास न माना जाए! गृहस्थी करते समय

अलिप्तता बरती जाए और मोह-माया पाश से सर्वथा मुक्त रहा जाए।'' स्वामी स्वरूपानन्द कहते हैं कि सन्तों का अखंड सहवास हो और ईश्वर में निरन्तर विश्वास का भाव कायम रहे। स्वरूपानन्द जी की नाम मुद्रा है 'स्वामी'! उन्होंने गीता पर 'भावार्थ गीता' शीर्षक से भाष्य लिखा है। ज्ञानेश्वरी का सुबोध परिचय 'अभंग ज्ञानेश्वरी' इन दो खंडों में समाहित ग्रन्थों में किया है। अमृतानुभव ग्रन्थ का परिचय करा दिया है। 'चांगदेव पासष्टी' नाम से पैंसठ ओवियों में आबद्ध पत्ररूपी प्रबन्ध मशहूर है। मानो यह उपनिषद है। इसके साथ तीन प्रवचन हैं। 'स्वरूप पत्र मंजूषा' शीर्षक से काव्यरूप पत्रों का उनके साहित्य में समावेश होता है।

श्री महादेव दामोदर तथा शम्भुराव भट ने 'स्वामी स्वरूपानन्द : एक अलौकिक राजयोगी' शीर्षक से मराठी में एक ग्रन्थ लिखा है। प्रस्तुत ग्रन्थ में आप लिखते हैं कि स्वामी स्वरूपानन्दजी महान योगसिद्ध पुरुष थे। वे ऋतम्भरा प्रज्ञा के धनी थे। त्रिकाल ज्ञानी थे। वे अष्टसिद्धि के स्वामी थे। योगशास्त्र के नियमानुसार उन्होंने इन सिद्धियों का कदापि उपयोग नहीं किया। उन्हें दूरदर्शन, दूरश्रवण, वाक्सिद्धि, स्वप्न में अनुग्रह देने की सामर्थ्य शक्तिपात दीक्षा की सामर्थ्य थी। वे योग-विद्या के माध्यम से दूरस्थ योगी से संवाद कर सकते थे। श्री स्वरूपानन्द जी नाथपन्थीय महान सन्त थे। चमत्कारों के जाल में उलझना उनकी नज़रों में कृत्रिम दुनिया से नाता जोड़ना था।

चुनीभाई मोटा तथा स्वामी स्वरूपानन्द ये दो नाम महाराष्ट्र तथा गुजरात की पड़ोसी भूमियों को जोड़नेवाले नाम हैं। दोनों अध्यात्म मार्ग के पथिक हैं। दोनों गांधी जी से प्रभावित हैं। दोनों के जीवन में गुरु महिमा का घोष उच्च रव से सुनाई देता है। दोनों ब्रह्मचर्य की विशेष साधना से सम्पृक्त है। दोनों सारस्वत प्रतिभा के धनी हैं। दोनों ने केवल साहित्य की रचना या पोथी पांडित्य ही नहीं प्रकटाया है, अपितु प्रत्यक्ष रणांगण में उतरे हैं। दोनों के मन में समाज-सेवा का भाव विद्यमान है। दोनों ने हरिजनों की सेवा को ही हरि सेवा का दर्जा दिया है। दोनों कर्मकांडों से दूर तथा कर्मयोग से संलग्न हैं। दोनों के जीवन में देव तथा देश की चेतना कार्यशील है। दोनों की जीवनशैली साधा लिबास और उच्च विचारों से विभूषित है। दोनों मंत्र-तंत्र-यंत्र, धूप-भस्मी, गंडा-धागा इन तमाम प्रलोभनों से भक्त जनों को दूर रखते रहे। जप माला, छापा तिलक से लोगों को दूर रखा। छुआछूत मानना तो दूर हरिजन सेवा कार्य में संलग्न रहे। दोनों ने छात्रों की भरपूर आर्थिक मदद की। अनाथ, अपाहिज भिखारियों को दान दिया। वृद्ध जन, परित्यक्ता तथा विधवाओं को सहायता पहुँचाई। दोनों की छत्रच्छाया में सबको आश्रय मिला। उनकी दृष्टि भेदातीत थी। जात-पाँत, वर्णभेद, पन्थ-धर्म, स्त्री-पुरुष, विद्वान तथा अनपढ़, विशिष्ट-सामान्य, रंग-रूप, धन्धा-व्यवसाय, पूर्वचरित्र या पूर्वग्रह किसी भी बात को स्थान दिए बिना उन्होंने जनसेवा की। चमत्कार और सिद्धियों के जंजाल से समाज-मानस को उन्होंने मुक्त

रखा। दोनों ने अपने साथ समाज को जोड़कर उसके मानस को चैतन्यशील बनाने में अकूत योगदान दिया है। दोनों अभी भी शोध की परिधि से मुक्त हैं। नए आनेवाले लोगों के लिए यह अध्ययन विषय अछूता है।

सहायक ग्रन्थ

गुजराती ग्रन्थ

तरणामांथी मेरु, सम्पा. सोमाभाई भावसार
प्रकाशक हरिः ओम आश्रम प्रकाशन सूरत गुजरात, सप्तम संस्करण, अगस्त 2002
भगतमां भगवान आत्मकथन पूज्य मोटा
प्रकाशक हरिः ओम आश्रम प्रकाशन, सूरत गुजरात, चतुर्थ संस्करण, 6 अप्रैल, 2006
चुनीभाई मोटा की रचनाएँ

मराठी ग्रन्थ

स्वामी स्वरूपानन्द स्मृति सौरभ, सम्पा. स्वामी सत्यानन्द, सरस्वती, सौ. मृणालिनी जोशी तथा ना.स. (नाना) करन्दीकर
प्रकाशक स्वामी स्वरूपानन्द सेवा मंडळ प्रकाशन पावस रत्नागिरि, प्रथम संस्करण, शक 1897
स्वामी स्वरूपानन्द की रचनाएँ

आधुनिक भक्ति साहित्य और सामाजिक समरसता एक पुनर्मूल्यांकन (हरियाणा के सन्दर्भ में)

अमृतलाल मदान

भारतभूमि पर समय-समय पर भक्ति आन्दोलनों की धाराएँ निरन्तर प्रवाहित होती रही हैं। वास्तव में भारत और भारतीयता की पहचान ही इन विविध भक्ति-मार्गों के कारण बनी है। ये धाराएँ भारतीय जीवन की विभिन्नताओं, इसके विविध धार्मिक, सांस्कृतिक, सामाजिक एवं साहित्यिक रूपों को प्रभावित करती रही हैं। व्यापक तौर पर राष्ट्रीय जीवन पर यदि भक्ति साहित्य के समग्र प्रभाव का आकलन किया जाए तो हम पाते हैं कि यह समाज को मानवतावादी, सुधारवादी, नैतिकतावादी, समरसतावादी तथा उच्च आध्यात्मिक मूल्य प्रदान कर उसे दृष्टि-सम्पन्न करता रहा है। इन सबके पीछे एक असीम शक्ति (ईश्वर, अल्लाह, वाहेगुरु, गॉड), किसी देवी या देवता, इष्ट, अवतार या किसी महान सन्त अथवा गुरु की वन्दना-पूजा का साझा सूत्र तो रहा ही है, किन्तु प्रबुद्ध सजग साधकों ने युगानुरूप सामाजिक सरोकारों से भी कन्नी नहीं काटी। उन्होंने कई अन्धविश्वासों का ज़ोरदार खंडन किया, कई क्रूर एवं अमानवीय मान्यताओं एवं धारणाओं का विरोध किया। कई बार तो ऐसे भक्त व साधक, समाजसुधारक की प्रखर भूमिका में सक्रिय हुए और उन्हें प्राणों की आहुति तक देनी पड़ी। उनकी दृष्टि में लोक-मंगल, समाज उत्थान, प्रभु-प्राप्ति ही परम उद्देश्य रहा। उन्होंने अपने जीवन दर्शन से एवं स्वयं अपने उदाहरण से मानव चेतना को झकझोरने तथा जाग्रत् करने का अथक प्रयास किया। महाकाव्य, प्रबन्ध काव्य, किस्से, कहानियाँ, भजन एवं वीरगाथाएँ रचकर या नाटक-नौटंकी के मंच से या फिर काव्यात्मक-भावनात्मक भक्ति-प्रवचन देकर ही जन-मानस को, उसकी ऊर्जा को सोच एवं परिवर्तन की नई ऊँचाइयों की ओर उन्मुख किया।

इस सन्दर्भ में केवल एक उदाहरण पंजाब (जिसका अंग कभी हरियाणा रहा है) से देना चाहूँगा। सिखों के प्रथम गुरु नानक देव से लेकर दशम गुरु गोविन्द सिंह

तक ईश-भक्ति के साथ-साथ ही अत्याचारी मुगल शासकों का विरोध, प्रचलित अन्धविश्वासों का खंडन तथा हिन्दू-मुस्लिम समाजों में परस्पर सौहार्द एवं समरसता का जीवन दर्शन रहा। 'पीरी-मीरी' की इसी जीवन-दृष्टि से गुरु गोविन्द सिंह ने खालसा पन्थ की स्थापना की। गुरु जी ने पाँच प्यारे बनाए। उनमें भाई दया सिंह लाहौर के थे, भाई धरम सिंह हस्तिनापुर (मेरठ) के, भाई हिम्मत सिंह जगन्नाथ पुरी (उड़ीसा) के, भाई मोहकम सिंह द्वारिका (गुजरात) के और भाई साहिब सिंह बिदुर (कर्नाटक) के थे। यह सोच गुरु जी की राष्ट्रवादी सोच के अतिरिक्त सामाजिक समरसता एवं मनुष्य की समानता की भी परिचायक है। अपनी सोच पर दृढ़ गुरु जी के साहिबजादों की कुर्बानियाँ कौन भूल सकता है? गुरु जी के बाद इस परम्परा एवं संकल्प को बाबा बन्दा सिंह बहादुर आगे बढ़ाते हैं। यह भी सर्वविदित है कि अमृतसर के स्वर्ण मन्दिर की नींव एक मुस्लिम पीर के हाथों रखवाई गई थी तथा सिखों के ही नहीं पूरी मानवता के पवित्र ग्रन्थ गुरु ग्रन्थ साहिब में देश भर के तथा हर जाति तथा धर्म के भक्त कवियों व सूफ़ियों की वाणी संगृहीत है। यह वाणी बाह्याचारों से सन्त्रस्त मानव को शान्ति, प्रेम व भक्ति का पाठ पढ़ाती है। हरियाणा में इस वाणी का पाठ और श्रवण लाखों हिन्दू सिख करते हैं।

भक्ति धाराओं को नए-नए आयाम देने में केवल मठों के महन्त सन्त ही नहीं अपितु आम जन या आम व्यवसाय से सम्बन्ध रखनेवाले भक्तों का भी हाथ है। कबीर एक जुलाहा थे, नानक ने दुकानदारी तथा खेती की, बन्दा बहादुर योद्धा थे, सूरदास जो गाँव सीही (जिला फरीदाबाद) हरियाणा के ही थे, प्रज्ञाचक्षु थे। उन्होंने आध्यात्मिक शब्दावली से जाति-पाँति तथा अन्य सामाजिक बुराइयों पर उँगली उठाई, जप-तप, तीर्थ-व्रत और कर्मकांड का विरोध किया। इसके मूल में जो अन्धविश्वास तथा रूढ़ियाँ थीं, उन्हें तोड़ने का प्रयास किया ताकि समाज इन दुष्प्रवृत्तियों से निर्मूल होकर आध्यात्मिक एवं सामाजिक दृष्टि से समरस हो सके, इसमें भावनात्मक एकात्मता पनप सके।

पूरे देश की तरह हरियाणा में भी ऐसे कई भक्त रचयिता रहे जिनकी रचनाओं में स्तुतियाँ व मन्नतें माँगने हेतु गीत-भजन तो थे, कथाएँ भी थीं किन्तु उनमें सामाजिक सरोकार न के बराबर था। यथा नवरात्रों में रात-रात भर चलते माता के दरबार तथा विभिन्न शक्तिपीठों, मन्दिरों, डेरों तथा सतियों पर मेले। ऐसी ही एक शक्तिपीठ चंडीगढ़ के पास माता मनसा देवी का मन्दिर है।

अठारहवीं-उन्नीसवीं सदी में प्रदेश में गरीबदास, नित्यानन्द, जैतराम, बाजे भगत जैसे सन्त कवि या भक्त कवि भी हुए, जिन्होंने अपने भक्ति साहित्य तथा साँगों में गुरु महिमा के साथ-साथ कुछ सामाजिक मूल्यों व नीतियों—सत्य, दया, दान, परोपकार, पतिव्रत, सेवा इत्यादि की भी चर्चा की, पर उन्हें आधुनिक भक्ति-काव्य में नहीं माना जा सकता।

हरियाणा में मध्यकाल से चली आ रही भक्ति साहित्य की ये धाराएँ आधुनिक काल में भी सतत प्रवहमान रहीं (आधुनिक काल को मैंने बीसवीं सदी के आरम्भ से माना है)। इस सन्दर्भ में कुरुक्षेत्र के प्रख्यात समीक्षक एवं चिन्तक डॉ. लाल चन्द गुप्त मंगल के अनुसार, "भक्ति काव्य के मूल सरोकारों पर यदि दृष्टिपात करें तो ज्ञात होता है कि सारे सन्त-भक्त वर्णव्यवस्था, जाति-पाँति, छुआछूत और ऊँच-नीच का घोर विरोध करते हुए सर्वधर्म समभाव एवं मानवमात्र की समानता का समर्थन करते हैं। वर्तमान की सारी समस्याओं, यथा—साम्प्रदायिकता, जातिवाद, असमानता, अमानवीयता, शोषण, हिंसा, हत्या और आतंकवाद आदि का समाधान इस साहित्य में विद्यमान है।"

दिन-प्रतिदिन के जीवन में अथवा स्थायी शाश्वत तौर पर प्रतिपादित होनेवाले मानव मूल्य किसी अंचल विशेष में प्रचलित जीवन दर्शन से भी उपजते हैं जो निश्चय ही धार्मिक विश्वासों तथा भक्ति-साहित्य से प्रभावित होता है तथा राष्ट्र की मुख्य धारा की संस्कृति से भी। हरियाणा की इस धरती पर गीता रची गई। सूरदास समेत अनेक ऋषियों-मुनियों व साधु-सन्तों ने हरि की इस भूमि पर चिन्तन, लेखन और अभ्यास किया। यहाँ सन्त कबीर की वाणी का प्रभाव भी रहा तो बाद में आर्यसमाज का भी। दरगाहों-मजारों पर लगनेवाले उर्सों के कारण सूफ़ी दर्शन का भी अच्छा-खासा प्रभाव रहा। पड़ोस के पंजाब में सिख सम्प्रदाय के गुरुओं (उसका जिक्र ऊपर किया जा चुका है) तथा राजस्थान की मीरा की भक्ति तथा अन्य भक्ति दर्शनों (यथा—बाला जी, सालासार आदि) ने भी लोकजीवन को प्रभावित किया। नगरों, कस्बों में बल्लभगढ़-पलवल जनपदों के पास के उत्तर प्रदेश के मथुरा-वृन्दावन में फलते-फूलते सम्प्रदायों, सन्तों-भक्तों, गुरुओं व महामंडलेश्वरों का प्रभाव भी देखा जा सकता है। हरियाणा में भी कई नए-नए डेरे तथा सम्प्रदाय (जैसे सिरसा का सच्चा सौदा) काफ़ी बड़ी संख्या में अनुयायी जुटा रहे हैं। अभिप्राय यह है कि प्रदेश के जनजीवन में भक्तिभाव की प्रमुखता है। सन्तों, गुरुओं के उपदेश गुरु महिमा तथा भगवत्-भजन के द्वारा परमात्मा की अनुभूति करने पर बल देते हैं। रुपया, पैसा, जायदाद आदि भौतिक सुख-सुविधाओं को आमतौर पर नकारा जाता है। हालाँकि यह भी कटु सत्य है कि कई मठाधीश आपराधिक मामलों तथा धन-सम्पत्ति को लेकर कचहरियों में मुकदमे भी लड़ रहे हैं। ऐसे ढोंगी बाबाओं तथा छद्म साधु-सन्तों से जनता को कई सजग भक्त लोक-कवियों ने अपनी भक्ति रचनाओं से खूब आगाह किया है।

अब हम हरियाणा के सन्दर्भ में ही कुछ ऐसे लोक-कवियों पर दृष्टिपात करेंगे जो भक्त तो थे ही, कुछ मायनों में सही समाजसुधारक भी थे। उनका भक्ति-साहित्य केवल ईश-स्तुति अथवा गुरु की महिमामंडन तक ही सीमित नहीं था, अपितु इससे आगे बढ़कर सामाजिक सौहार्द के प्रति तथा सामाजिक कुरीतियों के

उन्मूलन के प्रति समर्पित था। उनका प्रभाव ग्रामीण जनता पर तो था ही, कस्बों-शहरों में भी जो ग्रामीण जाकर रहने लगे थे, वे भी उनकी रचनाएँ सुनने, उनके साँग सुनने ट्रैक्टर-ट्रॉलियों में भर-भर कर जाते थे। ''साँग एक प्रकार का लोक-नाट्य है जिसकी प्रस्तुति खुले आकाश में नीचे लकड़ी के तख्तों का मंच बनाकर की जाती है। इसमें लोक कलाकार पारम्परिक परिधान पहनकर जनता का मनोरंजन तथा ज्ञानवर्धन करते हैं। हरियाणा में बीसवीं शताब्दी के सातवें-आठवें दशक तक साँग की लोकप्रियता चरम सीमा पर थी। फिर टी.वी. तथा फिल्मों के प्रभाव तथा अनुभवी साँगियों के न रहने से इसकी लोकप्रियता का ह्रास होता गया।''—डॉ. अनिल गोयल।

प्रदेश के ऐसे प्रमुख भजनीक साँगियों एवं भक्त लोक-कवियों में कुछ नाम हैं—पंडित लखमीचन्द, माँगे राम, भक्त राम किशन, दयाचन्द मायना, मेहर सिंह इत्यादि। पं. लखमी चन्द सन् 1903 में जिला सिरसा, माँगे राम सन् 1905 में जिला सोनीपत, मेहर सिंह 1918 में जिला सोनीपत, रामकिशन सन् 1925 में जिला हिसार तथा दयाचन्द मायना सन् 1915 में जिला रोहतक के गाँव में पैदा हुए। प्रख्यात भजनीक कवि पंडित लखमीचन्द (जिनके गुरु भान सिंह थे) के एक शिष्य थे लहणा सिंह। देखिए एक शिष्य ने अपने गुरु के बारे में क्या कहा है और किन सामाजिक मूल्यों व अच्छाइयों की ओर संकेत किया है—

दान, पुण्य, तप, त्याग बिना
मोहजाल जगत् तै छुटै नहीं
मोक्ष मिले बिन जीवन जगत् में
जन्म मरण तै हटै नहीं
लहणा सिंह लखमी का चेला
कह दिये खरे बोल जिसनै।

स्वयं लखमीचन्द ने अपने एक भजन में बताया है कि व्यक्ति को निजी व सामाजिक उत्थान के लिए कौन से कार्य करने चाहिए, कौन से नहीं, और देश से ग़द्दारी भी क्या-क्या दुष्परिणाम लाती है—

गद्दारी में देश छूट ज्या, भोगनी पड़ै गुलामी
झूठ बके तै जुबान रहै ना, घर म्हँ हो लाख आसामी
विषय भोग तै शरीर घटै, आ ज्या कितनी खामी
कुसंग करे न मिलै ठिकाणा, हो जाती बदनामी
ना इसी चीज जगत् म्हँ जामी, जो नहीं काल ने खाया
अनरीती म्हँ मान चला जा, झगड़े म्हँ धन माया।

पंडित लखमीचन्द का ही एक और भजन है—

मुक्ति मिलै न मतिमन्द मरले
लखमीचन्द मुफ्त में फिर ले

तू तज के तिरले त्रिदोष
थोड़ी थमा थमाई सै
तेज तप तत तकदीर का।

इस भजन में अनुप्रास अलंकार का सुन्दर प्रयोग करते हुए कवि ने विषय-वासनाओं, कुकर्म एवं कुबुद्धि के त्रिदोष छोड़कर भगवान की भक्ति के द्वारा भाग्य बनाने का मूल्य स्थापित किया है। अपने विभिन्न साँगों में पंडित जी ने विद्रोहिणी नारी की स्थिति का वर्णन करते हुए उसके प्रति अपनी सहानुभूति प्रकट की है, यथा—'नल-दमयन्ती' साँग में दमयन्ती जंगल में भटकती हुई कहती है—

तेरे बिना न मेरी दहशत भागै
पिया मेरे इस इस मौके मत त्यागै
मनैं पिता के घर पै देवत्याँ आगे पल्ला पकड़्या तेरा।

अब जरा लोक-कवि व भजनीक माँगे राम की इन पंक्तियों को देखिए—

टेक : *भजन करै तै इनसान का परलोक बण्या रहता है*
काम, क्रोध, मद, लोभ ने तज कै
प्रेम का प्याला पीज्या रज कै
जब संकट कटै जिहान का।

आगे कवि कहता है—

चाचा ताऊ कुटुम्ब कबीला
या सारी सै झूठी लीला
माँगे राम रहै जबर वसीला
जो सच्चा रहे जबान का
तब मर्द पणा रहता है।

उपरोक्त पंक्तियों में प्रेमरूपी प्याले को छक के पीने से संसार के संकट कटते हैं—यह जीवन मूल्य तथा बाद में वचन के पक्के और सच्चे आदमी को ही सच्चा मर्द माना जाना चाहिए—यह मूल्य स्थापित होता है। निश्चय ही दोनों मूल्य समाज के लिए आवश्यक हैं।

माँगे राम ने साँग भी लिखे और गाए। 'शकुन्तला-दुष्यन्त' उनका एक महत्त्वपूर्ण साँग है, जिसमें उन्होंने नारी के मंगलकारी रूप पर प्रकाश डाला है। शकुन्तला दुष्यन्त का परिचय प्राप्त करने के बाद जंगल में अकेले भटकने के प्रति सावधान करती है। वह कहती है—

यू मेरा जी तेरी ज्यान में, ये सोचै नै अपने ध्यान में।
तू तो एकला फिरै बियाबान में, आड़ै फिरैं भगेरे शेरे तेरी हदछाती।

आधुनिक युग-बोध के चलते माँगे राम जी ने अपने साँगों के द्वारा अंग्रेज सरकार की भी कड़ी आलोचना की और शहरी चकाचौंध तथा भोग-लिप्सा में डूबे

लोगों पर व्यंग्य-बाण भी चलाए। आज के युग में पैसे को ही सर्वाधिक महत्त्व दिया जाता है। इसकी अभिव्यक्ति देखिए—

टोटे के माँह बात बिगड़्ज्या, टोटे के माँह गात बिगड़्ज्या,
टोटे के माँह जात बिगड़्ज्या, मोरी टुक हो सै।

सरल और सरस होने के कारण उनकी रागणियाँ अभी तक लोकप्रिय बनी हुई हैं।

हरियाणा में भक्त रामकिशन व्यास (जिनका देहान्त अगस्त 2003 में हुआ) भजनों और साँग परम्परा के कवियों में महत्त्वपूर्ण स्थान रखते थे। उनकी कुछ पंक्तियाँ द्रष्टव्य हैं—

माणस की देह धारण करकै
शुभ कर्म करना चाहिए
माणस को हो ज्ञान
हैवान की तरियाँ नहीं फिरना चाहिए
दया धर्म सन्तोष धार कै
पापों से डरना चाहिए।

इनका प्रस्तुत किया हुआ सबसे प्रसिद्ध साँग है—'रूपकला जादूखोरी'। व्यास जी ने उन लोककथाओं पर साँग लिखे जो ग्रामीण जनता में लोकप्रिय हैं। रूपकला जादूखोरी में जहाँ प्रेम की सशक्त अभिव्यक्ति है, वहाँ लोक-जीवन की सटीक अभिव्यक्ति तथा पौराणिक आख्यानों एवं पात्रों का परिचय भी है। इस साँग में कवि ने शिव-पार्वती, ब्रह्मा-सावित्री, राम-सीता, विष्णु-लक्ष्मी, दुष्यन्त-शकुन्तला, नल-दमयन्ती आदि पौराणिक पात्रों का यथेष्ट परिचय दिया है। जब मनियारा सुजान रूपकला को छज्जे पर खड़ा देखता है तो उसके रूप का बखान यूँ करता है—

रूपकला ऐसी दिखे जणु शिव शंकर की पार्वती
चन्द्रमा की रोहणी सै जणु कामदेव की नार रति
सावित्री ब्रह्मा की गौरी जणु सुलोचना बिना पति
के या जनक दुलारी सै श्री रामचन्द्र की सिया सती।

प्राचीनता और नवीनता का समन्वय करते ऐसे साँगों को देखने-सुनने हजारों स्त्री-पुरुष साँग स्थल पर पहुँच जाते थे। उनके गीत व भजन आज भी चरवाहों और किसानों की जुबान पर सुने जा सकते हैं। लोक-जीवन में प्रचलित मुहावरों और लोकोक्तियों का भी उन्होंने खूब प्रयोग किया। उच्च कोटि के भक्ति काव्य में तो लौकिक प्रेम भी अलौकिक ऊँचाइयाँ छूने लगता है और यदि वह जनजीवन की जीवन्त भाषा में लिखा गया हो तो सामाजिक एकात्मता को भी सम्पृक्त एवं पुष्ट करता है। देवी-देवताओं का वर्णन तथा उसमें लौकिक प्रेम तथा भक्ति का समावेश काव्य को सामाजिक स्तर पर लाकर शृंगार रस से ओत-प्रोत भी कर देता है।

हरियाणा प्रदेश में रागणियों के गायकों में फ़ौजी मेहर सिंह का महत्त्वपूर्ण स्थान है, यद्यपि अल्पायु में ही इनका देहान्त हो गया। उनके एक भजन में जीवन-मूल्यों को अपनाने का यह आग्रह देखिए, जो इन्द्रियों द्वारा सम्पुष्ट है—

एक जीभ इन्द्री हो सै, मिठा बोलण सीखो
कान इन्द्री शब्द सुणन नै, बुद्धि तै तोलण सीखो
नैन इन्द्री धर्म जगह पै, घूमण और डोलण सीखो
एक गुप्त इन्द्री पर नारी पै, मतणा खोलण सीखो
इस मन पानी पै बस म्हँ कर ले और लगा दे ताला।

हर व्यक्ति का अपनी इन्द्रियों पर नियंत्रण बना रहे तो सामाजिक समरसता कैसे भंग हो सकती है।

मेहर सिंह के एक और भजन में श्रोताओं को सामाजिक-वैयक्तिक बुराइयों के विरुद्ध इस प्रकार आगाह किया गया है—

उताँ के म्हाँ कै ने सीख लहँ बुरी कार
नशेबाजी, जुआबाजी, तासबाजी करती त्यार
चोरी और बदमाशी सीखी, जब भी नहीं गई पार
जोड़-जोड़ रख लिया यो तेरा धन माल नहीं
सोच कै चाल मूर्ख, आज तेरी कहाल नहीं।

उपरोक्त भजन में व्यर्थ के धन संग्रह की प्रवृत्ति पर भी खूब व्यंग्य किया गया है। दरअसल मेहर सिंह एक प्रगतिशील लोक-कवि भी थे जिन्होंने आजाद हिन्द सेना में भी कार्य किया। उनके मन में किसानों और शोषितों के प्रति गहन सहानुभूति तथा शोषकों के प्रति घृणा थी। अभावग्रस्त किसान पर वह कहते हैं—

देख रोंगटे खड़े होंगे या मेरी छाती धड़कै
गरीब किसान की जिन्दगी क्यूँकर बितै सै मर पड़कै
गरमी म्हँ आकाश तपै सै कोरी आग बरसती।

साहूकार और किसान की विषमता का एक चित्र देखिए—

तेरी बीर ज्वार ढोवै, सेठानी सूँघै फूल बाग म्हँ
साहुकार के छौंक लगै, आलण पड़ै ना साग म्हँ।

परम्परागत रूढ़ियों और आडम्बरों पर कवि का प्रहार देखिए—

भगवाँ कपड़े भस्म रमाले इकतारा सा लेकै
बेरा न क्यूँ कित चाले जाँ जग का सहारा लेकै।

सामाजिक समरसता के प्रतिपादन के अतिरिक्त कवि गाय-बैल के प्रति अपनी प्रेम भावना को यूँ अभिव्यक्त करता है—

गत के बैल प्रेम तैं जोड़ो म्हँ बास करोगे
गऊ माता की सेवा तज कै आपणा नास करोगे।

पं. लखमीचन्द के शिष्य भक्त कवि लहणा सिंह का लहज़ा देखिए—

जीव ब्रह्म का रूप जगत् में
कदे गलै कदे कटै नहीं
शरीर बणौ शरीर मिटै
यू शरीर कदे डटै नहीं।

शरीर की नश्वरता और आत्मा की अमरता का गान करके लहणा सिंह ने अपने भजनों में आधुनिक सन्दर्भ भी लिये हैं और फैशन तथा विलासिता पर खूब तीखे कटाक्ष किए हैं—

जोत बात का टैम साँझ नै चित्रहार सुणै सारे
इलु इलु की गूँज महल म्हँ बारम्बार सुणै सारे
जाली वाले वस्त्र पहरैं, कर दियातोड़ पहरानी का
सैक्स नै समझैं चा पाणी, यू सुण ल्यो बात हैरानी का
नंगा पणा कती ख्याल रह्या ना, माँ बाप की इज्जत कान्हीं का।

(उपरोक्त रचनाओं में अंग्रेजी शब्दों का प्रयोग ध्यातव्य है)

समाज में जीवन-मूल्यों की रक्षा सर्वत्र व्याप्त अनैतिकता तथा उठने-बैठने, पहनने के गलत ढंग पर प्रहार करके भी की जा सकती है।

प्रदेश के मुस्लिम भक्त कवियों और साँगियों ने भी अपनी काव्य रचनाओं से प्रसिद्धि पाई। रोहतक जिले के जमुआ मीर की सौहार्द-भावना की परिचायक इन पंक्तियों को देखिए—

जग का करता एक देख, क्यों लड़ते हैं पंडत काजी
वही अलख वही अल्लाह है, झूठे कर दे झगड़े बाजी
वही करता वही करीम है, वही विष्णु वही बिस्मिल्लाह है
वही राम वही रहीम, वही ओम वही अल्ला है।

थानेसर (कुरुक्षेत्र) के अहमद बख्श थानेसरी ने साँग शैली में रामायण की रचना करके साम्प्रदायिक सद्‌भाव का परिचय दिया। सीता राम को देखकर आसक्त और व्याकुल हो जाती है, और कहती है—

लगन लगी प्रभु दरश की भूल गई सब काम।

हरियाणावासी कोई भी शुभ कार्य करने से पूर्व श्री गणेश जी की पूजा करते हैं। रामायण के आरम्भ में उक्त कवि ने भी यह वन्दना की है—

नमो गणेश नमो शारदा नमो हंस वाहिनी देव
नमो रामचन्द्रजी, नमो सिया नमो शक्ति नमो शैव।

इसी तरह दक्षिणी-पूर्वी हरियाणा के अलीबख्श ने श्री कृष्ण लीला आदि साँगों की रचना करके तथा महम (रोहतक) के मीर अल्लाह बन्द ने (जो विभाजनोपरान्त पाकिस्तान चले गए थे) भी लोकशैली में सामाजिक मूल्यों पर कलम चलाई है।

प्रदेश के कई नगरों-कस्बों में दरगाहें-मज़ार हैं, जहाँ हर वर्ष एक-दो बार उर्स तथा मेले लगते हैं। इनमें दूर-दूर से हिन्दू-मुस्लिम कव्वाल और शायर आकर देर रात तक अपनी सूफ़ियाना रचनाएँ व कलाम गाते-पढ़ते हैं तथा सामाजिक समरसता को बढ़ावा देते हैं। हिन्दू जनता भी इसमें खूब बढ़-चढ़कर हिस्सा लेती है तथा निष्ठा से सेवा-कार्य करती है। हालाँकि कट्टर हिन्दूवादी शक्तियाँ हिन्दुओं की इस उदारवादी प्रवृत्ति को पसन्द नहीं करतीं। मेरे गृहनगर कैथल में भी हिन्दू-मुस्लिम एकता का परिचायक एक दरगाह है जिसकी सेवा में रत मुखिया एक हिन्दू परिवार है। देशभर में जब बाबरी विध्वंस तथा गुजरात दंगों के बाद अशान्ति फैली तो कैथल में भी दरगाह पर हमले की योजना बनाई गई जिसे हिन्दू अनुयायियों ने अपनी सतर्कता व एकजुटता से विफल कर दिया। यहाँ तक कि जब कबूतर चौक के पास एक मस्जिद के साथ सटी दुकान में सत्रह-अट्ठारह मुस्लिम भाई फँस गए तो चारों तरफ से उन पर हिन्दू उग्रवादी टूट पड़ने को तैयार थे, तो हिन्दू दुकानदार ने सूझबूझ व चालाकी से एक दीवार में सेंध लगाकर उन सबकी प्राणरक्षा कर प्रशासन की मदद की। यह घटना दिखाती है कि सामाजिक समरसता की जागरूक शक्तियाँ उसके विपरीत कार्य करनेवाली शक्तियों से टक्कर लेने में कितनी सक्षम हैं।

इस प्रकार हम देखते हैं कि हरियाणा के अनेक प्रसिद्ध भक्त कवियों तथा उनके शिष्यों ने भजनों, साँगों तथा अन्य प्रकार की सकारात्मक रचनाओं द्वारा देश, समाज, परिवार तथा व्यक्तियों में पाई जानेवाली बुराइयों का प्रखर विरोध करके मन, बुद्धि एवं अन्तःकरण की शुद्धि पर बल दिया है ताकि मनुष्य शुभ कार्य करते हुए दया, धर्म व सत्संग को अपनाते हुए परिवार, देश व समाज की सेवा करे और सबसे बढ़कर वह प्रभु में ध्यान लगाए ताकि जीवन सफल हो जाए। इन रचनाओं में समाज सुधार की प्रवृत्तियाँ साफ झलकती हैं तथा सामजिक कल्याण एवं साम्प्रदायिक एकता की भी।

उपरोक्त लगभग सभी भक्त कवियों ने अपने-अपने ढंग से भक्ति की रचनाएँ भी कीं और समाज की समस्याओं पर प्रकाश डालते हुए सामाजिक एकात्मता बनाए रखने के प्रयास भी किए। किन्तु ये प्रयास उतने स्पष्ट तथा प्रखर नहीं थे—खासतौर पर स्त्री-विमर्श एवं दलित-विमर्श को लेकर—जितने समकालीन कवियों के हैं। विडम्बना यह है कि समकालीन कवि भक्ति साहित्य नहीं रचते, अतः उन्हें इस शोध-पत्र में शामिल नहीं किया जा सकता।

फिर भी एक भक्त कवि ऐसे हैं जो जाति से दलित थे। उन्होंने भक्ति काव्य रचते हुए दलितों की दुर्दशा पर भी तीखी व मार्मिक रचनाएँ रचीं और युगानुरूप नारी-विमर्श की रचनाएँ भी। यह कवि थे हरियाणा के अमर गायक महाशय दयाचन्द मायना। उनके प्रशंसक हरियाणा ही नहीं अपितु दिल्ली, मुम्बई, मध्य प्रदेश और हैदराबाद तक फैले हुए हैं। उन्होंने अपने जीवनकाल में 21 किस्से और

150 से अधिक फुटकल रागणियाँ लिखीं, जिनमें समाज सुधार, देशभक्ति, शिक्षा, दहेज, नशा, स्त्री चेतना आदि को आधार बनाया। उनके किस्सों में 'पूर्णिमा प्रकाश', 'नीलम-पुखराज', 'कवि कालिदास', 'नेताजी सुभाष चन्द्र बोस', 'ब्रिगेडियर होशियार सिंह', 'देवर-भाभी', 'सन्त माता शबरी भीलनी', 'राजा हरिश्चन्द्र', 'वीर हकीकत राय' और 'मोरध्वज दानी' हैं। उनकी कुल रागणियों की संख्या पाँच सौ से ऊपर जा बैठती है। इस दृष्टि से महाशय दयाचन्द मायना पंडित लखमीचन्द, पं. माँगे राम और बाजे भगत के समकक्ष कलाकार हैं। वह लगभग दो वर्ष तक आकाशवाणी रोहतक में स्वर परीक्षा समिति के सदस्य भी रहे। उनका जीवन काल 10 मार्च, 1915 से 20 जनवरी, 1993 तक रहा। सन् 1941 में महाशय जी मराठा एंटी-टैंक रेजीमेंट बेलगाँव डिपो में भर्ती हो गए। फौज में रहते उन्होंने अनेक देशों का भ्रमण किया तथा भाषा को निखारा। महाशय जी का मायना गाँव रोहतक से पाँच-छह कि.मी. दूर स्थित है। उनकी मूर्ति का अनावरण हरियाणा के वर्तमान मुख्यमंत्री के हाथों बहुत पहले हुआ था। उनकी कुछ रागणियाँ हरियाणवीं फिल्मों में भी ली गई हैं।

आइए अब उनकी काव्य कला के कुछ नमूने परख लिये जाएँ, जहाँ आप हरि भक्त भी पाएँगे तथा सामाजिक शक्ति भी—

यथा : *ये संसार हरि का बगीचा*
कोए पेड़ ऊँचा कोए नीचा
सब में नीर एक सा सींचा, हरि ने अपने हाथ रे।

तथा : *क्यों नफरत करता मनुष्याँ से*
खोया जागा नाम जहाँ से
बड़े-बड़े चले गए यहाँ से, थारी क्या औकात रहे।

देशभक्ति का नमूना इन वीरों की कुर्बानी में देखिए—

महाराणा प्रताप वीर बहुत कष्ट ठाता रहा
जंगल पहाड़, झाड़ियाँ मैं ठोकर न्यूए खाता रहा
कन्द, फूल, फल खाके नै, जीवन को बिताता रहा
वीर शिवाजी मरहेठे नै, कभी न झुकाई स्यान
मुगलों के ना काबू आया, देश पै खो दी ज्यान
हरि सिंह बन्दा बैरागी, देश पै हुए बलिदान।

देश के मजदूरों के साथ सहानुभूति तथा धर्म प्रेम देखिए—

देश के मजदूरों का कुछ चाहिए सै इन्तजाम हो
सबकी खातिर हिल्ला रोजी, करणे खातिर काम हो
कमर कसी तो ढील किसी, तेरी मुट्ठी के मै दाम हो
गऊशाला के दरवाजे पै, तेरा पत्थर के मैं नाम हो

आते-जाते पढ़ैं मुसाफिर, लिखा राम-राम हो
धर्म का प्रचार सारै, शहर कस्बे आम हो।

ब्राह्मणों के मन में दलितों के प्रति भेदभाव पर कटाक्ष भी देखिए—

उसने ब्राह्मण मत समझो, जो भीतरले मैं पाप राखै

अछूत और चंडाल कहै, ऊपर तै तन साफ राखै
दुनिया नै भकावै पापी, झूठे हर के जाप राखै।

कर्म ही से ऊँचा हो ज्या, कर्म ही से नीच हो सै
उस परमेश्वर के घर पै, सबका एक ठाण खूँटा सै।

सच्चा कहणा सच्चा सुणना, यो माणस का धर्म हो सै
अछूत और चंडाल जाण, जीव आत्मा ब्रह्म हो सै
मूर्खां नै बेरा कोन्या, ऊँचा अपना कर्म हो सै।

अब देखिए कि कैसे एक जागरूक बेटा अपने पिता से प्रगतिवादी विचार अपनाने को कहता है—

पहले आली बात पुराणे ख्याल बदलने होंगे
ऊँच-नीच के शब्द पिता, फिलहाल बदलने होंगे।

कलकत्ते और बम्बई, दिल्ली आगेर में फून करा दो
नीच कहे न कोई, सारे ये लागू कानून करा दो
कानून के तोड़णियाँ का, पीस कै नै चून करा दो।

मजदूरों की दिहाड़ी खा खा, भारी भारी सेठ होंगे
खून गरीबाँ का पी पी कै, मोटे मोटे पेट होंगे।

जो माणस ते नफरत करते, उन स्याणा की जरूरत कोन्या
मुँह में राम बगल में छुरा, बुग बाणा की जरूरत कोन्या।

जन्म के साथ ही नारी की दुर्दशा का एक चित्र देखिए—

जन्म धार के सुख ना देख्या, दुख दूर दिन तै ठाया
हम जाणै थी घट जाग्या, दुख हो सै रोज सवाया
बेटी करके डाट लिए सब, शरण आप की आई।

घरेलू शान्ति हेतु वह हठी नारी को रूठे पति के साथ राजीनामा करने की सलाह देते हैं—

बीर मर्द के झगड़े की हाँसी, सतगामा कर ले
बालम तै ना रूस्या करदे, राजीनामा कर ले।

भक्त कवि जीवन की नश्वरता के दृष्टिगत वह गुरु सेवा का उपदेश यूँ देते हैं—

चार आदमी लाग कै, नजदीक पहुँचा देंगे आग कै
या काया जलज्या, बल ज्या, रल ज्या, टोही स्यान न मिलै
चरण मैं सोइये, रोइये, टोहिए, गुरु बिन ज्ञान न मिलै।

उनकी वंचितों व गरीबों के प्रति उनकी सहानुभूतिपूर्ण चिन्ता देखिए—

माड़ी कार बुरी करणी आँख्याँ के स्याहमी आज्यागी
ये गरीब सताए ज्याँगे तै फेर गुलामी आ ज्यागी।

"इस प्रकार स्पष्ट है कि विचारधारा, चिन्तन की प्रक्रिया, निर्णय क्षमता, सबल मन:स्थिति, गुण, दुर्गुण सब उनके आन्तरिक व्यक्तित्व के अंग हैं। महाशय दयाचन्द जी बेहद निर्भीक, स्वाभिमानी, मौलिक चिन्तक तथा समाजसुधारक मन:स्थिति के कवि थे।"—डॉ. राजेन्द्र बड़गूजर, सम्पादक, महाशय दयाचन्द मायना ग्रन्थावली।

अब तक जितने भी भक्त कवियों के सन्दर्भ दिए गए हैं, लगभग सभी ने भक्ति के महत्त्व के साथ-साथ सामाजिक समरसता एवं सुधारों पर पर्याप्त बल देकर लोक-कल्याण हेतु जनजागरण की जिम्मेदारी निभाई है। वे अधिकतर ग्रामीण समाज तक सीमित रहे। किन्तु हरियाणा के परम्परावादी समाज में कुछ ऐसी बुराइयाँ भी रही हैं जिन पर उन भक्त कवियों ने खुलकर कलम नहीं चलाई। वे शायद उन्हें जानबूझकर अनदेखा कर गए ताकि कहीं वे कुछ प्रचलित मान्यताओं का विरोध करते हुए प्रतीत न हों और उनकी लोकप्रियता भी बनी रहे और रोजी-रोटी भी।

यहाँ मेरा संकेत ग्रामीण समाज में प्रचलित गोत्र-विवाह के सन्दर्भ में कुछ प्रतिबन्धों की ओर है। खाप पंचायतें जहाँ एक ओर सामाजिक ताने-बाने को सुरक्षित बनाए रखने का कार्य चाहे करती रही हों, किन्तु प्रेमी जोड़ों को अत्यन्त क्रूर रूप से दंडित करने तथा उनके परिवारों को प्रताड़ित-निर्वासित करने के कारण उन्होंने हरियाणा की शान्त, प्रभु-प्रिय छवि को कलंकित भी किया है।

दूसरा संकेत हरियाणवी सवर्ण समाज में दलितों के प्रति दुराग्रह की ओर है। अभी भी दलितों पर अत्याचार होते हैं। उनके पानी भरने के कुएँ अलग हैं, चौपालें अलग हैं। अभी भी वे गाँवों के एक किनारे मलिन परिस्थितियों में रहने को विवश हैं। उनके साथ सामाजिक सम्बन्धों और समरसता की बात तो सपने में भी नहीं सोची जा सकती। खेद है कि प्रेम और मानवीयता के पक्षधर भक्ति के ठेकेदारों ने इस ओर ध्यान नहीं दिया, केवल दयाचन्द मायना को छोड़कर।

जहाँ तक हरियाणा के नगरीय समाज का सम्बन्ध है, वह अपनी सोच में कुछ उदारवादी जरूर है। इसका कारण उनके बड़े व्यापक स्तर पर ऐसे-ऐसे भक्ति

संस्थानों से जुड़ना है जो उदारवादी राष्ट्रीय एवं अन्तर्राष्ट्रीय सोच तथा प्रचार-प्रसार तंत्र रखते हैं। जैसे आर्यसमाज (हालाँकि गाँवों में भी आर्यसमाज का प्रभाव है), ब्रह्मकुमारीज, आर्ट-ऑफ लिविंग, राधास्वामी सम्प्रदाय, ओशो संस्थान, इस्कॉन, पतंजलि योगपीठ के बाबा रामदेव, सुधांशु महाराज, बापू आशाराम, कृपालु जी महाराज इत्यादि।

डॉ. रामकुमार वर्मा ने अपने एक निबन्ध में भक्ति साहित्य के महत्त्व का निष्कर्ष इन शब्दों में निकाला है—

"जब धर्म के मानदंडों में नवीन परिवर्तन हो रहे थे और उसे अनेक परिस्थितियों से संघर्ष करना पड़ रहा था, उस समय सन्त सम्प्रदाय तथा भक्ति साहित्य ने धर्म का ऐसा स्वाभाविक, व्यावहारिक और विश्वासमय रूप उपस्थित किया कि वह विश्वधर्म बन गया और शताब्दियों के लिए जनजागरण का सन्देश लेकर चला। उसने अन्धविश्वासों को तोड़कर समाज का पुनः संगठन किया, जिसमें ईर्ष्या-द्वेष के लिए कोई स्थान नहीं था।"

हरियाणा के सन्दर्भ में उपरोक्त निष्कर्ष अथवा कसौटी पर भक्ति साहित्य की भूमिका का पुनर्मूल्यांकन करें तो कोई बहुत बड़ी आशा नहीं बँधती कि अन्धविश्वास और अमानवीय परम्पराएँ टूटेंगी तथा सवर्णों-दलितों के बीच बहुत मधुर सम्बन्ध पनपेंगे, जिनमें ईर्ष्या, द्वेष अथवा हिंसा का कोई स्थान नहीं होगा। इन क्षेत्रों में प्रदेश का शायद भक्ति साहित्य भी बहुत अधिक समरसता लाने में विफल रहेगा, क्योंकि राजनीतिक एवं आर्थिक वर्चस्व की जातिवादी शक्तियाँ अधिक बलशाली हैं।

सहायक ग्रन्थ

- हरियाणा की लोकधारा, कुरुक्षेत्र विश्वविद्यालय प्रकाशन।
- कशफ, शोध पत्रिका, भक्ति आन्दोलन और समाज सन्दर्भ विशेषांक, दिसम्बर 2009, विभोर प्रकाशन, अमृतसर।
- बंदई दर्पण, अखिल भारतीय बाबा बन्दा बहादुर सिंह व सम्प्रदाय पत्रिका, जम्मू-कश्मीर से प्रकाशित।
- पंचम-षष्ठ आगमित (साहित्य शोध वार्षिकी), प्रकाशक आगमित साहित्य सभा, लुधियाना।
- लोक साहित्य की प्रासंगिकता, राष्ट्रीय संगोष्ठी स्मारिका, जन भागीदारी समिति शासकीय महाविद्यालय, मुलताई, जिला बैतूल (म.प्र.)।
- प्रस्तावित महाशय दयाचन्द मायना ग्रन्थावली, सम्पा. डॉ. राजेन्द्र बड़गूजर, हिन्दी विभाग, आर.के.एस.डी. कॉलेज, कैथल।
- साहित्यिक निबन्ध, सन्त काव्य, अशोक प्रकाशन, दिल्ली।
- शिक्षा व धर्म संस्कृति, मासिक पत्रिका, नरवाना (हरियाणा)।

केरल में समाज-सुधार आन्दोलन

(एस.एन.डी.पी. योगम् और श्रीनारायण गुरु के सन्दर्भ में)

बजरंग बिहारी तिवारी

उन्नीसवीं सदी के उत्तरार्ध में लगभग समूचे भारत में नवजागरण की जो लहर चली उसने समाज और संस्कृति को गहरे में प्रभावित किया। मध्यकालीन भक्ति आन्दोलन के दौरान सामाजिक पुनर्गठन और परम्परा-परिष्कार के जो प्रयत्न प्रारम्भ हुए थे, वे क्रमशः शिथिल पड़ते गए थे। समाज एक बार पुनः उस स्थिति में पहुँच गया था जहाँ उसे नवचेतना की बेहद आवश्यकता थी। आधुनिक मनीषियों ने इस आवश्यकता को समझा और तदनुरूप अपनी भूमिका निर्धारित की। केरल के श्रीनारायण गुरु (1855-1928) समाज को दिशा देनेवाले मनीषियों में एक थे। उन्होंने धर्म के सुधार के जरिए समाज को बेहतर बनाने की सार्थक कोशिश की। उनके प्रयत्नों से मलयाली समाज में परिवर्तन की हलचल को रूपाकार मिला। अपने सहयोगियों डॉ. पाल्पू तथा कुमारन आशान के साथ मिलकर उन्होंने एस.एन.डी.पी. योगम् (1903) के जरिए जनाकांक्षाओं को सुव्यवस्थित और संगठित अभिव्यक्ति दी। धर्म का 'जनतंत्रीकरण', शिक्षा का प्रसार, सहभोज, अन्तरजातीय और अन्तरधार्मिक विवाह को प्रोत्साहन योगम् के मुख्य उद्देश्य थे। प्रस्तुत पर्चे में हम इस पूरे ऐतिहासिक दौर का किंचित् विस्तार से अध्ययन करेंगे। यह पर्चा वस्तुतः केरल पर किए जा रहे अध्ययन का एक अंश है।

त्रावणकोर के राजा मार्तंड वर्मा (1729-1758) ने अत्यन्त विषम परिस्थितियों में गद्दी सँभाली। शुरू में उनका राज्य एक छोटे से दायरे में सीमित था। सेना और प्रशासन में पारम्परिक रूप से नायरों का बाहुल्य था। नायर अधिकारी और सेनाध्यक्ष राजा के विरोधी हो चले थे। मार्तंड वर्मा ने स्थापित मर्यादा को ताक पर रख आठ प्रमुख नायर विद्रोहियों को मौत के घाट उतार दिया और उनकी स्त्रियों तथा आश्रितों को मछुआरों के हाथ बेच दिया।[1] अपने समूचे शासन काल में राजा के नायरों से सम्बन्ध अच्छे नहीं रहे। सेना में यद्यपि नायर हमेशा की तरह बहुसंख्यक ही रहे, लेकिन महत्त्वपूर्ण प्रशासनिक पदों पर मार्तंड वर्मा ने तमिल ब्राह्मणों को बैठाया। दीवान का पद भी इन्हें मिलता रहा। नायरों के लिए यह स्थिति कष्टकारी थी।

असन्तोष भीतर ही भीतर पनपता रहा। गैर-मलयाली 'विदेशी' ब्राह्मणों से निजात पाने की तरकीबें खोजी जाती रहीं। मार्तंड वर्मा की मृत्यु के बाद नायरों और 'विदेशी' ब्राह्मणों में खटास बढ़ गई।

थोड़े विलम्ब से सही, मगर नायरों ने शिक्षा का महत्त्व पहचाना। नायरों में एम.ए. करनेवाले पहले व्यक्ति पी. तनु पिल्लै (जन्म 1854) थे। पिल्लै ने 1880 में एम.ए. किया था। वे पहले महाराजा कॉलेज के अध्यापक थे, बाद में दीवान ऑफिस के मैनेजर बनाए गए। अपनी मृत्यु 1902 तक पिल्लै नायरों के भरोसेमन्द नेता और प्रबुद्ध संगठनकर्ता रहे। उनकी प्रेरणा से सबसे पहले नायरों का सांस्कृतिक संगठन 'मलयाली सोशल यूनियन' (1870) अस्तित्व में आया। 1883 में तनु पिल्लै के किलों (जिले) में ट्रांसफर होने के बाद यह संगठन भी निष्क्रिय हो गया। इस समय तक नायरों में पढ़े-लिखे युवकों का एक छोटा-सा दल बन गया था। लम्बे समय से चली आ रही कई प्रथाएँ अब इस दल को लज्जाजनक लगने लगी थीं। इनमें से एक प्रथा 'तालि' बाँधने की थी। बचपन में ही दूल्हे द्वारा लड़कियों के गले में सोने की एक छोटी-सी पत्ती बाँध दी जाती थी। यह लड़की के 'विवाहित' होने का सबूत था। ब्राह्मण क्योंकि अधिकार-सम्पन्न थे, इसलिए वे भी 'सम्बन्धम्' के लिए 'तालि' बाँधा करते थे। 'तालि' ब्राह्मण स्त्रियों में नहीं बाँधा जाता था। इसके लिए सिर्फ नायर स्त्रियाँ ही विहित थीं। 'तालि' बाँधने के बाद वह स्त्री उनकी 'पत्नी' हो जाती थी। हालाँकि, उसका औपचारिक पति कोई नायर ही हुआ करता था। एक स्त्री को एक से अधिक ब्राह्मण 'तालि' बाँध सकते थे। यह प्रथा पूरी तरह से ब्राह्मणों के अनुकूल थी। 'सम्बन्धम्' से यौनेच्छा की पूर्ति की जाती थी लेकिन उत्पन्न सन्तान/सन्तानों का जिम्मा नहीं लिया जाता था। वास्तव में, सन्तान पर सिर्फ माँ का अधिकार हुआ करता था औपचारिक या अनौपचारिक पिता (ओं) का नहीं।

'नई शिक्षा' से जुड़े नायर युवकों ने इस प्रथा के उन्मूलन का सफल अभियान चलाया। तनु पिल्लै के त्रिवेन्द्रम से चले जाने के बाद सी. कृष्ण पिल्लै ने नेतृत्व सँभाला। उन्होंने 'मलयाली सभा' की स्थापना की। यह सभा 1884 के आस-पास अस्तित्व में आई।[2] इस सभा का उद्देश्य था मलयाली समुदाय का कल्याण। यह कल्याण जिन तरीकों से किया जाना था, वे थे—'पश्चिमी ज्ञान का प्रसार, स्त्री शिक्षा को प्रोत्साहन और विवाह-व्यवस्था में सुधार।'[3] सभा ने 1886 के शुरू में एक समाचार-पत्र 'मलयाली' का प्रकाशन शुरू किया। इसके सम्पादक सी.वी. रामन पिल्लै (1858-1922) थे। रामन पिल्लै ने ही मलयालम का पहला ऐतिहासिक उपन्यास 'मार्तंड वर्मा' (1891) लिखा था। 'मलयाली सभा' ने शिक्षा के क्षेत्र में ज्यादा काम किया। 1887 तक सभा के लगभग नौ सौ सदस्य थे। इसकी चौदह शाखाएँ थीं और इसके द्वारा संचालित स्कूलों की संख्या 25 थी। एक व्यापारिक

कम्पनी भी इसके अन्तर्गत थी जिसकी वार्षिक कमाई पाँच हजार रुपए थी।[4] सभा के सदस्य ब्राह्मण-वर्चस्व से चिढ़े हुए थे। उन्होंने गैर-मलयाली ब्राह्मणों पर खासकर निशाना साधा। इस बीच एक तेज-तर्रार नायर ग्रेजुएट जी. परमेश्वरन पिल्लै (1864-1903) ने छद्म नाम से अखबार में लेख प्रकाशित किराए। इसमें उन्होंने ब्राह्मण-सत्ता, राजसत्ता और विशेषकर ब्राह्मण दीवान पर करारा प्रहार किया। परमेश्वर के पिता एक गैर-मलयाली ब्राह्मण थे। 'मलयाली सभा' की गतिविधियों से सरकार नाराज हो गई। इसके प्रमुख कृष्ण पिल्लै का स्थानान्तरण त्रिवेन्द्रम से मवेलिकर कर दिया गया। सभा की गतिविधियाँ फिर भी नहीं रुकीं।

सरकार को अपनी माँगों से परिचित कराने के उद्देश्य से सभा ने 'मलयाली मेमोरियल' की योजना बनाई। मेमोरियल का ड्राफ्ट 1890 में तैयार हुआ। यह ड्राफ्ट बड़े पैमाने पर लोगों तक ले जाया गया। वैसे तो यह मुख्यत: नायरों का नायरों के लिए तैयार किया गया मेमोरियल (मेमोरेंडम) था, लेकिन इसे सभी मलयालियों का प्रतिनिधि स्वर बनाने की सफल कोशिश की गई। ईषवों को इससे जोड़ा गया, लैटिन और सीरियन ईसाइयों को और एंग्लो इंडियंस के साथ कुछ नम्बूदरी ब्राह्मणों को भी। मेमोरेंडम में माँग की गई कि सार्वजनिक प्रशासन के पद सभी (देसी) लोगों के लिए खुले रखे जाएँ और जाति, वर्ग या धर्म के आधार पर कोई भेदभाव न किया जाए। मेमोरेंडम में 'विदेशी' ब्राह्मणों के आधिपत्य का विरोध किया गया।[5] इसमें माँग की गई कि 'त्रावणकोर के मूलवासी' कौन हैं, इसे परिभाषित करने के लिए एक रेगुलेशन लाया जाए। कुछ इस तर्ज पर जैसी ब्रिटिश सरकार की 'भारत की नेटिव' की परिभाषा है।[6] मेमोरेंडम में ईषवों की शोचनीय स्थिति और प्रशासन में उनकी कोई मौजूदगी न होने का प्रश्न भी शामिल किया गया है।

इस मेमोरियल पर दस हजार लोगों ने दस्तखत किए। प्रिंटिंग की समुचित व्यवस्था न होने के कारण केवल 250 दस्तखत ही टंकित हो सके और यही बचे रह पाए।[7] यह मेमोरियल जनवरी 1891 में महाराजा को भेजा गया। तीन महीने तक इसका कोई उत्तर नहीं मिला। दीवान रामाराव ने अप्रैल में सरकार की ओर से प्रतिक्रिया दी। रामा राव स्वयं गैर-मलयाली (तमिल) ब्राह्मण थे। सरकार की नीतियों का समर्थन करते हुए उन्होंने कहा कि सरकारी पदों पर नियुक्ति की प्रक्रिया में कोई दोष नहीं है। ईषवों के सवाल पर उन्होंने कहा कि उनमें (ईषवों में) अभी शिक्षा का समुचित प्रसार नहीं हो पाया है इसलिए उन्हें प्रशासनिक पद नहीं दिया जा सकता। लगभग चार लाख ईषवों में केवल दो के पास यूनिवर्सिटी डिग्री है।[8] घाव पर नमक लगाते हुए उन्होंने यह भी जोड़ा कि सरकार इस बात से आश्वस्त है कि ईषव न तो उच्च शिक्षा के लिए व्यग्र हैं और न ही सरकारी नौकरियों के लिए। मेमोरियल के आयोजकों ने संख्या बढ़ाने के लिए उनके नामों का दुरुपयोग किया है।[9] इस उत्तर ने ईषवों को उद्वेलित कर दिया। इसी बीच गैर-मलयाली ब्राह्मणों की

ओर से एक 'काउंटर (प्रति) मेमोरियल' सरकार को सौंपा गया। इसके नेताओं में त्रावणकोर हाइकोर्ट के वकील ई. रामियर और आर. रामनाथ राव थे। इनका कहना था कि नियुक्ति का आधार मेरिट होनी चाहिए, न कि जन्मस्थान।[10] तमिल ब्राह्मणों के अलावा इस मेमोरियल पर मुस्लिम व्यापारियों, सीरियनों, नम्बूदरियों, वेल्लालों और कुछ नायरों ने भी हस्ताक्षर किए थे। इस मेमोरियल के आयोजकों ने समर्थन जुटाने के लिए सघन बैठकें कीं। उनका दावा था कि उनके मेमोरियल पर सत्ताईस हजार लोगों ने हस्ताक्षर किए हैं। रॉबिन जेफ्री का अनुमान है कि यह संख्या एक हजार रही होगी।[11] अपनी सभाओं में 'काउंटर मेमोरियल' के नेता 'मलयाली मेमोरियल' को 'नायर मेमोरियल' कहा करते थे और दूसरी तरफ 'मेमोरियल' के नेता 'फॉरैन ब्राह्मणों' से त्रावणकोर को छुटकारा दिलाने का आह्वान करते थे। इनमें परमेश्वन पिल्लै जैसे वक्ता 'ईषवों की सामाजिक दुरवस्था' पर भी टिप्पणी करते थे। बैठकों की बढ़ती बारम्बारता ने त्रावणकोर सरकार को चिन्तित कर दिया। सरकार ने 30 जून, 1891 को आदेश जारी कर सरकारी कर्मचारियों के इन बैठकों में भाग लेने पर प्रतिबन्ध लगा दिया।[12] 'मेमोरियल' और 'काउंटर मेमोरियल' का ठोस नतीजा भले ही कुछ न हो मगर इस बहस-मुबाहिसे को अखबारों—'मद्रास मेल', 'त्रावणकोर टाइम्स', 'मलयाला मनोरमा', 'द हिन्दू', 'स्टैंडर्ड' ने पर्याप्त जगह दी। तमाम हित-समूहों को इससे एक सीख तो मिली ही कि संगठित होकर समाज व सरकार का ध्यान अपनी ओर खींचा जा सकता है। इस ओर अछूत ईषवों ने पहले पहलकदमी की।

एक जाति के रूप में सर्वाधिक संख्या ईषवों की थी। इनमें कई उपजातियाँ थीं। इसलिए इन्हें एक जाति कहने की बजाय जाति-समूह कहना उचित होगा। ईषवों पर सामाजिक निर्योग्यताएँ लदी थीं। सन् 1875 में उनकी संख्या चार लाख के करीब थी। शिक्षित ईषव सिर्फ तीन प्रतिशत थे। सरकारी नौकरियों में उनका प्रतिनिधित्व शून्य था। 1891 की जनगणना के अनुसार शिक्षितों का प्रतिशत बढ़कर बारह हो गया। सरकारी नौकरी में वे अभी भी नहीं जा सकते थे।[13] ईषवों को पहली बार संगठित करनेवाले और उनमें आन्दोलन-भावना पैदा कर दिशा देनेवाले डॉ. पी. पाल्पू (1863-1950) थे। पाल्पू का जन्म त्रिवेन्द्रम में हुआ था। पिता मिशनरी स्कूल में अंग्रेजी शिक्षा प्राप्त थे। उन्होंने अपने दोनों बेटों को पढ़ाया। बड़े बेटे पी. वेलायुधन महाराजा कॉलेज त्रिवेन्द्रम में एडमीशन पानेवाले ईषव समुदाय के पहले व्यक्ति थे। पाल्पू ने इसी कॉलेज से 1883 में मैट्रिक किया। वे मेडिकल कोर्स करना चाहते थे लेकिन ईषव होने के कारण उन्हें मना कर दिया गया। तब उन्होंने मद्रास में मेडिसिन की पढ़ाई की। उन्हें त्रावणकोर में जाति के चलते नौकरी नहीं मिली। मैसूर रियासत अंग्रेजों के सीधे शासन में थी। यहाँ डॉ. पाल्पू नियुक्त हुए। ईषवों की लड़ाई लड़ना उन्होंने अपने जीवन का ध्येय बना

लिया। उन्होंने त्रावणकोर के दीवान एस. शुंगरसूबेर को 1895 में एक लम्बा 'पेटिशन' दिया। अंग्रेजी में लिखित इस याचिका में उन्होंने ईषवों की दुर्दशा का विस्तार से ब्योरा दिया। उनका कहना था कि अगर ईषव पढ़ना या सरकारी नौकरी पाना चाहते हैं तो राज्य ने उनके सामने सिर्फ एक विकल्प खुला छोड़ा है और वह है धर्मान्तरण का।[14] याचिका पर सरकार की तरफ से कोई प्रतिक्रिया नहीं मिली। कई बार रिमाइंडर दिए गए। अन्ततः आठ महीने बाद वे स्वयं त्रिवेन्द्रम जाकर दीवान से मिले। दीवान ने भरोसा दिलाया कि शिक्षित और योग्य ईषवों को पद की अर्हता के आधार पर राजस्व विभाग छोड़कर शेष सभी विभागों में नौकरी देने पर विचार किया जा सकता है। यह भी कहा कि ईषवों के लिए अलग से सरकारी स्कूल खोले जाएँगे। दीवान के आश्वासन के तुरन्त बाद शिक्षित ईषव युवकों ने नौकरियों के लिए आवेदन किया। वे सब ग्रेजुएट थे। उनसे कहा गया कि कोई जगह ही खाली नहीं है। सरकारी रवैए से दुखी डॉ. पाल्पू ने ईषवों को संगठित करना तेज किया। उन्होंने 'ईषव सभा' की स्थापना की। लेकिन यह सभा विफल रही। 1891 वाले मेमोरियल की तर्ज पर डॉ. पाल्पू ने एक मेमोरियल तैयार किया। इस पर कुल 13,176 ईषवों के दस्तखत थे। इनमें 5,665 लोग टैक्स अदा करनेवाले व्यक्ति थे। मेमोरियल में दावा किया गया कि ईषव अन्य जातियों से ज्यादा टैक्स भरते हैं। इसके बावजूद सरकारी स्कूल उनके लिए निषिद्ध हैं और योग्य होने के बावजूद उन्हें नौकरी नहीं दी जाती। 3 सितम्बर, 1896 को यह याचिका त्रावणकोर महाराजा को दी गई और फिर इसे मद्रास के समाचारपत्रों में प्रकाशित कराया गया।

इस पेटिशन को 'ईषव मेमोरियल' कहा जाता है। मेमोरियल की भाषा अत्यन्त विनम्र थी। मेमोरियल में सरकारी आँकड़ों (1891 की जनगणना) के आधार पर मुद्दे उठाए गए। जनगणना के अनुसार ईषवों में पचीस हजार लोग शिक्षित थे लेकिन किसी को पाँच रुपए की नौकरी भी नहीं मिली थी। मेमोरियल लेखक ने यह भी कहा कि महाराजा का धर्म और हमारा (ईषवों का) धर्म एक है। 'उनका अनुरोध था कि उन्हें धर्म छोड़ने पर मजबूर न किया जाए।'[15] इस मेमोरियल की दो मुख्य माँगें थीं—सरकारी स्कूलों में ईषव बच्चों को प्रवेश दिया जाए और शिक्षित (ईषव) युवकों के लिए सरकारी नौकरियों के दरवाजे खोले जाएँ। इन माँगों पर तत्कालीन दीवान शंकर सुब्बय्यन का जवाब था कि जातिगत अन्तर 'प्राचीन हिन्दू समाज' की वास्तविकता है और सरकार सामाजिक प्रथाओं व सामंजस्य को बिगाड़ना नहीं चाहती।[16] सरकार के इस रवैए ने जागरूक ईषवों को व्यथित किया और साथ ही दूसरे रास्तों की खोज के लिए बाध्य भी।

शिकागो की धर्म-संसद से लौटे विवेकानन्द की मुलाकात डॉ. पाल्पू से हुई। विवेकानन्द ने पाल्पू को संगठन बनाने की सलाह दी, साथ ही कहा कि संगठन का

मुखिया किसी संन्यासी को ही बनाया जाना चाहिए। भारत में किसी संगठन की स्वीकृति और सफलता इसके बिना सम्भव नहीं।[17] डॉ. पाल्पू ने श्रीनारायण गुरु में ईषवों का सुरक्षित भविष्य देखा। श्रीनारायण गुरु (1855-1928) त्रिवेन्द्रम के पास एक साधारण ईषव परिवार में पैदा हुए थे। उनके पिता पारम्परिक अध्यापक— 'आशान' थे और थोड़ी खेती भी करते थे। उन्होंने बचपन में मलयालम, तमिल और संस्कृत की शिक्षा पाई। 1877 में किलों जिला के एक सम्पन्न ईषव परिवार द्वारा संचालित संस्कृत विद्यालय में पढ़ने गए। चार साल बाद (1881) शिक्षा ग्रहण कर जब वे लौटे तो उन्होंने पाठशाला खोली। उन्हें नानु आशान कहा जाने लगा। उनकी इच्छा के विरुद्ध विवाह कर दिया गया। 1884 में माता-पिता की मृत्यु के बाद उन्होंने पत्नी को छोड़ दिया और ज्ञान तथा अध्यात्म की खोज में भटकने लगे। संन्यासी के रूप में उनकी ख्याति समूचे इलाके में फैल गई। इसी दौरान उनकी भेंट एक नायर संन्यासी चत्तम्पी स्वामिकल (1855-1924) से हुई। चत्तम्पी स्वामिकल ब्राह्मण सर्वोच्चता के विरोधी थे। उनका कहना था कि गृहस्थ भी मोक्ष पा सकते हैं। और संन्यास का अर्थ घर त्याग करना नहीं है।[18] कहा जाता है कि श्रीनारायण गुरु ने चत्तम्पी को अपने मार्गदर्शक के रूप में स्वीकार किया।[19] योग की शिक्षा उन्हीं से ली। सन् 1887 में नारायण गुरु ने अरुविप्पुरम में शिव मन्दिर की स्थापना की। अवर्णों को मन्दिर प्रवेश की मनाही से उनमें जो कसक बनी रहती थी, दूर हुई। श्री नारायण गुरु ने उक्त मन्दिर में 1888 में शिवलिंग की प्रतिष्ठा की। मन्दिर निर्माण और मूर्ति प्रतिष्ठा का यह अधिकार अभी तक सिर्फ ब्राह्मणों को मिला हुआ था। जब उनसे ब्राह्मणों ने परम्परा के उल्लंघन की बाबत प्रश्न किया तो गुरु का जवाब था, "मैंने ब्राह्मण शिव की नहीं, ईषव शिव की स्थापना की है।"[20] गुरु ने ईषवों को हर उस पहचान से मुक्त करने की कोशिश की जो उन्हें निम्न स्तर का साबित करती थी। विद्वानों ने इसे ईषवों के संस्कृतीकरण की प्रक्रिया कहा है।[21] अपने अध्ययन में फिलिप्पो ओसेला और करोलिन ओसेला ने पाया कि ईषवों के संस्कृतीकरण की यह प्रक्रिया नारायण गुरु से आधे दशक पहले शुरू हो चुकी थी। इस परिघटना के जन्मदाता थे कलस्सेरिल वेलायुथन पणिक्कर (1825-75)। उन्होंने अविप्पुरम शिव मन्दिर से 34 वर्ष पहले एक तटीय गाँव मंगलम् में 1854 में ईषव शिव मन्दिर की स्थापना की थी। वेलायुथन पणिक्कर ऊँची कद-काठी के प्रभावशाली और निर्भीक व्यक्ति थे। अपने क्षेत्र में उन्होंने ईषवों पर लादे गए प्रतिबन्धों को तोड़ा था और सार्वजनिक सड़क का स्वयं तथा अन्य ईषवों द्वारा इस्तेमाल किया/करवाया था। वक्ष ढकनेवाले विवाद के दौरान उन्होंने ईषव स्त्रियों को आदेश दिया था वे सरकार के कानून की और समाज की परम्परा की परवाह किए बिना अपनी छाती ढँकें। इसके लिए उन्होंने वस्त्र भी बँटवाए थे। सभी अवर्ण स्त्रियों को यह वस्त्र दिए गए थे। जब कुछ सवर्णों ने अवर्ण स्त्रियों के कपड़े

फाड़कर उन्हें धमकाने की कोशिश की तो पणिक्कर ने उन्हें अपनी तलवार से काट डाला था। शिव पूजा की वैदिक पद्धति सीखने के लिए वे सर्वाधिक कट्टर मन्दिर गुरुवायूर गए थे। ब्राह्मण का भेस बनाकर उन्होंने दस दिनों तक पूजा और देवों की प्राण-प्रतिष्ठा की विधि सीखी। जब उनकी पहचान हुई तो वे पहचाननेवाले ब्राह्मण को एक झोला सोना देकर भाग आए। उनका पीछा किया गया मगर विफलता हाथ लगी।[22]

चत्तम्पी स्वामिकल का अनुसरण करते हुए श्रीनारायण गुरु ने अद्वैत वेदान्त को अपना समाज-दर्शन बनाया। शंकराचार्य द्वारा प्रतिपादित अद्वैत वेदान्त में जीव और ब्रह्म में अभेद है। शंकर ने जाति के मिथ्यात्व को भी यदा-कदा रेखांकित किया था। नारायण गुरु को अद्वैत मत अपने काम का लगा।[23] उनके द्वारा स्थापित मन्दिर में संस्कृत विद्यालय भी था जहाँ अद्वैत दर्शन की पढ़ाई होती थी। संस्कृतीकरण की प्रक्रिया में ईषवों को सिर्फ सवर्ण देवता ही नहीं प्राप्त हुए, सवर्णों की परम्पराएँ भी मिलीं, 'तालि' बाँधकर की जानेवाली शादी 'तालिकेतु कल्याणम्' की जगह 'कन्यादान' होने लगा।[24] ईषवों के अपने देवता थे।[25] अब उनकी जगह विष्णु, शिव, कृष्ण ने ले ली।[26] देवताओं को ताड़ी-शराब और बलि से प्रसन्न किया जाता था। नारायण गुरु ने इसकी जगह फल और फूल चढ़ाने की परम्परा शुरू की। 'आत्मोपदेशक शतकम्' उनका संग्रह है। इसमें संस्कृत और मलयालम में उदार हृदय से निकली भक्ति रस में डूबी रचनाएँ संगृहीत हैं। जार्ज बुडकॉक ने लिखा है कि केरल की लोकस्मृति में जिस त्रयी को अक्षुण्ण स्थान प्राप्त है वह शंकर, कुलशेखर आलवार और श्री नारायण गुरु की है।[27] श्रीनारायण गुरु ने लगभग चौंसठ मन्दिरों का निर्माण कराया। इन सबमें पुजारी प्रायः ईषव थे। उनका जोर धर्म को पीड़ितों-वंचितों तक पहुँचाने का था। संस्थाबद्ध धर्म की व्यर्थता उन्होंने रेखांकित की थी।[28] उनका 'मानव-समुदाय के लिए एक धर्म का नारा यही द्योतित करता था। उन्होंने अपने द्वारा स्थापित मन्दिरों के द्वार पुलय-परय जैसी जातियों के लिए खुले रखे।[29] अरुविप्पुरम के मन्दिर पर उनका यह सन्देश अंकित है—

यह एक आदर्श निवास
रहते जहाँ मनुष्य बन्धुवत्
मुक्त हो
धार्मिक द्वेषभाव और
जातिगत संकीर्णताओं से।

सन् 1921 में नारायण गुरु ने अलवये के अपने अद्वैत आश्रम में विश्व भाईचारा सम्मेलन आयोजित किया। इसमें उन्होंने अपने हाथ से एक सन्देश लिखा। इसका भाव था कि मनुष्यों में सम्प्रदाय, पहनावा, भाषा आदि को लेकर जो भी अन्तर दिखे हैं सब एक ही सृष्टि के। इसलिए न तो उनमें आपसी खान-पान में कोई हानि है

और न ही वैवाहिक सम्बन्ध बनाने में।[30] सहभोज और अन्तरजातीय अन्तरधार्मिक विवाह का यह आह्वान श्रीनारायण गुरु को उस परम्परा का पूर्ववर्ती बनाता है जिसमें डॉ. भीमराव अम्बेडकर हुए।

केरल में सामाजिक आन्दोलन की मुकम्मल शुरुआत का यह पहला चरण था। इसे योजनाबद्ध रूप मिला 'श्रीनारायण धर्म प्रतिपालन योगम्' (एस.एन.डी.पी. योगम्) की 1903 में स्थापना से। श्रीनारायण गुरु, डॉ. पाल्पू और महाकवि कुमारन आशान की त्रयी से ऊर्जस्वित हुई संस्था ने सामाजिक ढाँचे में ऐतिहासिक उथल-पुथल शुरू की।

निरन्तर चलनेवाली यात्रा के दौरान श्रीनारायण गुरु की मुलाकात एक 14 वर्षीय किशोर से हुई। गुरु ने युवक में छिपी प्रतिभा और बातचीत में मुखर ज्ञानोत्कंठा को पहचाना और चार-पाँच बरस बाद उसे अरुविप्पुरम बुला लिया। यही युवक बाद में महाकवि कुमारन आशान के नाम से जाना गया। कुमारन आशान (1873-1924) एक औसत स्थिति वाले ईषव परिवार से थे। पिता छोटे व्यवसायी थे और माँ पुराणकथाओं की जानकार गृहस्थिन। कुमारन आशान की पढ़ाई गाँव में हुई थी। यहाँ उन्होंने मलयालम और संस्कृत सीखी। बाद में एक स्थानीय व्यापारी के यहाँ मुनीमी करने लगे। संस्कृत पढ़ने की अपनी तीव्र इच्छा के चलते वे एक संस्कृत विद्यालय में दाखिल हुए। एक श्लोक के अर्थ को लेकर गुरु से विवाद हो जाने के बाद विद्यालय छोड़ दिया। सन् 1892 के आसपास अठारह बरस की उम्र में वे श्रीनारायण गुरु के आश्रम में आ गए। दो बरस तक योग का अध्ययन किया। नारायण गुरु चाहते थे कि आगे पढ़ने की युवक की इच्छा पूरी हो। 1894 में डॉ. पाल्पू की आर्थिक मदद से उन्हें बंगलौर के संस्कृत विद्यालय में प्रवेश मिल गया। यहीं उन्होंने अंग्रेजी सीखनी शुरू की। बंगलौर से वे मद्रास और फिर कलकत्ता गए और अपनी आगे की पढ़ाई पूरी की। कलकत्ता में वे दो वर्ष (1898-1900) रुके और हिन्दू कॉलेज से तर्कशास्त्र की डिग्री प्राप्त की। बंगाल रेनेसाँ से यहीं उनका परिचय हुआ।[31] सन् 1900 में वे अरुविप्पुरम लौट आए।

अरुविप्पुरम आश्रम की आर्थिक स्थिति क्रमशः अच्छी हो चली थी। 1899 में इसका पुनर्गठन किया गया। अब यह 'अरुविप्पुरम टेम्पल योगम्' के नाम से ख्यात हुआ। आशान इसके सचिव-खजांची बनाए गए। गुरु के साथ उन्होंने चन्दा इकट्ठा करने के लिए यात्राएँ कीं। इस अभियान में वे मालाबार तक गए। ईषवों की माली हालत पहले से सुधर गई थी। जो धन इकट्ठा हुआ उससे उत्तर त्रावणकोर में एक मन्दिर खड़ा किया गया। ईषवों की आर्थिक स्थिति में सुधार को सारदामोनी व्यापक समाजार्थिक बदलावों से जोड़कर देखती हैं।[32] अंग्रेजों द्वारा स्थापित नई न्याय व्यवस्था (काफी हद तक) पक्षपात रहित थी। इस व्यवस्था की छोटी-बड़ी

अदालतें व जज अछूतों और वंचितों को इन्साफ मिलने का भरोसा दिला रहे थे। नए किस्म के वर्नाकुलर और अंग्रेजी स्कूल शिक्षा का दरवाजा सबके लिए खोल चुके थे। बेगार को समाप्त करवाकर अंग्रेजों ने पब्लिक वर्क्स डिपार्टमेंट (पी.डब्ल्यू.डी.) को अस्तित्व में ला दिया था। 1865–66 में लगभग 10,000 ईषव व अन्य अछूत जातियों के मजदूर/कुली इसमें दैनिक मजदूरी पर लगे हुए थे। मजदूरी प्रतिदिन चार आने थी। उस समय गैर–सरकारी रेट एक आना व एक वक्त का भोजन प्रतिदिन था।[33] औद्योगिक विकास की शुरुआत हो गई थी। रोबिन जेफ्री का कहना है 'कैश इकोनॉमी' के प्रसार के चलते ईषवों को लाभ मिला था।[34] ईषवों का पारम्परिक व्यवसाय क्वायर (नारियल–जटा) इंडस्ट्री और मद्य (ताड़ी–शराब) उत्पादन था। इस दौरान अमेरिका और यूरोप में 'क्वायर प्रोडक्ट्स' की माँग बढ़ गई थी। आबकारी (मद्य) के धन्धे में आशातीत मुनाफा होने लगा था। कुछ ईषव जुलाहे भी थे। कुछ के पास अपनी जमीनें हो गई थीं। यह सामाजिक पहचान में बदलाव का अनुकूल वक्त था।

दिसम्बर 1902 में आजीवन सदस्यता के रूप में सौ रुपए देनेवाले दस साझेदार अरुविप्पुरम में इकट्ठे हुए और उन्होंने श्रीनारायण गुरु की शिक्षाओं का प्रचार करने के उद्देश्य से श्रीनारायण धर्म परिपालन योगम् (एस.एन.डी.पी. योगम्) संस्था का निर्माण किया। यह मार्च 1903 में 'लिमिटेड कम्पनी' के रूप में पंजीकृत हुई। डॉ. पाल्पू इस बैठक में उपस्थित नहीं थे और न ही वे दस साझेदारों में शामिल थे। योगम् की अगली मीटिंग जनवरी 1904 में त्रिवेन्द्रम में हुई। डॉ. पाल्पू ने इसमें हिस्सा लिया। बैठक में साठ सदस्य थे। कुछ खासे सम्पन्न ईषव भी थे। कुमारन आशान ने ईषव बच्चों की शिक्षा के लिए संस्कृत अध्यापक का प्रबन्ध इसी समय किया। इस अध्यापक का वेतन योगम् को मिलनेवाले ब्याज से आता था। आशान ने योगम् की पूँजी जरूरतमन्दों को कर्ज पर दे रखी थी। डॉ. पाल्पू ने योगम् की वार्षिक बैठकों में ईषव कारीगरों, शिल्पकारों के उत्पादों की प्रदर्शनी का चलन शुरू किया। इस 'इंडस्ट्रियल एक्जीबिशन' ने लोगों का ध्यान सबसे ज्यादा आकृष्ट किया। डॉ. पाल्पू की सोच गैर–आध्यात्मिक थी। जनवरी 1905 में किलों में योगम् के वार्षिक सम्मेलन के अवसर पर जो एक्जीबिशन लगा, उसने सबको चकित कर दिया। दर्जनों नारियल और कृषि उत्पाद प्रदर्शित किए गए। दूर–दूर से आए तीन हजार ईषवों ने शिरकत की। डॉ. पाल्पू की आयोजन–कुशलता के चलने योगम् को बाहर से भी धन मिला। त्रावणकोर के महाराजा ने तीन सौ रुपए का चन्दा भेजा तो दीवान ने पचास रुपए का। इसमें ईशव बालकों के संस्कृत ज्ञान की भी परीक्षा हुई। संस्कृत प्रतियोगिता में कुल 26 प्रविष्टियाँ मिलीं। निर्णय के लिए विख्यात साहित्यकार केरल वर्मा और हाईकोर्ट के न्यायाधीश ए. गोविन्द पिल्लै उपस्थित थे।[35] यह बात थोड़ी विचित्र लग सकती है, परन्तु केरल में एक अछूत जाति को संस्कृत पढ़ने पर

कोई रोक नहीं थी। रोक रही भी हो तो उसके साक्ष्य मुझे नहीं मिले, न तमाम ग्रन्थों से यह सूचना मिली कि ईषवों के संस्कृत पढ़ने पर उन्हें किसी भी तरह दंडित किया गया। असल में, आयुर्वेद का ज्ञान केरल में ईषवों के पास सुरक्षित रहा है। वैद्य इसी जाति के होते आए हैं। आयुर्वेद की जानकारी संस्कृत में उपलब्ध होने के कारण इस भाषा से उनका सम्बन्ध बना रहा है।

श्रीनारायण गुरु (अध्यक्ष), डॉ. पाल्पू (उपाध्यक्ष) और कुमारन आशान (सचिव) की टीम ने एस.एन.डी.पी. योगम् को आदर्श संस्था का स्थान दिलाया। बाद के तमाम सुधारवादी जातिकेन्द्रित संगठन इसी का अनुसरण करते हुए बने। किलों वाले सम्मेलन में डॉ. पाल्पू ने सूचना दी थी कि योगम् के सशुल्क सदस्यों की संख्या 600 है। 1905 में 100 रुपए उल्लेखनीय राशि कही जाएगी। योगम् ने 1904 में कुमारन आशान को सम्पादक बनाकर 'विवेकोदयम्' मासिक पत्र का प्रकाशन शुरू किया। स्वामी विवेकानन्द से निकटता के चलते यह नाम रखा गया था। वैसे भी, इसका शब्दकोशीय अर्थ जाग्रत् ईषवाओं के अनुकूल बैठता था। आशान के सम्पादकीयों, श्रीमूलम पापुलर असेम्बली, त्रावणकोर में दिए उनके वक्तव्यों और उनकी कविताओं ने ईषवों व अन्य अछूतों की दुरवस्था की ओर लोगों का, विशेषकर सरकार का, ध्यान दिलाया।[36] उनकी चर्चित कविताओं में प्ररोदनम् (1919) 'चिन्तामग्न सीता' (1919); 'पुष्पवादि' (1922), 'दुरवस्था' व 'चांडालभिक्षुणी' (1922) हैं। 1924 में नाव उलट जाने के कारण (पानी में डूबने से) उनकी मृत्यु हुई। बौद्ध मत की ओर उनका विशेष झुकाव था। 'द लाइट ऑफ एशिया' का मलयालम अनुवाद उन्होंने 1903 में 'श्री बुद्धचरित्रम्' शीर्षक से शुरू किया। यह अनुवाद उन्होंने मृत्यु से एक वर्ष पहले (1923 में) पूरा किया। इसी वर्ष उनकी एक और मशहूर रचना 'करुणा' पूरी हुई। 'महाकवि' की उपाधि 1922 में उन्हें 'प्रिंस ऑव वेल्स' से मिली। 1919 में उन्होंने योगम् के सचिव पद से त्यागपत्र दिया। 1920 में वे साहित्यिक पत्रिका 'प्रतिभा' के सम्पादक बने और इसी साल अलवये के अद्वैत आश्रम के प्रबन्धक भी बनाए गए।

आशान की तरह बौद्ध मत की ओर योगम् के अन्य नेताओं का भी झुकाव था। नारायण गुरु द्वारा स्थापित 'धर्मसंघ' (1923) इसी रुझान का परिणाम है। 'धर्मसंघ' में चयनित संन्यासी निर्दिष्ट स्थानों पर योगम् के सिद्धान्तों तथा अद्वैत दर्शन का प्रचार करने के लिए भेजे जाते थे। 'कोचीन ईषव समाजम्' (1916) के संस्थापक और 'मितवादी' अखबार के सम्पादक ने बौद्ध धर्म अपनाने का प्रस्ताव रखा था, जिसे आशान ने एस.एन.डी.पी. के 1923 के सम्मेलन में दुहराया था।[37] इस तरफ हालाँकि कोई प्रगति नहीं हुई। योगम् के सदस्य धर्मान्तरण के लिए उत्साहित नहीं हो सके। इसके एकाधिक कारण थे। शिवोपासना की जो नींव गुरु ने रखी थी, उससे अलग जा पाना सैद्धान्तिक और व्यावहारिक रूप से अनुकूल न था। 'नवहिन्दूवाद'

की उदारता अधिक ग्राह्य, अधिक लुभावनी थी।

1921 के प्रारम्भ में अलवये में आयोजित 'अखिल केरल बन्धुत्व सम्मेलन' में अपने व्याख्यान में श्रीनारायण गुरु ने नारा दिया था—"ओरु जाति, ओरु मतम्, ओरु दैवम् मनुष्यनु।"—'मनुष्यमात्र के लिए एक जाति, एक धर्म और एक ईश्वर।'[38] ईश्वर को सवर्णों से मुक्त करने, धर्म को जनसुलभ बनाने और तमाम छोटी-बड़ी जातियों के सम्मिलन का धर्मकेन्द्रित प्रयास करनेवाले श्रीनारायण गुरु ने सोचा था कि इससे वांछित परिवर्तन आ जाएगा। 'पोलिटिक्स, वीमेन एंड वेलबीइंग : हाउ केरल बिकेम ए मॉडल' (1993) में रॉबिन जेफ्री ने लिखा है कि एस.एन.डी.पी. के शुरुआती वर्ष मन्दिर निर्माण और ईषवों में पवित्र (उच्चवर्णीय ?) हिन्दू संस्कारों के विकास में गुजरे। गुरु की इच्छा पूरी होती नहीं दिखी तो शिक्षा पर ध्यान केन्द्रित किया जाना शुरू हुआ।[39] योगम् के नेताओं को यकीन हो गया कि मुक्ति तो शिक्षा के माध्यम से ही मिलेगी।[40] आशान ने असेम्बली में अछूत बच्चों की शिक्षा को लेकर लगातार सवाल उठाए। सन् 1908 में एम. गोविन्दन ने योगम् के प्रतिनिधि के तौर पर सरकार को एक मेमोरियल सौंपा। इसमें माँग की गई थी कि सभी पब्लिक स्कूल ईषवों के लिए प्रतिबन्ध मुक्त किए जाएँ। इस पर असेम्बली के 64 सदस्यों ने हस्ताक्षर किए थे।[41] योगम् के अत्यधिक दबाव और कुछ सवर्ण हिन्दुओं के समर्थन पर सरकार थोड़ा झुकी और 1910 में गवर्नमेंट बॉयज स्कूल ईषव बच्चों के लिए खोल दिए गए। इसके बाद लड़कियों के सरकारी स्कूल भी अछूत छात्राओं के लिए खोले गए। त्रावणकोर की इस पहल के चलते कोचीन सरकार ने भी 1913 में सरकारी स्कूलों के दरवाजे सभी बच्चों के लिए खोल दिए। त्रावणकोर के दीवान शंकर सुब्रह्मण्य अय्यर ने ईषवों को स्कूल खोलने की अनुमति इसी दौरान दी।[42] राज्य के विभिन्न भागों में, इसके बाद योगम् ने स्कूल खोले। आयुर्वेदिक और संस्कृत कॉलेज मन्दिरों से जुड़े होते थे इसलिए ईषवों का उसमें जाना निषिद्ध था। भारी माँग और दबाव के सामने झुकते हुए सरकार ने इन्हें अलग स्थापित किया। श्रीनारायण गुरु ने सलाह दी कि ईषव ब्याह, नामकरण, त्योहार आदि मौकों पर खर्च होनेवाली धनराशि योगम् को दें। इस धन को स्कूल खोलने और उसे संचालित करने पर खर्च किया जाने लगा। यह 'एस.एन.डी.पी. एजुकेशन फंड' के निर्देशन में होता था।[43] ईषव बच्चों को अंग्रेजी पढ़ाने के लिए कुमारन आशान ने यूरेशियन मिशनरियों को नियुक्त किया। सरकारी नौकरियाँ पाने, 'प्रदेश' से बाहर जाकर आजीविका कमाने और 'आधुनिक-बोध' विकसित करने के लिए अंग्रेजी ज़रूरी थी। यह सामाजिक स्तर को उठानेवाली तमाम कोशिशों में एक थी। ईषवों के अपने स्तर को ऊँचा उठाने का प्रयास जातिवादी समाज को सहन नहीं हो रहा था। योगम् की शुरुआती सफलता के बाद ही नायरों ने आक्रमण करना शुरू कर दिया। सैमुअल मतीर ने लिखा है कि अछूतों की सामाजिक प्रगति अवरुद्ध करने और उन पर हिंसा

बरपाने में 'शूद्र नायर ही सामने आए' ब्राह्मण व अन्य जातियाँ दृश्य में कभी-कभार ही दिखी होंगी।[44]

किलों कस्बे में योगम् सम्मेलन (जनवरी 1905) के सफल आयोजन के तुरन्त बाद किलों डिवीजन के उत्तरी हिस्से के एक गाँव में मन्दिर में समारोह के दौरान ईषव और नायरों के बीच संघर्ष छिड़ा। सम्मेलन की सफलता ने ईषवों में आत्मविश्वास पैदा किया था। ईषव स्त्रियाँ ऊपरी वस्त्र (ब्लाउज) पहने हुए मन्दिरों में विहित दूरी से आगे चली गईं। नायरों ने हमला कर दिया। ईषवों को पीटा और उनकी स्त्रियों के कपड़े फाड़ दिए। इसके बाद इससे सटे एक छोटे-से कस्बे हरिपद में नायरों ने ईषव छात्रों को पीटा। छात्रों की गलती यह थी कि वे सार्वजनिक मार्ग पर आ गए थे और इससे नायरों के अपवित्र हो जाने का डर था। इस घटना के बाद कई ईषव परिवारों ने अपने बच्चों की पढ़ाई छुड़वा दी।[45] ईषवों के स्थानीय संगठन ने इस हमले के खिलाफ पेटिशन दिया। एक पुलिस इंस्पेक्टर इस बाबत नियुक्त किया गया। छिटपुट घटनाएँ फिर भी घटती रहीं। 20 फरवरी को किलों डिवीजन के कुछ तालुकों में खून-खराबा हुआ। प्रशासन को खबर की गई लेकिन अपेक्षित कार्रवाई नहीं हुई। ईषव बहुत निराश हुए। मद्रास के कुछ अखबारों 'मेल' तथा 'टाइम्स' ने ईषवों के पक्ष में लिखा।[46] कुमारन आशान जैसे लोगों ने प्रशासन को याचिका भेजकर और ईषवों को संगठित कर मनोबल बनाए रखने की पूरी कोशिश की। नायर नहीं चाहते थे कि ईषव मन्दिर की मर्यादा का उल्लंघन करें या उनके बच्चे स्कूल जाएँ। तनाव बना रहा। मार्च (1905) महीने में नायर ईषवों के मकानों में घुसे। पुरुषों को पीटा और स्त्रियों को ऊपरी वस्त्र उतारने पर मजबूर किया। 'सुजनन्दिनी' नामक ईषवों के अखबार ने (जो किलों से ही छपता था) रेजिडेंट से हस्तक्षेप करने को कहा। सरकार से यह माँग भी की कि कोचीन और मैसूर में ईषवों को जमीन मुहैया कराई जाए, जिससे वे वहाँ बस सकें।[47] अखबार ने यह खबर भी दी कि ईषव धर्म-परिवर्तन के बारे में विचार कर रहे हैं। ईसाई और इस्लाम दोनों विकल्प उनके सामने हैं। देखते हैं कौन उन्हें राहत देता है। इस सम्पादकीय के प्रकाशन के बाद 'सुजनन्दिनी' अखबार का ऑफिस नायरों ने जलाकर खाक कर दिया। इस अपराध के लिए किसी को दंडित नहीं किया गया।[48] 19 मार्च को किलों के मलयाली हॉल में समझौते के मकसद से दीवान माधव राव की प्रेरणा से एक सभा हुई। इसमें तकरीबन हजार लोगों ने भाग लिया। पन्द्रह वक्ता बोले। छह वक्ता ईषव जाति के थे। कुल पाँच प्रस्ताव पास किए गए। दो प्रस्ताव ईषव-पक्ष के थे। इसके बाद तनाव में कमी आई।[49] डॉ. पाल्पू और कुमारन आशान योगम् की तरफ से इस पूरे घटनाक्रम में लगातार सक्रिय रहे। इससे योगम् की प्रतिष्ठा बढ़ी। इसके बाद कोचीन के एक मन्दिर में हुए पारम्परिक समारोह में ईषवों ने हिस्सा नहीं लिया।

पी.के. गोपालकृष्णन ने अपने लेख में बताया कि नायर युवकों ने एक स्कूल इस बिना पर धराशायी कर दिया कि उसे ईषव बच्चों ने छूकर अपवित्र कर दिया है।[50] ईषवों में मृत्यु संस्कार 15 दिन चलते थे। श्रीनारायण गुरु के निर्देशानुसार इसे घटाकर 10 दिन कर दिया गया। इससे सवर्ण नाराज हो गए। उन्होंने हथियारों से हमला कर दिया। ईषवों ने आशंका भाँपकर स्थानीय मजिस्ट्रेट को पहले ही पेटिशन दे रखी थी लेकिन दंगे के वक्त कोई पुलिस नहीं पहुँची। यह हमला 1919 में हुआ।

1925 में महात्मा गांधी श्रीनारायण गुरु से मिलने त्रावणकोर के उनके आश्रम गए। 'डिप्रेस्ड क्लास' की उन्नति कैसे हो, इस सवाल पर गुरु का कहना था कि, "वे शिक्षा चाहते हैं और धन। उन्हें अपनी स्थिति को बेहतर बनाने तथा दूसरों जैसा जीवन जीने का अवसर मिलना चाहिए।"[51] गांधी से मुलाकात में गुरु से अहिंसा के मुद्दे पर अपनी हिचक दिखाई। अहिंसा की धारणा का खुला समर्थन न करते हुए उन्होंने कहा, "अछूतों की मुक्ति के लिए सभी सम्भव उपाय अपनाए जाने चाहिए।"[52] गुरु ने अपने अनुयायियों से कहा कि वे उस मन्दिर को दान देने से बचें जहाँ वे जा नहीं सकते।[53] योगम् के जरिए गुरु ने जो मन्दिर बनवाए, उन सबके पुजारी अवर्ण रखे गए। प्राय: ईषव।

'इंटीमेशंस ऑव इक्वलिटी : श्राइंस एंड पॉलिटिक्स इन मालाबार 1900-24' नामक निबन्ध में दिलीप एम. मेनन ने एस.एन.डी.पी. योगम् की मन्दिर रणनीति को समस्यामूलक बताते हुए रेखांकित किया है कि धर्म संस्थान शुद्ध अवर्ण या शुद्ध सवर्ण नहीं होते। इनमें पदानुक्रम के साथ पारस्परिक निर्भरता भी होती है। क्योंकि मालाबार में अधिकांश मन्दिर शिव या शक्ति को समर्पित होते थे, इसलिए मांस और ताड़ी-शराब उनमें इस्तेमाल किए ही जाते थे। इन मन्दिरों (क्षेत्रम् और कावुस) में ब्राह्मण पुजारी देवता को इन्हीं चीजों का भोग चढ़ाते थे। देवताओं की अदला-बदली भी होती थी। ऊँची जातियाँ निचली जातियों या आदिवासियों के देवों को पूजती थीं तो इसका विपरीत भी होता था। अगर नीची जातियाँ ऊँची जातियों के देवों को पूजती थीं तो ऊँची जातियों को निचली श्रेणी के देवताओं को स्वीकारना पड़ता था। तनाव के इस क्रम में सम्मिलन और विस्तार की प्रक्रिया चलती रहती थी। कोट्टियूर देवस्थल का उदाहरण देते हुए मेनन कहते हैं कि यह मन्दिर वर्ष में एक बार 15 मई से 11 जून के बीच खुलता था। इसमें पहले तियाओं (ईषवों) को पूजा करने की अनुमति थी। फिर तिया पुजारियों को दक्षिणा देकर तथा उनसे आज्ञा लेकर नम्बूदरी और नायर पूजा-अर्चना कर सकते थे। पलंतयी कन्नन नामक तिया युवक की हत्या कर दी गई थी। उसे नायरों ने अपनी देवमाला में शामिल कर लिया था। इसी तरह विष्णुमूर्ति निचली जातियों की देवमाला में शरीक था। ऐसे में 'ऊँची जातियों के अनुकरण के तर्क से संस्कृतीकरण की अवधारणा के सहारे

सामाजिक परिवर्तन की बात करना बेहद मुश्किल है।' धर्म का विश्वलोक/ब्रह्मांड हमेशा साझेपन से भरा रहा है। योगम् के मन्दिर अभियान ने इस साझेपन को तोड़ा। योगम् संचालित मन्दिरों के देवता ऊँची जातियों के थे। 'इन मन्दिरों में नायर (या अन्य ऊँची जातियों के लोग) जा नहीं सकते थे और न मन्दिर के प्रबन्धक अपने से नीची पुलय, परय जातियों को मन्दिर में घुसने देते थे।' एक जीवन्त और साझी धर्म-संस्कृति से परे जाकर क्या हासिल किया गया? यह 'ऊपर चढ़ना नहीं' 'बगल में चलने' जैसा था क्योंकि उच्चस्थ देवताओं तक निचली जाति की जिस पहुँच का दावा किया गया था, वह तो पहले से प्राप्त था।[54]

साझी संस्कृति की अगर तकनीकी व्याख्या की जाए तो वही निष्कर्ष निकलेंगे जो दिलीप मेनन ने हासिल किए हैं। इसमें शक नहीं कि परस्पर अवलम्बन की बात सभी संस्कृतियों में मिलती है। लेकिन देखना यह चाहिए कि कौन शक्ति-समूह किस अनुपात में और किस कोण से 'अन्य' पर अवलम्बित है। माना कि देवमाला में परस्पर आवाजाही है लेकिन वास्तविक जीवन में भी वह मौजूद है क्या? आर्थिक-प्रशासनिक बँटवारा किस तरह का है? सत्ता का बहुलांश किसके पास है? योगम् के साथ ईषवों के जुड़ने का कारण इसी में देखा जा सकता है।

योगम् का जनाधार टी.के. माधवन के आने के बाद विकसित हुआ। माधवन (1885-1930) 1920 में योगम् में आए। वे कांग्रेस से जुड़े हुए थे। उन्होंने 'देशाभिमानी' नामक दैनिक समाचारपत्र शुरू किया। 1927 में वे योगम् के महासचिव बने। उस वक्त योगम् के सदस्यों की संख्या पाँच हजार से कम थी। 1930 में जब वे तपेदिक से मरे, योगम् की सदस्यता अस्सी हजार हो चुकी थी। इसके बाद सी. केशवन महासचिव बनाए गए। 1936 के आसपास इसकी संख्या एक लाख के आसपास थी। 1936 में ही 'मन्दिर प्रवेश उद्घोषणा' (टेम्पल इंट्री प्रोक्लेमेशन) त्रावणकोर के महाराजा ने की। इसमें सभी जातियों को मन्दिर प्रवेश का अधिकार मिल गया। 1924-25 में माधवन ने वैकम सत्याग्रह किया था। यह सत्याग्रह आंशिक रूप से ही सफल हो पाया लेकिन करीब 20 महीनों (मार्च 1924-नवम्बर 1925) तक केरल के ग्रामीण इलाकों में जो पदयात्राएँ की गईं, कार्यक्रम आयोजित किए गए उससे देहाती क्षेत्र की खामोशी टूटी।[55] वे लोग भी हालात से अवगत हुए। योगम् से, कांग्रेस से जुड़े। इसी आन्दोलन के दौरान डॉ. पाल्पू ने गांधीजी को पत्र लिखा था। बेहद तल्ख भाषा में उन्होंने कहा था कि सूअरों और कुत्तों ने कोई संघर्ष नहीं किया फिर भी वे सड़क पर चलने के हकदार हैं और हम मनुष्य होकर माँग कर रहे हैं फिर भी हमें रोका जाता है।[56] माधवन के समय से योगम् का दृष्टिकोण पूरी तरह बदल गया। वह धार्मिक 'आउटलुक' को त्यागकर 'राजनीतिक' हो गया। 1957 में एम.एस.ए. राव ने लिखा था कि एस.एन.डी.पी. अब राजनीतिक उद्देश्यों के साथ सक्रिय है।[57] रॉबिन जेफ्री का कहना है कि 1960 तक योगम् (अपने पुराने

रूप में) नाममात्र की बची थी।[58] योगम् की राजनीति का किंचित् खुलासा जी. राजेन्द्रन ने अपने मोनोग्राफ 'द ईषव कम्युनिटी एंड केरल पॉलिटिक्स' (1974) में किया है।

नायरों और नम्बूदरियों से अपना हक और बराबरी का बर्ताव माँगनेवाले ईषवों ने अपने से नीची जातियों के साथ कैसा सुलूक किया है? श्रीनारायण गुरु के एक अनुयायी के. अय्यप्पन (1889-1968) ने 'सहोदर संघम्' (1917) आन्दोलन शुरू किया। यह भाईचारा आन्दोलन था जो सहभोज और अन्तर्जातीय विवाह पर बल देता था। अय्यप्पन रूस की कम्युनिस्ट विचारधारा से किसी न किसी रूप में परिचित थे।[59] 1918 के उनके वृहद् सहभोज में विभिन्न जातियों के पाँच हजार लोग सम्मिलित हुए थे।[60] श्रीनारायण गुरु के कट्टर समर्थक इससे खफा हो गए। स्थानीय ईषव संगठन 'विज्ञानवर्धिनी सभा' ने उन्हें जाति बाहर कर दिया।[61] यही नहीं, गुरु के शिष्यों द्वारा उन्हें पीटा गया, उन पर गन्दगी और चींटी की बाँबी डालकर अपमानित किया गया।[62] अय्यप्पन इससे डरे बिना अपना अभियान चलाते रहे।[63] उन्हें योगम् के सदस्य 'पुलयन अय्यप्पन' कहकर सम्बोधित करते थे। ओसेला दम्पती ने लिखा है कि ईषव पुलयों के साथ नहीं जुड़े। उनका परयों/पुलयों के प्रति वैसा ही व्यवहार रहा जैसा नायरों का उनके प्रति था।[64]

नारायण गुरु के उपदेशों से प्रभावित होकर एक परय युवक जब धर्म प्रचार करने एक गाँव पहुँचा तो वहाँ के ईषवों ने उसे पीटा और वापस खदेड़ दिया। 'धर्मानन्द स्वामी' नामक यह युवक शिवपुरी के आश्रम में कई साल रह चुका था और 1930 में योगम् धर्म के प्रचार हेतु 'वलियग्रामम्' पहुँचा था। शिवपुरी जाकर उसने गुरु से अधिकार पत्र लिया तब लौटा, तब तक उस गाँव में ईषव स्वामी आसन जमा चुका था। धर्मानन्द ने बगल वाले गाँव में आश्रम स्थापित किया।[65]

एस.एन.डी.पी. योगम् का जुड़ाव कभी नायरों की संस्था नायर सर्विस सोसायटी (एन.एस.एस.) से रहा, फिर उसने क्रिश्चियंस से तालमेल किया। माधवन के समय में कांग्रेस से रिश्ता बना। इससे टूटकर वह पुनः नायक सर्विस सोसायटी से जुड़ा। अब 'हिन्दू राजनीति' का समय था। 'द हिन्दू मंडलम्' में नायक और ईषव के प्रतिनिधि संगठनों के विलय की चर्चा चल पड़ी। लेकिन बाद में इनमें फूट पड़ी। कांग्रेस को क्रिश्चियन पार्टी कहकर इसी समय दबाने की कोशिश की गई। 1957-59 में जब कम्युनिस्ट सत्ता में आए तो आपसी मतभेदों को भुलाकर एस.एन.डी.पी. और एन.एस.एस. पुनः एक हुए और कम्युनिस्ट शासन के खिलाफ 'लिबरेशन स्ट्रगल' चलाया।[66] हालाँकि, ईषवों का कामगार समुदाय इसी समय वामपन्थ से जुड़ा और बाद तक जुड़ा रहा। योगम् के मुख्यालय शिवगिरि मठ में 1995 में नई समिति के चुनाव के समय एक विवाद उभरा। विवाद का मुद्दा था कि गुरु की शिक्षाएँ 'हिन्दू दायरे' में आती हैं या नहीं। बहुसंख्यक सदस्य राष्ट्रीय स्वयंसेवक

संघ से जुड़े थे, इसलिए पलड़ा उनका ही भारी रहा। विवाद की परिणति हिंसक टकराव में हुई और पुलिस को हस्तक्षेप करना पड़ा।[67]

पिछले अंक (फरवरी 2011) में हमने जिन चानारों के आन्दोलन की बात की थी उनका हश्र भी कुछ ऐसा ही रहा। 1910 में उन्होंने मद्रास जनगणना कार्यालय (सेंसस) को पेटिशन देकर अपना नाम बदलने की गुजारिश की। वे शानार या चानार से नाडार होना चाहते थे। उनकी माँग स्वीकृत हुई। नाडारों ने यूरोपियन मिशनरीज से विद्रोह करके अपना अलग चर्च बनाया। इस विखंडन के मुखिया नाजरेथ मिशन के अरुमनयगम (लोकप्रिय नाम 'सत्तमपिल्लै', जन्म 1823) थे। नाडारों ने अपने को 'क्षत्रिय' फिर 'द्रविड़ क्षत्रिय' कहना शुरू किया। क्षत्रिय नाडारों ने फरमान दिया कि उनकी स्त्रियाँ घर से बाहर नहीं निकलें, निकलना ही पड़े तो पालकी में—वह भी सब तरफ से ढकी हुई पालकी में, जिससे कोई उन्हें देख न सके। यह भी कहा गया कि 'शानार' शान्द्रार (तमिल) शब्द का भ्रष्ट रूप है। इसका अर्थ है 'विद्वान' अथवा 'कुलीन व्यक्ति'। व्याख्याकारों ने अपनी उत्पत्ति प्राचीन राजवंश 'पांड्य' से मानी। (सर्वाधिक) प्रभावशाली व्याख्याकार टी.वी. दोरैसामी ग्रामनी ने वृहदाकार ग्रन्थ 'रिसर्च ऑन द वर्ड नाडार : ए मैनुअल रिलेटिंग टू द किंगली कम्युनिटी' लिखकर नाडार को क्षत्रिय या पर्याय सिद्ध किया। यह सिद्ध हो जाने के बाद सवाल पैदा हुआ कि 'कौन से क्षत्रिय?' दोरैसामी ने कहा कि हम चन्द्रवंशी क्षत्रिय हैं। शिव, विष्णु, राम सभी हमारी ही जाति में पैदा हुए।[68]

ईषव और चानार/नाडार जाति-व्यवस्था में समस्तरीय हैं। ये कभी अछूत थे लेकिन आज ओ.बी.सी. श्रेणी में आते हैं। अगली बार हम उस समुदाय का अध्ययन करेंगे जो आज भी अपने को दलित कहता है।

सन्दर्भ

1. 'ए सर्वे ऑफ केरल हिस्टरी', श्रीधर मेनन, नेशनल बुक स्टाल, कोट्टयम, पृ. 274-76। 'द डिक्लाइन ऑफ नायर डॉमिनेंस : सोसायटी एंड पॉलिटिक्स इन त्रावणकोर 1847-1908' (1976) रॉबिन जेफ्री, विकास पब्लिशिंग हाउस प्रा.लि., नई दिल्ली, पृ. 3-4
2. 'द डिक्लाइन ऑफ नायर डॉमिनेंस', पृ. 158
3. वही, पृ. 158
4. वही, पृ. 159
5. 'रेलिजन एंड आइडियोलॉजी इन केरल' (1984) जेनेवीवे लेमर्सिनियर डी.के. एजेंसीज, दिल्ली, पृ. 245। 'दि डिक्लाइन ऑफ नायर डॉमिनेंस', पृ. 167-70। 'कल्चरल हेरिटेज ऑव केरल : एन इंट्रोडक्शन' (1978) ए. श्रीधर मेनन, ईस्ट-वेस्ट पब्लिकेशंस लिमिटेड, कोचीन, केरल, पृ. 220। 'इमर्जेंस ऑव ए स्लेव कास्ट' (1980), के. सारदामोनी, पी.पी.एच., दिल्ली, पृ.132। 'द ईषव कम्युनिटी एंड केरल पॉलिटिक्स' (1975), जी राजेन्द्रन, द केरल एकेडमी ऑव पॉलिटिकल साइंस, त्रिवेन्द्रम, पृ. 3। 'केरल : ए प्रोट्रेट ऑफ द

मालाबार कोस्ट' (1967) जॉर्ज बुडकॉक, लन्दन, पृ. 227

6. 'दि डिक्लाइन ऑफ नायर डॉमिनेंस', पृ. 170
7. वही, पृ. 168
8. 'रेलिजन एंड आइडियोलॉजी इन केरल', पृ. 247
9. 'इमर्जेंस ऑफ ए स्लेट कास्ट', पृ. 133
10. 'द डिक्लाइन ऑफ नायर डॉमिनेंस', पृ. 171
11. वही, पृ. 172
12. वही, पृ. 174
13. वही, पृ. 109, 'रेलिजन एंड आइडियोलॉजी इन केरल', पृ. 246
14. 'द डिक्लाइन ऑफ नायर डॉमिनेंस', पृ. 206
15. 'इमर्जेंस ऑव ए स्लेव कास्ट', पृ. 134-36। सारदामोनी ने मलयालम में लिखित इस मेमोरियल का पूरा टेक्स्ट अंग्रेजी में दे दिया है।
16. वही। 'डिवाइडेड पूअर : स्टडी ऑव ए केरल विलेज' (1981), के सारदामोनी, अजन्ता पब्लिकेशंस, दिल्ली, पृ. 33-34
17. 'सोशल मोबिलिटी इन केरल : मॉडर्निटी एंड आइडेंटिटी इन कॅफ्लिक्ट' (2000), फिलिप्पो ओसेला और करोलिन ओसेला, प्लूटो प्रेस, लन्दन, पृ. 164
18. 'सोशल चेंज इन मालाबार' (1957), एम.एस.ए. राव, द पॉपुलर बुक डिपो, बॉम्बे, पृ. 159
19. 'सोशल मोबिलिटी इन केरल', पृ. 84
20. 'वर्ल्ड कॉन्फ्रेंस ऑन मलयालम : केरल कल्चर एंड डेवलपमेंट 1977', प्रकाशक वर्ल्ड मलयालम कॉन्फ्रेंस, यूनिवर्सिटी ऑव केरल, त्रिवेन्द्रम; शिव का चरित्र कुछ ऐसा रहा है कि समतामूलक सोच वाले उसकी तरफ आकर्षित होते रहे हैं। कर्नाटक के मध्यकालीन समाजसुधारक वसव (बसवन्ना) ऐसे ही एक उदाहरण हैं। भील जाति की एक लोककथा में महादेव शिव जंगल में तपस्या करने आए एक ऋषि का वध करवाते हैं। ऋषि की तपस्या से जंगल की शान्ति भंग हो रही थी और वन देवता को ऋषि का वहाँ रहना सहन नहीं हो रहा था। उन्होंने वायुदेव का सहारा लेकर ऋषि को जंगल से खदेड़ना चाहा, लेकिन ऋषि इससे कुपित हो गए और उन्होंने जंगल को जलाना शुरू कर दिया। तब वनदेव महादेव की शरण में गए। महादेव ने ऋषि के द्वारा भस्म किए गए जंगल की राख से स्त्री-पुरुष की एक जोड़ी बनाई। एक गड्ढा खोदकर उसे पत्तों से ढक दिया गय। ऋषि उस गड्ढे में गिरे जहाँ पहले से बैठे हुए युगल ने ऋषि को तत्काल मार दिया। यह युगल भीलों का आद्यपूर्वज है। (सन्दर्भ : 'वनवासियों की कल्पनाशीलता से गुँथी हैं मिथ-कथाएँ सम्पादकीय पृष्ठ पर प्रकाशित लेख, लेखक—डॉ. अशोक डी. पाटिल, 'युनाइटेड भारत' दैनिक, इलाहाबाद, 1 अगस्त, 2007) 'रामचरितमानस' में इसीलिए वैदिक शिव को दीगर 'शिवों' से अलगाया गया है—'बिप्र एक बैदिक सिव पूजा। करइ सदा तेहि काजु न दूजा...'' 104/7।
21. 'ट्रेडिशन, रेशनैलिटी एंड चेंज : एस्सेज इन सोशियोलॉजी ऑव इकॉनमिक डेवलपमेंट एंड सोशल चेंज' (1972), एम.एस.ए. राव, पॉपुलर प्रकाशन, बॉम्बे, द्रष्टव्य-अध्याय 10 'संस्कृताइजेशन अमंग द तियाज ऑव नॉर्थ मालाबार', पृ. 125-30
22. 'सोशल मोबिलिटी इन केरल', पृ. 156-57
23. 'रेलिजन एंड आइडियोलॉजी इन केरल', पृ. 250-52

24. 'ट्रेडीशन, रेशनलिटी एंड चेंज', पृ. 127
25. 'द बुक ऑव दुआर्ते बारबोसा', दुआर्ते बारबोसा, अनुवाद एम.एल. दमास, वॉल्यूम-II, नेन्दन, पुनर्मुद्रण 1967, पृ. 60; 'आस्पेक्ट्स ऑव केरल हिस्टरी एंड कल्चर' (1977) में डॉ. के.के.एन. कुरूप द्वारा, पृ. 41 पर उद्धृत, प्रकाशक कॉलेज बुक हाउस, त्रिवेन्द्रम।
26. 'रेलिजन एंड आइडियोलॉजी इन केरल', श्रीनारायण गुरु ने देवताओं विष्णु, शिव आदि की स्तुति में छंद भी रचे थे। पृ. 247
27. 'केरल : अ पोर्ट्रेट ऑफ मालाबार कोस्ट', पृ. 228
28. 'सोशल कंटेट्स ऑफ इंडियन रेलिजियस रिफार्म मूवमेंट्स' (1978), सम्पा. एस.पी. सेन, इंस्टीट्यूट ऑफ हिस्टोरिकल स्टडीज, कलकता में शामिल पी.एस. वेलायुधन का लेख, 'श्रीनारायण इपोक ऑफ रेलिजियस मूवमेंट्स इन मॉडर्न केरल', पृ. 432
29. वही, पृ. 436
30. वही, पृ. 438, 'सोशल मोबिलिटी इन केरल', पृ. 156
31. 'कुमारन आसान : प्रोफाइल ऑफ अ पोयट्स विजन' (1981), डॉ. के. श्रीनिवासन, जयश्री प्रकाशन, त्रिवेन्द्रम, 'क्रोनोलॉजी' से।
32. 'इमर्जेंस ऑफ अ स्लेव कास्ट', पृ. 120
33. 'द डिक्लाइन ऑफ नायर डॉमिनेंस', पृ. 90-91
34. वही, पृ. 211
35. वही, पृ. 228-29
36. कुमारन आशान के व्यक्तित्व पर तथा श्रीमूलम पॉपुलर असेंबली और त्रावणकोर लेजिस्लेटिव कौंसिल में उनके द्वारा उठाए गए प्रश्नों, वक्तव्यों तथा प्रस्तावों का एक चुनिन्दा मूल्यवान संग्रह टी.के. रवीन्द्र ने किया है। देखें, 'आशान एंड सोशल रिवोल्यूशन इन केरल : अ स्टडी ऑफ हिज असेम्बली स्पीचेज' (1972), टी.के. रवीन्द्र, केरल हिस्टोरिकल सोसायटी, त्रिवेन्द्रम
37. 'सोशल मोबिलिटी इन केरल', पृ. 268
38. 'सोशल एंड कल्चरल हिस्ट्री ऑफ केरल' (1979), एक श्रीधर मेनन, स्टर्लिंग पब्लिशर्स प्रा.लि., नई दिल्ली, बंगलोर, पृ. 204, 'सोशल कंटेट्स ऑफ इंडियन रेलिजियस रिफार्म मूवमेंट', पृ. 434
39. 'पॉलिटिकल वीमेन एंड वेल बीइंग : हाउ केरल बिकेम अ मॉडल' (1993), रॉबिन जेफ्री, ऑक्सफोर्ड यूनिवर्सिटी प्रेस, पृ. 107
40. 'दलित मूवमेंट इन साउथ इंडिया' (1857-1950), स्वप्ना सामेल, सीरियल्स पब्लिकेशंस, दिल्ली, पृ. 359
41. वही, पृ. 360
42. वही, पृ. 360
43. वही, पृ. 360-61
44. 'द लैंड ऑफ चैरिटी : अ डिस्क्रिप्टिव अकाउंट ऑफ त्रावणकोर एंड इट्स पीपल', सैमुअल मतीर एशियन एजुकेशन सर्विसेज, दिल्ली, मद्रास, प्रथम संस्करण 1970, प्रस्तुत पुनर्मुद्रित संस्करण 1991, पृ. 276
45. 'द डिक्लाइन ऑफ नायर डॉमिनेंस', पृ. 230
46. वही, पृ. 231

47. वही, पृ. 232
48. वही, पृ. 232
49. 'सोशल रिफार्म मूवमेंट इन केरल', पृ. 76
50. वही, पृ. 77
51. 'इमर्जेंस ऑफ अ स्लेव कास्ट', के. सारदामोनी ने यह विवरण स्वामी धर्मानन्द की किताब 'श्रीनारायण गुरु' (1965) के हवाले से लिखा है। पृ. 138
52. 'रेलिजन एंड आइडियोलॉजी इन केरल', पृ. 252, लेखक ने यह बात रॉबिन जेफ्री के एक लेख के हवाले से कही है।
53. 'प्रोटेस्ट वायसेज ऑफ क्रिएटिव राइटर्स ऑफ केरल' शीर्षक निबन्ध में के.एम. जॉर्ज ने लिखा है कि श्रीनारायण गुरु और कुमारन आशान का मकसद धर्म या अध्यात्म नहीं था। वे शैक्षिक-सामाजिक उन्नति का लक्ष्य लेकर चले थे। देखें, 'डिसेंट प्रोटेस्ट एंड रिफार्म इन इंडियन सिविलाइज़ेशन', सम्पा. एस.सी. मलिक, इंडियन इंस्टीट्यूट ऑफ एडवांस स्टडी, शिमला, 1977, पृ. 60
54. 'दलित मूवमेंट एंड द मीनिंग्स ऑफ लेबर इन इंडिया' (1993), सम्पा. पीटर रॉब, ऑक्सफोर्ड यूनिवर्सिटी प्रेस, दिल्ली में शामिल दिलीप एम. मेनन का लेख 'इंटीमेशंस ऑफ इक्वलिटी : श्राइंस एंड पॉलिटिक्स इन मालाबार, 1900-1924'; पृ. 245-76
55. 'पॉलिटिक्स, वीमेन एंड वेल बीइंग', पृ. 118
56. 'वैकम सत्याग्रह एंड गांधी' (1975), डॉ. टी.के. रवीन्द्रन, श्री नारायण इंस्टीट्यूट ऑफ सोशल एंड कल्चरल डेवलपमेंट, त्रिचूर, पृ. 26-27
57. 'सोशल चेंज इन मालाबार', पृ. 199
58. 'पॉलिटिक्स, वीमन एंड वेल बीइंग', पृ. 108
59. 'रेलिजन एंड आइडियोलॉजी इन केरल', पृ. 108
60. वही, पृ. 249
61. 'वर्ल्ड कॉन्फ्रेंस ऑन मलयालम : केरल कल्चर एंड डेवलपमेंट', पृ. 77
62. 'इमर्जेंस ऑफ अ स्लेव कास्ट', पृ. 146
63. 'सोशल कंटेंट्स ऑफ इंडियन रेलिजियस मूवमेंट्स', पृ. 440
64. 'सोशल मॉबिलिटी इन केरल', पृ. 224
65. वही, गाँव और धर्मप्रचारक परय युवक के नाम काल्पनिक हैं—ऐसा लेखकद्वय ने भूमिका से स्पष्ट किया है—एथनोग्राफिक रिसर्च की मर्यादा/रीति के अनुरूप।
66. 'द ईषव कम्युनिटी एंड केरल पॉलिटिक्स', पृ. 3-5
67. 'सोशल मोबिलिटी इन केरल', पृ. 166-67
68. चानारों/नाडारों पर व्यवस्थित और आधिकारिक अध्ययन रॉबर्ट एल. हार्डग्रेव जूनियर ने किया है। उनकी किताब 'द नाडार्स ऑफ तमिलनाडु (1969), यूनिवर्सिटी ऑफ कैलिफोर्निया प्रेस, बर्कले इस विषय पर मुकम्मल रोशनी डालती है। उनकी दूसरी किताब 'एस्सेज इन द पॉलिटिकल सोशियोलॉजी ऑफ साउथ इंडिया (1979), उषा पब्लिकेशंस, दिल्ली भी उपयोगी है। मैंने अपनी सहूलियत के लिए इस किताब के सातवें अध्याय 'द न्यू माइथोलॉजी ऑफ अ कास्ट इन चेंज' की सूचनाओं का प्रस्तुत लेख में उपयोग किया है। पिछली बार ('कथादेश' फरवरी 2011) के सन्दर्भ संख्या 29 में जिस लेख 'द ब्रेस्ट क्लाथ कंट्रोवर्सी'

का हवाला देते हुए उसके लेखक का नाम ए. जान कैसर लिखा है, यह सही नहीं है। यह सन्दर्भ मैंने मूल देखे बिना जेनीवीवे लेमर्सिनियर की पुस्तक 'रेलिजन एंड ऑइडियोलॉजी इन केरल' के हवाले से दिया था। उक्त लेख वस्तुतः रॉबर्ट एल. हाईग्रेव का है। वह 'इंडियन इकोनॉमिक एंड सोशल हिस्ट्री रिव्यू' वॉल्यूम 2 (जून 1968) में प्रकाशित हुआ था। इस लेख को 'एस्सेज इन द पॉलिटिकल सोशियोलॉजी ऑफ इंडिया' में शामिल किया गया है। देखें, पृ. 146-63। असावधानी के लिए हम क्षमाप्रार्थी हैं। दक्षिण भारत में ईसाई सक्रियता, धर्मान्तरण और धर्मान्तरितों में जाति सम्बन्धी विवाद की पृष्ठभूमि और परिणति जानने के लिए चन्द्र मल्लमपल्ली के शोध ग्रन्थ 'क्रिश्चियंस एंड पब्लिक लाइफ इन कॉलोनियल साउथ इंडिया, 1863-1967 : कंटेडिंग विद मार्जिनलिर्टी' (2004), रूटलेज कर्जन, लन्दन एंड न्यूयॉर्क का अवलोकन किया जा सकता है।

स्वामी विवेकानन्द, स्वामी रामतीर्थ और सन्त गाडगे महाराज के चिन्तन में अभिव्यक्त सामाजिक समरसता

रमेश पतंगे

इस निबन्ध में स्वामी विवेकानन्द, स्वामी रामतीर्थ और गाडगे बाबाजी का सामाजिक परिप्रेक्ष्य में समरसता चिन्तन प्रस्तुत करने का प्रयास किया गया है। विषय प्रतिपादन के प्रमुख बिन्दु इस प्रकार रहेंगे—

1. समरसता का अर्थ।
2. स्वामी विवेकानन्द, स्वामी रामतीर्थ, गाडगे बाबा के जीवन के समान बिन्दु।
3. सामाजिक स्थिति का तीनों द्वारा किया गया विवरण।
4. सामाजिक स्थिति में बदलाव लाने के लिए प्रस्तुत चिन्तन।
5. दरिद्रनारायण की उपासना।

समरसता का अर्थ

समरसता यह भारतीय चिन्तन का प्राचीन शब्द है। इसका शब्दकोशीय अर्थ होता है, मानसिक वृत्ति की एकरूपता, तल्लीनता (मराठी शब्दरत्नाकर—वा.गो. आपटे)

'रसता' इस शब्द के पहले सम् उपसर्ग लगाकर समरस, समरसता, सामरस्य इत्यादि शब्दप्रयोग बनते हैं। इनका अर्थ होता है, ऐक्यभाव, तादात्म्य, एकरूपता (आदर्श मराठी शब्दकोश—प्र.न. जोशी)

समरसता यह मानसिक भावना है। किसी एक विषय में जब व्यक्ति तल्लीन होता है, एकरूप होता है तब उसे उस विषय के साथ वह समरस हुआ है, ऐसा कहा जाता है। मनुष्य के मनोव्यापार का समरसता यह अतिमहत्त्वपूर्ण अंग है। मनुष्य के सिवा अन्य प्राणिजगत् में इस भावना की अभिव्यक्ति अभावेन दिखती है।

समरस भाव को ऋग्वेद के दसवें मंडल के तीन सूक्तों में इस प्रकार बताया गया है—

सं गच्छध्वं सं वदध्वं सं वो मनांसि जानताम्।
देवा भागं यथा पूर्वे संजनाना उपासते
समानो मंत्रः समितिः समानी समानं मनः सह चित्तमेषाम्।
समानं मंत्रममि मंत्रये वः समानेन वो हविषा जुहोमि
समानी व आकृतिः समाना हृदयानि वः।
समानमस्तु वो मनो यथावः सुसहाति

इसका अर्थ होता है, आप एक दूसरों से एक विचार से रहो। एक दूसरों से प्रेमपूर्वक संवाद करो। एक मन से ज्ञान की प्राप्ति करो। जिस प्रकार अपने पूर्वज एक मन बनाकर ज्ञान की उपासना करते थे उसी प्रकार आप भी एकमत होकर कार्य करो।

हम सबकी प्रार्थना एक समान रहे। भेदभाव रहित परस्पर मिलन हो। हमारा मन और चित्त समान रहे।

हम सबका संकल्प एक रहे। हम सबका हृदय एक समान रहे, हम सबका मन एक समान रहे। इसके कारण हम सबका कार्य पूर्णरूपेन संगठित रहेगा।

समरसता का मतलब होता है, जैसा मैं वैसा तू। आत्मवत् सर्वभूतेषु व्यवहार होना चाहिए। भगवान गौतम बुद्ध ने इस भाव को इन शब्दों में कहा है—

यथा अहं तथा एते, यथा एते तथा अहं।

भगवद्गीता में भगवान श्रीकृष्ण के इसी अर्थ के अनेक श्लोक हैं। उदाहरण के लिए—

सर्वभूतस्थमात्मानं सर्वभूतानि चात्मनि।
ईक्षते योगयुक्तात्म सर्वत्र समदर्शनः॥

जिसका मतलब होता है, सर्व प्राणिजगत् में एक ही चिरन्तन तत्त्व विराजमान है, उसे देखना चाहिए और सभी के साथ सम व्यवहार करना चाहिए।

मनुष्य समाजशील प्राणी है। वह अकेला नहीं रह सकता। इसीलिए वह परस्परावलम्बी है और परस्परावलम्बी होने के कारण उसे परस्परानुकूल जीवन बिताना पड़ता है।

संक्षेप में समरसता का अर्थ एक ही चिरन्तन तत्त्व सबमें विद्यमान है, इस कारण किसी भी प्रकार का भेदभाव नहीं करना चाहिए। समाज में रहते हुए परस्परावलम्बी, परस्परपूरक और परस्परानुकूल जीवन बिताना चाहिए।

स्वामी विवेकानन्द, स्वामी रामतीर्थ, गाडगे बाबा के जीवन के समान बिन्दु

भारतीय समाज जीवन की यह विशेषता रही है कि हर शती में ऐसे महापुरुष पैदा होते हैं जो समाज का सर्वप्रकार से मार्गदर्शन करते रहते हैं। समाज व्यवस्था में जो दोष उत्पन्न होते हैं उनके निर्मूलन का प्रयास करते हैं। आदर्श समाज जीवन कैसा

होना चाहिए, इसका मार्गदर्शन करते रहते हैं। 19वीं और 20वीं शती में अपने देश में ऐसे अनेक महापुरुष उत्पन्न हुए, उनमें से स्वामी विवेकानन्द, स्वामी रामतीर्थ और गाडगे बाबाजी के चिन्तन और कार्य के बारे में यहाँ सोचना है।

स्वामी विवेकानन्द, स्वामी रामतीर्थ, गाडगे बाबा इनके जीवन के कुछ समान बिन्दु इस प्रकार हैं—

- पिताजी की असमय मृत्यु होने के कारण स्वामी विवेकानन्द (नरेन्द्र) को आर्थिक अभाव का संकट झेलना पड़ा।

स्वामी रामतीर्थ (तीर्थराम) जी को बचपन से ही दरिद्रता का संग रहा।

गाडगे बाबा (डेबूजी) के घर में भी दारिद्र्य देवता का ही वास था।

- स्वामी विवेकानन्द, स्वामी रामतीर्थ आधुनिक शिक्षा के पंडित थे, उच्च डिग्रियाँ उन्होंने हासिल की थी, गाडगे बाबा निरक्षर और अनपढ़ थे।
- महान पुरुषों की जाति का विचार नहीं किया जाता, लेकिन प्रतिपाद्य विषय के सन्दर्भ में इसका एक विशेष महत्त्व होने के कारण उनकी जन्मजाति का उल्लेख करना अनुचित नहीं होगा।

विवेकानन्द कायस्थ थे।

स्वामी रामतीर्थ ब्राह्मण थे।

- गाडगे बाबा परिट (धोबी) जाति के थे।
- तीनों को बचपन से ही अध्यात्म में गहरी रुचि थी।
- आध्यात्मिक ज्ञान उन्होंने अपने गुरु से प्राप्त किया।
- यह आध्यात्मिक ज्ञान मैं और तू एक ही हैं, मुझमें-तुझमें और कोई भेद नहीं। आध्यात्मिक परिभाषा में उसे अद्वैत कहते हैं। वे अद्वैत ज्ञानी थे।
- स्वामी रामतीर्थ और गाडगे बाबा विवाहित थे। स्वामी विवेकानन्द ब्रह्मचारी थे।
- साधना काल में तीनों महापुरुषों ने उग्र साधना की। आध्यात्मिक परिभाषा में सामरस्य साधना इस प्रकार का शब्दप्रयोग किया जाता है। अद्वैत दर्शन की साधना में ऐसा भी कहा जाता है। इस क्षेत्र के ये तीन महापुरुष सिद्धसाधक थे। उनका ज्ञान अनुभूत ज्ञान था, शब्दज्ञान नहीं।

सामाजिक स्थिति का तीनों द्वारा किया गया विवरण

तीनों महापुरुषों के सामने मुख्यरूपेण हिन्दू समाज था। हिन्दू की समाज रचना वर्णाधिष्ठित और जातियों पर आधारित है। स्वामी विवेकानन्द जाति के सन्दर्भ में लिखते हैं—'जाति का अर्थ होता है, पैदा हुआ...एकोऽहं बहुस्याम्। इसका अर्थ यही कि सृष्टि की उत्पत्ति के पहले ब्रह्म एक अद्वितीय था। सृष्टि के पश्चात् वह अनेकों में विभाजित हुआ...मूलतः जाति का अर्थ हर एक व्यक्ति को अपनी

विशेषता अभिव्यक्त करने की स्वतंत्रता इस अर्थ को छोड़ा गया और भारत का अध:पतन हुआ। आजकल की जातियाँ मूल अर्थ में जातियाँ नहीं, मूल जाति की उन्नति का प्रतिबन्ध करनेवाली हैं। (स्वामी विवेकानन्द के पत्र, पृष्ठ 17-18)

जातिप्रथा के कारण अस्पृश्यता का निर्माण हुआ। केरल के प्रवास में स्वामी विवेकानन्दजी को अस्पृश्यता का जो दर्शन हुआ उस पर उनकी टिप्पणी थी कि केरल यानी एक पागलखाना है (युनायटिक असायलंट)। अस्पृश्यता के सन्दर्भ में वे लिखते हैं—'किसी अछूत से मुलाकात होती है तो पहला शब्द होता है 'अरे, छुओ मत' जिधर देखो उधर 'छुओ मत' का जप रटनेवालों की भरमार है। हमारा धर्म रसोईघर तक सीमित रहा है।' (विवेकानन्द ग्रन्थावली खंड 11)

जातिभेद, ऊँच-नीच, छुआछूत इस कारण भारत का अध:पतन हुआ है। उच्च कुलीनत्व की भावना या विशेषाधिकार रखनेवाले किसी भी वर्ग को जाति नहीं कहना चाहिए। विशेषाधिकार से समाज का अध:पतन हो गया है।

हिन्दू समाज में जातिभेद, अस्पृश्यता आदि के लिए हिन्दू धर्म जिम्मेदार है, ऐसा कहा-लिखा जाता है। स्वामी विवेकानन्द इस बात को स्वीकार नहीं करते। वे कहते हैं, 'समाज की आपकी जो हालत है, उसके मूल में धर्म नहीं है। सामाजिक व्यवहार के सन्दर्भ में धर्म का जिस तरीके से उपयोग होना चाहिए था वैसा नहीं किया गया। इसी कारण समाज की आज जैसी अवस्था बनी है।' और एक स्थान पर वे लिखते हैं, 'संसार में ईश्वर के सन्दर्भ में तथा आत्मा के सन्दर्भ में आज तक उपदेशित तत्त्वों में से सर्वाधिक उदात्त और सर्वश्रेष्ठ वेदान्त है। इसकी रक्षा कुछ संन्यासियों ने की बाकी सभी लोग खाद्य-अखाद्य, छुआछूत आदि जैसे फालतू प्रश्नों पर बहस करने पर ही तुले रहे।'

'एक ही परमात्मा सर्वव्यापी, सर्वभूतान्तरात्मा है इस तत्त्व का घोष सर्वदूर होना चाहिए। हमारी इस भूमि पर तथा विदेश की भूमि पर भी इसका घोष होना चाहिए। मनुष्य जाति का सर्वश: कल्याण करने की सामर्थ्य इस तत्त्व में है। दुख के कीचड़ में गिरे सामान्य मनुष्य वर्ग को दुखमुक्त करने की सामर्थ्य इस मंत्र में है।' (कोलम्बो अलमोरा व्याख्यानमाला)

वर्णव्यवस्था के सन्दर्भ में स्वामी रामतीर्थ का चिन्तन इस प्रकार है, 'प्राचीन समय में भारत में वर्णव्यवस्था की प्रतिष्ठापना की गई थी और उनके सामर्थ्यानुसार कार्यों का विभाजन किया गया था। समाज के अन्तर्गत सबको स्वाभाविक शक्ति एवं प्रकृति के अनुसार कार्य का उत्तरदायित्व सौंपा गया।' यह बताकर स्वामी रामतीर्थ जी ने ब्राह्मण, क्षत्रिय, वैश्य, शूद्र इन चार वर्गों के कार्य के बारे में कुछ विवरण दिया है। लेकिन धीरे-धीरे इस व्यवस्था में शिथिलता और अस्तव्यस्तता आनी प्रारम्भ हो गई। रामतीर्थ के शब्द इस प्रकार हैं, 'सारी वर्णव्यवस्था और

तदनुसार विभाजित कर्मों की सम्पादन शृंखला रूढ़िबद्ध, निर्जीव, शुष्क और पाषाणबद्ध बन गई। लोगों ने इसे कठोर नियमों के अन्तर्गत जकड़ दिया। परिणाम यह हुआ कि राष्ट्र की जीवनीशक्ति समाप्तप्राय हो गई।'

हजारों जातियाँ बनने के कारण समाज जड़वत् बन गया। इस सन्दर्भ में स्वामी रामतीर्थ जी का विवरण इस प्रकार है, 'लोगों में व्यावहारिक ज्ञान का अभाव होने लगा। इस कारण समाज में अनेक बुराइयाँ प्रविष्ट होने लगीं। उदाहरण शारीरिक श्रम के प्रति घृणा भावना, अनेक जातियों एवं उपजातियों की उत्पत्ति, विदेश यात्रा को पाप समझना, बालविवाह एवं स्त्रियों में अज्ञानान्धकार की वृद्धि। ये बुराइयाँ समाज में इतने गहरे रूप में प्रविष्ट हो गईं कि इन्हें दूर करना लोहे के चने चबाना है।' (स्वामी रामतीर्थ जीवन और दर्शन, जयराम मिश्र)

सन्त गाडबे बाबा कुछ लिखते नहीं थे। इसी कारण उनके लेखन के सन्दर्भ प्राप्त करना असम्भव है, लेकिन वे बोलते थे। लोगों के साथ संवाद का उनका माध्यम कीर्तन था। कीर्तन के माध्यम से हजारों जातियाँ, अस्पृश्यता इन पर वे प्रहार करते रहते थे। वे कहते थे, 'मनुष्य की केवल दो जातियाँ हैं, एक स्त्री और दूसरी पुरुष। तीसरी जाति नहीं। जो कोई जाति पूछे उसे कह देना कि मनुष्य यह मेरी जाति है। हम सबका जन्म एक ही उदर से हुआ है। किसी का जन्म मुख से नहीं होता या बगल से नहीं होता, इस कारण जाति पूछना पाप है।'

मनुष्य-मनुष्य में कोई भेद नहीं, इस बात को समझाने के लिए वे कीर्तन में संवाद करते थे। पूछते थे, हमको आँखें कितनी हैं, उत्तर आता था—दो। दाँत कितने हैं, उत्तर आता था—बत्तीस। हमारा जन्म कहाँ से हुआ, उत्तर आता था—माँ की कोख से। फिर वह कहते थे अगर ऐसा है तो स्पृश्य-अस्पृश्यता का विषय कहाँ से आया? सूर्य सबके लिए एक है, आकाश सबके लिए एक है, सबका चन्द्र एक है, गोमाता सबकी एक है, सृष्टि में ऐसा ऐक्य भाव होने के कारण मनुष्य-मनुष्य में भेद करना उचित है क्या? ऐसा उनका संवाद रहता था।

सामाजिक स्थिति में बदलाव लाने के लिए प्रस्तुत चिन्तन

सामाजिक जीवन में भेदभाव है, अस्पृश्यता है, स्त्री वर्ग को हीन दर्जा दिया गया है, उन सबका सुधार कैसे किया जाए? सामाजिक दोषों का दिग्दर्शन करके काम नहीं बनता। दोष कैसे दूर किए जाएँ, इसका मार्ग भी बताना पड़ता है। इन तीनों महापुरुषों ने शिक्षा को अति महत्त्व दिया है।

शिक्षा के विषय में स्वामी विवेकानन्द जी कहते हैं, 'जिस देश में सर्वसामान्य जनता के बीच विद्या तथा समाजशक्ति की जितनी उन्नति होगी, उतना देश उन्नत होगा। अगर हमको ऊपर उठना है तो इसी मार्ग पर हमें चलना पड़ेगा। सर्वसाधारण जनता में शिक्षा का प्रचार करना पड़ेगा। सर्वसामान्य जनता को शिक्षित करो,

उनकी उन्नति करो, राष्ट्रनिर्मिति का यही एकमेव उपाय है। केवल शिक्षण, शिक्षण, शिक्षण! यूरोप के प्रवास में मैंने गरीब लोगों को मुहैया कराई जानेवाली सुविधा और शिक्षण देखकर मेरी आँखों के सामने भारतीय गरीबों का चित्र आता था और मैं रो पड़ता था। भारत का गरीब और यूरोप का गरीब इसमें यह फर्क क्यों आया?—शिक्षा के कारण।'

विवेकानन्दजी का कहना था कि, अगर काश्तकार का बेटा स्कूल में नहीं आ सकता तो शिक्षा को वहाँ पर लेकर जाना चाहिए। मजदूर का बेटा शिक्षा के लिए स्कूल में नहीं आ सकता हो, शिक्षा को उसके काम के स्थान पर ले जाना चाहिए। (भारत में किसी विचार पर आधारित एकल विद्यालय का प्रयोग अब हो रहा है।)

शिक्षा के सन्दर्भ में विवेकानन्दजी का मत था, 'दुर्बलों को बलवन्तों से अधिक शिक्षा के अवसर देने चाहिए। दूसरे शब्दों में, चांडाल के शिक्षण के लिए जितनी आवश्यकता है, उतनी ब्राह्मण के शिक्षण के लिए नहीं। ब्राह्मण के एक बच्चे को अगर एक शिक्षक की आवश्यकता है तो चांडाल के बच्चे के लिए दस शिक्षकों की आवश्यकता है।' दूसरे शब्दों में या आज की परिभाषा में शिक्षा में आरक्षण होना चाहिए। ऐसा विवेकानन्दजी का मत था।

शिक्षा के विषय में गाडगे बाबा अत्यन्त आग्रही थे। वे कीर्तन में कहा करते थे, 'शिक्षा के बिना आदमी पत्थर के समान है। अर्धपेट रहकर भी बच्चों को शिक्षा देनी चाहिए। गरीब बच्चों को लेखन साहित्य देना चाहिए। शिक्षा का कोई विकल्प नहीं। मायबाप हो, आज का युग शिक्षा का युग है। आप अनपढ़ रह गए उसके फल आप चख रहे हैं। आपका जीवन बच्चों का जीवन न बने, इसकी ओर ध्यान देना चाहिए। उनका जीवन बरबाद नहीं करना, आप अनपढ़ हैं, इसलिए साहूकार आपको लूटता है। जो शिक्षित नहीं, वह कष्ट सहनेवाला बैल है। जमात की आवभगत करने के लिए पैसा मत खर्चा करो, पैसा बच्चों की शिक्षा पर खर्च करो। सभी रोगों के लिए शिक्षा एक महौषधि है।'

स्वामी रामतीर्थ जी सर्वसामान्य समाज घटकों के शिक्षा के विषय में लिखते हैं, 'शिक्षा का वास्तविक उद्देश्य यह होना चाहिए कि हम देश के प्राकृतिक साधनों का समुचित प्रयोग करना जानें...जिस शिक्षा का हम जीवन की वास्तविकता में प्रयोग नहीं कर सकते, वह शिक्षा सच्ची शिक्षा नहीं है। वह केवल तोता-रटन्त विद्या है। जिस ज्ञान को हम व्यावहारिक रूप नहीं प्रदान कर सकते, वह ज्ञान आध्यात्मिक कब्ज और मानसिक बदहजमी है।'

'यदि भारत को अपना अस्तित्व बनाए रखना है, तो स्त्री शिक्षा का व्यापक ढंग से प्रचार और प्रसार करना होगा। यह देखना तुम्हारा कर्तव्य है कि प्रान्त में कोई भी स्त्री अथवा निर्धन व्यक्ति अशिक्षित न रह जाए। देश के मुख से अशिक्षा के इस कलंक को मिटा दो। क्या तुम्हें अपने पड़ोस में रहनेवाली मेहतरनी को पढ़ाने में

किसी प्रकार की लज्जा अथवा भय की प्रतीति होती है ? यदि ऐसा है, तो तुम्हारी नैतिकता और व्यवहार पर धिक्कार है।'

स्वामी विवेकानन्दजी भारत के पिछड़ेपन पर, जातिगत विषमता पर और इससे उपजी गरीबी पर, पारतंत्र्य पर कठोर प्रहार करते हैं। उनके कुछ अवतरण इस प्रकार हैं, 'आत्मवत् सर्वभूतेषु यह शिक्षा केवल ग्रन्थों में ही पड़ी रहेगी क्या ? क्षुधित व्यक्ति को रोटी का एक टुकड़ा भी जो नहीं दे सकता, वह मुक्ति किस प्रकार से देगा ? दूसरों के स्पर्श से जो अपवित्र होते हैं, वे अन्यों को पवित्र कैसे करेंगे ?...हर एक चीज का पहला हिस्सा गरीबों को मिलना चाहिए। उसमें से जो बचा है उस पर हमारा हक है...मातृदेवो भव, पितृदेवो भव ऐसा आज तक आपने पढ़ा होगा, लेकिन मैं कहता हूँ, दरिद्र देवो भव, मूर्ख देवो भव–दारिद्र्य, मूर्ख, अज्ञ, दुखी यही हमारे लिए भगवान हैं। उनकी सेवा परमधर्म है।'

दरिद्रनारायण की उपासना

स्वामी विवेकानन्द और सेवायोगी सन्त गाडगे बाबा इन्होंने समाजसेवा के कुछ माध्यम बनाए हैं, संस्थाओं का गठन किया। स्वामी रामतीर्थ जी को ऐसा करने का अवसर नहीं मिला। उन्होंने कोई संस्था या संगठन नहीं खड़ा किया। स्वामी विवेकानन्द के समान उन्होंने भी विदेश यात्रा की, अमेरिका और जापान की यात्रा की। परमेश्वर सर्वव्याप्त है, मनुष्य–मनुष्य में कोई भेद नहीं करना चाहिए और ओंकार की उपासना करनी चाहिए। यह उनकी सीख थी। अमेरिका में घटा एक उदाहरण, तत्त्वानुसार व्यवहार इस विषय पर अच्छा प्रकाश डालता है। एक धनवान महिला का एकलौता बेटा गुजर गया, वह बहुत दुखी थी। वह स्वामीजी के पास आई और उसने प्रार्थना की कि मुझे दुख से मुक्ति दिलाएँ और सुख दें। स्वामी जी ने कहा, 'उसके लिए तुम्हें भारी कीमत चुकानी पड़ेगी।' महिला ने कहा, 'मुझे मंजूर है।' उसे लेकर स्वामी सड़क पर गए एक नीग्रो बेसहाय बच्चा सड़क पर बैठा था, गरीब था। स्वामी जी ने कहा, 'इसे अपना बेटा समझकर उसे पुत्रवत् प्यार दीजिए।' घटना 1902 की है। इस कालखंड में नीग्रो के साथ समान व्यवहार करना अमेरिका में असम्भव था। निग्रो बच्चे को घर में लेके जाना, उसका पुत्रवत् संगोपन करना असम्भव था। उस महिला ने स्वामीजी के कथन पर उस बेटे को उठाया, उसे सीने से लगाया और वह दुख मुक्त हो गई। स्वामी रामतीर्थ इस प्रकार समरसता का व्यवहार सिखाते थे।

स्वामी विवेकानन्दजी ने केवल विचार नहीं रखा, विचार को धरातल पर लाने का प्रयास भी किया। उनका कहना था कि कोरी बकवास करके कोई उपयोग नहीं। प्रत्यक्ष काम करना चाहिए। 'दरिद्रनारायण' उनका दिया हुआ शब्द है। इस शब्द का आगे चलकर भारत में प्रचुर मात्रा में प्रचलन हुआ। महात्मा गांधीजी ने भी इस शब्द को स्वीकार किया।

स्वामी विवेकानन्द जी ने समाज-सेवा के लिए 'रामकृष्ण मिशन' की स्थापना की। रामकृष्ण मिशन के माध्यम से समाज को शिक्षित करने का व्यापक प्रयत्न उनकी मृत्यु के बाद भारत में चलता रहा। लोगों को सच्चे धर्म का ज्ञान देने का कार्य भी रामकृष्ण मिशन के माध्यम से चलता रहा।

सेवासन्त गाडगे बाबा जी ने जगह-जगह गरीब बच्चों के लिए छात्रावास बनाए। भूख-गरीबी से पीड़ित लोगों के राहत के लिए अन्नछत्र चलाए। यात्रियों के लिए जगह-जगह पर धर्मशालाएँ बनवाईं। अपने अनोखे कीर्तन के माध्यम से और संवाद शैली के माध्यम से शिक्षा लेनी चाहिए, कष्ट दूर करने चाहिए, उत्पादन करना चाहिए, नशाखोरी से दूर रहना चाहिए, बेकार के खर्च को टालना चाहिए आदि की शिक्षा समाज को दी।

महाराष्ट्र में गाडगे महाराज मिशन की ओर से आज लगभग चौदह आश्रमशालाएँ चलाई जाती हैं। घुमन्तू जातियों के लिए आठ शालाएँ चलाई जाती हैं। बालकों के लिए तेरह छात्रावास चलाए जाते हैं तथा सात कन्या छात्रालय हैं, छह माध्यमिक शालाएँ हैं। इसके अलावा पोस्ट बेसिक आश्रमशाला, पोस्ट बेसिक छात्रावास, वृद्धाश्रम, निराधार बालकाश्रम इस प्रकार के कार्य का विस्तार बहुत व्यापक है। जो कहा वह करने का प्रयास किया। यह गाडगे बाबाजी की खासियत है।

समरसता के सन्दर्भ में अपने महान सन्तों के कार्य का जब हम विश्लेषण करते हैं तब समान धारणा के कई बिन्दु सामने आते हैं। गाडगे बाबा जी ने समरसता की दससूत्री बताई है, वह इस प्रकार है—

1. क्षुधितों को...अन्न
2. प्यासों को...पानी
3. वस्त्रहीन को...वस्त्र
4. अनाथ और बेघरों को...आसरा
5. बेकारों को...काम
6. दुखी और निराश को...प्रेम और हिम्मत
7. गरीब विद्यार्थियों को...शिक्षा
8. अन्ध और अपाहिजों को...दवा
9. पशु-पक्षियों को...अभय
10. गरीब युवा-युवतियों को...गृहस्थ जीवन में मदद

समारोप

इसी प्रकार स्वामी विवेकानन्द, स्वामी रामतीर्थ और गाडगे बाबा इन तीन महापुरुषों ने अध्यात्ममूलक समरसता को ही सामने रखा है। इस अध्यात्ममूलक समरसता के कुछ समान बिन्दु इस प्रकार हैं—

1. चैतन्य सबमें विराजमान है।
2. चैतन्य तत्त्व से हम सब एक हैं।
3. मनुष्य-मनुष्य में जो अलगपन दिखता है, वह विविधता है, भेद नहीं।
4. विविधता को भेद मानना अशास्त्रीय, अधार्मिक और अतर्कसंगत है।
5. समाज का पिछड़ा वर्ग राष्ट्र की शक्ति होता है, उसके उत्थान के लिए प्रयासों की जरूरत है।
6. जातिभेदों को मिटाते समय जातिविद्वेष का सहारा नहीं लेना चाहिए।
7. हमें दोषों को दूर करना है, जाति के समुदाय को नहीं।

स्वामी विवेकानन्द जी ने समतायुक्त समरस समाज का एक सपना देखा था। मुहम्मद सरफराज हुसैन को भेजे पत्र में स्वामी जी लिखते हैं, 'धर्म तथा विचार उनके सन्दर्भ में अद्वैतवाद अन्तिम सत्य है। फिर भी समूची मानव जाति माने अपनी आत्मा ही है, उस सोच से देखनेवाला और आचरण करनेवाला प्रत्यक्ष रूप में अद्वैतवाद हिन्दुओं में कभी विकसित हुआ ही नहीं। इसके विपरीत मैं तो यह अनुभव करता हूँ कि आज तक यदि कोई धर्म इस समता के बहुत ही निकट पहुँचा हुआ है तो वह सिर्फ इस्लाम धर्म है। अपनी मातृभूमि की दृष्टि से चिन्तन करके हिन्दू धर्म और इस्लाम धर्म इनमें समन्वय, माने वेदान्त के अन्तर्गत एकत्व का सर्वोच्च दर्शन और इस्लाम धर्म की प्रत्यक्ष रूप में होनेवाली समता इनका मिलाप यही एकमात्र आशास्थान होगा। इस कोलाहल और संघर्ष में उभर आनेवाला वैभवसम्पन्न, अजेय, परिपूर्ण इस प्रकार का कल का भारत मुझे अपने मन:चक्षुओं के समक्ष दिखाई दे रहा है। वेदान्ती दिमाग और इस्लामी शरीर धारण कर यह भावी भारत उदित होनेवाला है।' (विवेकानन्द के पत्र, पृ. 723)

अन्त में, समरसता के अर्थ को स्पष्ट करते समय पहले 'सं गच्छध्वं' मंत्र दिया है। स्वामी विवेकानन्द जी के शब्दों में—

सं गच्छध्वं सं वदध्वं सं वो मनांसि जानताम्।
देवाभागं यथा पूर्वे... ॥

आप सब मन से एक हो जाओ, आपके विचार एक बनें, इन्हीं कारणों से देव यज्ञ हविर्भाग ग्रहण कर सकते थे...। मन से एक होना इसी में समाज की स्थिरता का रहस्य है। अगर आप आर्य-द्रविड़, ब्राह्मण-अब्राह्मण जैसे क्षुल्लक प्रश्नों पर कलह करते रहोगे तब भारत के भविष्य के लिए आवश्यक शक्तिसंचय आप नहीं जुटा पाएँगे। भारत का भवितव्य इच्छाशक्ति का सम्मिलन उनका परस्पर सहकार्य और केन्द्रीयकरण इस पर ही निर्भर है। छोटे-छोटे संघटित देश विशाल भू-भाग पर राज्य करते हैं। जन्म से ही असंगठित लोगों को एक विचार से एकत्रित करना महाकठिन होता है। अपने देश में विघटन करनेवाली इन सारी बातों को हमें रोकना है।

सहायक ग्रन्थ

- समरसता, रमेश पतंगे
- विवेकानन्द ग्रन्थावली
- विवेकानन्दांची पत्रे
- स्वामी रामतीर्थ जीवन और दर्शन, जयराम मिश्र
- सेवायोगी श्रीसन्त गाडगेबाबा, प्रो. रमेश महाजन
- लोकोत्तर गाडगेबाबा : जीवन आणि कार्य, प्रो. द.ता. भोसले

राष्ट्रसन्त तुकडोजी महाराज

डॉ. अशोक बाचुळकर

प्रस्तावना

भारत एक बहुजातीय, बहुधर्मी, बहुभाषी देश रहा है। विविधता में एकता इसकी महती विशेषता है। कई सम्प्रदायों एवं मतवादों के बावजूद यह अखंड है। इस अखंडता को अक्षुण्ण बनाए रखने में हमारे सन्त तथा समाजसुधारकों का योगदान महत्त्वपूर्ण रहा है। इस योगदान का अधिकतर श्रेय जाता है—महाराष्ट्र भूमि को। यहाँ की पवित्र मिट्टी ने ऐसे कई व्यक्तित्वों को जन्म दिया है जो मात्र भारत नहीं, बल्कि अखिल विश्व के कल्याण की कामना करते रहे। जिन्होंने अखिल मानवजाति के लिए अपना सम्पूर्ण जीवन दाँव पर लगा दिया है। संकीर्ण मनोवृत्ति का सदैव विरोध करते हुए शोषण एवं उत्पीड़न के विरुद्ध विद्रोह किया है। उन्होंने सामाजिक शान्ति के लिए भावात्मक एकता का सपना देखा और उसकी पूर्ति हेतु अपना सर्वस्व होम किया। ऐसे राष्ट्र एवं युग-निर्माताओं में से एक हैं—सन्त तुकडोजी महाराज।

माणिक से राष्ट्रसन्त

तुकडोजी महाराज का सम्पूर्ण जीवन अज्ञान एवं अन्धश्रद्धाओं से लड़ते हुए बीत गया। वे अछूतोद्धार एवं ग्रामोद्धार की दृष्टि से सतत प्रयत्नशील रहे। संकीर्णता एवं धार्मिक भेदाभेद त्यागकर वैज्ञानिक दृष्टिकोण अपनाने का आवाहन उन्होंने लोगों से किया। उनके इसी कार्य से प्रभावित होकर तत्कालीन राष्ट्रपति डॉ. राजेन्द्र प्रसाद ने उन्हें 'राष्ट्रसन्त' की उपाधि से विभूषित किया। इस महान औलिया का जन्म अमरावती जिले के यावली नामक एक छोटे-से कस्बे में 30 अप्रैल, 1909 को हुआ। घर में भीषण गरीबी। ऐसी स्थिति में स्कूली शिक्षा पाने का सवाल ही नहीं उठता है। बचपन का नाम माणिक। गुरु आडकोजी की कृपा से माणिक का तुकड्यादास हो गया। इसी नाम से उन्होंने भजन लिखे और खँजरी की सहायता से गाते हुए सामान्यजन के हृदय जीत लिये। अपनी ओजस्वी वाणी द्वारा उन्होंने लोगों को जाग्रत् किया। सामान्य जनता के दुख-दर्दों, व्यथा-पीड़ाओं को व्यक्त करते हुए

समाज में व्याप्त विसंगतियों एवं कुप्रथाओं का पर्दाफाश किया। सामाजिक विषमता को खत्म करते हुए उज्ज्वल भारत का सपना देखा। इस महान समाजसुधारक का देहावसान 11 अक्टूबर, 1968 को हुआ।

स्वतंत्रता आन्दोलन में योगदान

राष्ट्रभक्ति तुकडोजी महाराज में कूट-कूटकर भरी हुई थी। सन् 1942 के आन्दोलन में जगह-जगह जाकर उन्होंने लोगों को ललकारा—

जाग उठो बलवीरो, अब तुम्हारी बारी है।

एवं

झाडझडूले शस्त्र बनेंगे, भक्त बनेगी सेना
पत्थर सारे बम बनेंगे, नाव लगेगी किनारे।

उनके इन शब्दों से आतंकित ब्रिटिश सरकार ने उन्हें जेल में भी डाला। अपने भजनों द्वारा महाराज ने देशवासियों को राष्ट्रीयता की दीक्षा दी। इस प्रकार स्वतंत्रता संग्राम में रंग भरने का अपूर्व कार्य उन्होंने किया।

स्वतंत्रता आन्दोलन के समय भारतीय धार्मिक, क्षेत्रीय तथा जातीय विवादों को भूल गए। इसका श्रेय सन्त तुकडोजी महाराज को भी दिया जाना चाहिए। स्वतंत्रता पश्चात् भी उन्होंने अपना यह कार्य अनवरत रूप में जारी रखा। उन्होंने ग्रामगीता, गांधी गीतांजलि, लहर की बरखा, राष्ट्रीय भजनावली आदि हिन्दी-मराठी ग्रन्थों का सृजन किया।

समता एवं एकता के लिए प्रयत्नशील राष्ट्रसन्त तुकडोजी महाराज के कार्य को हम निम्न शीर्षकों के आधार पर देखेंगे—

हिन्दू-मुस्लिम ऐक्य

मानव जाति का हित समता एवं एकता में ही है। इस वास्तविकता को हमारे सभी सन्त जान गए थे। इसीलिए तो समाज में व्याप्त विषमता को खत्म करके उन्होंने एकता एवं संगठन पर बल दिया। सन्त तुकडोजी महाराज की वैश्विक दृष्टि का ही परिणाम है कि उनके युग में समाज में व्याप्त जाति, धर्म, वर्ग एवं राजनीतिक भेदाभेद कम हो गए थे। सन् 1946 में अमरावती की राजापेठ में गणेश मूर्ति की प्रतिष्ठापना एक मुस्लिम द्वारा करवाकर तुकडोजी महाराज ने हिन्दू-मुस्लिम एकता का आदर्श निर्माण किया। उनके द्वारा आयोजित सामुदायिक प्रार्थनाओं में हिन्दू-मुसलमान समान भाव से सहभागी होते थे। हमारी धर्मनिरपेक्षता की संकल्पना को प्रत्यक्ष में लाने का कार्य तुकडोजी महाराज ने किया। उन्हीं के शब्दों में—

तन-मन-धन से सदा सुखी हो भारत देश हमारा।
सभी धर्म अरु सभी पक्ष को, दिल से रहे पियारा।

तुकडोजी महाराज की दृष्टि में सच्चा धर्म एक ही है। वह है—मानव धर्म। जो इनसान को नेक और सरल हृदयी बना दे। जो यह सिखा दे कि न मुफ्त का खाना है और न ही किसी से छीनकर।

सृष्टि का निर्माता एक ही है। हम बिना वजह उसे ईश्वर और अल्लाह में बाँटकर एक-दूसरे का खून बहा रहे हैं। हिन्दू-मुस्लिम दोनों से उनका कहना था कि मठ, मन्दिर, मस्जिद ये तो झगड़े की जड़ें हैं। ईश्वर-अल्लाह मन्दिर-मस्जिद में नहीं है, बल्कि वह सर्वत्र विद्यमान है। जिधर देखो उधर वह है। वह सृष्टि के कण-कण में व्याप्त है। कोई भी धर्म श्रेष्ठ-कनिष्ठ नहीं होता है। सभी समान हैं। श्रेष्ठ अगर है तो, मानव धर्म। सभी धर्मों का लक्ष्य एक ही है—स्वर्ग की प्राप्ति अर्थात् सुख-शान्तिपूर्वक जीवन बिताना। तो क्यों न हम अपने मन को सारे कलुषों से मुक्त कर दें। हम देखते हैं कि तुकडोजी महाराज ने हिन्दू-मुस्लिम में सामंजस्य बनाने का कार्य किया।

वर्ण एवं वर्ग-व्यवस्था का विरोध

सन्त तुकडोजी महाराज का जन्म एक छोटे-से कस्बे में हुआ। अत: भारतीय ग्रामों को देखने का मौका उन्हें मिला। परिणामस्वरूप वहाँ के जीवन से वे भली-भाँति परिचित हो गए। वर्णव्यवस्था के समाज पर होनेवाले दुष्परिणामों को उन्होंने नजदीक से देखा। तब उन्हें लगा कि समाज में व्याप्त जाति-पाँति एवं ऊँच-नीच की भावना को खत्म करना आवश्यक है। इस दृष्टि से उन्होंने जो कार्य किया है, वह निश्चय ही उल्लेखनीय है। भंगीमुक्ति आन्दोलन में उनका सक्रिय सहभाग रहा है। पंढरपुर का विट्ठल मन्दिर अस्पृश्यों के लिए खुला करने में भी उन्होंने तथा उनके शिष्यों ने महत्त्वपूर्ण भूमिका निभाई है। पिछड़ी जातियों को सम्मान देने का कार्य उन्होंने किया।

महाराज ने बताया कि ऊँच-नीच का भेदभाव मानव के हित में नहीं है। वर्णव्यवस्था हमारे समाज के लिए कलंक है। इसी कारण हमारे समाज में बिखराव आया है। निचली जातियों का जीना दुष्कर हो गया है। वास्तव में मनुष्य-मनुष्य में कोई भेद नहीं है, परन्तु मनुष्य ने धर्म-वर्ण का अभिमान पाला। परिणाम—

अभिमान राहिला वर्णांचा। चुराडा झाला गुणकर्मांचा।
ऐसा घड़विला संस्कार गावाचा। घड़ी काही बसेना।

(ग्रामगीता, पृ. 50)

उनकी दृष्टि में गाँव के पतन का प्रमुख कारण वर्णव्यवस्था ही है। गाँव के विकास के लिए वे सभी से ऊँच-नीच की भावना को त्यागने का आवाहन करते हैं, जैसे—

लोकशिक्षण, न्यायरक्षण। जनांचे पोषण आदि श्रमदान।
यासाठी जे जे करतील प्रयत्न। त्यांना साधेल वर्णाश्रम।

(ग्रामगीता, पृ. 57)

हम सब एक ही ईश्वर की सन्तान हैं। अलग केवल रंग, रूप और आकार हैं। सन्त कबीर भी कहते हैं हम सब एक ही मिट्टी के भाँडे हैं।

जाति-पाँति की भावना के साथ-साथ समाज में व्याप्त आर्थिक विषमता को भी सन्त तुकडोजी महाराज मिटाना चाहते थे। अमीर-गरीब के बीच की खाई को कम करना उनका लक्ष्य था। शोषणमुक्त समाज की स्थापना उनका सपना था। उनकी धारणा थी कि अमीर-गरीब का झगड़ा गाँव को बरबाद कर देता है। गाँव का प्रत्येक व्यक्ति महत्त्वपूर्ण होता है। सभी के श्रम से गाँव बनता है। इस प्रकार श्रम को प्रतिष्ठा प्राप्त करा दी उन्होंने। सम्पत्ति पर समान अधिकार की बात करते हुए वे कहते हैं—

गावी जे जे श्रीमन्त। तयांचे धन गावाची सम्पत्ति।
समजोनी वागावे या रीती। मदत द्यायासि प्रसंगी॥
धन हे गरिबांचे रक्त। समजोनि वागोत श्रीमन्त।
श्रम ही गावाचीं दौलत। म्हणोनि व्हावा मान तिचा॥

(ग्रामगीता, पृ. 185)

इस प्रकार अमीर-गरीब तथा वर्णों में समन्वय स्थापित करने का कार्य सन्त तुकडोजी महाराज ने किया।

स्त्री-पुरुष समता

सन्त तुकडोजी महाराज ने समाज हित का व्यापक विचार किया था। स्त्री-पुरुष दोनों समान हैं। समाज-निर्माण में दोनों की समान भूमिका है। इस तथ्य को जानकर तुकडोजी महाराज ने स्त्रियों पर होनेवाले अन्याय-अत्याचारों का विरोध किया। उनकी उन्नति के लिए नव-नवीन प्रयोग किए। मोझरी के श्रीगुरुदेव आश्रम में स्वतंत्र महिला विभाग की स्थापना की। इस विभाग के माध्यम से स्वच्छता, स्वास्थ्य, उद्योग आदि बाबत शिविरों का आयोजन किया। भारत राष्ट्र को ऊर्जितावस्था प्राप्त करा देने में स्त्री शक्ति का योगदान महत्त्वपूर्ण हो सकता है। यह सच्चाई जानकर स्त्री-शक्ति को जाग्रत् करने का कार्य उन्होंने किया।

स्त्री को उसकी स्वतंत्र पहचान दिला देने का कार्य तुकडोजी महाराज ने किया। व्यक्ति के निर्माण में स्त्री के योगदान की चर्चा करते हुए उन्होंने लिखा है—

विद्या गुरुहूनि थोर। आदर्श मातेचे उपकार
गर्भापासोनि तिचे संस्कार। बालकाँवरि॥

(ग्रामगीता, पृ. 213)

वे आगे कहते हैं—

स्त्रीलाच भक्ति, स्त्रीलाच ज्ञान। तिलाच संयम, शहाणपण।
तिच्यानेच हालती वाटे सम्पूर्ण। संसारचक्रे॥

(ग्रामगीता, पृ. 215)

तुकडोजी महाराज की मान्यता है कि स्त्री-पुरुष गृहस्थीरूपी रथ के दो पहिए हैं। दोनों में समन्वय भारत को वैकुंठ अर्थात् स्वर्ग बना सकता है।

विश्वबन्धुता

भारतीयों ने संकीर्ण मनोवृत्ति का सदैव धिक्कार किया है। सभी सन्त एवं समाजसुधारकों ने व्यक्तिगत घेरे से बाहर आकर विश्वबन्धुत्व को विकसित करने का सन्देश दिया है। सन्त तुकडोजी महाराज का कहना है कि विश्व में शान्ति प्रस्थापित करने के लिए ही सभी सन्त एवं धर्मसंस्थापकों ने प्रयत्न किए हैं। उनकी दृष्टि में—

सर्व धर्मांचा समन्वय। विश्वशान्तीचा उपाय।
लोकसुधारणेचे विद्यालय। सामुदायिक प्रार्थना।

(ग्रामगीता, पृ. 297)

रहन-सहन, खान-पान, भाषा-विभाषा, प्रार्थना तथा उपासना भले ही भिन्न-भिन्न हों, परन्तु मनुष्य एक ही है। अपने भजनों तथा भाषणों द्वारा उन्होंने सन्देश दिया—

हिन्दू, ईसाई, बुद्ध, पारसी, मुस्लिम, जिन गुरु द्वारा।
'भाई' समझकर सबसे बरतूँ, यहि लगाकर नारा।

सभी प्रकार के भेदभावों को त्यागकर सत्य की राह पर चलना है। मनुष्य का गौरव उसकी जाति, धर्म, धन-दौलत या अधिकार में नहीं है, बल्कि इनके त्याग में है। सच्चा मनुजत्व त्याग, चरित्र, विनम्रता एवं सेवा में है। यह है तुकडोजी महाराज का वैश्विक धर्म।

जेल से छूटने के बाद तुकडोजी महाराज ने 17-24 जनवरी, 1943 को विश्वशान्ति सप्ताह मनाया। गाँव-शहर, जेल सर्वत्र यह सप्ताह बड़े उत्साह के साथ मनाया गया। सभी लोगों ने प्रार्थना की। विदेशों में भी ऐसा किया गया। इस विश्वशान्ति सप्ताह के सन्दर्भ में डॉ. भाऊ मांडवकर लिखते हैं, "या सप्ताहाने फार मोठे कार्य केले जनतेमधील भीती नष्ट झाली। धर्माच्या माध्यमातून लोक परस्परांजवळ आले आणि एकतेच्या, बन्धुत्व भावनेच्या तारा पुनः सांधायला मदत झाली।" (राष्ट्रसन्त तुकडोजी आणि स्वातंत्र्याची चळवळ, पृ. 81) अर्थात् विश्वशान्ति सप्ताह के परिणामस्वरूप अनेक धर्मों में सामंजस्य की भावना निर्मित हुई।

23 जुलाई, 1955 को जापान में सम्पन्न विश्वधर्म परिषद में सन्त तुकडोजी

महाराज ने भारत का प्रतिनिधित्व किया। वहाँ दिए भाषण में उन्होंने कहा—"धर्मों का एक-दूसरे पर आक्रमण अधर्म है। न्याय के विरुद्ध है। तलवार का विरोध तलवार से नहीं, बल्कि हम ढाल से करते हैं। ठीक उसी प्रकार शान्ति और मातृभावना से हमें विरोधी शक्तियों का मुकाबला करना चाहिए। मानवजाति को एकत्र करके उसमें प्रेम, सहिष्णुता का निर्माण करके समृद्ध बनाना चाहिए। प्रेम के माध्यम से ही हम हिंसा पर विजय प्राप्त कर सकते हैं। धरती पर इनसानियत लाने के लिए सभी राष्ट्रों को विश्वबन्धुत्व की भावना को अपनाना आवश्यक है।"

(राष्ट्रसन्त तुकडोजी महाराज गौरव ग्रन्थ, पृ. 398)

मानवता के इस पुजारी ने संहारक प्रवृत्ति को त्यागकर सभी से प्रेमपूर्वक व्यवहार करने की बात कही है।

निष्कर्ष

राष्ट्रसन्त तुकडोजी महाराज ने ग्रामोद्धार की बात कही है। कारण वे जानते थे कि ग्राम के उद्धार पर ही भारत की समृद्धि अवलम्बित है। उन्हें केवल ग्राम नहीं, बल्कि सम्पूर्ण भारत का विकास अपेक्षित था। हिन्दुस्तान में 'भगवद्‌गीता' का जो स्थान है, वही उनकी 'ग्रामगीता' का है, कहना अनुचित नहीं होगा। लोकसेवा, ग्रामसेवा, राष्ट्रसेवा एवं विश्वसेवा उनके जीवन के अभिन्न अंग थे। धार्मिक भेदभाव और जात-पाँत से परे विशुद्ध मानव प्रेम ही उनके सन्देश का सार है।

तुकडोजी महाराज की दृष्टि में समाज और राष्ट्र की उन्नति का मूल है—एकता में। एकता के लिए अनिवार्य है—समता एवं संगठन। यह तभी हो सकता है जब विषमता खत्म हो। इसी विषमता को खत्म करने के लिए महाराज ने अपना सम्पूर्ण जीवन व्यतीत किया। नव समाज निर्मिति ही ईश्वर सेवा है, ऐसी उनकी धारणा थी। एकसंघ भारत का निर्माण उनका लक्ष्य था। हम देखते हैं कि सामाजिक समता एवं विश्वबन्धुता उनके लिए केवल विवेचन-विश्लेषण की वस्तु नहीं थी, अपितु उनका आचरण इस प्रकार का था।

सहायक ग्रन्थ

- (सं.) भगत रा.तु., राष्ट्रसन्त तुकडोजी महाराज गौरव ग्रन्थ, चैतन्य प्रकाशन, कोल्हापुर, प्रथम संस्करण 2009
- मांडवकर (डॉ.) भाऊ, राष्ट्रसन्त तुकडोजी आणि स्वातंत्र्याची चळवळ, सेवा प्रकाशन, अमरावती, प्रथम संस्करण-1971
- (सं.) राजगुरु माधव, ग्रामगीता, महाराष्ट्र राज्य पाठ्यपुस्तक निर्मिति मंडळ, पुणे, संस्करण 2001
- www.agniveer.com, 11 फरवरी, 2011

सामाजिक एकात्मता और समरसता के महान गायक—साने गुरुजी

प्रा. डॉ. सुभाष महाले

आधुनिक साहित्य, भले वह केवल साहित्य हो अथवा भक्ति साहित्य, आत्मा-परमात्मा की अपेक्षा व्यक्तिमन और समाजमन की चर्चा अधिक करता है। अत: उसमें आध्यात्मिकता के समाजाभिमुख स्वरूप के दर्शन होते हैं। विभिन्न जाति, धर्म और परम्पराओं में आबद्ध व्यक्तियों के पारस्परिक सहयोग और सामंजस्य के आधार पर एक समरसतापूर्ण समाज का निर्माण और उसके द्वारा आनन्द से परिपूर्ण शान्ति की प्राप्ति ही आधुनिक साहित्य का प्रमुख लक्ष्य रहा है। महाराष्ट्र के सन्त गाडगेबाबा, शिरडी के साईंबाबा अथवा राष्ट्रसन्त तुकडोजी इन सभी समाजाभिमुख भक्तों के चिन्तन और विचारों का सार यही है। महाराष्ट्र के साने गुरुजी भी इसी परम्परा में आते हैं, जिन्होंने खुलकर आत्म से लेकर सर्वात्म तक को अपने चिन्तन का विषय बनाया। उनके चिन्तन में भारतीय संस्कृति, भारतीय समाज और समाजाभिमुख राजनीति, व्यक्ति और उसका मन, उसकी वेदना और विकास इत्यादि का संवेदनात्मक स्तर पर समावेश हुआ है जिसके मूल में आत्म, सर्वात्म और अध्यात्म तत्त्व ही रहा है।

पांडुरंग सदाशिव साने उपाख्य साने गुरुजी के अन्तर में एक संवेदनशील मन सदैव सचेतावस्था में रहता था जो कभी विश्व की चिन्ता में सन्त की तरह चिन्तन में डूबा रहता था। वह कभी मनुष्य की पीड़ा से द्रवित होकर आर्त भावनाओं में बह उठता था जो मानवभक्ति के रूप में यत्र-तत्र अभिव्यक्त हुआ है। कभी वह सामाजिक विषमताओं और विडम्बनाओं से दुखी होकर सुधार की राह पर चल पड़ता था जो उनकी समाज-सेवा में प्रकट हुआ है, तो कभी देश की गुलामी और दुरवस्था की असहनीयता से व्यथित होकर देशभक्ति के मार्ग पर उमड़ने लगता था जो उनकी कांग्रेसी और साम्यवादी-समाजवादी राजनीति से स्पष्ट हुआ है। इस तरह साने गुरुजी की संवेदना एक साथ ज्ञानी सन्त, भावनाओं में डूबता-बहता भक्त-देशभक्त, समाज

को समरसता की राह पर अग्रेषित करता समाजसुधारक इत्यादि अनेकानेक रूपों में उन्हें प्रकट करती है। महाराष्ट्र के सन्तशिरोमणि श्री ज्ञानेश्वर को उनके पुरुष होने के बावजूद माऊली (माँ) जैसे स्त्री-सम्बोधन से पुकारा जाता है, ठीक उसी तरह अपनी संवेदनप्रधानता के कारण साने गुरुजी को भी माऊली के रूप में देखा जाता है। माँ से प्राप्त संस्कारों से अनुप्राणित होकर उन्होंने व्यक्ति और समाज की पीड़ा को, हर दुख और अभाव को महसूस किया और व्याकुल होकर अपनी अकुलाहट, छटपटाहट को उनके समाधान के लिए जुटा दिया। मातृ संस्कारों के साथ-साथ महात्मा गांधी की प्रेरणा और सन्त विनोबा का सत्संग यह भी साने गुरुजी के व्यक्तित्व और कृतित्व के पोषक तत्त्व रहे हैं। उनके व्यक्तित्व में ज्ञान और संस्कारों से सम्पन्न सन्तत्व, राष्ट्रभक्ति से परिपूर्ण राजनीति और मानवभक्ति से सींची समरसता पर आधारित समाजनीति का त्रिवेणी संगम हुआ है जिसका परिचय हम सन् पचास के बाद के उत्तराधिकारियों को उनके साहित्य से प्राप्त होता है।

साने गुरुजी के सन्दर्भ में रावसाहेब पटवर्धन लिखते हैं—"साने गुरुजी का जीवन समर्पित जीवन था, भगवान को जिस तरह पुष्प अर्पण किए जाते हैं, उस तरह अपना सारा जीवन उन्होंने मनुष्य समाज को समर्पित कर दिया था। महाराष्ट्र के अन्य किसी भी नेता की अपेक्षा, सन्त और साहित्यकार की अपेक्षा साने गुरुजी को जनता का अधिक प्रेम प्राप्त हुआ है। इसका कारण यह था कि वे जनता के साथ, जन-जन के साथ समरस हुए थे।"

साने गुरुजी का विख्यात ग्रन्थ 'भारतीय संस्कृति' समरसता और एकात्मता का सबसे बड़ा उदाहरण है। इस पुस्तक में गुरुजी ने 'अद्वैत का अधिष्ठान' शीर्षक से भारतीय संस्कृति का स्पष्टीकरण प्रारम्भ किया है जिसमें उन्होंने—"सहनाववतु। सह नौ भुनक्तु। सह वीर्यं करवावहै..." इस श्लोक के आधार पर सामाजिक समरसता अर्थात् एकात्मता का महत्त्व विशद किया है कि जिस-जिस के बारे में हमारे मन में भेदभाव पैदा होता है, उनके पास जाकर प्रेमालिंगन करना चाहिए। यह मंत्र केवल गुरु-शिष्य तक सीमित नहीं है। ब्राह्मण-ब्राह्मणेतर सभी को एकत्र बैठकर, आपसी भेदभाव भुलाकर यह मंत्र उच्चारण करना चाहिए। स्पृश्य-अस्पृश्य, हिन्दू-मुस्लिम यहाँ तक कि प्रान्तवाद से ग्रसित महाराष्ट्र और गुजरात अथवा अन्य सभी के बीच समानता, एकात्मता, सामंजस्य और समरसता स्थापित करने के लिए सभी को इस मंत्र का साथ-साथ सामूहिक गान करना चाहिए। साने गुरुजी द्वारा प्रयुक्त शब्द 'अद्वैत' कोई वाद-विवाद से सम्बन्धित जटिल शब्द नहीं है। वह समाज के हर स्तर का भेदभाव मिटानेवाला व्यावहारिक शब्द है। तभी तो साने गुरुजी, समर्थ रामदास की इन पंक्तियों को उदाहरणस्वरूप प्रस्तुत करते हैं—

आपणांस चिमोटा घेतला। तेणे जीव कासावीस झाला
आपणावरून दुसयाला। ओळखीत जावे।

(अर्थात् कोई हमारी चिकोटी ले तो दर्द होता है, उसी तरह का दर्द दूसरे को भी हो सकता है। अपने दर्द से दूसरे के दर्द को पहचानना चाहिए।)

साने गुरुजी का एकात्मवाद केवल मनुष्य से सम्बन्धित नहीं, मानवेतर जीवसृष्टि के साथ भी वे एकात्म भाव स्थापित करना चाहते हैं। उनका मानना है कि "पशु-पक्षी-वनस्पति (वन और वन्य जीव) सभी के साथ आत्मीय सम्बन्ध स्थापित करना ही 'भारतीय संस्कृति' है।" मानवीय एकात्मता में स्त्री-पुरुष के बीच की एकात्मता और समरसता को भी साने गुरुजी ने महत्त्वपूर्ण माना है। स्त्री-पुरुष समानता को अधिक स्पष्ट करने के लिए उन्होंने 'भारतीय नारी' नामक एक अन्य पुस्तक भी लिखी है। परन्तु स्त्री-पुरुष में समानता की अपेक्षा एकात्मता और समरसता को ही उन्होंने अधिक महत्त्वपूर्ण माना है जिसका विस्तृत स्पष्टीकरण उनकी 'भारतीय संस्कृति' पुस्तक में मिलता है।

गुरुजी सच्चे सन्त थे, जिन्होंने संस्कृति के समान धर्म की व्याख्या भी सहजता और सरलता से की है। उनका धर्म न हिन्दू, न इस्लाम, न ईसाई। वह न केवल इन शीर्षकों का सम्बोधन है, न कर्मकांड और परम्पराओं का बोझ है। वह प्रेम पर आधारित है। नहीं, प्रेम ही धर्म है। यही उसका सम्बोधन है। गुरुजी की वह प्रसिद्ध कविता जो महाराष्ट्र के घर-घर में, विद्यालयों में प्रार्थना के रूप में सर्वत्र गाई जाती है—

खरा तो एकचि धर्म, जगाला प्रेम अर्पावे
जगी जे हीन अतिपतित। जगी जे दीन पददलित
तयाँ जाऊन सुखवावे। जगाला प्रेम अर्पावे।

(अर्थात् जगत् में जितने भी दीन-हीन-पतित, पददलित, प्रताड़ित और पीड़ित हैं, हमें उनके पास जाकर उनके दुखों को दूर करना है, उन्हें सुख प्रदान करना है, इस तरह दुनिया को प्रेम देना है और यही सच्चा धर्म है।)

समरसता और एकात्मता की भावना से ओतप्रोत साने गुरुजी की यह कविता विश्व की सर्वश्रेष्ठ प्रार्थनाओं में से एक है।

साने गुरुजी 'धडपडणारा श्याम' (परिश्रमशील श्याम) नामक अपनी अन्य एक पुस्तक में रवीन्द्रनाथ ठाकुर के इस वाक्य का हवाला देते हुए कहते हैं, " 'वन्दे मातरम्' की जगह अब 'वंदे भ्रातरम्' कहो के साथ आगे स्पष्ट करते हैं कि हम 'वन्दे मातरम' तो कहते हैं। 'भारतमाता की जय' कहते हैं, परन्तु अन्य प्रान्त के निवासियों को दुत्कारते हैं।" साने गुरुजी यहाँ साम्यवाद से होते हुए वैश्विक एकात्मता के चिन्तन तक पहुँच जाते हैं। आगे वे लिखते हैं—"जब तक आर्थिक विषमता है तब तक जगत् में ईर्ष्या, द्वेषभाव रहेगा ही, परस्पर मत्सर रहेगा ही। दुनिया में भेदाभेद, जातीयता और प्रान्तीयता के झगड़े मिटाने के लिए साम्यवाद यही एक उपाय है।" सामाजिक और आर्थिक विषमता को नष्ट करने के लिए तथा

एकात्मता के साथ सम्पन्नता लाने और देश को एक संघ बनाने के लिए गुरुजी अपनी एक कविता में किसान, बुनकर, कुम्हार-चमार-बढ़ई-रँगरेज इत्यादि सभी का आह्वान करते हैं कि—

शेतकरी, तसे विणकरी तसे रंगारी बना देशाचे
आळशी न कुणी कामाचे, यापुढे ॥
एक नीट मडके करणे तव व्याख्यानाहून थोर।
एक नीट जोडा शिवणे तव श्रीमन्तीहून थोर।
कुम्भार तसे चाम्भार तसे लोहार बना देशाचे।
आळशी न कुणी कामाचे, यापुढे।

साने गुरुजी के इन विचारों में एक साथ साम्यवाद, राष्ट्रवाद और मानवतावाद की अनोखी समरसता देखने को मिलती है, वहीं दूसरी ओर उनमें हिन्दी के सन्त कबीर और रैदास सहित मराठी के गोरा-चोखा सहित सब सन्तन की अपने कर्म के प्रति निष्ठा और भक्ति का भी परिचय मिलता है।

हरिभाऊ लिमये जी के शब्दों में, "सामाजिक समता और वर्तमान अन्याय पर आधारित आर्थिक एवं सामाजिक चौखट के शिकार बने दलित व श्रमजीवियों के लिए उनके पक्ष में खड़ा होना, उनके साथ संघर्षरत रहना यही साने गुरुजी के जीवन की मूलभूत प्रेरणा थी। सन् 1938 में खानदेश में उन्होंने खड़ा किया हुआ किसान आन्दोलन और जलगाँव की 'शेतकरी परिषद' इत्यादि से गुरुजी की गरीबों एवं श्रमजीवियों के अधिकारों के प्रति प्रतिबद्धता सिद्ध होती है।"

जगत् को प्रेम अर्पण करने का आह्वान करनेवाले संवेदनशील गुरुजी को हरिजनों-दलितों के लिए पंढरपुर के विट्ठल मन्दिर के बन्द दरवाजे अतिशय पीड़ादायक और मर्माघाती लगते थे। वो दरवाजे हरिजन-दलितों-अस्पृश्यों सहित सबके लिए खुले हों, इसके लिए उन्होंने 1 मई, 1947 से पंढरपुर में आमरण अनशन प्रारम्भ किया था। उस वक्त अनशन खत्म करने की महात्मा गांधी की विनती भी साने गुरुजी ने ठुकरा दी थी और पत्र लिखकर गांधीजी को कहा था—"महाराष्ट्र में सैकड़ों जगहों पर वैशाख शु. एकादशी के दिन पंढरपुर का मन्दिर सबके लिए खुला नहीं हुआ तो मैं अनशन करते-करते दूर तक निकल जाऊँगा (प्राण त्याग दूँगा) इस तरह लाखों भाई-बहनों को मैंने कहा था (अनशन खत्म कर देने से) उनकी आँखों में आँसू उमड़ आएँगे। उन आँसुओं की प्रताड़ना मैं कैसे कर सकता हूँ।" अस्पृश्यता को वे मानवता के लिए बहुत बड़ा कलंक मानते थे। सन् 1947 के इस अनशन की तैयारी गुरुजी ने सन् 1946 में ही शुरू कर दी थी और 'हरिजन मन्दिर प्रवेश मंडल' की स्थापना के साथ उन्होंने सामाजिक समानता, एकात्मता और समरसता के प्रचार-प्रसार का अभियान भी प्रारम्भ कर दिया था। साधारण जनों की पीड़ा को उन्होंने साधारण-सी भाषाशैली में ही गाना शुरू कर दिया था—

घ्या रे, घ्या रे, घ्या रे हरिजन घरात घ्या रे
घरात घ्या रे घरात घ्या।

अस्पृश्यता जैसी अमानवीय परम्परा से ग्रस्त समाज को देखकर वे व्याकुल होते थे, उनके प्राण छटपटाते थे—

अशान्त अस्थिर लोकाँ पाहुन
तळमळती हे माझे प्राण॥

अत: स्वतंत्रता आन्दोलन में प्रत्यक्ष सहभागिता होते हुए भी उन्हें केवल राजनीतिक और भौगोलिक स्वतंत्रता नहीं चाहिए थी, सामाजिक समरसता से सम्पृक्त, समताधिष्ठित, स्पृश्यास्पृश्य-भेदाभेदरहित स्वतंत्रता की आकांक्षा उन्होंने व्यक्त की थी। 'स्वातंत्र्याचे आम्ही शिपाई' नामक अपने एक गीत में साने गुरुजी गा उठते हैं—

समानतेची, स्वतंत्रतेची। पताकेवरी चिन्हें साचीं॥
दिव्य पताका फडकत जाई। स्वातंत्र्याचे आम्ही शिपाई॥
जाच काच गरीबाँना नुरवूँ। झोपडयाँतूनि मोदा फुलवू॥
मुक्त तयाँना करूँ लववाही। स्वातंत्र्याचे आम्ही शिपाई॥

इस गीत में वे देश के गरीबों की झोंपड़ियों में आनन्द पहुँचाने, समाज को गरीबी, अस्पृश्यता और अन्याय की बेड़ियों से मुक्त कराने का आह्वान करते हैं और बड़े ही विशाल, उदार अन्त:करण से कहते हैं—

प्रभुची लेकरे सारी। तयाला सर्व ही प्यारी।

हम सब ईश्वर की सन्तान हैं, ईश्वर का सब पर बराबर का प्यार है। फिर हम ही क्यों ऊँच-नीच, अमीर-गरीब और स्पृश्यास्पृश्य की दीवारें खड़ी कर देते हैं?

साने गुरुजी भक्त इस अर्थ में थे कि वे ईश्वरभक्ति की जगह मनुष्य की सेवा को, दीनदुखियों-दलितों की सेवा को सच्ची ईश्वरभक्ति मानते थे। तथाकथित धर्मों के स्थान पर सबमें प्रेम बाँटने को ही सबसे बड़ा धर्म मानते थे। संस्कृति के चिन्तन में उन्होंने एकात्मता और समरसता पर आधारित 'अद्वैत' का चिन्तन किया जिसके आधार पर हम उन्हें आधुनिककालीन सन्त अथवा ऋषि ही कह सकते हैं। महात्मा बुद्ध की करुणा और अहिंसा तथा महात्मा गांधी की आत्मसंवेदना के आधार पर उन्होंने अपने आचरण-उच्चारण के स्तर पर एक समताधिष्ठित, एकात्म भाव से अनुप्राणित, समरसता से सम्पृक्त समाज का न कैंवल स्वप्न देखा, अपनी अन्तिम साँस तक उसको आकारित करने के लिए आकुल-व्याकुलता के साथ क्रियावान रहे।

निष्कर्षत: और संक्षेप में साने गुरुजी के सन्दर्भ में यह कहा जा सकता है कि माँ और महात्माओं की वेदना, संवेदना और संस्कारों के अद्भुत रसायन से साने गुरुजी के व्यक्तित्व का निर्माण हुआ था। उनका कृतित्व, उनका सारा साहित्य उस

रयासन की सहजाभिव्यक्ति है। उस अभिव्यक्ति में व्यष्टि से लेकर समष्टि तक सम्पूर्ण मानव समाज में एकात्म भाव के संचरण का संगीत है, समरसता की हुंकार है। वेदनापुत्र साने गुरुजी सामाजिक समरसता के महान गायक हैं।

सहायक ग्रन्थ

- भारतीय संस्कृति, साने गुरुजी
- धडपडणारा श्याम, साने गुरुजी
- साने गुरुजींची जीवनगाथा, राजा मंगळवेढेकर
- पत्री, साने गुरुजी
- भारतीय नारी, साने गुरुजी

भारतवर्ष की समन्वय साधना और रवीन्द्रनाथ ठाकुर

डॉ. शकुन्तला मिश्र

रवीन्द्रनाथ ठाकुर एक ओर प्राचीन भारतीय संस्कृति परम्परा के प्रतिनिधि हैं तो दूसरी ओर आधुनिक नवजागरण की देन हैं। वे एक ओर उपनिषदों में वर्णित परम तत्त्व से एकात्म होना चाहते हैं, भगवान बुद्ध द्वारा प्रचारित प्रेम और करुणा को अपनाना चाहते हैं, बंगाल के वैष्णव भक्त कवियों द्वारा वर्णित प्रेम के महाभाव में मिल जाना चाहते हैं, मध्ययुगीन सन्तों और बंगाल के बाउलों की धर्मनिरपेक्ष और जातिनिरपेक्ष साधना का प्रसार चाहते हैं तो दूसरी ओर नवजागरण के अग्रदूत राजा राममोहन राय को वे सम्पूर्ण भारतवर्ष की उदार परम्परा में रखकर देखना चाहते हैं। तत्कालीन बंगाल की परिस्थितियाँ और पारिवारिक परिवेश ने उनके चिन्तन को भारत की समरसतापूर्ण सांस्कृतिक परम्परा को आगे बढ़ाने के लिए उद्‌बुद्ध किया। भारत को देखने की, भारत को समझने की रवीन्द्रनाथ की अपनी विशिष्ट दृष्टि है। रवीन्द्रनाथ ने प्राचीन काल से प्रवाहित भारतवर्ष की उदार सांस्कृतिक-सामाजिक धारा को समझने की कोशिश की है। औपनिषदिक ऋषि, भगवान बुद्ध, मध्ययुगीन सन्त और राममोहन राय रवीन्द्रनाथ की भारत-भावना के अंग हैं। उनकी दृष्टि में ये सभी भारतवर्ष की एक ही उदार सांस्कृतिक परम्परा को वहन करते हैं। ये सभी रवीन्द्रनाथ की भारत-भावना के अंग हैं। इन सबने भारत के निजी सत्य को उद्‌घाटित करने का प्रयास किया। यही कारण है कि भारत के गौरव का वर्णन करते समय रवीन्द्रनाथ उपनिषदों का, भगवान बुद्ध का, सन्तों का, बंगाल के बाउलों का तथा राममोहन राय का स्मरण समान रूप से करते हैं। इससे यह स्पष्ट होता है कि रवीन्द्रनाथ भारतवर्ष की किस सांस्कृतिक धरोहर और परम्परा को विकसित होते देखना चाहते हैं। रवीन्द्र-दृष्टि में भारत के प्राचीन ऋषियों के वास्तविक उत्तराधिकारी मध्ययुगीन सन्त ही हैं। वे कहते हैं—"वे ही यथार्थ भारतीय थे, क्योंकि उन्होंने ही बाहर के किसी सुविधाजनक समाधान से नहीं अन्तर की आत्मीयता से हिन्दू और मुसलमान को एक करके देखा। उन्होंने ही ऋषियों के उस वाक्य को अपनी साधना के मध्य प्रमाणित किया, जो यह वाक्य कहता है—सत्य को वही जानता है जो

अपने-आपको सबके मध्य देखता है।" रवीन्द्र-दृष्टि में भारतीय साधना का इतिहास समन्वय साधना का इतिहास है। यह आर्यों तथा अनार्यों का सम्मिलन क्षेत्र है। बौद्ध धर्म ने सम्पूर्ण पूर्व एशिया को मिलन-सूत्र में बाँधा। सन्तों की साधना भी समन्वयवादी है। भारत की निजी साधना को उन्होंने ही जीवित रखा। यही कारण है कि आधुनिक युग में भी यह प्रक्रिया समाप्त नहीं हुई—"राममोहन राय, स्वामी दयानन्द, केशवचन्द्र, रामकृष्ण परमहंस, विवेकानन्द, शिवनारायण स्वामी ने भी अनैक्य के मध्य एक को, क्षुद्रता के मध्य भूमा को प्रतिष्ठित करने के लिए अपने जीवन की साधना को भारतवर्ष के हाथों में समर्पित कर दिया। अतीत काल से आज तक भारतवर्ष का यह एक-एक अध्याय इतिहास का असम्बद्ध एवं विक्षिप्त प्रलापमात्र नहीं है। वरन् परस्पर ग्रन्थित है।" भारतीय साधनाधारा के क्षेत्र में जिस प्रकार मध्ययुगीन सन्त कवि औपनिषदिक ऋषियों के उत्तराधिकारी हैं, उसी प्रकार राममोहन राय इन सन्तों के उत्तराधिकारी हैं। यही कारण है कि सन्त-चर्चा के समय रवीन्द्रनाथ उपनिषद एवं राममोहन को याद करते हैं तो उपनिषद एवं राममोहन की चर्चा के समय सन्तों को याद करते हैं—"इन भारतीय साधकों की साधनाधारा ही वर्तमान काल में राममोहन राय के जीवन में प्रवाहित हुई है। इस युग में वे ही उपनिषदों के ऐक्यत्व के आलोक में हिन्दू, मुसलमान, ईसाई सबको सत्य दृष्टि से देख पाए थे, उन्होंने किसी का वर्जन नहीं किया। वर्तमान युग में राममोहन राय का जन्म हमारे देश में हुआ है, इससे यही प्रमाणित होता है कि कबीर, नानक, दादू ने भारत की जिस सत्यसाधना को वहन किया था, आज भी उस साधना के प्रवाह ने हमारे प्राणों के क्षेत्र का परित्याग नहीं किया।" इसी प्रकार रवीन्द्रदृष्टि में सन्तवाणी में स्वदेश के चित्र का ऐतिहासिक परिचय प्राप्त होता है। सन्तों का चित्त ही यथार्थ मानसतीर्थ है। वे कहते हैं—"जिन सब उदार चित्त में हिन्दू-मुसलमान की विरुद्धधारा का सम्मिलन हुआ है वे धर्म-संगम हैं, जहाँ भारतवर्ष के यथार्थ मानसतीर्थ की स्थापना हुई है। ये तीर्थ देश की सीमा में आबद्ध नहीं हैं, ये अन्तहीन काल में प्रतिष्ठित हैं। रामानन्द, कबीर, दादू, नानक आदि के चरित्र में ये सब तीर्थ प्रतिष्ठित हैं। इनके मध्य समस्त विरोध वैचित्र्य सम्मिलित कंठ से एक की जयवार्ता की घोषणा करते हैं।" मानवीय एकता की इस जयवार्ता के प्रसार के लिए ही रवीन्द्रनाथ, तुकाराम, नानक और कबीर की वाणियों का स्वयं अनुवाद करते हैं और 'भारततीर्थ' जैसी विख्यात कविता की रचना करते हैं।

सामाजिक समरसता और महात्मा फुले

डॉ. सुकुमार भंडारे

विश्व में सामाजिक समरसता स्थापित करने का सबसे पहला प्रयास महात्मा बुद्ध ने किया था। सभी जाति, धर्म, पन्थ के लोगों का परिवर्तन कर सामाजिक समता स्थापित करने के लिए बुद्ध धम्म में उनको सम्मिलित कराया। बुद्ध ने किसी भी मनुष्य को धम्म में सम्मिलित होने का आदेश नहीं दिया, न यह कहा, ''मैं कहता हूँ इसलिए आप धम्म को स्वीकार करो। आप अनुभव करो, बुद्धि की कसौटी पर इसे उतारने का प्रयास करो और अगर आपको लगता है कि अपने कल्याण के लिए यह तत्त्वज्ञान उचित है तो इसे स्वीकारो।'' बुद्ध के उपरान्त बड़े पैमाने पर सम्राट अशोक ने बुद्ध की सामाजिक समता को विश्व के कोने-कोने तक पहुँचाया। भगवान बुद्ध को गुरु मानकर महात्मा ज्योतिबा फुलेजी ने सामाजिक समरसता स्थापित करने का प्रयास किया। तत्कालीन समाज में सामाजिक समरसता के लिए अनेक आन्दोलन चलाए गए। उन सभी आन्दोलनों को महात्मा फुलेजी ने सहकार्य किया था। आर्यसमाज के संस्थापक स्वामी दयानन्द सरस्वती का पूना में स्वागत करने लिए मा. फुले सबसे आगे थे। न्या. रानडे के साथ निजी सम्बन्ध स्थापित कर उनको प्रार्थना समाज के कार्य में सहयोग देनेवाले भी माननीय फुले ही थे।

मा. फुलेजी जानते थे कि सामाजिक समरसता स्थापित करने के लिए स्वातंत्र्य, समता, न्याय और बन्धुता यह मूल्य अत्यन्त आवश्यक हैं। सम्राट अशोक के बाद ये मूल्य समाज से नदारद हो गए थे। समाज में धर्मान्धता जोर पकड़ने लगी थी। मनुष्य से अधिक धर्म का महत्त्व बढ़ गया था। धार्मिक बन्धनों ने मनुष्यों को इतना जकड़ दिया था कि वह गुलाम ही बन गया। धर्म के रीति-नीतियों के नाम पर आम जनता की लूट आरम्भ हो गई थी। धर्म के सहारे आम जनता का शोषण किया जाने लगा। धर्मस्थल शोषण के अड्डे बन गए और धर्म के ठेकेदार शोषक। धर्म के नाम पर आम जनता को खुलेआम लूटा जाने लगा। हिन्दू व्यक्ति के जीवन में सामाजिक बन्धन पैदा करनेवाला अज्ञान और अन्धश्रद्धा ब्राह्मण निर्मित थी। भ्रामक, बाह्य आडम्बर, अतिशयोक्तिपूर्ण, अद्‌भुत, चमत्कारयुक्त कलाओं का मायाजाल

बनाकर हिन्दू व्यक्ति को पूरी तरह से जकड़ लिया गया। मनुष्य में भेदाभेद निर्माण करने के लिए उनको विविध जाति, उप-जाति, धर्म, पन्थ में विभाजित किया। बहुजन समाज में हमेशा के लिए फूट डालने हेतु जातिभेद, ऊँच-नीचता पैदा की गई। शोषक यह जानते थे कि बहुजन समाज जब तक एक संघ रहेगा, उसका शोषण नहीं किया जा सकता। उसका शोषण करना हो तो उसमें फूट डालनी होगी अर्थात् उनको विविध जाति, उप-जाति में विभाजित कर उनमें आपसी वैरभाव भरना होगा। उनमें धर्माभिमान की भावना भर देनी होगी। सुव्यवस्थित रूप से यही किया गया। इस कूटनीति के कारण मनुष्य मनुष्य का दुश्मन बन गया। म. फुलेजी लिखते हैं, "धर्माभिमान के कारण अनेक बार मानव जाति का खून बह गया है। सभी मानवों की एकता एक श्रेष्ठ सत्य है और सत्य का नाश धर्माभिमान से होता है। धर्माभिमान से मानवजाति की उन्नति होने के बजाय और उसकी आत्मशुद्धि और आत्मोद्धार करने के बदले उसका पतन ही अधिक हुआ है।" आज भी 'गर्व से कहो हम हिन्दू हैं', 'इस्लाम खतरे में है', 'जय भवानी जय शिवाजी' के नारे लगाकर हजारों लोगों को मौत के घाट उतार दिया जाता है। धर्माभिमान के कारण या धर्मयुद्ध में विश्व में जितना नरसंहार हुआ, उतना किसी भी कारण नहीं हुआ है। धर्म मनुष्य के लिए है, मनुष्य धर्म के लिए नहीं। यही हम भूल गए। पर इन शोषितों ने, जो समाज में हमेशा विघटन चाहते थे, धर्म को मनुष्य से अधिक महत्त्व दिया। हिन्दू धर्म के केन्द्र में 'मनुष्य' नहीं ईश्वर होता है। केवल बुद्ध धम्म को छोड़ दें तो विश्व के सभी धर्मों के केन्द्र में 'ईश्वर' ही है। सभी धर्मों में मनुष्य को दोयम स्थान दिया गया है। पर भगवान बुद्ध ने अपने धम्म में 'मनुष्य' को केन्द्र में रखा है। म. फुलेजी ने अपने सार्वजनिक सत्य धर्म में 'मनुष्य' को ही केन्द्र में रखा है।

महात्मा फुले ने सामाजिक समरसता स्थापित करने के लिए सभी मनुष्यों को एक समान माना है। वे कभी मनुष्य-मनुष्य में भेद नहीं करते। म. फुले जी कहते हैं, "सारी मानवजाति एक है और सारी मानवजाति को स्वतंत्रता, समता एवं भ्रातृभाव की नींव पर एक परिवार बनाना ही मानवीयता का लक्ष्य है। सभी मानव अर्थात् स्त्री-पुरुषों को समान अधिकार है। मानव या किसी मानव समूह को दूसरे मानव या मानव समूह पर स्वामित्व करने का या जबर्दस्ती करने का कोई अधिकार नहीं है। ईश्वर ने सारे मानवों को जन्म से ही धार्मिक और राजनीतिक स्वतंत्रता प्रदान की है। उस पर आक्रमण करनेवाला सत्य का दुश्मन है। राजनीतिक या धार्मिक मत के कारण किसी भी व्यक्ति को उच्च या नीच मानकर उसको तकलीफ देना सत्य से द्रोह करना है। प्रत्येक व्यक्ति को धार्मिक, राजनीतिक आदि से सम्बन्धित अपनी भावनाएँ प्रकट करने का पूरा अधिकार है। सबको ऐहिक जीवन का, विश्व की वस्तु का यथोचित उपभोग करने का समान अधिकार है।"

महात्मा फुलेजी सभी मनुष्य को समान मानते हैं। सभी निर्मिक की सन्तानें हैं। इसका अर्थ यह है कि सभी भाई-भाई हैं। फिर एक दूसरे में विषमता या भेदाभेद कैसा? फिर एक ऊँच, एक नीच कैसा? फिर एक इस जाति का, तो दूसरा उस जाति का कैसा? फिर एक इस धर्म का तो दूसरा उस धर्म का कैसा? जब मनुष्य निर्मित हुआ तब कहाँ यह जातियाँ, यह धर्म थे। धर्म और जातियाँ तो मनुष्य निर्मित हैं। मनुष्य ने अपने निजी स्वार्थ के लिए विविध जातियों और धर्मों का निर्माण किया है। म. फुले स्त्री और पुरुष यही दो जातियाँ और मनुष्यता को धर्म मानते हैं।

म. फुलेजी मनुष्य जीवन के लिए धर्म आवश्यक मानते हैं। उनका कहना है, "समाज के नैतिक और आध्यात्मिक उन्नति के लिए, उसके स्वास्थ्य के लिए धर्म की आवश्यकता है, किन्तु धर्म का आधार विषमता नहीं होना चाहिए, न उसमें अन्धश्रद्धा और अर्थप्रेरित कर्मकांड का स्थान होना चाहिए।" पर जब हम हिन्दू धर्म के सन्दर्भ में सोचते हैं, तो हमें हिन्दू धर्म विषमता की खान दिखाई देता है। हिन्दू धर्म में अन्धश्रद्धा और अर्थप्रेरित कर्मकांड का बोलबाला है। विश्व के सभी धर्मों में हिन्दू धर्म एक ऐसा धर्म है जिसमें तैंतीस कोटि देवता, करोड़ों मन्दिर और सबसे ज्यादा त्योहार हैं। जप, तप, व्रत, पूजा-पाठ और कर्मकांड में ही हिन्दुओं की कमर टूट जाती है। इस देश में हिन्दुओं को खाने के लिए न अन्न है, न पहनने के लिए वस्त्र, न रहने के लिए घर, न अच्छी शिक्षा व्यवस्था है, न अच्छी स्वास्थ्य सुविधा। पर यहाँ मन्दिरों की सम्पत्ति अरबों में है। यहाँ करोड़ों रुपयों के करोड़ों मन्दिर हैं। मन्दिरों में करोड़ों रुपयों का चढ़ावा चढ़ानेवाले भी लाखों की संख्या में हैं। पर हिन्दुओं के रोटी, कपड़ा, मकान, शारीरिक स्वास्थ्य और अच्छी शिक्षा के लिए एक फूटी कौड़ी भी चन्दे के रूप में देनेवाला कोई हिन्दू सामने नहीं आता।

धर्म के नाम पर इस देश में आम जनता को गुलाम बनाया गया है। धर्म के नाम पर ही आम जनता को सरेआम लूटा जा रहा है। प्रसिद्ध ग्रीक कवि होमर के शब्दों में, "हिन्दुस्तान का इतिहास इस देश में बहुसंख्य समाज पर लादी गई गुलामी का इतिहास है, इस देश के इतिहास में जितना दारिद्र्य, दैन्य, अपमान और परतंत्रता दिखाई देती है, उतनी शायद ही किसी अन्य देश के इतिहास में दिखाई देती हो। यह परतंत्रता धर्म की दासता से निर्मित हुई है, इसीलिए मानव की मुक्ति के लिए धर्म की दासता को उखाड़कर फेंक देना चाहिए।" तथागत गौतम बुद्ध ने इसी धर्म की दासता को उखाड़कर फेंका था, महात्मा फुलेजी ने भी हिन्दू धर्म की दासता को उखाड़कर फेंकने के लिए 'सार्वजनिक सत्यधर्म' की स्थापना की थी। उनका विद्रोह किसी व्यक्ति या समूह के विरुद्ध नहीं था, बल्कि उनका विद्रोह तत्कालीन हिन्दू धर्म के शोषक सामाजिक मूल्यों के विरोध में था। न कोई धर्म ईश्वर निर्मित है, न कोई धर्मग्रन्थ। धर्मों का निर्माण भी मनुष्य ने किया और धर्मग्रन्थों के रचनाकार भी

मनुष्य ही हैं। म. फुले एक निर्मिक को स्वीकारते हैं। उनका मानना है, "निर्मिक एक है और सत्य ही धर्म है। निर्मिक ने स्त्री और पुरुषों को जन्म से ही समान रखा है। अन्य प्राणिमात्र से स्त्री-पुरुषों को श्रेष्ठ माना और स्त्री को पुरुष से श्रेष्ठ माना। उनका मानना है कि सत्य ही धर्म है। जो सत्य की राह पर चलता है, वह धार्मिक है। सत्य का अनुसरण ही धर्मोपासना है और समानता सत्य धर्म का मूलाधार। इस मूलाधार को स्वीकार कर यदि मानवी व्यवहार होने लगे तो ऊँच-नीच, श्रेष्ठ-कनिष्ठ, छूत-अछूत आदि सभी भेदभाव स्वयं ही मिट जाएँगे।" म. फुलेजी का स्पष्ट मत था कि यह भेदभाव ही शोषण की जड़ है। इन भेदभावों को एक बार मिटाया गया तो आम जन का शोषण खुद-ब-खुद रुक जाएगा।

सामाजिक समरसता के बिना व्यक्ति, समाज या राष्ट्र की उन्नति सम्भव नहीं है। सामाजिक समरसता या लोकमंगल के लिए समताधिष्ठित सामाजिक जनतंत्र की आवश्यकता है। शान्ति, सुरक्षा और स्वास्थ्य तथा मानसिक और ऐहिक उन्नति के पथ में निरन्तर बाधा बननेवाली विघातक प्रवृत्तियों को मिटाने के लिए धर्मनिरपेक्षता अथवा सर्वधर्म समभाव एक आवश्यक तत्त्व है। म. फुलेजी के शब्दों में—न कोई हिन्दू है, न मुसलमान, न कोई ईसाई है, न सिख, न जैन, न कोई नीच है, न कोई ऊँच। सृष्टि में जन्म लेनेवाला मनुष्य केवल मनुष्य है और 'मानवता' ही एक श्रेष्ठ धर्म है।

समाज में सामाजिक समरसता स्थापित करने के लिए सामाजिक अभिसरण आवश्यक है। वर्ण, जाति, धर्म के सारे बन्धन तोड़-फेंककर समान विचारों के व्यक्तियों के एकत्र हुए बिना सामाजिक अभिसरण सम्भव नहीं है। सामाजिक अभिसरण के लिए उन्होंने 'सार्वजनिक सत्यधर्म' की स्थापना की। सामाजिक अभिसरण का उद्‌देश्य एक दूसरे को समझते-समझाते हुए आगे बढ़ना है। उनके 'गुलामगिरी' इस ग्रन्थ की अर्पण पत्रिका सामाजिक अभिसरण का एक महत्त्वपूर्ण सूत्र है।

सत्य को ही धर्म माननेवाले म. फुलेजी ने स्पष्ट कहा है, "शुद्ध सत्य धर्मग्रन्थों, ऋषि, गुरु, अवतार और ईश्वर-प्रेषितों में नहीं मिलता। वह मानव की विवेक बुद्धि में मिलता है। प्रकृति का सत्य और नैतिक सत्य प्राप्त करा देनेवाली बुद्धि मानव में स्वाभाविक रूप से होती है। विश्व के निर्माता ने मानवजाति को यह प्राकृतिक देन दी है। ईश्वर ने धर्मग्रन्थ नहीं लिखे, वह अवतार भी धारण नहीं करता, ऋषि-मुनि, साधु-सन्तों को दर्शन देकर उपदेश भी नहीं देता। उसने मानव को एक ही ज्ञान का दिव्य दीपक दिया है और वह है 'बुद्धि'।" पर मानव बुद्धि का उपयोग ही नहीं करता। कोई अगर गणपति को दूध पिलाता है और कहता है, कि मेरे गणपति ने दूध पिया है तो सभी गणपति को दूध पिलाना शुरू करते हैं। भारतीयों की अवस्था भेड़-बकरी जैसी है। एक ने नदी में छलाँग लगाई तो सभी भेड़ें एक के बाद एक नदी में कूद पड़ती हैं। भारतीय भी अपनी बुद्धि गिरवी रखकर एक के पीछे एक

आडम्बर के पीछे दौड़ने लगते हैं। निर्मिक ने मनुष्य को बुद्धि दी है और उस बुद्धि का उपयोग हम सबने करना चाहिए। प्रसिद्ध विद्वान डॉ. आ.ह. साळुंके कहते हैं, "हमारे शरीर पर हमारा सर है, पर सर में हमारा भेजा नहीं है।" जप-तप-पूजा-अर्चना या बाह्य आडम्बर का म. फुलेजी ने डटकर विरोध किया। उन्होंने मनुष्यजाति को सचेत करते हुए कहा, "मनुष्य स्वर्ग, मोक्ष के लिए या ईश्वर दर्शन के लिए प्रयास न करे, अपना समय न गँवाए, क्योंकि यह सभी असम्भव है।"

"म. फुलेजी का जीवन समर्पित जीवन था। उनका जीवन पवित्र था। समाज का कल्याण किसी एक जाति का नहीं, पूरे समाज का कल्याण उस जीवन की प्रेरणा थी, वे निर्वेद, निर्द्वेष थे।" सत्यशोधक समाज का यह संस्थापक एक सीधा-साधा ईमानदार किसान था। उन्होंने जनता का प्रबोधन परिवर्तन जनभाषा में किया। समाज में फैली जातीयता, अस्पृश्यता, अन्धश्रद्धा, अज्ञान, सामाजिक विषमता का निर्मूलन होने पर समाज में मानवाधिकार, समानता और न्याय प्रस्थापित हो, इस धारणा का प्रचार दृढ़ता से करनेवाले, उसके लिए प्रयत्नों का ढेर सा लगा देनेवाले एक महापुरुष थे महात्मा फुले। अपने सार्वजनिक सत्यधर्म द्वारा मनुष्य के बीच निर्माण की गई द्वेष भावना जातीयता, छूत-अछूत, ऊँच-नीचता को मिटाकर सभी मनुष्य जाति को एक छत के नीचे लाने का काम वे जीवन के अन्त तक करते रहे। वे हम मनुष्यों में भ्रातृभाव जगाना चाहते थे। सत्यशोधक समाज की प्रार्थना इसका एक अच्छा उदाहरण है। इस प्रार्थना में वे लिखते हैं, "मैं सत्यरूपी परमेश्वर को साक्षी मान प्रतिज्ञा लेता हूँ कि सारे मानव एक ही ईश्वर की सन्तानें हैं, इसलिए वे मेरे भाई हैं। मैं परमेश्वर की पूजा, भक्ति अथवा ध्यान करते समय किसी भी बिचौलियों की जरूरत नहीं मानता। मैं अपने बच्चों को सुशिक्षित करूँगा।" अपने 'पोवाडा' इस काव्यग्रन्थ में उन्होंने विभिन्न जातियों में बन्धुभाव, सामाजिक न्याय और समानता पर भाष्य किया है। ब्राह्मणों की चालाकी (ब्राह्मणांचे कसब) में झूठी धार्मिक आस्थाओं एवं अन्धश्रद्धाओं में फँसे हुए भोले-भाले तथा अज्ञानी किसानों को चालाक ब्राह्मणों द्वारा कैसे लूटा जाता है, इसका लेखा-जोखा प्रस्तुत किया है। 'किसानों का कोडा' में भारत के किसानों की दयनीय स्थिति, उनकी गम्भीर समस्याओं का निराकरण तथा उनकी भूलों पर भी प्रकाश डाला है।

महात्मा फुले समानता के पुरस्कर्ता थे। समाज में सामाजिक समता स्थापित करने के लिए उन्होंने 1848 में अछूतों के लिए पूना में स्कूल खोला, 1851 में ब्राह्मण कन्याओं को शिक्षा देने के लिए स्कूल खोला। 1863 में अपने ही घर बाल हत्या प्रतिबन्ध गृह शुरू किया। 1873 में बहुजन समाज के प्रबोधन परिवर्तन के लिए 'सत्यशोधक समाज' की स्थापना की। वे केवल बातूनी समाजसुधारक नहीं थे। वे सच्चे अर्थ में सुधारक थे। उन्होंने पहले किया, फिर कहा। इस महामानव ने अपना समग्र जीवन सामाजिक समरसता के लिए ही अर्पित किया।

सहायक ग्रन्थ

- महात्मा फुले : साहित्य और विचार, सम्पा. हरि नरके
- आम्ही पाहिलेले फुले, सम्पा. हरि नरके
- किसान का कोडा, म. फुले, अनुवाद वेदकुमार वेदालंकार
- शोधाच्या नव्या वाटा, सम्पा. हरि नरके

गांधी एवं अम्बेडकर के सामाजिक एकात्मता के सन्दर्भ में तुलनात्मक अध्ययन

डॉ. वर्षा शाह, प्रा. आभा खेडेकर

प्रस्तावना

सत्य एवं अहिंसा के पुजारी, भारतीय स्वाधीनता आन्दोलन के मार्गदर्शक राष्ट्रपिता महात्मा गांधी एवं प्रवंचित, दलित, विसंगठित, शोषित और पीड़ित जन-जन के जननायक, निर्वासित और बहिष्कृत जनता के प्राणधन डॉ. बाबासाहेब अम्बेडकर इन दोनों ही प्रबुद्ध कर्णधारों का चिन्ता एवं कर्म प्रारम्भ से ही देदीप्यमान रहा है। ये दोनों ही महान कर्णधार आधुनिक भारत के विकास में एक महानतम सोच रखते थे तथा इन महापुरुषों ने भारतीय स्वाधीनता संग्राम में बढ़-चढ़कर हिस्सा लिया था व एक गरिमा प्रदान की थी। दोनों ही महान विचारक मुख्यत: सामाजिक उन्नयन के पक्षधर थे। व्यक्ति की अस्मिता, अधिकार, अवसर तथा उन्नयन पर ही ध्यान देकर देश को सही व निश्चित दिशा देना चाहते थे। व्यक्ति की उन्नति को समाज के साथ जोड़कर तथा व्यक्ति को ही सामाजिक प्राणी मानकर व्यक्ति एवं समाज के आपस के सम्बन्धों का उल्लेख किया।

सामाजिक उन्नयन के अग्रज पक्षधर : महात्मा गांधी

सुप्रसिद्ध वैज्ञानिक अल्बर्ट आइंस्टीन ने महात्मा गांधी के बारे में कहा था कि आनेवाली पीढ़ियाँ बमुश्किल यह विश्वास करेंगी कि हाड़-मांस का ऐसा भी कोई आदमी इस धरती पर चलता-फिरता था। इसी तरह विश्वकवि रवीन्द्रनाथ ठाकुर ने गांधी को महात्मा की उपाधि से विभूषित किया था।[1]

गांधीजी के बारे में महापुरुषों के द्वारा दिए गए विचार आकस्मिक नहीं थे, वह स्वयं उनके अपने थे। गांधीजी ने मानवमात्र के लिए सत्य व अहिंसा का जो रास्ता दिखाया, वही गांधीवादी दर्शन का आधार बना व इसी के आधार पर गांधीजी ने समाज-सेवा का भवन खड़ा किया। लेकिन आज जिन नैतिक मूल्यों का ह्रास हो

रहा है, सद्‌भाव, भाईचारा व प्रेम सेवाभावना के प्रति लोगों की जो आस्था डिगती नज़र आ रही है, उसके लिए इन गांधीवादी विचारों की आवश्यकता है जिससे सामाजिक एकात्मता स्थापित हो सके।

डॉ. अम्बेडकर

दूसरी ओर, भारत के महान विचारक एवं संविधान निर्माता डॉ. अम्बेडकर का जन्म उस समय हुआ था जब भारतीय समाज में जातिभेद व अस्पृश्यता का बोलबाला था। दलित समाज घृणा, अपमान, गरीबी व अभावों का जीवन जी रहा था। इसी व्यवहार से डॉ. अम्बेडकर को ठेस पहुँची तथा इसी कठिन परिस्थिति में अपनी शिक्षा के द्वारा विद्वत्ता एवं महानता प्राप्त की। भारतीय समाज के जिस वर्ग को सदियों से मानवीय अधिकारों से वंचित रखा गया, उसके कल्याण हेतु डॉ. अम्बेडकर ने स्वतंत्रता, समानता और बन्धुत्व के पवित्र आधार स्तम्भों पर संसार के ऐसे श्रेष्ठ संविधान की रचना में सहयोग दिया जिससे बहुजन हिताय, बहुजन सुखाय के सिद्धान्त का नारा देते हुए देश को आगे ले जाने का प्रण किया। सामाजिक समानता की प्राप्ति हेतु निरन्तर संघर्ष किया तथा यह संघर्ष उनका वैचारिक, सामाजिक एवं सांस्कृतिक था। इस तरह गांधी एवं अम्बेडकर दोनों वैयक्तिक सामाजिक उन्नयन के अग्रज पक्षधर थे। दोनों इस सिद्धान्त पर कठोरता से अमल करते थे, ''हजार टन शब्द की अपेक्षा एक तोला आचरण अधिक अच्छा है।''[2] अर्थात् आदर्श एवं यथार्थ का समन्वय।

गांधी एवं अम्बेडकर के विभिन्न बिन्दुओं पर विचार

1. वर्णव्यवस्था : गांधीजी ने मूल वर्णव्यवस्था को वर्तमान जातिव्यवस्था के विभिन्न दोषों से मुक्त व्यवस्था कहा है। उन्होंने हिन्दू धर्म के एक प्रमुख आधार के रूप में वर्णव्यवस्था का समर्थन किया। उनका कहना था यह एक सार्वभौम व्यवस्था है। गांधीजी ने जन्म एवं कर्म दोनों को ही वर्ण की सदस्यता का आधार माना था। महात्मा गांधी का मानना था कि वर्तमान जातिप्रथा एवं मूल वर्णव्यवस्था में भारी अन्तर है।

डॉ. अम्बेडकर ने मूल वर्णव्यवस्था का विरोध किया। उन्होंने भारतीय (हिन्दू) समाज व्यवस्था में ही दोष बताए तथा जातिव्यवस्था का घोर विरोध किया। हिन्दू समुदाय की मूल मान्यताओं में क्रान्तिकारी परिवर्तन की माँग की। दलित वर्गों को संगठित, जागरूक एवं शिक्षित करने हेतु पुरजोर प्रयास किए। हिन्दू समाज संगठन का मूल आधार वर्णव्यवस्था ही है। डॉ. अम्बेडकर ने स्पष्ट कहा, ''मेरे लिए यह चातुर्वर्ण्य, जिसमें पुराने नाम रखे गए हैं, घिनौनी वस्तु है, जिससे मेरा पूरा व्यक्तित्व विद्रोह करता है, यह चातुर्वर्ण्य सामाजिक संगठन प्रणाली के रूप में अव्यावहारिक, घातक और अत्यन्त असफल रहा है।''[3]

इस व्यवस्था में दोनों ही विचारकों के आपस में मतभेद हैं, लेकिन उद्देश्य दोनों का एक ही है।

2. अस्पृश्यता निवारण सम्बन्धी प्रयास : अस्पृश्यता निवारण के लिए गांधीजी ने व्यावहारिक प्रयत्न किए व उन्हें इसमें सफलता मिली। उन्होंने धर्म के आधार पर की जानेवाली अस्पृश्यता का विरोध किया। गांधीजी ने अस्पृश्यता को मानवीय अपराध माना तथा स्वयं के अनुभवों के आधार पर इस प्रथा का विरोध किया। गांधीजी ने इस बात पर बल दिया कि हृदय-परिवर्तन के द्वारा इसका निवारण किया जा सकता है। अस्पृश्यता को राष्ट्रीय अपराध माना है।

डॉ. अम्बेडकर का जन्म उस समय हुआ जब अस्पृश्यता का बोलबाला था। दलित समाज घृणा, अपमान, गरीबी व अभावों का जीवन जी रहा था। उन्होंने भारतीय समाज के मूल दोनों को प्रकट किया तथा सामाजिकता समानता की प्राप्ति हेतु निरन्तर संघर्ष किया। उन्होंने जातिवादी एवं यथास्थितिवादी वर्ग को लेकर घृणा नहीं की, बल्कि गहन सुधार का प्रयास किया। समाज का उन्नयन उनका वैचारिक, सामाजिक एवं सांस्कृतिक पक्ष था।

3. स्त्री उत्थान सम्बन्धी प्रयास : आधुनिक भारत के प्रसंग में राजाराममोहन राय व स्वामी दयानन्द सरस्वती ने स्त्री की पारिवारिक व सामाजिक स्थिति में जो सुधार किया उसे गांधीजी ने आगे बढ़ाया। उन्होंने स्त्री उद्धार की दृष्टि से बाल विवाह, पर्दा प्रथा, देवदासी प्रथा, बहुविवाह प्रथा का विरोध किया। दहेज प्रथा को एक बड़ी बाधा माना तथा स्त्रियों के अधिकारों का समर्थन किया।

डॉ. अम्बेडकर ने स्त्री उत्थान सम्बन्धी प्रयासों में समता के सिद्धान्त को महत्त्व दिया। उनका मत ऐसे समाज की स्थापना करना था जिसमें आदर्श, न्यायपूर्ण, स्वतंत्रता, समानता, बन्धुत्व की भावना के कारण ही स्त्री जाति का भी उत्थान हो सके। स्त्रियों की दुरवस्था का उन्होंने घोर विरोध किया।

4. साम्प्रदायिक एकता सम्बन्धी प्रयास : सामाजिक उन्नयन के क्षेत्र में गांधीजी ने एक उल्लेखनीय कार्य यह भी किया कि वह साम्प्रदायिक एकता अर्थात् सर्वधर्म समभाव के विचारक एवं नीतिसमर्थक थे। उन्होंने भारत के विभिन्न सम्प्रदायों के बीच सद्भाव की स्थापना के लिए अथक प्रयास किया एवं अपने प्राणों की आहुति भी दे दी। गांधीजी स्वतंत्र भारत को एक सर्वधर्म समभाव वाले राज्य के रूप में देखना चाहते थे। जिसे भारतीय संविधान में धर्मनिरपेक्ष राज्य के रूप में स्वीकारा गया है।

साम्प्रदायिक एकता सम्बन्धी विचारों में डॉ. अम्बेडकर के विचार देखें तो उन्होंने समकालीन भारतीय समाज व्यवस्था के दोषों को केन्द्र में रखकर विरोध किया तथा भारतीय समाज में व्याप्त जातिवादी कटुता और यथास्थितिवादी वर्ग को लेकर घृणा नहीं की बल्कि गहन सुधार का भाव भी था। इसलिए वे भारतीय

एवं मूल राष्ट्रात्मा से सदा जुड़े रहे। डॉ. अम्बेडकर का मत था कि भारत में सामाजिक लोकतंत्र की स्थापना राजनीतिक स्वतंत्रता प्राप्त करने की तुलना में अधिक महत्त्वपूर्ण थी।

निष्कर्ष

उपरोक्त विवरणानुसार हम कह सकते हैं कि गांधी एवं अम्बेडकर दोनों ही समकालीन कार्यकर्ता थे। तत्कालीन भारत के राष्ट्रीय जीवन के दो अति महत्त्वपूर्ण पक्षों का प्रतिनिधित्व करनेवाले अत्यन्त प्रखर नेता थे। दोनों के सामाजिक लक्ष्यों में पर्याप्त समानता थी अर्थात् राष्ट्रीय स्वाधीनता एवं भारतीय समाज के कमजोर वर्गों के सामाजिक उन्नयन के लक्ष्यों की समानता थी। अस्पृश्यता निवारण एवं वर्णव्यवस्था के विषय में गांधी एवं अम्बेडकर दोनों के बिन्दु विद्यमान दिखाई देते हैं। इन दोनों नेताओं के बीच मतभेद का कारण सामाजिक अनुभव एवं वैचारिक प्रेरणा स्त्रोतों में निहित है। फिर भी यह तथ्य है कि दोनों सामाजिक उन्नयन के अग्रज पक्षधर थे। डॉ. अम्बेडकर ने कहा कि जो वर्ग प्रगति और समानता की उपलब्धियों से वंचित है, उसे साथ लेकर राष्ट्रीयता की ध्वजा को गौरव से फहराया जा सकता है। इस तरह हम कह सकते हैं कि गांधीजी के जीवन में सत्य एवं अहिंसा का स्थान है तथा डॉ. अम्बेडकर ने स्वतंत्रता, समता एवं बन्धुभाव को स्थान दिया है।

सन्दर्भ

1. गांधीजी एवं अम्बेडकर राजनीतिक एवं सामाजिक चिन्तक, डॉ. श्याम मोहन अग्रवाल, प्रकाशक रितु पब्लिकेशन्स, जयपुर-1, पृ. 16
2. गांधी विचार दर्शन, धर्म, राजनीति और अर्थनीति, रामजीसिंह, प्रकाशक मानक पब्लिकेशंस प्रा.लि., दिल्ली-1995, पृ. 43
3. डॉ. बी.आर. अम्बेडकर सम्पूर्ण वाङ्मय खंड, भारत सरकार, नई दिल्ली, 1993, पृ. 81
   संकल्प भाग 1, सम्पा. : डॉ. एस.ए. कानडजे, प्रो. ए.आर. सिरसाट, डॉ. पी.एल. सोनटक्के, शिवराज प्रकाशन, बुलढाणा
   लोकराज्य पत्रिका : महाराष्ट्र सरकार प्रकाशन (महात्मा गांधी विशेषांक), अक्टूबर 2010

सामाजिक एकात्मता के परिप्रेक्ष्य में सन्त कबीर एवं महात्मा फुले के काव्य का तुलनात्मक अध्ययन

शिवाजी भदरगे

सन्त कबीर का परिवेश व्यापक संघर्ष का रहा है। उनके जीवन के सभी क्षेत्रों में संघर्ष था। धर्मगत, जातिगत, वर्णगत संघर्ष चरमसीमा पर पहुँच चुका था। तत्कालीन सामाजिक, सांस्कृतिक, धार्मिक, आर्थिक, राजनीतिक पृष्ठभूमि में संक्रमण एवं संघर्ष था। तत्कालीन समाज के राजनीतिक जीवन में हिन्दू और मुस्लिम दोनों जातियों में पारस्परिक मतभेद था। सामाजिक परिवेश में ऊँच-नीच की भावना व आपसी द्वेष था। राजनीतिक संघर्ष ने तो हिन्दू जाति के मन में निराशा की आग जला दी थी। हिन्दू और मुस्लिमों के राजनीतिक संघर्ष के साथ ही साथ सांस्कृतिक परिवेश में भी संघर्ष था। उस समय मुख्य रूप से हिन्दू समाज के भीतर सामाजिक द्वेष और सामाजिक निराशा का वातावरण था। हिन्दू और मुसलमान कबीर को समान रूप से चाहते थे, इस बात को परखकर कबीर अपने परिवेश को परिवर्तित करने के लिए प्रयत्नरत थे। मुख्य रूप से सामाजिक एवं सांस्कृतिक परिवेश में सामाजिक एकात्मता लाने हेतु दोनों धर्मों में समन्वय लाने के लिए सन्त कबीर ने अपनी वाणी को प्रकट किया।

महाराष्ट्र को 'सन्तों की भूमि' कहा जाता है। पर यहाँ सदियों से उपेक्षित, प्रताड़ित एवं पिछड़ी जनजातियों को सामाजिक, सांस्कृतिक, धार्मिक, राजनीतिक, आर्थिक परिवेश में गुलाम बनाया गया था। महात्मा फुले ने सभी स्थितियों से त्रस्त होकर सामाजिक परिवेश को सुधारने की कोशिश की। पीढ़ी-दर-पीढ़ी चली आनेवाली वर्णव्यवस्था के वर्चस्व को उन्होंने नकारा है। महात्मा फुले ने 'अखंड' काव्य का निर्माण कर तत्कालीन समाज का मार्ग प्रशस्त किया। सन्त कबीर एवं महात्मा फुले ने परिवेश में सामाजिक एकात्मता लाने का प्रयास किया। उनके समाज के सभी क्षेत्रों में साम्य रहा है।

सामाजिक एकात्मता के परिप्रेक्ष्य में सन्त कबीर एवं महात्मा फुले का काव्य

सामाजिक एकात्मता के पक्ष में सन्त कबीर ने तत्कालीन समाज की अनिष्ट प्रथा एवं कुरीतियों को उठाया है। चातुर्वर्ण्य व्यवस्था ने उपेक्षित समाज को सभी क्षेत्रों से प्रताड़ित किया था। उन्होंने उनके सभी प्रकार के स्वातंत्र्य को नकारकर मानसिक गुलाम बनाया था। सभी वर्गों में एक-दूसरे के प्रति सामाजिक द्वेषभाव था। सामाजिक बुराइयाँ, जाति-पाँति, भेद-भाव, ऊँच-नीच, छुआछूत आदि पक्षों को कबीर ने अपने काव्य में व्यक्त करते हुए व्यंग्य किया है।

तत्कालीन समाज में सामाजिक समन्वय को बढ़ाने के लिए सन्त कबीर ने हिन्दू-मुस्लिम एकता की बात की है। उन्होंने उपेक्षित भारतीय समाज के सबसे बड़े हिस्से को अपनी काव्य वाणी द्वारा प्रकट किया है। उन्होंने समाज विघातक पंडितों, मुल्ला-मौलवियों को फटकारा है। सभी कर्मकांडों एवं कुप्रथाओं से समाज को मुक्त करने के लिए ही सन्त कबीर ने अपने काव्य में सामाजिक पक्ष को उजागर कर तत्कालीन समाज में एकात्मता लाने का प्रयास किया।

महात्मा फुले ने भी सन्त कबीर के समान सामाजिक पक्ष में समन्वय लाकर अपने काव्य में एकात्मता का स्वर मुखरित किया है। तत्कालीन समाज को उच्चवर्णियों के चंगुल से बचाया है। महात्मा फुले ने ढोंगी पंडितों पर काव्य द्वारा प्रहार किया है। वर्णव्यवस्था ने तत्कालीन समाज को गुलाम बनाया था। इसका 'अखंड' में वर्णन है। उन्होंने अपने समाज को ज्ञान का अमृत पिलाया है। उनके सामाजिक पक्ष में रूढ़ि-परम्परा और उच्च वर्ग की कुरीतियों को काव्य द्वारा प्रकट किया गया है।

कबीर एवं फुले के काव्य का केन्द्रबिन्दु 'समाज' ही है। इसलिए दोनों ने ही सामाजिक एकात्मता के लिए उपेक्षित, प्रताड़ित, जन-जातियों की समस्याओं को उभारा है।

सन्त कबीर एवं महात्मा फुले के काव्य में व्यक्त साम्प्रदायिक सद्भाव

सन्त कबीर का काव्य साम्प्रदायिक सद्भाव से ओत-प्रोत है। साम्प्रदायिक सद्भाव का तात्पर्य यह है, "मानवतावादी विचारधारा की ओर जाते हुए मानवतावादी दृष्टिकोण को अपनाना और उसे पुष्ट करना।" साम्प्रदायिक सद्भाव में आपसी वैर, शत्रुता, दुष्प्रवृत्तियाँ एवं कुप्रवृत्तियाँ समाप्त करने का प्रयास होता रहा है। मानव के उच्च एवं श्रेष्ठ गुणों का विकास किया जाता है। साम्प्रदायिक सद्भाव के परिप्रेक्ष्य में कबीर ने अपनी 'साखी' में घर फूँकने की बात कही है। कबीर के काव्य में त्याग और उदारता की पुष्टि मिलती है।

सन्त कबीर ने अपने काव्य के माध्यम से हिन्दू-मुस्लिम के द्वेष को मिटाकर सामाजिक स्तर पर साम्प्रदायिक सद्भाव का निर्माण किया है। सन्त कबीर ने समाज के सत्य को अपनाकर बुराइयों के प्रति व्यंग्य करते हुए जनसामान्य को वाणी द्वारा

फटकारा है, यह उनकी निर्भीकता है। उन्होंने वर्णव्यवस्था को फटकारकर सर्वसामान्य के मन में साम्प्रदायिक भेदभाव को मिटाया। वे कहते हैं—

रज ब्रह्मा तम गुन संकट, सत गुन हरि है सोई॥
कहै कबीर एक राम जपहु रे, हिन्दू तुरुक न कोई॥

इस तरह उन्होंने इनसान-इनसान के भेद को ठुकराकर सामाजिक एकता लाने का प्रयास दोनों धर्मों में किया।

महात्मा फुले और सन्त कबीर दोनों के काव्य में साम्प्रदायिक सद्भावना रही है। महात्मा फुले ने भी अपने घर-बार की ओर ध्यान न देकर पत्नी को साक्षर किया और समाज के लिए जीने का अपना उद्देश्य पूरा किया। उन्हें तत्कालीन समाज ने अपमानित किया था, फिर भी उन्होंने खुद का जीवन ही समाज पर न्योछावर किया। हिन्दू जाति के अन्तर्गत ऊँच-नीच के भेदभाव को मिटाकर उन्होंने खतरा मोल लिया। महात्मा फुले के काव्य में मानवतावादी दृष्टिकोण है, जिन्होंने पद-दलितों के लिए अपना पानी का 'हौज' खुलाकर इनसानियत का परिचय दिया।

सन्त कबीर एवं महात्मा फुले के साथ वर्णव्यवस्था ने छल-कपट किया है, साथ ही उनके ऊपर कुठाराघात भी किया है जो खुद के लिए कम और औरों के लिए अधिक जीते थे। दोनों के काव्य में सभी जातियों के प्रति साम्प्रदायिक सद्भाव द्वारा मानवतावाद को उठाया गया है।

सामाजिक परिवर्तन के परिप्रेक्ष्य में सन्त कबीर एवं महात्मा फुले का काव्य

सन्त कबीर का काव्य सामाजिक परिवर्तन के परिप्रेक्ष्य में यदि देखा जाए तो मुख्य रूप से समाज सुधार की भावना से ओत-प्रोत है। सन्त कबीर ने तत्कालीन समाज में ब्राह्मणवादी प्रवृत्तियों एवं धार्मिक आडम्बरों तथा छुआछूत का विरोध कर नैतिकता के धरातल पर सच्चा परिवर्तनवादी मानव समाज निर्माण के लिए सुधारवादी दृष्टिकोण अपनाया था। उन्होंने कर्मकांड में जकड़े हुए समाज को सुधारा है। ढोंगी साधुओं एवं पुरोहितों, धार्मिक आडम्बरों, रूढ़िवादी परम्पराओं एवं व्यवहारों, चातुर्वर्ण्य व्यवस्थाओं तथा जाति-पाँतियों में परिवर्तन करने के लिए सुधारवाद पर जोर दिया है। उन्होंने समाज में परिवर्तन एवं सुधार लाने के लिए ज्ञानप्राप्ति के अनेक प्रयत्न किए।

सदियों से लेकर आज तक के समाज को ब्राह्मणी व्यवस्था ने देव-धर्म एवं कर्मकांडों में जकड़ रखा था। महात्मा फुले ने सामाजिक कुरूपता को उजागर कर मानवतावादी 'सत्यशोधक समाज' का निर्माण करने का प्रयत्न किया है। महात्मा फुले एवं कबीर ने परम्परा और व्यवस्था के प्रवाह को तोड़कर सच्चे समाज का संकेत दिया है। उन्होंने कहा है कि समाज की दुर्दशा का कारण ही शिक्षा है, इसका महत्त्व प्रतिपादित करते हुए कहा है—

विद्या बिना मति गई। मति बिना नीति गई॥
नीति बिना गति गई। गति बिना वित्त गया॥
वित्त बिना शूद्र गए। इतने अनर्थ एक अविद्या ने किए॥

शिक्षा न लेने के अभाव में तत्कालीन समाज में कोई परिवर्तन नहीं हुआ था।

सन्त कबीर और महात्मा फुले के काव्य में सामाजिक परिवर्तन के लिए समाज सुधार का प्रयास किया गया है। महात्मा फुले ने अपने 'जागो, पढ़ो-लिखो' शीर्षक कविता में कहा है, "उठो, अतिशूद्र भाइयो, जागो। परम्परागत गुलामी को तोड़ने के लिए तैयार हो जाओ, भाइयो पढ़ने-लिखने के लिए जागो।" महात्मा फुले ने भी कबीर की तरह ज्ञान को अधिक महत्त्व दिया है।

सन्त कबीर एवं महात्मा फुले ने तत्कालीन समाज की गुलाम मानसिकता को काव्य द्वारा प्रकट कर एक सुधारक के रूप में परिवर्तन लाने का प्रयास किया है। "जब तक गुलामों को गुलामी का ज्ञान न हो तब तक वह गुलामी प्रवृत्ति का विरोध नहीं करेगा।" बाबासाहेब डॉ. अम्बेडकर की यह उक्ति सन्त कबीर एवं महात्मा फुले के साहित्य पर खरी उतर रही है। दोनों ने समाजसुधारक सामाजिक परिवर्तन करना चाहा है।

सामाजिक एकात्मता के परिप्रेक्ष्य में सन्त कबीर एवं महात्मा फुले के काव्य की प्रासंगिकता

सन्त कबीर ने जिन सामाजिक आडम्बरों को अपने काव्य में चित्रित किया है, वे आज भी ज्यों के त्यों समाज में व्याप्त दिखाई देते हैं। सन्त कबीर ने तत्कालीन समाज भ व्याप्त बुराइयों का विरोध किया है। समाज की ढोंगी प्रवृत्तियों का व ढोंगी साधुओं का भंडाफोड़ किया है जिसमें वर्णव्यवस्था का, जाति-पाँति का, छुआछूत का एवं भेदभाव का भी विरोध किया है। इसके साथ-ही-साथ उन्होंने धार्मिक आडम्बरों में मुसलमानों के बाह्य आडम्बरों का एवं हिन्दुओं के बाह्य आडम्बरों का भी विरोध किया है। वे कहते हैं, "भगवान न मन्दिर में है, न मस्जिद में।" वह उसे निर्गुण-निराकार मानते हैं। सन्त कबीर ने रोज़ा रखना, नमाज़ पढ़ना, माला जपना, बकरी को काटना, श्राद्ध करना, केश मुंडन, तिलक लगाना, गंगा स्नान, तीर्थाटन, धर्मग्रन्थ और वेद आदि को नकारा है। सन्त कबीर के समय की सामाजिक कुरीतियाँ आज भी समाज में व्याप्त हैं। उस समय में भी वर्णव्यवस्था का वर्चस्व था, आज भी है। उसकी तीव्रता कुछ अंश में कम हुई है। इसलिए सन्त कबीर के सारे विचार आज भी प्रासंगिक लगते हैं। कबीर ने सामाजिक भेदभाव, वर्गभेद, वर्णभेद, मूर्तिपूजा, बाह्य आडम्बर, छुआछूत, ऊँच-नीच की समस्या के विरोध को चित्रित किया था। ये सभी समस्याएँ आज की समाज को आक्रान्त किए हुए हैं।

महात्मा फुले का काव्य भी कबीर काव्य की तरह प्रासंगिक है। महात्मा फुले ने वर्णव्यवस्था का विरोध किया है। जाति-पाँति, भेद-भाव, वेद, धर्मग्रन्थ पाठ, श्राद्ध आदि प्रवृत्तियों का विरोध महात्मा फुले ने भी किया है। धर्म के नाम पर सामान्य कृषक वर्ग को उच्च वर्णियों ने गुलाम बनाकर प्रताड़ित किया था। महात्मा फुले ने व्यवस्था के प्रति विरोध और सामान्य के प्रति न्याय दिया है। सामाजिक विषमता को तोड़ने का प्रयास उन्होंने किया है।

सारांश

सन्त कबीर और महात्मा फुले के काव्य का तुलनात्मक अध्ययन करने पर यह निष्कर्ष निकलता है कि उन्होंने सामाजिक स्तर पर उपेक्षित, अशिक्षित, पददलित समाज को मुक्त करने का प्रयास किया है। सत्य के आधार पर परिवर्तनवादी एवं मानवतावादी समाज निर्माण करने का प्रयास दोनों ने ही किया है। साथ-ही-साथ उन्होंने वर्गशोषण, वर्णशोषण, जातिशोषण और छुआछूत आदि पर व्यंग्य करते हुए समतावादी तत्त्वों एवं वैज्ञानिक दृष्टिकोण का आधार लेकर मनुष्य जाति का उद्धार किया है।

सन्त कबीर एवं महात्मा फुले की कविता का स्वर समता, स्वातंत्र्य, बन्धुता एवं न्याय से युक्त है। उन्होंने आधुनिक प्रजातंत्र के मूल्यों को अपने काव्य में प्रशस्त किया है। सन्त कबीर एवं महात्मा फुले ने तत्कालीन समाज का अध्ययन कर सामाजिक कुरीतियों, रूढ़ियों-परम्पराओं एवं ढोंगी पंडितों पर प्रहार किया है।

परिणामत: यह कहा जा सकता है कि यदि सन्त कबीर एवं महात्मा फुले के काव्य का तुलनात्मक अध्ययन किया जाए तो सामाजिक एकात्मता लाने के परिप्रेक्ष्य में दोनों में निश्चित ही साम्य दिखाई देता है। उन्होंने समाज सुधार के लिए अथक प्रयत्न किए, जिसके परिणामस्वरूप आज हमारा समाज परिवर्तन की दिशा में अग्रसर हो रहा है।

सहायक ग्रन्थ

- भीष्म साहनी, कबिरा खड़ा बजार में।
- शिवकुमार शर्मा, हिन्दी साहित्य का प्रवृत्तिगत इतिहास।
- सं. हरि नरके, महात्मा फुले समग्र वाङ्मय।
- सं. हरि नरके, महात्मा फुले : साहित्य और विचार।
- मुरलीधर जगताप, युगपुरुष महात्मा फुले।
- डॉ. अजमेरा/डॉ. देसाई, वर्तमान परिवेश में भक्तिकाव्य की प्रासंगिकता।
- धनराज डाहाट, कबीर : व्यक्तित्व और विचार।
- डॉ. देवकृष्ण मौर्य, कबीर : एक रहस्य भरा व्यक्तित्व।

सामाजिक समता में महात्मा गांधी का योगदान

डॉ. योगेन्द्र यादव

महात्मा गांधी का जन्म 2 अक्टूबर, 1869 को पोरबन्दर, गुजरात में हुआ। उनके बाबा तथा पिता दीवान थे। इसके पहले उनके परिवार के लोग पंसारी का व्यवसाय करते थे। उनके माता-पिता का उनके जीवन पर विशेष प्रभाव पड़ा। उनके पिताजी ज्यादा पढ़े-लिखे नहीं थे। उनके पास अनुभव की शिक्षा थी जिसके प्रति वे अत्यन्त सावधान रहते थे। उनकी माताजी एक साध्वी महिला थीं। वे बहुत श्रद्धालु थीं। बिना पूजा-पाठ के भोजन नहीं करती थीं। उनका बचपन पोरबन्दर और राजकोट में बीता। उनका मन पढ़ने में बहुत नहीं लगता था। किन्तु बचपन में देखे और पढ़े दो आदर्श चरित्रों—श्रवण कुमार और सत्यवादी राजा हरिश्चन्द—का विशेष प्रभाव पड़ा। उनके मन में बचपन से ही यह इच्छा रही कि मैं भी श्रवण कुमार और सत्यवादी राजा हरिश्चन्द की तरह बनूँ। उनके विचारों में ये दोनों पात्र हमेशा जीवित रहे। उनकी बचपन में ही तीन बार सगाई हुई। सगाई के बाद दो लड़कियाँ मर गईं और तीसरी सगाई 13 वर्ष की अवस्था में कस्तूरबाबाई के साथ हुई, जो बाद में कस्तूरबा के नाम से प्रसिद्ध हुईं। उनकी पत्नी निरक्षर थीं, जिसे पढ़ाने की उनकी बड़ी इच्छा थी। बचपन में उनका जीवन भी एक आम बच्चे की तरह था। गलत सोहबत में पड़कर उन्होंने बचपन में मांस खाया, बीड़ी पी और अपने घर के नौकरों की जेबों से पैसे चुराए। किन्तु इन सभी बातों को एक पत्र के माध्यम से अपने पिताजी को अवगत करा दिया और उन्होंने दंड की माँग की। उनके पत्र को पढ़कर उनके पिता फूट-फूटकर बहुत रोए। उसका उनके मन पर इतना प्रभाव पड़ा कि उन्होंने फिर जीवन में कभी भी इन गलत आदतों को नहीं दुहराया। जब वे इंग्लैंड पढ़ने गए, तब भी मांस, सुरा, सुन्दरी से दूर रहे। वहाँ से वे कानून की पढ़ाई करके जब वापस लौटे, तो यहाँ उनकी वकालत नहीं चली। इसी समय दक्षिण अफ्रीका के एक भारतीय व्यापारी दादा अब्दुला का एक मुकदमे में सहयोग करने के लिए इन्हें एक साल के अनुबन्ध पर वहाँ जाना पड़ा। जहाँ वे 21 साल रह गए। यहीं पर मोहन में महात्मा का गुण आया और सामाजिक समरसता का पाठ भी उन्होंने यहीं

पर पढ़ा। इसके बाद वे भारत लौटे और अपने राजनीतिक गुरु गोखले की सलाह पर एक साल तक भारत का भ्रमण किया। इससे उन्हें बहुत ही पास से भारत के लोगों और उनकी प्रवृत्तियों को समझने का मौका मिला। इसके बाद वे सक्रिय राजनीति में उतरे और भारत को स्वतंत्र कराने के लिए अनेक प्रयोग किए। ये प्रयोग सिर्फ राजनीति या व्यक्तिगत जीवन तक ही सीमित नहीं थे अपितु समाज और उसकी समरसता बनाए रखने के लिए अन्तिम साँस तक चलते रहे। इसी सामाजिक समरसता के सम्बन्ध में फैली कुछ गलतफहमियों ने उनकी जान भी ले ली।

महात्मा गांधी यह स्वीकार करते हुए कहते हैं, "मैं मानता हूँ कि सैकड़ों या हजारों नवयुवकों पर मेरा प्रभाव पड़ा है। मुझे अपने धर्म का भान है। मैं मानता हूँ कि पुत्र-धर्म के पालन का मैंने ठीक-ठीक प्रयत्न किया था और उसमें थोड़ा-बहुत सफल भी हुआ। मेरे माता-पिता मुझे आज्ञाकारी पुत्र मानते और पूरी स्वतंत्रता देते थे। उनका अंकुश मुझे कभी खटका नहीं। मेरे अपने पुत्र हैं, पौत्र हैं; मैं उनमें से किसी के मार्ग में रुकावट नहीं डालता। जो बालिग हैं, वय प्राप्त हैं, वे सब पूरी तरह स्वतंत्रतापूर्वक आचरण कर रहे हैं। इस तरह की तालीम देकर मैं कभी पछताया नहीं हूँ।"[1]

महात्मा गांधी देखते हैं कि भारत में लोग उपासना के भेदों के कारण अलग-अलग धर्मों में बँटे हुए हैं। इसीलिए वे कहते हैं, "उपासना मनुष्यकृत एक आवश्यक प्रचंड साधन है। इसलिए वह देश-काल से परिमित है और उसमें विविधता रहती है, रहना आवश्यक भी है। उसका अन्तिम निचोड़ तो एक ही है। जैसे कहा भी गया है कि सब नदियों का पानी जिस तरह समुद्र में गिरता है, उसी तरह सब देवों के प्रति की गई वन्दना, किया गया नमस्कार मात्र केशव को पहुँचता है।"[2] "मेरे पास मूर्तिपूजा की कोई विधि नहीं। प्रत्येक मनुष्य या समाज अपनी-अपनी विधि निश्चित कर सकता है। यही होता भी है। विधि के द्वारा हम उस व्यक्ति या समाज की सभ्यता का दिग्दर्शन करते हैं। विधि में धर्म, कर्म और रिवाज का प्राबल्य ज्यादा है। जैसे भक्त वैसे भगवान। क्योंकि यह सब कल्पना ही है। लेकिन जब तक कल्पना काम करती है, तब तक वही सच्ची वस्तु जैसी प्रतीत होती है।"[3]

उनका मानना है कि स्त्री जाति के प्रयास के बिना यह सामाजिक समरसता नहीं प्राप्त की जा सकती है। इसीलिए वे कहते हैं, "जिस सभ्यता में स्त्री जाति का सम्मान नहीं किया जाता, उस सभ्यता का नाश निश्चित है। संसार न अकेले पुरुष से ही चल सकता है, न अकेले स्त्री से; इसके लिए तो एक-दूसरे का सहयोग ही उपाय है। स्त्री अगर कोप करे तो आज पुरुष वर्ग का नाश कर सकती है। यही कारण है कि वह महाशक्ति मानी गई है।"[4] पारिवारिक समरसता के बिना सामाजिक समरसता की कल्पना करना बेमानी होगा। परिवार की धुरी पति-पत्नी होते हैं।

इसलिए पति-पत्नी को एक-दूसरे के प्रति जो धर्म होता है, उसका पालन करना चाहिए। महात्मा गांधी कहते हैं, ''पति का धर्म है पत्नी को अपनी सच्ची धर्मिणी, सहचारिणी और अर्द्धांगिनी माने; उसके दुख में दुखी हो और सुख से सुखी। पत्नी पति की दासी कदापि नहीं है, न वह कभी पति के भोग की भाजन ही है। जो स्वतंत्रता पति अपने लिए चाहता है, ठीक वही स्वतंत्रता पत्नी को भी चाहिए। आजकल हिन्दू संसार में विवाह विधि जिस तरह होती है, उसमें धर्म कम है और विलास ज्यादा। जिनके विवाह होते हैं, उनको पता भी नहीं चलता कि इस विधि में क्या होता है। उसके माने क्या हैं ? और विवाहित का क्या धर्म है ? यह शोचनीय बात है। वेदों में विवाह को धार्मिक माना गया है और उसकी विधि भी बतलाई गई है। विवाह कार्य उसी के अनुकूल होना चाहिए। माता-पिता और गुरुजनों का यह धर्म है कि वे वर-वधू को विवाह धर्म समझाएँ और विवाह विधि का अर्थ स्पष्ट करके बतलाएँ।''[5]

सामाजिक समरसता में सबसे अहम रोल अहिंसा निभा सकती है। इसलिए सभी को इसका अवलम्बन करना चाहिए। इसी कारण वे भारतीय संस्कृति की विशेषता बतलाते हुए कहते हैं, ''भारतीय संस्कृति में हिन्दू धर्म का सबसे महत्त्वपूर्ण और महान योगदान अहिंसा का सिद्धान्त है। पिछले तीन हजार या उससे भी अधिक वर्षों से इसने देश के इतिहास को एक निश्चित दिशा दी है और आज भी करोड़ों लोगों के लिए यह एक जीवनीशक्ति है। यह एक विकासशील सिद्धान्त है, और उसका सन्देश आज भी दिया जा रहा है। इसकी शिक्षा हमारी जनता के मनों में इस हद तक पैठ चुकी है कि भारत में सैनिक क्रान्ति लगभग असम्भव सी चीज बन गई है।''[6]

सामाजिक समरसता में सबसे बड़ा रोड़ा साम्प्रदायिक सद्‌भाव का अभाव है। इसलिए इस उपद्रव से निकलने का रास्ता बताते हुए महात्मा गांधी कहते हैं, ''साम्प्रदायिक उपद्रवों के लिए मेरे पास जो रामबाण है, उसे सभी जानते हैं। कोई भी एक पक्ष यदि अपने अन्दर से वैमनस्य को पूरी तरह निकाल फेंके और दूसरे पक्ष द्वारा किए जानेवाले हर अन्याय को धैर्यपूर्वक सहन करता जाए तो निश्चित है कि अन्त में दोनों के बीच हार्दिक एकता स्थापित होकर रहेगी। अन्याय समाप्त हो जाएगा और दोनों पक्ष बहादुर बन जाएँगे।''[7]

वे सिर्फ भारत के सन्दर्भ में ही नहीं अपितु विश्व के स्तर पर भी इसे आवश्यक मानते हैं। इसी कारण वे कहते हैं, ''मनुष्य सारे संसार के प्रति, छोटे-बड़ों के प्रति असीम सद्‌भाव बढ़ाए; वह सद्‌भाव अपरिसीमित हो; इसमें विभिन्न या विरोधी हितों का भाव न हो। मानव जितनी देर जाग्रत् अवस्था में खड़ा रहे, चाहे वह खड़ा हो, चल रहा हो, बैठा हो या लेटा हुआ हो सारे समय दृढ़ता से उसी मानसिक स्थिति में रहे, मन की यह स्थिति संसार में सबसे अच्छी है।''[8]

महात्मा गांधी मानते थे कि भारत में विभिन्न धर्मों के माननेवाले एक साथ रहते हैं। यहाँ के गाँवों की ऐसी संरचना है जिसमें सभी धर्मों और जातियों को माननेवाले लोग साथ-साथ रहते हैं। अगर इसमें सामाजिक समरसता नहीं रहेगी तो समाज खंड-खंड हो जाएगा। लोगों के साथ देश के विकास की गति रुक जाएगी। इस समाज में रहनेवाले सभी बराबर हैं। उनके बीच में छुआछूत या अन्य तरह का भेदभाव उचित नहीं है। इसलिए वे समाज के निम्न तबकों के बारे में चिन्तित रहते थे। और उनके उत्थान के लिए उन्होंने अनेक रचनात्मक कार्यक्रम चलाए। ग्रामीण विकास की नवीन अवधारणा प्रस्तुत की। इस प्रकार हम देखते हैं कि महात्मा गांधी अंग्रेजों को देश से निकालने में इसलिए कामयाब रहे कि उन्होंने एक हद तक भारत के लोगों में सामाजिक समरसता का भाव पैदा कर दिया था। इसलिए सभी लोग एक साथ उनके द्वारा किए जानेवाले आन्दोलनों में बढ़-चढ़कर हिस्सा लेते दिखाई देते हैं। उनके जाने के बाद हमने इस दिशा में बातें तो बहुत कीं, किन्तु धरातल पर काम नहीं किया। इसी कारण भारत के राजनीतिज्ञों ने यहाँ की भोली-भाली जनता को बेवकूफ बनाकर समाज की समरसता को समाप्त कर दिया। सभी वर्णों और जातियों के लोग एक-दूसरे को अपने विकास में बाधा मानने लगे। सामाजिक समरसता समाप्त हो गई। एक बार फिर यह आवश्यकता है कि हम लोग लोगों के बीच में जाकर काम करें और सामाजिक समरसता को सत्य और अहिंसा के मार्ग से वापस प्राप्त करें।

सन्दर्भ

1. सम्पूर्ण गांधी वाङ्मय, खंड-41, पृ. 269
2. वही, खंड-41, पृ. 384
3. वही, खंड-41, पृ. 382
4. वही, खंड-41, पृ. 308
5. वही, खंड-41, पृ. 44
6. वही, खंड-40, पृ. 62
7. वही, खंड-38, पृ. 268
8. वही, खंड-36, पृ. 169

आधुनिक रामकाव्यों में सामाजिक एकात्मता

डॉ. रेखा गाजरे

साहित्य सर्जना का प्रेरक एवं पोषक तत्त्व समाज ही रहा है। साहित्यकार सामाजिक प्रतिबद्धता के कारण समाज की सुखदुखात्मक परिस्थितियों से प्रभावित होता है और उसे अपने साहित्य में अभिव्यक्त करता है। यदि समाज साहित्य को प्रेरित एवं प्रभावित करता है तो समाज भी साहित्य से प्रेरणा एवं प्रभाव ग्रहण करता है। डॉ. कमलाप्रसाद पांडेय ने लिखा है, "विश्व के किसी भी साहित्य का जन्म उस देश के समाज की आवश्यकता का प्रतिफलन है। साहित्य के इतिहास के विभिन्न युग, युगविशेष के ही सन्दर्भ हैं। हिन्दी साहित्य के इतिहास में आदिकाल, भक्तिकाल, रीतिकाल एवं आधुनिककाल साहित्य के युग हैं। इन सभी युगों की प्रेरणाभूमि समाज ही रहा है।"[1] वस्तुतः साहित्य का प्रमुख उद्देश्य समाज को परिष्कृत करना है जिसे वह 'कान्तासममितउपदेशयुजे' के रूप में करता है।

हिन्दी साहित्य के इतिहास में भक्ति साहित्य की एक निरन्तर एवं स्वस्थ परम्परा रही है जिसमें व्यष्टि से अधिक समष्टि को दृष्टि-केन्द्र में रखा गया है। भक्ति साहित्य के सन्त कवियों ने सामाजिक एकात्मता हेतु प्रयास किए हैं जिनमें कबीर, तुलसी आदि सन्तों की प्रमुख भूमिका रही है। भक्ति साहित्य में दो प्रमुख धाराएँ दृष्टिगत होती हैं—रामभक्तिधारा एवं कृष्णभक्तिधारा।

रामभक्तिधारा का प्रमुख उद्देश्य ही 'बहुजन हिताय, बहुजन सुखाय' था। अतः उसमें सामाजिक समन्वय के लिए प्रयास किया गया। यद्यपि रामभक्ति साहित्य का प्रारम्भ वाल्मीकि से माना गया है फिर भी हिन्दी रामभक्तिधारा के प्रवर्तक तुलसीदास माने जाते हैं। तुलसीदास समन्वयवादी कवि हैं, अतः उन्होंने वर्णव्यवस्था को भी समन्वयात्मक दृष्टि से चित्रित किया है। सामाजिक एकता में वर्ण-जातिव्यवस्था बाधक रही है। अतएव तुलसी वर्णव्यवस्था को उदार-उदात्त दृष्टि से देखने का आग्रह करते हैं—

बरनाश्रम निज निज धरम निरत बेद पथ लोग।
चलहिं सदा पावहिं सुखहि नहिं भय सोक न रोग।[2]

तुलसी के 'रामचरितमानस' में अपनी लघुता के विचार से निषादराज वसिष्ठ

जी को दूर से ही प्रणाम करके मर्यादा की रक्षा करता है। परन्तु वे उसे नि:संकोच बरबस गले लगाकर अपने हृदय की उच्चता का परिचय देते हैं। तुलसी का काव्य समाज में सामंजस्य लाने का अथक प्रयास है। जैसा कि डॉ. हजारीप्रसाद द्विवेदी जी ने लिखा है—"तुलसी का काव्य समन्वय की विराट चेष्टा है। लोक और शास्त्र का समन्वय, भक्ति और ज्ञान का समन्वय, गार्हस्थ्य और वैराग्य का समन्वय, कथा और तत्त्वज्ञान का समन्वय, ब्राह्मणों और चांडाल का समन्वय, पांडित्य और अपांडित्य का समन्वय...मानस शुरू से अन्त तक समन्वय का काव्य है।" तुलसी ने तत्कालीन समाज में व्याप्त धार्मिक, सामाजिक, सांस्कृतिक विषमताओं में सामंजस्य स्थापित करने का महत् कार्य किया है। उन्होंने अनुभव किया कि धर्म के क्षेत्र में शैव, शाक्त एवं वैष्णव मत के अनुयायियों में विद्वेष की भावना पनप रही है। तब उन्होंने शैव एवं वैष्णव, वैष्णव एवं शाक्त मतों का समन्वय किया। शिव के मुख से राम की, राम के द्वारा शिव की स्तुति करवाई। तो भक्ति और ज्ञान में समन्वय स्थापित करते हुए लिखा है—"भगतिहि ग्यानहि नहिं कछु भेदा।"

तुलसी के समन्वयवाद से परवर्ती रामभक्ति शाखा के कवियों ने प्रेरणा प्राप्त कर सामाजिक समन्वय की भावना को परिप्रेक्ष्य में रखा। इन कवियों ने वर्णव्यवस्था के अन्तर्गत पनपी संकुचित भावना को देखा-परखा और अनुभव किया कि समाज में व्याप्त पारस्परिक वैमनस्य का कारण ऊँच-नीच की भावना एवं जातिगत श्रेष्ठता का अहंकार है। अयोध्यासिंह उपाध्याय ने 'वैदेही वनवास' में लिखा है—

कर रहे हैं सब कर्म स्वकीय। समझकर वर्णाश्रम का मर्म।
वन गए हैं मर्यादा-शील। धृतिसहित धारण करके धर्म।[3]

कवि राजाराम शुक्ल 'राष्ट्रीय आत्मा' ने 'जानकी जीवन' काव्य में लिखा है, "समाज में शुभ कर्मों को महत्त्वपूर्ण माना जाता है। शूद्र भी संस्कार एवं शुभ कर्म से द्विज कहला जा सकते हैं। कवि की संवेदना निम्न समझी जानेवाली जातियों के प्रति है। वे उनके जातीय गुणों की प्रशंसा करते हैं—

कलानुकारी कल कौल भिलन वै तथा उन्हीं की प्रमदा पुरन्ध्रियाँ।
स-पुत्र-पुत्री श्रम में लगै हुए, प्रतीक ज्यों पावन पूर्ण काल कै।[4]

साहित्यकार अपने समय एवं स्थिति से तटस्थ नहीं रह सकता। वह उनके प्रति चिन्तित होता है। वर्तमान युग में भी वर्गभेद एवं सामाजिक विषमता के कारण समाज दुखी है। साहित्यकार सामाजिक यथार्थ की अभिव्यक्ति करता है एवं उस व्यवस्था में परिवर्तन लाकर एक स्वस्थ समाज का निर्माण करना चाहता है जिसमें भेदभाव न होकर एकात्मता की भावना हो। डॉ. बलदेव प्रसाद मिश्र 'साकेत सन्त' में लिखते हैं—

कहीं ब्राह्मण क्षत्रिय में बैर, कहीं क्षत्रिय-क्षत्रिय का संग्राम।
कहीं है आर्य-अनार्य-विरोध, लुट गए मानवता के धाम।[5]

यथार्थतः सामाजिक एकात्मता का उत्स 'मानवता' है। मानवता ही भक्ति एवं धर्म का साध्य भी है। रवीन्द्रनाथ टैगोर के अनुसार, "सब प्राणियों में ज्ञान द्वारा, प्रेम द्वारा और सेवा द्वारा समभाव रखना ही मानव धर्म की सर्वश्रेष्ठता है।"[6] महात्मा गांधीजी ऊँच-नीच की भावना को नष्ट करने के लिए आजीवन संकल्परत रहे। मैथिलीशरण गुप्त ने भी 'प्रदक्षिणा' काव्य में लक्ष्मण के माध्यम से गांधीवादी चिन्तन का रेखांकन किया है। लक्ष्मण के अनुसार राम सरलमना हैं। वे गुह, निषाद, शबरों को आदर देते हैं—

इन्हें समाज नीच कहता है पर हैं ये भी तो प्राणी।
इनमें भी तो मन और भाव हैं, किन्तु नहीं ऐसी वाणी।[7]

कवि भारत में एक ऐसी समाज व्यवस्था देखना चाहता है जिसमें स्पृश्य-अस्पृश्य का भेद न हो। समाज में समता का आदर्श निहित हो। वह रामराज्य की आदर्शात्मक स्थिति को इन शब्दों में वर्णित करता है—

जन-जन कौ समता ममता मन भाई थी।
अस्पृश्य भावना पास नहीं आई थी।[8]

समसामयिक युग में चुनाव के समय जाति-धर्म को लेकर जो स्वार्थ दृष्टिगत हो रहा है, वह चिन्तनीय है। प्रजातांत्रिक व्यवस्था में जाति एवं धर्म को देखकर हो रहा मतदान निन्दनीय ही है। जगदीश गुप्त ने 'शम्बूक' काव्य में यही लिखा था, "जो व्यवस्था वर्ग सीमित स्वार्थ से ग्रस्त हो उस विषम, घातक व्यवस्था का शीघ्र ही अस्त हो जाना चाहिए।" पोद्दार रामावतार 'अरुण रामायण' में मानते हैं कि जाति-पाँति की दीवारें मानव निर्मित हैं। इसी काव्य में राम शबरी से कहते हैं—

मत कह नीच है तू—तेरी नीच जाति
कृत्रिम है, कृत्रिम, मनुज—जगत में जाति-पाँति।[9]

उसी शृंखला में सोहनलाल द्विवेदी 'शबरी' काव्य को दृष्टि में रखते हुए सामाजिक एकता की प्रस्थापना हेतु आशावादी स्वर मुखर करते हैं—"गंगा, कावेरी की दूरी में, वर्ण द्वेष के भवसागर में भावात्मक सेतु बनानेवाली इस सर्जना से मानसिक एकता की स्थापना होगी, इसमें सन्देह नहीं है।"[10]

सामाजिक समरसता की स्थापना हेतु यह आवश्यक है कि समाज के सभी वर्गों को एक धरातल पर लाया जाए। जिसमें ऊँच-नीच, श्रेष्ठ-कनिष्ठ, धनिक-दरिद्र आदि भेदभाव न हो। सभी भावनात्मक एवं व्यावहारिक स्तर पर समरसता प्राप्त करें।

सामाजिक एकता में नारी के प्रति हीन भाव सदैव बाधक रहा है। हिन्दी साहित्य के रीतिकाल में नारी की स्थिति भोग्या के रूप में रही है। परन्तु भक्तिकालीन एवं आधुनिक काल के साहित्य में नारी के प्रति उदार-उदात्त दृष्टिकोण परिलक्षित होता है। समाज में लगभग पचास प्रतिशत स्त्रियाँ हैं जिन्हें निम्न या गौण मानना सामाजिक समरसता की दृष्टि से समीचीन नहीं है। भक्तिकालीन साहित्य के समान

आधुनिक रामकाव्यों में भी नारी के प्रति आत्मीय दृष्टि रही है। डॉ. परमलाल गुप्त ने स्वीकार किया है, ''आधुनिक रामकाव्य में उच्च कोटि के नारी-चरित्रों की सृष्टि की गई है। उपेक्षित नारी-पात्रों को काव्य में स्थान दिया गया है। तिरस्कृत नारी-पात्रों के दोषों का प्रत्याहार कर उन्हें सम्मान दिया गया और उनके चरित्र में उन्नत व्यक्तित्व का विधान किया गया। निम्न श्रेणी के नारी-पात्रों के प्रति सहानुभूति प्रदर्शित की गई।''[11] पुरुष अपनी वर्चस्वता को बनाए रखने के लिए नारी को गौण मानता रहा है। इस विचार को संकुचित मानते हुए राजाराम शुक्ल ने 'जानकी जीवन' में लिखा है—

कोई विमूढ़ जन व्यर्थ विमूढ़ता से सम्मान न्यून समझै मत नारियों का।
नारी वह सुनिधि है जिसमें नरों का पुंसत्व जन्म रचता पलता सदा है।[12]

आर्थिक विषमता भी सामाजिक एकता में बाधक रही है। इसके कारण समाज दो वर्गों में विभाजित हो गया है—एक पूँजीपति वर्ग है तो दूसरा सर्वहारा वर्ग। इसी वैषम्य के भयंकर अन्तर के कारण नक्सलवाद जैसे आन्दोलन उभर रहे हैं। आधुनिक रामकाव्यों के प्रणेता आर्थिक समानता के पक्षधर हैं। मैथिलीशरण गुप्त ने तो 'साकेत' में स्पष्ट शब्दों में लिखा है कि पूँजी का केन्द्रीकरण अनर्थ है—

हाँ तब अनर्थ के बीज अर्थ बोता है,
जब एक वर्ग में मुष्टिबद्ध होता है।[13]

डॉ. बलदेव प्रसाद मिश्र ने रामराज्य के आदर्श के सन्दर्भ में लिखा, ''इस राज्य में धन शक्ति और बुद्धि का समुचित उपयोग होता था। इसलिए समाज में सहयोग-सामंजस्य की भावना थी।''

जयशंकर प्रसाद ने 'कामायनी' में बुद्धि एवं भावना अर्थात् मस्तिष्क एवं हृदय के समन्वय को समरसता के लिए आवश्यक माना है। डॉ. हरिशंकर शर्मा भी 'रामराज्य' नामक काव्य में लिखते हैं—

मानवता सर्वोपरि समझी जाती थी
वह बन्धुभाव, शुचिता समता लाती थी
मस्तिष्क हृदय जब दोनों मिल जाते थे
तो मानवता की ज्योति जगमगाते थे।[14]

इस प्रकार आधुनिक रामभक्ति काव्य में सामाजिक एकता को दृष्टिकेन्द्र में रखकर समन्वयात्मक दृष्टिकोण अपनाया गया है। इन कवियों ने त्याग और भोग, संग्रह और त्याग, भौतिकता एवं आध्यात्मिकता, कर्म एवं दैववाद, ज्ञान एवं भावना में समन्वय स्थापित करने का उद्देश्य सामने रखा था। बालकृष्ण शर्मा 'नवीन' उर्मिला काव्य में भौतिकता के साथ आध्यात्मिकता को समन्वित करना चाहते हैं।

यह सर्वस्वीकार्य मत है कि मानवता सर्वोपरि है। सामाजिक एकता का वह केन्द्रबिन्दु है। रामेश्वर दयाल दूबे 'चित्रकूट' काव्य में सामाजिक सम्बोध को

मानवधर्म के रूप में देखते हैं। उन्हीं के शब्दों में—

मानवधर्म, धर्म है केवल
और सभी कुछ भ्रम है।
सब पर प्रेम दुलार लुटाता
यही धर्म का क्रम है।

उपरोक्त विवेचन से स्पष्ट होता है कि आधुनिक रामकाव्य के प्रणेता किसी धार्मिक भावना से ग्रस्त नहीं थे। उन्होंने आधुनिक युग के अनुरूप धर्म के लोकहिताय रूप की व्याख्या की एवं मानवता का समर्थन किया। डॉ. शचीरानी गुर्टू की मान्यता है कि आधुनिक रामकाव्यों में आधुनिक जीवन के विघटनशील तत्त्वों के बीच एक सन्तुलित सांस्कृतिक भूमिका का निर्माण किया गया।

यदि समाज को पारस्परिक एकता के उच्चादर्श को स्वीकार करना हो तो उसे पारस्परिक एकात्म भाव से परिपूरित होना आवश्यक है। उसे रामराज्य की इस सामाजिक एकता की भावना को अपनाना होगा—

एक तरु के विविध सुमनों से खिले, पौरजन रहते परस्पर हैं मिले
स्वस्थ, शिक्षित, शिष्ट, उद्दोगी सभी बाह्यभोगी, आन्तरिक योगी सभी।[15]

सन्दर्भ

1. छायावादोत्तर हिन्दी काव्य की सामाजिक और सांस्कृतिक पृष्ठभूमि, डॉ. कमलाप्रसाद पांडेय, पृ. 19-20
2. रामचरितमानस, तुलसीदास, उत्तरकांड, पृ. 20
3. वैदेही वनवास, अयोध्यासिंह उपाध्याय 'हरिऔध', द्वितीय सर्ग, पृ. 25
4. जानकी जीवन, राजाराम शुक्ल 'राष्ट्रीय आत्मा', द्वितीय सर्ग, पृ. 50
5. साकेत सन्त, डॉ. बलदेव मिश्र, द्वादश सर्ग, पृ. 144
6. साधना, रवीन्द्रनाथ टैगोर, पृ. 16
7. प्रदक्षिणा, मैथिलीशरण गुप्त, पृ. 16
8. रामराज्य, डॉ. हरिशंकर शर्मा, पृ. 236
9. अरुण रामायण, पोद्दार रामावतार 'अरुण', अरण्यकांड, पृ. 397
10. शबरी, धनंजय अवस्थी, दो शब्द
11. हिन्दी के आधुनिक रामकाव्यों का अनुशीलन, डॉ. परमलाल गुप्त, पृ. 168
12. जानकी जीवन, राजाराम शुक्ल 'राष्ट्रीय आत्मा', पाँचवाँ सर्ग, पृ. 111
13. साकेत, मैथिलीशरण गुप्त, पृ. 183
14. रामराज्य, डॉ. हरिशंकर शर्मा, पृ. 254
15. साकेत, मैथिलीशरण गुप्त, प्रथम सर्ग, पृ. 21

सन्त गाडगे महाराज के कीर्तन में अभिव्यक्त सामाजिक एकात्मता

डॉ. संजय रणखाम्बे

महाराष्ट्र सन्तों की भूमि कहलाती है। मध्ययुगीन काल से आधुनिक काल तक सन्तों की एक लम्बी परम्परा के कारण महाराष्ट्र का समाज एवं संस्कृति काफी समृद्ध बन गई है। मध्ययुगीन सन्त परम्परा में सन्त तुकाराम, सन्त नामदेव, सन्त चोखामेला, सन्त सावता, सन्त गोरोबा कुम्हार आदि सन्तों का आधुनिक महाराष्ट्र के नवनिर्माण में महत्त्वपूर्ण योगदान रहा है। यह परम्परा आधुनिक काल में भी दृष्टिगोचर होती है, जिनमें सन्त गाडगे महाराज, सन्त तुकडोजी महाराज जैसे पुरोगामी तथा सुधारवादी सन्त उल्लेखनीय हैं। आज इन सन्तों के विचार केवल महाराष्ट्र तक ही सीमित नहीं रहे हैं बल्कि सम्पूर्ण देश तथा विश्वभर में उनके मानवतावादी तथा समतावादी दर्शन का प्रभाव देखा जा सकता है।

आधुनिक महाराष्ट्र की इस पुरोगामी सन्त परम्परा में सन्त गाडगे महाराज का स्थान सर्वोच्च है। इनका जन्म महाराष्ट्र के विदर्भ प्रान्त के अमरावती जिले के दर्यापुर तहसील के अन्तर्गत शेणगाव नाम के छोटे से देहात में 23 फरवरी, 1887 को धोबी जाति में हुआ। इनका असली नाम 'डेबूजी' था। घर में गरीबी तथा दरिद्रता का सदियों से वास था। पिता झिंगराजी को शराब पीने की आदत थी। सम्पूर्ण धोबी समाज अज्ञानता, अशिक्षा, धार्मिक कर्मकांड, अन्धविश्वास, गरीबी, दरिद्रता तथा अभावों की खाई में फँसा हुआ था। अज्ञानतावश कई सारी देवी-देवताओं की उपासना के माध्यम से अपने उद्धार का रास्ता टटोलता रहता था। इसके लिए पशुबलि की प्रथाओं का भी प्रचलन था। इस कारण समाज की स्थिति अत्यन्त दयनीय तथा शोचनीय बनी हुई थी। इस प्रकार की दशा केवल धोबी समाज की ही नहीं थी, बल्कि सम्पूर्ण बहुजन समाज इसी अवस्था से गुजर रहा था। आसपास के लोगों तथा समाज की दयनीय दशा को देखकर डेबूजी का मन व्यथित हो उठता था। वे समाज की इस अवस्था के कारणों की मन-ही-मन

खोज करने लगे। वे एकान्त में समाज की अवस्था को लेकर सोचने लगे। इस निरन्तर की सोच ने उन्हें अन्तर्मुखी बनाया। इस तरह की एकान्त साधना में ही उन्होंने समाज की मुक्ति का मार्ग ढूँढ़ा और मानव धर्म के कल्याण के लिए वैराग्य धारण किया। और अपना सम्पूर्ण जीवन मानव-कल्याण के लिए समर्पित किया।

चिथड़े पहने हुए, हाथ में लाठी और टूटे हुए मटके का टुकड़ा लेकर, गाँव-गाँव भटककर, 'गोपाला, गोपाला देवकीनन्दन गोपाला।' यह भजन गाते हुए इस साधारण आदमी ने सम्पूर्ण समाज को झकझोर दिया। मानव सेवा को ही ईश्वर सेवा मानते हुए सन्त गाडगे बाबा ने अपने विचारों के प्रचार-प्रसार के लिए तथा समाज में सुधार तथा जागृति के लिए 'कीर्तन' जैसी लोक-परम्पराओं को अपनाया। लोकभाषा का अत्यन्त सहज तथा सुन्दर प्रयोग कर उन्होंने दूर-दराज के गाँवों तथा शहरों में बसनेवाले जनसाधारण-बहुजन समाज के मन-मस्तिष्क को परिष्कृत किया।

सन्त गाडगे बाबा कहीं भी एक जगह न ठहरते थे। निरन्तर चलते हुए जब कहीं गाँव दिखाई देता तो उस गाँव में पहुँचते ही दिन भर गाँव की साफ-सफाई करते, किसी दरवाजे पर रुककर रोटी माँगते और गाँव के बाहर किसी पेड़ के नीचे बैठकर अपने टूटे मटके में रोटी खाते हुए पाए जाते। स्वयं ही गाँव में खबर फैलाते कि आज रात गाँव में कीर्तन है। जब मन्दिर के सामने लोग इकट्ठा हो जाते तब वे कहते कि आज महाराज ने हमें कीर्तन करने के लिए भेजा है। इस पर लोग उनकी हँसी उड़ाते हुए अपने-अपने घर चले जाते। इसके बाद बाबा हाथ में दो पत्थरों को बजाते हुए, 'गोपाला, गोपाला देवकीनन्दन गोपाला।' भजन के साथ अपना कीर्तन प्रारम्भ करते।

सन्त गाडगे बाबा के कीर्तन का केन्द्रबिन्दु समाज का शोषित, पीड़ित, दलित तथा पिछड़ा आदमी रहता। वे इस आदमी के उद्धार के लिए शिक्षा, ज्ञान तथा परिश्रम का रास्ता बताते। उसके अज्ञान, सामाजिक एकात्मता अथवा समता में बाधक बन रही सामाजिक कुरीतियों, धार्मिक आडम्बरों, कर्मकांडों, मिथ्या परम्पराओं, रूढ़ियों तथा मान्यताओं पर करारा प्रहार करते हुए मानव-कल्याण का उपदेश देते। उनका सम्पूर्ण कीर्तन गहरा जीवनानुभव, सूक्ष्म निरीक्षण और लोक-कल्याण की तीव्र छटपटाहट का परिचायक होता।

भारतीय समाज व्यवस्था में सभी विभेदों की जड़ यहाँ की जातीयता है। सम्पूर्ण भारतीय समाज जातिप्रथा की अमानवीय प्रथा के कारण खंडित हो चुका है। इस कारण भारतीय सामाजिक एकात्मता के मार्ग में यह समस्या चुनौती के रूप में खड़ी है। आज भी भारतीय समाज इस समस्या से पूरी तरह निजात नहीं पा सका है। इसी कारण सन्त गाडगे बाबा ने सम्पूर्ण जिन्दगी इस जातिप्रथा का विरोध किया।

इस जाति-व्यवस्था पर करारा प्रहार करते हुए अपने तर्कपूर्ण कीर्तन में वे कह उठते हैं—

तू कोण ? जात पुसनं-ज्याच्याअंगात अभिमान आहे, तो जात पुसते। तू कोऽन ? जो जात पुसते त्याच्यासारखाच तो आहे कीं नाहीं ?

—होऽय !

याले चार हात अन् त्याले दीउ हात आहे का ? बोला।

—नाऽहीं।

याले चार डोके आहेत त्यानूले दोनच आहेत, असं आहे का ?

—नाऽहीं।

यानले चार पाय आहेत अन् त्याचे एकच तगडं आहे असं आहे का ?

—नाऽहीं।

मग तू कोन का पुसता ? कोणी तुम्हाले जात विचारीत तू कोन। तर म्हनावं मी मानूस। कोन आहात तुम्ही ? मानूऽस ! का म्हैस आहात ?

—नाऽहीं।

कोन आहाँ—

मानूऽस ![1]

अर्थात् सन्त गाडगे महाराज कहते हैं कि मनुष्य ने ही अपने स्वार्थ के लिए तथा मिथ्या अभिमान को बचाए रखने के लिए 'जाति' का निर्माण किया, उसे बनाए रखा। वही आदमी 'जाति' पूछता है जो अहंकारी है, अभिमानी है। जब बनानेवाले ने ही सबको समान बनाया तो हम कौन होते हैं 'जाति' पूछनेवाले ? जो 'जाति' पूछता है वह भी वैसा ही है जिसे 'जाति' पूछी जा रही है। सन्त गाडगे महाराज अपनी प्रश्नार्थक शैली में इस सत्य को बड़ी तर्कपूर्णता से उघाड़कर रखते हैं और सामने बैठे हुए लोगों से कबूल करवाते हैं कि सभी 'मानूस' अर्थात् 'मनुष्य' हैं। सबके दो हाथ हैं, दो आँखें हैं, दो पाँव हैं तो फिर जाति पूछनेवाले हम कौन हैं ? इस तरह का भीड़ से सवाल करते हैं और कहते हैं कि इसके बाद जब भी कोई यह पूछे कि तुम कौन हो ? तो कहो कि 'मानुस' हैं, मनुष्य हैं।

समाज में कुछ चन्द लोगों ने अपना वर्चस्व बनाए रखने के लिए सामान्य लोगों के अज्ञान, अशिक्षा का फायदा उठाकर धर्मशास्त्र, ईश्वर, भाग्य और पुनर्जन्म का डर दिखाकर जातिप्रथा, छुआछूत तथा ऊँच-नीचता की कुप्रथाएँ चलाई हैं। इस जातीयता की भावना का पर्दाफाश करते हुए सन्त गाडगे महाराज कीर्तन सुनने बैठे लोगों से ही यह कबूल करवाते हैं कि उस ईश्वर ने ही भेद नहीं किया तो भेद करनेवाले हम कौन होते हैं ? उन्हीं के शब्दों में—

तुमचं आमचं दोन काय आहे दाखवा। तुमची आमची जमीन एक की दोन ?

—एऽक !

तुमचं आमचं आकाश एक की दोन?
—एऽक!
सूरेनारायण एक की दोन?
—एऽक!

× × ×

दोन दाखवा भग म्हना शिवशील। काय दोन आहे सांगा। तुम्ही आम्ही एक। रस्त्यातून जलमलो—का आम्ही आईच्या भवनीतून पउलो, अन् तुम्हीं काय तोंडातून पड़ले, का बाहेर बगलींतून निघाले सांगा! माणसाले जाति दोन आहेत दोन। किती?
—दोऽन!

बाई आणि पुरुष। या दोनच जाति आहेत—तिसरी जातच नाही।[2]
अर्थात् वे कहते हैं कि उस भगवान ने सभी के लिए एक ही जमीन, एक ही आकाश, एक सूर्य की रचना की है। सबके लिए एक रेल, एक कोर्ट, एक टैक्सी, एक ही कॉलरा और प्लेग और एक ही खाना-पाखाना होता है, फिर दो क्या है? सभी एक ही रास्ते से इस दुनिया में जन्म लेते हैं। ऐसा नहीं कि हमारा माँ की योनि से जन्म हुआ और आपका मुँह से अथवा बगल से। मनुष्य की केवल दो ही जातियाँ हैं—पुरुष और स्त्री। इसके अलावा तीसरी जाति नहीं है। वे आगे कहते हैं कि आपको बत्तीस दाँत हैं तो हरिजन को भी बत्तीस ही हैं। जिस तरह से आप माँ के पेट में नौ माह नौ दिन रहते हैं, उसी प्रकार वह भी रहता है। यह नहीं कि वह चार माह और छह दिन रहता है।[3] इस प्रकार गाडगे महाराज लोगों को उनकी ही भाषा में समझाते और सन्देश देते हैं कि छुआछूत नहीं माननी चाहिए। धर्मशास्त्र झूठ है। शास्त्र कोई भी बना सकता है। किसी भी जाति के पचास बच्चे इकट्ठे कर उन्हें पढ़ाइए, उन्हें वेद, भागवत बोलने दीजिए, सुनने दीजिए।[4] वे आगे कहते हैं कि सबकी गंगा एक ही है। ऐसा नहीं कि इधर से मराठों की नदी निकलती है और उधर से माँगों की।[5]

सन्त गाडगे बाबा जातीयता की घिनौनी और अमानवीय परम्परा के दुष्परिणामों को अभिव्यक्त करते हुए कहते हैं कि इस जातिप्रथा के कारण ही भारत का नाम दुनिया में कलंकित हुआ है। दुनिया के किसी भी देश में मनुष्य के स्पर्श को अवांछित तथा अपवित्र नहीं माना जाता है। केवल भारत ही ऐसा देश है जहाँ मनुष्य का स्पर्श दूसरा मनुष्य अपवित्र मानता है। इसी कारण सन्त गाडगे महाराज छुआछूत की प्रथा को हिन्दुस्तान के लिए कलंक मानते हैं। वे कहते हैं कि एशिया, जापान, चीन, लन्दन, अमेरिका जैसे देश तथा फारसी, ख्रिश्चन तथा मुसलमान धर्म भी मनुष्य के स्पर्श को अपवित्र नहीं मानते। लेकिन भारत में सवर्ण समाज निम्न कही जानेवाली जाति का स्पर्श अपवित्र मानता है, ऐसी अपवित्र वस्तुओं को अग्नि में तपाकर शुद्ध करने का ढोंग करता है। इस प्रकार की अमानवीय तथा विकृत प्रथा

के कारण भारतीय समाज का एक बहुत बड़ा हिस्सा मनुष्यता के अपने अधिकारों से वंचित रह गया था। इस कारण सामाजिक एकात्मता अथवा समता में बाधा उत्पन्न हो गई है। अत: समतामूलक समाज की स्थापना के लिए इस क्रूर, अमानवीय प्रथा का पर्दाफाश करते हुए सन्त गाडगे बाबा मनुष्य को मनुष्य के रूप में स्वीकारने की बात करते हैं—

म्हटलं होतं हाजरतनं कधी? की बिटाल डाला सालेने, पानी बिटाल दिया। म्हटलं होत?

—नाऽहीं।

अरे लेका चांग्या पानी बाटलं-म्हनता की नाही साहेब?

—होऽय।

मुसलमानाचं क्रिश्श्नचं बाटत नाहीं, अन् सालं तुमचं कसं भिका आहे? ते का बाटते? ताब्या बाटते की नाही?

—होऽ!

त्यालां सुधा करता का नाही?

—होऽय!

क्रसा सुधा करता? सांगा! बोला—अहो, तांब्याला हात लागला, सुधा कसा करता? आ? भाजून इस्त्यानं भाजून? होय! भाजून! अन् मानूस वाटते का नाहीं।

—होऽय।

मंग त्याले साल्याच्या अंगावर गवत टाका अन् धा आगपेटी लावून, पेटू धा![6]

सन्त गाडगे महाराज ने अछूत की क्रूर प्रथा की धज्जियाँ उड़ाते हुए अपवित्र को पवित्र या शुद्ध करने की हास्यास्पद पद्धति की भी पोल खोल दी है। इस सम्बन्ध में वे आगे कहते हैं कि बस स्टैंड पर कभी हमारी मति मारी जाती है या उसे कुत्ता खा जाता है। जब एक ही बस में ब्राह्मण और माँग दोनों बैठते हैं तब यह नहीं कहा जाता कि बस अपवित्र हुई, उसे शुद्ध करने के लिए आग में जलाओ।[7] इस प्रकार गाँव के अनपढ़, अशिक्षित लोगों के मन से जातीयता, छुआछूत तथा ऊँच-नीचता की क्रूर प्रथा को दूर करने के लिए सन्त गाडगे महाराज उन्हीं के बीच से उदाहरण उठाकर उन्हीं की भाषा में उनके सामने परोस देते थे। उनसे कबूल करवाते थे कि इस प्रकार की कुरीतियाँ, प्रथाएँ तथा रूढ़ियाँ झूठी और अमानवीय हैं। वे लोगों को समझाते थे कि इस तरह की प्रथाओं के कारण ही दुनिया में हिंदू धर्म पीड़ित है तथा उसका विनाश हो रहा है।

इस प्रकार सन्त गाडगे महाराज भारतीय समाज में एकात्मता स्थापित करने में जातीयता को सबसे बड़ी बाधा मानते हुए उसे मिटाने की बात करते हैं। इसके लिए वे अपने कीर्तन में सन्त कबीर, सन्त चोखामेळा, सन्त तुकाराम की उक्तियों तथा अभंगों का अपने कीर्तन में सहज प्रयोग करते थे। जैसे—"जन्म गेला उपटे खाता।

लाज नये तुमचे चित्ता।"[8] अर्थात् सन्त चोखोबा की इस पंक्ति के माध्यम से वे महाराष्ट्र की 'महार' जाति के साथ यहाँ के सवर्ण जातियों द्वारा किए गए हीनतापूर्ण व्यवहार को अभिव्यक्त करते हैं। सन्त गाडगे बाबा के मन को जातीय विषमता की भावना हर समय व्यथित करती थी। इसी कारण सन् 1955 में कीर्तन-प्रवचनकारों की परिषद में इस समस्या के सम्बन्ध में कहते हैं—"...मुझे एक बात बताइए; हम साधु क्यों बने? हम अध:पतन की ओर गए दीनदलितों के उद्धार के लिए साधु बने हैं न? हमने यह व्रत इसलिए ही लिया है न कि जनसेवा कर सकें? लेकिन क्या हम सचमुच जनसेवा करते हैं?"[9]

इस व्यथा के कारण ही वे अछूत होने की पीड़ा को स्वयं सहते भी थे। जब गाँव-गाँव भटकते हुए वे किसी कुएँ के पास की गन्दगी साफ करने के बाद किसी सवर्ण से पानी माँगते और पानी पीने के बाद वह आदमी जब पूछताछ करता तब वे धीमे से पूछते, 'क्या हम महारों का यही कुआँ है?' यह बात सुनकर वह सवर्ण किसान गुस्से से उन्हें लाठी से पीटता रहता। जब किसी माँ-बहन से पानी माँगता और पीने के बाद वह भी पूछताछ करती तो वे नि:संकोच उत्तर देते, 'हम चमार हैं न जी।' इस पर महिला गाली-गालौज करती, फटकारती। इस तरह की जातिप्रथा को लेकर उनके मन में विद्रोह की ज्वाला फफकती रहती और वे अपने कीर्तन तथा दैनन्दिन जीवन में उसे मिटाने का हर सम्भव प्रयास करते। अपने इस तरह के व्यवहार से वे गाँव के लोगों के मन में पैठी जातीयता की भावना को मिटाने का ही प्रयास करते उनका यह कार्य सामाजिक एकात्मता की दृष्टि से अत्यन्त महत्त्वपूर्ण तथा प्रेरणादायी ठहरता है।

समाज में फैली आर्थिक विषमता तथा विपन्नता भी सामाजिक एकात्मता में बाधा बनी हुई है। सन्त गाडगे महाराज इस बात को भी भलीभाँति जानते थे। वे आर्थिक समानता के पक्षधर थे। वे अपने 'कीर्तन' में आर्थिक विषमता को भी उद्घाटित करते थे। वे कहते हैं कि मुम्बई जैसे महानगरों में एक आदमी दस-दस मंजिला इमारत बनाता है और एक को अपने लिए और अपनी बीवी के लिए झुग्गी-झोंपड़ी बनाने की भी अकल नहीं होती। कोई पाँच-पाँच सौ रुपए के चौपाटी पर कमरा लेता है तो किसी को महीने का पाँच रुपए किराया देना भी मुश्किल है। जिस तरह बाबा इस आर्थिक विषमता को देखते हैं वैसे वे इसके कारणों को भी जानते हैं। और वे देखते हैं कि समाज का निम्न जाति का आदमी अपनी शराब जैसी लत के कारण जो भी कमाता है, सब उसमें गँवा देता है। इसके अलावा वह अज्ञान, अशिक्षा तथा अन्धविश्वास और कर्मकांड में उलझकर मिथ्या प्रथाओं को निभाने के लिए पैसे उड़ाता है जिससे उसकी गरीबी, दरिद्रता उसका पीछा नहीं छोड़ती। अत: वे इस समाज के बच्चों को उपदेश देते हैं कि अगर किसी का बाप शराब पीकर घर आए तो उसे जूते से पीटो। जो शराब पिएगा वह बाप नहीं। वे यह भी जानते थे कि समाज

के पियक्कड़ निम्न जाति के ही लोग हैं। ऊँची जाति या सवर्ण कहे जानेवाले इस बुरी लत के शिकार नहीं हैं। इस बात को अभिव्यक्त करते हुए वे कहते हैं—

मारवाड़ी दारू पिऊन बम्बईत पाहिला का?
नाऽहीं!
गुजराती दारू पिऊन बम्बईत पडला पाहिला का?
नाऽहीं!
ब्राह्मण दारू पिऊन कचेरीत पडला पाहिला का?
नाऽहीं!
जे जे दारू पितील त्यांचा खाना खराब झाल्याविने
कधीं राहनार—
नाऽही!
गोपाला, गोपाला। देवकीनन्दन गोपाला॥[10]

अर्थात् वे इस पिछड़े, दलित समाज को यह सत्य दिखाते हैं कि समाज का सवर्ण-मारवाड़ी, गुजराती, ब्राह्मण कभी शराब नहीं पीता। इस कारण वह समाज सम्पन्न तथा समृद्ध है और जो शराब जैसी आदतों के आदी हैं, वे अपना विनाश कर लेते हैं। इस प्रकार सामाजिक एकात्मता में बाधक आर्थिक विषमता तथा विपन्नता को भी सन्त गाडगे बाबा सामान्य लोगों की भाषा में उन्हीं के जीवनानुभवों के आधार पर व्यक्त करते हैं।

संक्षेप में—सन्त गाडगे महाराज ने सामाजिक एकात्मता के मार्ग में बाधा बनी, सदियों से चली आ रही कुरीतियों, कुप्रथाओं, अशिक्षा, अज्ञान, अन्धविश्वास, कर्मकांड तथा धार्मिक आडम्बरों को दूर करने का प्रयास किया है। स्वस्थ समाज में ही सामाजिक समता तथा एकात्मता सम्भव है। अत: वे समाज की बाह्य सफाई के साथ-साथ समाज में सदियों से पैठी विकृतियों को भी अपने कीर्तन के माध्यम से दूर करने का प्रयास करते हैं।

भारतीय समाज-व्यवस्था में सभी विभेदों का कारण बनी जातीयता, छुआछूत तथा ऊँच-नीचता की भावना का पर्दाफाश करते हुए, उसे मिटाने का प्रयास करते हुए वे सामाजिक एकात्मता का मार्ग प्रशस्त करते हैं।

सन्त गाडगे महाराज समाज के जनसामान्य के बीच से गुजरते हुए अपने जीवनानुभवों के आधार पर लोगों को सामाजिक एकात्मता की शिक्षा देते हैं।

सामाजिक एकात्मता तथा समता का आधार आर्थिक समानता मानी जाती है। अत: वे आर्थिक विषमता का पर्दाफाश करते हुए उसके कारणों को भी अभिव्यक्त करते हैं और सामाजिक एकात्मता के लिए आर्थिक समानता को अनिवार्य मानते हैं।

सन्दर्भ

1. लोकोत्तर गाडगे बाबा : जीवन और कार्य, द.ता. भोसले, पृ. 322-23
2. वही, पृ. 323
3. वही, पृ. 324
4. वही, पृ. 324
5. वही, पृ. 324
6. वही, पृ. 324-25
7. वही, पृ. 325
8. वही, पृ. 207
9. वही, पृ. 207
10. वही, पृ. 326

सहायक ग्रन्थ

- श्री सन्त गाडगे बाबा चरित्र दर्शन—लक्ष्मण पुंडलीक पाळकर
- मानवतेचे महान पुजारी
  लोकशिक्षक—सद्गुरु गाडगे बाबा—डॉ. एस.ए. बाहेकर